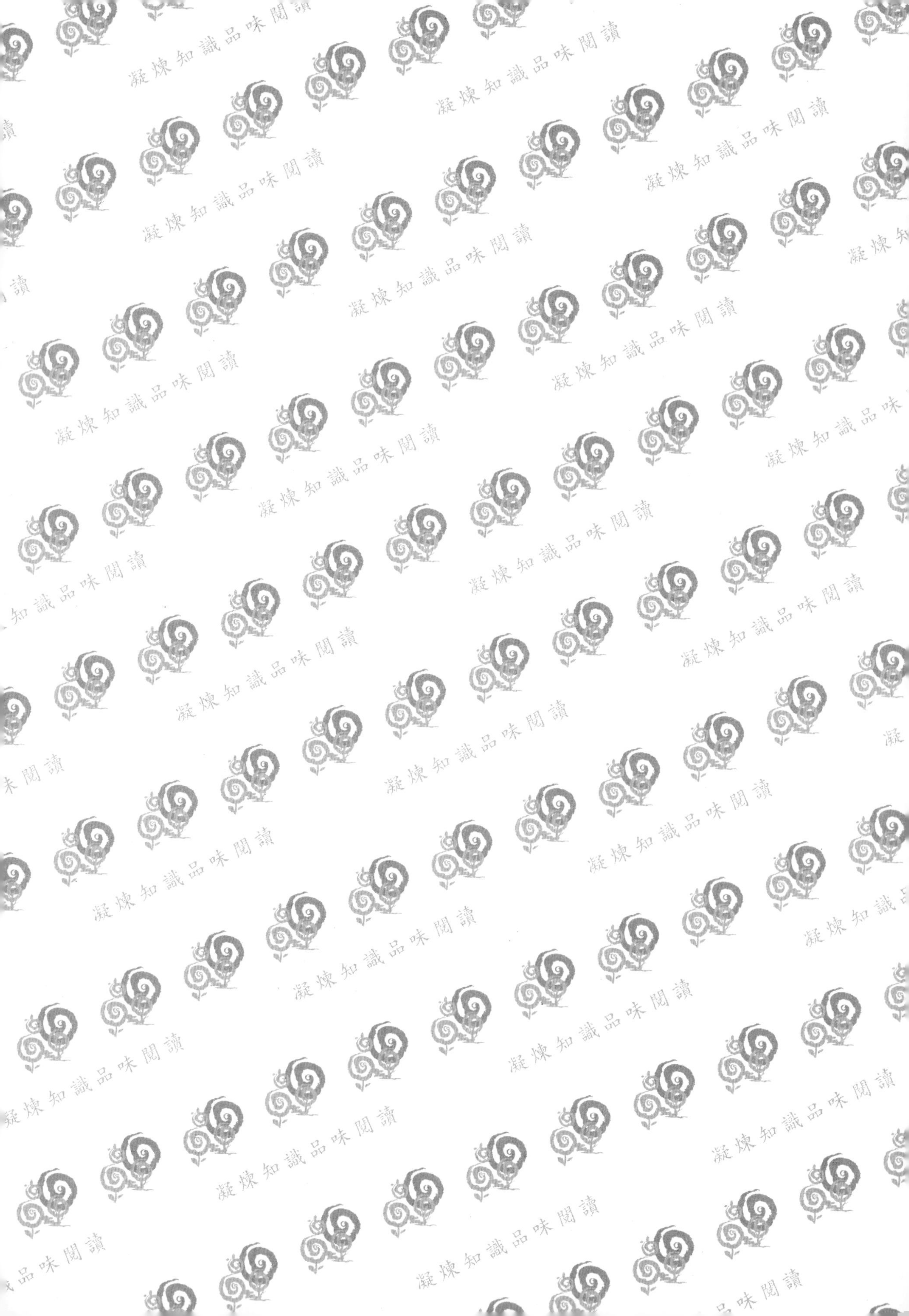

時間數列分析

Excel與SPSS應用

楊秋月、陳耀茂 編著

五南圖書出版公司 印行

序 言

任誰都好想利用時光機器自由地穿越時空，瀏覽過去與未來，這是自 H.G. Williams 的小說《時光機器》與知名電影《回到未來》上市以來，我們夢寐以求的願望，但願美夢成眞！那麼，時光機器如今有可能實現嗎？以取代時光機器穿越時光隧道來說，有無其他能自由且方便地駕馭時空的方法呢？

事實上是有的！此方法即爲統計學中的「**時間數列分析**」（**time series analysis**）。若能搭配統計分析軟體，我們的時光之旅也能任意翱翔輕易實現。

話說，時間數列分析是處理時間數列數據的方法。所謂時間數列數據是「隨時間一起改變的數據」，此種數據不只在商學、工學上，即使在醫學上也是屢見不鮮。

時間數列數據的方法書中介紹甚多，像是「指數平滑化」或「自我迴歸模型」之類的方法，對掌握未來的變化都很有效。近年來，利用這些手法使預測變得可能，使未來變得有希望。那麼，我們不妨也試著利用「時間數列分析」來一趟時光之旅吧！

有關時間數列分析的中英文專書不少，本書是採簡明的手冊型，想了解時間數列的數理說明，可進一步參閱相關書籍。本書撰寫的方式是捨去冗長的數理表達，改以有速效之稱的軟體操作來說明，對急於想進行實證研究的人，相信會有不少助益。

此外，時間數列的應用軟體市面上也不少，每種軟體均有其特色，本書採用 Excel 與 SPSS 來講解說明。希望本書對您的研究分析有所貢獻。最後，書中若有誤植之處，還盼賢達不吝賜正。

楊秋月・陳耀茂 謹誌

CONTENTS 目錄

上篇：Excel 應用

01 章 時間數列分析用語解說 3

1.1 意義及範圍 3
1.2 時間數列的特性 4
1.3 時間數列的種類 5
1.4 時間數列的組成分子 6
1.5 時間數列的模型種類 9
1.6 時間數列組成分子的估計方法 10
1.7 時間數列的迴歸分析法 13
1.8 平均法與平滑法 14
1.9 時間數列的變換方式 16
1.10 預測精確度的衡量 19
1.11 自我相關函數和偏自我相關函數 19
1.12 自我迴歸模型 AR(p) 20
1.13 移動平均模型 MA(q) 21
1.14 自我迴歸移動平均模型 ARMA(p, q) 22
1.15 自我迴歸整合移動平均模型 ARIMA(p, d, q) 23
1.16 相關係數 25

1.17 隨機漫步 26
1.18 白色干擾 28
1.19 傳遞函數 29
1.20 時間數列預測法的分類 30
1.21 模型的估計與選擇 31
1.22 自我迴歸的檢定 32

02章 時間數列分析可以知道什麼？ 35

2.1 如表現成圖形時 35
2.2 如採取移動平均來觀察時 35
2.3 如使用自我相關係數時 36
2.4 如使用交差相關係數時 37
2.5 如利用指數平滑化時 39
2.6 如利用自我迴歸模型時 39
2.7 利用季節性的分解時 40
2.8 如利用光譜分析時 41

03章 時間數列圖形的畫法 43

3.1 時間數列數據與其圖形 43
3.2 時間數列圖形的畫法 47

04章 時間數列數據的基本類型 49

4.1 3個基本類型 49
4.2 3個基本類型是重要理由 53

4.3 季節性的分解 56

05章 長期趨勢簡介 59

5.1 長期趨勢或長期傾向 59

5.2 趨勢的檢定 62

06章 利用曲線的適配預測明日 75

6.1 利用最小平方法的曲線適配 76

6.2 利用傅立葉級數的曲線適配 83

6.3 利用 spline 函數的曲線適配 89

6.4 曲線的適配與預測值的求法 91

07章 週期變動與季節變動 99

7.1 週期變動 99

7.2 季節變動 103

7.3 光譜分析簡介 106

08章 不規則變動與白色雜訊 119

8.1 不規則變動 119

8.2 不規則變動的製作方式 121

8.3 檢定隨機性 125

8.4 白色雜訊 129

09章 時間數列數據的變換 133

9.1 取差分 133

9.2 進行移動平均 137

9.3 採取落後 145

9.4 進行對數變換 146

10章 指數平滑化簡介 149

10.1 指數平滑化 149

10.2 利用指數平滑化的預測 151

11章 自我相關係數簡介 159

11.1 自我相關係數 159

11.2 自我相關係數與相關圖 167

12章 交差相關係數簡介 171

12.1 2個變數的時間數列數據 171

12.2 交差相關係數與先行指標 181

13章 自我迴歸模型 AR(p) 簡介 183

13.1 自我迴歸模型 183

13.2 ARMA(p, q) 模型 194

13.3 ARIMA(p, d, q) 模型 195

13.4 Box-Jenkins 法的例子 197

14章 隨機漫步簡介 205

14.1 隨機漫步的作法 205

14.2 隨機漫步的預測值 210

15章 時間數列數據的迴歸分析 213

15.1 迴歸分析與殘差的問題 213

15.2 利用自變數的自我迴歸模型 218

15.3 預測值的計算 221

16章 傳遞函數簡介 223

16.1 何謂傳遞函數 223

16.2 各種傳遞函數的例子 226

下篇：SPSS 應用

01章 時間數列數據的輸入方式 245

1.1 時間數列分析的基本步驟 245

1.2 日期的定義 247

02章 時間數列數據的變換方式 257

2.1 前言 257

2.2 利用差分製作新的時間數列 261

2.3 利用中心化平均製作新的時間數列 264

2.4 利用落後製作新的時間數列 267

03章 時間數列數據的圖形表現方式 271

3.1 前言 271

3.2 時間數列圖形 275

04章 自我相關、偏自我相關 279

4.1 前言 279

4.2 自我相關與偏自我相關 285

05章 交叉相關 291

5.1 前言 291

5.2 交叉相關 295

06章 光譜分析 299

6.1 前言 299

6.2 光譜（Spectral）分析 303

07章 季節性的分解 307

7.1 前言 307

7.2 週期性的分解 311

08章 指數平滑法 317

8.1 前言 317

8.2 指數平滑化 321

09 章 時間數列數據的迴歸分析 329

9.1 前言 329

9.2 時間數列數據的迴歸分析 332

9.3 自我相關的迴歸與複迴歸分析之不同 338

10 章 自我迴歸模式 AR(p) 345

10.1 前言 345

10.2 自我迴歸模式 AR(p) 350

11 章 移動平均模式 MA(g) 363

11.1 前言 363

11.2 移動平均模式 MA(q) 368

12 章 ARMA(p, q) 模式 379

12.1 前言 379

12.2 ARMA(p, q) 模式 383

13 章 ARIMA(p, d, q) 模式 395

13.1 前言 395

13.2 ARIMA(p, d, q) 模式 398

14章 季節性 ARIMA 模式
— SARIMA(p, d, q), (P, D, Q)s 413

14.1 前言 413
14.2 季節性 ARIMA 模式 417

15章 X12-ARIMA 433

15.1 X12-ARIMA 簡介 433
15.2 NumXL 簡介 433
15.3 分析方法 435

16章 建立傳統模型 447

16.1 前言 447
16.2 求最適預測值的步驟 450
16.3 預測時選擇自變數的步驟 459
16.4 事件變數的利用法 464

17章 套用傳統模型 467

17.1 前言 467
17.2 想利用相同的模式再延伸預測時的步驟 469
17.3 想比較 2 個腳本時的步驟 475

18章 建立時間原因模型 489

18.1 簡介 489
18.2 目標數列已知時 491

18.3 若目標數列未知時 **500**

19 章 套用時間原因模型 509

19.1 簡介 **509**

19.2 時間原因模型預測 **510**

19.3 時間原因模型實務 **517**

19.4 求最適預測值的步驟 **520**

附錄 **RIMA(p, d, q)** 模式的自我相關圖與偏自我相關圖 **531**

參考文獻 **537**

上篇：EXCEL應用

第1章 時間數列分析用語解說

1.1 意義及範圍

時間數列分析（time series analysis）力求以歷史數據爲基礎預測未來。譬如，由過去 15 個星期中每一星期的銷售量可以預測第 16 個星期的銷售量。過去幾年內每季度的銷售量也可用於預測未來各季度的銷售情況。

時間數列分析包括很多模型，例如：移動平均法、指數平滑法、趨勢外推法等。各模型的複雜程度是不相同的。企業選用哪一種預測模型取決於：

1. 預測的時間範圍
2. 能否獲得相關數據
3. 所需的預測精確度
4. 預測預算的規模
5. 合格的預測人員

當然，選擇預測模型時，還需考慮其他問題，如企業的靈活性、機動性程度（企業對變化的快速反應能力愈強，預測模型所需的精確度就愈低）和不良預測所帶來的後果。如果是根據預測進行大規模的投資決策，那麼該預測一定得是個良好的預測。

時間數列是依事件或資料發生的先後次序依序排列的一組統計數字。分析時間數列是以時間爲自變數，各時點所發生事件的數值爲依變數，其目的在於觀察及分析過去的資料以預測未來，其架構可以整理如下：

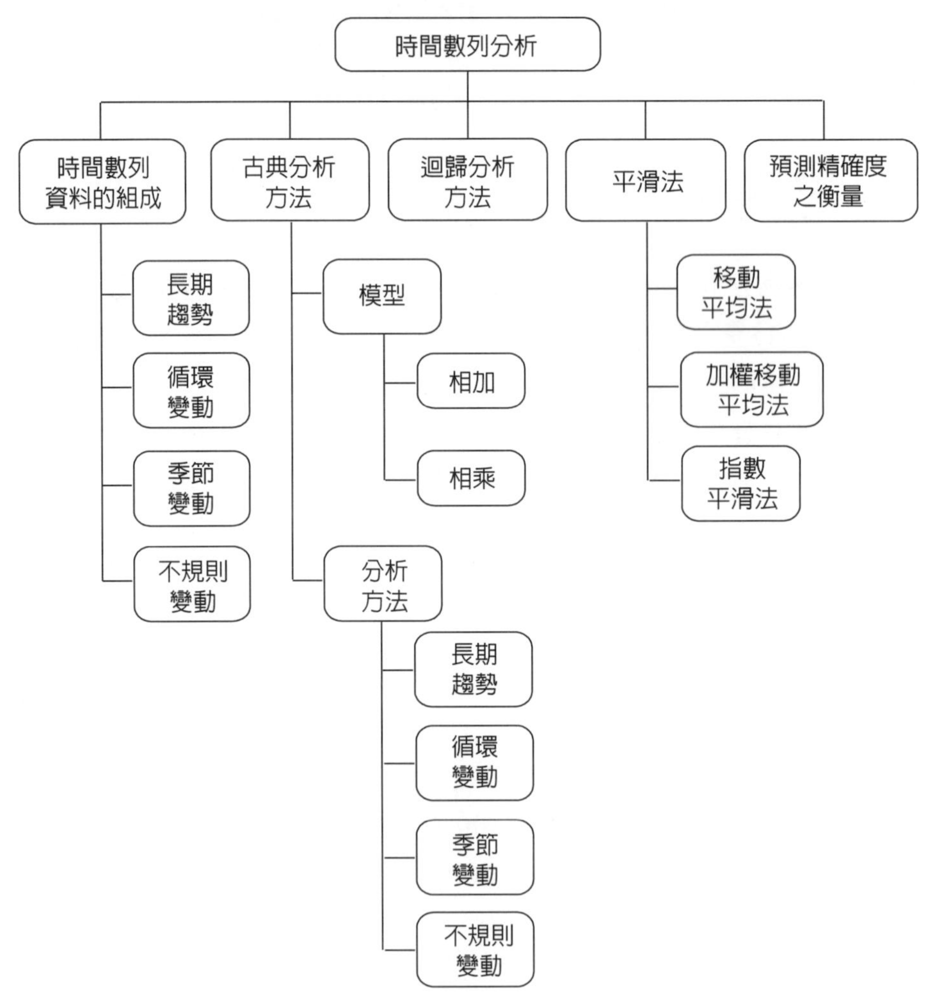

圖 1.1 時間數列分析的架構

1.2 時間數列的特性

時間數列的特性整理如下：

1. 時間數列中的觀測值是由 4 個影響因素所組成，亦即長期趨勢（trend）、循環變動（cyclical fluctuation）、季節變動（seasonal fluctuation）及不規則變動（irregular fluctuation）。
2. 時間數列的各個觀測值通常互有關聯，唯時間的相隔愈長，關聯性即愈小。

3. 不同時間單位的時間數列，因分析上之需要，可以轉換成相同單位之時間數列。
4. 時間數列應依先後次序排列。
5. 時間數列之時間單位通常可以是年、季、月、週、日等，並採用相同間隔以利分析。
6. 時間數列中的時間爲自變數，而其他變數爲依變數，可爲總數、平均數、比例、指數等。
7. 時間數列各觀察值皆存在關聯性，時間間隔愈短則相關性愈大。故時間數列不滿足「各個觀察值爲獨立」之假設。
8. 時間數列中之各個觀察值乃按時間先後順序排列，不可任意變更。
9. 不同時間單位的時間數列若爲分析上需要，則可轉換爲相同時間單位的資料。
10. 分析一些社會現象或經濟現象的時間數列，常需要對人口變動與價格變動等因素加以調整或轉換，例如轉換爲每人平均消費額等。
11. 時間數列的各個觀測值爲該時期許多影響因素的組合，因此進行時間數列分析時，需先將時間數列依其組合成分加以分解再進行。

1.3 時間數列的種類

時間數列的種類可分成以下幾種來說明：

一、水平型時間數列

水平型時間數列的走勢無傾向性，既不傾向於逐步增加，也不傾向於逐步減少，總是在某一水平上上下下波動，且波動無規律性。即時間數列的後序值，既可高於水平值、也可低於水平值，因這一水平是相對穩定的。故水平型數列又稱爲穩定型時間數列或平穩型時間數列。

通常呈水平型時間數列的情形像是日用生活必需品的銷售量、某種耐用消費品的開箱合格率、退貨率等等。

二、季節型時間數列

季節型時間數列的走勢按日曆時間週期起伏，即在某日曆時間內時間數列的後序值逐步向上，到達頂峰後逐步向下，探谷底後又逐步向上，周而復始。因爲它產生於伴隨一年四季氣候的變化而出現的現象數量變化，故稱爲季節型時間數列。其實「季節」可以是一年中的四季、一年中的12個月、一月中的4週、一週中的7天等等。

通常呈季節型時間數列的有每月社會消費品零售量，與氣候有關的季節性商品各季銷售量、月分銷售量等等。

三、週期型時間數列

迴圈型時間數列的走勢也呈週期性變化，但它不是在一個不變的時間間隔中反覆出現，且每一週期長度一般都有數年。通常呈週期型時間數列的有期貨價格、商業週期等等。

四、直線趨勢型時間數列

直線趨勢型時間數列的走勢具有傾向性，即在一段較長的時期之內（「長」是相對於所研究數列的時間尺度而言），時間數列的後序值逐步增加或逐步減少，顯示出一種向上或向下的趨勢，相當於給水平型時間數列一個斜率。通常呈直線型時間數列的有某段時期的每人平均收入、商品的銷售量等等。

五、曲線趨勢型時間數列

曲線趨勢型時間數列的走勢也具有傾向性，且會逐漸轉向，包括順轉和逆轉，但不發生週期性變化，時間數列後序值增加或減少的幅度會逐漸擴大或縮小。通常呈曲線型時間數列的有某種商品從進入市場到被市場淘汰的銷售量變化等等。其實，季節型時間數列和迴圈型時間數列也是曲線趨勢型時間數列，只不過它們具有週期性特徵而各單獨成爲一種時間數列而已。

1.4 時間數列的組成分子

此分析法是假設時間數列資料的4個組成分子可以分解出來並加以衡量，分析時先設定 4 個組成分子的模型，再分解出 4 個組成分子。

一、長期趨勢（T）

時間數列資料在長期間呈現上升或下降的持續變動的現象稱為長期趨勢。長期趨勢可以用一條平滑的曲線來表示，稱為長期趨勢線。長期趨勢線的形式可分為直線的及非直線的。

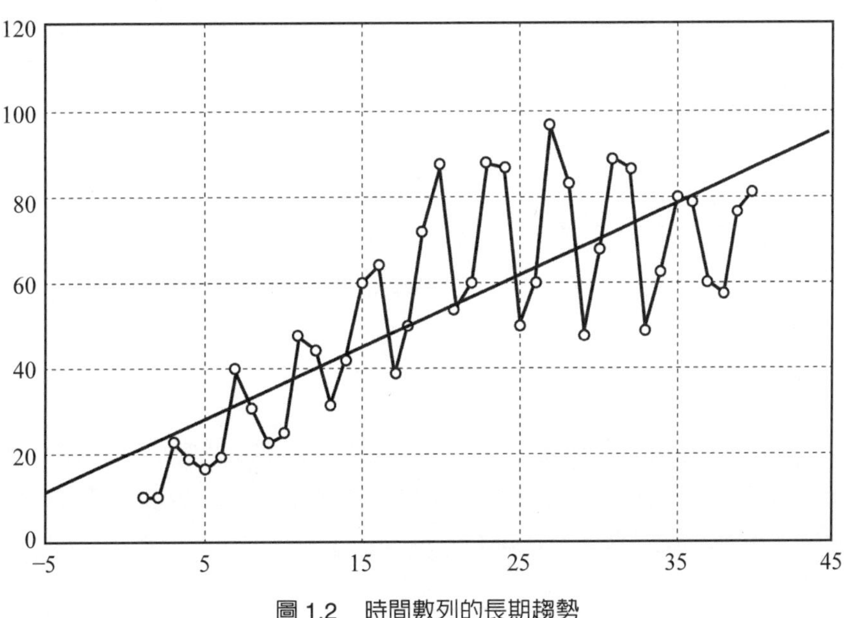

圖 1.2　時間數列的長期趨勢

二、循環變動（S）

年資料的時間數列資料經常會出現環繞著趨勢線的上下波動的情形，此種波動稱為循環變動，包含 4 個階段：(1) 上升或擴張；(2) 高峰；(3) 下降或衰退；(4) 谷底。

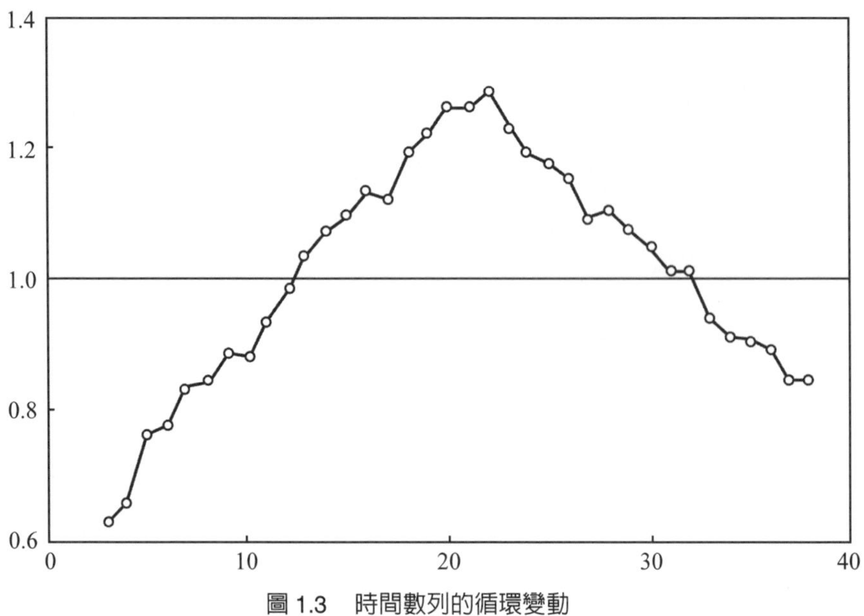

圖 1.3 時間數列的循環變動

三、季節變動（C）

一年內的時間數列資料依週、月或季呈現規則性的變動。像海水浴場的營業收入集中於夏季，百貨公司的營業收入在週年慶時明顯高於其他季節，像這些季節影響之變動幾乎是每年重複發生，是可以預測的。

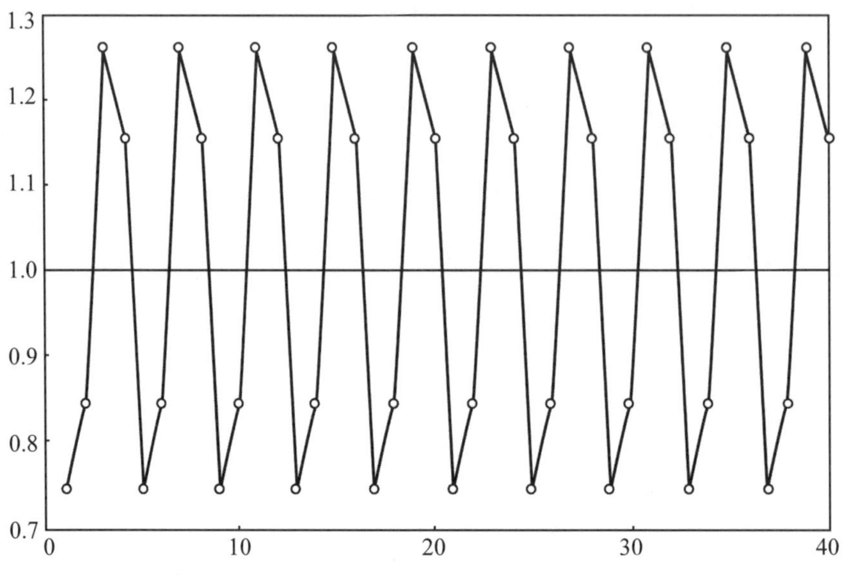

圖 1.4 時間數列的季節變動

四、不規則變動（I）

時間數列資料隨機的變動稱爲不規則變動，它是去除上面三種成分後的殘差項。

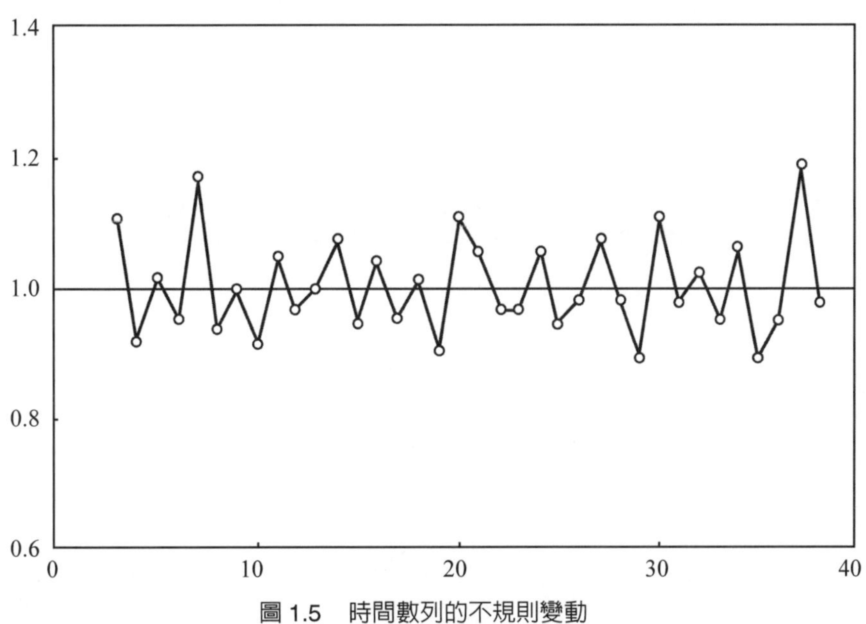

圖 1.5　時間數列的不規則變動

1.5 時間數列的模型種類

一、相加模型

$$Y = T + S + C + I$$

模型中 Y 表 t 期的時間數列值，$\overline{T}$、$\overline{S}$、$\overline{C}$、$\overline{I}$ 分別表示 4 個組成分子，模型中所有數值以原始單位表示。若 $S > 0$ 表示季節變動對 Y 有正的影響，若 $C < 0$ 表示景氣循環正在衰退，若 $I < 0$ 顯示有些隨機事件對 Y 有負的影響，相加模型假設各個組成分子彼此獨立互不影響，這是此模型的最大缺點。

二、相乘模型

$$Y = T \cdot S \cdot C \cdot I$$

此模型假設4個組成分子彼此相互影響，而非獨立。模型中 T 以原始單位表示，S、C、I 則以百分比來表示。若 S、C、I 中任何一個數值大於1，表示其相對效果高於趨勢值；若小於1，表示其相對效果低於趨勢值。由於季節變動只發生於一年的期間，因此對年資料沒影響，故對年資料的相乘模型可表示爲

$$Y = T \cdot C \cdot I$$

一般而言，相乘模型較合乎時間數列資料的特性，因此相乘模型較爲常用。

1.6 時間數列組成分子的估計方法

對時間數列4個組成分子的估計方法說明如下：

一、長期趨勢

由於許多經濟行爲及社會現象在長期間經常呈現持續增加或下降的趨勢，因此線性迴歸模型是常用的預測長期趨勢的方法。

有關長期趨勢之預測方法請參閱1.7節。

二、循環變動

這是指一年以上的某一期間上下波動的情形，因此在估計循環變動成分時，通常以年資料來估計。年資料的時間數列包括長期趨勢、循環變動及不規則變動三種成分，但不包括季節變動（因爲如以年爲單位，則季節資料無法顯示），在估計時設立的相乘模型爲：

$$Y = T \cdot C \cdot I$$

在估計循環分子時，可先用上一節所得到的長期趨勢估計值 $\hat{Y}_t$ 代替上面的趨勢成分 T，於是第 t 年的觀測值爲：

$$Y_t = \hat{Y}_t \cdot C_t \cdot I_t$$

由此可得循環變動及不規則變動的百分比爲：

$$C_t \cdot I_t = \frac{Y_t}{\hat{Y}_t}$$

$C_t \cdot I_t$ 稱爲循環 ‧ 不規則分子，而其衡量單位不是原始單位而是百分比。

三、季節變動

此目的主要是讓人們能夠充分了解及評估季節因素對經濟活動及企業行爲的影響，季節變動的估計方法是利用比率移動平均法來計算季節指數，用以分析及預測經濟活動。

企業的銷售業績常有大小月、淡旺季的不同季節，以下按步驟說明如下：

1. 計算 k 期移動總合

若是月資料，則採 $k = 12$ 的移動總合；若爲季資料，則採 $k = 4$。

2. 計算 k 期移動平均值

每季有 4 個月，因此若爲季資料，則採 $k = 4$。

3. 求中央移動平均數（$T_t \cdot C_t$）

如 k 爲奇數，所得的平均數正好位於中央，稱爲中央移動平均（centered moving average）；當 k 爲偶數時，並無中央位置，此時將期數平均分爲上下兩半，而將中央季節視爲此兩半的中央。

4. 求季節不規則成分（$S_t \cdot I_t = Y_t / T_t \cdot C_t$）

在實際時間數列值（Y_t）已知依上述方法求出的移動平均值爲趨勢與循環成分（$T_t \cdot C_t$）情況下，依相乘模型可求出季節及不規則成分，此一數值稱爲比率移動平均，或稱原時間數列與移動平均值的比例。

5. 求季節因子（季節及不規則成分（$S_t \cdot I_t$）的平均值）

爲了求取季節指數以單獨衡量季節的影響，可將上面各年相同季節的 $S_t \cdot I_t$ 相加而求其平均數，以排除不規則的因子。

6. 計算季節指數

由於季節因子是四季指數總和，故應等於 1；若不等於 1，必須調整到等於 4 爲止。

某季的季節指數 =（某季的季節因子 ÷ 季節因子總合）× 期數

其他季之季節指數求法亦同。

7. 求算消除季節因素的新數列

利用上面的季節指數可以調整原來的汽油銷售收入的時間數列，而得到一個不包含季節變動在內的新數列。此一數列稱為消除季節的時間數列，它包括長期趨勢、循環變動及不規則變動的成分，其求法為首先根據 $Y_t = T_t \cdot C_t \cdot S_t \cdot I_t$ 相乘模型，將 Y_t 除以 S_t 得到 $T_tC_tI_t$：

$$T_tC_tI_t = \frac{Y_t}{S_t}$$

此式乃表示將時間數列的實際值除以相對應的季節指數，即可得到消除季節性因素的長期趨勢與循環及不規則變動。

8. 求消除季節因素後的長期趨勢

現在我們可根據這些消除季節因素後的銷售值，來估計銷售收入的長期趨勢因子，其線性長期趨勢模型為：

$$Y_t' = \alpha + \beta t + \varepsilon$$

其中 Y_t' 為除去季節性因子的銷售量，即$Y_t' = \frac{Y_t}{S_t}$，而 t 為時間，我們令 $t = 1$ 表示第1觀測值，$t = 2$ 為第2觀測值，依此類推。上式中的α、β 以最小平方法計算：

$$\beta = \frac{\sum(Y_t' - \overline{Y'})(t - \bar{t})}{\sum(t - \bar{t})^2}$$

$$\hat{\alpha} = \overline{Y'} - \hat{\beta}\,\bar{t}$$

四、不規則變動

從時間數列中剔除長期趨勢、循環變動和季節變動後，還有不可預測的不規則變化因素保留下來。不規則變動的原因有時很明顯，有時又難以捕捉，所以不規則變動具有不可預見性，不能用確切的公式加以確定。由於不規則變動的隨機性，在一段時間內這些隨機因素可以互相抵消，這樣，在對時間數列的變化因素進行分析時，可以不予考慮。例如上面例子中，以年為單位的時間數列，不規則變動因素可以忽略不計。

不規則的變動是由於不尋常的情況所產生的，隨機變動是偶然發生的。

不規則變動的產生原因爲短期、非預期及非重複因素對時間數列所產生的影響，例如戰爭、天災等。不規則變動無法事前預測。

1.7 時間數列的迴歸分析法

在進行任何時間數列的分析之前，繪製時間數列圖是一件非常重要的工作。時間數列圖可以讓我們大致了解該時間數列的長期趨勢，以及是否存有季節性變動（通常我們都會假設有季節性變動）。若是我們忽略了繪製時間數列圖而直接進行分析，可能會產生一些錯誤的結果，原因是長期趨勢主要有三種：線性（linear）、拋物線性（quadratic），以及指數型（exponential）長期趨勢。如果我們誤以爲某一時間數列的長期趨勢爲線性（實際上不是）而直接進行分析，那將影響往後的分析及預測。

一、線性趨勢方程式

如果從時間數列圖判斷出該時間數列大致上呈直線增加或減少，則可以假設此一長期趨勢爲：

$$y_t = \alpha + \beta t + \varepsilon_t \text{，} t = 1, 2, \cdots, n$$

二、二次曲線（拋物線）趨勢方程式

若時間數列呈現出拋物線的趨勢時，可以假設該長期趨勢方程式爲：

$$y_t = \alpha + \beta t + \gamma t^2 + \varepsilon_t \text{，} t = 1, 2, \cdots, n$$

三、指數趨勢方程式

假設此時間數列的長期趨勢爲指數型的長期趨勢，其趨勢方程式爲：

$$y_t = \alpha\beta^t + \varepsilon_t \text{，} t = 1, 2, \cdots n$$

爲了方便使用最小平方法分析，可將上式的兩邊取對數，使得：

$$\log y_t = \log\alpha + (\log\beta)t + \log\varepsilon_t \text{，} t = 1, 2, \cdots n$$

值得一提的是，指數型態的長期趨勢在許多生物、醫藥方面的研究中非常適用。

四、對於有季節性與趨勢的時間數列也可使用迴歸分析法

它是以虛擬變數定義季節性，並加入趨勢來進行迴歸。假設趨勢爲線性，即：

$$TR_i = b_0 + b_1 t$$

定義季節性虛擬變數如下：

$$Q_i = \begin{cases} 1，若資料在第\ i\ 季， \\ 0，若資料在第\ i\ 季 \end{cases}$$

則以時間數列 x_t 對 t 及 Q_1、Q_2、Q_3 進行複迴歸分析表示如下：

$$x_t = b_0 + b_1 t + b_2 Q_1 + b_3 Q_2 + b_4 Q_4 + \varepsilon_t$$

其中 $b_0 + b_1 t$ 是趨勢成分，$b_2 Q_1 + b_3 Q_2 + b_4 Q_4$ 是季節成分，ε_t 是隨機成分。

由於時間數列資料通常有數列相關之特性，因此，迴歸模型中的殘差項通常不是相互獨立，而是彼此相關的，因此必須估計殘差項數列相關之影響。

1.8 平均法與平滑法

一、移動平均法

此法是將最近的 k 期的時間數列資料加以平均，而所得的平均值用來預測下一期的時間數列值。使用移動平均法進行預測，能平滑掉需求的突然波動對預測結果的影響。但移動平均法運用時，也存在著如下問題：

1. 加大移動平均法的期數（即加大 n 值）會使平滑波動效果更好，但會使預測值對數據實際變動更不敏感。
2. 移動平均值並不能總是很好地反映出趨勢。由於是平均值，預測值總是停留在過去的水平上，而無法預計會導致將來更高或更低的波動。
3. 移動平均法需要大量的過去數據記錄。

二、加權移動平均法

此法是依據各期的重要性，而給予不同的權數來求 k 期移動平均數。在移動平均法中，利用 k 期計算移動平均數，每一期的觀測值具有相同的權數，然而當我們要預測某一值的數值時，通常最近一期的影響最大，而前幾期的影響較小。因此，最近一期的權數與前期的權數應不同。換句話說，我們應該根據各期不同的重要性，而給予不同的權數。

此法是一種利用過去的時間數列加權平均值以平滑資料，而得到加權的平滑值，然後用此數值預測下一期的時間數列值。

有關移動平均請一併參閱 1.9 中的說明。

三、指數平滑法

此處介紹一階指數平滑法（first-order exponential method），其公式爲：

$$F_{t+1} = \alpha Y_t + (1-\alpha)F_t \tag{1}$$

式中，F_{t+1}：下一期的預測值，Y_t：第 t 期的實際觀測值，

F_t：第 t 期的預測值，α：平滑指數（$0 \le \alpha \le 1$），

$t+1$ 期的預測值爲前一期（t 期）的實際觀測值與預測值的加權平均數，權數分別爲 α 與 $1-\alpha$。

(1) 式又可寫爲：

$$\begin{aligned} F_{t+1} &= \alpha Y_t + (1-\alpha)F_t \\ &= \alpha Y_t + F_t - \alpha F_t \\ &= F_t + \alpha(Y_t - F_t) \\ &= \text{第}\,t\,\text{期預測值} + \text{第}\,t\,\text{期預測誤差} \end{aligned} \tag{2}$$

若時間數列的不規則變動（隨機變異）較大時，則平滑指數 α 應較小，以避免因大的預測誤差而影響預測值。反之，若時間數列的不規則變動較小，隨機變異較小，當有預測誤差時，可經由較大的 α 值調整預測值。

現在假設我們有前三期的資料爲 Y_1、Y_2、Y_3，而要預測第 4 期的數值，利用指數平滑法設爲：

$$F_4 = \alpha Y_3 + (1-\alpha)F_3$$
$$F_3 = \alpha Y_2 + (1-\alpha)F_2$$

$$F_2 = \alpha Y_1 + (1-\alpha)F_1$$
$$F_1 = Y_1$$

則　$F_4 = \alpha Y_3 + \alpha(1-\alpha)Y_2 + (1-\alpha)^2 Y_1$

因此，若有 t 期的時間數列值，則可類推得 $t+1$ 的預測值，

$$F_{t+1} = \alpha Y_1 + \alpha(1-\alpha)Y_{t+1} + \alpha(1-\alpha)^2 Y_{t-2} + \cdots + (1-\alpha)^{t-1} Y_1$$

由上式可知，距預測期愈近的觀測值對預測值影響愈大，距預測期愈遠的觀測值影響愈小，因、Y_t、Y_{t-1}、$\cdots$ Y_1 的權數隨著（$1-\alpha$）的指數增加而遞減，這也是指數平滑法名稱之由來。

1.9 時間數列的變換方式

在時間數列分析中，經常將時間數列數據變換成各種形式。其中代表性的變換方法有：

1. 階差（差分）
2. 落後（lag）
3. 對數變換
4. 移動平均

一、階差的方法

所謂階差（或稱差分）是取差一事，對於時間數列數據

$$\cdots, x(t-p), x(t-p+1), \cdots, x(t-2), x(t-1), x(t)$$

而言，將

$$\Delta x(t) = x(t) - x(t-1)$$

稱為 1 次階差（first difference）。

階差的階差即為如下：

$$\begin{aligned}\Delta^2 x(t) &= \Delta\{\Delta x(t)\}\\ &= (x(t) - x(t-1)) - (x(t-1) - x(t-2))\\ &= x(t) - 2x(t-1) + x(t-2)\end{aligned}$$

稱爲 2 次階差（second difference）。

二、落後法

對時間數列數據而言，

$$\cdots, x(t-p), x(t-p+1), \cdots, x(t-2), x(t-1), x(t)$$

將

$$L\,x(t) = x(t-1)$$

稱爲 1 次落後（first lag）。

$$L^2 x(t) = L(L\,x(t)) = x(t-2)$$

稱爲 2 次落後（second lag）。

在時間數列分析中，發現先行指標或後行指標（或稱遲行指標）是很重要的。因此，先調查與 1 期前的時間數列或 1 期後的時間數列之關係是有需要的，這就是爲什麼要取落後的理由。

三、對數變換法

所謂對數變換是將時間數列 $x(t)$ 取對數一事，亦即：

$$x(t) \Rightarrow \log x(t)$$

在對數中有以下重要的性質：

$$A \times B \xrightarrow{\text{對數}} \log(A \times B) = \log A + \log B$$

亦即，對數有將乘算變成加算的性質。

經對數變換後，時間數列數據的變動即變得平緩。此即取對數變換，非定常時間數列可接近定常時間數列。

四、移動平均法

移動平均有 3 項移動平均、5 項移動平均、12 個月移動平均。

移動平均可從時間數列數據中去除季節變動與不規則變動。對如下數列來說：

$$x(1), x(2), x(3), x(4), x(5), x(6), x(7), \cdots, x(t-2), x(t-1), x(t)$$

3 項移動平均

$$\frac{x(t-2)+x(t-1)+x(t)}{3}$$

5 項移動平均

$$\frac{x(t-4)+x(t-3)+x(t-2)+x(t-1)+x(t)}{5}$$

12 個月移動平均

時間	數據	12 個月平均（移動平均：MA）	2 項平均（中心化移動平均：CMA）
1 月	$x(1)$		
2 月	$x(2)$		
3 月	$x(3)$		
4 月	$x(4)$		
5 月	$x(5)$		
6 月	$x(6)$	$\bar{x}(6.5)=\frac{x(1)+x(2)+\cdots+x(12)}{12}$	
7 月	$x(7)$		$\bar{x}(7)=\frac{\bar{x}(6.5)+\bar{x}(7.5)}{2}$
8 月	$x(8)$	$\bar{x}(7.5)=\frac{x(2)+x(3)+\cdots+x(13)}{12}$	$\bar{x}(8)=\frac{\bar{x}(7.5)+\bar{x}(8.5)}{2}$
9 月	$x(9)$	$\bar{x}(8.5)$	$\bar{x}(9)$
10 月	$x(10)$	$\bar{x}(9.5)$	$\bar{x}(10)$
11 月	$x(11)$	$\bar{x}(10.5)$	$\bar{x}(11)$
12 月	$x(12)$	$\bar{x}(11.5)$	$\bar{x}(12)$
1 月	$x(13)$	$\bar{x}(12.5)$	
2 月	$x(14)$	$\bar{x}(13.5)$	$\bar{x}(13)=\frac{\bar{x}(12.5)+\bar{x}(13.5)}{2}$
3 月	$x(15)$	$\bar{x}(14.5)=\frac{x(9)+x(10)+\cdots+x(20)}{12}$	
⋮	⋮		

取 12 個月平均時，時間變成 6.5 月、7.5 月、8.5 月……。為了成為 7 月、8 月、9 月……，再度取相鄰間的平均。

1.10 預測精確度的衡量

預測誤差（error）是針對給定的期數，其實際值與預測值的差。

一、預測的方法

1. 判斷性預測（judgmental forecasts）：採用主觀的投入。
2. 時間數列預測（time-series forecasts）：假設未來將與過去相似，利用歷史資料推估。
3. 關聯性預測（associative models）：利用解釋性變數預測未來。

預測是否精確，最常用的衡量指數有：

1. 平均平方差（**Mean Square Error, MSE**）

$$MSE = \frac{1}{n}\sum_{i=1}^{n}(Y_t - \hat{Y}_t)^2$$

2. 平均絕對差（**Mean Absolute Error, MAE**）

$$MAE = \frac{1}{n}\sum_{i=1}^{n}|Y_t - \hat{Y}_t|$$

3. 平均絕對百分比誤差（**Mean Absolute Percent Error, MAPE**）

$$MAPE = \frac{1}{n}\sum_{i=1}^{n}\frac{|Y_t - \hat{Y}_t|}{Y_t} \times 100$$

其中 Y_t：眞實觀測值，$\hat{Y}_t$：預測值，$\bar{n}$：預測的期數。

1.11 自我相關函數和偏自我相關函數

自我相關和偏自我相關是用於測量當前序列值和過去序列值之間的關聯性，可顯示出哪一個過去序列值對預測將來值時最有用。了解了此內容，您就可以決定 ARIMA 模型中處理過程的順序。

更具體來說：

1. 自我相關函數（ACF）落後 k 時，這是相距 k 個時間間隔的序列值之間的相關關係。

2. 偏自我相關函數（PACF）落後 k 時，這是相距 k 個時間間隔的序列值之間的相關關係，同時考慮了間隔之間的值。

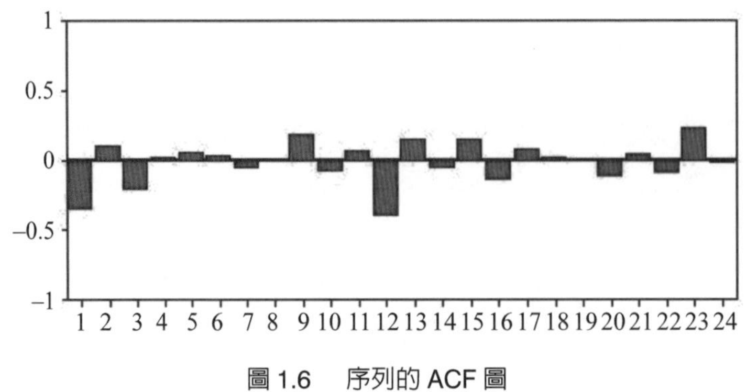

圖 1.6　序列的 ACF 圖

ACF 圖的 x 軸顯示計算自我相關的落後數；y 軸表示相關關係的值（介於 –1 和 1 之間）。例如，ACF 圖中落後 1 的尖峰值是表示每個序列值與前面的值有強列的相關，落後 2 的尖峰值是表示每個序列值與以前兩個點之間的值有強烈的相關，依此類推。

1. 正相關是表示較大的當前值與指定落後的較大值相對應；負相關是表示較大的當前值與指定落後的較小值相對應。
2. 相關的絕對值是關聯強度的測量，絕對值越大表明關係越強。

1.12 自我迴歸模型 AR(p)

自我迴歸模型描述的是當前值與歷史值之間的關係。實際的時間數列數據在未知的構造下，包含有相當多的擾亂因子被用於預測。以最直接的構造表現來說，有 Box-Jenkins 所提倡的一連串自我迴歸模型。

首先介紹的是 AR 模型（AutoRegressive model）。

p 次的自我迴歸模型 $AR(p)$ 可以如下定義：

$$Y_t = \sum_{m=1}^{p} a_m Y_{t-m} + e_t \quad , \quad E(e_t) = 0$$

$$E(e_t e_s) = \sigma^2 \quad , \quad t = s$$

$$\qquad = 0 \quad , \quad t \neq s$$

$$E(e_t Y_{t-m}) = 0 \quad , \quad m = 1, 2, \cdots, p$$

此 p 次的自我迴歸模型定常的條件是該模型的 p 次特性方程式

$$1 - a_1 z - a_2 z^2 - \cdots - a_p z^p = 0$$

根的絕對值大於 1。譬如，1 次的自我迴歸模型 $AR(1)$，$Y_t = aY_{t-1} + e_t$ 的定常性的條件是 $1 - az = 0$ 根 $z = 1/a$ 的絕對值大於 1（$|a| < 1$）。

自我迴歸方法的優點是所需資料不多，可用自我變數數列來進行預測。但是這種方法受到一定的限制：

1. 必須具有自我相關，自我相關係數是關鍵。如果自我相關係數（R）小於 0.5，則不宜採用，否則預測結果極不準確。
2. 自我迴歸只能適用於預測與自我前期相關的經濟現象，即受自我歷史因素影響較大的經濟現象，如礦產的開採量、各種自然資源產量等；對於受社會因素影響較大的經濟現象，不宜採用自我迴歸，而應改採可納入其他變數的向量自我迴歸模型（VAR）。

〔註〕

VAR 模型描述在同一樣本期間內的 n 個變量（內生變量）可以作爲它們過去值的線性函數。

一個 VAR(p) 模型可以寫成：

$$y_t = c + A_1 y_{t-1} + A_2 y_{t-2} + \cdots + A_p y_{t-p} + e_t$$

其中：c 是 $n \times 1$ 常數向量，A_i 是 $n \times n$ 矩陣，e_t 是 $n \times 1$ 誤差向量，滿足：

1. $E(e_t) = 0$ 誤差項的均值爲 0
2. $E(e_t e_t') = \Omega$：誤差項的共變異數矩陣爲 Ω（一個 $n \times n$ 正定矩陣）
3. $E(e_t e'_{t-k}) = 0$（對於所有不爲 0 的 k 都滿足）：誤差項不存在自我相關

1.13 移動平均模型 MA(q)

$MA(p)$ 的假設條件不滿足時，可以考慮用此形式。移動平均模型（Moving-Average model）$MA(q)$ 描述的是自我迴歸部分的誤差累計。q 次的移動平均模型可以如下定義：

$$Y_t = e_t - \sum_{m=1}^{q} b_m e_{m-t}$$

這是與 1 次自我迴歸模型 $AR(1)$ 如下式能以誤差系列來表現有關。

$$Y_t = aY_{t-1} + e_t = a(aY_{t-2} + e_{t-1}) + e_t = a^2Y_{t-2} + ae_{t-1} + e_t = \cdots$$
$$= e_t + ae_{t-1} + a^2e_{t-2} + \cdots$$

另外，高次的移動平均模型，顯示能以低次自我迴歸模型來近似。並且，對應低次自我迴歸模型爲定常的移動平均模型的條件，稱爲反轉可能的條件。亦即，在 q 次的移動平均模型中反轉可能的條件是：

$$1 - b_1z - b_2z^2 - \cdots - b_q z^q = 0$$

根的絕對值比 1 大。

MA(q) 模型中有問題的是「如何決定 q 值」，因此：

1. 製作時間數列數據的「自我相關圖、偏自我相關圖」。

一面觀察此 2 個圖，一面「決定 q 值」。 ←【模型的判定】

以 q 之值來說，一般 q = 1 或 q = 2，因此採用 MA(1) 模型、MA(2) 模型之中的任一者。

2. 其次，必須決定自我迴歸模型的「係數 $\mathbf{b_1}$、$\mathbf{b_2}$」。

以此方法來說，有大家熟知的「最大概似法」。 ←【模型的估計】

3. 最後確認「所求出的模型是否正確」。 ←【模型的診斷】

1.14 自我迴歸移動平均模型 ARMA(p, q)

ARMA(p, q) 是 AR(p) 與 MA(q) 的混合模型，ARMA(p, q)（Auto Regressive Moving Average model）模型中包含了 p 個自回歸項和 q 個移動平均項，自我迴歸移動平均模型 ARMA（p, q）可以如下表現：

$$Y_t - \sum_{m=1}^{q} a_m Y_{t-m} = e_t - \sum_{m=1}^{q} b_m e_{m-t}$$

上面的模型中係數 $\{a_m\}$ 如均爲 0 時，即爲移動平均模型，係數 $\{b_m\}$ 均爲 0 時，即爲自我迴歸模型。以此觀點來看，自我迴歸移動平均模型包含移動平均模型與自我迴歸模型。此模型的定常性與反轉可能性分別取決於自我迴歸模型部分與移動平均部分而定。

自我相關函數（ACF）和偏自我相關函數（PACF）是判斷 ARMA 落後期數的兩種基本方法，平穩型過程自我相關係數有兩種趨勢：

1. 遞減（die out）：隨著時差之增加而漸漸消失之趨勢

2. 截斷（cut off）：在某一特殊時差 $k=q$ 之後切斷之趨勢（即當所有 $k>q$ 時）

模型鑑定方式如下：

1. 在 AR(p) 模型中，ACF 爲指數遞減，PACF 在 p 期截斷。
2. 在 MA(q) 模型中，PACF 爲指數遞減，ACF 在 q 期截斷。
3. 在 ARMA(q) 模型中，ACF 和 PACF 皆爲指數遞減。

模型	理論上 ACF	理論上 PACF
白噪音	全為零	全為零
AR(1)	漸漸消失	落差一期後消失
AR(2)	漸漸消失	落差二期後消失
MA(1)	落差一期後消失	漸漸消失
MA(2)	落差二期後消失	漸漸消失
AR(1, 1)	漸漸消失	漸漸消失
AR(p, q)	q-p 期後漸漸消失	p-q 期後漸漸消失

1.15 自我迴歸整合移動平均模型 ARIMA(p, d, q)

爲了非定常的時間數列數據的定式化，取原數列的階差（或稱差分），對該數列適配 *ARMA* 模型時，即成爲 *ARIMA*(*p*, *d*, *q*)，*p* 是表示自我迴歸部分的次數，*d* 表示階差的階數，*q* 表示移動平均部分的次數，階差雖未出現在 *ARIMA* 的英文名稱中，卻是關鍵步驟。將原數列的階差數列 $Z_t = Y_t - Y_{t-1}$ 以 *ARMA*(1, 1) 適配，亦即 $Z_t = aZ_{t-1} + e_t - be_{t-1}$ 即成爲 *ARIMA*(1, 1, 1) 模型。

ARIMA 模型（Autoregressive Integrated Moving Average model）又稱爲自我迴歸整合移動平均模型，是由博克思（Box）和詹金斯（Jenkins）於 70 年代初提出的一著名時間數列預測方法，所以又稱爲 **Box-Jenkins 模型**。

ARIMA(*p*, *d*, *q*) 模型是 *ARMA*(*p*, *q*) 型的擴展。

一時間數列 $\{X_t\}$，若對任意 t 可寫成：

$$\phi_p(L)(1-L)^d X_t = \theta_q(L)\varepsilon_t$$

其中$\varepsilon_t \sim WN(0,\sigma^2)$，又式中 WN 為 White Noise 的簡稱；d 表示差分的階數；L 是落後因子（lag operator）；$\phi_p(L)=(1-\phi_1 L-\ldots-\phi_p L^p)$且$\phi_p(L)=0$之根必須落在單位圓之外；$\theta_q(L)=(1-\theta_1 L-\ldots-\theta_q L^q)$且$\theta_p(L)=0$之根必須落在單位圓之外。我們稱此時間數列 $\{X_t\}$ 為一個自我迴歸整合移動平均模型，記作 ARIMA(p, d, q)。

Box-Jenkins 模型是時間數列分析領域中最普遍、應用最廣的模型。Box-Jenkins 對於 ARMA 的階次認定提供了良好的辨認策略，主要是依據自我相關函數（ACF）與偏自我相關函數（PACF）所表現的收斂型態來進行階次判定，之後再估計此模型的參數，並檢定預測殘差值，以判定模型是否正確或者需要重新修正，其判斷流程如下圖所示。

於應用 Box-Jenkins 模型可分為五個步驟：

1. 非恆定數列（non-stationary）之轉換

根據自我相關函數和偏自我相關函數圖識別其平穩性，一般的作法是觀察時間數列的 ACF 圖，非恆定的序列其 ACF 圖不會逐漸消失。對非平穩的數列進行平穩化處理，先 n 階差分以得到穩定（stationary）的數列。

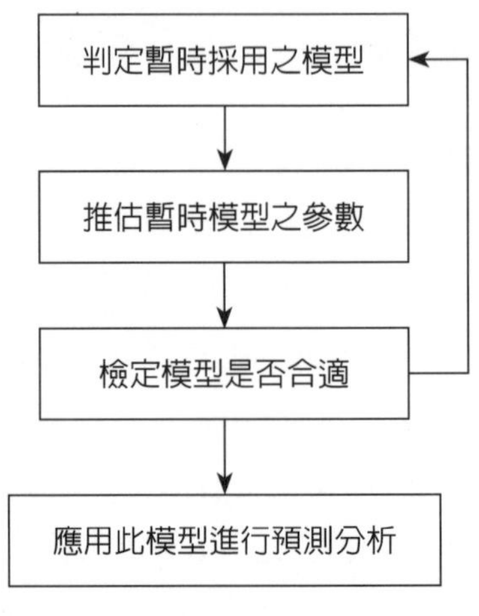

圖 1.7　分析流程圖

2. 初步鑑定

計算樣本的自我相關函數與偏自我相關函數，判斷 ARMA(p, q) 的階數，平穩化處理後，若偏自我相關函數是截尾的（truncate），而自我相關函數是拖尾的，則建立 AR 模型；若偏自我相關函數是拖尾的，而自我相關函數是截尾的，則建立 MA 模型；若偏自我相關函數和自我相關函數均是拖尾的，則序列適合 ARMA 模型。

3. 參數估計

選擇參數使得隨機誤差的平方加總為最小。

4. 診斷檢定

以 AIC（Akaike Information Criterion）或 SIC（Schwartz Information Criterion）準則來選取。

5. 預測

進行樣本內、樣本外預測。

1.16 相關係數

時間數列如下使之對應時，也可求出相關係數。

時間	數列	對應	時間	數列
1	$x(1)$	←→	1	$x(1)$
2	$x(2)$	←→	2	$x(2)$
3	$x(3)$	←→	3	$x(3)$
⋮	⋮	⋮	⋮	⋮
N	$x(N)$	←→	N	$x(N)$

此對應的相關係數當然成為 1，但時間數列的重點是預測過去的影響大小。因此不妨調查與前一期的關係，此即有領導與落後的情形。

一、交叉相關係數（Cross Correlation Coefficient）

在 2 個時間數列數據中，也許會有時間落後的情形。因此，視考察「挪移 1 期」的情形。此想法與 1 次自我相關係數相同。但是，「挪移 1 期」時，有 2 種方式。

1. 其一是將 $\{x(t)\}$ 向右挪移…lag + 1。

⇨	$x(1)$	$x(2)$	…	$x(t-2)$	$x(t-1)$	$x(t)$
$y(1)$	$y(2)$	$y(3)$	…	$y(t-1)$	$y(t)$	

此時，對時間數列 $\{y(t)\}$ 來說，將時間數列 $\{x(t)\}$ 稱爲 lag − 1 的先行。

2. 其二是將 $\{x(t)\}$ 向左挪移…lag − 1。

$x(1)$	$x(2)$	…	$x(t-2)$	$x(t-1)$	$x(t)$	⇦
	$y(1)$	$y(2)$	$y(3)$	…	$y(t-1)$	$y(t)$

此時，對時間數列 $\{y(t)\}$ 來說，將時間數列 $\{x(t)\}$ 稱爲 lag − 1 的先行。也有將時間數列 $\{x(t)\}$ 稱爲 lag − 1 的後行。

前者的 1 次交叉相關係數是

$$\frac{(x(1)-\bar{x})(y(2)-\bar{y})+\cdots+(x(t-1)-\bar{x})(y(t)-\bar{y})}{\sqrt{(x(1)-\bar{x})^2+\cdots+(x(t)-\bar{x})^2}\sqrt{(y(1)-\bar{y})^2+\cdots+(y(t)-\bar{y})^2}}$$

後者的 1 次交叉相關係數是

$$\frac{(x(2)-\bar{x})(y(1)-\bar{y})+\cdots+(x(t)-\bar{x})(y(t-1)-\bar{y})}{\sqrt{(x(1)-\bar{x})^2+\cdots+(x(t)-\bar{x})^2}\sqrt{(y(1)-\bar{y})^2+\cdots+(y(t)-\bar{y})^2}}$$

1.17 隨機漫步

隨機漫步（英語：Random Walk，縮寫爲 RW），1905 年，由卡爾 · 皮爾遜（Karl Pearson）首次提出，是一種數學統計模型，由一連串的軌跡所組成，其中每一次都是隨機的。它能用來表示不規則的變動形式，如同一個人酒後亂步，所形成的隨機過程記錄。

通常，我們可以假設隨機漫步是以馬爾可夫鏈或馬可夫過程的形式出現，但是比較複雜的隨機漫步則不一定以這種形式出現。在某些限制條件下，會出現一些比較特殊的模型，如醉漢走路（drunkard's walk）或萊維飛行（Lévy flight）。

假想一個粒子在水平直線上一步步的左右移動，而且每步的距離皆爲一個單位長；其向右及向左的機率各爲 p 與 q = 1 − p（0 < p < q）。此外，假設每一單位時間只移動一步，而且第 n 步在第 n 個瞬間獨立進行動作。若視直線爲 R1，而視一個單位長爲 1（向右一步驟以 +1 表示，向左一步驟以 −1 表示），則此粒子在 R1 上之可能位置爲整數，其數學模型描述如下：

假設 Xn 爲粒子第 n 步驟的位移，則 $\{X_n : n \in N\}$ 爲一族取值 $\{+1, -1\}$ 的獨立隨機數，而且對任一整數 $n \geq 1$，

$$P\{X_n = 1\} = p$$
$$P\{X_n = -1\} = q$$

若以 w_0 表示粒子之原始位置，則在時間 n 粒子的位置爲：

$$W_n = W_0 + X_1 + X_2 + \cdots + X_n$$
$$n = 0, 1, 2, \cdots$$

此一數列的隨機變數 $\{W_n : n = 0, 1, 2, \cdots\}$ 即稱爲隨機漫步。

$\{W_n\}$ 所在的樣本空間 Ω 可取爲：

$$\Omega = \{\omega : \omega = (\omega_0, \omega_1, \omega_2, \cdots), \omega_i \in \mathrm{Z}\}$$

然後定義 $W_n(\omega) = \omega_n$，當 $p = q = \frac{1}{2}$ 時，我們稱 $\{W_n\}$ 爲對稱性隨機漫步。$p \neq q$ 的模型稱爲非對稱隨機漫步。

1965年，尤金 · 法馬（Eugene F. Fama）發表了《股票市場價格的隨機漫步》（Random Walks In Stock Market Prices），正式形成這個假說。1973 年，在普林斯頓大學伯頓 · 墨爾基爾（Burton Malkiel）教授出版《漫步華爾街》一書之後，這個假說開始爲人所熟知。

隨機漫步的數學模型表示如下：

$$Y_{i,t} = \alpha + Y_{i,t-1} + \varepsilon_t$$

$Y_{i,t}$：t 時刻 i 股票價格的自然對數

α：常數

iid：獨立同等分配

ε_t：誤差項

1.18 白色干擾

「白色」僅意味著訊號是不相關的，白色干擾（white noise）的定義除了要求均值爲零外，並沒有對訊號應當服從哪種機率分布作出任何假設。因此，如果某白色干擾過程服從高斯（Gaussian）分布，則它是「高斯白色干擾」。類似的，還有 Poisson 白色干擾、Cauchy 白色干擾等。人們經常將高斯白色干擾與白色干擾相混同，這是不正確的認識。根據中心極限定理，高斯白色干擾是許多現實世界過程的一個很好的近似，並且能夠生成數學上可以跟蹤的模型，這些模型用得如此頻繁，以至於加性高斯白色干擾（Additive White Gaussian Noise）成了一個標準的縮寫詞：AWGN。此外，高斯白色干擾有著非常有用的統計學特性，因爲高斯變量的獨立性與不相關性等價。

假設 ε_{t-1}、ε_0、ε_1、ε_2、… ε_t …爲獨立隨機變數，

且，$E(\varepsilon_t) = 0, V(\varepsilon_t) = \sigma^2$，則 $\{\varepsilon_t\}$ 是平穩的（與 t 無關），

此過程稱之爲白干擾過程。

以下介紹幾項干擾的定義，令 x 代表干擾：

雜訊	數學式	說明
White noise	$E[x_{white}] = 0$ $E[f_{white}(t) f_{white}(t-\tau)] = \delta(\tau)$	白色干擾的數學期望值為 0，雜訊之平均值為零，E 表示期望值；且自我相關函數為 Kronecker Delta（δ）。
Gaussian noise	$x_x = \frac{1}{\sigma\sqrt{2\pi}} e^{-\frac{(t-\bar{t})^2}{2\sigma^2}}$	若雜訊在統計上呈現 Normal Distribution 高斯分布，則此雜訊為 Gaussian Noise。高斯分布的期望值 $\bar{t}$ 決定了其位置，其標準差 σ 決定了分布的幅度。

（接下頁）

雜訊	數學式	說明
Brownian noise	$F[x_{brown}(t)]^2 \propto \frac{1}{f^2}$	此雜訊之傅立葉轉換密度值反比於頻率平方；F 表示傅立葉轉換之密度值，f 表示頻率。
Blue noise	$F[x_{blue}(t)]^2 \propto f$	此雜訊之傅立葉轉換密度值正比於頻率；F 表示傅立葉轉換之密度值，f 表示頻率。

1.19 傳遞函數

假設一個線性非時變系統（linear time-invariant systems）其微分方程式爲：

$$a_n \frac{d^n c(t)}{dt^n} + a_{n-1} \frac{d^{n-1} c(t)}{dt^{n-1}} + \cdots + a_0 c(t) = b_m \frac{d^m r(t)}{dt^m} + b_{m-1} \frac{d^{m-1} r(t)}{dt^{m-1}} + \cdots + b_0 r(t)$$

取拉式轉換（laplace transformation），且令初始條件皆爲 0。可得：

$$(a_n s^n + a_{n-1} s^{n-1} + \cdots + a_0) C(s) = (b_m s^m + b_{m-1} s^{m-1} + \cdots + b_0) R(s)$$

針對一線性非時變系統而言，其傳遞函數 G(s) 可定義爲在 s- 領域中，輸出 C(s) 與輸入 R(s) 的比值，這裡初始條件皆假設爲 0。

$$\frac{C(s)}{R(s)} = G(s) = \frac{(b_m s^m + b_{m-1} s^{m-1} + \cdots + b_0)}{(a_n s^n + a_{n-1} s^{n-1} + \cdots + a_0)}$$

我們稱此一比值 G(s) 爲**傳遞函數**（transfer function）。

有關傳遞函數的性質整理如下：

1. 傳遞函數只定義於線性非時變系統，對非線性系統則無意義。
2. 系統的輸入變數與輸出變數之間的傳遞函數定義爲脈衝響應的拉氏轉換。換言之，是輸出的拉氏轉換與輸入的拉氏轉換之比。
3. 系統的所有起始條件均假設爲零。
4. 傳遞函數爲系統輸出與系統輸入之間的拉氏轉換比值，函數本身只與微分方程式的係數有關，與輸出或輸入信號則無任何關係。
5. 連續資料系統的傳遞函數表示成僅爲複變數 s 的函數，而非實變數、時間或任何其他獨立變數的函數。離散資料系統可用差分方程式來表示，當使用 z 轉換時，傳遞函數就變成複變數 z 的函數。

1.20 時間數列預測法的分類

時間數列預測法可用於短期預測、中期預測和長期預測。根據對資料分析方法的不同，又可分爲：簡單序時平均數法（chronological average）、加權序時平均數法、移動平均法、加權移動平均法、趨勢預測法、指數平滑法、季節性趨勢預測法、市場壽命週期預測法等。

一、簡單序時平均數法

也稱算術平均法，即把若干歷史時期的統計數值作爲觀察值，求出算術平均數作爲下期預測值。這種方法基於下列假設：「過去這樣，今後也將這樣」把近期和遠期數據等同化和平均化，因此只能適用於事物變化不大的趨勢預測。如果事物呈現某種上升或下降的趨勢，就不宜採用此法。序時平均數的計算依據是時間數列；一般平均數的計算依據是變數數列。

二、加權序時平均數法

就是把各個時期的歷史數據按近期和遠期影響程度進行加權，求出平均值，作爲下期預測值。

三、簡單移動平均法

就是相繼移動計算若干時期的算術平均數作爲下期預測值。

四、加權移動平均法

即將簡單移動平均數進行加權計算。在確定權數時，近期觀察值的權數應該大些，遠期觀察值的權數應該小些。

上述幾種方法雖然簡便，能迅速求出預測值，但由於沒有考慮整個社會經濟發展的新動向和其他因素的影響，所以準確性較差。應根據新的情況，對預測結果作必要的修正。

五、指數平滑法

即根據歷史資料的上期實際數和預測值，用指數加權的辦法進行預測。此法實質是由內加權移動平均法演變而來的一種方法，優點是只要有上期實際數和上期預測值，就可計算下期的預測值，這樣可以節省很多數據和處理數據的時間，減少數據的儲存量，方法簡便，是國外廣泛使用的一種短期預測方法。

六、季節趨勢預測法

根據經濟事物每年重複出現的週期性季節變動指數，預測其季節性變動趨勢。推算季節性指數可採用不同的方法，常用的方法有季（月）別平均法和移動平均法兩種：

1. 季（月）別平均法

就是把各年度的數值分季（或月）加以平均，除以各年季（或月）的總平均數，得出各季（月）指數。這種方法可以用來分析生產、銷售、原材料儲備、預計資金周轉需要量等方面的經濟事物的季節性變動。

2. 移動平均法

即應用移動平均數計算比例，求典型季節指數。

七、市場壽命週期預測法

針對產品市場壽命週期的分析研究。例如對處於成長期的產品預測其銷售量，最常用的一種方法就是根據統計資料，按時間數列畫成曲線圖，再將曲線外延，即得到未來銷售發展趨勢。最簡單的外延方法是直線外延法，適用於對耐用消費品的預測，這種方法簡單、直觀、易於掌握。

1.21　模型的估計與選擇

在時間數列的實證中，一個正確的模型需要經過反覆地設定、診斷檢定、調整，才有辦法得到。底下所描述的時間數列模型建構步驟，一般又稱為 Box-Jenkins 法。

1. 畫出資料的圖形（時間數列圖、當期與落後期的散布圖）

包括原始資料、轉換後的資料（對數、一階差分等）；圖形可以讓我們對時間數列的性質有一初步的概念，例如是否有趨勢、是否有循環型態。接下來的步驟中，假設時間數列是穩定的（可能需將原始數列經過轉換；通常需經過正式的穩定性檢定）。

2. 決定落後期數

計算樣本自我相關函數（SACF）與樣本偏自我相關函數（SPACF），這可讓我們了解時間數列的自我相關，並於初始步驟指定出ARMA(p, q)模型的落後期p與q。

3. 估計模型參數

在決定了落後期p與q之後，就可估計ARMA(p, q)模型的參數。

4. 診斷檢定

檢查模型是否眞的捕捉住時間數列的相關性【無剩餘自我相關】，也可檢驗模型所做出的預測是否可靠。

5. 改善模型

第4步驟的結果指出模型並不恰當，則重複步驟1-4；根據診斷檢定的結果調整模型（這也許會導致其他的ARMA模型（如包含趨勢）或非線性模型）。

6. 使用模型

當我們認爲上述步驟所設定出的模型是可靠的時候，就可開始運用該模型（例如拿模型來做樣本外預測）。

1.22 自我迴歸的檢定

迴歸分析中有一個假設是殘差項無相關或殘差項無自我相關，即 $COV(\varepsilon_i, \varepsilon_j) = 0$，$i \neq j$，$i, j = 1, 2, \cdots, n$，表示任何兩個殘差項無相關，或共變數爲0，然而有時候殘差項是相關的，例如利用時間數列的資料來分析問題。殘差値的變動與前期無關，因此無自我相關，如上一期的 ε 値高，下一期的 ε 値亦愈高，因此前後期具自我相關。當迴歸方程式的殘差發生相關時，則稱發生自我相關（Auto Regression, AR），通常發生於時間數列資料。發生自我相關時，一般會使用最小平方估計式發生偏誤，且不爲最小變異不偏估計式（BLUE）。

假設時間序列的迴歸模型爲：

$$Y_i = \alpha + \beta X_i + \varepsilon_i,\ i = 1, 2, \cdots, n$$

我們可以利用杜賓─瓦森檢定（Durbin-Watson test）來檢定模型是否發生自

我相關，檢定步驟如下：

1. 利用最小平方法求得估計的迴歸方程式

$$\hat{Y}_i = \hat{\alpha} + \hat{\beta} X_i$$

2. 計算估計殘差值

$$e_i = Y_i - \hat{Y}_i$$

3. 檢定統計量爲

$$DW = \frac{\sum_{2}^{k}(e_i - e_{i-1})^2}{\sum_{i=1}^{n} e_i^2}$$

4. 查 DW 值表

正相關	不能判定	無自我相關	不能判定	負相關

0　　d_L　　d_u　　2　　$4-d_u$　　$4-d_L$　　4

由表可根據解釋變數個數 k 及樣本數 n 查出 DW 的臨界值 d_L 及 d_u。其決策法則爲：

若 $DW < d_L$，則判定殘差值爲正的自我相關。

若 $DW > 4 - d_L$，則判定爲負的自我相關。

若 $d_u < DW < 4 - d_u$，則判定無自我相關。

若 $d_L < DW < d_u$，$4 - d_u < DW < 4 - d_L$，則無法判定。

第 2 章　時間數列分析可以知道什麼？

2.1　如表現成圖形時

所謂時間數列數據

$$\{x(1), x(2), x(3), \cdots, x(t-2), x(t-1), x(t)\}$$

是指隨時間 t 一起改變的數據。

因此，將時間取成橫軸，將時間數列數據 $\{X(t)\}$ 取成縱軸，表現成圖形時，即爲如下：

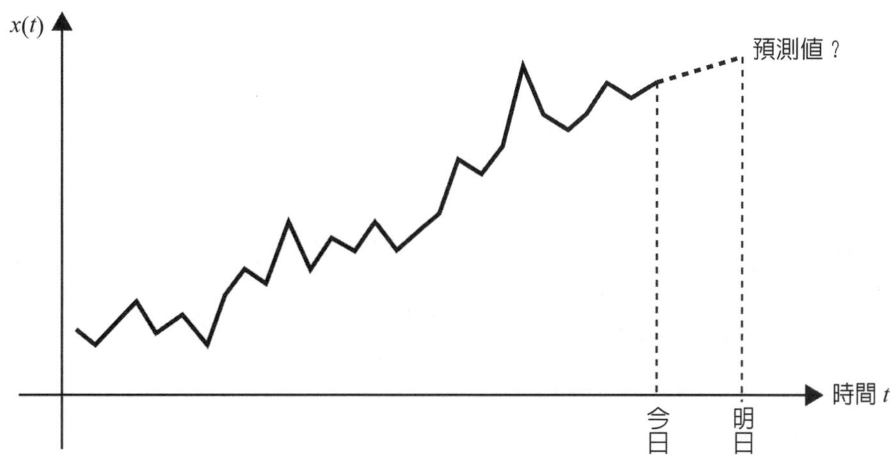

圖 2.1　時間數列圖形

像這樣以折線圖繪製時，可以清楚了解時間數列數據 {X(t)} 的變化情形，因此似乎可以預測明日之值。

2.2　如採取移動平均來觀察時

所謂時間數列數據

$$\{x(1), x(2), x(3), \cdots, x(t-2), x(t-1), x(t)\}$$

是指隨時間 t 一起改變的數據。

因此，將時間數列數據 $\{x(t)\}$ 以移動平均來觀察時，即為如下：

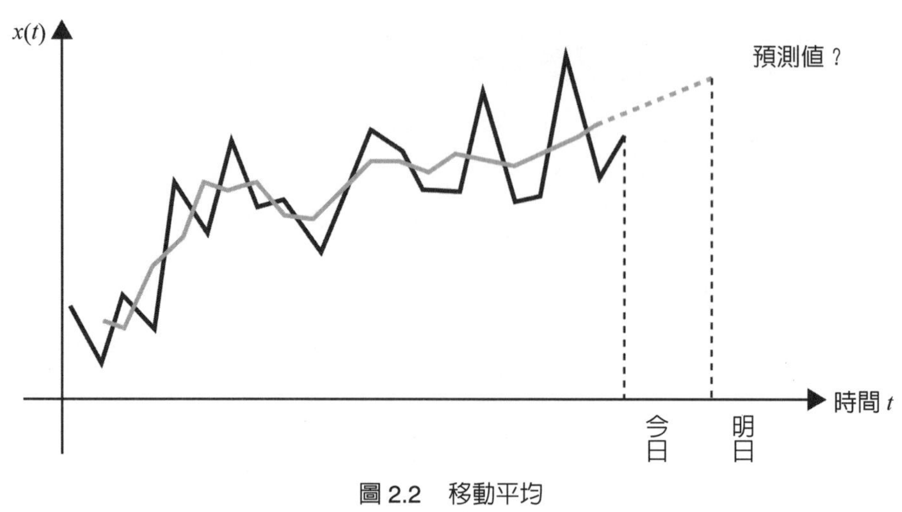

圖 2.2　移動平均

移動平均是取時間 t 前後的平均值，所以時間數列數據變得平滑，能容易預測明日之值。

關鍵字

時間數列數據：Time series data

時間數列分析：Time series analysis

移動平均：Moving average

2.3 如使用自我相關係數時

所謂時間數列數據

$$\{x(1), x(2), x(3), \cdots, x(t-2), x(t-1), x(t)\}$$

是指隨時間 t 一起改變的數據。

因此，試著計算自我相關係數，再描畫其圖形看看。

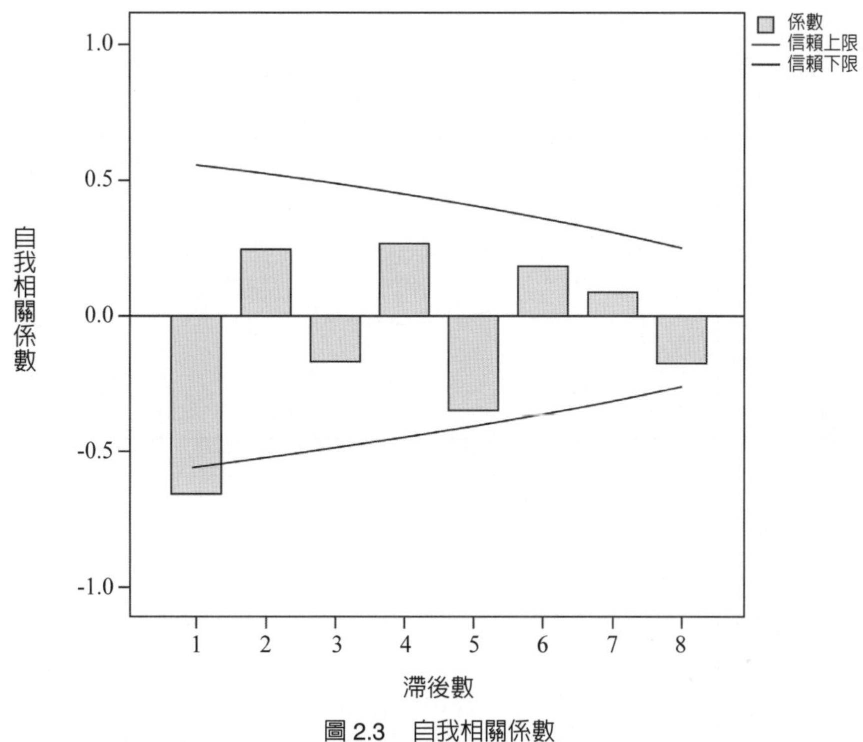

圖 2.3　自我相關係數

所謂自我相關係數是針對 1 變數的時間數列數據 {x(t)} 挪移時間 t 之後所計算的相關係數。

如計算此相關係數時，即可依序調查

與前 1 期的關係強度——落後 1

與前 2 期的關係強度——落後 2

⋮

與前 m 期的關係強度——落後 m

2.4 如使用交差相關係數時

所謂時間數列數據

$$\{x(1), x(2), x(3), \cdots, x(t-2), x(t-1), x(t)\}$$

是指隨時間 t 一起改變的數據。

因此，試著計算交差相關係數，再描畫其圖形看看。

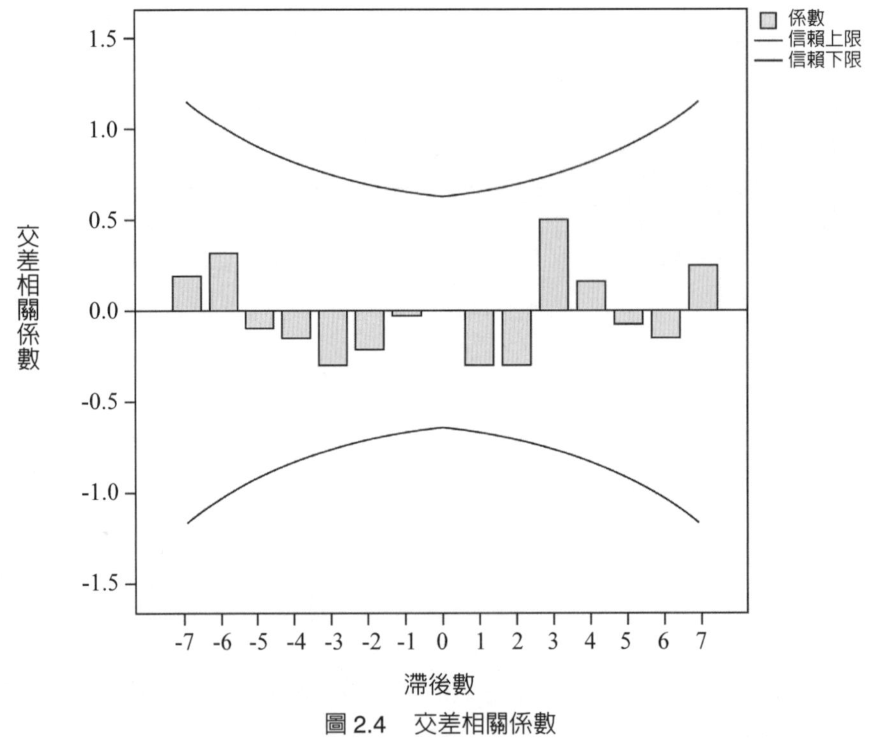

圖 2.4　交差相關係數

所謂交差相關係數是針對 2 個時間數列數據 {x(t)},{y(t)} 挪移時間 t 之後所計算而得的 {x(t)} 與 {y(t)} 的相關係數。

如計算此交差相關係數時，即可調查 2 個時間數列數據 {x(t)},{y(t)} 的挪移關係。

關鍵字

自我相關係數：Autocorrelation coefficient

交差相關係數：Cross correlation coefficient

2.5 如利用指數平滑化時

所謂時間數列數據

$$\{x(1), x(2), x(3), \cdots, x(t-2), x(t-1), x(t)\}$$

是指隨時間 t 一起改變的數據。

因此，試著利用「指數平滑化」看看。

所謂指數平滑化是指如下所表現的式子：

$$\underline{\hat{x}(t,1)} = a \cdot \underline{x(t)} + (1-a) \cdot \underline{\hat{x}(t-1,1)}$$

明日的預測值　今日之值　今日的預測值＝過去以來的影響

如利用此式時，從今日之值 $x(t)$ 與今日的預測值 $\hat{x}(t-1,1)$ 即可預測。

〔註〕於時點 t 的下 1 期的預測值以 $\hat{x}(t-1,1)$ 表示。

關鍵字

指數平滑化：Exponential smoothing

2.6 如利用自我迴歸模型時

時間數列數據

$$\{x(1), x(2), x(3), \cdots, x(t-2), x(t-1), x(t)\}$$

是指隨時間 t 一起改變的數據。

自我迴歸模型是指如下所表現的式子：

一、自我迴歸 AR(1) 模型

$$x(t) = a_1 \cdot x(t-1) + u(t)$$

如利用此式時，即可預測明日之值 $x(t+1)$。

$$\underline{\hat{x}(t,1)} = \alpha_1 \cdot \underline{x(t)}$$

明日的預測值　今日之值

二、自我迴歸 AR(2) 模型

$$x(t) = a_1 \cdot x(t-1) + a_2 \cdot x(t-2) + u(t)$$

如利用此式時，即可預測明日之值 $x(t+1)$

$$\underline{\hat{x}(t,1)} = a_1 \cdot \underline{x(t)} + a_2 \cdot \underline{x(t-1)}$$

明日之預測值　今日之值　今日之值

關鍵字

自我迴歸模型（AR）：AutoRegressive model

2.7 利用季節性的分解時

所謂時間數列數據

$$\{x(1), x(2), x(3), \cdots, x(t-2), x(t-1), x(t)\}$$

是指隨時間一起改變的數據。

因此，試利用「季節性的分解」看看。

所謂季節性的分解是指取出時間數列數據之中所含的 3 個時間數列數據。

經濟時間數列數據的情形，是可以取出「長期趨勢 + 週期變動」、「季節變動」、「不規則變動」。

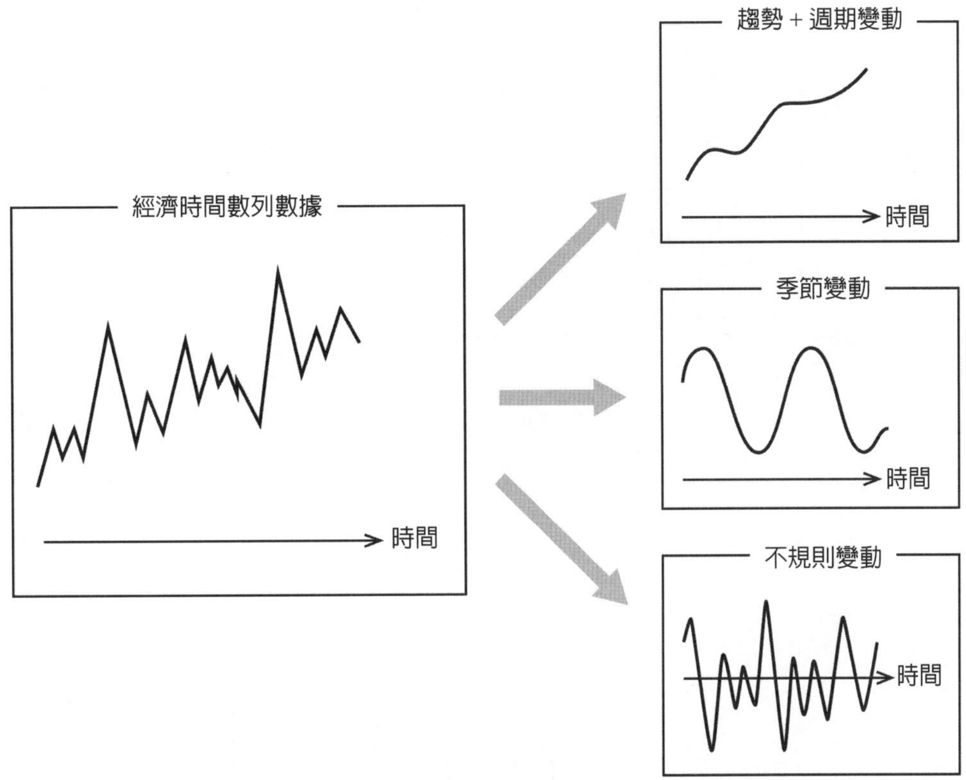

圖 2.5　時間數列數據的分解

2.8　如利用光譜分析時

所謂時間數列數據

$$\{x(1), x(2), x(3), \cdots, x(t-2), x(t-1), x(t)\}$$

是指隨時間一起改變的數據。

因此，試利用「光譜分析」看看。

如利用光譜分析時，以下可以發現出「週波數與週期」。

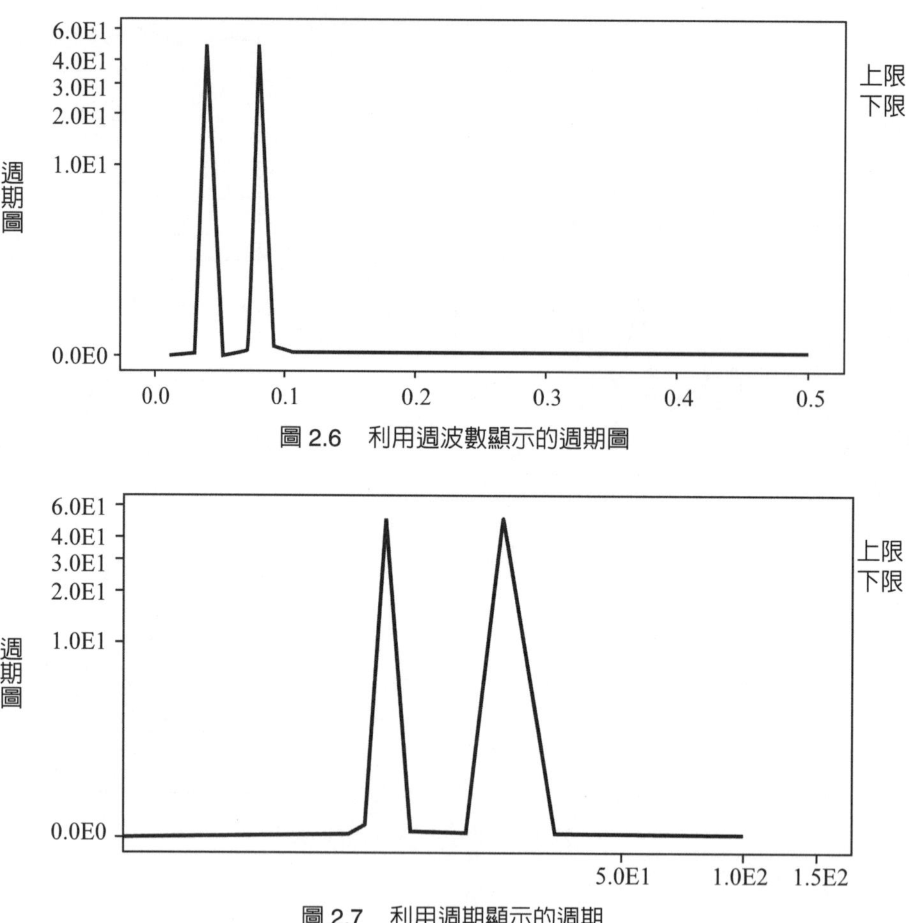

圖 2.6　利用週波數顯示的週期圖

圖 2.7　利用週期顯示的週期

關鍵字

季節性的分解：Seasonal decomposition

光譜分析：Spectral analysis，spectrum analysis

週期圖：Periodogram

第 3 章　時間數列圖形的畫法

3.1 時間數列數據與其圖形

統計處理的第一步是表示成圖形。地球的暖化是目前世界各國所關心的事情，因此，調查了阿拉斯加從 1951 至 2010 年 60 年間 4 月分的氣溫如下表：

表 3.1　阿拉斯加 4 月分的氣溫

No.	年	4 月分氣溫	No.	年	4 月分氣溫	No.	年	4 月分氣溫
1	1951	0.7	21	1971	-5.2	41	1991	-0.1
2	1952	-3.7	22	1972	-7.6	42	1992	-2.6
3	1953	0.5	23	1973	-0.7	43	1993	2.8
4	1954	-2.8	24	1974	-1.3	44	1994	0.0
5	1955	-8.2	25	1975	-5.2	45	1995	3.1
6	1956	-3.1	26	1976	-2.1	46	1996	-2.2
7	1957	-0.1	27	1977	-7.6	47	1997	1.3
8	1958	1.0	28	1978	0.7	48	1998	3.2
9	1959	-4.6	29	1979	-1.0	49	1999	-1.1
10	1960	-7.6	30	1980	1.2	50	2000	-1.0
11	1961	-3.7	31	1981	-0.9	51	2001	-0.2
12	1962	-2.9	32	1982	-5.1	52	2002	-3.4
13	1963	-4.6	33	1983	-0.9	53	2003	0.4
14	1964	-4.5	34	1984	-6.0	54	2004	2.2
15	1965	-1.3	35	1985	-11.6	55	2005	-3.0
16	1966	-4.8	36	1986	-6.0	56	2006	-3.0
17	1967	0.0	37	1987	-2.4	57	2007	3.9
18	1968	-3.3	38	1988	-2.2	58	2008	-3.2
19	1969	0.2	39	1989	0.9	59	2009	-1.0
20	1970	-3.5	40	1990	2.7	60	2010	0.4

試以圖形表示此時間數列數據看看。

各種的圖形表現

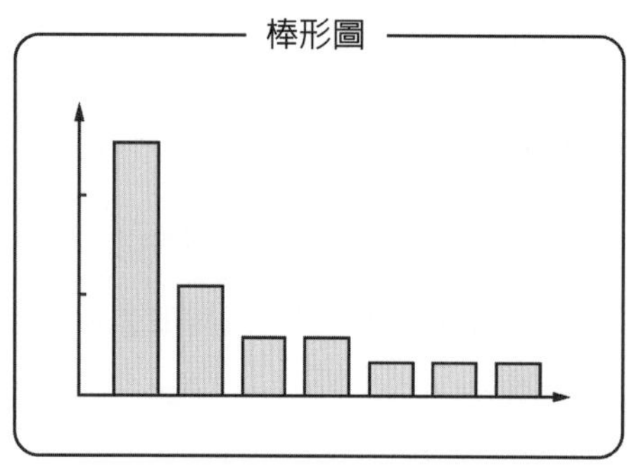

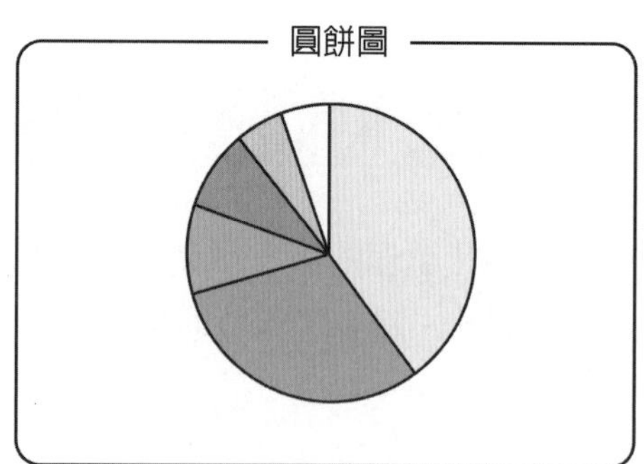

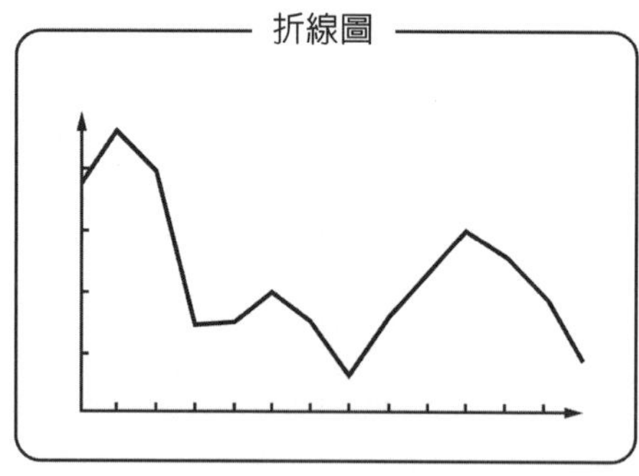

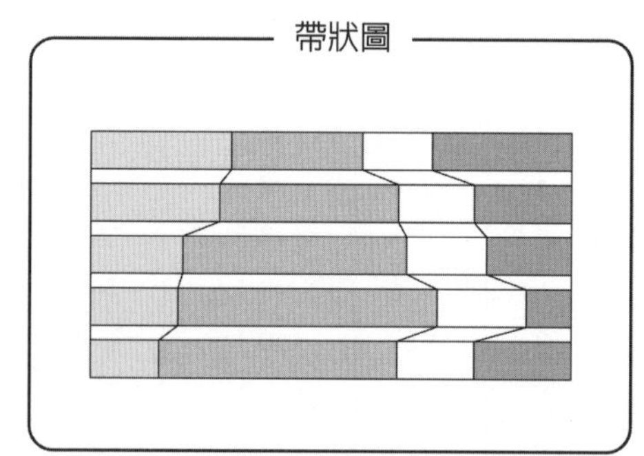

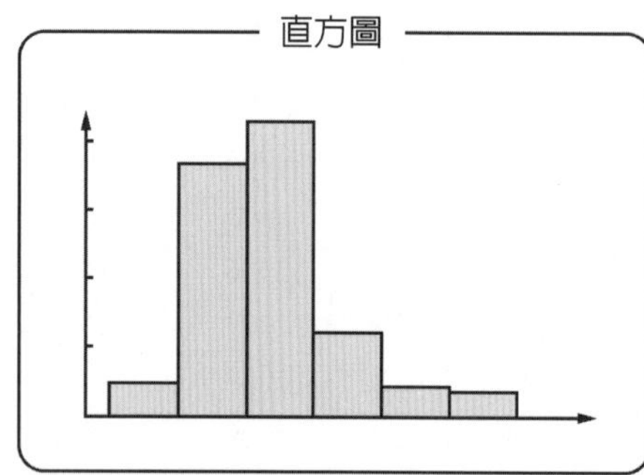

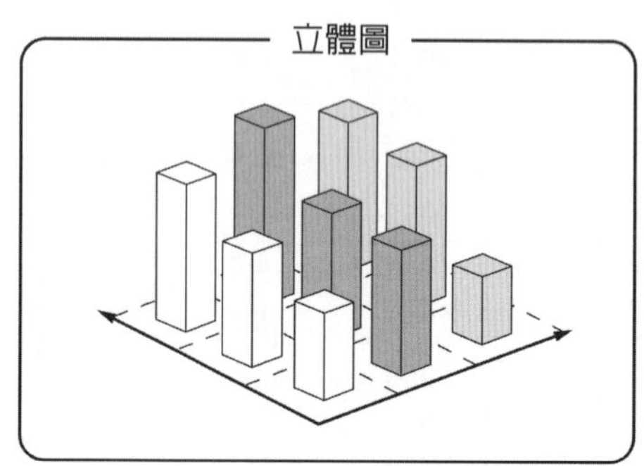

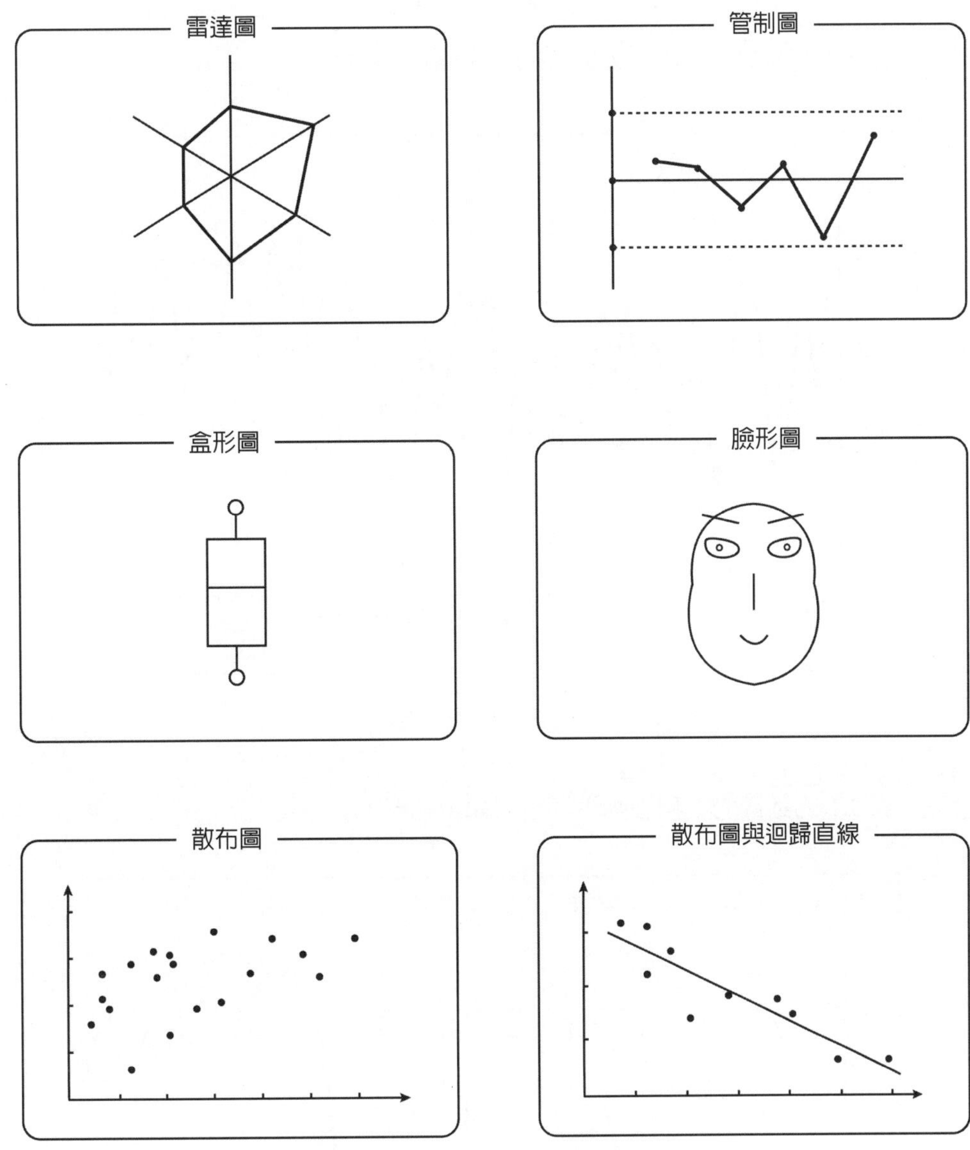
雷達圖
管制圖
盒形圖
臉形圖
散布圖
散布圖與迴歸直線

表 3.1 的數據由於是隨時間一起改變的數據，所以折線圖是最合適的。表 3.1 的阿拉斯加 4 月分氣溫的折線圖即爲如下：

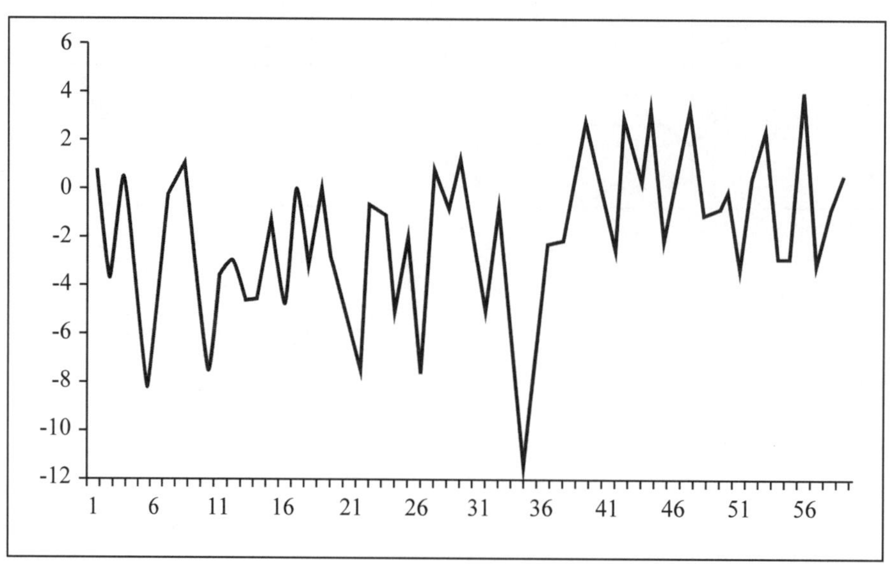

圖 3.1　折線圖

表 3.1 的數據的 5 項移動平均變成如下圖形。

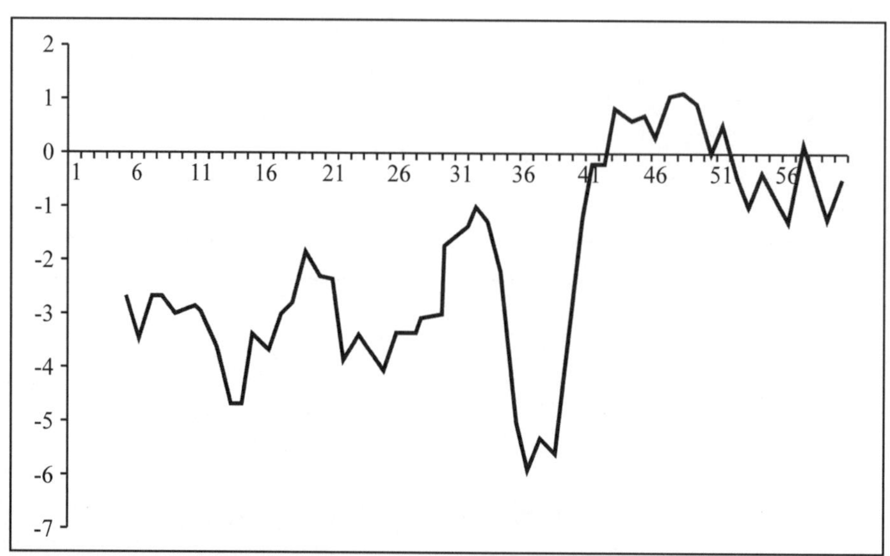

圖 3.2　移動平均折線圖

3.2 時間數列圖形的畫法

一、時間數列圖形利用 Excel 的畫法

1. 如下輸入。

	A	B	C	D	E	F	G	H	I	J	K	L	M
1	No.	年	4月的氣溫										
2	1	1951	0.7										
3	2	1952	-3.7										
4	3	1953	0.5										
5	4	1954	-2.8										
6	5	1955	-8.2										
7	6	1956	-3.1										
8	7	1957	-0.1										
9	8	1958	1										
10	9	1959	-4.6										
11	10	1960	-7.6										
12	11	1961	-3.7										
13	12	1962	-2.9										
14	13	1963	-4.6										
15	14	1964	-4.5										
16	15	1965	-1.3										
17	16	1966	-4.8										
18	17	1967	0										
19	18	1968	-3.3										
20	19	1969	0.2										

2. 於圖形中指定時間數列數據的範圍。

	A	B	C	D	E	F	G	H	I	J	K	L	M
1	No.	年	4月的氣溫										
2	1	1951	0.7										
3	2	1952	-3.7										
4	3	1953	0.5										
5	4	1954	-2.8										
6	5	1955	-8.2										
7	6	1956	-3.1										
8	7	1957	-0.1										
9	8	1958	1										
10	9	1959	-4.6										
11	10	1960	-7.6										
12	11	1961	-3.7										
13	12	1962	-2.9										
14	13	1963	-4.6										
15	14	1964	-4.5										
16	15	1965	-1.3										
17	16	1966	-4.8										
18	17	1967	0										
19	18	1968	-3.3										
20	19	1969	0.2										

3. 從〔插入〕→〔折線圖〕到如下選擇。

	A	B	C
1	No.	年	4月的氣溫
2	1	1951	0.7
3	2	1952	-3.7
4	3	1953	0.5
5	4	1954	-2.8
6	5	1955	-8.2
7	6	1956	-3.1
8	7	1957	-0.1
9	8	1958	1
10	9	1959	-4.6
11	10	1960	-7.6
12	11	1961	-3.7
13	12	1962	-2.9
14	13	1963	-4.6
15	14	1964	-4.5
16	15	1965	-1.3
17	16	1966	-4.8
18	17	1967	0
19	18	1968	-3.3
20	19	1969	0.2

4. 可以畫出如下的折線圖。

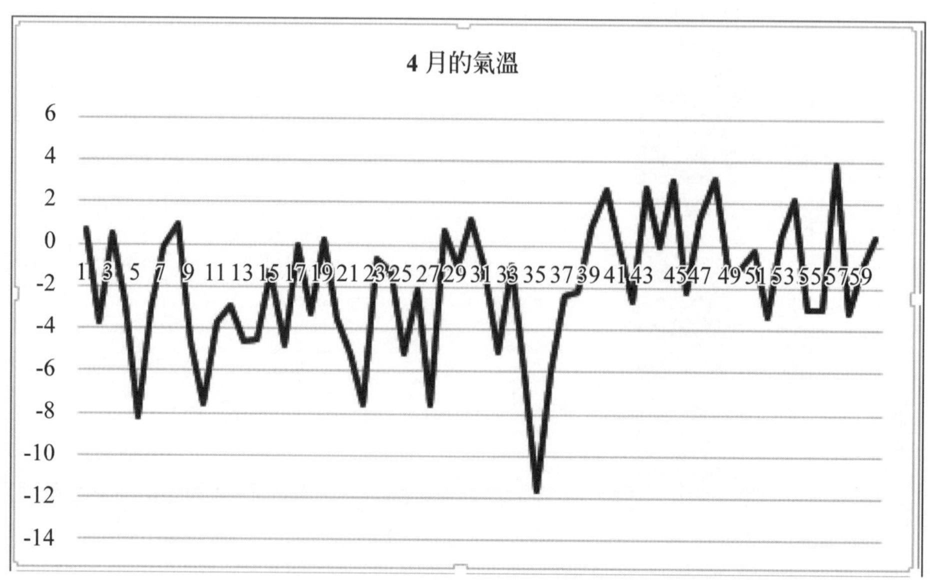

第4章　時間數列數據的基本類型

4.1　3個基本類型

時間數列數據有以下3個基本類型。

一、基本類型1——長期趨勢

所謂長期趨勢是指長期的傾向，隨著時間的經過，數據呈現上升或下降的狀態。有長期傾向的時間數列數據，稱爲「非定常時間數列」。

二、基本類型2——週期變動

所謂週期變動是指「重複」之意，隨著時間的經過數據重複上升或下降。經濟時間數列數據的情形，像是「以月單位重複上升或下降」或「以1年間重複上升或下降」的季節變動也有。

三、基本類型3——不規則變動

所謂不規則變動是指數據的變動不取決於時間的經過之意。換言之，變動來源無法掌握的數據。

〔註〕

1. 時間數列數據

$$\cdots, x(t-2), x(t-1), x(t), x(t+1), x(t+2), \cdots$$

想成機率過程 $\{X(t), t \in T\}$ 時，它們的平均、變異數、自我共變異數與時間t無關時，時間數列 $\{x(t)\}$ 稱爲具有定常性（stationary）。

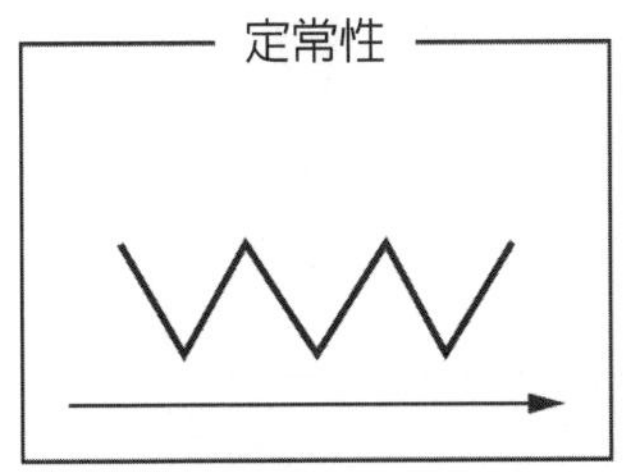

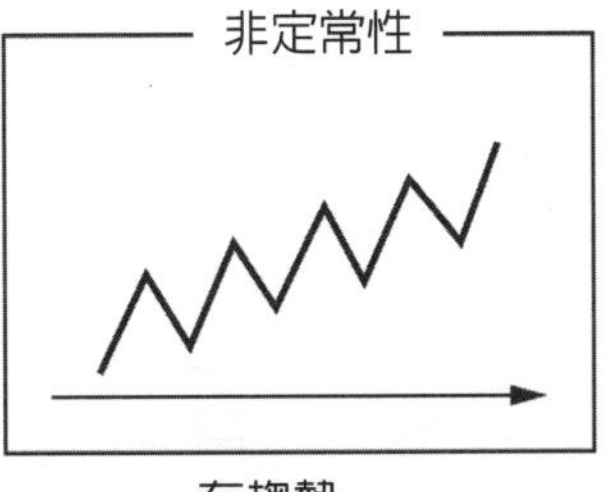

有趨勢

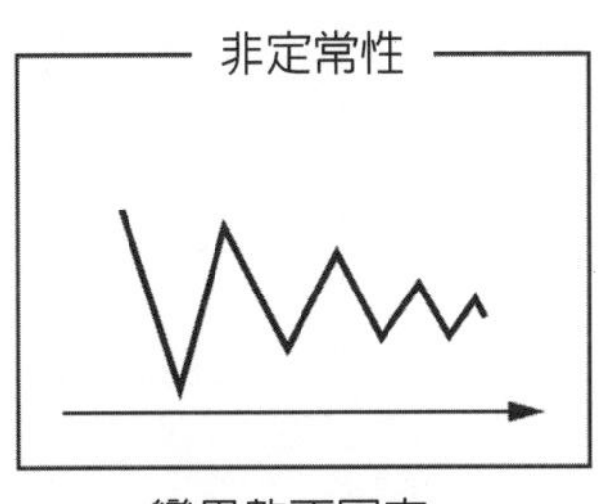

變異數不固定

2. 非定常時間數列（nonstationary series）

利用差分或適配曲線藉以除去趨勢，即可將非定常性變成定常性。

四、長期趨勢——基本時間數列（1）

長期趨勢是指隨著時間的經過呈現上升或下降的時間數列數據。呈現上升的長期趨勢稱爲「正向長期趨勢」。

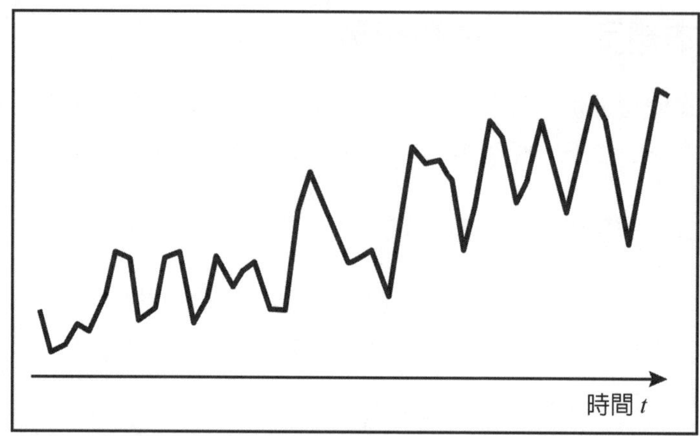

圖 4.1　正向趨勢

隨著時間的經過而呈現下降時，即變成如下。此時，稱爲「負向長期趨勢」。

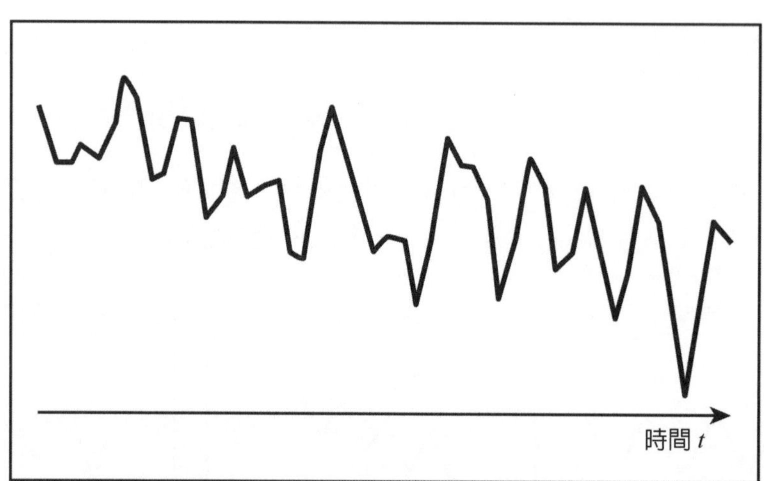

圖 4.2　負向趨勢

關鍵詞

長期趨勢：Trend
週期變動：Cyclic variation
不規則變動：Random variation
非定常時間數列：Nonstationary time series
季節變動：Seasonal variation

五、週期變動與季節變動——基本時間序列（2）

週期變動是指隨著時間的經過重複上升或下降的時間數列數據，因此表改成圖形即爲如下：

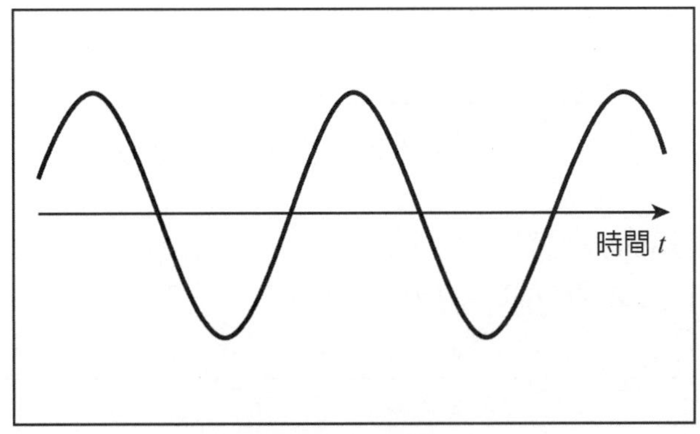

圖 4.3　週期變動

經濟時間數列數據的情形，像是春、夏、秋、冬或 1 年間的期間，重複著相同的季節性變動。

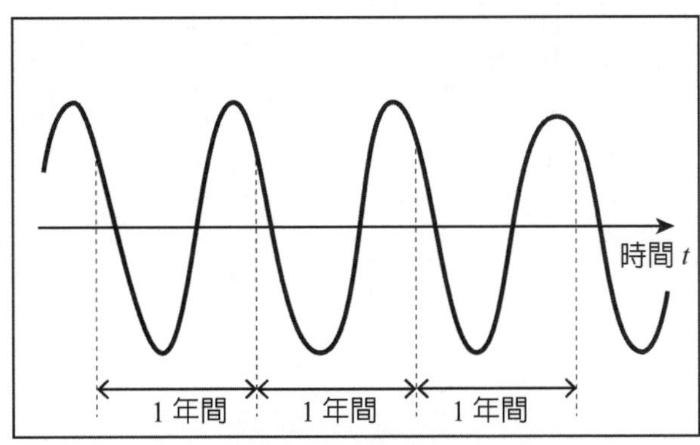

圖 4.4　季節變動

六、不規則變動——基本時間序列（3）

不規則變動是指不取決於時間經過的變動，換言之，呈現隨意的變動。

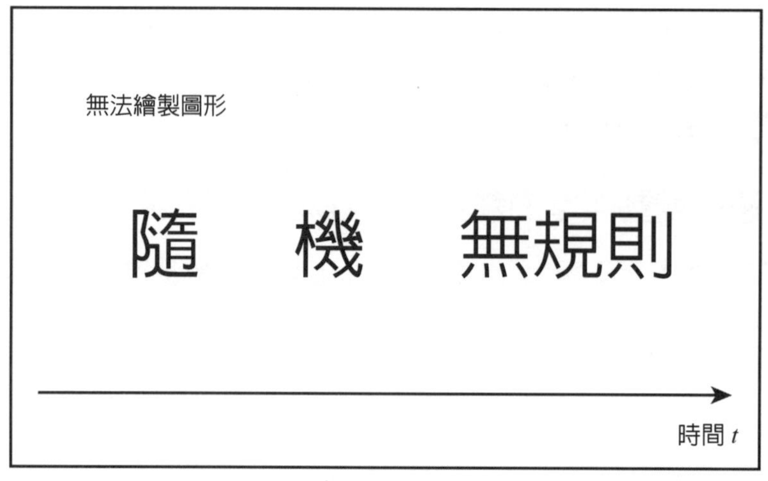

圖 4.5 不規則變動

無法以人為的方式製作出不規則的變動。因此，以如下的「白色干擾」（white noise）作為不規則變動的替代品。

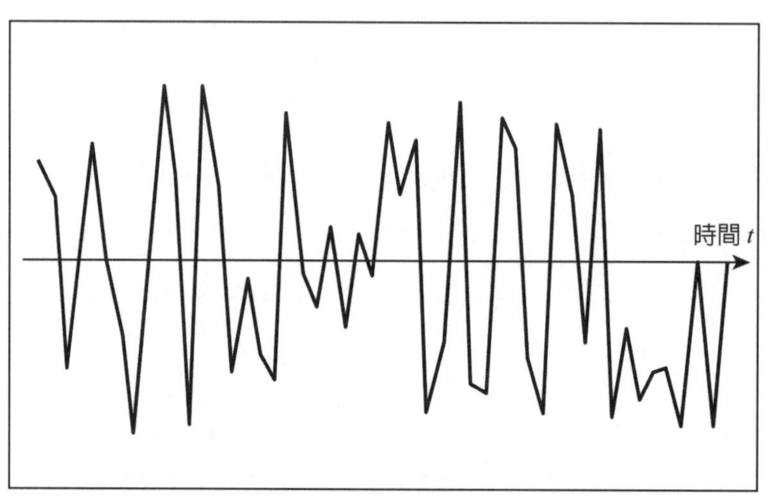

圖 4.6 白色干擾

4.2　3 個基本類型是重要理由

爲什麼此 3 個基本類型非常重要呢？它的理由是什麼呢？將此 3 個基本類型合成時就能明白。

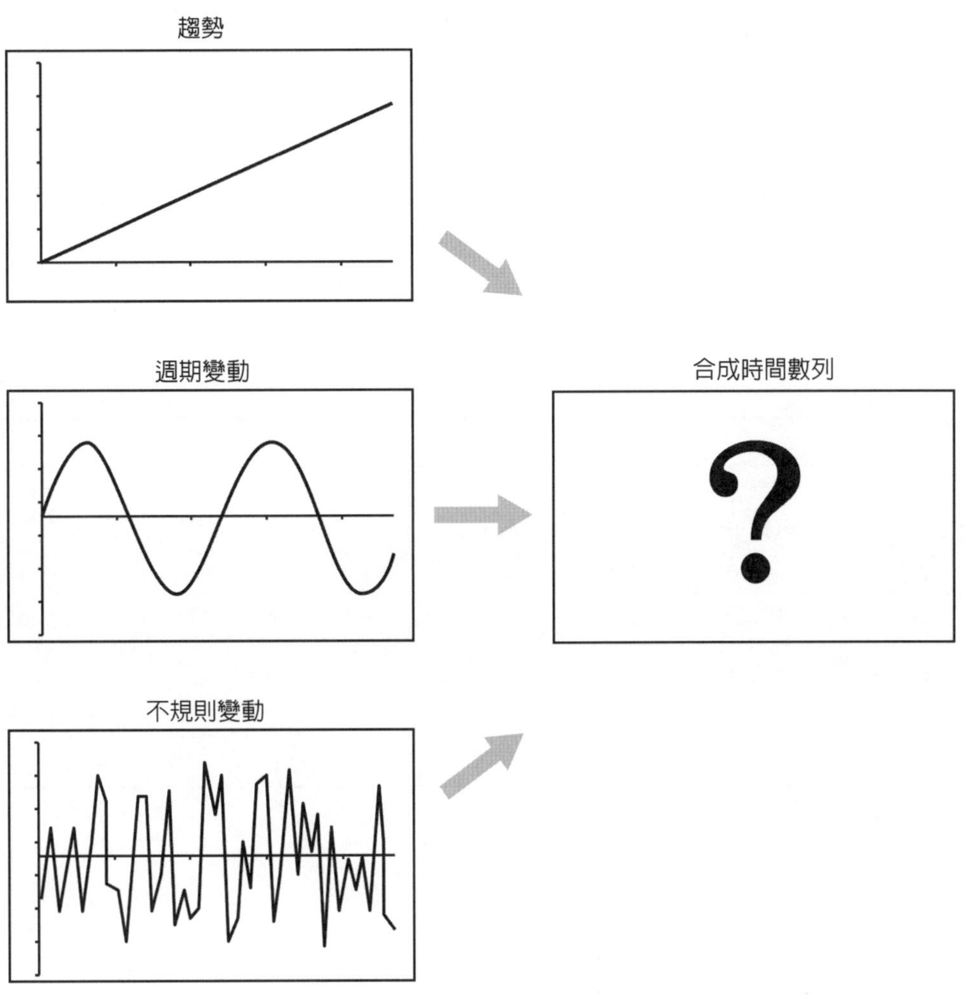

圖 4.7　合成時間數列是什麼？

一、利用 Excel 時間數列數據的合成——加法模型的情形

1. 先如下輸入。

	A	B	C	D	E	F	G	H	I	J	K	L	M
1	時間	趨勢	週期變動	不規則變動	合成時間數列								
2	1												
3	2												
4	3												
5	4												
6	5												
7	6												
8	7												
9	8												
10	9												
11	10												
12	11												
13	12												
14	13												
15	14												
16	15												
17	16												
18	17												
19	18												
20	19												
21	20												

	A	B	C	D	E	F	G	H	I	J	K	L	M
31	30												
32	31												
33	32												
34	33												
35	34												
36	35												
37	36												
38	37												
39	38												
40	39												
41	40												
42													
43													
44													

2. 如下輸入。

B2 方格 =0.5*A2

C2 方格 =10*SIN(A2/4)

D2 方格 =10*(RAND( )-0.5）

E2 方格 =B2+C2+D2

	A	B	C	D	E	F	G
1	時間	趨勢	週期變動	不規則變動	合成時間數列		
2	1	0.5	2.47404	-4.844330533	-1.87029094		
3	2						
4	3						
5	4						
6	5						
7	6						
8	7						
9	8						
10	9						
11	10						
12	11						
13	12						
14	13						
15	14						
16	15						
17	16						
18	17						
19	18						
20	19						
21	20						

〔註〕D2 處因使用亂數的函數每次計算數值會有所不同。

3. 複製 B2、C2、D2、E2，然後貼上至 B3 至 E49。

	A	B	C	D	E	F	G	H
1	時間	趨勢	週期變動	不規則變動	合成時間數列			
2	1	0.5	2.47404	-2.404405185	0.569634408			
3	2	1	4.794255	1.640989765	7.435245151			
4	3	1.5	6.816388	4.333155087	12.64954269			
5	4	2	8.41471	-2.264396811	8.150313037			
6	5	2.5	9.489846	3.655784941	15.64563113			
7	6	3	9.97495	-4.551014904	8.423934962			
8	7	3.5	9.839859	4.379880418	17.71973989			
9	8	4	9.092974	-0.260057149	12.83291712			
10	9	4.5	7.780732	-3.164390068	9.116341901			
11	10	5	5.984721	-2.190499715	8.794221727			
12	11	5.5	3.81661	-1.752759922	7.563849998			
13	12	6	1.4112	-1.415880343	5.995319738			
14	13	6.5	-1.08195	-1.081347758	4.336700897			
15	14	7	-3.50783	-2.226893394	1.265274329			
16	15	7.5	-5.71561	-3.022564125	-1.238177312			
17	16	8	-7.56802	-3.376030166	-2.944055119			
18	17	8.5	-8.94989	-2.966270538	-3.41616412			
19	18	9	-9.7753	-2.258532494	-3.033833671			
20	19	9.5	-9.99293	-1.800695043	-2.293622933			
21	20	10	-9.58924	0.54624684	0.957004093			

4. 如繪圖合成後的時間數列數據的圖形時，即成為如下。

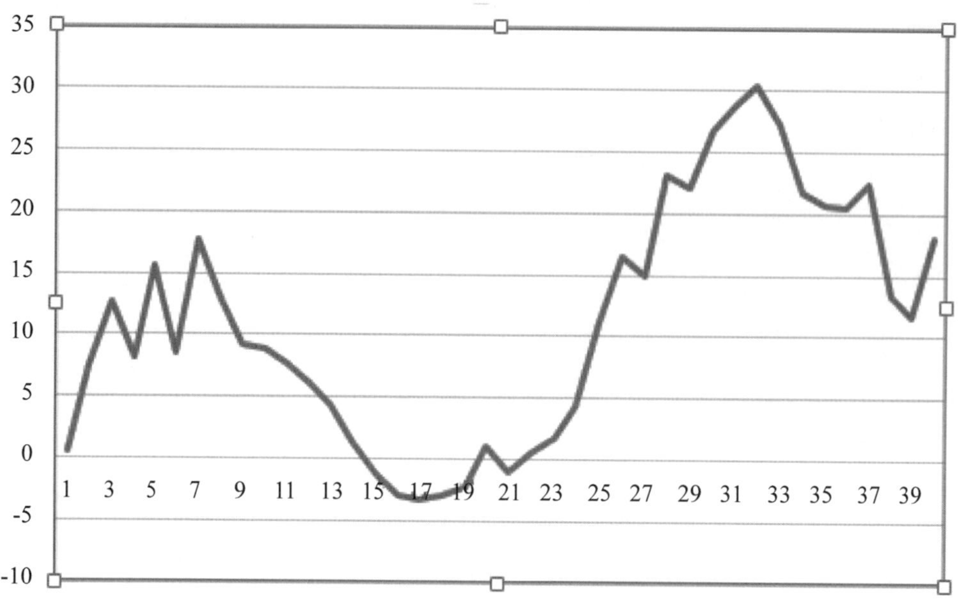

此時間數列數據圖形，呈現出像平均股價那樣的變動。像這樣，時間數列數據可以看出是由「長期趨勢」、「週期變動」、「不規則變動」3 個基本類型所合成而得。

〔註〕

時間數列數據的合成有以下 2 種：

加法模型……長期趨勢＋週期變動＋不規則變動

乘法模型……長期趨勢 × 週期變動 × 不規則變動

Log（乘法模型）變成了與加法模型相同的模型。

4.3 季節性的分解

從經濟時間數列數據取出如下 3 個時間數列：「長期趨勢＋週期變動」、「季節變動」、「不規則變動」稱為季節性分解。

如利用統計分析軟體 SPSS 時，如下頁可從經濟時間數列數據取出 3 個時間數列。

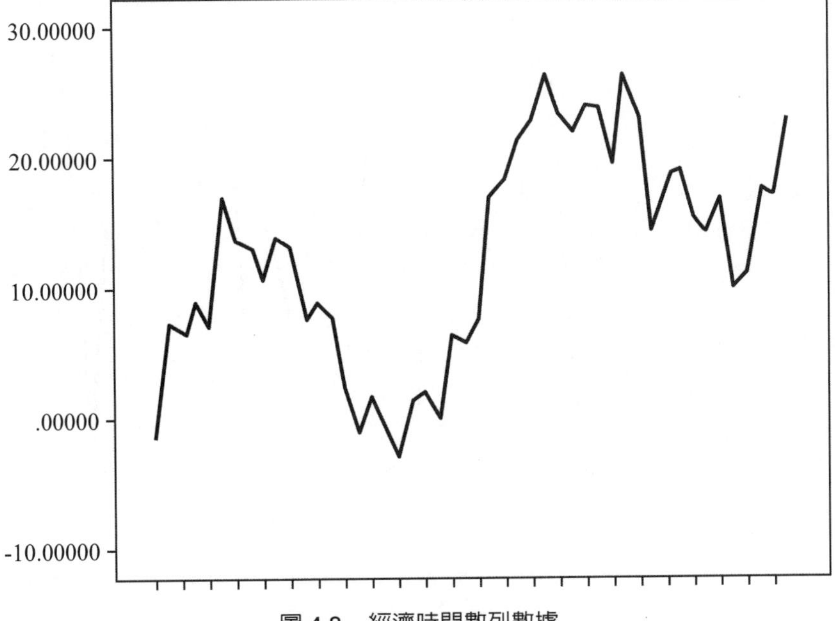

圖 4.8　經濟時間數列數據

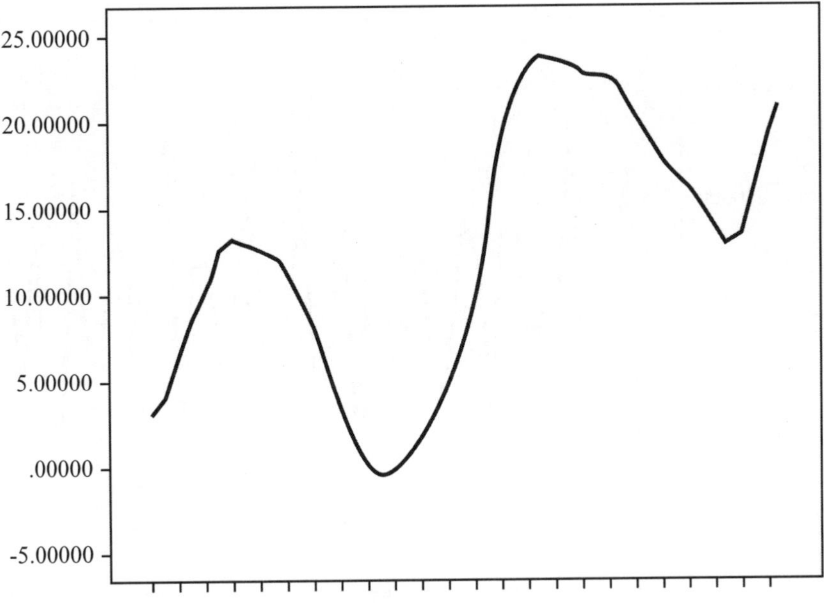

圖 4.9　趨勢＋週期變動

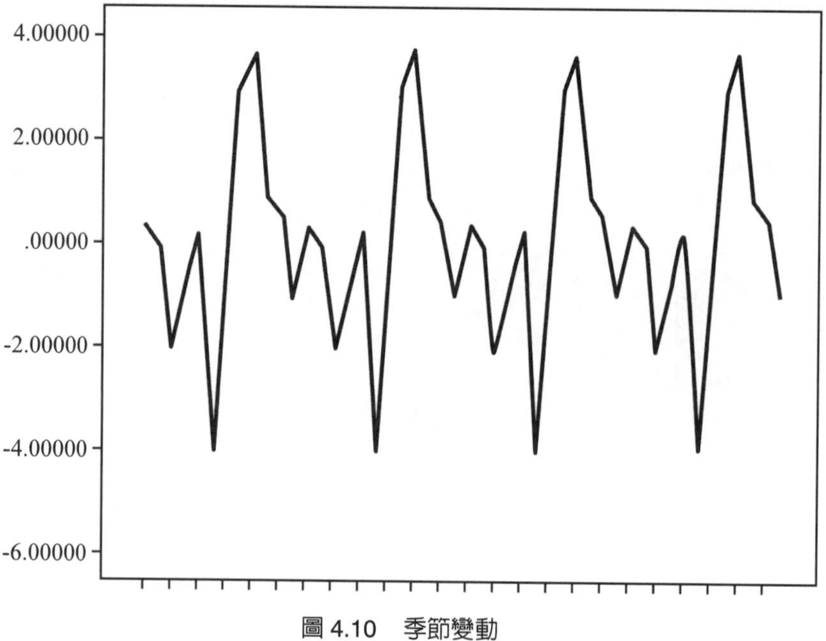

圖 4.10　季節變動

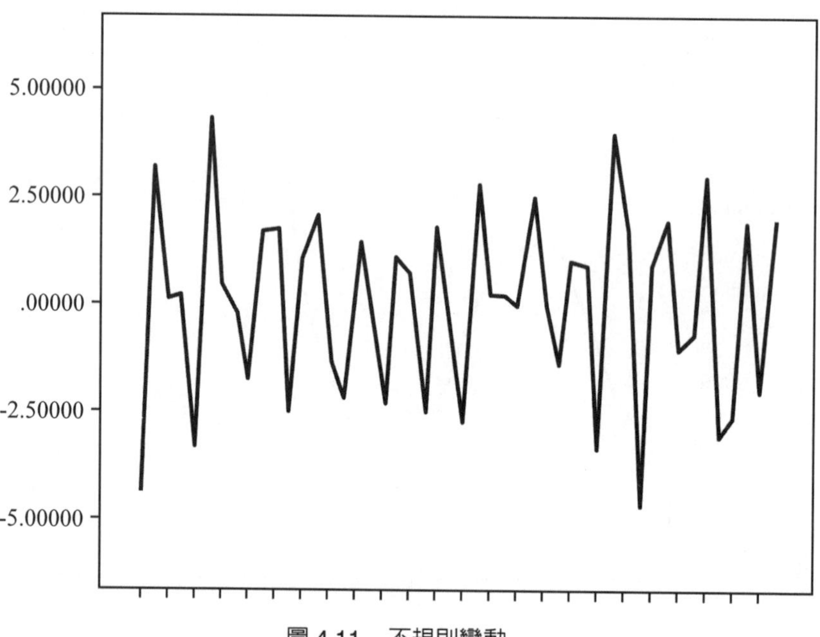

圖 4.11　不規則變動

第5章　長期趨勢簡介

5.1 長期趨勢或長期傾向

明日的股價是上升呢？或者是下降呢？如觀察電視的股票消息時，發現股價時時刻刻都在變化。此處，並非觀察每日的變化，而是觀察長期的變化。

如觀察從 1971 到 2010 年此 40 年間的平均股價如下表：

表 5.1　40 年間的平均股價

年	平均股價
1971	2714
1972	5208
1973	4307
1974	3817
1975	4359
1976	4991
1977	4866
1978	6002
1979	6569
1980	7116

年	平均股價
1981	7682
1982	8017
1983	9894
1984	11543
1985	13113
1986	18701
1987	21564
1988	30159
1989	38916
1990	23849

年	平均股價
1991	22984
1992	16925
1993	17417
1994	19723
1995	19868
1996	19361
1997	15259
1998	13842
1999	18934
2000	13786

年	平均股價
2001	10543
2002	8579
2003	10677
2004	11489
2005	16111
2006	17226
2007	15308
2008	8860
2009	10546
2010	10229

如繪製 1974 年到 1989 年的平均股價時，即爲如下：

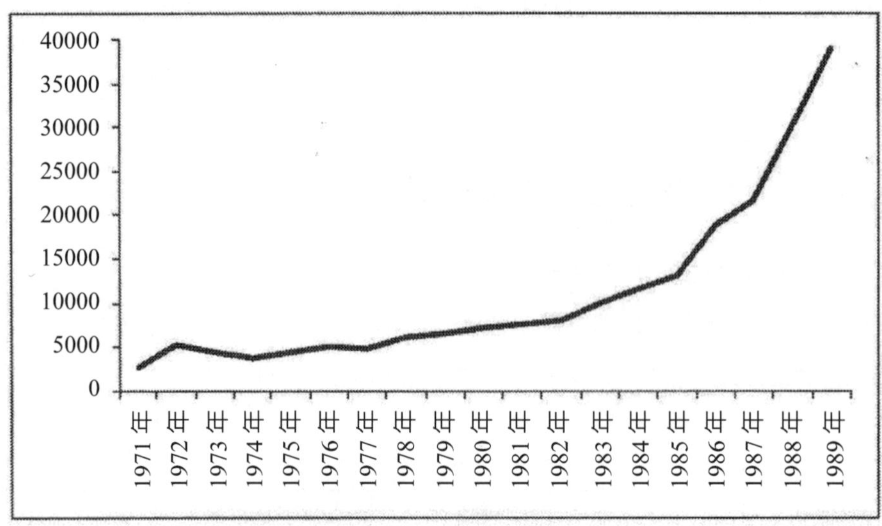

圖 5.1　正向長期趨勢

像這樣，具有向右上升傾向的時間數列數據，稱爲「正向長期趨勢」。從 1991 年到 2002 年的平均股價即成爲如下：

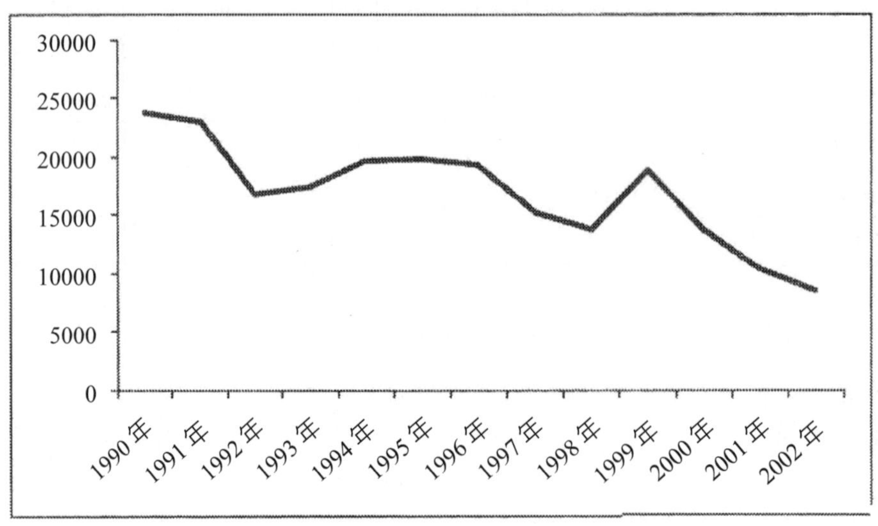

圖 5.2　負向長期趨勢

像這樣，具有向右下降傾向時，稱爲「負向長期趨勢」。

一、長期趨勢的重點是什麼？

長期趨勢的重點有以下 2 點：

1. 此時間數列數據可以說有長期趨勢嗎？

   此時，可試著進行趨勢的檢定看看。

   H_0：時間數列數據並無長期趨勢

   H_1：時間數列數據有長期趨勢

此趨勢的檢定可應用 Kendall 的等級相關係數的檢定。另外，此檢定與組間的差異檢定所使用的 Jonckheere 檢定是一致的。

關鍵詞

Rank：稱爲等級，也稱爲順位。

2. 假若此時間數列數據有長期趨勢時，那麼明日之值是多少？

   此時，試利用如下 3 者來預測明日之值看看。

   (1) 曲線或直線的適配

   (2) 指數平滑化

   (3) ARIMA(p, d, q) 模型

譬如，時間數列數據是如下的圖形時，似乎能利用「適配直線」。

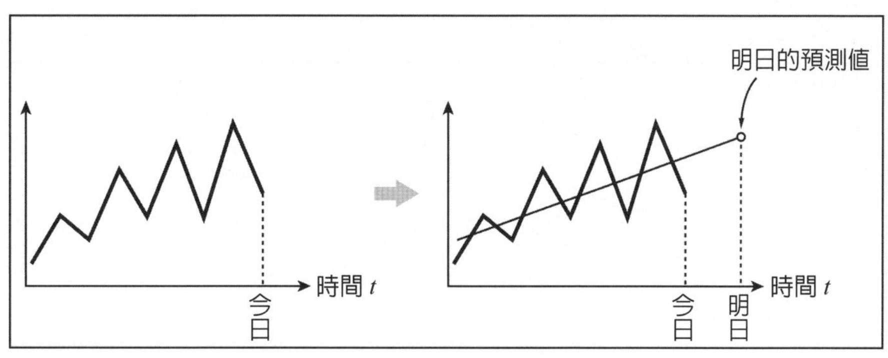

圖 5.3　直線適配否？

5.2 趨勢的檢定

以下的時間數列數據是 7 個月的投資收益率。

表 5.2 投資收益率

時間	4 月	5 月	6 月	7 月	8 月	9 月	10 月
投資收益率	11%	15%	22%	18%	25%	32%	24%

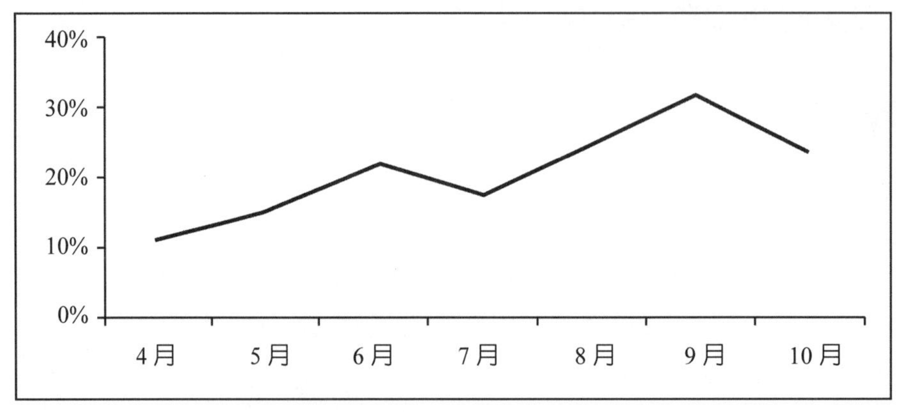

圖 5.4 投資收益率的圖形

此時間數列圖形看起來像是呈現右上升，但此投資收益率可以說具有正向長期趨勢嗎？

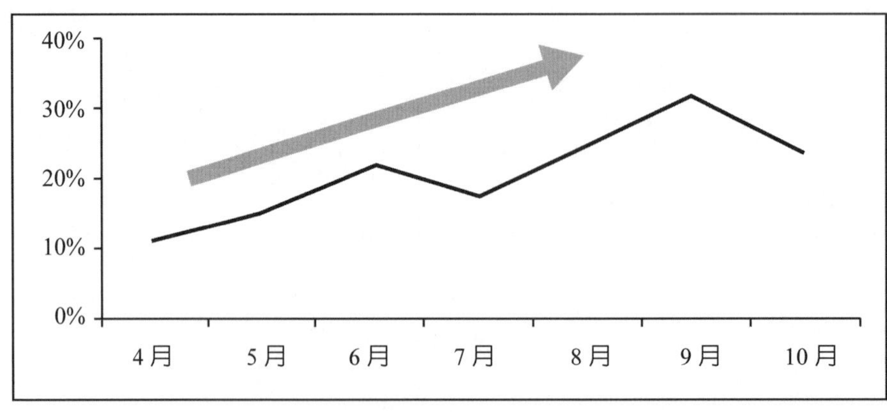

圖 5.5 圖形是向右上？

如果投資收益率是單調地上升時，它的等級應該會成為如下：

表 5.3　單調上升的順位

時間	4 月	5 月	6 月	7 月	8 月	9 月	10 月
投資收益率	1	2	3	4	5	6	7

表 5.4　投資收益率的等級

時間	4 月	5 月	6 月	7 月	8 月	9 月	10 月
投資收益率	11%	15%	22%	18%	25%	32%	24%
等級	1	2	4	3	6	7	5

因此，試調查上述 2 個等級的相關看看。

趨勢的等級與投資收益率的等級之間，如有正的相關時，似乎可以說成是「投資收益率的數據有正向長期趨勢」。

利用此等級相關來調查趨勢存在與否的方法稱為「趨勢檢定」。

公式　長期趨勢的檢定步驟（正向趨勢時）——①

步驟 1　建立假說

H_0：時間數列數據並無長期趨勢

H_1：時間數列數據有正向長期趨勢

步驟 2　對時間數列數據設定等級。

時間	t_1	t_2	…	t_i	…	t_N
時間數列數據	x_1	x_2	…	x_i	…	x_N
時間數列數據的等級	r_1	r_2	…	r_i	…	r_N

步驟 3 在等級 r_i（$i = 1, 2, \cdots N$）的右側等級 r_j（$i > j$）中，求出比 r_i 大的等級（$r_i > r_j$）個數 S_i 與其合計 $\Sigma_{i=1}^{N} S_i$。

時間	t_1	t_2	…	t_i	…	t_N	
時間數列數據	x_1	x_2	…	x_i	…	x_N	
時間數列的等級	r_1	r_2	…	r_i	…	r_N	合計
個數	s_1	s_2	…	s_i	…	s_N	$\sum_{i=1}^{N} S_i$

例題 長期趨勢的檢定步驟（正向長期趨勢時）——①

步驟 1 建立假設

H_0：時間數列數據並無長期趨勢

H_1：時間數列數據有正的長期趨勢

步驟 2 對時間數列數據設定等級。

時間	4月	5月	6月	7月	8月	9月	10月
時間數列數據	11%	15%	22%	18%	25%	32%	24%
時間數列的等級	1	2	4	3	6	7	5

步驟 3 在等級 r_i（$i = 1, 2, \cdots N$）的右側等級 r_j（$i > j$）中，求出比 r_i 大的等級（$r_i > r_j$）個數 S_i 與其合計 $\Sigma_{i=1}^{N} S_i$。

時間	4月	5月	6月	7月	8月	9月	10月	
時間數列數據	11%	15%	22%	18%	25%	32%	24%	
時間數列的等級	1	2	4	3	6	7	5	合計
個數	6	5	3	3	1	0	0	18

〔註〕比4月的11%大的是從5月到10月，全部共6個。比6月的22%大的是8月與9月及10月，共3個。

公式　長期趨勢的檢定步驟（正向長期趨勢時）——②

步驟 4　計算檢定統計量 T

$$T=2\times\Sigma_{i=1}^{N}S_i-\frac{N(N-1)}{2}$$

步驟 5　利用趨勢的數值表，求出顯著機率（單邊）

顯著機率（單邊）= P(X ≧ T)

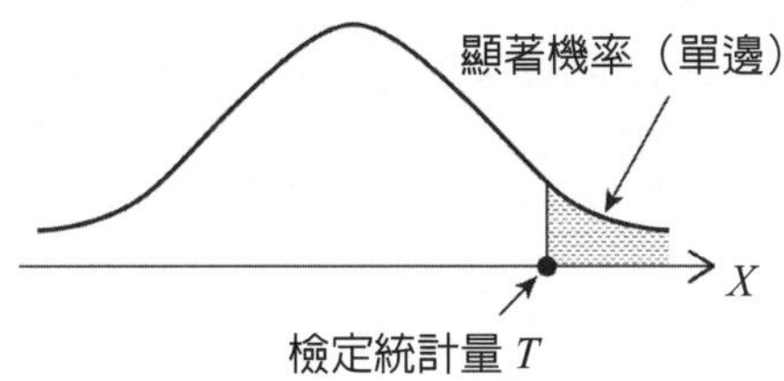

步驟 6　比較顯著機率（單邊）與顯著水準 $\alpha=0.05$，如果

顯著機率（單邊）≦顯著水準 0.05

則否定假設 H_0。

如否定假設 H_0 時，可以想成「此時間數列數據有正向趨勢」。

例題　長期趨勢的檢定步驟（正向長期趨勢時）——②

步驟 4　計算檢定統計量 T

$$T=2\times18-\frac{7\times(7-1)}{2}$$
$$=15$$

步驟 5　利用趨勢的數值表，求顯著機率（單邊）

顯著機率（單邊）= P(X ≧ 15)

= 0.015

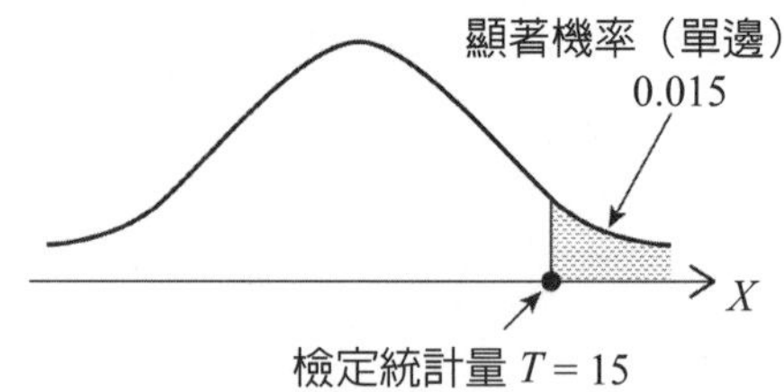

步驟 6 比較顯著機率（單邊）0.015 與顯著水準 0.05，因為
顯著機率（單邊）0015 ≦顯著水準 0.05
所以否定區無假設 H_0。
因此可以明白「此投資收益率有正向長期趨勢」。

公式 **長期趨勢的檢定步驟（負向長期趨勢時）——①**

步驟 1 建立虛無假設與對立假設。
H_0：時間數列數據並無長期趨勢
H_1：時間數列數據有負向的長期趨勢

步驟 2 對時間數列數據設定等級。

時間	t_1	t_2	…	t_i	…	t_N
時間數列數據	x_1	x_2	…	x_i	…	x_N
時間數列數據的等級	r_1	r_2	…	r_i	…	r_N

步驟 3 在等級 r_i（$i = 1, 2, \cdots N$）的右側等級 r_j（$i > j$）中，計算比 r_i 大的等級（$r_i < r_j$）個數 S_i 與其合計 $\Sigma_{i=1}^{N} S_i$。

時間	t_1	t_2	…	t_i	…	t_N	
時間數列數據	x_1	x_2	…	x_i	…	x_N	
時間數列的等級	r_1	r_2	…	r_i	…	r_N	合計
個數	s_1	s_2	…	s_i	…	s_N	$\sum_{i=1}^{N} S_i$

例題　長期趨勢的檢定步驟（負向長期趨勢時）——①

步驟 1　建立虛無假設與對立假設

H_0：時間數列數據並無長期趨勢

H_1：時間數列數據有負向的長期趨勢

步驟 2　對時間數列數據設定順位。

時間	1	2	3	4	5	6	7
時間數列數據	24	32	25	18	32	15	11
時間數列的等級	5	7	6	3	4	2	1

步驟 3　在等級 r_i（$i = 1, 2, \cdots N$）的右側等級 r_j（$i > j$）中，計算比 r_i 大的等級（$r_i < r_j$）個數 S_i 與其合計 $\Sigma_{i=1}^{N} S_i$。

時間	1	2	3	4	5	6	7	
時間數列數據	24	32	25	18	32	15	11	
時間數列的等級	5	7	6	3	4	2	1	合計
個數	2	0	0	1	0	0	0	3

〔註〕比時間 1 的 24 大的有時間 2 與時間 3，共 2 個。比時間 4 的 18 大的是時間 5，共 1 個。

公式　長期趨勢的檢定步驟（負向長期趨勢時）——②

步驟 4　計算檢定統計量 T

$$T = 2 \times \Sigma_{i=1}^{N} S_i - \frac{N(N-1)}{2}$$

步驟 5　利用趨勢的數值表，求出顯著機率（單邊）

顯著機率（單邊）$= P(X \geqq |T|)$

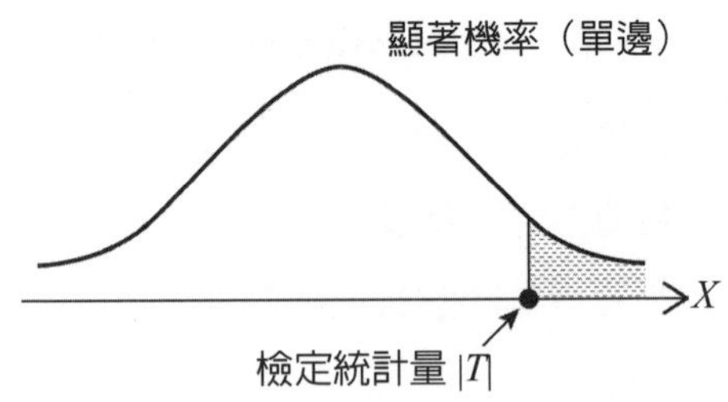

步驟 6 比較顯著機率（單邊）與顯著水準 $\alpha = 0.05$，如果

顯著機率（單邊）≦顯著水準 0.05，

則否定假設 H_0。

如否定假設 H_0 時，可知「此時間數列數據有負向長期趨勢」。

例題 **長期趨勢的檢定步驟（負向長期趨勢時）——②**

步驟 4 計算檢定統計量 T

$$
\begin{aligned}
T &= 2 \times 3 - \frac{7 \times (7-1)}{2} \\
&= -15
\end{aligned}
$$

步驟 5 利用趨勢的數值表，求顯著機率（單邊）

顯著機率（單邊）$= P(X \geqq |15|)$

$= P(X \geqq 15)$

$= 0.015$

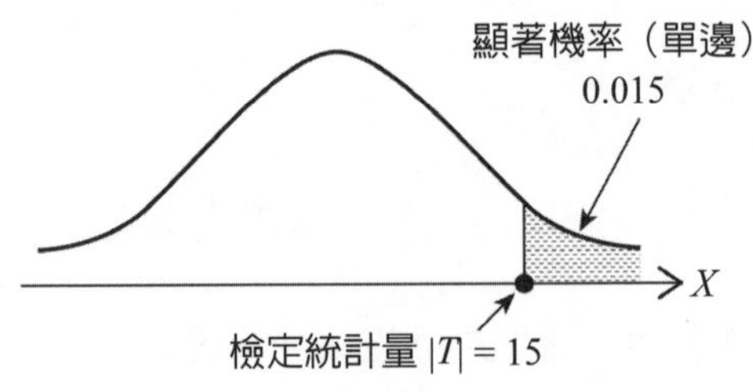

步驟 6 比較顯著機率（單邊）0.015 與顯著水準 0.05，

因爲顯著機率（單邊）0015 ≦顯著水準 0.05，

所以否定區無假設 H_0。

因此似乎可以說「此時間數列數據有負向長期趨勢」。

一、利用 Excel 檢定長期趨勢的步驟

1. 先如下輸入。

	A	B	C	D	E	F	G
1	時間	時間數列	順位	個數	檢定統計量		
2	4月	11					
3	5月	15					
4	6月	22					
5	7月	18					
6	8月	25					
7	9月	32					
8	10月	24					
9							
10							

2. 其次，從 C2 拖移至 C8。

	A	B	C	D	E	F	G
1	時間	時間數列	順位	個數	檢定統計量		
2	4月	11					
3	5月	15					
4	6月	22					
5	7月	18					
6	8月	25					
7	9月	32					
8	10月	24					
9							
10							

3. 接著，按一下函數fx，如下選擇〔統計〕→〔RANKAVG〕之後按〔OK〕。

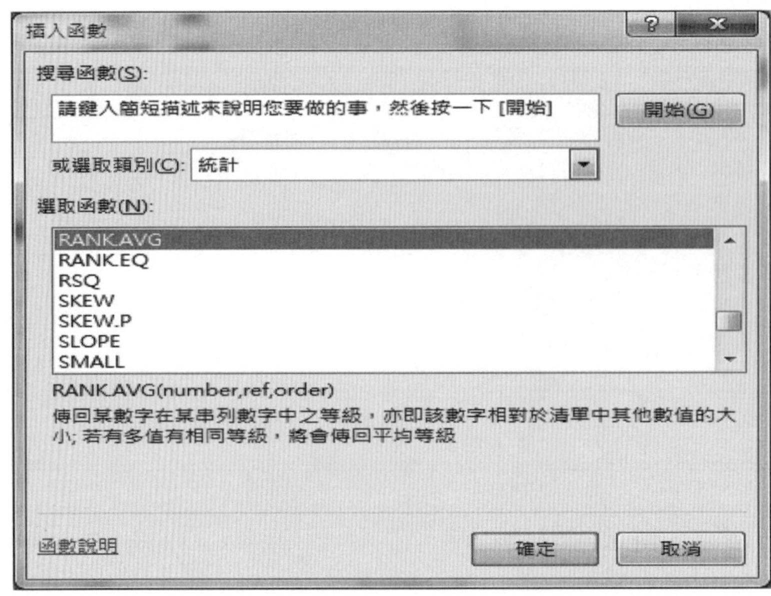

4. 如下輸入，同時按〔ctrl〕+〔shift〕+〔enter〕。

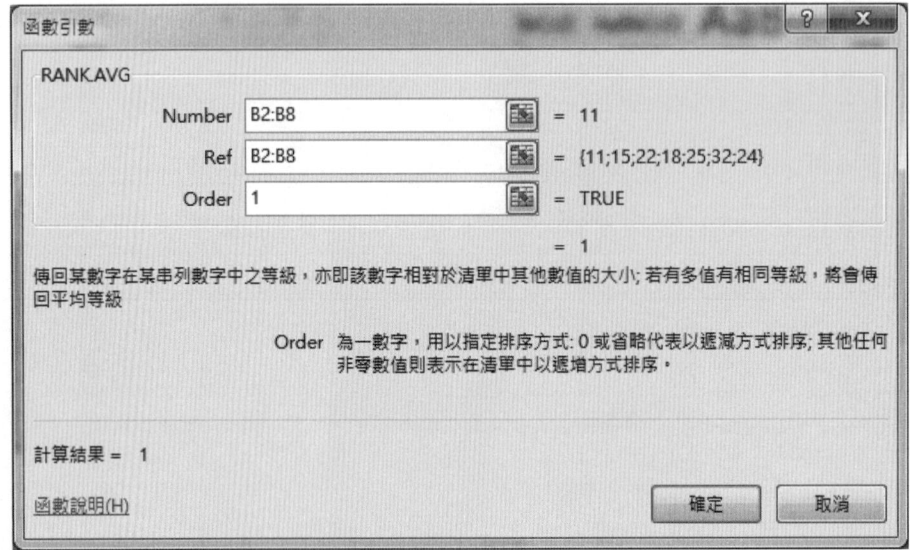

5. 是否變成如下。

	A	B	C	D	E	F	G
1	時間	時間數列	順位	個數	檢定統計量		
2	4月	11	1				
3	5月	15	2				
4	6月	22	4				
5	7月	18	3				
6	8月	25	6				
7	9月	32	7				
8	10月	24	5				
9							
10							
11							
12							

6. 點一下 D2 的方格。在 C3 到 C8 之中，計數比 C2 大的等級個數後再輸入。

	A	B	C	D	E	F	G
1	時間	時間數列	順位	個數	檢定統計量		
2	4月	11	1	6			
3	5月	15	2				
4	6月	22	4				
5	7月	18	3				
6	8月	25	6				
7	9月	32	7				
8	10月	24	5				
9							
10							
11							
12							

〔註〕比 C2 方格的 1 大的等級有｛2,4,3,6,7,5｝6 個，所以輸入 6。

7. 從 D7 到 D8，重複同樣的操作。

	A	B	C	D	E	F	G
1	時間	時間數列	順位	個數	檢定統計量		
2	4月	11	1	6			
3	5月	15	2	5			
4	6月	22	4	3			
5	7月	18	3	3			
6	8月	25	6	1			
7	9月	32	7	0			
8	10月	24	5	0			
9							
10							
11							
12							

8. 在 D9 的方格中輸入 = SUM(D2：D8)。

	A	B	C	D	E	F	G
1	時間	時間數列	順位	個數	檢定統計量		
2	4月	11	1	6			
3	5月	15	2	5			
4	6月	22	4	3			
5	7月	18	3	3			
6	8月	25	6	1			
7	9月	32	7	0			
8	10月	24	5	0			
9				18			
10							

9. 最終計算檢定統計量。

於 E2 的方格中輸入 =2*D9-7*(7-1)/2。

	A	B	C	D	E	F	G
1	時間	時間數列	順位	個數	檢定統計量		
2	4月	11	1	6	15		
3	5月	15	2	5			
4	6月	22	4	3			
5	7月	18	3	3			
6	8月	25	6	1			
7	9月	32	7	0			
8	10月	24	5	0			
9				18			
10							
11							

10.使用趨勢數值表，求出顯著機率（單邊）。

表 5.5　趨勢檢定的右側機率 P(X ≧ T)

T \ N	6	7	10
1	0.500	0.500	0.500
3	0.360	0.386	0.431
5	0.235	0.281	0.364
7	0.136	0.191	0.300
9	0.068	0.119	0.242
11	0.028	0.068	0.190
13	0.008	0.035	0.146
15	0.001	0.015	0.108
17		0.005	0.078
19		0.001	0.054
21		0.000	0.036
23			0.023
25			0.014
27			0.008
29			0.005

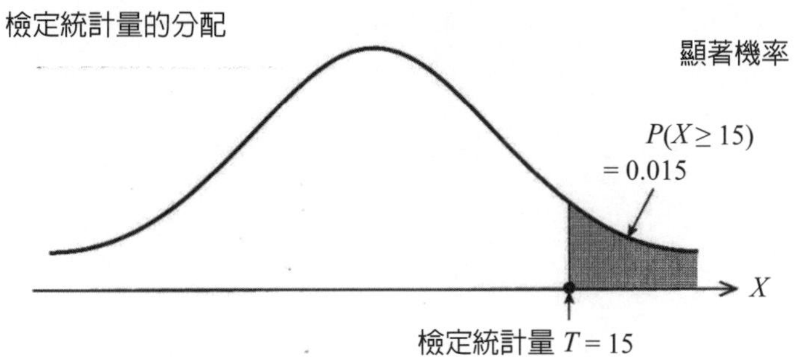

第 6 章　利用曲線的適配預測明日

時間數列分析的目的之一在於「預測明日之值」。譬如，如下的時間數列數據的情形，如適配直線時似乎可以預測明日之值。

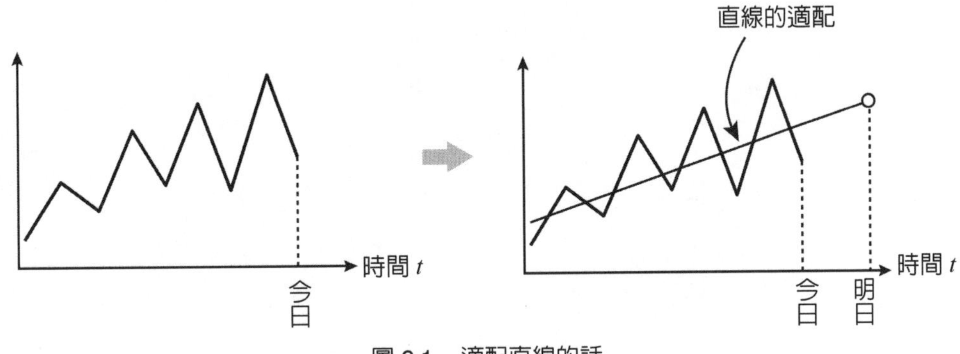

圖 6.1　適配直線的話

像這樣，預測明日之值的方法有

1. 適配直線或曲線
2. 進行指數平滑化
3. 製作 ARIMA(p, d, q) 模型

〔註〕定常時間數列是 ARMA。

此處，針對利用曲線的適配（fit）情形來考察看看。

曲線的適配有以下 3 種方法：

1. 利用最小平方法的方法
2. 利用傅立葉級數（Fourier series）的方法
3. 利用 spline 函數的方法

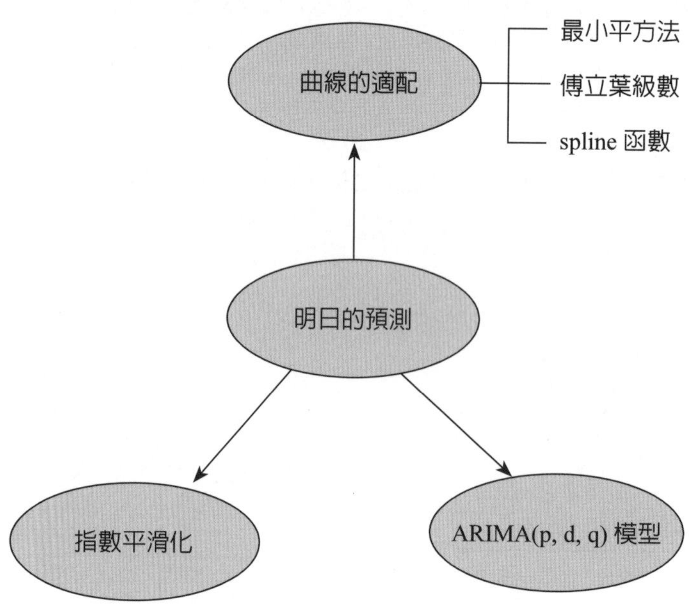

6.1 利用最小平方法的曲線適配

觀看以下 7 點時，使人聯想到投擲物體時的軌跡。

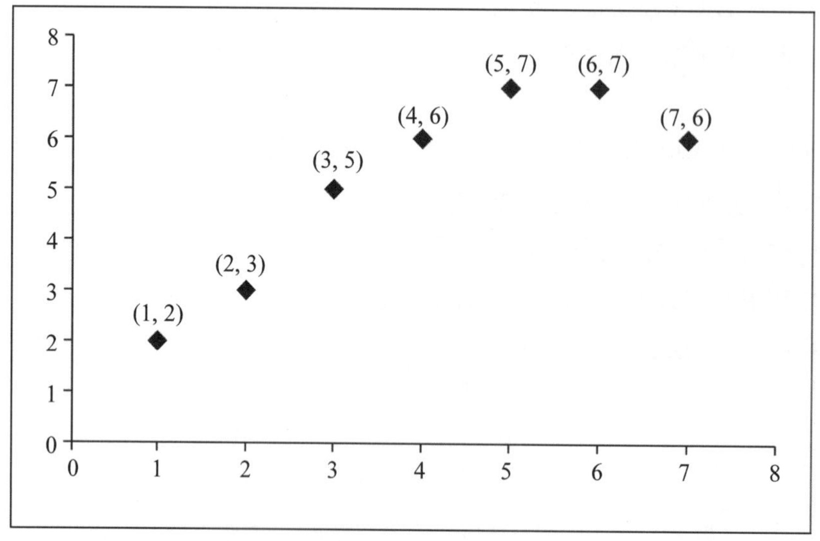

圖 6.2　7 個數據

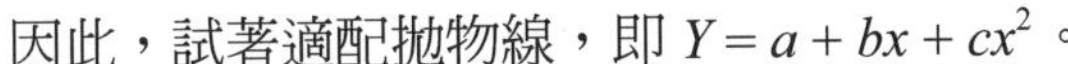

因此，試著適配拋物線，即 $Y = a + bx + cx^2$。

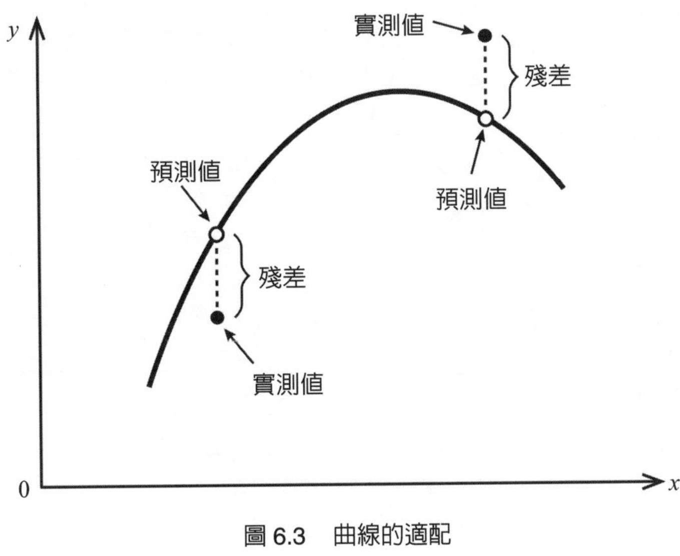

圖 6.3　曲線的適配

此時，殘差的定義如下：

$$殘差 = 實測值 - 預測值$$

使各點的殘差的平方和

$$(殘差)^2 + (殘差)^2 + \cdots + (殘差)^2$$

成爲最小之下求常數項 a 與係數 b、c，此方法稱爲「最小平方法」。
圖 6.2 的情形，拋物線的式子即爲：

$$y = -0.8571 + 2.6905x - 0.2381x^2$$

利用 Excel 畫出此拋物線的圖形時，即爲如下：

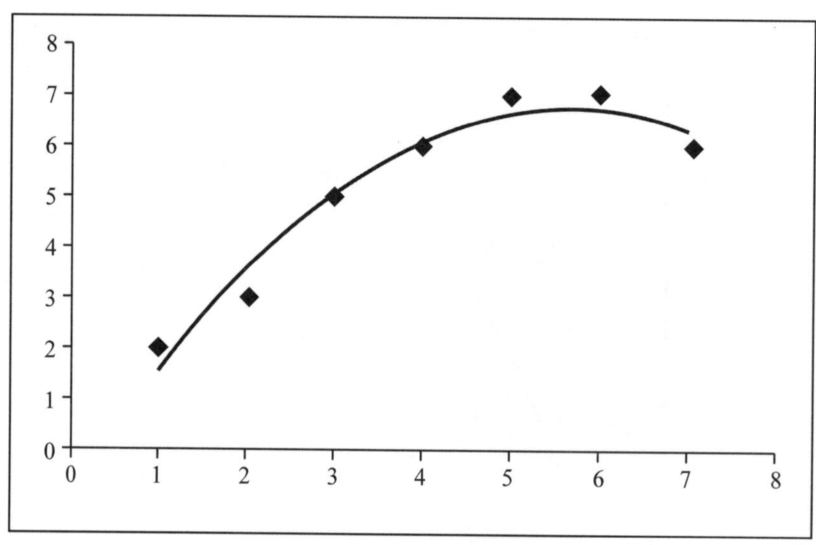

圖 6.4　拋物線的圖形

一、各種曲線的模型

以適配曲線的模型來說，有以下的函數：

直線	$y = a + bx$
2 次曲線	$y = a + bx + cx^2$
3 次曲線	$y = a + bx + cx^2 + dx^3$
對數曲線	$y = a \cdot e^{b \cdot x}$
Logistic 曲線	$y = \dfrac{1}{1 + e^{-b(x-a)}}$

其他以成長曲線來說，有如下函數：

成長曲線	$y = a \cdot b^x$
成長曲線	$y = e^{a + bx}$
成長曲線	$y = e^{a + \frac{b}{x}}$

二、直線模型

$$y = a + bx$$

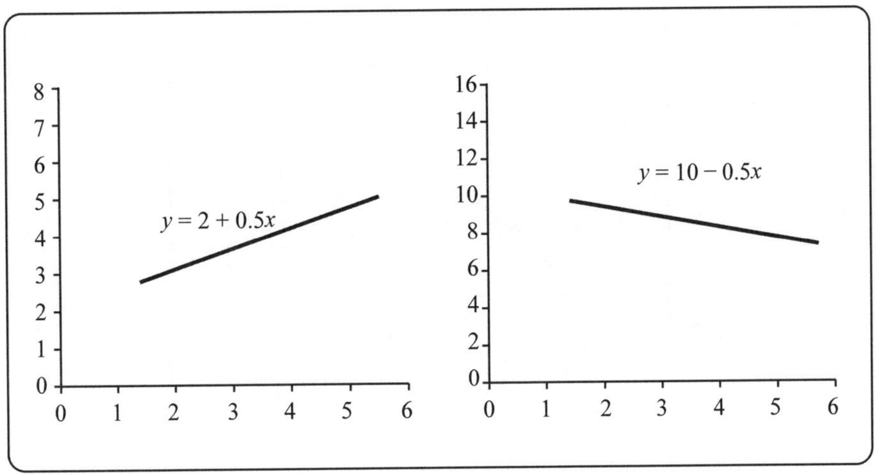

三、2 次曲線模型

$$y = a + bx + cx^2$$

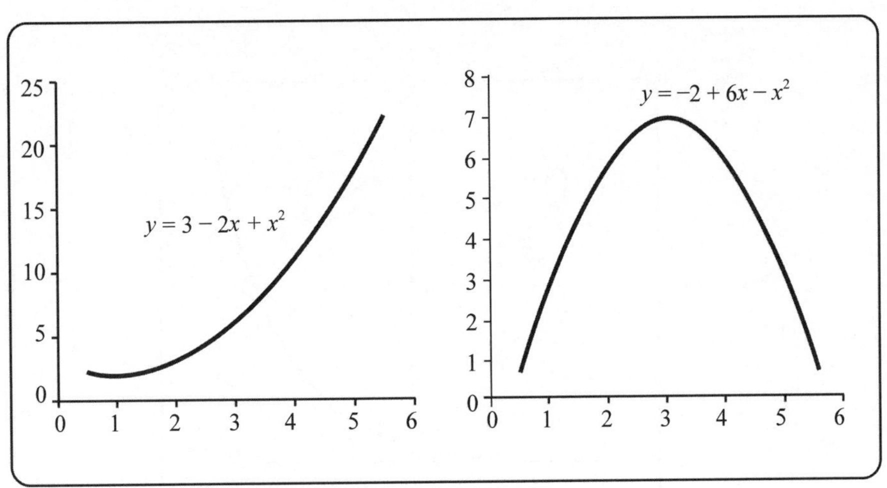

四、對數曲線模型

$$y = a + b \cdot \log x$$

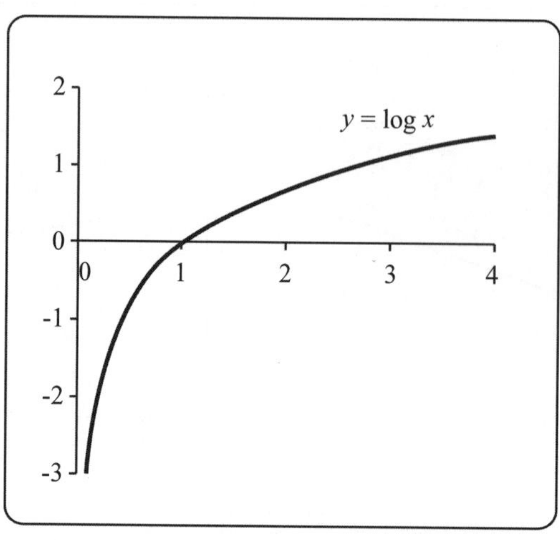

五、指數曲線模型

$$y = a \cdot e^{b \cdot x}$$

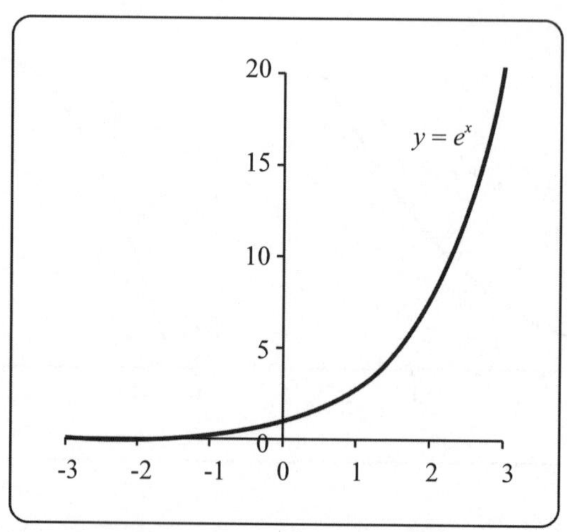

六、Logistic 曲線模型

$$y = \frac{1}{1+e^{-b(x-a)}}$$

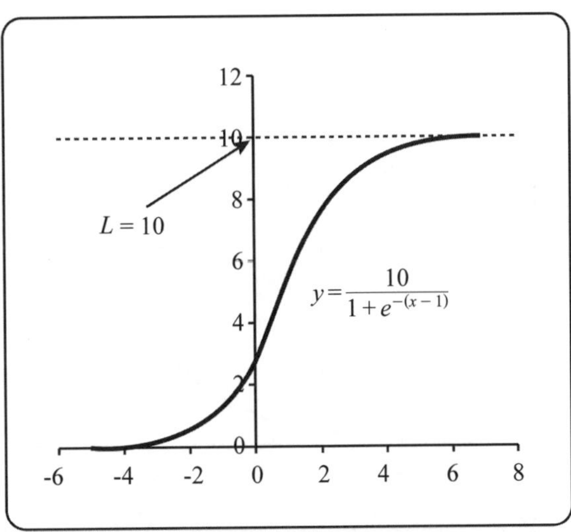

七、成長曲線模型（1）

$$y = a \cdot b^x$$

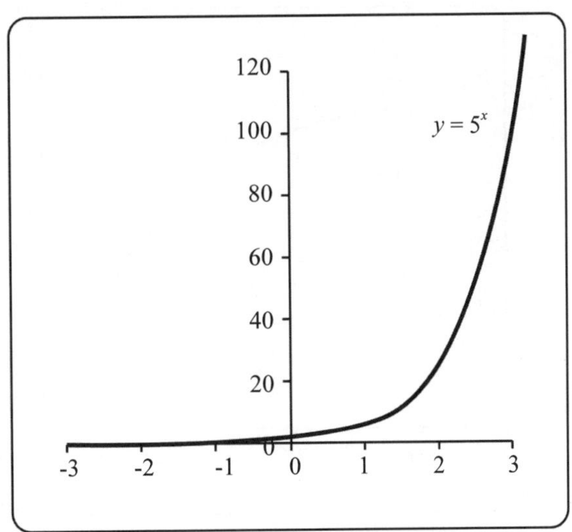

八、成長曲線模型（2）

$$y = e^{a+bx}$$

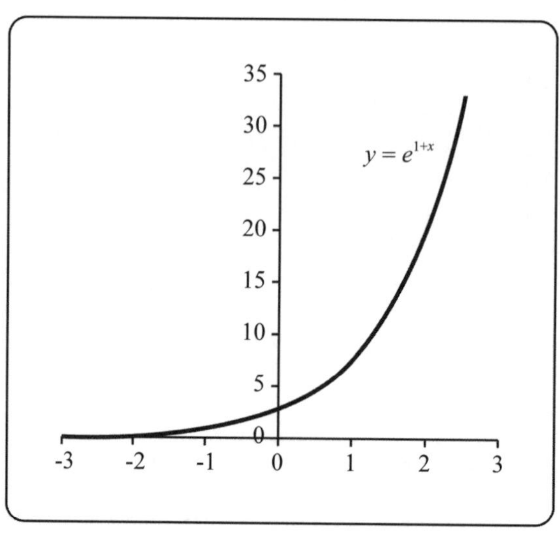

九、成長曲線模型（3）

$$y = e^{a+\frac{b}{x}}$$

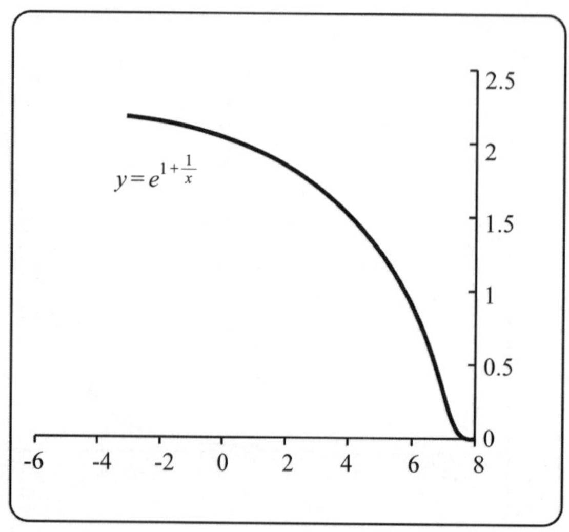

6.2 利用傅立葉級數的曲線適配

傅立葉級數是指在如下的三角函數的式子中，

$$y=\frac{A_0}{2}+\sum_{n=1}^{\infty}(A_n\cos nx+B_n\sin nx)$$

藉由決定傅立葉係數

$$A_0, A_n, B_n \quad (n=1, 2, \cdots)$$

即可表現出各種曲線的圖形。

在區間〔a, b〕上，設定 $2m+1$ 個數據時，因近似下式

$$y=\frac{A_0}{2}+\sum_{n=1}^{m}\left(A_n\cos\frac{2n\pi}{b-a}x+B_n\sin\frac{2n\pi}{b-a}x\right)$$

故變成求 $2m+1$ 個傅立葉係數

$$A_0, A_n, B_n \quad (n=1, 2, \cdots, m)$$

試以如下的數據考察。

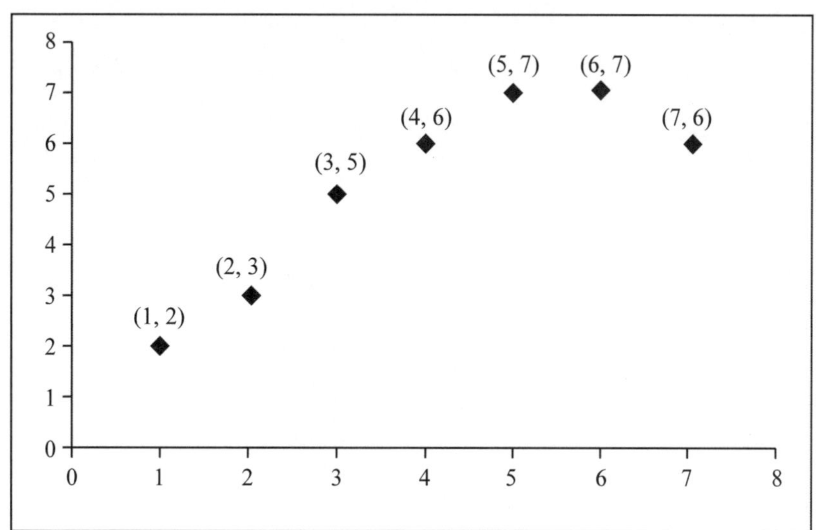

圖 6.5　2×3+1 個數據

圖 6.5 的 x 的範圍是 $1 \leqq x \leqq 7$，區間如下稍微取寬些，當作

$$a = 0 \quad b = 8$$

數據有 7 個，因此

將 7 個座標的點 (x, y) 分別帶入下式

$$y = \frac{A_0}{2} + \sum_{n=1}^{3}\left(A_n \cos\frac{2n\pi}{8-0}x + B_n \sin\frac{2n\pi}{8-0}x\right)$$

變成了如下：

座標點		傅立葉係數的聯立一次方程式
(1, 2)	➡	$2 = \frac{A_0}{2} + \sum_{n=1}^{3}\left\{A_n \cos\left(\frac{2n\pi}{8} \cdot 1\right) + B_n \sin\left(\frac{2n\pi}{8} \cdot 1\right)\right\}$
(2, 3)	➡	$3 = \frac{A_0}{2} + \sum_{n=1}^{3}\left\{A_n \cos\left(\frac{2n\pi}{8} \cdot 2\right) + B_n \sin\left(\frac{2n\pi}{8} \cdot 2\right)\right\}$
(3, 5)	➡	$5 = \frac{A_0}{2} + \sum_{n=1}^{3}\left\{A_n \cos\left(\frac{2n\pi}{8} \cdot 3\right) + B_n \sin\left(\frac{2n\pi}{8} \cdot 3\right)\right\}$
(4, 6)	➡	$6 = \frac{A_0}{2} + \sum_{n=1}^{3}\left\{A_n \cos\left(\frac{2n\pi}{8} \cdot 4\right) + B_n \sin\left(\frac{2n\pi}{8} \cdot 4\right)\right\}$
(5, 7)	➡	$7 = \frac{A_0}{2} + \sum_{n=1}^{3}\left\{A_n \cos\left(\frac{2n\pi}{8} \cdot 5\right) + B_n \sin\left(\frac{2n\pi}{8} \cdot 5\right)\right\}$
(6, 7)	➡	$7 = \frac{A_0}{2} + \sum_{n=1}^{3}\left\{A_n \cos\left(\frac{2n\pi}{8} \cdot 6\right) + B_n \sin\left(\frac{2n\pi}{8} \cdot 6\right)\right\}$
(7, 6)	➡	$6 = \frac{A_0}{2} + \sum_{n=1}^{3}\left\{A_n \cos\left(\frac{2n\pi}{8} \cdot 7\right) + B_n \sin\left(\frac{2n\pi}{8} \cdot 7\right)\right\}$

求解此聯立一次方程式時，傅立葉係數變成

$$\begin{bmatrix} A0 \\ A1 \\ B1 \\ A2 \\ B2 \\ A2 \\ B3 \end{bmatrix} = \begin{bmatrix} 10.000 \\ -1.207 \\ -2.061 \\ 0.000 \\ -0.500 \\ 0.207 \\ -0.061 \end{bmatrix}$$

將這些傅立葉係數代入傅立葉係數的式子時，即得出如下相當長的式子：

$$
\begin{aligned}
y = \frac{10.000}{2} &- 1.207 \cdot \cos\frac{2\pi}{8}x - 2.061 \cdot \sin\frac{2\pi}{8}x \\
&+ 0.000 \cdot \cos\frac{4\pi}{8}x - 0.500 \cdot \sin\frac{4\pi}{8}x \\
&+ 0.207 \cdot \cos\frac{6\pi}{8}x - 0.061 \cdot \sin\frac{6\pi}{8}x
\end{aligned}
$$

此式子的圖形即成為如下

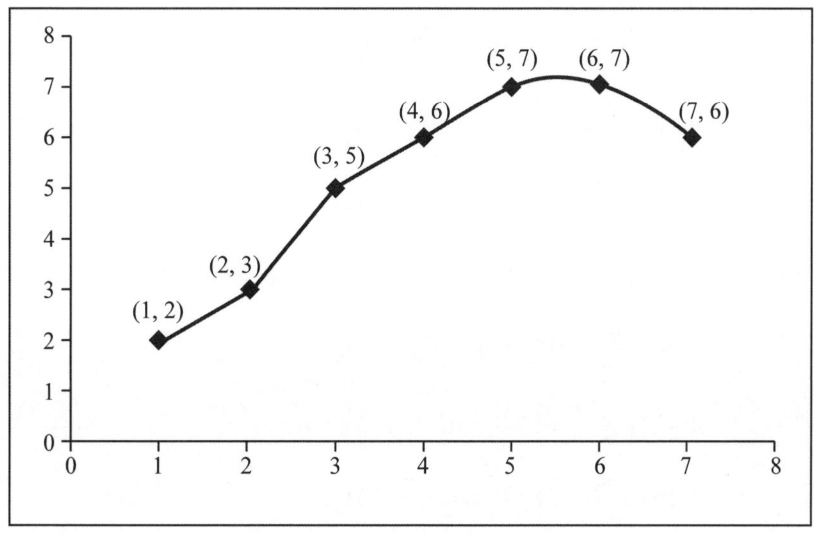

圖 6.6　利用傅立葉級數的曲線適配

一、使用 Excel 求傅立葉係數的方法

傅立葉係數 A_0、A_n、B_n 可以如下求出。

1. 以矩陣表現此聯立一次方程式。

$$2=\frac{A_0}{2}+A_1\cos\left(\frac{2\pi}{8}\cdot 1\right)+B_1\sin\left(\frac{2\pi}{8}\cdot 1\right)+A_2\cos\left(\frac{4\pi}{8}\cdot 1\right)+B_2\sin\left(\frac{4\pi}{8}\cdot 1\right)+A_3\cos\left(\frac{6\pi}{8}\cdot 1\right)+B_3\sin\left(\frac{6\pi}{8}\cdot 1\right)$$

$$3=\frac{A_0}{2}+A_1\cos\left(\frac{2\pi}{8}\cdot 2\right)+B_1\sin\left(\frac{2\pi}{8}\cdot 2\right)+A_2\cos\left(\frac{4\pi}{8}\cdot 2\right)+B_2\sin\left(\frac{4\pi}{8}\cdot 2\right)+A_3\cos\left(\frac{6\pi}{8}\cdot 2\right)+B_3\sin\left(\frac{6\pi}{8}\cdot 2\right)$$

$$5=\frac{A_0}{2}+A_1\cos\left(\frac{2\pi}{8}\cdot 3\right)+B_1\sin\left(\frac{2\pi}{8}\cdot 3\right)+A_2\cos\left(\frac{4\pi}{8}\cdot 3\right)+B_2\sin\left(\frac{4\pi}{8}\cdot 3\right)+A_3\cos\left(\frac{6\pi}{8}\cdot 3\right)+B_3\sin\left(\frac{6\pi}{8}\cdot 3\right)$$

$$6=\frac{A_0}{2}+A_1\cos\left(\frac{2\pi}{8}\cdot 4\right)+B_1\sin\left(\frac{2\pi}{8}\cdot 4\right)+A_2\cos\left(\frac{4\pi}{8}\cdot 4\right)+B_2\sin\left(\frac{4\pi}{8}\cdot 4\right)+A_3\cos\left(\frac{6\pi}{8}\cdot 4\right)+B_3\sin\left(\frac{6\pi}{8}\cdot 4\right)$$

$$7=\frac{A_0}{2}+A_1\cos\left(\frac{2\pi}{8}\cdot 5\right)+B_1\sin\left(\frac{2\pi}{8}\cdot 5\right)+A_2\cos\left(\frac{4\pi}{8}\cdot 5\right)+B_2\sin\left(\frac{4\pi}{8}\cdot 5\right)+A_3\cos\left(\frac{6\pi}{8}\cdot 5\right)+B_3\sin\left(\frac{6\pi}{8}\cdot 5\right)$$

$$7=\frac{A_0}{2}+A_1\cos\left(\frac{2\pi}{8}\cdot 6\right)+B_1\sin\left(\frac{2\pi}{8}\cdot 6\right)+A_2\cos\left(\frac{4\pi}{8}\cdot 6\right)+B_2\sin\left(\frac{4\pi}{8}\cdot 6\right)+A_3\cos\left(\frac{6\pi}{8}\cdot 6\right)+B_3\sin\left(\frac{6\pi}{8}\cdot 6\right)$$

$$6=\frac{A_0}{2}+A_1\cos\left(\frac{2\pi}{8}\cdot 7\right)+B_1\sin\left(\frac{2\pi}{8}\cdot 7\right)+A_2\cos\left(\frac{4\pi}{8}\cdot 7\right)+B_2\sin\left(\frac{4\pi}{8}\cdot 7\right)+A_3\cos\left(\frac{6\pi}{8}\cdot 7\right)+B_3\sin\left(\frac{6\pi}{8}\cdot 7\right)$$

2. 以矩陣表現聯立 1 次方程式。

$$
\begin{bmatrix} 2 \\ 3 \\ 5 \\ 6 \\ 7 \\ 7 \\ 6 \end{bmatrix} =
\begin{bmatrix}
\frac{1}{2} & \cos\left(\frac{2\pi}{8}\cdot 1\right) & \sin\left(\frac{2\pi}{8}\cdot 1\right) & \cos\left(\frac{4\pi}{8}\cdot 1\right) & \sin\left(\frac{4\pi}{8}\cdot 1\right) & \cos\left(\frac{6\pi}{8}\cdot 1\right) & \sin\left(\frac{6\pi}{8}\cdot 1\right) \\
\frac{1}{2} & \cos\left(\frac{2\pi}{8}\cdot 2\right) & \sin\left(\frac{2\pi}{8}\cdot 2\right) & \cos\left(\frac{4\pi}{8}\cdot 2\right) & \sin\left(\frac{4\pi}{8}\cdot 2\right) & \cos\left(\frac{6\pi}{8}\cdot 2\right) & \sin\left(\frac{6\pi}{8}\cdot 2\right) \\
\frac{1}{2} & \cos\left(\frac{2\pi}{8}\cdot 3\right) & \sin\left(\frac{2\pi}{8}\cdot 3\right) & \cos\left(\frac{4\pi}{8}\cdot 3\right) & \sin\left(\frac{4\pi}{8}\cdot 3\right) & \cos\left(\frac{6\pi}{8}\cdot 3\right) & \sin\left(\frac{6\pi}{8}\cdot 3\right) \\
\frac{1}{2} & \cos\left(\frac{2\pi}{8}\cdot 4\right) & \sin\left(\frac{2\pi}{8}\cdot 4\right) & \cos\left(\frac{4\pi}{8}\cdot 4\right) & \sin\left(\frac{4\pi}{8}\cdot 4\right) & \cos\left(\frac{6\pi}{8}\cdot 4\right) & \sin\left(\frac{6\pi}{8}\cdot 4\right) \\
\frac{1}{2} & \cos\left(\frac{2\pi}{8}\cdot 5\right) & \sin\left(\frac{2\pi}{8}\cdot 5\right) & \cos\left(\frac{4\pi}{8}\cdot 5\right) & \sin\left(\frac{4\pi}{8}\cdot 5\right) & \cos\left(\frac{6\pi}{8}\cdot 5\right) & \sin\left(\frac{6\pi}{8}\cdot 5\right) \\
\frac{1}{2} & \cos\left(\frac{2\pi}{8}\cdot 6\right) & \sin\left(\frac{2\pi}{8}\cdot 6\right) & \cos\left(\frac{4\pi}{8}\cdot 6\right) & \sin\left(\frac{4\pi}{8}\cdot 6\right) & \cos\left(\frac{6\pi}{8}\cdot 6\right) & \sin\left(\frac{6\pi}{8}\cdot 6\right) \\
\frac{1}{2} & \cos\left(\frac{2\pi}{8}\cdot 7\right) & \sin\left(\frac{2\pi}{8}\cdot 7\right) & \cos\left(\frac{4\pi}{8}\cdot 7\right) & \sin\left(\frac{4\pi}{8}\cdot 7\right) & \cos\left(\frac{6\pi}{8}\cdot 7\right) & \sin\left(\frac{6\pi}{8}\cdot 7\right)
\end{bmatrix}
\cdot
\begin{bmatrix} A_0 \\ A_1 \\ B_1 \\ A_2 \\ B_2 \\ A_3 \\ B_0 \end{bmatrix}
$$

↑
7×7 係數矩陣

3. 將此係數矩陣輸入到 **Excel** 時，變成如下之值。

	A	B	C	D	E	F	G	H	I	J	K
1	X	Y	A0	A1	B1	A2	B2	A3	B3		
2	1	2	0.5	0.707	0.707	0.000	1.000	-0.707	0.707		
3	2	3	0.5	0.000	1.000	-1.000	0.000	0.000	-1.000		
4	3	5	0.5	-0.707	0.707	0.000	-1.000	0.707	0.707		
5	4	6	0.5	-1.000	0.000	1.000	0.000	-1.000	0.000		
6	5	7	0.5	-0.707	-0.707	0.000	1.000	0.707	-0.707		
7	6	7	0.5	0.000	-1.000	-1.000	0.000	0.000	1.000		
8	7	6	0.5	0.707	-0.707	0.000	-1.000	-0.707	-0.707		
9											
10											
11											
12											

4. 其次，計算此係數矩陣的逆矩陣。

	A	B	C	D	E	F	G	H	I	J	K
2	1	2	0.5	0.707	0.707	0.000	1.000	-0.707	0.707		
3	2	3	0.5	0.000	1.000	-1.000	0.000	0.000	-1.000		
4	3	5	0.5	-0.707	0.707	0.000	-1.000	0.707	0.707		
5	4	6	0.5	-1.000	0.000	1.000	0.000	-1.000	0.000		
6	5	7	0.5	-0.707	-0.707	0.000	1.000	0.707	-0.707		
7	6	7	0.5	0.000	-1.000	-1.000	0.000	0.000	1.000		
8	7	6	0.5	0.707	-0.707	0.000	-1.000	-0.707	-0.707		
9											
10			0.500	0.000	0.500	0.000	0.500	0.000	0.500		
11			0.427	-0.250	0.073	-0.500	0.073	-0.250	0.427		
12			0.177	0.250	0.177	0.000	-0.177	-0.250	-0.177		
13			0.250	-0.500	0.250	0.000	0.250	-0.500	0.250		
14			0.250	0.000	-0.250	0.000	0.250	0.000	-0.250		
15			0.073	-0.250	0.427	-0.500	0.427	-0.250	0.073		
16			0.177	-0.250	0.177	0.000	-0.177	0.250	-0.177		
17											
18											

5. 最後，將逆矩陣與 **y** 的矩陣相乘。

$$
\begin{bmatrix} A_0 \\ A_1 \\ B_1 \\ A_2 \\ B_2 \\ A_3 \\ B_3 \end{bmatrix} =
\begin{bmatrix}
0.500 & 0.000 & 0.500 & 0.000 & 0.500 & 0.000 & 0.500 \\
0.427 & -0.250 & 0.073 & -0.500 & 0.073 & -0.250 & 0.427 \\
0.177 & 0.250 & 0.177 & 0.000 & -0.177 & -0.250 & -0.177 \\
0.250 & -0.500 & 0.250 & 0.000 & 0.250 & -0.500 & 0.250 \\
0.250 & 0.000 & -0.250 & 0.000 & 0.250 & 0.000 & -0.250 \\
0.073 & -0.250 & 0.427 & -0.500 & 0.427 & -0.250 & 0.073 \\
0.177 & -0.250 & 0.177 & 0.000 & -0.177 & 0.250 & -0.177
\end{bmatrix} \cdot
\begin{bmatrix} 2 \\ 3 \\ 5 \\ 6 \\ 7 \\ 7 \\ 6 \end{bmatrix}
$$

$$
= \begin{bmatrix} 10.000 \\ -1.207 \\ -2.061 \\ 0.000 \\ -0.500 \\ 0.207 \\ -0.061 \end{bmatrix}
$$

〔註〕矩陣的相乘是使用 MMULT 的 Excel 函數，再按 ctrl+shift+enter。

6.3 利用 spline 函數的曲線適配

spline 函數爲一種區段式連續、平均的函數，它是指「幾個多項式圖形的集合」，滿足以下 2 個條件：

條件 1：以多項式 $f(x)$ 的圖形連結點與點之間。

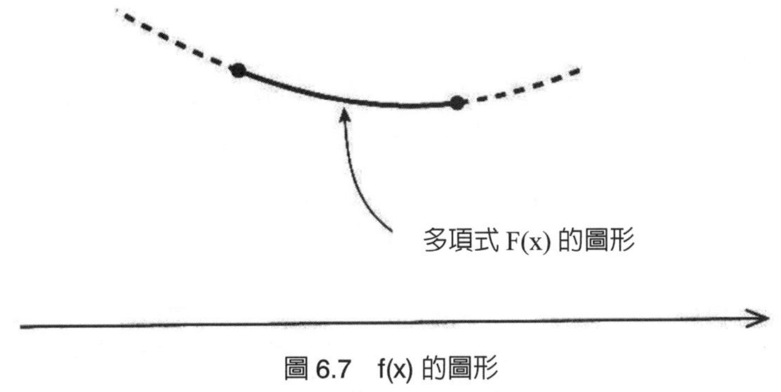

圖 6.7　f(x) 的圖形

條件 2：相鄰 2 個 m 次多項式的圖形 $f(x)$、$g(x)$ 圓滑地連結。

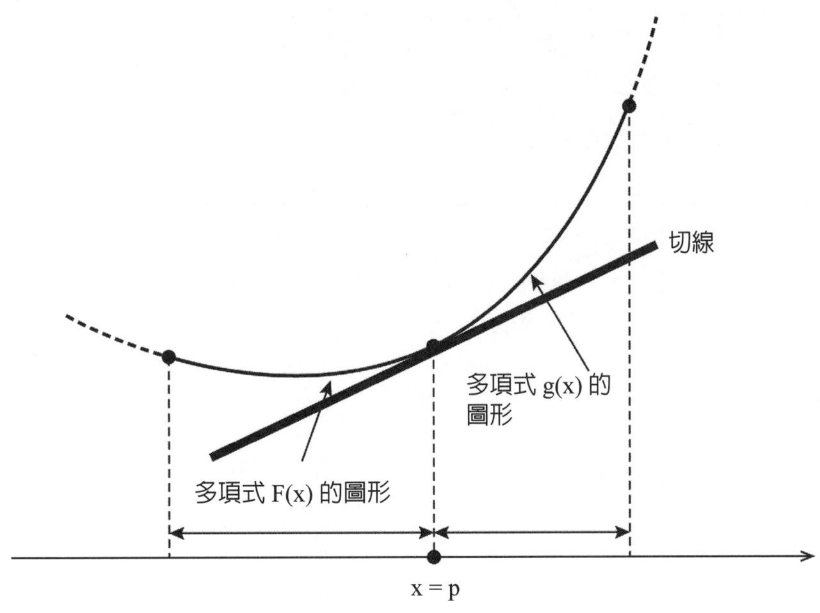

圖 6.8　f(x) 與 g(x) 的圖形

「2 條圖形 $f(x)$、$g(x)$ 在點 $x = p$ 圓滑地連結」，是指 2 條多項式的高階導函數在點 $x = p$ 處全部相等。

1 次導函數	$f^{(1)}(p) = g^{(1)}(p)$
2 次導函數	$f^{(2)}(p) = g^{(2)}(p)$
:	
:	
m-1 次導函數	$f^{(m-1)}(p) = g^{(m-1)}(p)$

譬如，以 3 次多項式圓滑地連結圖 6.2 的點與點之間時，即形成如下圖形。

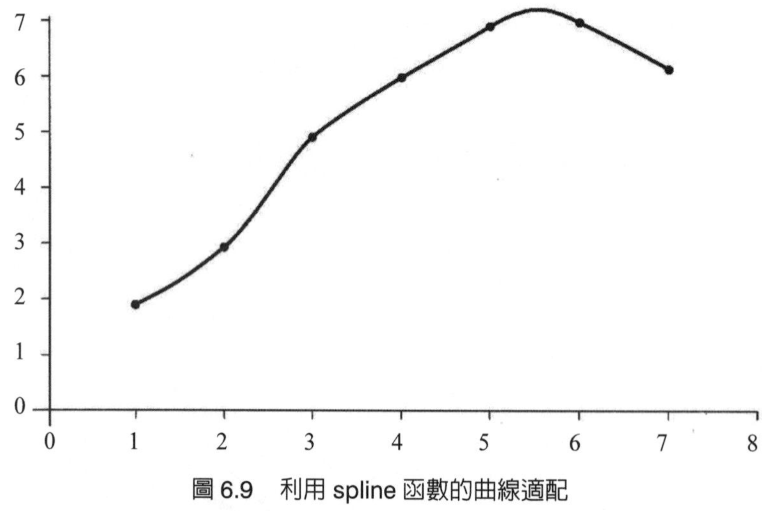

圖 6.9　利用 spline 函數的曲線適配

關鍵詞

Spline function：樣條函數

6.4 曲線的適配與預測值的求法

此處列舉 3 個常被使用的曲線模型：

1. 利用直線適配

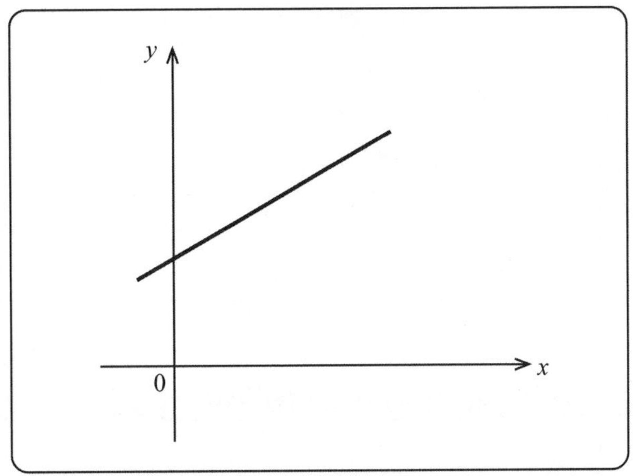

2. 利用 2 次曲線適配

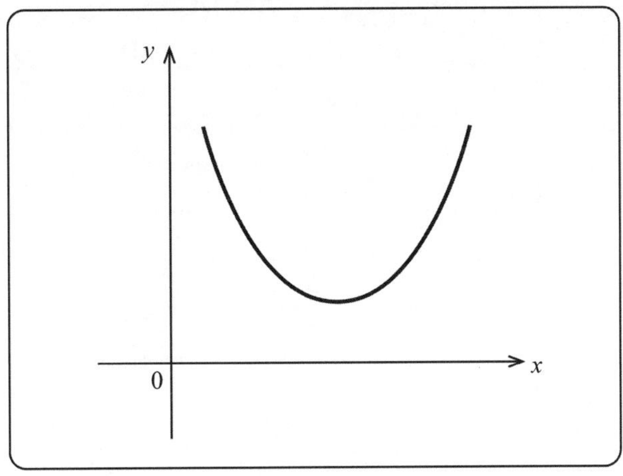

3. 利用成長曲線適配

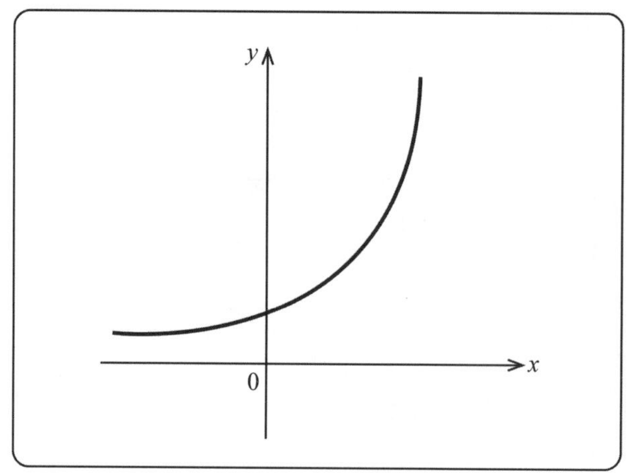

一、利用 Excel 的曲線適配與預測的步驟：y=a+bx 的情形

1. 如下輸出數據。

	A	B	C	D	E
1	時間	時間數列數據	預測值		
2	1	11		b	
3	2	15			
4	3	22		a	
5	4	18			
6	5	25			
7	6	32			
8	7	24			
9	8				
10					

2. 如下計算係數 a、b。

於 E2 方格輸入 =SLOPE(B2:B8,A2:A8)

於 E8 方格輸入 =INTERCEPT(B2:B8,A2:A8)。

	A	B	C	D	E	F	G
1	時間	時間數列數據	預測值				
2	1	11		b	2.714286		
3	2	15					
4	3	22		a	10.14286		
5	4	18					
6	5	25					
7	6	32					
8	7	24					
9	8						
10							

3. 計算於時間 8 的預測值。

如下輸入看看。

於 C9 方格輸入 =TREND(B2:B8, A2:A8, A9)。

	A	B	C	D	E	F
1	時間	時間數列數據	預測值			
2	1	11		b	2.714286	
3	2	15				
4	3	22		a	10.14286	
5	4	18				
6	5	25				
7	6	32				
8	7	24				
9	8		31.85714			
10						
11						

〔註〕時間 7 的下 1 期的預測值是

$\hat{x}(7,1) = 31.857143$

$Y = 10.14286 + 2.714286 \times 8 = 31.857143$

此即爲所求的預測值。

二、利用 Excel 的曲線適配與預測的步驟：y=a+bx+cx^2 之情形

1. 如下輸入數據。

	A	B	C	D	E
1	時間	時間數列數據	預測值		
2	1	11			
3	2	15			
4	3	22			
5	4	18			
6	5	25			
7	6	32			
8	7	24			
9	8				
10					

2. 從清單中選擇〔插入〕→〔散布圖〕之後，即可畫出時間與時間數列數據的散布圖。

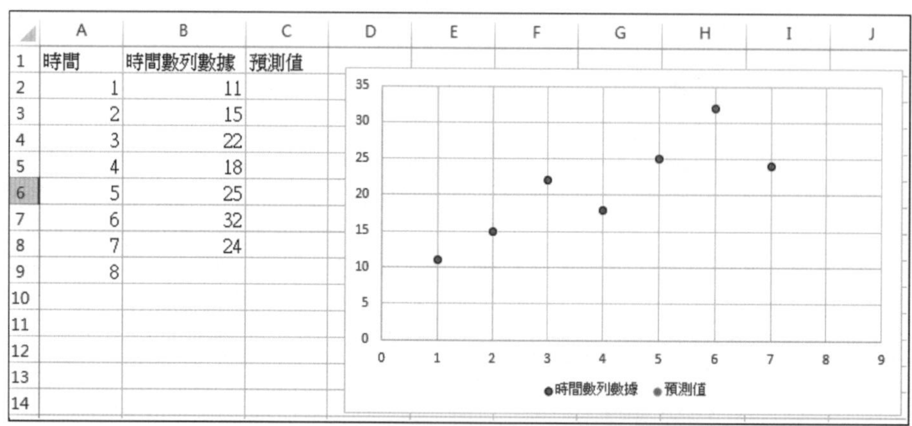

	A	B	C
1	時間	時間數列數據	預測值
2	1	11	
3	2	15	
4	3	22	
5	4	18	
6	5	25	
7	6	32	
8	7	24	
9	8		
10			
11			
12			
13			
14			

3. 點一下圖表項目，選擇趨勢線，於趨勢線格式中選擇多項式，冪次選 2。

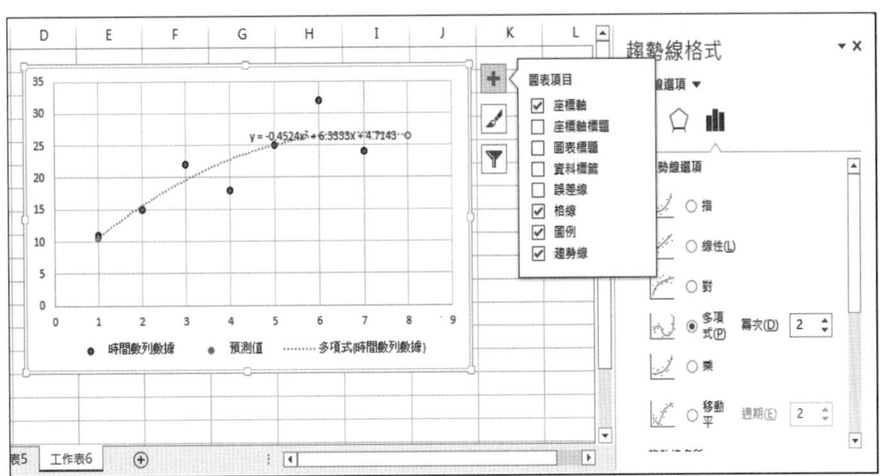

4. 並勾選下方的〔圖表上顯示公式〕。

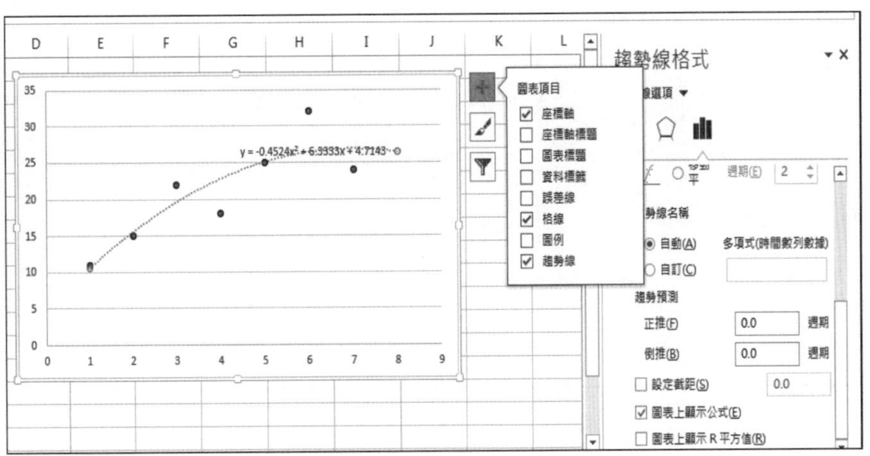

5. 顯示如下的 2 次曲線與其數式。

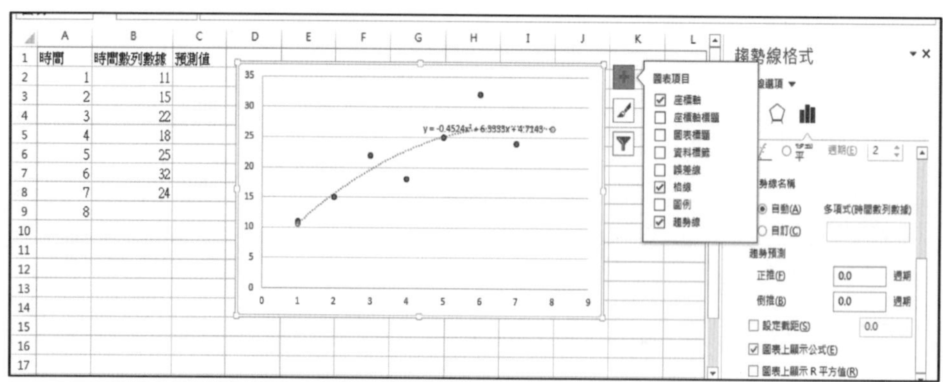

6. 使用數式計算時間 8 的預測值。

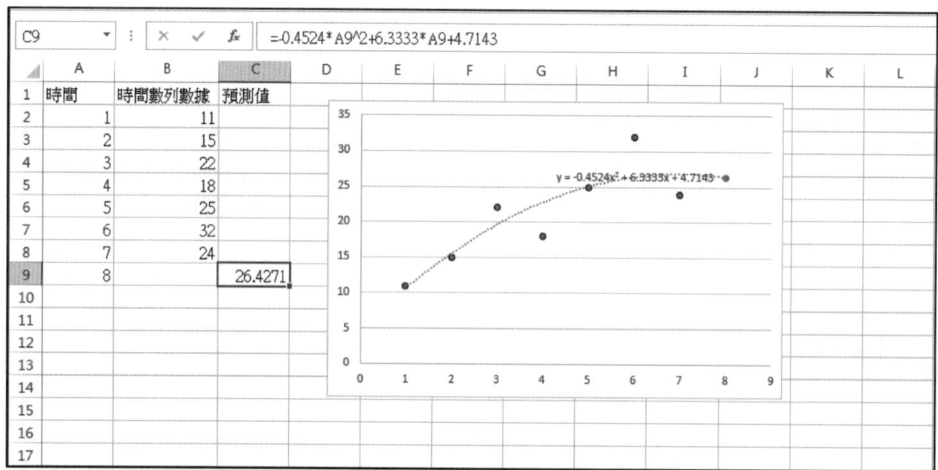

三、利用 Excel 的曲線適配與預測的步驟：$y=ab^2$ 之情形

1. 如下輸入數據。

	A	B	C	D	E	F	G	H
1	時間	時間數列數據	預測值					
2	1	11		b				
3	2	15						
4	3	22		a				
5	4	18						
6	5	25						
7	6	32						
8	7	24						
9	8							
10								

2. 計算係數 a、b。

於 E2 的方格輸入 =INDEX(LOGEST(B2:B8, A2:A8,1)

於 E4 的方格輸入 =INDEX(LOGEST(B2:B8, A2:A8,2)。

	A	B	C	D	E	F	G
1	時間	時間數列數據	預測值				
2	1	11		b	1.152893		
3	2	15					
4	3	22		a	11.28826		
5	4	18					
6	5	25					
7	6	32					
8	7	24					
9	8						
10							

〔註〕LOGEST 是表示指數曲線。

3. 於時間 8 計算預測值。

如下輸入看看。

於 C9 方格輸入 =GROWTH(B2:B8, A2:A8, A9)。

C9 | =GROWTH(B2:B8,A2:A8,A9)

	A	B	C	D	E	F
1	時間	時間數列數據	預測值			
2	1	11		b	1.152893	
3	2	15				
4	3	22		a	11.28826	
5	4	18				
6	5	25				
7	6	32				
8	7	24				
9	8		35.23211			
10						

〔註〕所要求的下一期的預測值是

$\hat{x}(7,1) = 35.232113$

其計算如下：

$Y = 11.28826 + 1.152893^8 = 35.232113$

第 7 章　週期變動與季節變動

7.1 週期變動

流行性感冒與花粉症這樣的地方病，今年有 1 次大流行，以下的數據是某地區過去 60 年內所發生之地方病的患者人數。

年	患者人數
1 年	632
2 年	783
3 年	577
4 年	1491
5 年	828
6 年	312
7 年	429
8 年	684
9 年	706
10 年	293
11 年	331
12 年	284
13 年	529
14 年	485
15 年	1117
16 年	281
17 年	288
18 年	334
19 年	506
20 年	851

年	患者人數
21 年	830
22 年	386
23 年	359
24 年	778
25 年	739
26 年	1288
27 年	505
28 年	553
29 年	378
30 年	430
31 年	966
32 年	951
33 年	1307
34 年	582
35 年	335
36 年	643
37 年	691
38 年	744
39 年	369
40 年	428

年	患者人數
41 年	657
42 年	1070
43 年	755
44 年	1629
45 年	938
46 年	328
47 年	353
48 年	436
49 年	568
50 年	584
51 年	440
52 年	315
53 年	1507
54 年	669
55 年	994
56 年	680
57 年	277
58 年	469
59 年	851
60 年	765

使用 Excel 繪製此時間數列數據，即爲如下；

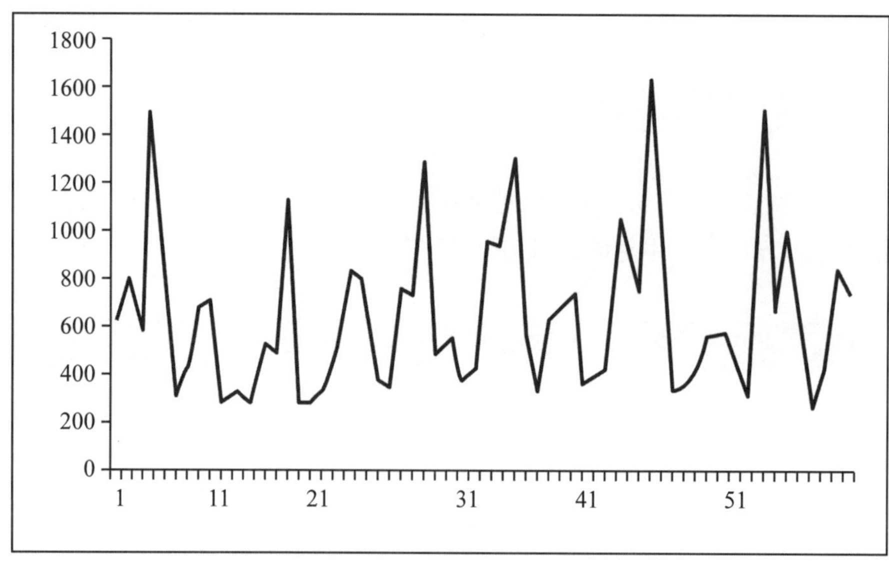

圖 7.1　地方病患者人數

觀此圖時，得知地方病的患者人數重複地增加與減少。

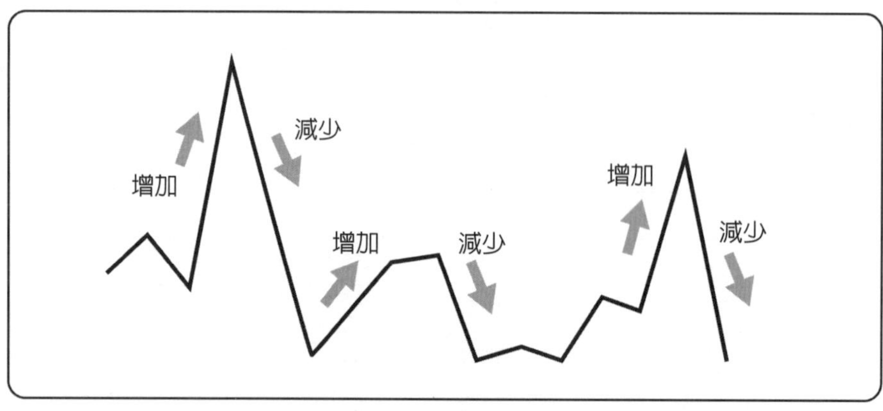

圖 7.2　增加與減少

像這樣有重複的時間數列數據稱爲「週期變動」。

一、週期變動的重點是？

週期變動的重點有以下 2 點：

1. 此時間數列數據是以何種週期在重複著呢？

　再次觀察地方病患者人數的時間數列圖形看看。

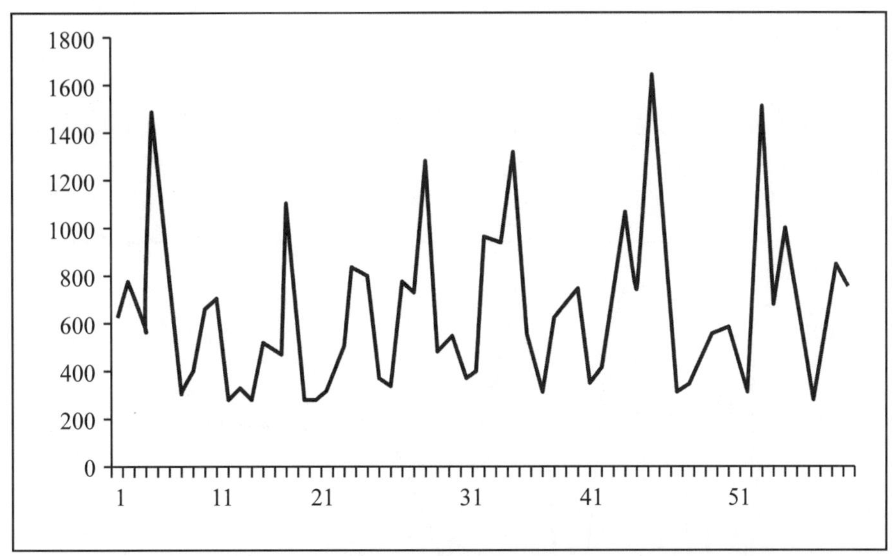

圖 7.3　地方病患者人數

此圖形雖重複地增加與減少，但其週期是多少年呢？

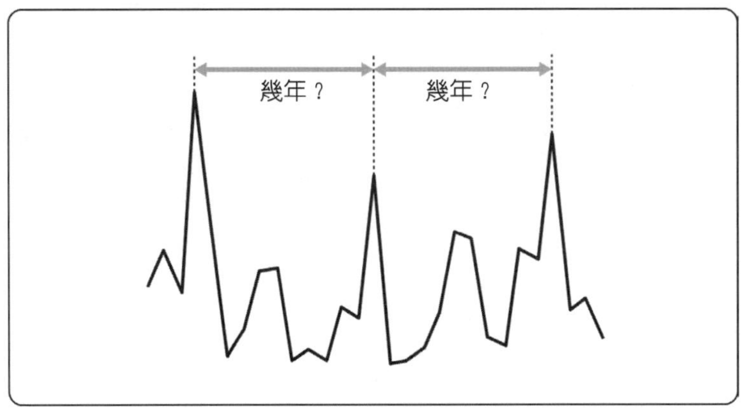

圖 7.4　週期是幾年？

2. 如果時間數列數據形成週期變動時，那麼明日之值是多少？
   此時，利用：
   (1) 指數平滑化
   (2) ARMA(p, q) 模型
   即可預測明日之值。

〔註〕定常時間數列即為 ARMA 模型。

利用光譜分析的週期圖即可調查週期。下圖是患者的人數依據週期表示的週期圖。

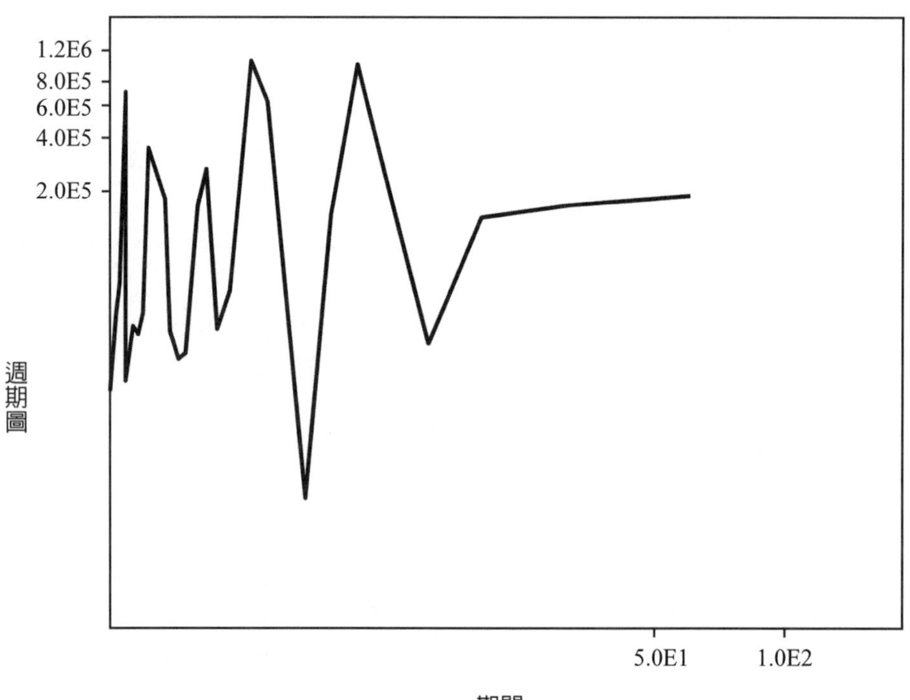

7.2 季節變動

以下的時間數列數據是百貨公司的銷貨收入。

表 7.2　6 年間百貨公司的銷貨收入

年	月	銷貨收入
2005	1 月	89
	2 月	73
	3 月	94
	4 月	87
	5 月	86
	6 月	86
	7 月	118
	8 月	73
	9 月	77
	10 月	92
	11 月	91
	12 月	144
2006	1 月	85
	2 月	71
	3 月	92
	4 月	85
	5 月	85
	6 月	84
	7 月	114
	8 月	72
	9 月	77
	10 月	89
	11 月	91
	12 月	140

年	月	銷貨收入
2007	1 月	88
	2 月	74
	3 月	97
	4 月	87
	5 月	86
	6 月	87
	7 月	112
	8 月	74
	9 月	79
	10 月	93
	11 月	94
	12 月	141
2008	1 月	89
	2 月	72
	3 月	98
	4 月	84
	5 月	85
	6 月	81
	7 月	107
	8 月	72
	9 月	75
	10 月	89
	11 月	91
	12 月	129

年	月	銷貨收入
2009	1 月	88
	2 月	70
	3 月	90
	4 月	81
	5 月	82
	6 月	80
	7 月	105
	8 月	70
	9 月	71
	10 月	87
	11 月	87
	12 月	125
2010	1 月	85
	2 月	70
	3 月	88
	4 月	80
	5 月	79
	6 月	77
	7 月	99
	8 月	66
	9 月	71
	10 月	84
	11 月	84
	12 月	123

如利用 Excel 畫出時間數列圖形時，即成爲如下：

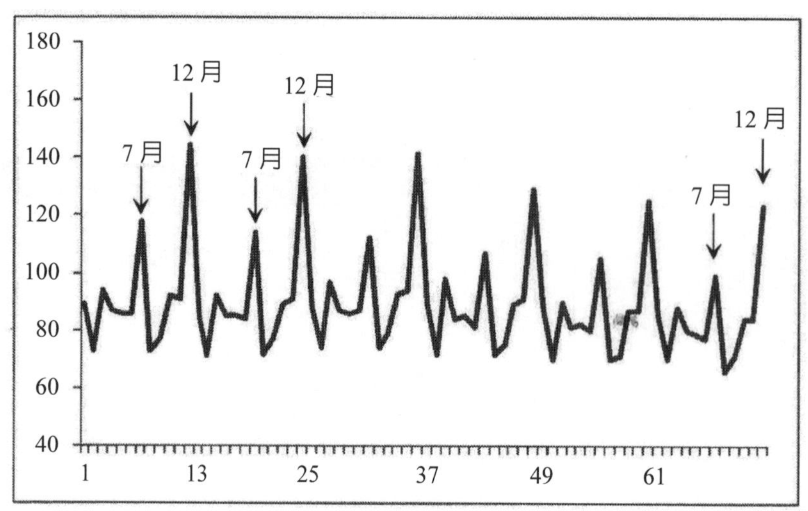

圖 7.5　百貨公司的銷貨收入

觀此圖形時，得知每年 7 月與 12 月時銷貨收入呈現增加。

像此種 1 年單位的週期變動，或所謂的春夏秋冬的週期變動，稱爲「季節變動」。在經濟時間數列分析中，處理此季節變動是非常重要的。

一、對季節變動的統計處理——12 個月移動平均

對於季節變動來說有一種統計處理方式，此即爲「12 個月移動平均」。

所謂 12 個月移動平均是每 12 個月取其數據的平均，使數據的變動形成平滑的一種手法。

譬如：對於表 7.2 的百貨公司的銷貨收入來說，如採取 12 個月的移動平均時，去除季節變動後，時間數列圖形變成如下圖：

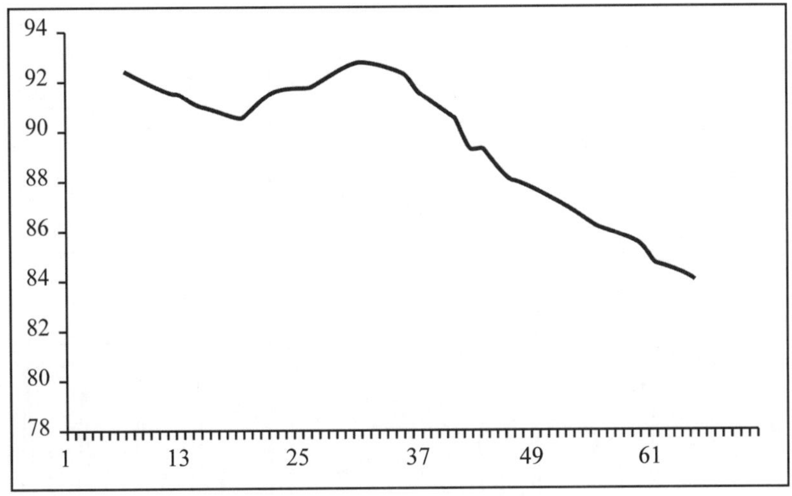

圖 7.6　12 個月的移動平均

與圖 7.5 相比較時，發現每月的變動變小，且百貨公司的銷貨收入形成負向趨勢。

二、對季節變動的統計處理——季節性的分解

對於季節變動的另一個統計處理方式即為「季節性的分解」。

所謂季節性的分解是將年、月此種附有日期的時間數列數據分解成「長期趨勢＋週期變動」、「季節變動」、「不規則變動」的一種方法。

觀察以下的圖形，即可清楚明白其分解的情形。

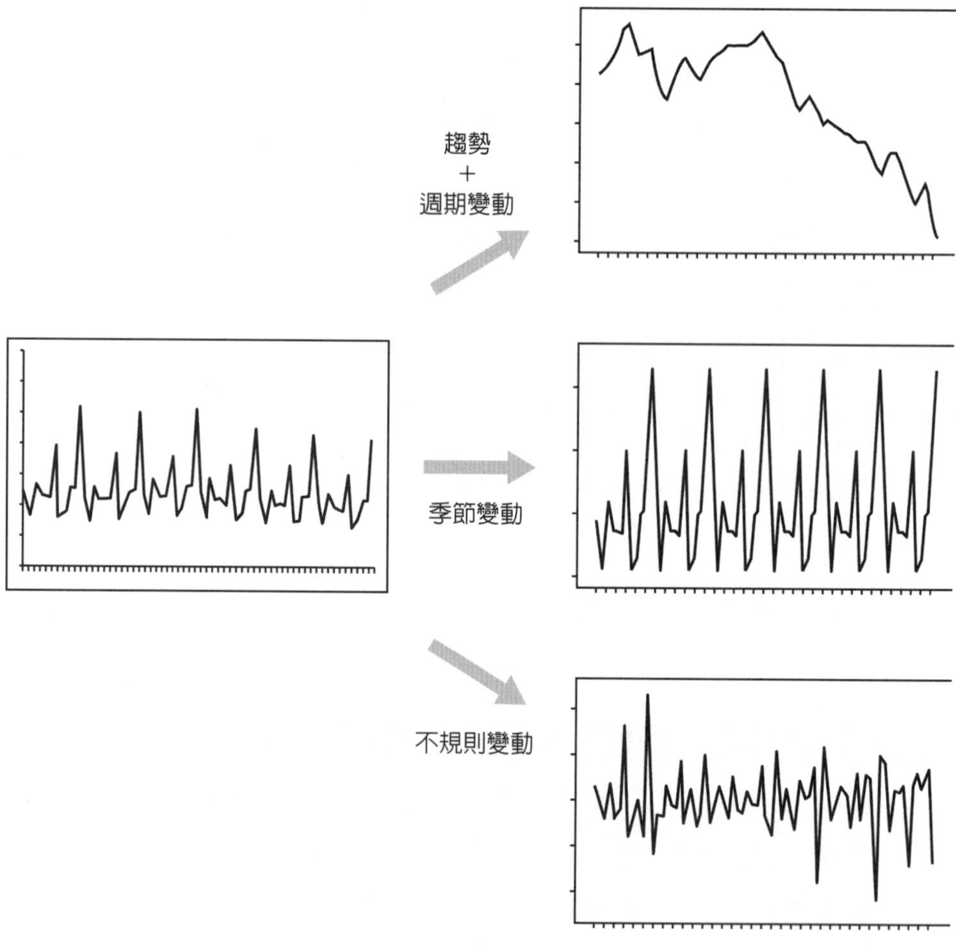

圖 7.7 季節性的分解

7.3 光譜分析簡介

要理解光譜分析，先從週期變動的圖形開始。爲了學習週期，首先利用 Excel 繪製由下列 3 個三角函數

$$\sin\left(\frac{\pi}{2}x\right) \quad \sin\left(\frac{\pi}{3}x\right) \quad \sin\left(\frac{\pi}{6}x\right)$$

所構成的圖形。即

$$f(x)=10\cdot\sin\left(\frac{\pi}{2}x\right)+1\cdot\sin\left(\frac{\pi}{3}x\right)+1\cdot\sin\left(\frac{\pi}{6}x\right)$$

一、利用 Excel 繪製週期函數圖表的步驟

1. 先如下輸入數據。

	A	B	C	D	E	F	G	H
1	x	f(x)						
2	1							
3	2							
4	3							
5	4							
6	5							
7	6							
8	7							
9	8							
10	9							
11	10							
12	11							
13	12							
14	13							
15	14							
16	15							
17	16							
18	17							
19	18							
20	19							
21	20							
22	21							
23	22							
24	23							
25	24							
26								

2. 於 B2 的方格中輸入如下的式子。

= 10*SIN(PI(　)*A2/2) + 1*SIN(P1(　)*A2/3) + 1*SIN(P1(　)*A2/6)

B2 =10*SIN(PI()*A2/2)+1*SIN(PI()*A2/3)+1*SIN(PI()*A2/6)

	A	B
1	x	f(x)
2	0	0
3	1	
4	2	
5	3	
6	4	
7	5	
8	6	
9	7	
10	8	
11	9	
12	10	
13	11	

3. 複製 B2，貼至 B3 至 B26。

	A	B
1	x	f(x)
2	0	0
3	1	11.36603
4	2	1.732051
5	3	-9
6	4	-2.1E-15
7	5	9.633975
8	6	3.55E-15
9	7	-9.63397
10	8	-4.1E-15
11	9	9
12	10	-1.73205
13	11	-11.366
14	12	-8.1E-15
15	13	11.36603
16	14	1.732051
17	15	-9
18	16	-8.3E-15
19	17	9.633975
20	18	1.07E-14
21	19	-9.63397
22	20	-1.2E-14
23	21	9
24	22	-1.73205
25	23	-11.366
26	24	-1.6E-14

4. 指定由 B1 至 B26 的範圍，從〔插入〕→〔折線〕如下選擇。

2	0	0
3	1	11.36603
4	2	1.732051
5	3	-9
6	4	-2.1E-15
7	5	9.633975
8	6	3.55E-15
9	7	-9.63397
10	8	-4.1E-15
11	9	9
12	10	-1.73205
13	11	-11.366
14	12	-8.1E-15
15	13	11.36603
16	14	1.732051
17	15	-9
18	16	-8.3E-15
19	17	9.633975
20	18	1.07E-14
21	19	-9.63397
22	20	-1.2E-14
23	21	9
24	22	-1.73205
25	23	-11.366
26	24	-1.6E-14

5. 匯出三角函數的圖形。

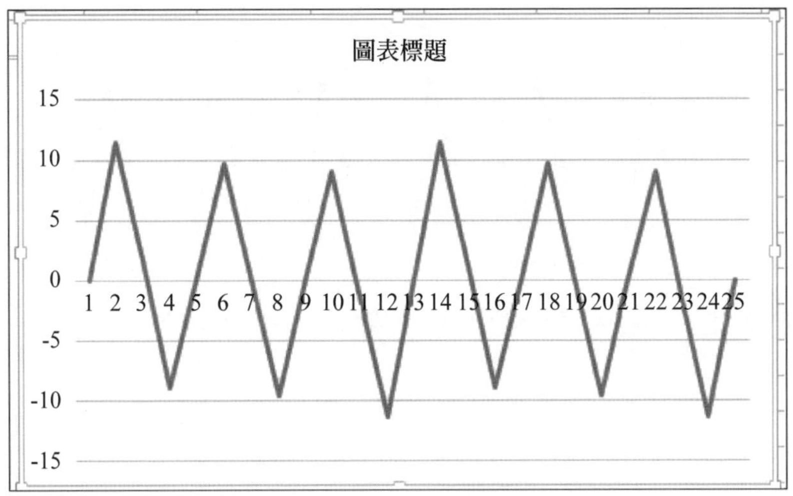

二、週期 4 的模型

週期函數 $f(x)$

$$f(x)=10\cdot\sin\left(\frac{\pi}{2}x\right)+1\cdot\sin\left(\frac{\pi}{3}x\right)+1\cdot\sin\left(\frac{\pi}{6}x\right)$$

的圖形，變成如下：

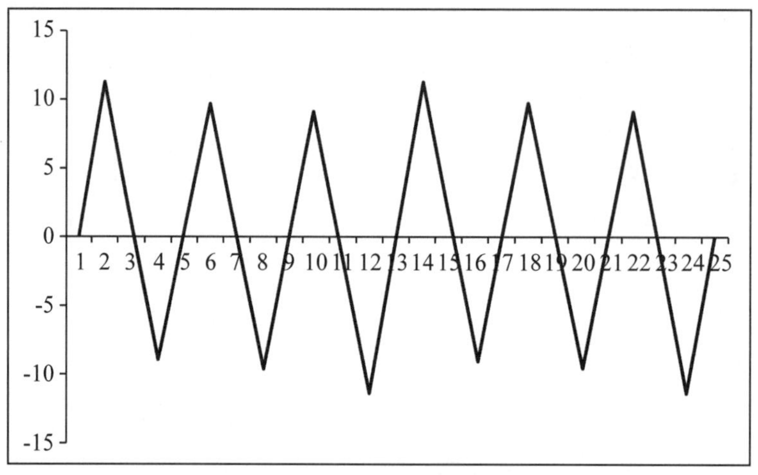

圖 7.8　$f(x)$ 的圖形

此時間數據圖形形成典型的週期變動。

觀此圖時，以下的類型

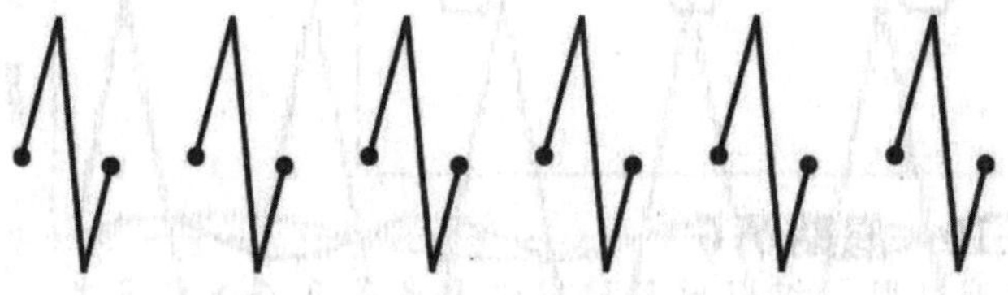

由 0 到 24 之間，有 6 次重複，所以此時間數列圖形的週期可以想成是

$$\begin{aligned}週期 &= \frac{24}{6}\\ &= 4\end{aligned}$$

〔註〕請不要與函數的週期 $f(x)=f(x+p)$ 相混淆。

話說，此週期「4」是來自於何處呢？

此圖形是由以下 3 個三角函數所構成

$$10 \cdot \sin\left(\frac{\pi}{2}x\right) \quad 1 \cdot \sin\left(\frac{\pi}{3}x\right) \quad 1 \cdot \sin\left(\frac{\pi}{6}x\right)。$$

分別畫出三角函數的圖形看看。

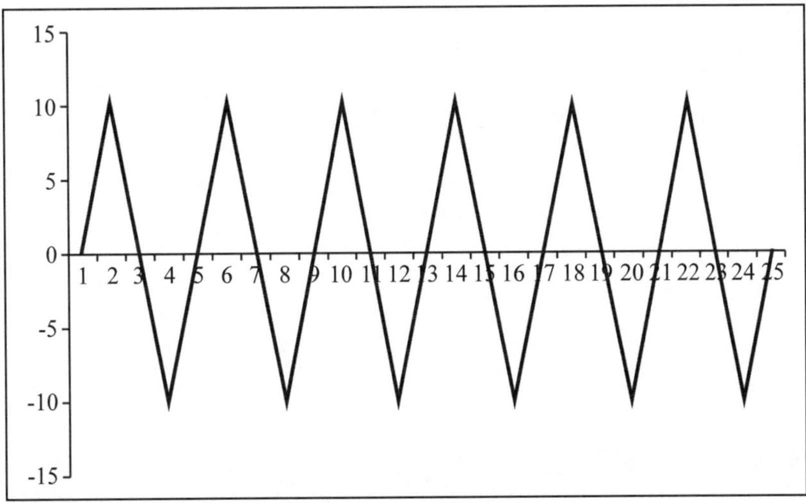

圖 7.9　週期為 4

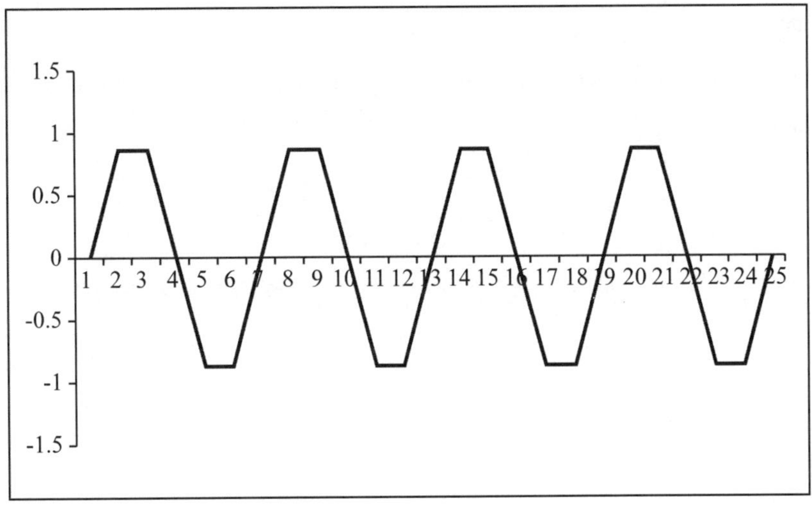

圖 7.10　週期為 6

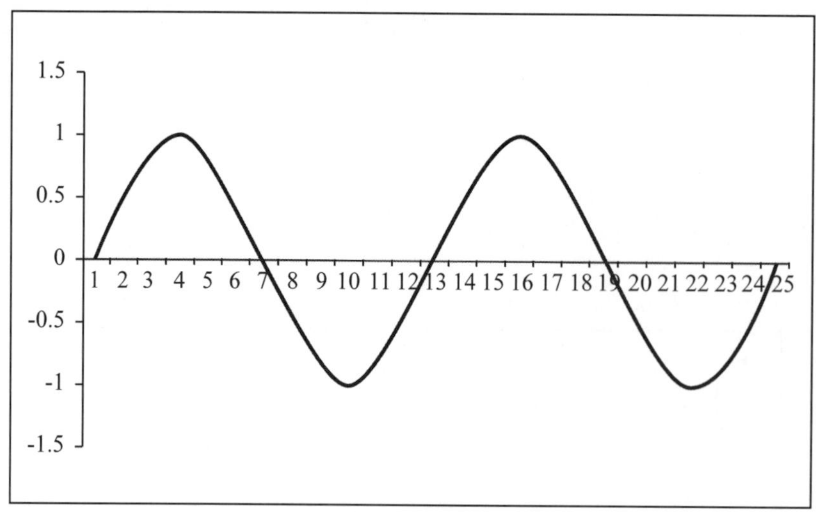

圖 7.11　週期為 12

因此

$$f(x)=10 \cdot \sin\left(\frac{\pi}{2}x\right)+1 \cdot \sin\left(\frac{\pi}{3}x\right)+1 \cdot \sin\left(\frac{\pi}{6}x\right)$$

的圖形類型，可知是取決於三角函數

$$10\sin\left(\frac{\pi}{2}x\right)$$

的影響，其理由是什麼呢？

3 個三角函數分別都是週期函數，而「圖形的週期是 4」的理由，在於三角函數的係數大小。

$$10 \cdot \sin\left(\frac{\pi}{2}x\right)+1 \cdot \sin\left(\frac{\pi}{3}x\right)+1 \cdot \sin\left(\frac{\pi}{6}x\right)$$

看下圖，係數大時，圖形的波也變大，所以對週期的影響也變大。

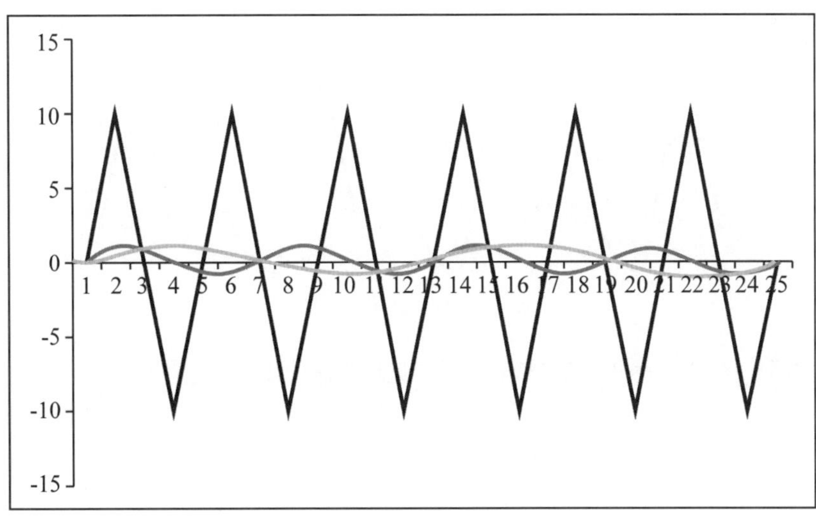

圖 7.12　3 個三角函數

〔註〕$\frac{\pi}{2} \times$ 週期 $= 2\pi$

　　週期 $= 2\pi \times \frac{2}{\pi} = 4$

其次，改變係數再繪製圖形看看。

三、週期 6 的模型

以 Excel 畫出如下的週期函數看看，即：

$$g(x) = 1 \cdot \sin\left(\frac{\pi}{2}x\right) + 10 \cdot \sin\left(\frac{\pi}{3}x\right) + 1 \cdot \sin\left(\frac{\pi}{6}x\right)$$

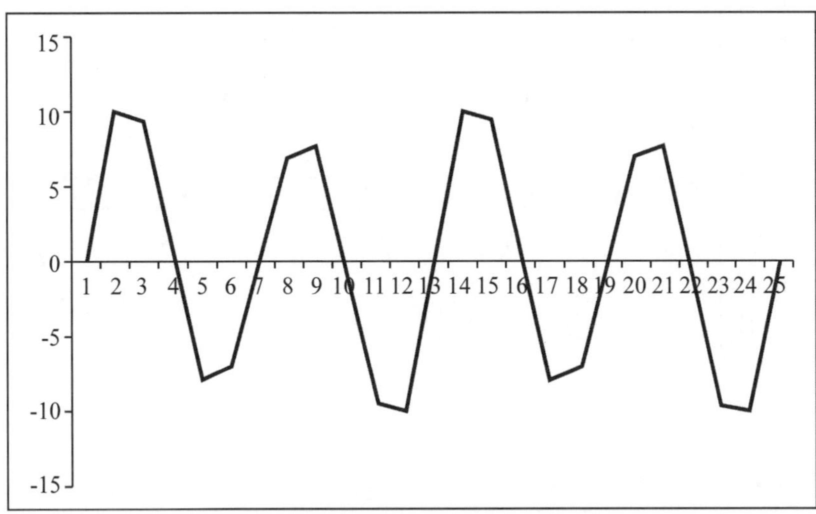

圖 7.13　$g(x)$ 的圖形

此圖的類型

是在 0 到 24 之間有 4 次的重複，所以此時間數列圖形的週期是：

$$週期 = \frac{24}{4} = 6$$

〔註〕$\frac{\pi}{3} \times 週期 = 2\pi$

$$週期 = 2\pi \times \frac{3}{\pi} = 6$$

四、週期 12 的模型

以 Excel 畫出如下的週期函數看看。

$$h(x) = 1 \cdot \sin\left(\frac{\pi}{2}x\right) + 1 \cdot \sin\left(\frac{\pi}{3}x\right) + 10 \cdot \sin\left(\frac{\pi}{6}x\right)$$

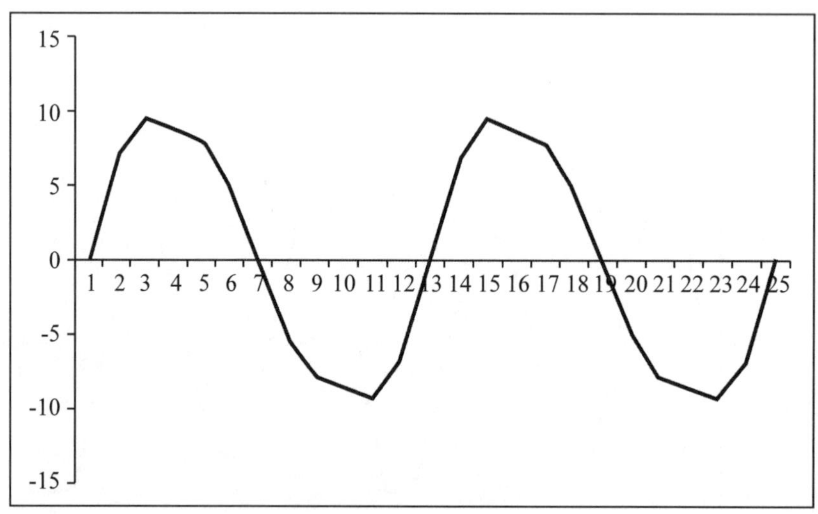

圖 7.14　$h(x)$ 的圖形

此圖形的類型

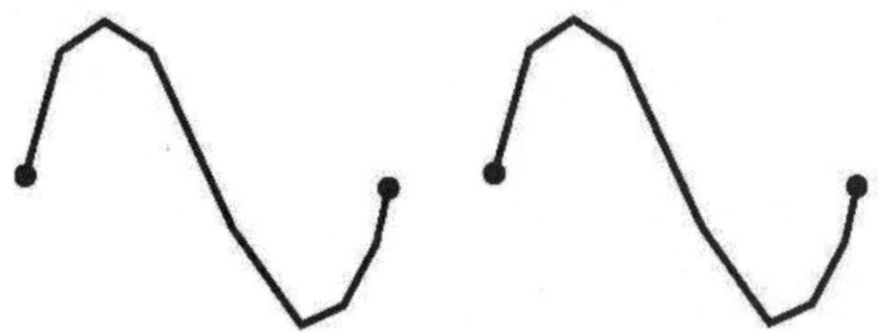

是在 0 到 24 之間有 2 次的重複，所以此時間數列圖形的週期是

$$週期 = \frac{24}{2} = 12$$

〔註〕係數最大的三角函數是$\sin\left(\frac{\pi}{6}x\right)$，所以週期是 12

$\frac{\pi}{6} \times$ 週期 $= 2\pi$

週期 $= 2\pi \times \frac{6}{\pi} = 12$

五、從前面的事項可以了解什麼？

「從前面的事項可以知道
形成以三角函數所構成的週期變動。
時間數列圖形的週期是強烈受到係數最大的三角函數的週期影響。」

因此，可以想成是

「形成週期變動的時間數列數據如像以下表示時，即

$$\frac{A_0}{2} + \sum_{i=1}^{\infty}\left(A_i \cos \frac{i}{L} \cdot 2\pi x + B_i \sin \frac{i}{L} \cdot 2\pi x\right)$$

此時間數列的週期是由
係數 A_i、B_i 較大的三角函數的週期 $\frac{i}{L}$ 所求出。」

〔註〕

由以下的三角函數所構成的式子

$$\frac{A_0}{2}+\sum_{i=1}^{\infty}\left(A_i\cos\frac{i}{L}\cdot 2\pi x+B_i\sin\frac{i}{L}\cdot 2\pi x\right)$$

稱爲傅立葉級數，而

A_0、A_1、B_1、A_2、B_2……

稱爲傅立葉係數。

六、何謂光譜分析

所謂光譜分析是指以如下步驟對形成週期變動的時間數列數據求出週期與週波數的方法。

1. 如已知週期變動的時間數列數據 $\{x(t)\}$ 時

時間	1	2	3	…	t	…	N
時間數列	$x(1)$	$x(2)$	$x(3)$	…	$x(t)$	…	$x(N)$

2. 將此時間數列數據 $\{x(t)\}$ 以如下的傅立葉級數表現時，

$$x(t)=\frac{A_0}{2}+\sum_{i=1}^{q}\left\{A_i\cdot\cos\left(\frac{i}{N}\cdot 2\pi(t-1)\right)+B_i\cdot\sin\left(\frac{i}{N}\cdot 2\pi(t-1)\right)\right\}$$

其中 $q=\begin{cases}\frac{N}{2}\cdots N\text{ 爲偶數}\\ \frac{N-1}{2}\cdots N\text{ 爲奇數}\end{cases}$

3. 求出週期圖中

$$\frac{N}{2}\{A_i^2+B_i^2\}$$

有較大的三角函數的週期與週期波數。

〔註〕週期波數 × 週期 $=2\pi$

關鍵詞

光譜分析：Spectral amalysis

週期圖：Periodogram

七、週期圖的求法

爲了求週期變動的週期與週期數，需要計算週期圖。那麼，此週期圖是如何求出來的呢？

是否要像步驟那樣，按照時間數列數據→傅立葉級數→週期圖才能求出來呢？

但是，此方法並不簡單。此時，不妨利用統計分析軟體 SPSS 看看。

八、利用 SPSS 的輸出結果

週期函數爲 $f(x)$ 的週期圖，其輸出如下：

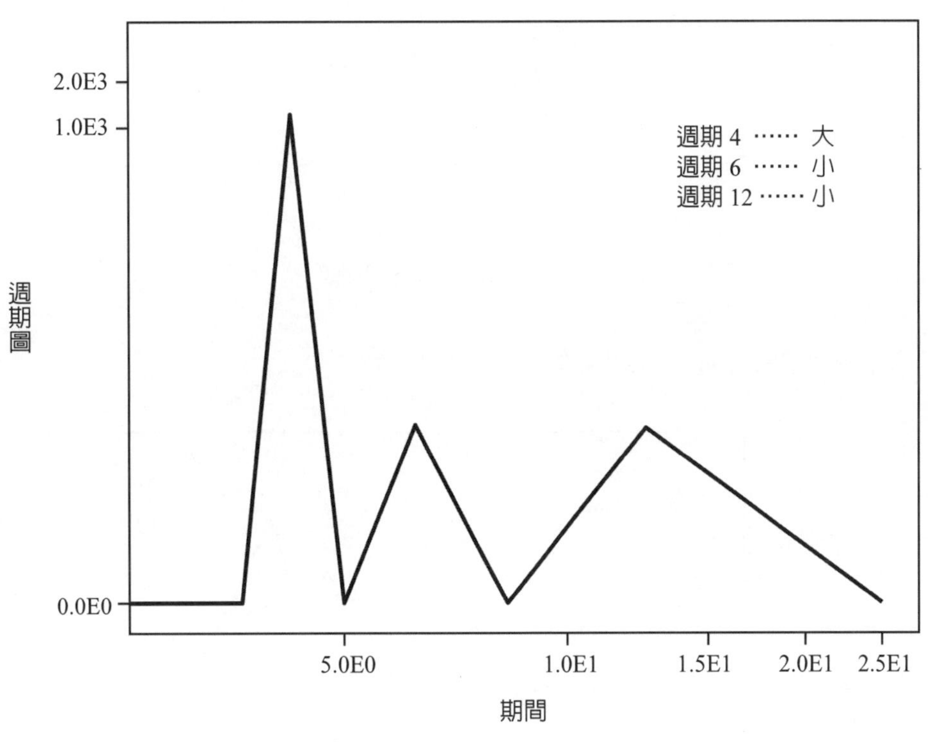

圖 7.15　$f(x)$ 的週期圖

週期函數為 $g(x)$ 的週期圖，其輸出如下：

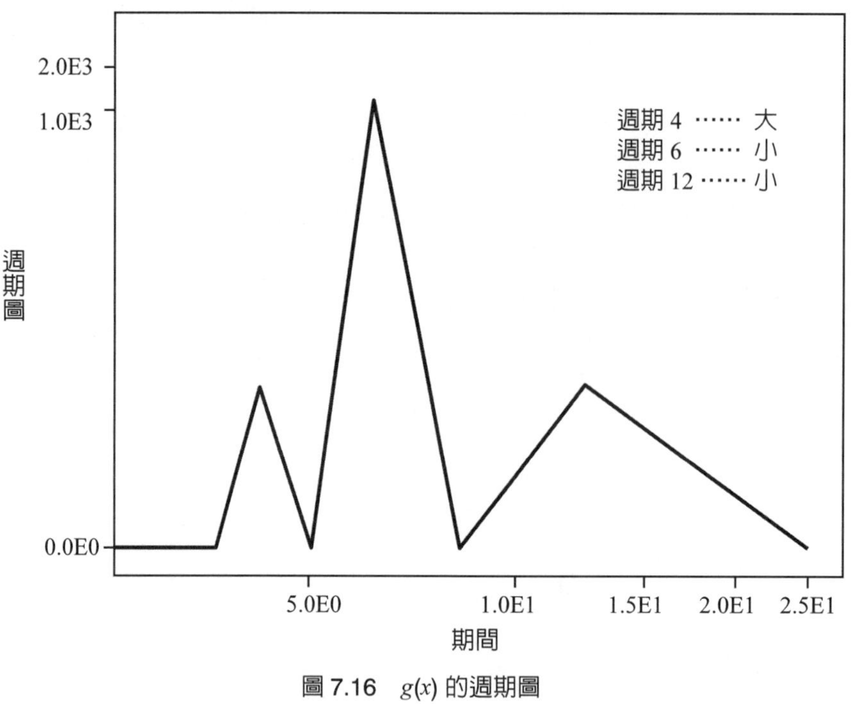

圖 7.16 $g(x)$ 的週期圖

週期函數為 $h(x)$ 的週期圖，其輸出如下：

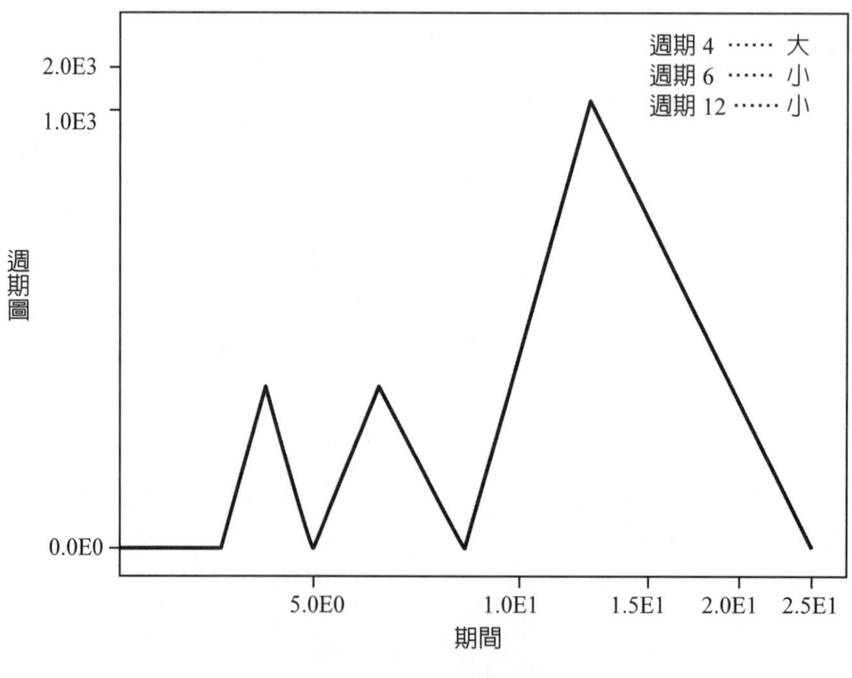

圖 7.17 $h(x)$ 的週期圖

第8章　不規則變動與白色雜訊

8.1　不規則變動

以下的折線圖看不出有長期趨勢，也看不出週期變動。

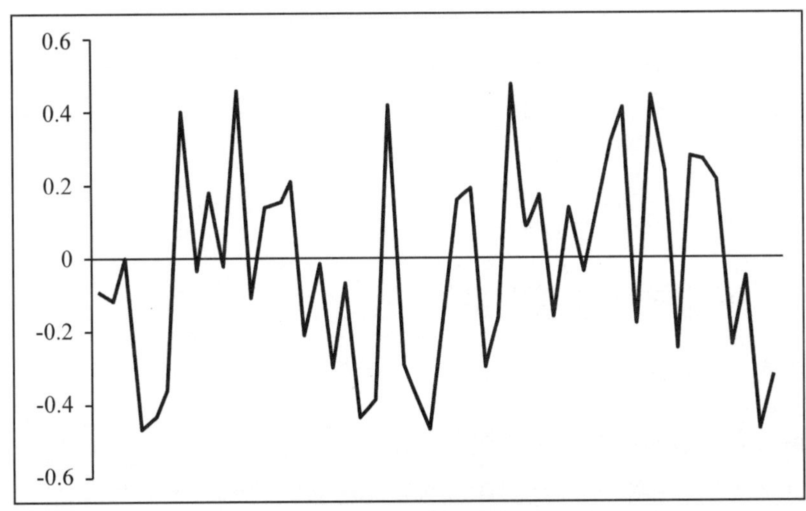

圖 8.1　難以想像的變動

此種難以想像的時間數列稱爲「**不規則變動**」。因此，「在各種時間數列之中是最重要的時間數列」。

不規則變動是如下加以定義的：

> 不規則變動的定義
> 數據的變動「不取決於時間經過的時間數列」，稱之爲不規則變動。

話說，長期趨勢與週期變動也有表現成「取決於時間經過的變動」。

試比較下圖看看。

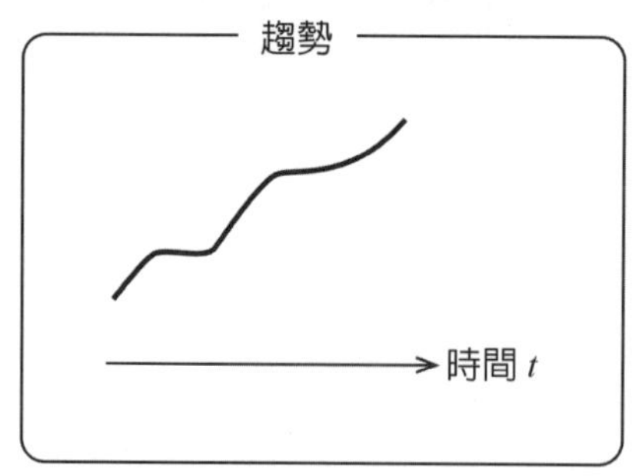

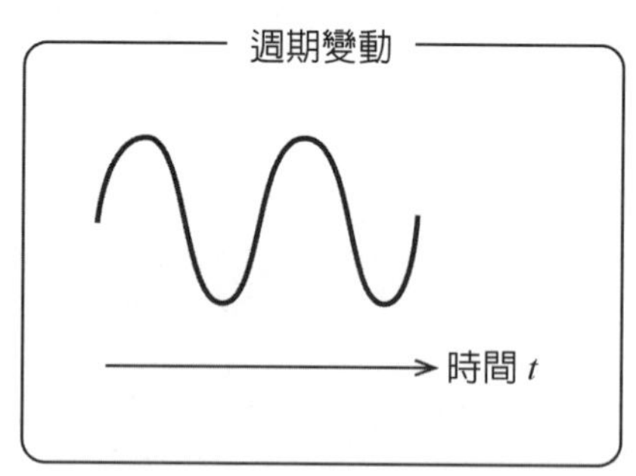

〔註〕長期趨勢是指隨著時間而增加或減少，而週期變動是隨著時間而形成重複。

關鍵詞

不規則變動：Random variation

一、不規則變動的重點是？

不規則變動的重點有以下 2 點：

1. 此時間數列數據是否爲不規則變動？

此時，利用連串（run）的總數檢定是否隨機（random）狀態。

〔註〕隨機：遇到什麼就是什麼。

任意：不按牌理出牌。

亂數：不重複，沒有規則排列的數。

2. 相當近似於不規則變動的白色雜訊。

〔註〕不規則變動的定義有些模糊，但實際上不使用不規則變動而使用「白色雜訊」（white noise）的居多。

亂數的定義如依據「科學大辭典」的解釋是：

(1) 可看出是服從同一分配的獨立隨機變數其實際值的數列數據。

(2) 如依據「統計用語辭典」的解釋是某過程在機率之意義下，其產生的機率變數服從相同的均一分配時，該過程即產生亂數。

(3) 如依據「岩波數學辭典」的解釋是機率變動獨立地服從同一分配下，記錄其實際值的有限數列。

8.2 不規則變動的製作方式

不規則變動的重點是「不取決於時間的經過」。因此，將「不取決於時間的經過」，想成「相互獨立」時，利用「亂數」即可作出有不規則變動的時間數列。

一、利用 Excel 不規則變動的作法

1. 先如下輸入好數據。

活頁簿1 - Excel

檔案　常用　插入　版面配置　公式　資料　校閱　檢視　Acrobat　登入

A102

	A	B	C	D	E	F	G	H	I
1	No.	亂數	不規則變動						
2	1								
3	2								
4	3								
5	4								
6	5								
7	6								
8	7								
9	8								
10	9								
11	10								
12	11								
13	12								
14	13								
15	14								
16	15								
17	16								
……									
89	88								
90	89								
91	90								
92	91								
93	92								
94	93								
95	94								
96	95								
97	96								
98	97								
99	98								
100	99								
101	100								

2. 於 B2 的方格輸入。

B2　=RAND()

	A	B	C
1	No.	亂數	不規則變動
2	1	0.60363	
3	2		
4	3		
5	4		
6	5		
7	6		
8	7		
9	8		
10	9		
11	10		

3. 複製 B2 的方格，從 B3 貼至 B101。

	A	B
5	4	0.8459167
6	5	0.1797267
7	6	0.5332828
8	7	0.9756649
9	8	0.9563304
10	9	0.8086486
11	10	0.6837644
12	11	0.467428
13	12	0.9418944
14	13	0.523773
15	14	0.2000432
16	15	0.277432
17	16	0.5609617
18	17	0.5814413
19	18	0.2879667

4. 於 C2 的方格輸入 =B2-0.5。

C2　=B2-0.5

	A	B	C	D	E	F	G	H	I	J
1	No.	亂數	不規則變動							
2	1	0.074469	-0.42553097							
3	2	0.6795166								
4	3	0.1985216								
5	4	0.9488775								
6	5	0.3929987								
7	6	0.8461229								
8	7	0.9675505								
9	8	0.1824645								
10	9	0.4114711								

5. 複製 C2 的方格，由 C3 貼至 C101。

	A	B	C	D	E	F	G	H	I	J
1	No.	亂數	不規則變動							
2	1	0.6894922	0.189492214							
3	2	0.4971608	-0.00283917							
4	3	0.8109395	0.310939512							
5	4	0.0409012	-0.45909879							
6	5	0.0120709	-0.48792914							
7	6	0.1769761	-0.32302395							
8	7	0.9238296	0.423829632							
9	8	0.6467016	0.146701642							
10	9	0.9281363	0.428136323							
11	10	0.6983974	0.19839737							
12	11	0.5495426	0.049542589							

6. 以圖形表現不規則變動時即成爲如下。

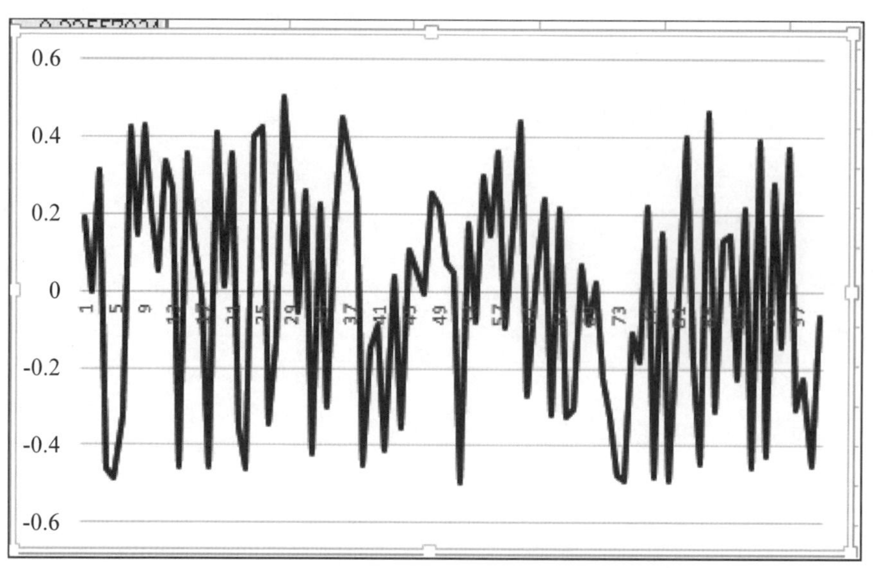

〔註〕Excel是重新計算或在方格上連按兩下後，在按〔enter〕鍵時即產生的亂數，而每次出現不同的不規則變動。

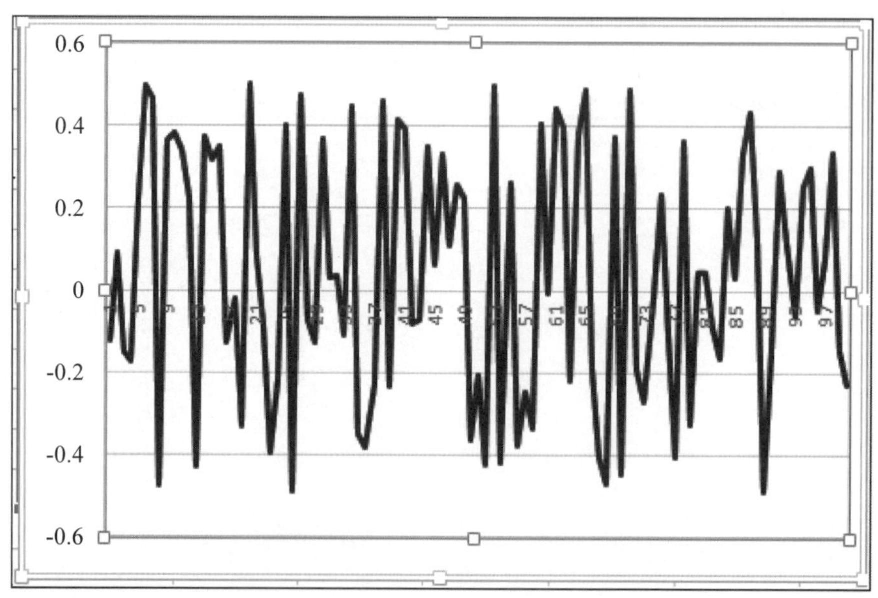

8.3 檢定隨機性

有 2 個記號 A、B，當形成如下的橫列：

{B　B　A　B　A　A　A　B　B　B　A　B　A　A　B　B　A　A　A　A}

連續相同代號稱爲連串（run）。

此橫列的情形

最初的 B B ………… B 的長度爲 2 的連串
下一個 A …………… A 的長度爲 1 的連串
下一個 B …………… B 的長度爲 1 的連串
下一個 A A A ……… A 的長度爲 3 的連串

因此就橫列調查時，

B B	A	B	A A A	B B B	A	B	A A	B B	A A A A
1	2	3	4	5	6	7	8	9	10

可知是由 10 個連串所構成，此 10 稱爲連串總數，寫成 R = 10。

此檢定稱爲利用連串的檢定，用於調查隨機性。

試求下列的連串總數看看。

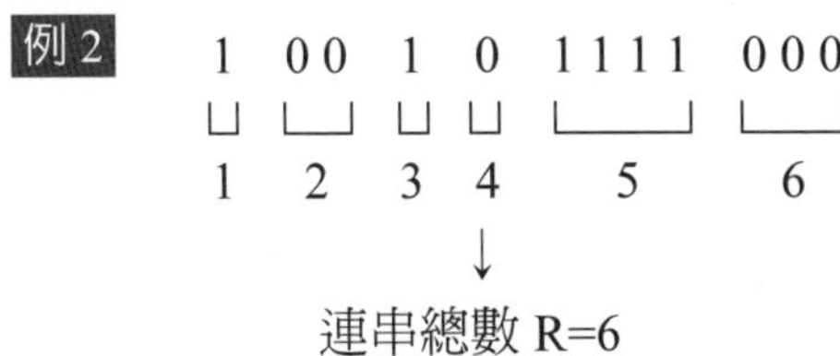

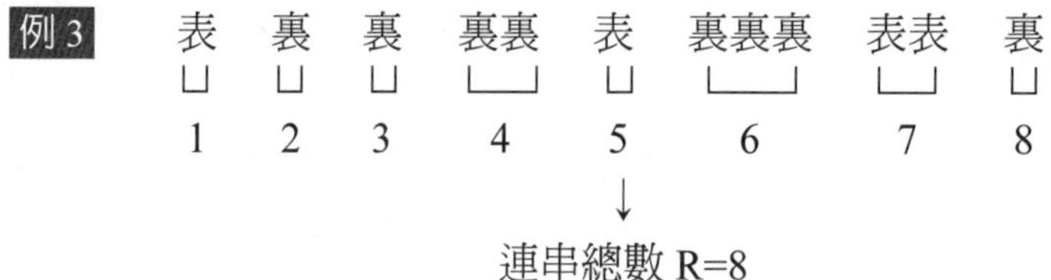

公式 連串檢定的步驟

步驟 1 連立假設

虛無假設 H_0：時間數列數據是隨機性

對立假設 H_1：時間數列數據不是隨機性

步驟 2 求表格的中央值

數據 ≥ 中央值 → 當作 A

數據 < 中央值 → 當作 B

時間	1	2	3	…	N-1	N
時間數列數據	x_1	x_2	x_3	…	x_{N-1}	x_N
連串	A	A	B	…	B	A

〔註〕不使用中央值，利用平均值的情形也有。

例題 連串檢定的步驟——①

步驟 1 建立假設

H_0：時間數列數據是隨機性

H_1：時間數列數據不是隨機性

步驟 2 以下的時間數列數據的中央值是 5.7

數據 ≥ 5.7 → A

數據 < 5.7 → B

時間	1	2	3	4	5	6	7	8	9	10
時間數列	6.1	9.8	7.6	5.8	7.3	6.7	8.9	7.2	4.6	4.5
連串	A	A	A	A	A	A	A	A	B	B

時間	11	12	13	14	15	16	17	18	19	20
時間數列	5.7	4.6	3.1	4.7	5.2	6.9	5.7	4.8	3.9	4.5
連串	A	B	B	B	B	A	A	B	B	B

公式　連串檢定的步驟——②

步驟 3　檢定統計量 T 當作 T＝連串總數。

此時，

N_1＝A 的個數

N_2＝B 的個數

由連串檢定的數表求出 PL、PU、如果

$T \leq PL$ 或 $T \geq PU$

則在顯著水準 5% 下否定假設。

〔註〕PL 指下側否定界限，PU 是上側否定界限。

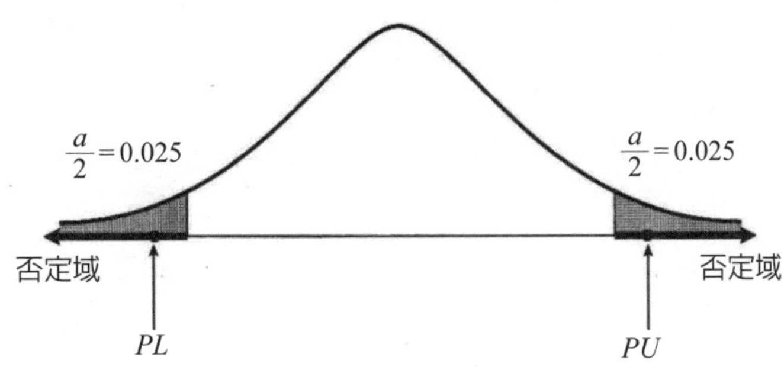

圖 8.2　PL 與 PU 與否定域

例題 連串檢定的步驟——②

步驟 3 求檢定統計量 T

AAAAAAAA	BB	A	BBBB	AA	BBB
1	2	3	4	5	6

連串總數是 6，所以 T = 6

A 的個數是 $N_1 = 11$，B 的個數是 $N_2 = 9$，

從連串檢定的數表得

PL = 6，PU = 16

因此，否定假設 H_0。

可知此時間數列數據並非隨機性。

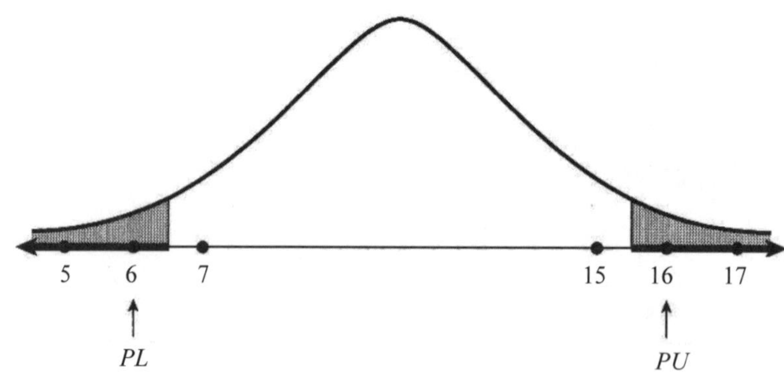

圖 8.3　PL 與 PU 與否定域

8.4 白色雜訊

白色雜訊定義

在機率變數序列

$\{\cdots, X(t-2), X(t-1), X(t), X(t+1), \cdots\}$

中，各個機率變數 $x(t)$ 滿足以下性質時，稱此機率變數序列爲白色雜訊。

(1) 平均　$E[X(t)] = 0$

(2) 變異數　$V[X(t)] = \sigma^2$

(3) 共變異數　$\mathrm{Cov}(X(t), X(t-s)) = 0$　　（$s = \cdots\cdots, -2, -1, 1, 2, \cdots\cdots$）

〔註〕將機率變數的序列稱爲隨機過程。

在經濟時間數列模型中，以誤差的變動來說，白色雜訊是經常被利用的。理由是與其調查時間數列數據「是否形成不規則變動」，不如調查「是否形成白色雜訊（white noise）」更爲容易的緣故。

〔註 1〕

定義 (3) 的意義是自我相關係數全爲 0，相互獨立即爲自我相關係數 = 0。

〔註 2〕

白色雜訊是 $V(x(t)) = \sigma^2$，因此變異數與時間 t 無關。故白色雜訊就是以 0 爲中心，在一定的寬幅內上下走動。

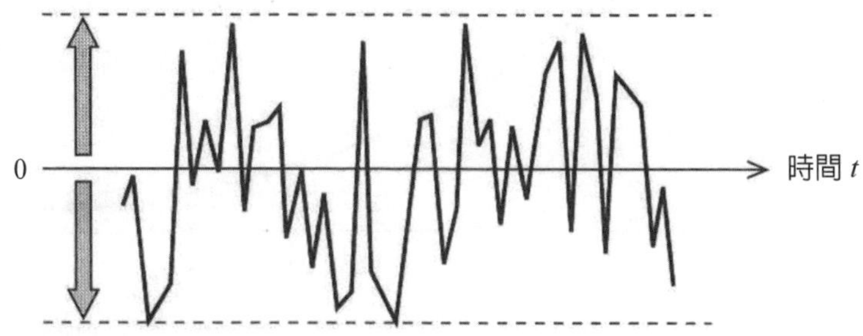

變異數不取決於時間 t 而爲一定，上下的變動也被抑制在一定之中。

一、Ljung—BOX 的檢定

針對時間數列數據

$$\{x(1), x(2), x(3), \cdots, x(t-2), x(t-1), x(t)\cdots\}$$

調查以下的假設是否成立之檢定稱爲 Ljung—BOX 檢定。

$$\text{假說 } H_0：\rho(1) = \rho(2) = \rho(3) = \cdots = \rho(m) = 0$$

其中，$\rho(1)$、$\rho(2)$、$\cdots$ $\rho(m)$ 是自我相關係數。

有需要與樣本自我相關係數 ρ_1、ρ_2、$\cdots$ ρ_m 有所區別。

〔註〕$\rho(m)$ 是估計量，ρ_m 是估計值。

此 Ljimg—BOX 的檢定統計量 Q 是：

$$Q = t\,(t+2) \cdot \left(\frac{\rho^2}{t-1} + \frac{\rho^2}{t-2} + \cdots + \frac{\rho^2}{t-m}\right)$$

此檢定統計量服從自由度 m 的卡方分配，顯著水準當作 $\alpha = 0.05$ 時，否定域變成如下：

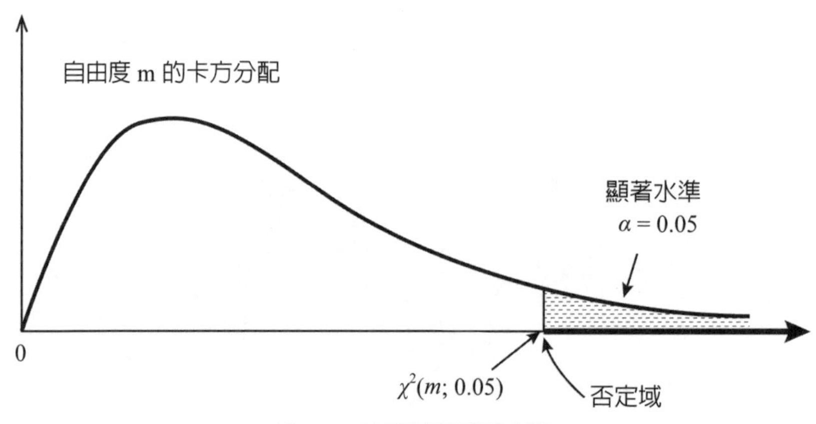

圖 8.4 否定域與顯著水準

爲了進行 Ljung—BOX 檢定，首先必須計算「時間數列數據的樣本自我相關係數」，這是非常重要的。

這時，不妨利用統計分析專用軟體（參考 SPSS）。

此處介紹利用 SPSS 判讀 Ljung—BOX 檢定的輸出結果的方法。

自動相關性

數列：時間數列

落後	自動相關性	平均數的錯誤[a]	Box-Ljung 統計資料		
			數值	df	顯著性[b]
1	.033	.099	.111	1	.739
2	.078	.098	.752	2	.687
3	.150	.098	3.122	3	.373
4	.018	.097	3.155	4	.532
5	-.072	.097	3.718	5	.591
6	.236	.096	9.754	6	.135
7	-.020	.095	9.797	7	.200
8	-.071	.095	10.362	8	.241
9	.076	.094	11.014	9	.275
10	-.082	.094	11.778	10	.300
11	-.125	.093	13.571	11	.258
12	.080	.093	14.305	12	.282
13	-.094	.092	15.332	13	.287
14	-.104	.092	16.605	14	.278
15	.047	.091	16.875	15	.326
16	-.160	.091	19.986	16	.221

a. 採用的基本處理程序是獨立的（白色雜訊）。

b. 基於漸近線卡方近似值。

觀此輸出時，可計算各個落後（Lag）中 Ljung—BOX 的檢定統計量，譬如：

1. 在落後 1 的列中，是以檢定統計量 Q = 0.111 檢定假設 H_0：(1) = 0
2. 在落後 2 的列中，是以檢定統計量 Q = 0.752 檢定假設 H_0：(1) = (2) = 0
3. 試就落後 5 的列來考察看看。假設是：

   H_0：$\rho(1) = \rho(2) = \rho(3) = \rho(4) = \rho(5) = 0$

   此時至 5 次為止的自我相關係數是

   $\rho_1 = 0.033$　　$\rho_2 = 0.078$　　$\rho_3 = 0.150$

   $\rho_4 = 0.018$　　$\rho_5 = -0.072$

Ljung—BOXX 的檢定統計量是

$$Q = 100 \times (100+2) \times \left\{ \frac{(0.033)^2}{100-1} + \frac{(0.078)^2}{100-2} + \frac{(0.150)^2}{100-3} + \frac{(0.018)^2}{100-4} + \frac{(-0.072)^2}{100-5} \right\}$$

$$= 3.702$$

從自由度 $m = 5$ 的卡方分配，調查否定域時，

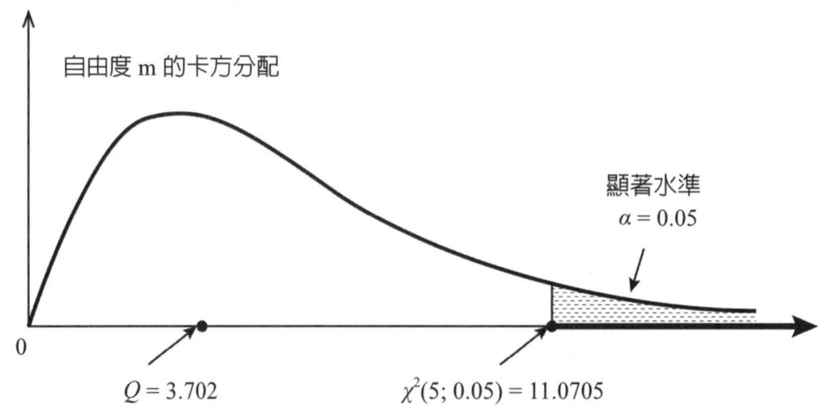

圖 8.5　否定域與顯著水準

此檢定統計量 $Q = 3.702$ 不落在否定域中。因此，假設 H_0 被否定，因此可以想成「從 1 次到 5 次爲止自我相關係數 $\rho(1)$、$\rho(2)$、……$\rho(5)$ 全部爲 0」。也就是說此檢定可當作白色雜訊的檢定加以利用。

第 9 章　時間數列數據的變換

9.1 取差分

在時間數列數據中，經常採行「將時間數列數據變換成各種形式」。

其中，較具代表的變換有：

1. 取差分（u 也稱階差）
2. 進行移動平均
3. 採取落後
4. 進行對數變換

差分是指選取差異的操作。對於時間數列數據

$$\{x(1), x(2), x(3), \cdots, x(t-2), x(t-1), x(t)\cdots\}$$

來說，

$$\boxed{\Delta x(t) = x(t) - x(t-1)}$$

稱爲 1 次差分。

又，差分的差分是

$$\begin{aligned}\Delta^2 x(t) &= \Delta\{\Delta x(t)\} \\ &= (x(t) - x(t-1)) - (x(t-1) - x(t-2)) \\ &= x(t) - 2 \cdot x(t-1) + x(t-2)\end{aligned}$$

稱爲 2 次差分。

〔註〕Δ 代號是表示差分的操作元。

關鍵詞

差分：Difference

表 9.1 取差分

時間	時間數列	1 次差分
1	$x(1)$	
2	$x(2)$	$x(2)-x(1)$
3	$x(3)$	$x(3)-x(2)$
4	$x(4)$	$x(4)-x(3)$
⋮	⋮	⋮
$t-1$	$x(t-1)$	$x(t-1)-x(t-2)$
t	$x(t)$	$x(t)-x(t-1)$

〔註〕取差分時，n 次式變成（$n-1$）次式。此與階差數列相同。

$$t^2-(t-1)^2=2t-1$$

一、利用 Excel 的差分計算

1. 如下先輸入數據。

	A	B	C	D	E	F	G	H	I
1	1	合成時間數列	差分						
2	2	2.510294336							
3	3	5.479040154							
4	4	4.381638967							
5	5	7.15283401							
6	6	7.743431318							
7	7	16.61888313							
8	8	11.87171618							
9	9	12.37038746							
10	10	9.048102889							
11	11	15.59121272							
12	12	8.879664394							

2. 於 C3 的方格中輸入 =B3-B2。

C3 | =B3-B2

	A	B	C	D	E	F	G	H	I
1	1	合成時間數列	差分						
2	2	2.510294336							
3	3	5.479040154	2.968746						
4	4	4.381638967							
5	5	7.15283401							
6	6	7.743431318							
7	7	16.61888313							
8	8	11.87171618							
9	9	12.37038746							
10	10	9.048102889							
11	11	15.59121272							
12	12	8.879664394							

3. 複製 C3 的方格，由 C4 貼至 C49。

	A	B	C	D	E	F	G	H	I
1	1	合成時間數列	差分						
2	2	2.510294336							
3	3	5.479040154	2.968746						
4	4	4.381638967	-1.0974						
5	5	7.15283401	2.771195						
6	6	7.743431318	0.590597						
7	7	16.61888313	8.875452						
8	8	11.87171618	-4.74717						
9	9	12.37038746	0.498671						
10	10	9.048102889	-3.32228						
11	11	15.59121272	6.54311						
12	12	8.879664394	-6.71155						

二、為何取差分呢？

取差分時，可以消去時間數列數據的長期趨勢。不妨實際感受此事情看看。步驟 1 的時間數列數據成爲如下。

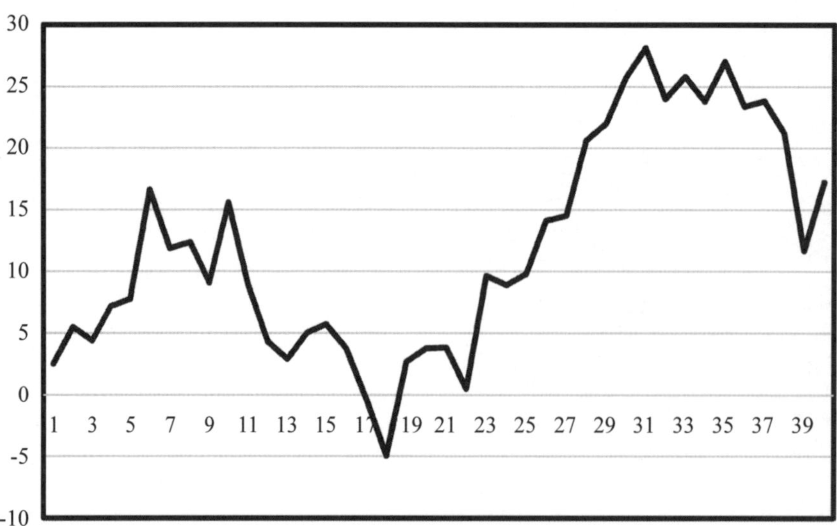

圖 9.1　差分前（步驟 1 的圖形）

就此時間數列數據取差分後的落後繪圖時，即為如下：

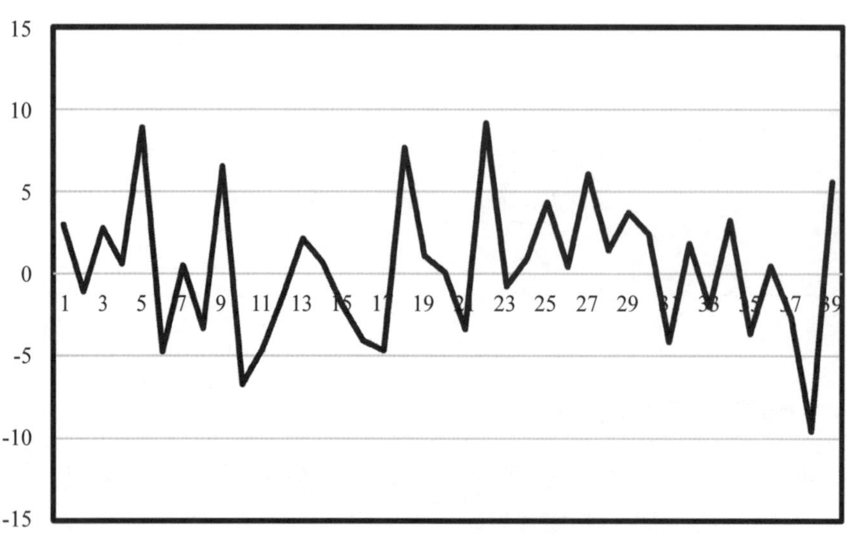

圖 9.2　差分後（步驟 3 的滯延）

9.2 進行移動平均

移動平均有：3 項移動平均、5 項移動平均、12 個月移動平均。移動平均是從時間數列數據中去除季節變動與不規則變動的方法。

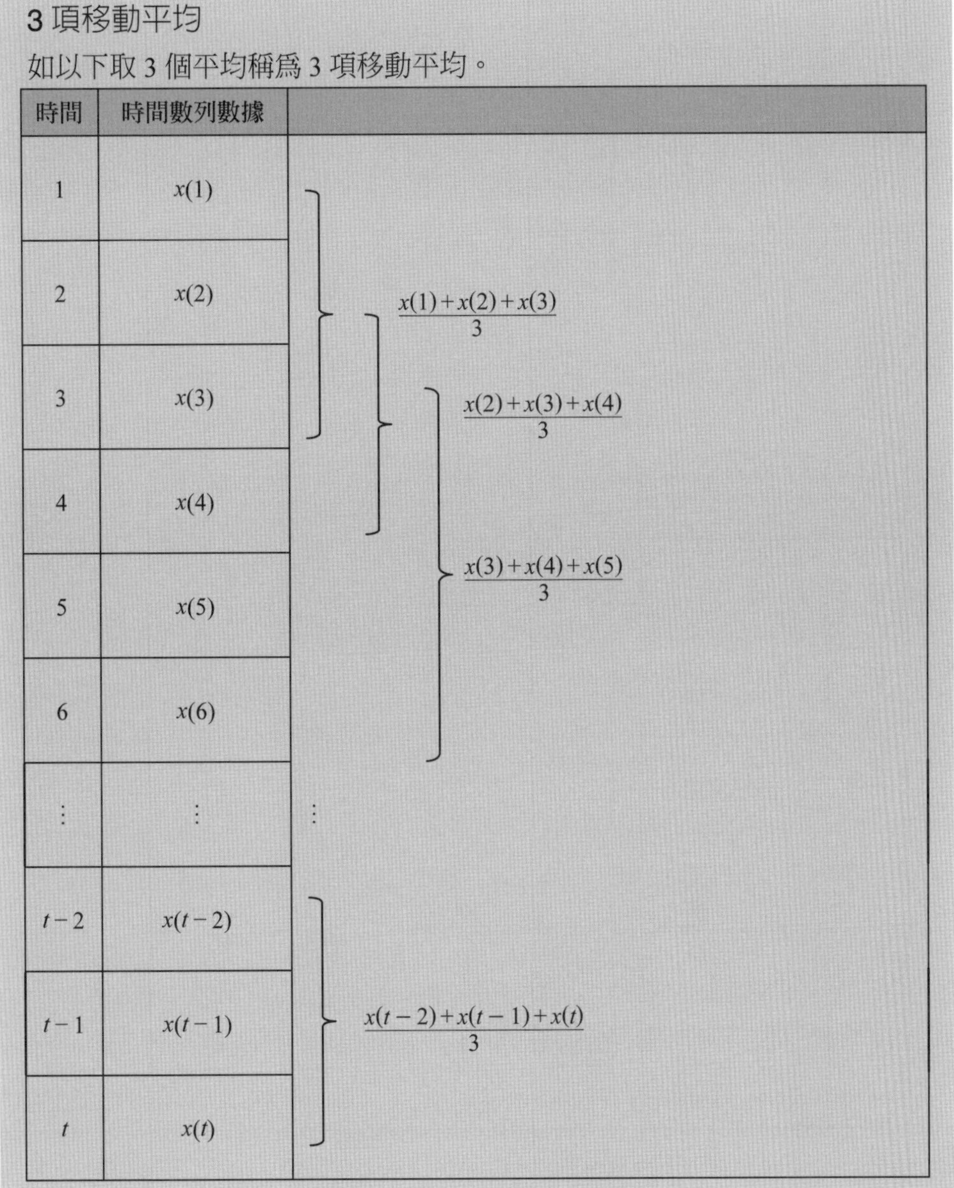

3 項移動平均

如以下取 3 個平均稱爲 3 項移動平均。

時間	時間數列數據	
1	$x(1)$	
2	$x(2)$	$\frac{x(1)+x(2)+x(3)}{3}$
3	$x(3)$	$\frac{x(2)+x(3)+x(4)}{3}$
4	$x(4)$	$\frac{x(3)+x(4)+x(5)}{3}$
5	$x(5)$	
6	$x(6)$	
⋮	⋮	⋮
$t-2$	$x(t-2)$	
$t-1$	$x(t-1)$	$\frac{x(t-2)+x(t-1)+x(t)}{3}$
t	$x(t)$	

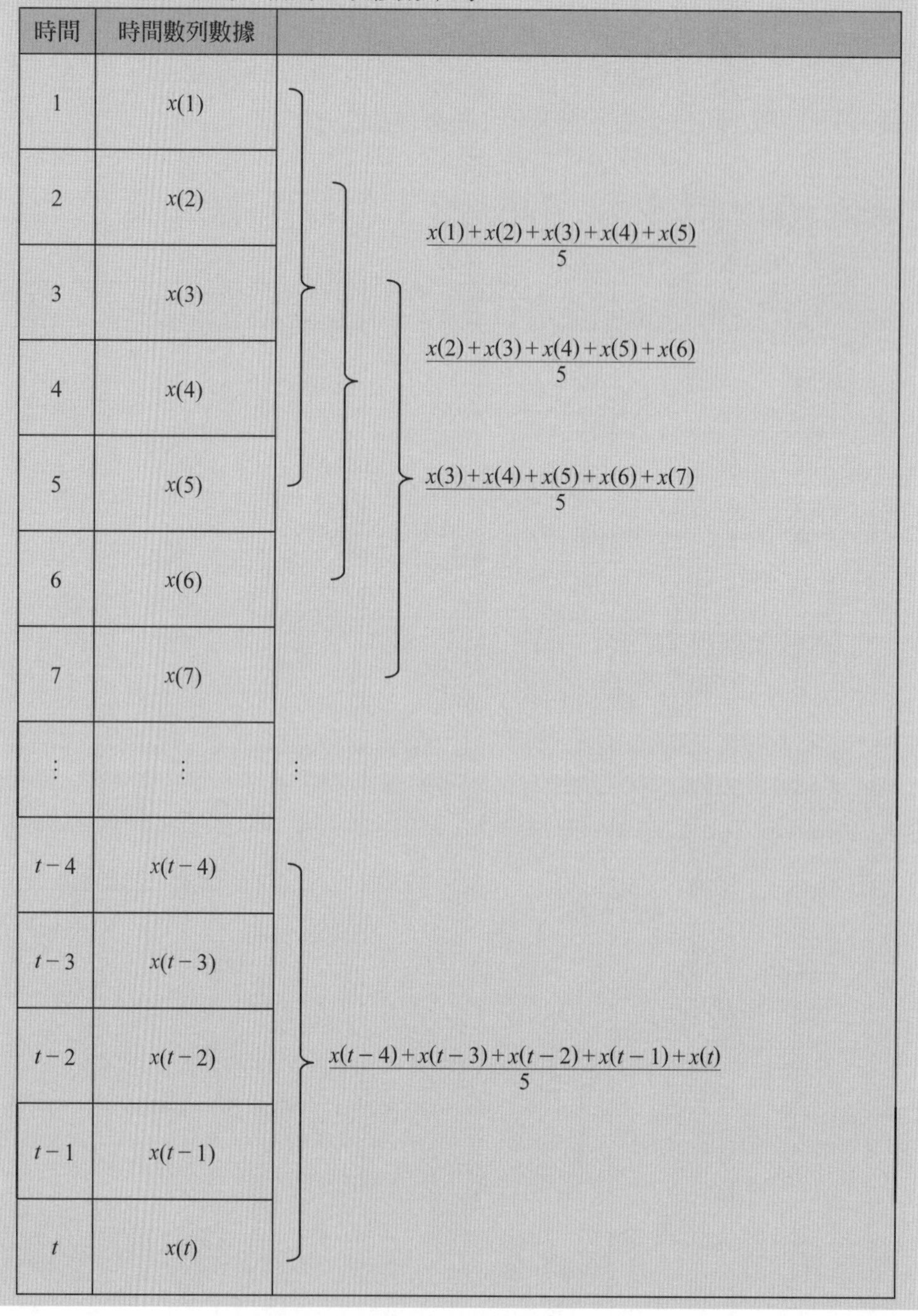

5 項移動平均

如以下取 5 個平均，稱爲 5 項移動平均。

時間	時間數列數據	
1	$x(1)$	
2	$x(2)$	
3	$x(3)$	$\frac{x(1)+x(2)+x(3)+x(4)+x(5)}{5}$
4	$x(4)$	$\frac{x(2)+x(3)+x(4)+x(5)+x(6)}{5}$
5	$x(5)$	$\frac{x(3)+x(4)+x(5)+x(6)+x(7)}{5}$
6	$x(6)$	
7	$x(7)$	
⋮	⋮	⋮
$t-4$	$x(t-4)$	
$t-3$	$x(t-3)$	
$t-2$	$x(t-2)$	$\frac{x(t-4)+x(t-3)+x(t-2)+x(t-1)+x(t)}{5}$
$t-1$	$x(t-1)$	
t	$x(t)$	

12 個月移動平均

如以下取 12 個月的平均，稱爲 12 個月移動平均。

時間	時間數列數據	12 個月移動平均	12 個月移動平均
1 月	$x(1)$		
2 月	$x(2)$		
3 月	$x(3)$		
4 月	$x(4)$	$\bar{x}(6.5)=\dfrac{x(1)+x(2)+\cdots+x(12)}{12}$	$\bar{x}(7)=\dfrac{\bar{x}(6.5)+\bar{x}(7.5)}{12}$
5 月	$x(5)$	$\bar{x}(7.5)=\dfrac{x(2)+x(3)+\cdots+x(13)}{12}$	$\bar{x}(8)=\dfrac{\bar{x}(7.5)+\bar{x}(8.5)}{12}$
6 月	$x(6)$	$\bar{x}(8.5)$	
7 月	$x(7)$	$\bar{x}(9.5)$	
8 月	$x(8)$	$\bar{x}(10.5)$	$\bar{x}(9)$
9 月	$x(9)$	$\bar{x}(11.5)$	$\bar{x}(10)$
10 月	$x(10)$	$\bar{x}(12.5)$	$\bar{x}(11)$
11 月	$x(11)$	$\bar{x}(13.5)$	$\bar{x}(12)$
12 月	$x(12)$		$\bar{x}(13)=\dfrac{\bar{x}(12.5)+\bar{x}(13.5)}{12}$
1 月	$x(13)$	$\bar{x}(14.5)=\dfrac{x(9)+x(10)+\cdots+x(20)}{12}$	
2 月	$x(14)$		
3 月	$x(15)$		
⋮	⋮		
8 月	$x(20)$		

〔註〕取 12 個月移動平均，時間會變成
6.5 月、7.5 月、8.5 月……
爲了當作 7 月、8 月、9 月……
再次取相鄰的平均。

一、利用 Excel 12 個月移動平均的步驟

1. 先如下輸入數據（參閱第 6 章的數據）。

	A	B	C	D	E	F	G	H	I
1	年	月	銷售額		12 個月移動平均				
2	2005年	1月	89						
3		2月	73						
4		3月	94						
5		4月	87						
6		5月	86						
7		6月	86						
8		7月	118						
9		8月	73						
10		9月	77						
11		10月	92						
12		11月	91						
61		12月	125						
62	2010年	1月	85						
63		2月	70						
64		3月	88						
65		4月	80						
66		5月	79						
67		6月	77						
68		7月	99						
69		8月	66						
70		9月	71						
71		10月	84						
72		11月	84						
73		12月	123						

2. 此處利用 Excel 的分析工具，從「資料」→「資料分析」叫出分析工具時，選擇移動平均，再按 OK。

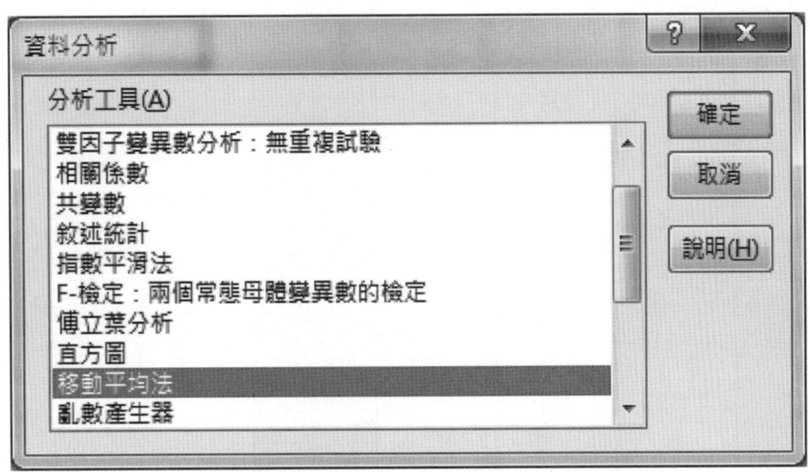

〔註〕資料分析如不在畫面的右上時，有需要讀取「分析工具」。

步驟 1.　Office 按鈕→ Excel 選項。

步驟 2.　增益集→管理→ Excel 增益集。

步驟 3.　分析工具→ OK。

3. 如下讀取數據的範圍與輸出處，此時，「區間」當作 12，然後按 OK。

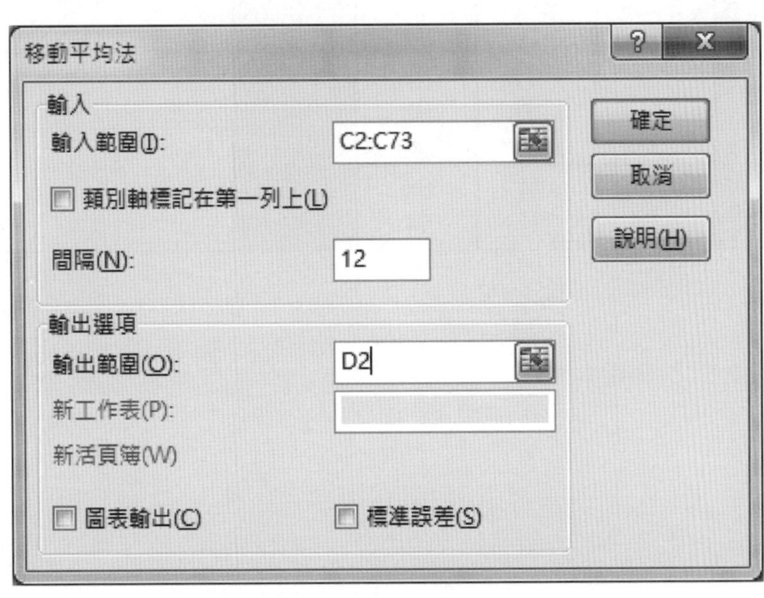

4. 變成如下。

D2 | #N/A

	A	B	C	D	E	F
2	2005年	1月	89	#N/A		
3		2月	73	#N/A		
4		3月	94	#N/A		
5		4月	87	#N/A		
6		5月	86	#N/A		
7		6月	86	#N/A		
8		7月	118	#N/A		
9		8月	73	#N/A		
10		9月	77	#N/A		
11		10月	92	#N/A		
12		11月	91	#N/A		
13		12月	144	92.5		
14	2006年	1月	85	92.16667		
15		2月	71	92		
16		3月	92	91.83333		
17		4月	85	91.66667		
18		5月	85	91.58333		
19		6月	84	91.41667		
20		7月	114	91.08333		
21		8月	72	91		
22		9月	77	91		
23		10月	89	90.75		
24		11月	91	90.75		
25		12月	140	90.41667		
26	2007年	1月	88	90.66667		
27		2月	74	90.91667		

5. 最後在 E8 的方格輸入 = (D13 + D14)/2
   複製 E8 貼在 E9 至 E67。

E8 | =(D13+D14)/2

	A	B	C	D	E	F
1	年	月	銷售額		12月移動平均	
2	2005年	1月	89	#N/A		
3		2月	73	#N/A		
4		3月	94	#N/A		
5		4月	87	#N/A		
6		5月	86	#N/A		
7		6月	86	#N/A		
8		7月	118	#N/A	92.33333333	
9		8月	73	#N/A	92.08333333	
10		9月	77	#N/A	91.91666667	
11		10月	92	#N/A	91.75	
12		11月	91	#N/A	91.625	
13		12月	144	92.5	91.5	
14	2006年	1月	85	92.16667	91.25	
15		2月	71	92	91.04166667	
16		3月	92	91.83333	91	
17		4月	85	91.66667	90.875	
18		5月	85	91.58333	90.75	
19		6月	84	91.41667	90.58333333	
20		7月	114	91.08333	90.54166667	
21		8月	72	91	90.79166667	
22		9月	77	91	91.125	
23		10月	89	90.75	91.41666667	
24		11月	91	90.75	91.54166667	
25		12月	140	90.41667	91.70833333	
26	2007年	1月	88	90.66667	91.75	

二、為何要進行移動平均數呢？

爲了理解其理由，試比較移動平均前的落後與移動平均後的落後。

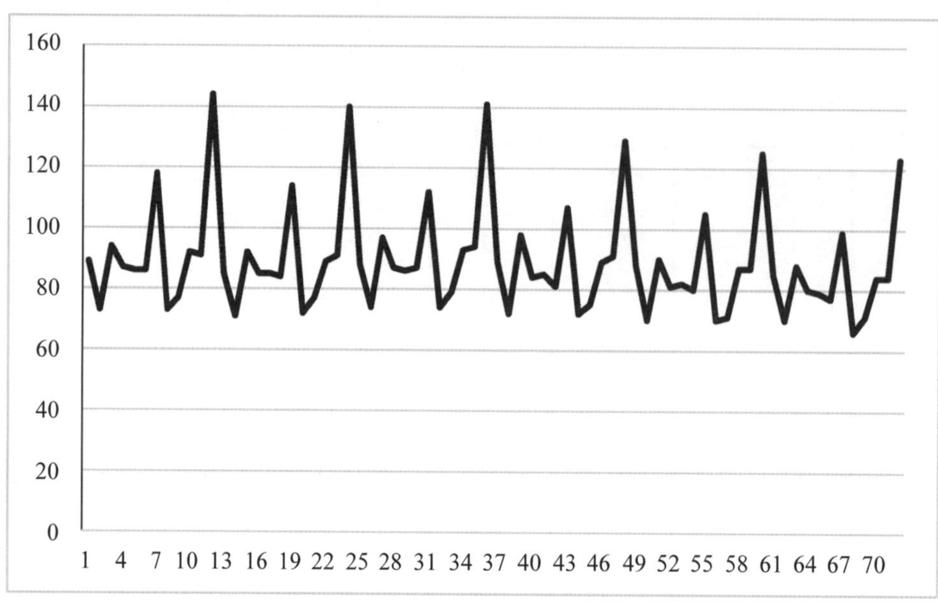

圖 9.3 移動平均前（步驟 1 的圖形，即為 C 行的圖形）。

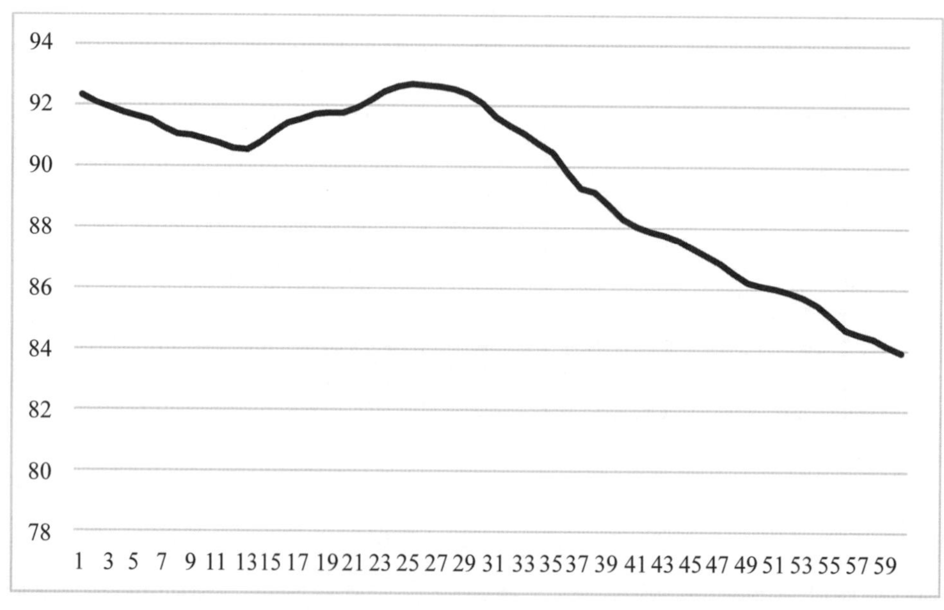

圖 9.4 移動平均後（步驟 5 的圖形，即為 E 行的圖形）。

藉由進行移動平均，可以消去不規則變動，時間數列數據的長期趨勢與週期變動即可清楚地浮現出來。

就 12 個月移動平均數的情形來說，可消去 12 個月的季節變動。至經濟時間數列中，處理此季節變動相當重要。

9.3 採取落後

落後（Lag）即爲延遲之意。

對於時間類別數據 $\{x(1), x(2), x(3), \cdots, x(t-2), x(t-1), x(t)\}$ 來說，

$$Lx(t) = x(t-1)$$

稱爲第一次落後。

第二次落後即爲

$$L^2x(t) = L(Lx(t)) = (x-2)。$$

〔註〕L 稱爲落後因子（lag operatpr），也有先行（lead）的用語。圖示如下：

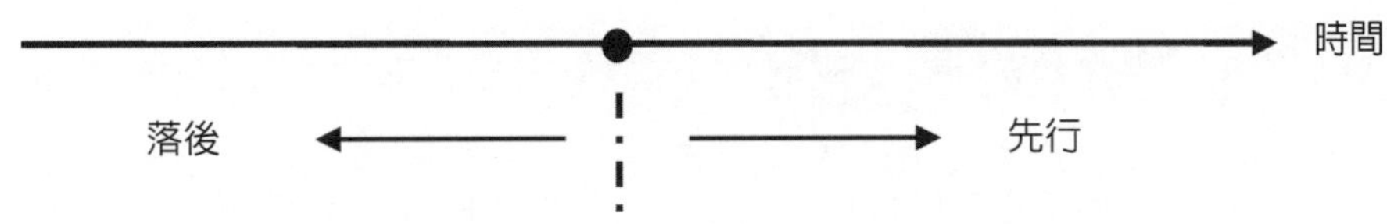

一、為何要採取落後呢？

至時間數列分析中，發現先行指標或遲行指標相當重要。因此，有需要調查與 1 期前的時間數列之關係，或 1 期後的時間數列之關係。

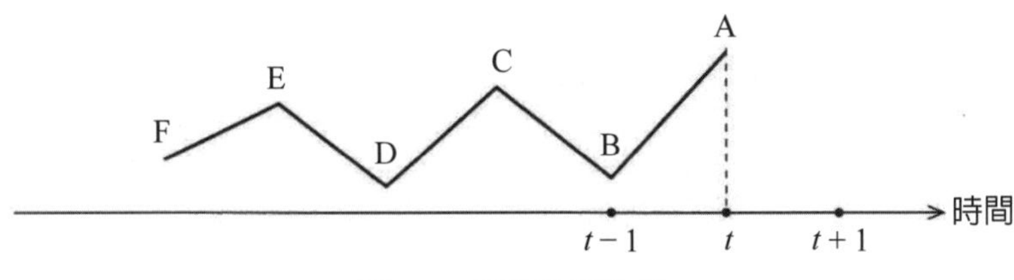

圖 9.5　時間數列數據

因此，想知道與 1 期前的關係時，

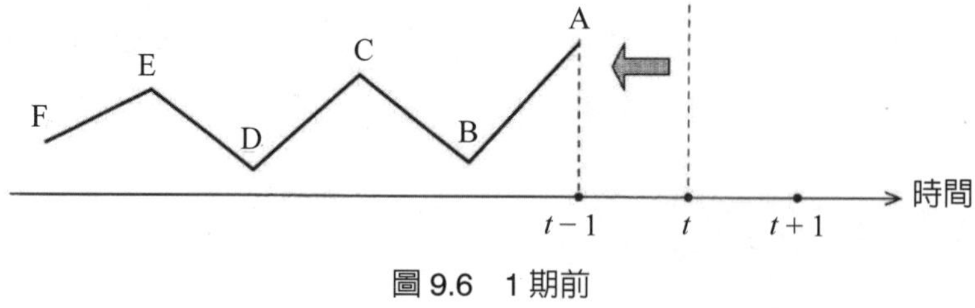

圖 9.6　1 期前

想知道與 1 期後的關係時，

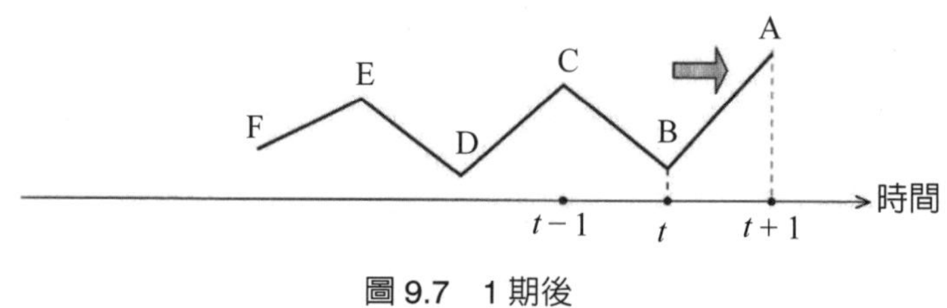

圖 9.7　1 期後

像這樣有需要將時間數列數據向左或向右挪移。

9.4 進行對數變換

所謂對數變換是指對時間數列數據 $\{x(t)\}$ 取對數的一種操作。

$$x(t) \rightarrow \log_x(t)$$

一、利用 Excel 對數變換的步驟

1. 如下先輸入數據，於 B2 方格輸入 =LN（A2）。

B2　=LN(A2)

	A	B	C	D	E
1	時間數列	對數變換			
2	1	0			
3	7				
4	2				
5	8				
6	4				
7	10				
8	8				
9	14				
10					
11					
12					
13					
14					
15					

2. 複製 B2 的方格，由 B3 貼至 B9（P.124）。

活

檔案　常用　插入　版面配置　公式　資料　校閱

B2　=LN(A2)

	A	B	C	D	E
1	時間數列	對數變換			
2	1	0			
3	7	1.94591			
4	2	0.693147			
5	8	2.079442			
6	4	1.386294			
7	10	2.302585			
8	8	2.079442			
9	14	2.639057			
10					
11					
12					

二、為何要進行對數變換？

對數具有如下的重要性質。

$$\underset{\text{積}}{(A\times B)} \xrightarrow[\text{對數變換}]{} \underset{\text{和}}{\log(A\times B) = \log A + \log B}$$

對數具有將乘算變換爲加算之性質，利用此性質可使時間數列數據變得平穩。

譬如，先畫出時間數列數據時間圖形後，如進行對數變換後，即成爲如下：

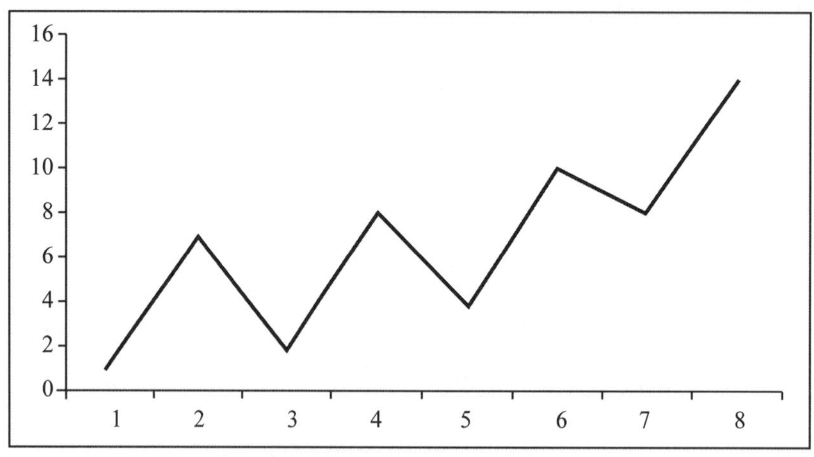

圖 9.8　對數變換前（步驟 1 的圖形）。

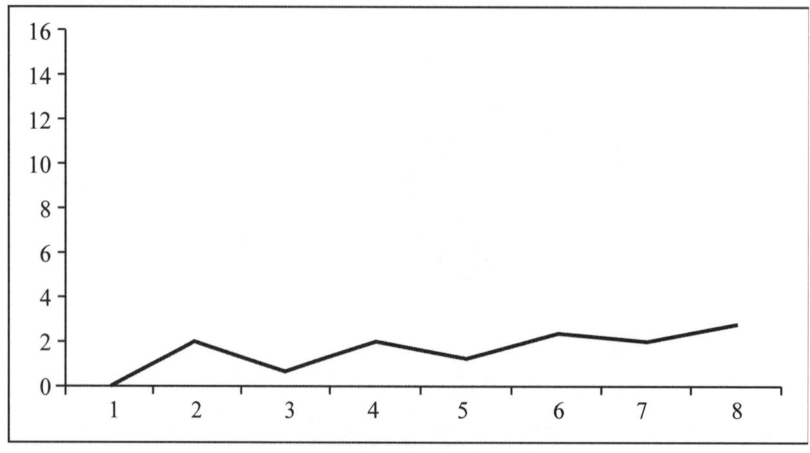

圖 9.9　對數變換後（步驟 2 的圖形）。

第10章 指數平滑化簡介

10.1 指數平滑化

所謂指數平滑化是指時間數列數據在 $\{x(t)\}$ 中，爲了預測時 $t+1$ 之值，即 $x(t+1)=$ ？所使用的方法。

表 10.1　時間數列數據

時間	…	時點 $t-2$	時點 $t-1$	時點 t	時點 $t+1$
實測值	…	$x(t-2)$	$x(t-1)$	$x(t)$	?
		↑ 前 2 期	↑ 前 1 期	↑ 現在	↑ 下 1 期

在時間點 t 的下 1 期的預測值，當作 $\hat{x}(t,1)$，即成爲如下：

表 10.2　1 期後的預測值

時間	…	時點 $t-2$	時點 $t-1$	時點 t	時點 $t+1$
實測值	…	$x(t-2)$	$x(t-1)$	$x(t)$	?
預測值	…	$\hat{x}(t-3,1)$	$\hat{x}(t-2,1)$	$\hat{x}(t-1,1)$	$\hat{x}(t,1)$

此時，不妨考察如下的關係圖：

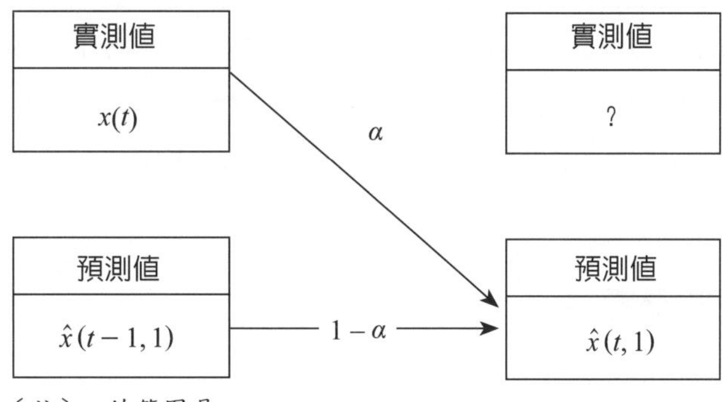

圖 10.1　實測值與預測值的關係

換言之，於時間點 t 的下 1 期的預測值 $\hat{x}(t, 1)$，想成是受到來自於本期實測值 $x(t)$ 的 α 倍，與來自於前 1 期預測值 $\hat{x}(t-1, 1)$ 的 $1-\alpha$ 倍之影響。

將此事以式子表示時，

$$(t, 1) = \alpha \cdot x(t) + (1-\alpha)\hat{x}(t-1, 1)$$

此想法即爲指數平滑化。

$\hat{x}(t, 1)$ 也可以如下來表現，此參閱下節說明。

一、指數平滑化的另一種表現

時點 $t-1$ 的下 1 期的預測值 $\hat{x}(t-1, 1)$ 是：

$$\hat{x}(t-1, 1) = \alpha \cdot \mathrm{x}(t-1) + (1-\alpha)\,\hat{x}(t-2, 1)$$

時間 $t-2$ 的下 1 期的預測值 $\hat{x}(t-2, 1)$ 是：

$$\hat{x}(t-2, 1) = \alpha \cdot x(t-2) + (1-\alpha)\,\hat{x}(t-3, 1)$$

因此，時間 t 的下 1 期的預測值是：

$$\begin{aligned}
\hat{x}(t, 1) &= \alpha \cdot x(t) + (1-\alpha) \cdot \hat{x}(t-1, 1) \\
&= \alpha \cdot x(t) + (1-\alpha) \cdot \{\alpha \cdot x(t-1) + (1-\alpha) \cdot \hat{x}(t-2, 1)\} \\
&= \alpha \cdot x(t) + \alpha(1-\alpha) \cdot x(t-1) + (1-\alpha)^2 \cdot \hat{x}(t-2, 1)\} \\
&= \alpha \cdot x(t) + \alpha(1-\alpha) \cdot x(t-1) + (1-\alpha)^2 \cdot \{\alpha \cdot x(t-2) + (1-\alpha) \cdot \hat{x}(t-3, 1)\} \\
&= \alpha \cdot x(t) + \alpha(1-\alpha) \cdot x(t-1) + \alpha(1-\alpha)^2 \cdot x(t-2) + (1-\alpha)^3 \cdot \hat{x}(t-3, 1) + \cdots
\end{aligned}$$

$$\boxed{\hat{x}(t, 1) = \alpha x(t) + \alpha(1-\alpha) \cdot x(t-1) + \alpha(1-\alpha)^2 \cdot x(t-2) + \alpha(1-\alpha)^3 \cdot x(t-3) + \cdots}$$

像這樣，下 1 期的預測值 $\hat{x}(t, 1)$ 分別受到前 1 期、前 2 期、前 3 期……之實測值的些微影響。

二、試著改變看看

此處將 α 之值作各種改變看看。

1. $\alpha = 0.2$ 時

$$\hat{x}(t,1) = 0.2 \times x(t) + 0.2(1-0.2) \times x(t-1) + 0.2(1-0.2)^2 \times x(t-2) + \cdots$$
$$= 0.2 \times x(t) + 0.16 \times x(t-1) + 0.128 \times x(t-2) + \cdots$$

2. $\alpha = 0.5$ 時

$$\hat{x}(t,1) = 0.5 \times x(t) + 0.5(1-0.5) \times x(t-1) + 0.5(1-0.5)^2 \times x(t-2) + \cdots$$
$$= 0.5 \times x(t) + 0.25 \times x(t-1) + 0.125 \times x(t-2) + \cdots$$

3. $\alpha = 0.8$ 時

$$\hat{x}(t,1) = 0.8 \times x(t) + 0.8(1-0.8) \times x(t-1) + 0.8(1-0.8)^2 \times x(t-2) + \cdots$$
$$= 0.8 \times x(t) + 0.16 \times x(t-1) + 0.032 \times x(t-2) + \cdots$$

4. $\alpha = 1$ 時

$$\hat{x}(t,1) = 1 \times x(t) + 1(1-1) \times x(t-1) + 1(1-1)^2 \times x(t-2) + \cdots$$
$$= 1 \times x(t)$$

因此，下一期的預測值 $\hat{x}(t,1)$ 是值愈接近 1，愈受到前 1 期之影響。

〔註〕此方法因爲是去除不規則變動，故稱爲平滑化。

10.2 利用指數平滑化的預測

利用指數平滑化，從下式：

$$\hat{x}(t,1) = \alpha \cdot x(t) + (1-\alpha) \cdot \hat{x}(t-1,1)$$

即可簡單求出下 1 期的預測值。

1. $\alpha = 0.2$ 時

時間	時間數列數據	下 1 期的預測値 $\hat{x}(t,1)$
1	$x(1) = 11$	
2	$x(2) = 15$	$\hat{x}(1,1) = 11$
3	$x(3) = 22$	$\hat{x}(2,1) = 0.2 \times x(2) + (1-0.2) \times \hat{x}(1,1)$ $= 0.2 \times 15 + (1-0.2) \times 11$ $= 11.8$

（接下頁）

時間	時間數列數據	下 1 期的預測值 $\hat{x}(t, 1)$
4	$x(4) = 18$	$\hat{x}(3, 1) = 0.2 \times x(3) + (1 - 0.2) \times \hat{x}(2, 1)$ $= 0.2 \times 22 + (1 - 0.2) \times 11.8$ $= 13.84$
5	$x(5) = 25$	$\hat{x}(4, 1) = 0.2 \times x(4) + (1 - 0.2) \times \hat{x}(3, 1)$ $= 0.2 \times 18 + (1 - 0.2) \times 13.84$ $= 14.672$
6	$x(6) = 32$	$\hat{x}(5, 1) = 0.2 \times x(5) + (1 - 0.2) \times \hat{x}(4, 1)$ $= 0.2 \times 25 + (1 - 0.2) \times 14.672$ $= 16.7376$
7	$x(7) = 24$	$\hat{x}(6, 1) = 0.2 \times x(2) + (1 - 0.2) \times \hat{x}(5, 1)$ $= 0.2 \times 32 + (1 - 0.2) \times 16.7376$ $= 19.7901$
8	$x(8) =$ ？	$\hat{x}(7, 1) = 0.2 \times x(2) + (1 - 0.2) \times \hat{x}(6, 1)$ $= 0.2 \times 24 + (1 - 0.2) \times 19.7901$ $= 20.6321$

2. $\alpha = 0.8$ 時

時間	時間數列數據	下 1 期的預測值 $\hat{x}(t, 1)$
1	$x(1) = 11$	
2	$x(2) = 15$	$\hat{x}(1, 1) = 11$
3	$x(3) = 22$	$\hat{x}(2, 1) = 0.8 \times x(2) + (1 - 0.8) \times \hat{x}(1, 1)$ $= 0.8 \times 15 + (1 - 0.8) \times 11$ $= 14.2$
4	$x(4) = 18$	$\hat{x}(3, 1) = 0.8 \times x(3) + (1 - 0.8) \times \hat{x}(2, 1)$ $= 0.8 \times 22 + (1 - 0.8) \times 14.2$ $= 20.44$
5	$x(5) = 25$	$\hat{x}(4, 1) = 0.8 \times x(4) + (1 - 0.8) \times \hat{x}(3, 1)$ $= 0.8 \times 18 + (1 - 0.8) \times 20.44$ $= 18.488$
6	$x(6) = 32$	$\hat{x}(5, 1) = 0.8 \times x(5) + (1 - 0.8) \times \hat{x}(4, 1)$ $= 0.8 \times 25 + (1 - 0.8) \times 18.488$ $= 23.6976$

（接下頁）

時間	時間數列數據	下 1 期的預測值 $\hat{x}(t,1)$
7	$x(7) = 24$	$\hat{x}(6,1) = 0.8 \times x(2) + (1-0.8) \times \hat{x}(5,1)$ $= 0.8 \times 32 + (1-0.8) \times 23.6976$ $= 30.3395$
8	$x(8) = ?$	$\hat{x}(7,1) = 0.8 \times x(2) + (1-0.8) \times \hat{x}(6,1)$ $= 0.8 \times 24 + (1-0.8) \times 30.3395$ $= 25.2676$

〔註〕以 $\hat{x}(t,1)$ 之值來說，雖然是使用 $x(1)$ 之值，但也有使用平均值。

一、利用 Excel 指數平滑化的步驟——利用各種 α 求預測值與殘差

1. 如下輸入數據。

活頁簿1 - Excel

檔案　常用　插入　版面配置　公式　資料　校閱　檢視　Acrobat

F4

	A	B	C	D	E	F	G	H	I
1			α =0.7	α =0.8	α =0.9	α =0.7	α =0.8	α =0.9	
2	時間	時間數列數	預測值	預測值	預測值	殘差	殘差	殘差	
3	1	11							
4	2	15	11	11	11				
5	3	22							
6	4	18							
7	5	25							
8	6	32							
9	7	24							
10									
11									

2. C5 的方格輸入 $= 0.7 \times B4 + (1-0.7) \times C4$

   D5 的方格輸入 $= 0.8 \times B4 + (1-0.8) \times D4$

   E5 的方格輸入 $= 0.9 \times B4 + (1-0.9) \times E4$

活頁簿1 - Excel

檔案 常用 插入 版面配置 公式 資料 校閱 檢視 Acrobat

E5 =0.9*B4+(1-0.9)*E4

	A	B	C	D	E	F	G	H	I
1			α =0.7	α =0.8	α =0.9	α =0.7	α =0.8	α =0.9	
2	時間	時間數列	預測值	預測值	預測值	殘差	殘差	殘差	
3	1	11							
4	2	15	11	11	11				
5	3	22	13.8	14.2	14.6				
6	4	18							
7	5	25							
8	6	32							
9	7	24							
10									
11									

3. 複製 C5 到 E5，由 C6 貼至 E10。

活頁簿1 - Excel

檔案 常用 插入 版面配置 公式 資料 校閱 檢視 Acrobat

H7

	A	B	C	D	E	F	G	H	I
1			α =0.7	α =0.8	α =0.9	α =0.7	α =0.8	α =0.9	
2	時間	時間數列	預測值	預測值	預測值	殘差	殘差	殘差	
3	1	11							
4	2	15	11	11	11				
5	3	22	13.8	14.2	14.6				
6	4	18	19.54	20.44	21.26				
7	5	25	18.462	18.488	18.326				
8	6	32	23.0386	23.6976	24.3326				
9	7	24	29.31158	30.33952	31.23326				
10			25.59347	25.2679	24.72333				
11									

4. F4 的方格輸入 = D4-C4

   G4 的方格輸入 = B4-D4

   H4 的方格輸入 = D4-E4

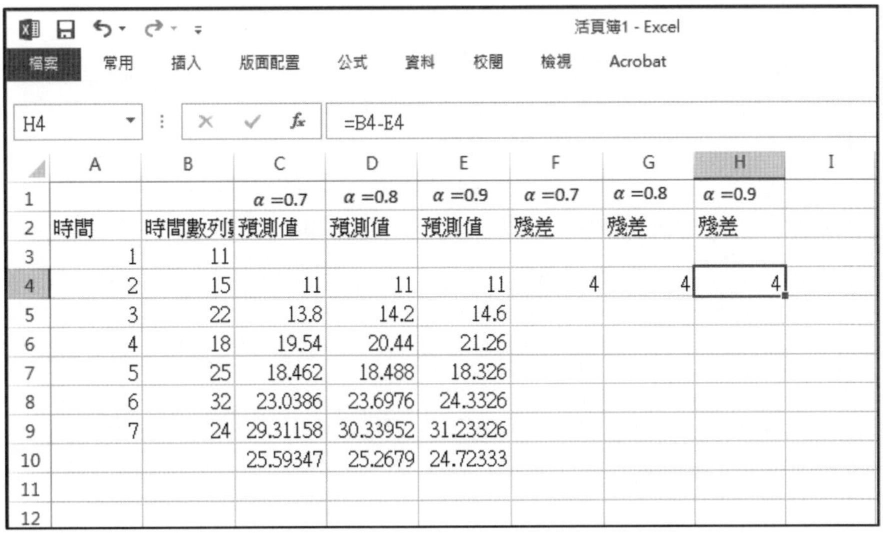

活頁簿1 - Excel

檔案　常用　插入　版面配置　公式　資料　校閱　檢視　Acrobat

H4　=B4-E4

	A	B	C	D	E	F	G	H	I
1			α =0.7	α =0.8	α =0.9	α =0.7	α =0.8	α =0.9	
2	時間	時間數列	預測值	預測值	預測值	殘差	殘差	殘差	
3	1	11							
4	2	15	11	11	11	4	4	4	
5	3	22	13.8	14.2	14.6				
6	4	18	19.54	20.44	21.26				
7	5	25	18.462	18.488	18.326				
8	6	32	23.0386	23.6976	24.3326				
9	7	24	29.31158	30.33952	31.23326				
10			25.59347	25.2679	24.72333				
11									
12									

5. 複製 F4 到 H4，由 F5 貼至 H9。

H9　=B9-E9

	A	B	C	D	E	F	G	H	I
1			α =0.7	α =0.8	α =0.9	α =0.7	α =0.8	α =0.9	
2	時間	時間數列	預測值	預測值	預測值	殘差	殘差	殘差	
3	1	11							
4	2	15	11	11	11	4	4	4	
5	3	22	13.8	14.2	14.6	8.2	7.8	7.4	
6	4	18	19.54	20.44	21.26	-1.54	-2.44	-3.26	
7	5	25	18.462	18.488	18.326	6.538	6.512	6.674	
8	6	32	23.0386	23.6976	24.3326	8.9614	8.3024	7.6674	
9	7	24	29.31158	30.33952	31.23326	-5.31158	-6.33952	-7.23326	
10			25.59347	25.2679	24.72333				
11									
12									

6. F10 的方格輸入 = SUMQ(F4：F9)

G10 的方格輸入 = SUMQ(G4：G9)

H10 的方格輸入 = SUMQ(H4：H9)

活頁簿1 - Excel

檔案 常用 插入 版面配置 公式 資料 校閱 檢視 Acrobat

H10 =SUM(H4:H9)

	A	B	C	D	E	F	G	H	I
1			α =0.7	α =0.8	α =0.9	α =0.7	α =0.8	α =0.9	
2	時間	時間數列	預測值	預測值	預測值	殘差	殘差	殘差	
3	1	11							
4	2	15	11	11	11	4	4	4	
5	3	22	13.8	14.2	14.6	8.2	7.8	7.4	
6	4	18	19.54	20.44	21.26	-1.54	-2.44	-3.26	
7	5	25	18.462	18.488	18.326	6.538	6.512	6.674	
8	6	32	23.0386	23.6976	24.3326	8.9614	8.3024	7.6674	
9	7	24	29.31158	30.33952	31.23326	-5.31158	-6.33952	-7.23326	
10			25.59347	25.2679	24.72333	20.84782	17.83488	15.24814	
11									
12									

如比較步驟 6 的 $\alpha = 0.7$，$\alpha = 0.8$，$\alpha = 0.9$ 三個殘差時，最小殘差平方和是 234.3191。因此，$\alpha = 0.8$ 時預測值的適配最好。

〔註〕SPSS 可自動求出最適配 α。

指數平滑化模型參數

模型			估計	SE	T	顯著性
時間數列-模型_1	無轉換	Alpha（水準）	.753	.364	2.065	.084

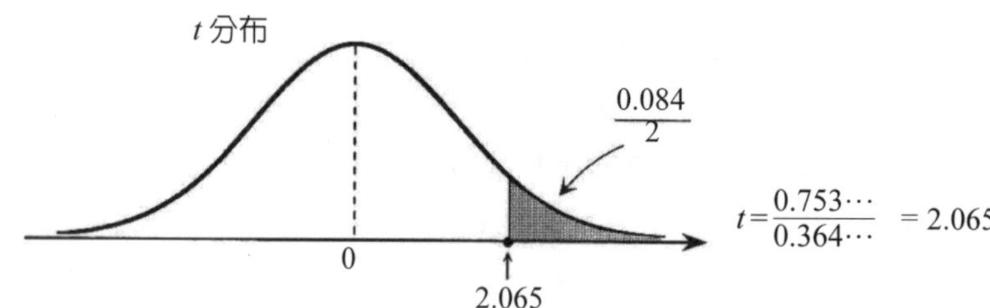

二、指數平滑化的步驟——使用分析工具時

Excel 的指數平滑化，也可使用分析工具。

1. 如下輸入數據。

	A	B	C	D	E
1	時間	時間數列數據	指數平滑化		
2	1	11			
3	2	15			
4	3	22			
5	4	18			
6	5	25			
7	6	32			
8	7	24			
9	8				
10					
11					

2. 從「資料」→「資料分析」中叫出分析工具，選擇「指數平滑」後按 OK。

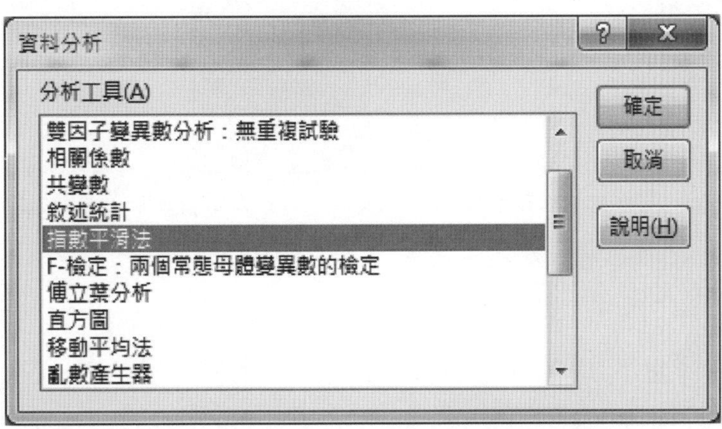

3. 如下變成指數平滑的畫面時，輸入數據的輸入範圍與阻尼因子 $1-\alpha$，以及輸入、輸出範圍後，按 OK。

指數平滑法

輸入

輸入範圍(I): B2:B8

阻尼因子(D): 0.2

標記(L)

輸出選項

輸出範圍(O): C2

新工作表(P):

新活頁簿(W)

圖表輸出(C)　標準誤(S)

確定　取消　說明(H)

4. 如下可以進行指數平滑化。

	A	B	C	D	E
1	時間	時間數列數據	指數平滑化		
2	1	11	#N/A		
3	2	15	11		
4	3	22	14.2		
5	4	18	20.44		
6	5	25	18.488		
7	6	32	23.6976		
8	7	24	30.33952		
9	8				
10					

〔註〕

(1) 求時間 8 的預測值 $\hat{x}(7, 1)$ 時，複製 C8 的方格，貼在 C9 處。

(2) Excel 將衰減率稱爲阻尼因子。

第 11 章　自我相關係數簡介

11.1　自我相關係數

以測量有對應的 2 個變數 x、y 關係的統計量來說，有相關係數。

No.	變數 x	變數 y
1	x_1	y_1
2	x_2	y_2
3	x_3	y_3
⋮	⋮	⋮
$N-1$	x_N	y_N
N	x_{N-1}	y_{N-1}

一、相關係數的定義

x 的平均當作 x；y 的平均數當作 y

$$r=\frac{(x_1-\overline{x})\cdot(y_1-\overline{y})+\cdots+(x_N-\overline{x})\cdot(y_N-\overline{y})}{\sqrt{(x_1-\overline{x})^2+\cdots+(x_N-\overline{x})^2}\cdot\sqrt{(y_1-\overline{y})^2+\cdots+(y_N-\overline{y})^2}}$$

時間數列數據如下使之對應時，即可求出相關係數。

時間	時間數列數據	對應	時間	時間數列數據
1	$x(1)$	⟷	1	$x(1)$
2	$x(2)$	⟷	2	$x(2)$
3	$x(3)$	⟷	3	$x(3)$
⋮	⋮	⋮	⋮	⋮
$t-1$	$x(t-1)$	⟷	$t-1$	$x(t-1)$
t	$x(t)$	⟷	t	$x(t)$

在此對應中，相關係數當然變成 1。時間數列數據中最重要的點是測量「從過去以來的影響大小」。因此，將時間 t 挪移看看。

二、相關係數的方法

$$x\text{ 與 }y\text{ 的相關係數} = \frac{COV(x,y)}{\sqrt{V(X)}\sqrt{V(y)}}$$

三、與前 1 期的相關

試調查「與前 1 期的偏差」。

時間	時間數列數據
1	$x(1)$
2	$x(2)$
3	$x(3)$
⋮	⋮
$t-1$	$x(t-1)$
t	$x(t)$

對應

時間	時間數列數據
1	$x(1)$
2	$x(2)$
3	$x(3)$
⋮	⋮
$t-1$	$x(t-1)$
t	$x(t)$

像這樣挪移 1 期時，可以求出像相關係數之值。將此值稱為 1 次自我相關係數 ρ_1。

四、1 次自我相關係數的定義

對時間數列數據 $\{x(1)\ x(2)\ x(3)\ \cdots\ x(t-2)\ x(t-1)\ x(t)\}$ 而言，

$$\rho_1 = \frac{(x(1)-\bar{x})\cdot(x(2)-\bar{x})+\cdots+(x(t-1)-\bar{x})\cdot(x(t)-\bar{x})}{(x(1)-\bar{x})^2+(x(2)-\bar{x})^2+\cdots+(x(t)-\bar{x})^2}$$

稱為 1 次自我相關係數。

〔註〕

在定常機率變數之序列中 $\{\cdots\ x(t-2)\ x(t-1)\ x(t)\ x(t+1)\cdots\}$，

母自我相關係數 $\rho(1)$ 即爲 $\rho(1)=\dfrac{COV(x(t),\ x(t-1))}{V(x(t))}$

1. 變異數不取決於時間 t 而爲一定。

2. 共變異數只與時間差有關。

例題 使用以下的時間數列數據，計算 1 次自我相關係數 ρ_1 看看。

時間 t	$x(t)$	時間數列數據
1	$x(1)$	158
2	$x(2)$	151
3	$x(3)$	141
4	$x(4)$	157
5	$x(5)$	146
6	$x(6)$	152
7	$x(7)$	144
8	$x(8)$	163
9	$x(9)$	135
10	$x(10)$	153

步驟 1 首先，計算平均數 $x=\dfrac{158+151+\cdots+135+153}{10}=150$

步驟 2 其次計算與平均值之差 $x(t)-x$

時間 t	$x(t)$	時間數列數據	$x(t)-x$	差
1	$x(1)$	158	158-150	8
2	$x(2)$	151	151-150	1
3	$x(3)$	141	141-150	−9
4	$x(4)$	157	157-150	7
5	$x(5)$	146	146-150	−4
6	$x(6)$	152	152-150	2
7	$x(7)$	144	144-150	−6
8	$x(8)$	163	163-150	13
9	$x(9)$	135	135-150	−15
10	$x(10)$	153	153-150	3

步驟 3 其次，計算 1 次自我相關係數 ρ_1 的分子部分。

$$
\begin{aligned}
\text{分子} &= (x(1)-x)\times(x(2)-x)+\cdots+(x(9)-x)\times(x(10)-x) \\
&= 8\times1+1\times(-9)+(-9)\times7+\cdots+(-15)\times3 \\
&= -430
\end{aligned}
$$

步驟 4 計算 1 次自我相關係數的分母部分。

$$
\begin{aligned}
\text{分母} &= (x(1)-x)^2\times(x(2)-x)^2+\cdots+x(10)-x)^2 \\
&= 8^2+1^2+\cdots+(-15)^2+3^2 \\
&= 654
\end{aligned}
$$

步驟 5 最後計算 1 次自我相關係數 ρ_1。

$$
\begin{aligned}
\rho_1 &= \frac{(x(1)-\bar{x})\cdot(x(2)-\bar{x})+\cdots+(x(9)-\bar{x})\cdot(x(10)-\bar{x})}{(x(1)-\bar{x})^2+(x(2)-\bar{x})^2+\cdots+(x(10)-\bar{x})^2} \\
&= \frac{-430}{654} \\
&= -0.6575
\end{aligned}
$$

五、與前 2 期的相關

此次，挪移 2 期看看。

時間	時間數列數據
1	$x(1)$
2	$x(2)$
3	$x(3)$
⋮	⋮
$t-2$	$x(t-2)$
$t-1$	$x(t-1)$
t	$x(t)$

對應

時間	時間數列數據
1	$x(1)$
2	$x(2)$
3	$x(3)$
⋮	⋮
$t-2$	$x(t-2)$
$t-1$	$x(t-1)$
t	$x(t)$

因此，2 次自我相關係數 ρ_2 變成如下。

六、2 次自我相關係數的定義

對時間數列數據 $\{x(1)\ x(2)\ x(3) \cdots x(t-2)\ x(t-1)\ x(t)\}$ 而言，

$$\rho_2 = \frac{(x(1)-\bar{x})\cdot(x(3)-\bar{x})+\cdots+(x(t-2)-\bar{x})\cdot(x(t)-\bar{x})}{(x(1)-\bar{x})^2+(x(2)-\bar{x})^2+\cdots+(x(t)-\bar{x})^2}$$

稱為 2 次自我相關係數。

七、與前 k 期的相關

再挪移 k 期時。

時間	時間數列數據
1	$x(1)$
2	$x(2)$
⋮	⋮
$t-k$	$x(t-k)$
$t-k+1$	$x(t-k+1)$
⋮	⋮
t	$x(t)$

對應

時間	時間數列數據
1	$x(1)$
2	$x(2)$
3	$x(3)$
$t-k$	$x(t-k)$
$t-k+1$	$x(t-k+1)$
⋮	⋮
t	$x(t)$

因此，k 次自我相關係數成 ρ_k 如下。

八、k 次自我相關係數的定義

對時間數列數據 $\{x(1)\ x(2)\ x(3) \cdots x(t-R) \cdots x(t-1)\ x(t)\}$ 而言，

$$\rho_k = \frac{(x(1)-\bar{x})\cdot(x(k+1)-\bar{x})+\cdots+(x(t-k)-\bar{x})\cdot(x(t)-\bar{x})}{(x(1)-\bar{x})^2+(x(2)-\bar{x})^2+\cdots+(x(t)-\bar{x})^2}$$

稱為 k 次自我相關係數。

九、利用 Excel 自我相關係數的求法

1. 如下輸入數據。

F3

	A	B	C	D	E	F	G
2	1	158	8		平均值		
3	2	151	1				
4	3	141	-9		分子		
5	4	157	7				
6	5	146	-4		分母		
7	6	152	2				
8	7	144	-6		自我相關係數		
9	8	163	13				
10	9	135	-15				
11	10	153	3				
12							

2. 於 F2 的方格輸入 =AVERAGE(B2:B11)。

F2 =AVERAGE(B2:B11)

	A	B	C	D	E	F	G
1	時間	時間數列數據	差				
2	1	158			平均值	150	
3	2	151					
4	3	141			分子		
5	4	157					
6	5	146			分母		
7	6	152					
8	7	144			自我相關係數		
9	8	163					
10	9	135					
11	10	153					
12							

3. 於 C2 的方格輸入 =B2-150
　複製 C2，貼至 C3 到 C11。

F2 | =AVERAGE(B2:B11)

	A	B	C	D	E	F	G
1	時間	時間數列數據	差				
2	1	158	8		平均值	150	
3	2	151	1				
4	3	141	-9		分子		
5	4	157	7				
6	5	146	-4		分母		
7	6	152	2				
8	7	144	-6		自我相關係數		
9	8	163	13				
10	9	135	-15				
11	10	153	3				

4. 於 F4 的方格輸入 = SUMPRODUCT(C2:C10, C3:C11)。

F4 | =SUMPRODUCT(C2:C10,C3:C11)

	A	B	C	D	E	F	G
1	時間	時間數列數據	差				
2	1	158	8		平均值	150	
3	2	151	1				
4	3	141	-9		分子	-430	
5	4	157	7				
6	5	146	-4		分母		
7	6	152	2				
8	7	144	-6		自我相關係數		
9	8	163	13				
10	9	135	-15				
11	10	153	3				

5. 於 F6 的方格輸入 = SUMSQ(C2:C11)。

F8

	A	B	C	D	E	F	G
1	時間	時間數列數據	差				
2	1	158	8		平均值	150	
3	2	151	1				
4	3	141	-9		分子	-430	
5	4	157	7				
6	5	146	-4		分母	654	
7	6	152	2				
8	7	144	-6		自我相關係數		
9	8	163	13				
10	9	135	-15				
11	10	153	3				

6. 最後，於 F8 的方格輸入 = F4/F6，再計算 1 次自我相關係數。

F9

	A	B	C	D	E	F	G
1	時間	時間數列數據	差				
2	1	158	8		平均值	150	
3	2	151	1				
4	3	141	-9		分子	-430	
5	4	157	7				
6	5	146	-4		分母	654	
7	6	152	2				
8	7	144	-6		自我相關係數	-0.65749	
9	8	163	13				
10	9	135	-15				
11	10	153	3				

如使用 SPSS 時，即可簡單地求出自我相關係數。

自動相關性

數列：時間數列

落後	自動相關性	平均數的錯誤[a]	Box-Ljung 統計資料		
			數值	df	顯著性[b]
1	-.667	.274	5.764	1	.016
2	.251	.258	6.707	2	.035\
3	-.165	.242	7.175	3	.067
4	.277	.224	8.707	4	.069
5	-.343	.204	11.522	5	.042
6	.185	.183	12.549	6	.051
7	.095	.158	12.908	7	.074
8	-.179	.129	14.829	8	.063

a. 採用的基本處理程序是獨立的（白色雜訊）。

b. 基於漸近線卡方近似值。

〔註〕

在定常機率變數的序列 $\{\cdots x(t-R)\ \cdots x(t-2)\ x(t-1)\ x(t)\ x(t+1)\cdots\}$ 中，母自我相關係數 $\rho(k)$ 即爲：

$$\rho(k)=\frac{Cov(X(t),\ X(t-k))}{Var(X(t))}$$

(1) $V(x(t))$ 不取決於時間 t 而爲一定。

(2) $\mathrm{Cov}(x(t), x(t-k))$ 只取決於時間差 k。

11.2 自我相關係數與相關圖

將自我相關係數以圖形表現看看。前節所計算的自我相關係數是：

落後 1 時，自我相關 –0.657

落後 2 時，自我相關 0.251

落後 3 時，自我相關 –0.165

⋮

因此，形成如下的圖，此圖稱爲相關圖（correlogram）。

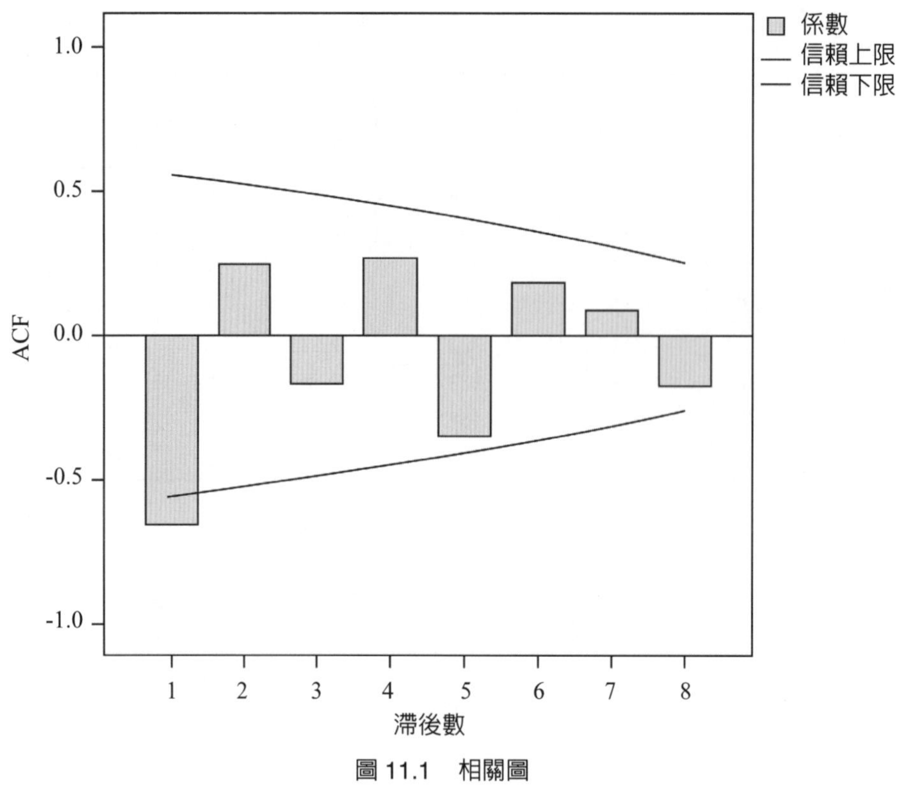

圖 11.1　相關圖

相關圖有以下幾種類型。

1. 自我相關 AR（p）模型

此時，相關圖如下方所示。

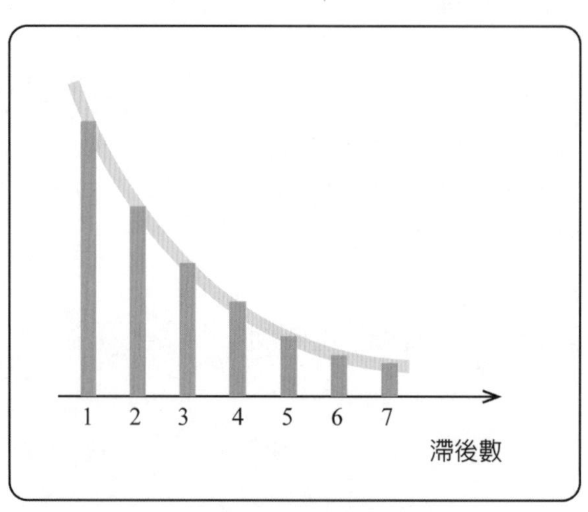

2. 非定常時間數列模型

此時，相關圖如下方所示。

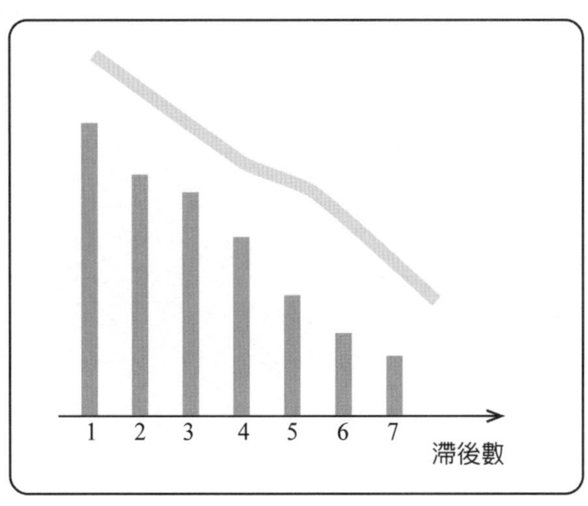

3. 移動平均 MA(g) 模型

此時，相關圖如下方所示。

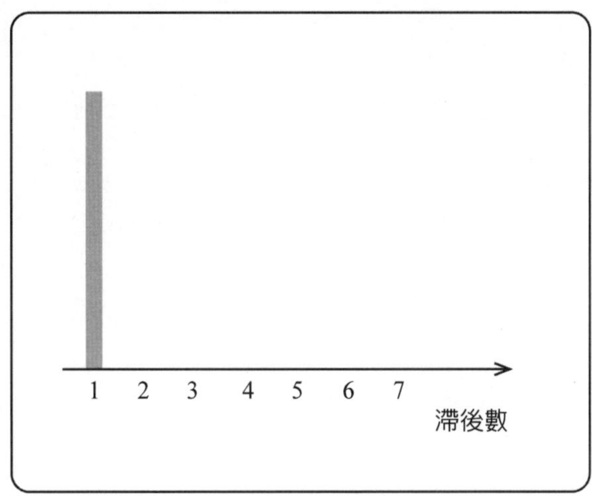

〔註〕觀此相關圖時，即可判定時間數列模型。

第 12 章　交差相關係數簡介

12.1　2 個變數的時間數列數據

以下的數據是針對 2 個時間數列數據 $\{x(t)\}$ 與 $\{y(t)\}$ 所調查的結果。

時間 t	時間數列數據 $x(t)$	時間數列數據 $y(t)$
1	9	20
2	−32	11
3	12	5
4	28	−7
5	−5	−43
6	−23	−6
7	44	−11
8	38	7
9	10	−33
10	22	−5

在此 2 個時間數列數據 $\{x(t)\}$ 與 $\{y(t)\}$ 之間有何種關係呢？

關鍵詞

交差相關：Cross correlation，也稱爲相互相關、時差相關。

姑且先描繪此 2 個時間數列數據的圖形看看。

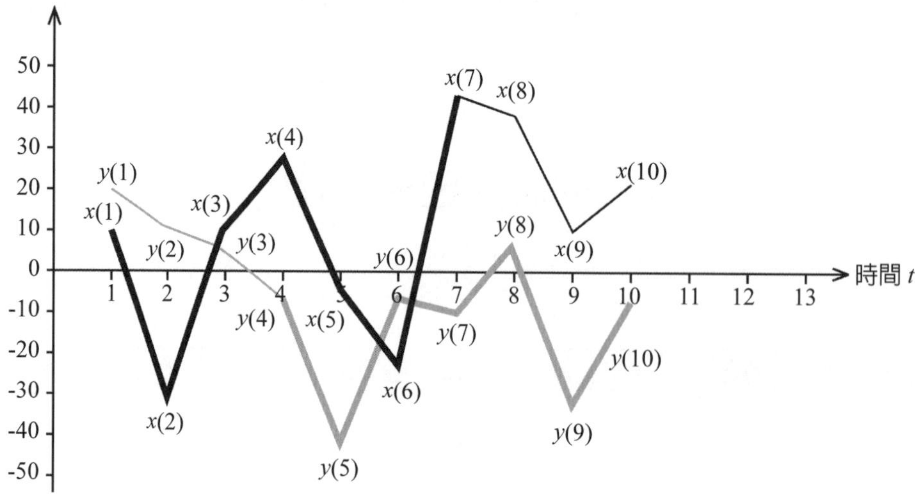

圖 12.1　2 個時間數列數據

此 2 個時間數列數據看起來相互間有少許挪移的樣子。因此，時間數列數據 $\{y(t)\}$ 維持不變，將影響數列數據 $\{x(t)\}$ 向右挪移看看。

步驟 1　將時間數列數據 $\{x(t)\}$ 向右挪移 1 期。

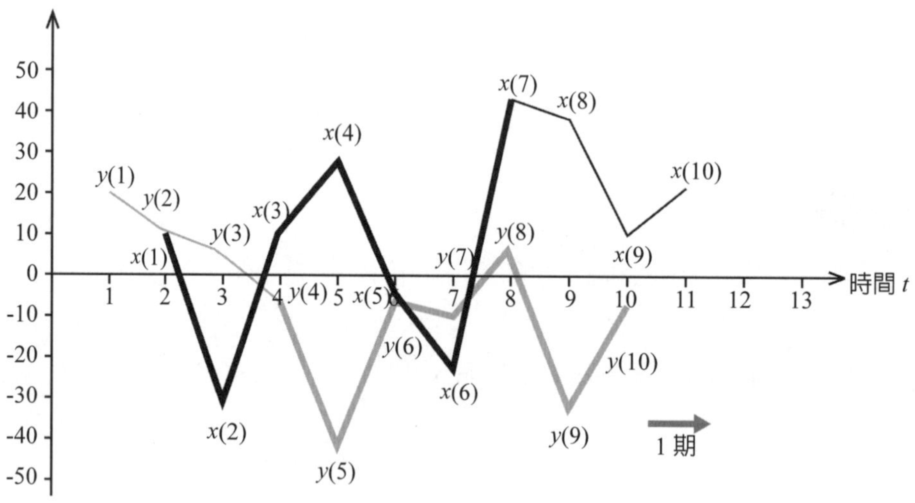

圖 12.2　挪移 1 期

步驟 2　將時間數列數據 $\{x(t)\}$ 向右挪移 2 期。

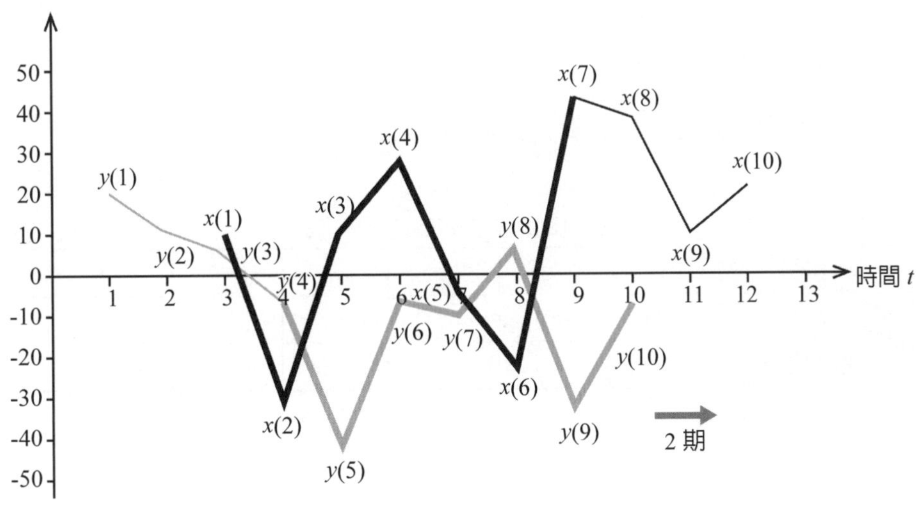

圖 12.3　挪移 2 期

步驟 3　將時間數列數據 $\{x(t)\}$ 向右挪移 3 期。

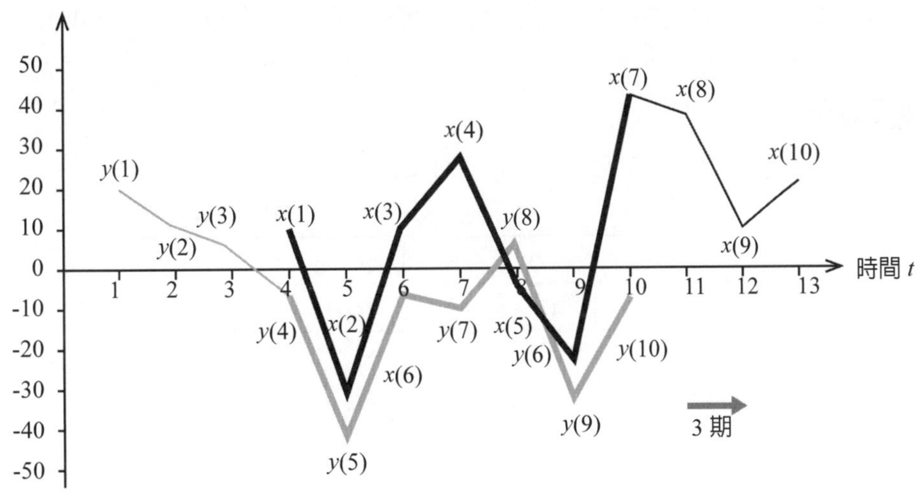

圖 12.4　挪移 3 期

將時間數列數據 $\{x(t)\}$ 向右挪移 3 期時，2 個時間數列數據 $\{x(t)\}$ 與 $\{y(t)\}$ 看起來形成同時變動。換言之，可以想成是「時間數列數據 $\{x(t)\}$ 比時間數列數

據 $\{y(t)\}$ 先行 3 期」。

〔註〕2 個時間數列數據類似於紐約道瓊平均與日經平均之關係。

一、交差相關係數

試以數值表現 2 個時間數列數據之關係看看。

表 12.2　2 變數的時間數列數據

時間	1	2	3	…	$t-2$	$t-1$	t
時間數列數據	$x(1)$	$x(2)$	$x(3)$	…	$x(t-2)$	$x(t-1)$	$x(t)$
時間數列數據	$y(1)$	$y(2)$	$y(3)$	…	$y(t-2)$	$y(t-1)$	$y(t)$

此時，馬上想到的是相關關係。

$$\frac{(x(1)-\bar{x})\cdot(y(1)-\bar{y})+\cdots+(x(t)-\bar{x})\cdot(y(t)-\bar{y})}{\sqrt{(x(1)-\bar{x})^2+\cdots+(x(t)-\bar{x})^2}\cdot\sqrt{(y(1)-\bar{y})^2+\cdots+(y(t)-\bar{y})^2}}$$

可是，時間數列數據也許有「時間落後」。因此，考察挪移 1 期看看。此想法與 1 次自我相關關係相同。可是談到「挪移 1 期」，有以下 2 種方式。

方式一：

將 $\{x(t)\}$ 向右挪移 1 期或將 $\{y(t)\}$ 向左挪移 1 期。

	$x(1)$	$x(2)$	…	$x(t-2)$	$x(t-1)$	$x(t)$
$y(1)$	$y(2)$	$y(3)$	…	$y(t-1)$	$y(t)$	

〔註〕此為落後 +1，此時的 1 次交差相關係數如 P.154 所示。

將 $\{x(t)\}$ 向左挪移 1 期或將 $\{y(t)\}$ 向右挪移 1 期。

$x(1)$	$x(2)$	$x(3)$	…	$x(t-1)$	$x(t)$	
	$y(1)$	$y(2)$	…	$y(t-2)$	$y(t-1)$	$y(t)$

〔註〕此爲落後 −1，此時的 1 次交差相關係數如 P.155 所示。

將落後數按 −3、−2、−1、0、1、2、3 改變時，即可依序計算交差相關。使用有最大交差相關之處的落後，即可由 X(t) 預測 Y(t)。

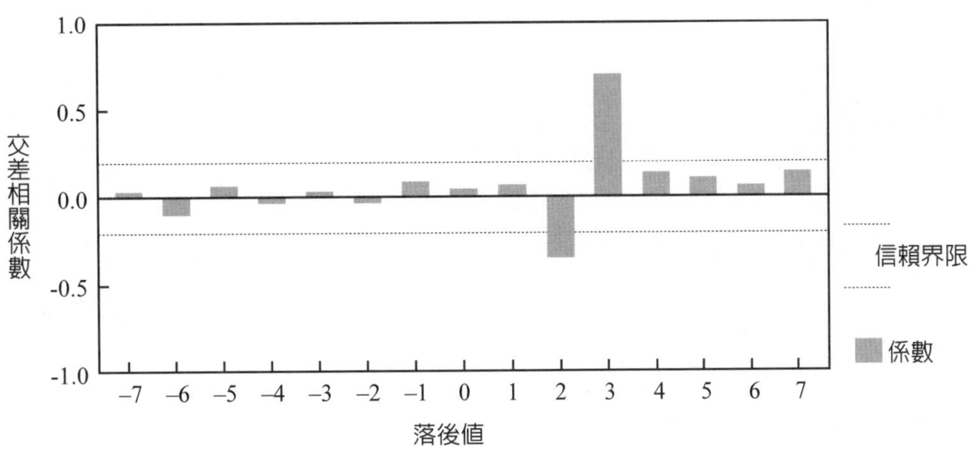

方式一：

將時間數列數據如下挪移 1 期

時間	時間數列數據
1	$x(1)$
2	$x(2)$
3	$x(3)$
⋮	⋮
$t-1$	$x(t-1)$
t	$x(t)$

↔

時間	時間數列數據
1	$y(1)$
2	$y(2)$
3	$y(3)$
⋮	⋮
$t-1$	$y(t-1)$
t	$y(t)$

此時 1 次交差相關係數爲

$$\frac{(x(1)-\bar{x})\cdot(y(2)-\bar{y})+\cdots+(x(t-1)-\bar{x})\cdot(y(t)-\bar{y})}{\sqrt{(x(1)-\bar{x})^2+\cdots+(x(t)-\bar{x})^2}\cdot\sqrt{(y(1)-\bar{y})^2+\cdots+(y(t)-\bar{y})^2}}$$

〔註〕

$k>0$ 時，k 次交差相關係數即爲：

$$\frac{(x(1)-\bar{x})\cdot(y(k+1)-\bar{y})+\cdots+(x(t-k)-\bar{x})\cdot(y(t)-\bar{y})}{\sqrt{(x(1)-\bar{x})^2+\cdots+(x(t)-\bar{x})^2}\cdot\sqrt{(y(1)-\bar{y})^2+\cdots+(y(t)-\bar{y})^2}}$$

落後爲正。

方式二：

另外，也可考慮往逆方向挪移 1 期

時間	時間數列數據
1	$x(1)$
2	$x(2)$
3	$x(3)$
⋮	⋮
$t-1$	$x(t-1)$
t	$x(t)$

時間	時間數列數據
1	$y(1)$
2	$y(2)$
3	$y(3)$
⋮	⋮
$t-1$	$y(t-1)$
t	$y(t)$

此時 1 次交差相關係數爲：

$$\frac{(y(1)-\bar{y})\cdot(x(2)-\bar{x})+\cdots+(y(t-1)-\bar{y})\cdot(x(t)-\bar{x})}{\sqrt{(x(1)-\bar{x})^2+\cdots+(x(t)-\bar{x})^2}\cdot\sqrt{(y(1)-\bar{y})^2+\cdots+(y(t)-\bar{y})^2}}$$

〔註〕

$k<0$ 時，k 次交差相關係數爲：

$$\frac{(y(1)-\bar{y})\cdot(x(1-k)-\bar{x})+\cdots+(y(t+k)-\bar{y})\cdot(x(t)-\bar{x})}{\sqrt{(x(1)-\bar{x})^2+\cdots+(x(t)-\bar{x})^2}\cdot\sqrt{(y(1)-\bar{y})^2+\cdots+(y(t)-\bar{y})^2}}$$

落後爲負。

二、利用 Excel 交差相關係數的求法——落後 3 時

1. 如下輸入數據。

	A	B	C	D	E	F	G
1	時間	時間數列X(t)	時間數列Y(t)	X(t)之差	Y(t)之差	X(t)之平均值	
2	1	9	20				
3	2	-32	11			Y(t)之平均值	
4	3	12	5				
5	4	28	-7			分子	
6	5	-5	-43				
7	6	-23	-6			分母的X(t)	
8	7	44	-11				
9	8	38	7			分母的Y(t)	
10	9	10	-33				
11	10	22	-5			交差相關係數	
12							

2. 求 $x(t)$ 與 $y(t)$ 的平均值。

G1 的方格輸入 =AVERAGE(B2:B11)

G3 的方格輸入 =AVERAGE(C2:C11)

G3 ▾ : ✕ ✓ fx =AVERAGE(C2:C11)

	A	B	C	D	E	F	G	H
1	時間	時間數列X(t)	時間數列Y(t)	X(t)之差	Y(t)之差	X(t)之平均值	10.3	
2	1	9	20					
3	2	-32	11			Y(t)之平均值	-6.2	
4	3	12	5					
5	4	28	-7			分子		
6	5	-5	-43					
7	6	-23	-6			分母的X(t)		
8	7	44	-11					
9	8	38	7			分母的Y(t)		
10	9	10	-33					
11	10	22	-5			交差相關係數		
12								

3. 求 $x(6)$ 與平均值之差。

D2 方格輸入 =B2-10.3

接者，複製 D2，貼至 D3 至 D11。

D2 =B2-10.3

	A	B	C	D	E	F	G	H
1	時間	時間數列X(t)	時間數列Y(t)	X(t)之差	Y(t)之差	X(t)之平均值	10.3	
2	1	9	20	-1.3				
3	2	-32	11	-42.3		Y(t)之平均值	-6.2	
4	3	12	5	1.7				
5	4	28	-7	17.7		分子		
6	5	-5	-43	-15.3				
7	6	-23	-6	-33.3		分母的X(t)		
8	7	44	-11	33.7				
9	8	38	7	27.7		分母的Y(t)		
10	9	10	-33	-0.3				
11	10	22	-5	11.7		交差相關係數		
12								

4. 求 $y(6)$ 與平均值之差。

E2 的方格輸入 =C2-(-6.2)

接著，複製 E2，貼至 E3 至 E11。

E2 =C2-(-6.2)

	A	B	C	D	E	F	G	H
1	時間	時間數列X(t)	時間數列Y(t)	X(t)之差	Y(t)之差	X(t)之平均值	10.3	
2	1	9	20	-1.3	26.2			
3	2	-32	11	-42.3	17.2	Y(t)之平均值	-6.2	
4	3	12	5	1.7	11.2			
5	4	28	-7	17.7	-0.8	分子		
6	5	-5	-43	-15.3	-36.8			
7	6	-23	-6	-33.3	0.2	分母的X(t)		
8	7	44	-11	33.7	-4.8			
9	8	38	7	27.7	13.2	分母的Y(t)		
10	9	10	-33	-0.3	-26.8			
11	10	22	-5	11.7	1.2	差相關係數		
12								

5. 點一下 G5 的方格，輸入 =SUMPRODUCT(D2:D8, E5:E11)，求出分子。

G5 | =SUMPRODUCT(D2:D8,E5:E11)

	A	B	C	D	E	F	G	H
1	時間	時間數列X(t)	時間數列Y(t)	X(t)之差	Y(t)之差	X(t)之平均值	10.3	
2	1	9	20	-1.3	26.2			
3	2	-32	11	-42.3	17.2	Y(t)之平均值	-6.2	
4	3	12	5	1.7	11.2			
5	4	28	-7	17.7	-0.8	分子	2203.98	
6	5	-5	-43	-15.3	-36.8			
7	6	-23	-6	-33.3	0.2	分母的X(t)		
8	7	44	-11	33.7	-4.8			
9	8	38	7	27.7	13.2	分母的Y(t)		
10	9	10	-33	-0.3	-26.8			
11	10	22	-5	11.7	1.2	交差相關係數		
12								

6. 點一下 G7 的方格，輸入 =SUMSQ(D2:D11)，求出 $x(t)$ 的分母。

G7 | =SUMSQ(D2:D11)

	A	B	C	D	E	F	G	H
1	時間	時間數列X(t)	時間數列Y(t)	X(t)之差	Y(t)之差	X(t)之平均值	10.3	
2	1	9	20	-1.3	26.2			
3	2	-32	11	-42.3	17.2	Y(t)之平均值	-6.2	
4	3	12	5	1.7	11.2			
5	4	28	-7	17.7	-0.8	分子	2203.98	
6	5	-5	-43	-15.3	-36.8			
7	6	-23	-6	-33.3	0.2	分母的X(t)	5490.1	
8	7	44	-11	33.7	-4.8			
9	8	38	7	27.7	13.2	分母的Y(t)		
10	9	10	-33	-0.3	-26.8			
11	10	22	-5	11.7	1.2	交差相關係數		
12								

7. 點一下 G9 的方格，輸入 =SUMSQ(E2:E11)，求出 *y*(*t*) 的分母。

G9 | =SUMSQ(E2:E11)

	A	B	C	D	E	F	G	H
1	時間	時間數列X(t)	時間數列Y(t)	X(t)之差	Y(t)之差	X(t)之平均值	10.3	
2	1	9	20	-1.3	26.2			
3	2	-32	11	-42.3	17.2	Y(t)之平均值	-6.2	
4	3	12	5	1.7	11.2			
5	4	28	-7	17.7	-0.8	分子	2203.98	
6	5	-5	-43	-15.3	-36.8			
7	6	-23	-6	-33.3	0.2	分母的X(t)	5490.1	
8	7	44	-11	33.7	-4.8			
9	8	38	7	27.7	13.2	分母的Y(t)	3379.6	
10	9	10	-33	-0.3	-26.8			
11	10	22	-5	11.7	1.2	交差相關係數		
12								

8. 點一下G11的方格，輸入=G5/(G7^0.5*G9^0.5)，計算3次交差相關係數。

G11 | =G5/(G7^0.5*G9^0.5)

	A	B	C	D	E	F	G	H
2	1	9	20	-1.3	26.2			
3	2	-32	11	-42.3	17.2	Y(t)之平均值	-6.2	
4	3	12	5	1.7	11.2			
5	4	28	-7	17.7	-0.8	分子	2203.98	
6	5	-5	-43	-15.3	-36.8			
7	6	-23	-6	-33.3	0.2	分母的X(t)	5490.1	
8	7	44	-11	33.7	-4.8			
9	8	38	7	27.7	13.2	分母的Y(t)	3379.6	
10	9	10	-33	-0.3	-26.8			
11	10	22	-5	11.7	1.2	交差相關係數	0.5117	
12								

12.2 交差相關係數與先行指標

話說，此交差相關係數有何種利用方法呢？

使用 SPSS 計算表 12.1 的交差相關係數時，得出如下結果。

落後	交互相關	平均數的錯誤 a
-7	.198	.577
-6	.313	.500
-5	-.096	.447
-4	-.140	.408
-3	-.296	.378
-2	-.203	.354
-1	-.020	.333
0	.006	.316
1	-.299	.333
2	-.296	.354
3	.512	.378
4	.147	.408
5	-.062	.447
6	-.134	.500
7	.260	.577

將此交差相關係數表現成圖形看看。

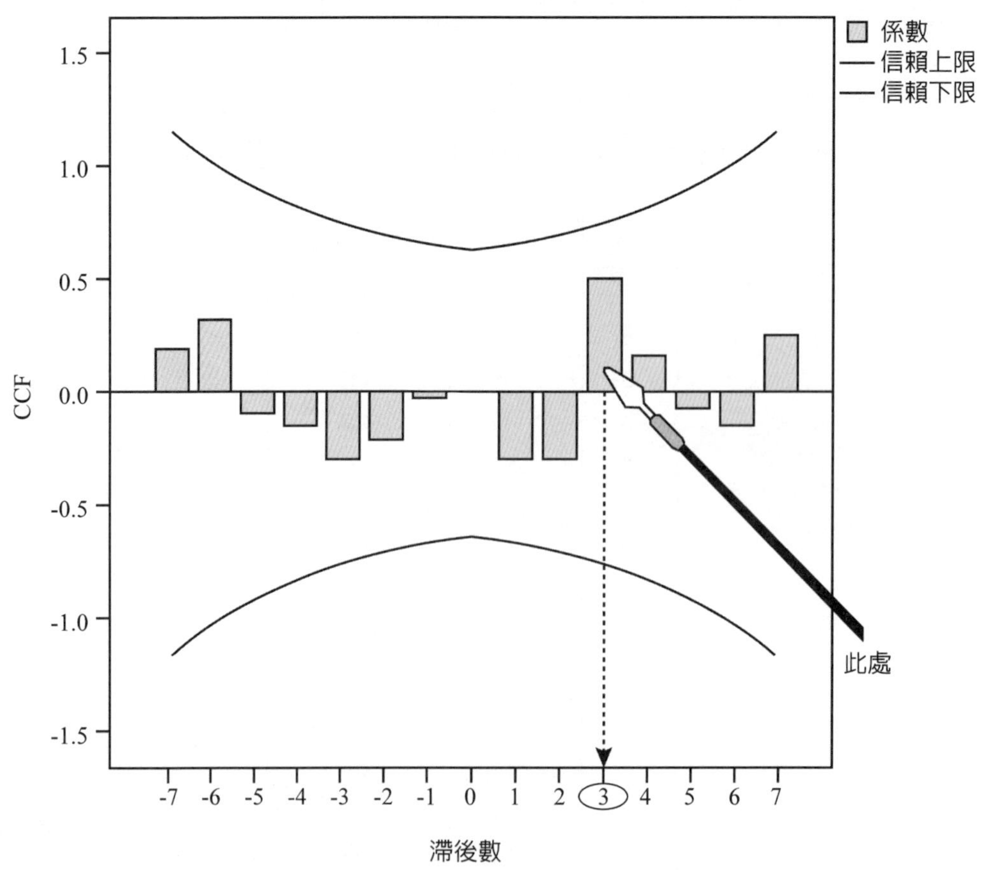

觀此圖時，至落後 3 的地方，此交差相關係數變得最大。也就是說，「時間數列數據 $x(t)$ 比時間數列數據 $y(t)$ 先行 3 期」。此時，可以說「時間數列 $x(t)$ 是時間數列 $y(t)$ 的先行指標」。至經濟時間數列中，掌握先行指標與否是一大問題。

第 13 章　自我迴歸模型 AR(p) 簡介

13.1 自我迴歸模型

請看以下的相關圖。

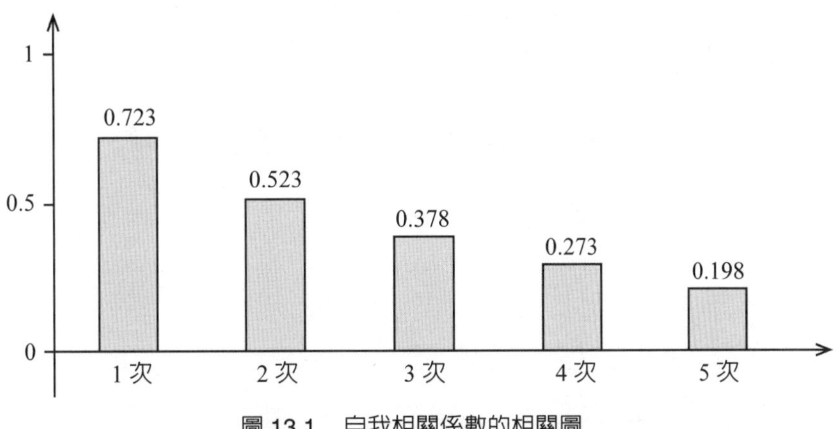

圖 13.1　自我相關係數的相關圖

1 次自我相關係數是多少？

1 次自我相關係數 = 0.723

2 次自我相關係數是多少？

2 次自我相關係數 = 0.523

= 0.723×0.723

=1 次自我相關係數 ×0.723

3 次自我相關係數是多少？

3 次自我相關係數 = 0.378

= 0.523×0.723

= 2 次自我相關係數 ×0.723

那麼，4 次自我相關係數 = 0.273

= 0.378×0.728

= 3 次自我相關係數 ×0.723

換言之，也可以想成「時點 t 值 $x(t)$ 受到時點 $t-1$ 之值 $x(t-1)$ 之影響是 0.723」。

將此事以式子表示時，$x(t) = 0.723 \times x(t-1) + $ ▒▒▒

那麼 ▒▒▒ 是多少？

事實上，▒▒▒ 的部分是「不甚清楚」的部分。

那麼，此處放入白色干擾 $u(t)$。

因此，$x(t) = 0.723 \times x(t-1) + u(t)$

此種式子稱為「自我迴歸 AR(1) 模型」。

一、自我迴歸 AR(1) 的性質——定常時間數列

在自我迴歸 AR(1) 模型的式子中：

$$X(t) = a(1) \cdot X(t-1) + U(t)$$
$$x(t) = a_1 \cdot x(t-1) + u(t)$$

← $x(t)$ 是機率變數

性質 1：下 1 期的預測值 $x(t, 1)$

$$\hat{x}(t,1) = a_1 \cdot x(t) + a_2 \cdot x(t-1)$$

性質 2：1 次自我相關係數 $\rho(1)$

$$\hat{x}(t,2) = a_1 \cdot \hat{x}(t,1) + a_2 \cdot x(t)$$

〔註 1〕如考慮常數項 b 時，變成

$$x(t) - b = a_1\{x(t-1) - b\} + u(t)$$

〔註 2〕a_1、ρ_1 是 $a(1)$、$\rho(1)$ 的估計值。

〔補註〕

自我迴歸模型 AR(p) 為

$$x(t) = a_1 \cdot x(t-1) + a_2 \cdot x(t-2) + \cdots + a_p \cdot x(t-p) + u(t)$$

機率變數的數列 $\{x(t)\}$ 時，可以如下表現

$$X(t) = a(1) \cdot X(t-1) + a(2) \cdot X(t-2) + \cdots + a(p) \cdot X(t-p) + U(t)$$

性質 3：自我相關與偏自我相關的圖形。

$a > 0$

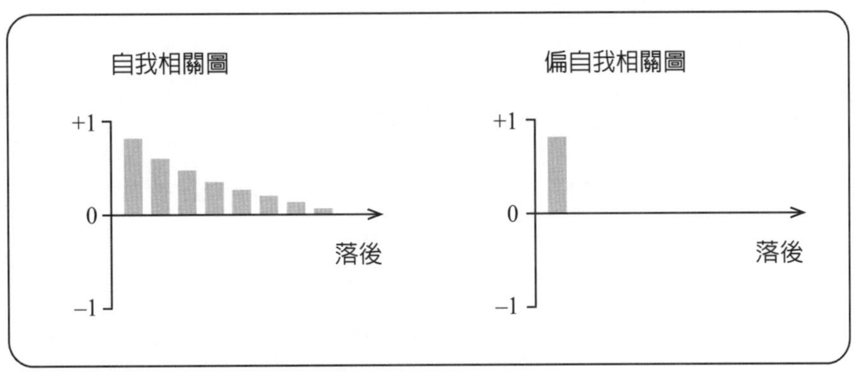

$a < 0$

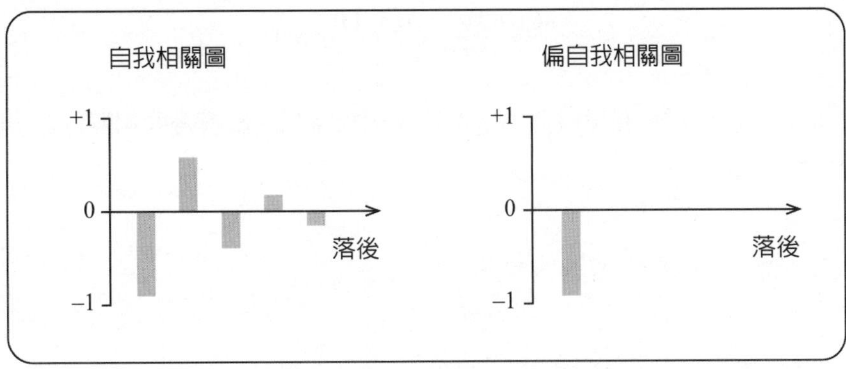

二、自我迴歸 AR(1) 模型的共變異數

自我迴歸 AR(1) 模型的 $U(t)$，滿足以下的條件。

條件 1.	$E(U(t)) = 0$
條件 2.	$Var(U(t)) = \sigma^2$
條件 3.	$Cov\,(U(t), U(s)) = \begin{cases} \sigma^2 \cdots\cdots t = s \\ 0 \cdots\cdots t \neq s \end{cases}$
條件 4.	$Cov(U(t), X(t-1)) = 0$

〔註〕$u(t)$ 指白色干擾。

因此，試計算自我迴歸 AR(1) 模型的共變異數看看。

$$\begin{aligned} Cov(X(t), X(t-1)) &= Cov(a(1) \cdot X(t-1) + U(t), X(t-1)) \\ &= Cov(a(1) \cdot X(t-1), X(t-1)) \\ &\quad + Cov(U(t), X(t-1)) \\ &= a(1) \cdot Cov(X(t-1), X(t-1)) + 0 \\ &= a(1) \cdot Var(X(t-1)) \end{aligned}$$

因此

$$\frac{Cov(X(t), X(t-1))}{Var(X(t))} = a(1)$$

話說，偏自我相關係數似乎是指除去剩餘時點之影響後的相關係數，因此，如下加以定義。

k 次偏自我相關係數的定義

$$\phi_{kk} = \frac{\begin{vmatrix} 1 & \rho_1 & \rho_2 & \cdots & \rho_{k-2} & \rho_1 \\ \rho_1 & 1 & \rho_1 & \cdots & \rho_{k-3} & \rho_2 \\ \rho_2 & \rho_1 & 1 & \cdots & \rho_{k-4} & \rho_3 \\ \vdots & \vdots & \vdots & \ddots & \vdots & \vdots \\ \rho_{k-1} & \rho_{k-2} & \rho_{k-3} & \cdots & \rho_1 & \rho_k \end{vmatrix}}{\begin{vmatrix} 1 & \rho_1 & \rho_2 & \cdots & \rho_{k-2} & \rho_{k-1} \\ \rho_1 & 1 & \rho_1 & \cdots & \rho_{k-3} & \rho_{k-2} \\ \rho_2 & \rho_1 & 1 & \cdots & \rho_{k-4} & \rho_{k-3} \\ \vdots & \vdots & \vdots & \ddots & \vdots & \vdots \\ \rho_{k-1} & \rho_{k-2} & \rho_{k-3} & \cdots & \rho_1 & \rho_k \end{vmatrix}}$$

〔註〕1 次偏自我相關係 $\phi_{11}=\frac{|\rho_1|}{1}=\rho_1$

2 次偏自我相關係 $\phi_{22}=\frac{\begin{vmatrix}1 & \rho_1\\ \rho_1 & \rho_2\end{vmatrix}}{\begin{vmatrix}1 & \rho_1\\ \rho_1 & 1\end{vmatrix}}=\frac{\rho_2-\rho_1^2}{1-\rho_1^2}$

三、自我迴歸 AR(2) 模型的性質——定常時間數列

在自我迴歸 AR(2) 模型的式子中：

$$
\begin{array}{l}
X(t)=a(1)\cdot X(t-1)+a(2)\cdot X(t-2)+U(t)\\
x(t)=\quad a_1\quad\cdot x(t-1)+\quad a_2\quad\cdot x(t-2)+u(t)
\end{array}
$$

性質 1：下 1 期的預測值 $\hat{x}(t,1)$

$$\hat{x}(t,1)=a_1\cdot x(t)+a_2\cdot x(t-1)$$

性質 2：下 2 期的預測值 $\hat{x}(t,2)$

$$\hat{x}(t,2)=a_1\cdot\hat{x}(t,1)+a_2\cdot x(t)$$

性質 3：1 次自我相關係數 $\rho(1)$

$$\rho(1)=\frac{a(1)}{1-a(2)}$$

性質 4：2 次自我相關係數 $\rho(2)$

$$\rho(2)=\frac{a(1)^2}{1-a(2)}+a(2)$$

〔註〕有常數項 b 時，即爲

$x(t)-b$

$=a_1\cdot\{x(t-1)-b\}+a_2\cdot\{x(t-2)-b\}+u(t)$

性質 5：自我相關與偏自我相關圖形

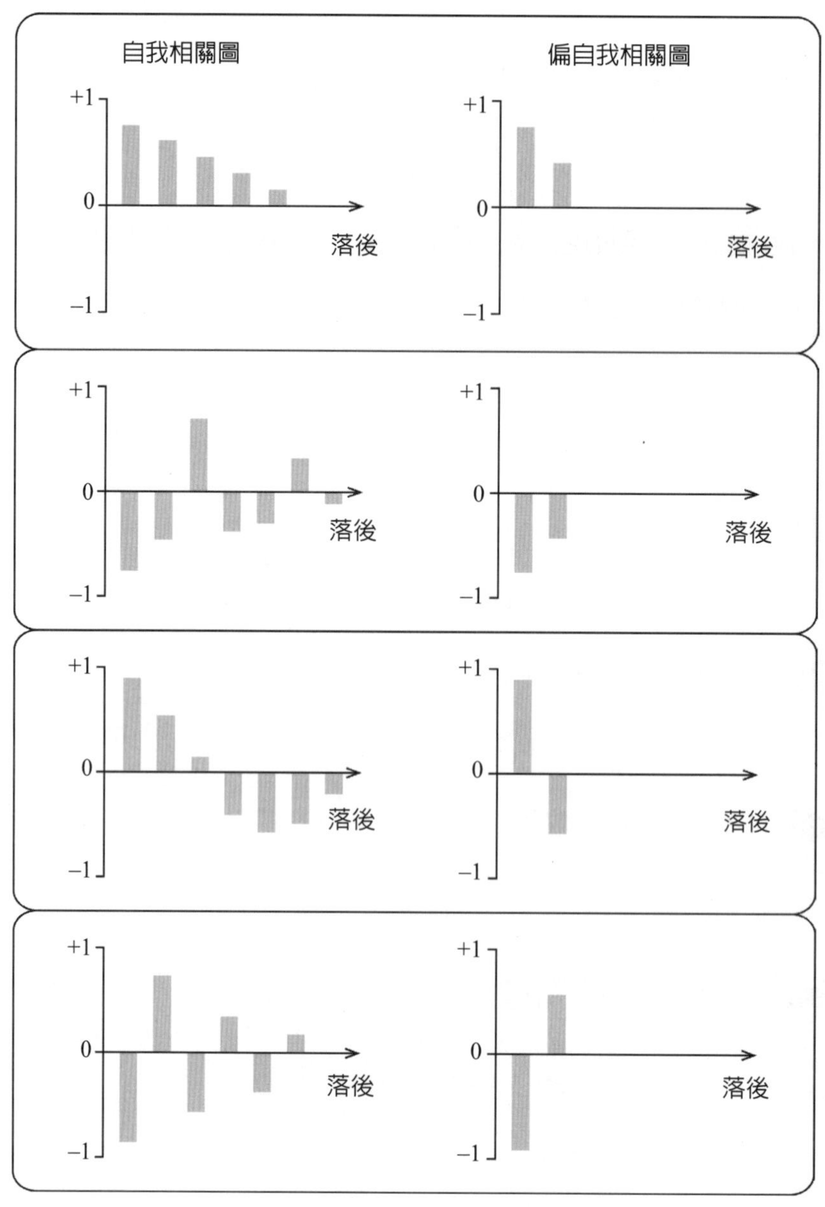

四、自我迴歸 AR(2) 模型的共變異數

如計算自我迴歸 AR(2) 模型的共變異數時，即為如下：

$$\begin{aligned}
&\mathrm{Cov}(X(t), X(t-1)) \\
&\quad = \mathrm{Cov}(a(1)\cdot X(t-1) + a(2)\cdot X(t-2) + U(t), X(t-1)) \\
&\quad = \mathrm{Cov}(a(1)\cdot X(t-1), X(t-1)) + \mathrm{Cov}(a(2)\cdot X(t-2), X(t-1)) \\
&\qquad + \mathrm{Cov}(U(t), X(t-1)) \\
&\quad = a(1)\cdot \mathrm{Cov}(X(t-1), X(t-1)) + a(2)\cdot \mathrm{Cov}(X(t-2), X(t-1)) + 0 \\
&\quad = a(1)\cdot \mathrm{Var}(X(t-1)) + a(2)\cdot \mathrm{Cov}(X(t-2), X(t-1))
\end{aligned}$$

$$\begin{aligned}
&\mathrm{Cov}(X(t), X(t-2)) \\
&\quad = \mathrm{Cov}(a(1)\cdot X(t-1) + a(2)\cdot X(t-2) + U(t), X(t-2)) \\
&\quad = \mathrm{Cov}(a(1)\cdot X(t-1), X(t-2)) + \mathrm{Cov}(a(2)\cdot X(t-2), X(t-2)) \\
&\qquad + \mathrm{Cov}(U(t), X(t-2)) \\
&\quad = a(1)\cdot \mathrm{Cov}(X(t-1), X(t-2)) + a(2)\cdot \mathrm{Cov}(X(t-2), X(t-2)) + 0 \\
&\quad = a(1)\cdot \mathrm{Cov}(X(t-1), X(t-2)) + a(2)\cdot \mathrm{Var}(X(t-2))
\end{aligned}$$

〔註〕如使用共變異數時，自我相關係數變成如何？

$$\rho(1) = \frac{\mathrm{Cov}(X(t), X(t-1))}{\mathrm{Var}(X(t))} = ?$$

$$\rho(2) = \frac{\mathrm{Cov}(X(t), X(t-2))}{\mathrm{Var}(X(t))} = ?$$

五、Yule-Walker 的方程式

自我迴歸模型 AR(p)：

$$X(t) = a(1)\cdot X(t-1) + a(2)\cdot X(t-2) + \cdots + a(p)\cdot X(t-p) + U(t)$$

的係數 $a(1)$、$a(2)$、⋯ $a(p)$ 與自我相關數 $\rho(1)$、$\rho(2)$、⋯ $\rho(p)$ 之間有如下的關係。

$$\begin{array}{|l|}\hline
\rho(1)=a(1)\cdot 1 + a(2)\cdot\rho(1) + a(3)\cdot\rho(2) + \cdots + a(p)\cdot\rho(p-1) \\
\rho(2)=a(1)\cdot\rho(1) + a(2)\cdot 1 + a(3)\cdot\rho(1) + \cdots + a(p)\cdot\rho(p-2) \\
\rho(3)=a(1)\cdot\rho(2) + a(2)\cdot\rho(1) + a(3)\cdot 1 + \cdots + a(p)\cdot\rho(p-3) \\
\quad\vdots \qquad \vdots \qquad \vdots \qquad \vdots \qquad \ddots \qquad \cdots \\
\rho(p)=a(1)\cdot\rho(p-1) + a(2)\cdot\rho(p-2) + a(3)\cdot\rho(p-3) + \cdots + a(p)\cdot 1 \\ \hline
\end{array}$$

此關係稱為 Yule-Walker 方程式。

因此，自我迴歸模型 AR（p）的係數 $a(1)$、$a(2)$、$\cdots a(p)$ 可從自我相關係數 $\rho(1)$、$\rho(2)$、$\cdots\rho(p)$ 求出。

此聯立方程式以矩陣表示時，即為如下：

$$\begin{bmatrix} 1 & \rho(1) & \rho(2) & \cdots & \rho(p-1) \\ \rho(1) & 1 & \rho(1) & \cdots & \rho(p-2) \\ \rho(2) & \rho(1) & 1 & \cdots & \rho(p-3) \\ \vdots & \vdots & \vdots & \ddots & \vdots \\ \rho(p-1) & \rho(p-2) & \rho(p-3) & \cdots & 1 \end{bmatrix} \cdot \begin{bmatrix} a(1) \\ a(2) \\ a(3) \\ \vdots \\ a(p) \end{bmatrix} = \begin{bmatrix} \rho(1) \\ \rho(2) \\ \rho(3) \\ \vdots \\ \rho(p) \end{bmatrix}$$

1. p=1 時

Yule-Walker 方程式成為 $[1]\cdot[a(1)]=[e(1)]$

因此，自我迴歸 AR(1) 模型的係數 $a(1)$ 即為 $a(1)=\rho(1)$。

〔註〕

自我迴歸 AR(1) 模型時，雖然估計量 $a(1)$ = 估計量 $\rho(1)$，但以 SPSS 計算 $a(1)$、$\rho(1)$ 時，成為如下：

自動相關性

數列：時間數列

落後	自動相關性	平均數的錯誤[a]	Box-Ljung 統計資料		
			數值	df	顯著性[b]
1	.060	.099	.373	1	.541
2	.773	.098	62.499	2	.000
3	.187	.098	66.172	3	.000
4	.583	.097	102.238	4	.000
5	.229	.097	107.878	5	.000
6	.423	.096	127.318	6	.000
7	.268	.095	135.209	7	.000
8	.321	.095	146.637	8	.000
9	.246	.094	153.421	9	.000
10	.268	.094	161.588	10	.000
11	.165	.093	164.692	11	.000
12	.254	.093	172.151	12	.000
13	.101	.092	173.346	13	.000
14	.220	.092	179.096	14	.000
15	.045	.091	179.341	15	.000
16	.212.	.091	184.790	16	.000

a. 採用的基本處理程序是獨立的（白色雜訊）。

b. 基於漸近線卡方近似值。

ARIMA 模型參數

					估計	SE	T	顯著性
時間數列 - 模型 _1	時間數列	無轉換	常數		63.454	1.328	47.783	.000
			AR	落後 1	.062	.102	.605	.547

$a(1) = 0.062$，$\rho(1) = 0.060$，估計量不一定一致。

2. p=2 時

Yule-Walker 方程式成爲

$$\begin{bmatrix} 1 & \rho(1) \\ \rho(1) & 1 \end{bmatrix} \cdot \begin{bmatrix} a(1) \\ a(2) \end{bmatrix} = \begin{bmatrix} \rho(1) \\ \rho(2) \end{bmatrix}$$

因此，試著從左方乘上自我相關係數的逆矩陣時，

$$\begin{bmatrix} 1 & \rho(1) \\ \rho(1) & 1 \end{bmatrix}^{-1} \cdot \begin{bmatrix} 1 & \rho(1) \\ \rho(1) & 1 \end{bmatrix} \cdot \begin{bmatrix} a(1) \\ a(2) \end{bmatrix} = \begin{bmatrix} 1 & \rho(1) \\ \rho(1) & 1 \end{bmatrix}^{-1} \cdot \begin{bmatrix} \rho(1) \\ \rho(2) \end{bmatrix}$$

$$\begin{bmatrix} a(1) \\ a(2) \end{bmatrix} = \begin{bmatrix} 1 & \rho(1) \\ \rho(1) & 1 \end{bmatrix}^{-1} \cdot \begin{bmatrix} \rho(1) \\ \rho(2) \end{bmatrix}$$

$$\begin{bmatrix} a(1) \\ a(2) \end{bmatrix} = \begin{bmatrix} \dfrac{1}{1\times1-\rho(1)\times\rho(1)} & \dfrac{-\rho(1)}{1\times1-\rho(1)\times\rho(1)} \\ \dfrac{-\rho(1)}{1\times1-\rho(1)\times\rho(1)} & \dfrac{1}{1\times1-\rho(1)\times\rho(1)} \end{bmatrix} \cdot \begin{bmatrix} \rho(1) \\ \rho(2) \end{bmatrix}$$

$$\begin{bmatrix} a(1) \\ a(2) \end{bmatrix} = \begin{bmatrix} \dfrac{1}{1-\rho(1)^2} & \dfrac{-\rho(1)}{1-\rho(1)^2} \\ \dfrac{-\rho(1)}{1-\rho(1)^2} & \dfrac{1}{1-\rho(1)^2} \end{bmatrix} \cdot \begin{bmatrix} \rho(1) \\ \rho(2) \end{bmatrix}$$

$$\begin{bmatrix} a(1) \\ a(2) \end{bmatrix} = \begin{bmatrix} \dfrac{\rho(1)-\rho(1)-\rho(2)}{1-\rho(1)^2} \\ \dfrac{-\rho(1)^2+\rho(2)}{1-\rho(1)^2} \end{bmatrix}$$

因此，自我迴歸 AR(2) 模型的係數 $a(1)$、$a(2)$ 即為

$$a(1) = \frac{\rho(1)-\rho(1)\cdot\rho(2)}{1-\rho(1)^2}$$

$$a(2) = \frac{-\rho(1)^2+\rho(2)}{1-\rho(1)^2}$$

六、SPSS的自我迴歸模型AR(p)與傳遞函數

利用 SPSS 表示自我迴歸模型 AR(p) 如下：

$$y(t) = \varphi_1 \cdot y(t-1) + \varphi_2 \cdot y(t-2) + \cdots + \varphi_p \cdot y(t-p) + u(t)$$

將此式變形時，

$$y(t) - \varphi_1 \cdot y(t-1) - \varphi_2 \cdot y(t-2) - \cdots - \varphi_p \cdot y(t-p) = u(t)$$

$$(1-\varphi_1 B - \varphi_2 B^2 - \cdots - \varphi_p B^p) \cdot y(t) = u(t)$$

$$\varphi(B) \cdot y(t) = u(t)$$

因此，變成下式：

$$y(t)=\frac{1}{\varphi(B)}\cdot u(t)$$

此式對應傳遞函數模型

$$y(t)=\mu+\frac{\text{Num}}{\text{Den}}\cdot x(t)+\frac{1}{\varphi(B)}\cdot u(t)$$

沒有獨立變數 $x(t)$ 的情形。

$$y(t)=\mu+\frac{\text{Num}}{\text{Den}}\cdot \blacksquare +\frac{1}{\varphi(B)}\cdot u(t)$$

1. p = 2 時，

自我迴歸 AR(2) 模型的式子變成如下：

$$y(t)=\varphi_1\cdot y(t-1)+\varphi_2\cdot y(t-2)+u(t)$$

將此式變形時，因此，傳遞函數模型的式子即成爲如下：

$$y(t)-\varphi_1\cdot y(t-1)-\varphi_2\cdot y(t-2)=u(t)$$

$$(1-\varphi_1 B-\varphi_2 B^2)\cdot y(t)=u(t)$$

$$y(t)=\frac{1}{1-\varphi_1 B-\varphi_2 B^2}\cdot u(t)$$

七、SPSS 的自我迴歸模型 AR(p) 與狀態空間模型

將自我迴歸模型 AR(p)

$$y(t)=\varphi_1\cdot y(t-1)+\varphi_2\cdot y(t-2)+\cdots+\varphi_p\cdot y(t-p)+u(t)$$

以如下的 2 次式來表示時，稱爲狀態空間模型。

公式 A

$$y(t)=[1\quad 0\quad \cdots\quad 0\quad 0]\cdot\begin{bmatrix} y(t)\\ y(t-1)\\ \vdots\\ y(t-p+1)\\ y(t-p)\end{bmatrix}$$

公式B

$$\begin{bmatrix} y(t) \\ y(t-1) \\ \vdots \\ y(t-p+2) \\ y(t-p+1) \end{bmatrix} = \begin{bmatrix} \varphi_1 & \varphi_2 & \cdots & \varphi_{p-1} & \varphi_p \\ 1 & 0 & \cdots & 0 & 0 \\ \vdots & \vdots & \ddots & \vdots & \vdots \\ 0 & 0 & \cdots & 0 & 0 \\ 0 & 0 & \cdots & 1 & 0 \end{bmatrix} \cdot \begin{bmatrix} y(t-1) \\ y(t-2) \\ \vdots \\ y(t-p+1) \\ y(t-p) \end{bmatrix} + \begin{bmatrix} 1 \\ 0 \\ \vdots \\ 0 \\ 0 \end{bmatrix} \cdot u(t)$$

1. $p = 2$ 時，

自我迴歸 AR(2) 模型的式子變成如下：

$$y(t) = \varphi_1 \cdot y(t-1) + \varphi_2 \cdot y(t-2) + u(t)$$

此時的狀態空間模型變成如下：

式A $$y(t) = [1 \quad 0] \cdot \begin{bmatrix} y(t) \\ y(t-1) \end{bmatrix}$$

式B $$\begin{bmatrix} y(t) \\ y(t-1) \end{bmatrix} = \begin{bmatrix} \varphi_1 & \varphi_2 \\ 1 & 0 \end{bmatrix} \cdot \begin{bmatrix} y(t-1) \\ y(t-2) \end{bmatrix} + \begin{bmatrix} 1 \\ 0 \end{bmatrix} \cdot u(t)$$

13.2 ARMA(p, q) 模型

對於定常時間數列數據來說，

$$\{x(1) \quad x(2) \quad \cdots \quad x(t-p) \quad \cdots \quad x(t-2) \quad x(t-1) \quad x(t)\}$$

↑ p 前期　↑ 2 前期　↑ 3 前期　↑ 現在

時間 t 之值 $x(t)$ 如使用 $x(t-1)$、$x(t-2)$、$\cdots$ $x(t-p)$ 與白色干擾 $U(t)$ 表示時，

$$x(t) = a_1 \cdot x(t-1) + a_2 \cdot x(t-2) + \cdots + a_p \cdot x(t-p) + u(t) - b_1 \cdot u(t-1) - b_2 \cdot u(t-2) - \cdots - b_q \cdot u(t-q)$$

此式稱爲 ARMA（p, q）模型。

實際處理時，像是

ARMA(1, 0) 模型（= AR(1) 模型）

ARMA(2, 0) 模型（= AR(2) 模型）

ARMA(1, 1) 模型

ARMA(2, 1) 模型

關鍵詞

AR：自我迴歸；MA：移動平均

ARMA：Auto Regressive Moving Average

一、ARMA(1, 1) 模型的性質

在 ARMA(1, 1) 模型的式子中，

$$\begin{aligned} X(t) &= a(1) \cdot X(t-1) + U(t) - b(1) \cdot U(t-1) \\ x(t) &= a_1 \cdot x(t-1) + u(t) - b_1 \cdot u(t-1) \end{aligned}$$

性質 1：下 1 期的預測值 $\hat{x}(t, 1)$

$$\hat{x}(t, 1) = a_1 \cdot x(t) - b_1 \cdot \{x(t) - \hat{x}(t-1, 1)\}$$

性質 2：1 次自我相關係數 $\rho(1)$

$$\rho(1) = \frac{(1 - a(1) \cdot b(1)) \cdot (a(1) - b(1))}{1 - 2a(1) \cdot b(1) + b(1)^2}$$

性質 3：k 次自我相關係數 $\rho(k)$

$$\rho(k) = a(1)^{k-1} \cdot \rho(1)$$

13.3 ARIMA(p, d, q) 模型

對於非定常時間數列數據來說，

$$\{x(1) \quad x(2) \quad \cdots \quad x(t-p) \quad \cdots \quad \underset{\substack{\uparrow \\ \text{2 前期}}}{x(t-2)} \quad \underset{\substack{\uparrow \\ \text{1 前期}}}{x(t-1)} \quad \underset{\substack{\uparrow \\ \text{現在}}}{x(t)}\}$$

將差分如下定義：

1 次差分：$\Delta x(t) = x(t) - x(t-1)$

2 次差分：$\Delta^2 x(t) = x(t) - \Delta x(t-1)$

$= x(t) - 2x(t-1) + x(t-2)$

3 次差分：$\Delta^3 x(t) = \Delta^2 x(t) - \Delta^2(t-1)$

$= x(t) - 3x(t-1) + 3x(t-2) - x(t-3)$

此時，針對 d 次方差分 $\Delta^d x(t)$ 考察 ARMA(p, q) 模型的式子稱為 ARIMA(p, d, q) 模型。

一、取差分的理由

經由採取差分，「非定常時間數列有時改變成定常時間數列」。實際上，差分取1次，至多2次，因此ARIMA(p, d, q)改變成ARIMA(p, 1, q)或ARIMA(p, 2, q)。

關鍵詞

ARIMA：AutoRegressive Integrated Moving Average 之簡稱。

二、ARIMA(p, d, q) 模型製作步驟

步驟 1 ARIMA(p, d, q) 模型的等同認定

1.1 非定長時間數列之情形，以 d 次方差分除去趨勢，變模成定常時間數列。

1.2 觀察自我相關與偏自我相關圖形後等同認定 p、q。

步驟 2 ARIMA(p, d, q) 模型的估計

以最大概入法估計係數 a_i、b_j。

步驟 3 ARIMA(p, d, q) 模型的診斷

對殘差進行 Box-Jenkins 模型是否適當。

此步驟稱為 Box-Jenkins 法。

〔註〕ARIMA 模型的製作需要利用如 SPSS 那樣的統計軟體。

13.4 Box-Jenkins 法的例子

例　使用如下的時間數列數據，體驗 **Box-Jenkins** 的方法看看。

表 13.1

時間	時間數列數據	時間	時間數列數據	時間	時間數列數據	時間	時間數列數據
1	50	26	62	51	76	76	65
2	48	27	51	52	51	77	62
3	60	28	70	53	69	78	70
4	36	29	49	54	46	79	70
5	65	30	60	55	79	80	67
6	35	31	66	56	38	81	66
7	66	32	65	57	74	82	74
8	45	33	64	58	45	83	70
9	58	34	67	59	73	84	67
10	47	35	62	60	44	85	77
11	56	36	66	61	68	86	62
12	47	37	67	62	72	87	83
13	65	38	60	63	52	88	66
14	39	39	68	64	77	89	86
15	68	40	65	65	50	90	69
16	46	41	65	66	72	91	81
17	59	42	63	67	62	92	86
18	51	43	75	68	61	93	74
19	62	44	55	69	64	94	82
20	46	45	70	70	59	95	80
21	68	46	54	71	75	96	90
22	49	47	65	72	51	97	79
23	57	48	60	73	74	98	88
24	60	49	71	74	55	99	91
25	54	50	44	75	70	100	82

步驟 1　首先，描繪時間數列圖形。

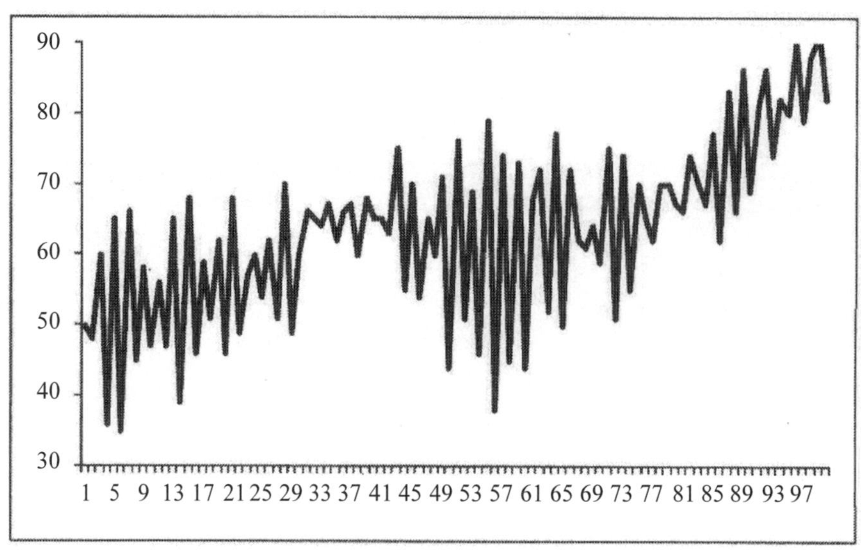

觀此時間數列數據圖形時，得知呈現右向上的趨勢。此時，如取差分時，此時間數列數據即變換成「定常時間數列」。

〔註〕如使用 Box-Jenkins 法時，即可發現適合時間數列數據的 ARIMA 模型的式子。

步驟 2　因此，取 1 次差分，試著畫出時間數列圖形。

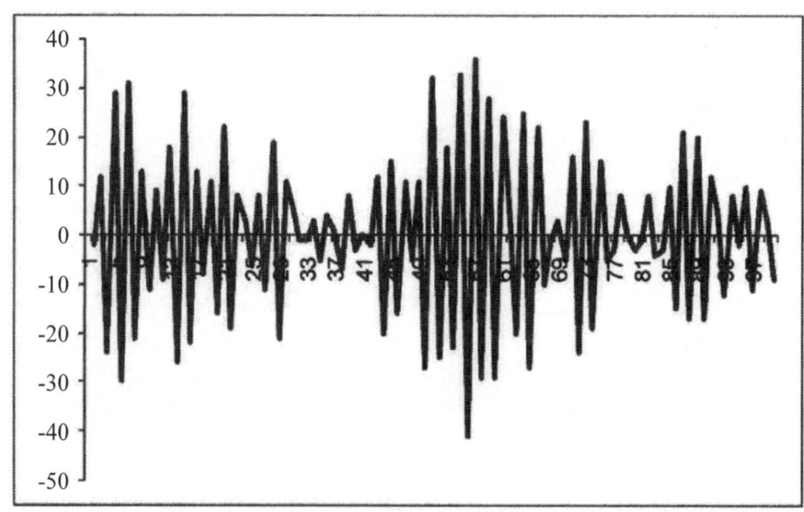

觀此時間數列數據圖形時，知趨勢已被消去，所以當作 d=1。像這樣，ARIMA(p, d, q) 模型中取 d 次分差，即可變成「ARMA(p, q) 模型」。

步驟 3 其次，針對取差分的時間數列數據，製作自我相關與偏自我相關的圖形。

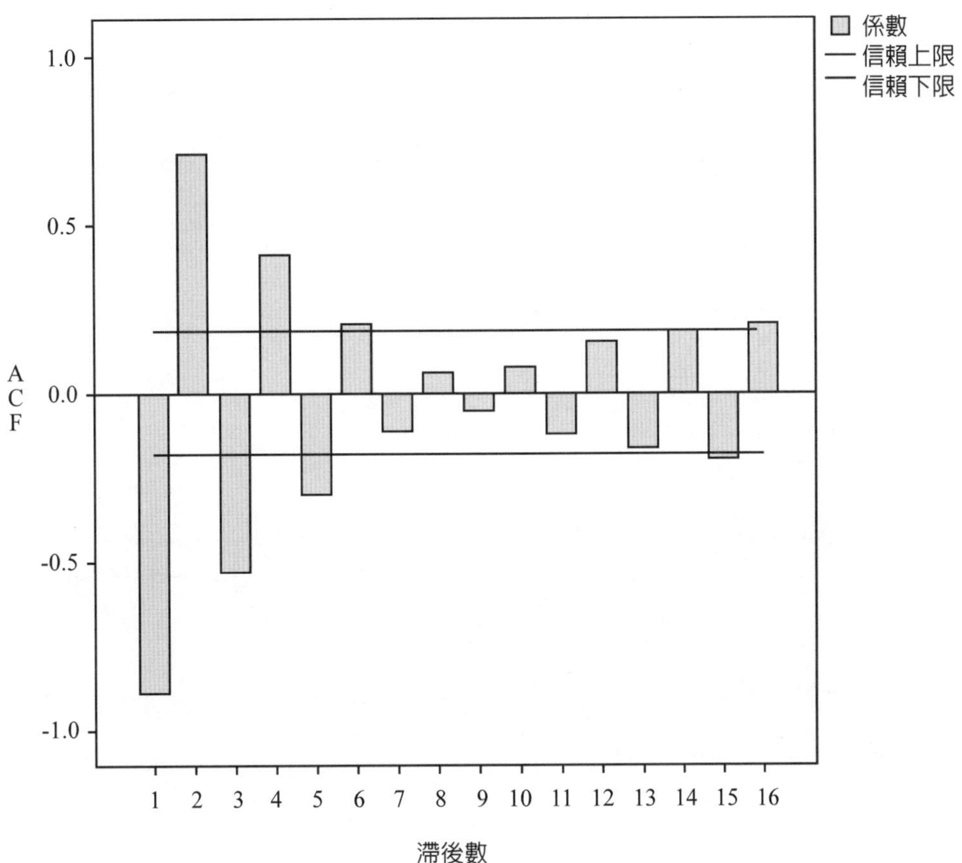

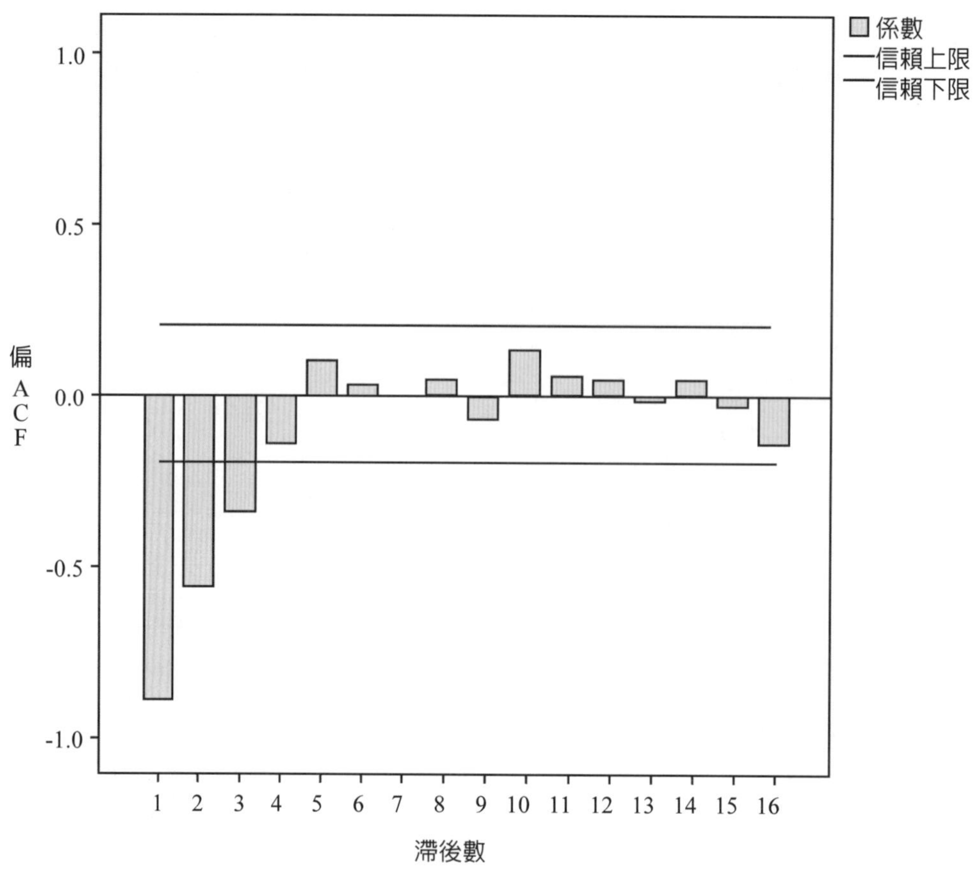

一面觀察此 2 個圖形，一面將 p、q 當作 p = 2，q = 1。換言之，取差分後的時間數列數據與「ARMA(2, 1) 模型」可以等同認定。

步驟 4 其次，利用 SPSS 估計係數 a_1、a_2、b_1。SPSS 出現如下畫面。

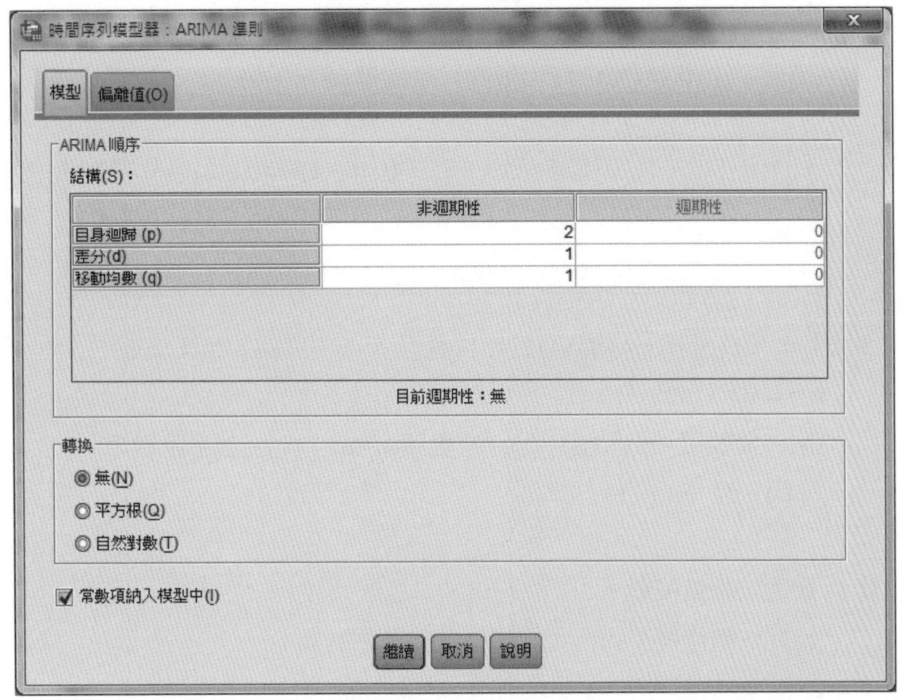

它的輸出結果如下。

型號說明

	模型類型
模型 ID　時間數列　模型 _1	ARIMA(2, 1, 1)

ARIMA 模型參數

					估計	SE	T	顯著性
時間數列 - 模型 _1	時間數列	無轉換	常數		.374	.122	3.059	.003
			AR	落後 1	-1.185	.139	-8.505	.000
				落後 2	-.386	.135	-2.720	.008
			差異		1			
			MA	落後 1	.452	.137	3.303	.001

因取 1 次差分，所以設為 $y(t) = x(t) - x(t-1)$

ARMA(2, 1) 模型的式子即為：

$$y(t)-0.374=-1.185\times(y(t-1)-0.374)-0.367\times(y(t-2)-0.374)\\ +u(t)-0.452\times u(t-1)$$

因此，ARIMA(2, 1, 1) 模型的式子即爲：

$$x(t)-x(t-1)-0.374=-1.185\times\{(x(t-1)-x(t-2))-0.374)\}\\ -0.367\times\{(x(t-2)-x(t-3))-0.374)\}\\ +u(t)-0.452\times u(t-1)$$

〔補充〕含常數項時，ARIMA(2, 1, 1) 模型可以使用以下 2 式表示，

$$\begin{cases} y(t)=x(t)-x(t-1) \\ y(t)-\text{常數項}=a_1\cdot(y(t-1)-\text{常數項})+a_2\cdot(y(t-2)-\text{常數項}) \\ +u(t)-b_1\cdot u(t-1) \end{cases}$$

步驟 5 最後，診斷模型

爲此，製作殘差的自我相關係數與其相關圖。

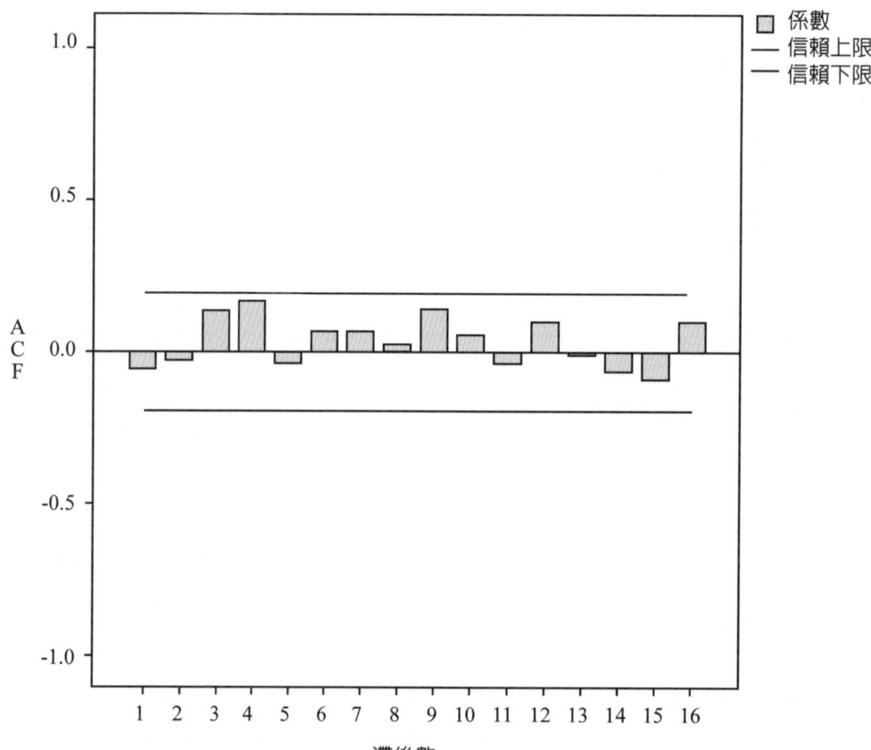

觀此圖時，所有的自我相關係數均落在信賴界限之中，因此，殘差可以稱爲是白色干擾。

換言之，滿足 ARIMA(p, d, q) 模型的條件即爲「u(t) 是白色干擾」。

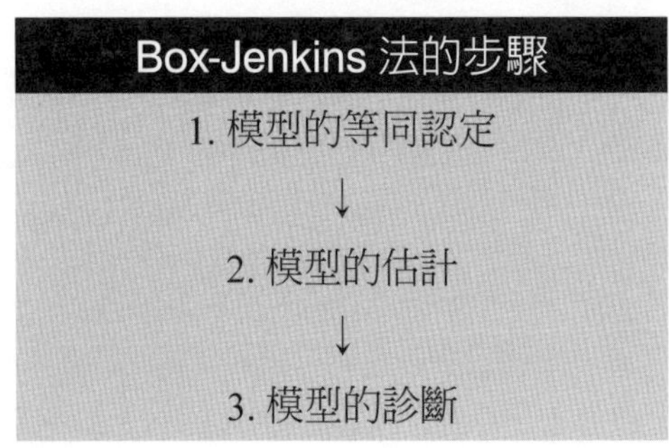

此數據如使用 SPSS 的 expertmodeler 時，即變成 ARIMA(1, 1, 1)。

此時的模型適合統計量是 $R^2 = 0.885$。

〔註〕

・2 變量自我迴歸 VAR(1) 模型

對於 2 變量的時間數列數據來說，

時間	1	2	3	…	$t-1$	t
變數 X_1	$x_1(1)$	$x_1(2)$	$x_1(3)$		$x_1(t-1)$	$x_1(t)$
變數 X_2	$x_2(1)$	$x_2(2)$	$x_2(3)$		$x_2(t-1)$	$x_2(t)$

2 變量自我迴歸 VAR(1) 模型的式子變成如下：

$$\begin{cases} x_1(t) = a_{11} \cdot x_1(t-1) + a_{12} \cdot x_2(t-1) + u_1(t) \\ x_2(t) = a_{21} \cdot x_1(t-1) + a_{22} \cdot x_2(t-1) + u_2(t) \end{cases}$$

將此以矩陣表示時，即爲：

$$\begin{bmatrix} x_1(t) \\ x_2(t) \end{bmatrix} = \begin{bmatrix} a_{12} & a_{12} \\ a_{21} & a_{22} \end{bmatrix} \cdot \begin{bmatrix} x_1(t-1) \\ x_2(t-1) \end{bmatrix} + \begin{bmatrix} u_1(t) \\ u_2(t) \end{bmatrix}$$

第 14 章　隨機漫步簡介

14.1 隨機漫步的作法

請看以下的時間數列圖形。在電視上看股票新聞時，經常看到此種折線圖。

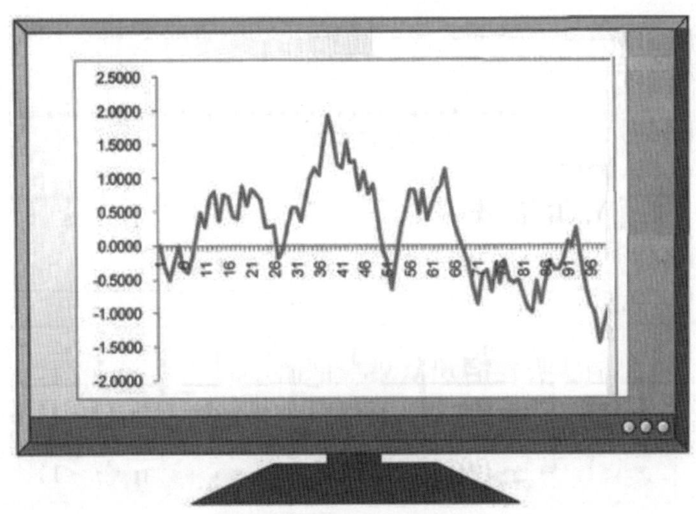

此折線圖與平均股價的變動非常相似，事實上，這是以人工的方式所做成的時間數列數據的圖形。形成此種變動的時間數列稱爲隨機漫步（random walk）。

一、隨機漫步製作的步驟

隨機漫步可以按如下步驟製作：

步驟 1　使用 Excel 的函數 RAND 使產生亂數，此亂數是在 0 與 1 之間變動。

步驟 2　其次，製作白色干擾，將步驟 1 所發生的亂數之值挪移 −0.5，即可將時間數列數據的平均值使之成爲 0。此即爲白色干擾。

步驟 3　設 $x(0) = 0$，
按如下這樣

$x(1) = x(0)$ + 白色干擾

$x(2) = x(1)$ + 白色干擾

$x(3) = x(2)$ + 白色干擾

⋮

$x(t) = x(t-1)$ + 白色干擾

逐一地作出時間數列數據時，即形成隨機漫步。

〔註〕白色干擾的定義式爲

$X(t) = X(t-1)$ + 白色干擾

二、利用 Excel 隨機漫步的作法

1. 如下輸入數據。

C2 | =B2-0.5

	A	B	C	D	E	F
1	No.	亂數	白色干擾	隨機漫步		
2	1	0.469384	-0.03062			
3	2	0.092757	-0.40724			
4	3	0.840993	0.340993			
5	4	0.961064	0.461064			
6	5	0.946991	0.446991			
7	6	0.348605	-0.1514			
8	7	0.722208	0.222208			
9	8	0.521572	0.021572			
10	9	0.531471	0.031471			
11	10	0.031896	-0.4681			
12	11	0.22824	-0.27176			

〔註〕讓亂數發生的函數是 RAND，白色干擾 = 亂數 − 0.5

2. 按一下 D2 的方格，輸入初期值。初期值當作 0。

D2 | fx 0

	A	B	C	D	E	F
1	No.	亂數	白色干擾	隨機漫步		
2	1	0.007302	-0.4927	0.0000		
3	2	0.046697	-0.4533			
4	3	0.164161	-0.33584			
5	4	0.404663	-0.09534			
6	5	0.865203	0.365203			
7	6	0.576674	0.076674			
8	7	0.087228	-0.41277			
9	8	0.523585	0.023585			
10	9	0.935865	0.435865			
11	10	0.442132	-0.05787			
12	11	0.177326	-0.32267			

3. 於 D3 的方格輸入 =D2+C3。

D3 | fx =D2+C3

	A	B	C	D	E	F
1	No.	亂數	白色干擾	隨機漫步		
2	1	0.135079	-0.36492	0.0000		
3	2	0.691192	0.191192	0.1912		
4	3	0.88017	0.38017			
5	4	0.662368	0.162368			
6	5	0.675609	0.175609			
7	6	0.209363	-0.29064			
8	7	0.902456	0.402456			
9	8	0.212523	-0.28748			
10	9	0.463388	-0.03661			
11	10	0.459915	-0.04008			
12	11	0.290459	-0.20954			

4. 複製D3的方格，貼在D4至D，即形成隨機漫步。

F7

	A	B	C	D	E	F
1	No.	亂數	白色干擾	隨機漫步		
2	1	0.060092	-0.43991	0.0000		
3	2	0.463143	-0.03686	-0.0369		
4	3	0.499355	-0.00064	-0.0375		
5	4	0.183807	-0.31619	-0.3537		
6	5	0.541862	0.041862	-0.3118		
7	6	0.292749	-0.20725	-0.5191		
8	7	0.133661	-0.36634	-0.8854		
9	8	0.403857	-0.09614	-0.9816		
10	9	0.644877	0.144877	-0.8367		
11	10	0.353139	-0.14686	-0.9835		
12	11	0.595279	0.095279	-0.8883		

5. 接著，繪製此隨機漫步的時間數列數據看看。指定數據的範圍。

	A	B	C	D	E	F
1	No.	亂數	白色干擾	隨機漫步		
2	1	0.060092	-0.43991	0.0000		
3	2	0.463143	-0.03686	-0.0369		
4	3	0.499355	-0.00064	-0.0375		
5	4	0.183807	-0.31619	-0.3537		
6	5	0.541862	0.041862	-0.3118		
7	6	0.292749	-0.20725	-0.5191		
8	7	0.133661	-0.36634	-0.8854		
9	8	0.403857	-0.09614	-0.9816		
10	9	0.644877	0.144877	-0.8367		
11	10	0.353139	-0.14686	-0.9835		
12	11	0.595279	0.095279	-0.8883		

6. 選擇【插入】→【折線圖】。

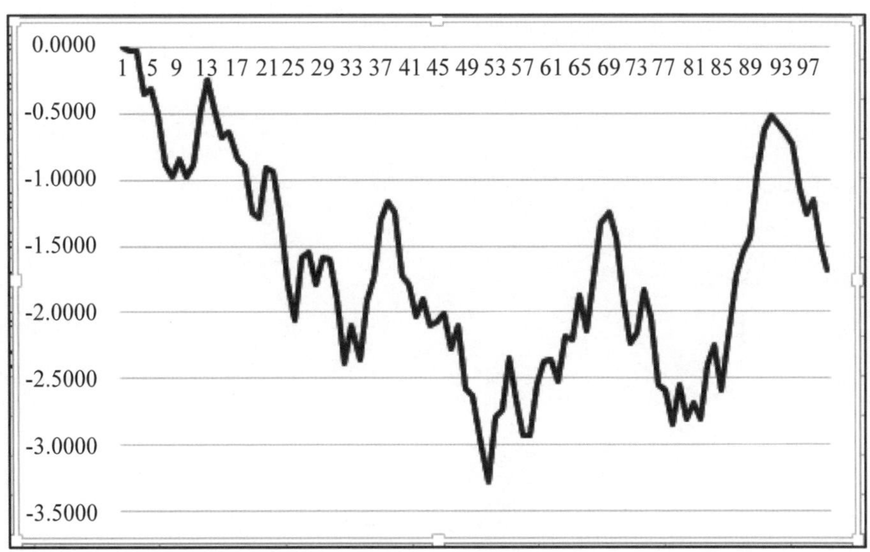

7. 如以下作出時間數列圖形，此即稱之為隨機漫步的時間數列數據的圖形。

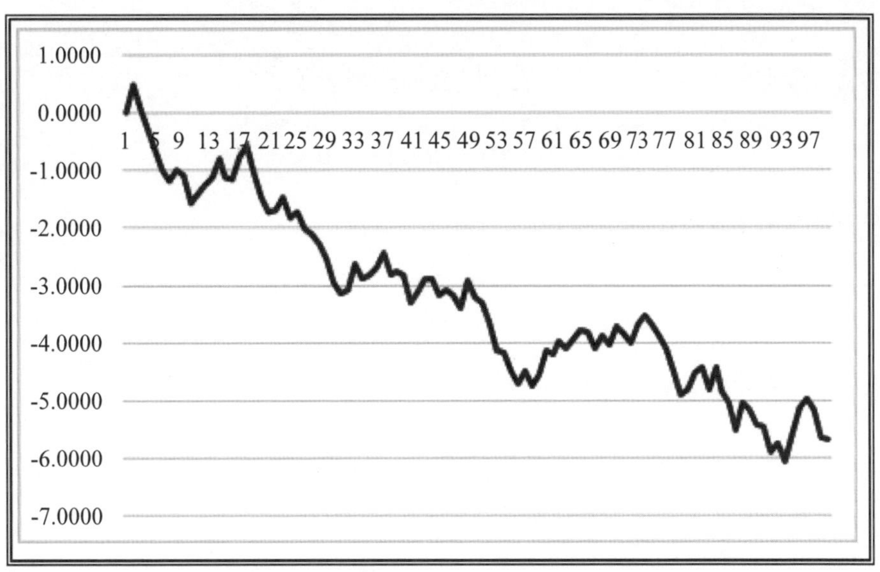

〔註〕按兩下方格，再按 enter 鍵，可出現各種的隨機漫步。

14.2 隨機漫步的預測值

隨機漫步的定義，意外地簡單，表示如下：

時間數列數據

$\{x(1)\ x(2)\ x(3) \cdots x(t-3)\ x(t-2)\ x(t-1)\ x(t)\}$

取差分後的時間數列

$x(2)-x(1)$

$x(3)-x(2)$

$\cdots$

$x(t-2)-x(t-3)$

$x(t-1)-x(t-2)$

$x(t)-x(t-1)$

成爲白色干擾時，原先的時間數列數據

$\{x(1)\ x(2)\ x(3) \cdots x(t-3)\ x(t-2)\ x(t-1)\ x(t)\}$

稱爲隨機漫步。

白色干擾當作 $u(t)$ 時，取差分的時間數列即變成了

$$x(t)-x(t-1)=u(t)$$

所以隨機漫步 $\{x(t)\}$ 即可表示成

$$\boxed{x(t)=x(t-1)+u(t)}$$

換言之，在自我迴歸 AR(1) 模型之中，

$$\boxed{x(t)=a(1)\cdot x(t-1)+u(t)}$$

當 $a(1)=1$ 時，即爲隨機漫步。

一、隨機漫步的性質

時間數列數據

$$\{x(1) \cdot x(2) \cdot x(3) \quad \cdots \quad x(t-2) \quad \cdots \quad x(t-1) \cdot x(t) \cdot \boxed{?}$$

↑ 前 2 期　↑ 前 1 期　↑ 現在　↑ 後 1 期

如爲隨機漫步時，$x(t) = x(t-1) + u(t)$，那麼下 1 期的預測值 $\hat{x}(t,1) = ?$ 會是何種值呢？白色干擾 $U(t)$ 的期待值依據定義知是 0。亦即，下 1 期的預測值即爲 $\hat{x}(t,1) = x(t) + 0 = x(t)$。換句話說，在隨機漫步的情形下，明日的最適預測值 = 今日之值。讓投資家感到困擾的問題之一是「股價的變動是否隨機漫步？」如果，股價的變動是隨機漫步的話，因爲是「明日的最適預測值 = 今日的股價」，所以預測明日的股價是沒有意義的。股價的變動到底是否服從隨機漫步呢？

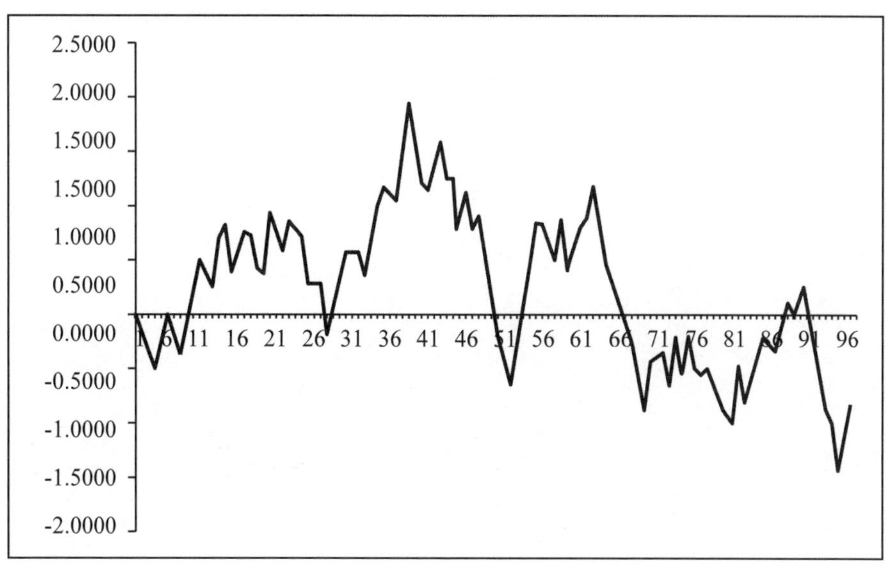

圖 14.1　隨機漫步

當時間數列數據已知時，如果能調查它的變動是否爲隨機漫步時，是令人欣慰的！

隨機漫步是：

$$x(t) = x(t-1) + u(t)$$

此處，不妨回想，自我迴歸 AR(1) 模型

$$X(t) = a(1) \cdot X(t-1) + U(t)$$

亦即，在自我迴歸模型 AR(1) 中，當 $a(1) = 1$ 時，即爲隨機漫步。

由此事知，以下的 3 個步驟即爲隨機漫步的檢定。

步驟 1：製作自我迴歸 AR(1) 模型
步驟 2：檢定是否 $a(1) = 1$
步驟 3：檢定殘差的自我相關係數是否爲 0

〔補註〕

$S(t)$ 當作股價時，連續複利的投資收益率爲

$$\log\frac{S(t)}{S(t-1)} = \log S(t) - \log S(t-1)$$

↑
連續複利的投資收益率

此時，$\log\frac{S(t)}{S(t-1)}$ 即爲白色干擾 $\leftrightarrow$ $\log S(t)$ 爲隨機漫步。

第 15 章　時間數列數據的迴歸分析

15.1　迴歸分析與殘差的問題

說到使用時間數列數據進行「預測」時，立即想到的統計方法是「迴歸分析」。可是，如對經濟時間數列數據應用迴歸分析時，經常存在著所謂「殘差之間存有時間性的關聯」。

〔註〕殘差＝實測值－預測值

一、迴歸分析模型的條件

話說，迴歸分析模型含有以下 3 個條件：

在迴歸分析模型式子中

$$y_1 = \alpha + \beta x_1 + \varepsilon_1$$

$$y_2 = \alpha + \beta x_2 + \varepsilon_2$$

$$\vdots$$

$$y_N = \alpha + \beta x_N + \varepsilon_N$$

對誤差 ε_1、ε_2、$\cdots\varepsilon_N$ 所附帶的條件是

條件 1：ε_i 的平均值 ε_i 的平均值 $E(\varepsilon_i)$ 是 0

條件 2：ε_i 的變異數是 α^2

條件 3：ε_i 與 ε_j 相互獨立（$i \neq j$）

經濟時間數列數據原本是「相互間有時間關聯的數據」，因此，如對此種時間數列數據應用迴歸分析時，即在：

條件 3：ε_i 與 ε_j 相互獨立的地方出現微妙的問題。

〔註〕帶有關聯 $\leftrightarrow$ 並非獨立。

一、以具體例子來考察看看

試針對以下的經濟時間數列數據進行簡單迴歸分析看看。

表 15.1　經濟時間數列數據

時間 t	依變數 Y	自變數 x	時間 t	依變數 y	自變數 x
1	19.5	98.2	31	21.5	100.1
2	19.4	98.1	32	17.0	99.5
3	21.8	99.8	33	22.9	100.2
4	19.1	98.8	34	16.4	99.9
5	20.8	100.3	35	23.0	100.0
6	19.0	98.1	36	18.0	99.9
7	21.8	101.2	37	22.4	99.7
8	17.0	98.5	38	17.8	98.5
9	22.2	101.4	39	19.4	99.8
10	17.9	98.5	40	19.7	101.7
11	20.7	100.3	41	19.7	99.9
12	21.2	100.1	42	20.0	98.7
13	17.2	98.7	43	21.4	98.6
14	22.2	101.5	44	19.2	100.3
15	18.4	100.7	45	19.9	97.7
16	21.5	100.2	46	20.2	101.2
17	18.8	99.6	47	18.8	100.1
18	21.5	100.0	48	17.5	99.3
19	18.1	99.8	49	23.6	99.3
20	22.6	101.1	50	18.3	100.3
21	17.3	98.9	51	19.2	100.1
22	21.7	99.9	52	19.0	100.8
23	18.9	100.1	53	20.5	101.0
24	21.3	100.5	54	19.5	98.5
25	18.6	100.3	55	21.2	100.0
26	20.7	100.0	56	16.6	100.7
27	19.5	99.7	57	23.1	101.8
28	20.2	99.7	58	16.6	100.1
29	21.8	101.2	59	23.4	100.1
30	18.4	99.4	60	24.0	101.5

以 SPSS 來分析時，得出如下的檢出結果。

模型摘要[b]

模型	R	R 平方	調整後 R 平方	標準偏斜度錯誤
1	.401[a]	.151	.146	1.8231

a. 預測值：(常數)，自變數
b. 應變數：依變數

變異數分析[a]

模型		平方和	df	平均值平方	F	顯著性
1	迴歸	36.925	1	36.925	11.110	.001[b]
	殘差	192.765	58	3.324		
	總計	229.690	59			

a. 應變數：依變數
b. 預測值：(常數)，自變數

係數[a]

模型		非標準化係數		標準化係數	T	顯著性
		B	標準錯誤	Beta		
1	(常數)	-61.217	24.362		-2.513	.015
	自變數	.813	.244	.401	3.333	.001

a. 應變數：依變數

因此，簡單迴歸變成：

依變數 $y = -61.217 + 0.813$ · 自變數 X

試調查此時的殘差亦即

$$殘差 = 實測值 - 預測值$$

看看是否含有時間性的關聯。

計算殘差時，得出如下：

時間 t	實測值 y	預測值 Y	殘差 y－Y	時間 t	實測值 y	預測值 Y	殘差 y－Y
1	19.5	18.62	0.88	31	21.5	20.16	1.34
2	19.4	18.54	0.86	32	17.0	19.68	−2.68
3	21.8	19.92	1.88	33	22.9	20.25	2.65
4	19.1	19.11	−0.01	34	16.4	20.00	−3.6
5	20.8	20.33	0.47	35	23.0	20.08	2.92
6	19.0	18.54	0.46	36	18.0	20.00	−2
7	21.8	21.06	0.74	37	22.4	19.84	2.56
8	17.0	18.86	−1.86	38	17.8	18.86	−1.06
9	22.2	21.22	0.98	39	19.4	19.92	−0.52
10	17.9	18.86	−0.96	40	19.7	21.47	−1.77
11	20.7	20.33	0.37	41	19.7	20.00	−0.3
12	21.2	20.16	1.04	42	20.0	19.03	0.97
13	17.2	19.03	−1.83	43	21.4	18.94	2.46
14	22.2	21.30	0.9	44	19.2	20.33	−1.13
15	18.4	20.65	−2.25	45	19.9	18.21	1.69
16	21.5	20.25	1.25	46	20.2	21.06	−0.86
17	18.8	19.76	−0.96	47	18.8	20.16	−1.36
18	21.5	20.08	1.42	48	17.5	19.51	−2.01
19	18.1	19.92	−1.82	49	23.6	19.51	4.09
20	22.6	20.98	1.62	50	18.3	20.33	−2.03
21	17.3	19.19	−1.89	51	19.2	20.16	−0.96
22	21.7	20.00	1.7	52	19.0	20.73	−1.73
23	18.9	20.16	−1.26	53	20.5	20.90	−0.4
24	21.3	20.49	0.81	54	19.5	18.86	0.64
25	18.6	20.33	−1.73	55	21.2	20.08	1.12
26	20.7	20.08	0.62	56	16.6	20.65	−4.05
27	19.5	19.84	−0.34	57	23.1	21.55	1.55
28	20.2	19.84	0.36	58	16.6	20.16	−3.56
29	21.8	21.06	0.74	59	23.4	20.16	3.24
30	18.4	19.60	−1.2	60	24.0	21.30	2.7

此簡單迴歸分析的殘差的自我相關係數與相關圖即為如下：

自動相關性

數列：殘差

落後	自動相關性	平均數的錯誤[a]	Box-Ljung 統計資料		
			數值	df	顯著性[b]
1	-.548	.126	18.944	1	.000
2	.412	.125	29.857	2	.000
3	-.447	.124	42.882	3	.000
4	.248	.123	46.954	4	.000
5	-.190	.122	49.402	5	.000
6	.290	.120	55.205	6	.000
7	-.212	.119	58.356	7	.000
8	.109	.118	59.211	8	.000
9	-.160	.117	61.075	9	.000
10	.037	.116	61.178	10	.000
11	.052	.115	61.383	11	.000
12	-.031	.114	61.459	12	.000
13	-.048	.112	61.640	13	.000
14	-.039	.111	61.766	14	.000
15	.038	.110	61.887	15	.000
16	-.050	.106	62.102	16	.000

a. 採用的基本處理程序是獨立的（白色雜訊）。

b. 基於漸近線卡方近似值。

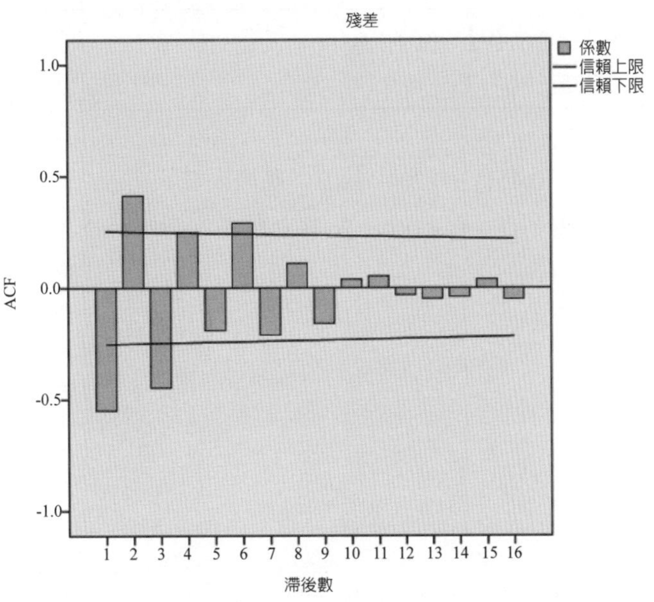

15.2 利用自變數的自我迴歸模型

因此，對於利用自變數的自我迴歸 AR(1) 不妨應用看看，SPSS 的檢出結果如下：

型號說明

			模型類型
模型 ID	依變數	模型 _1	ARIMA(1, 0, 0)

ARIMA 模型參數

					估計	SE	T	顯著性
依變數 - 模型 _1	依變數	無轉換	常數		-.451	17.012	-.027	.979
			AR	落後 1	-.705	.099	-7.40	.000
	自變數	無轉換	分子	落後 0	.204	.170	1.200	.235

因此，當作如下時，

依變數 = $y(t)$　　自變數 = $x(t)$

殘差 = $r(t)$　　白色干擾 = $u(t)$

依變數與自變數之間可以變成如下的表示。

$$y(t) = -0.451 + 0.204 \cdot x(t) + r(t)$$
$$r(t) = -0.705 + r(t-1) + u(t)$$

〔註〕$r(t) = y(t) - (-0.451) - 0.204 \cdot x(t)$…觀測方程式

$r(t) = -0.705 \cdot r(t-1) + u(t)$…狀態方程式，此時的殘差即爲如下頁所示。

表 15.3　殘差 = 實測值 – 預測值

時間	實測值	預測值	殘差	時間	實測值	預測值	殘差
1	19.5	19.61	−0.11	31	21.5	21.02	0.48
2	19.4	19.67	−0.27	32	17.0	18.82	−1.82
3	21.8	20.07	1.73	33	22.9	22.05	0.85
4	19.1	18.42	0.68	34	16.4	17.93	−1.53
5	20.8	20.48	0.32	35	23.0	22.94	0.06
6	19.0	19.05	−0.05	36	18.0	17.83	0.17
7	21.8	20.64	1.16	37	22.4	21.30	1.1
8	17.0	18.56	−1.56	38	17.8	17.92	−0.12
9	22.2	22.15	0.05	39	19.4	21.26	−1.86
10	17.9	18.31	−0.41	40	19.7	20.7	−1
11	20.7	21.29	−0.59	41	19.7	20.4	−0.7
12	21.2	19.53	1.67	42	20.0	19.89	0.11
13	17.2	18.86	−1.66	43	21.4	19.49	1.91
14	22.2	22.06	0.14	44	19.2	18.83	0.37
15	18.4	18.77	−0.37	45	19.9	20.10	−0.2
16	21.5	21.23	0.27	46	20.2	19.95	0.25
17	18.8	18.85	−0.05	47	18.8	20.01	−1.21
18	21.5	20.75	0.75	48	17.5	20.68	−3.18
19	18.1	18.86	−0.76	49	23.6	21.48	2.12
20	22.6	21.50	1.1	50	18.3	17.38	0.92
21	17.3	18.06	−0.76	51	19.2	21.22	−2.02
22	21.7	21.69	0.01	52	19.0	20.7	−1.7
23	18.9	18.77	0.13	53	20.5	20.99	−0.49
24	21.3	20.85	0.45	54	19.5	19.45	0.05
25	18.6	19.18	−0.58	55	21.2	20.10	1.1
26	20.7	20.99	−0.29	56	16.6	19.26	−2.66
27	19.5	19.41	0.09	57	23.1	22.83	0.27
28	20.2	20.21	−0.01	58	16.6	18.06	−1.46
29	21.8	20.02	1.78	59	23.4	22.39	1.01
30	18.4	18.74	−0.34	60	24.0	17.89	6.11

此殘差的自我相關係數與相關圖如下所示。

自動相關性

數列：殘差

落後	自動相關性	平均數的錯誤[a]	Box-Ljung 統計資料		
			數值	df	顯著性[b]
1	-.059	.126	.221	1	.638
2	-.091	.125	.757	2	.685
3	-.112	.124	1.573	3	.665
4	-.117	.123	2.485	4	.647
5	.068	.122	2.800	5	.731
6	.101	.120	3.499	6	.744
7	-.041	.119	3.619	7	.822
8	-.042	.118	3.746	8	.879
9	-.089	.117	4.320	9	.889
10	-.036	.116	4.418	10	.927
11	.099	.115	5.167	11	.923
12	-.179	.114	7.637	12	.813
13	.030	.112	7.709	13	.862
14	.014	.111	7.724	14	.903
15	-.037	.110	7.839	15	.930
16	.013	.106	7.853	16	.953

a. 採用的基本處理程序是獨立的（白色雜訊）。

b. 基於漸近線卡方近似值。

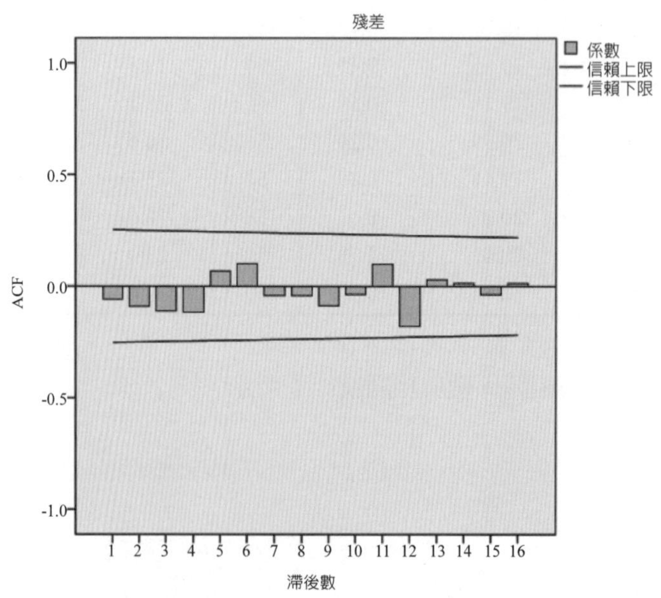

15.3 預測值的計算

時點 60 的預測值可以如下計算。從模型的式子來看，

$$y(t) = -0.451 + 0.204 \cdot x(t) + r(t) \cdots ①$$

下 1 期的預測值是

$$\hat{y}(t,\ 1) = -0.451 + 0.204 \cdot x\,(t+1) + \hat{r}(t,\ 1) \cdots ②$$
$$\hat{r}(t,\ 1) = -0.705 \cdot r(t) + 0 \cdots ③$$

因此，將①與②代入③時，

$$\hat{y}(t,\ 1) - (-0.451 + 0.204 \cdot x\,(t+1))$$
$$= -0.705 \cdot \{\mathrm{y(t)} - (-0.451 + 0.204 \cdot x(t)\}$$

此處，代入 $t = 59$ 時之值

$$y(t) = 23.4 \quad , \quad x(t+1) = 101.5 \quad , \quad x(t) = 100.1$$

得出

$$\hat{y}(t,\ 1) - (-0.451 + 0.204 \cdot 101.5)$$
$$= -0.705 \cdot \{23.4 - (-0.451 + 0.204 \cdot 100.1\}$$

因此，時點 59 的下 1 期的預測值 $\hat{y}(t,\ 1)$ 是

$$\hat{y}(t,\ 1) = 17.89$$

〔註〕利用簡單迴歸式的預測值 $Y = 21.30$

利用自我迴歸模型時的下 1 期的預測值是 $\hat{y}(59,\ 1) = 17.89$

第 16 章 傳遞函數簡介

16.1 何謂傳遞函數

ARIMA(p, d, q) 模型在 SPSS 分析軟體的畫面中即爲如下：

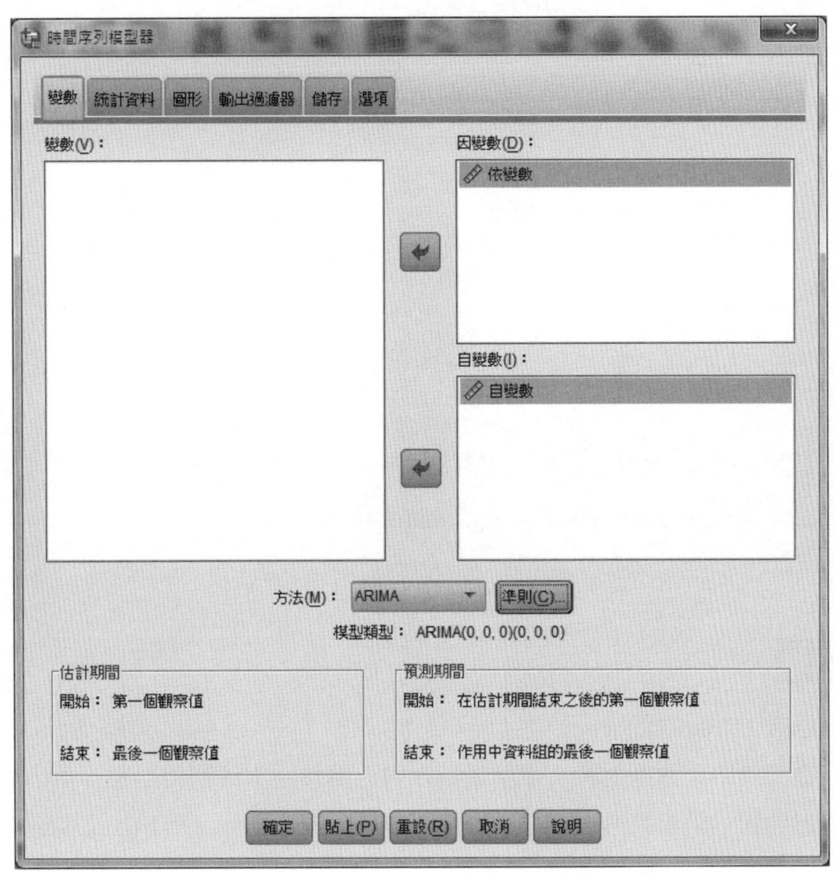

因此，將〔依變數〕$y(t)$ 與〔自變數〕$x(t)$ 分別移到右方的方框，按一下〔準則（C）〕後，出現如下的傳遞函數。

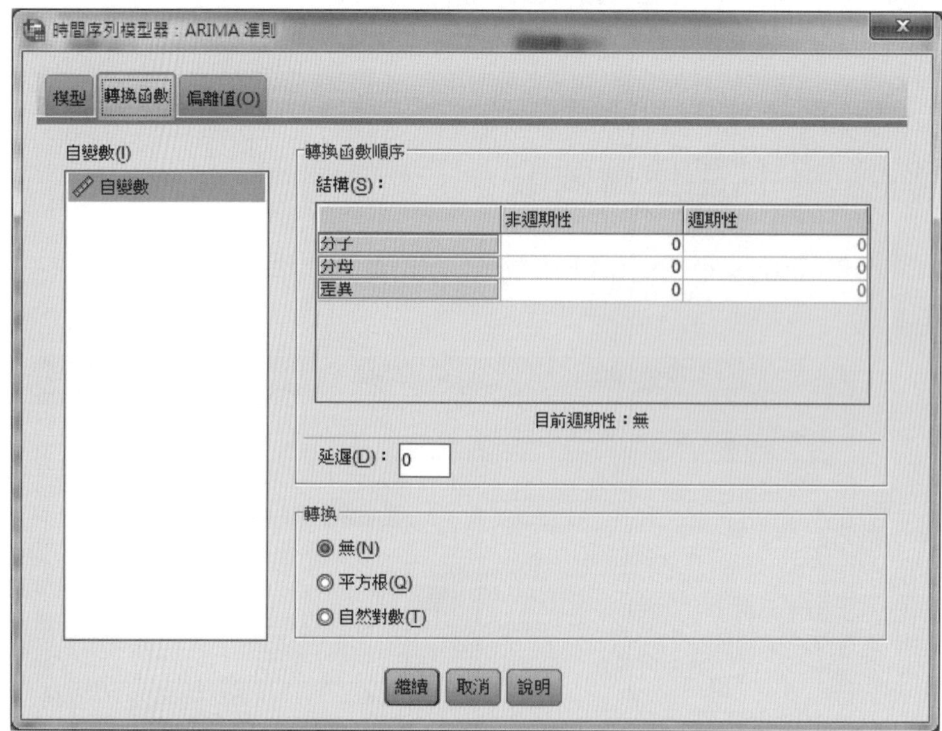

話說，傳遞函數是計算？並且，分子與分母是多少？

〔註〕分子是 numerator，分母是 denominator

關鍵詞

傳遞函數：Tranfer function

在工程中，**傳遞函數**（也稱系統函數、**轉移函數**或**網絡函數**，畫出的曲線叫做**傳遞曲線**）是用來擬合或描述黑箱模型（系統）的輸入與輸出之間關係的數學表示。

傳遞函數的定義

ARMA(p, q) 模型的分子 $= n$，分母 $= d$

其傳遞函數如下定義。

$$y(t) = \mu + \frac{\text{Num}}{\text{Den}} \cdot x(t) + \frac{MA}{AR} \cdot u(t)$$

其中

$$\begin{cases} \text{AR} & : 1 - \varphi_1 B - \varphi_2 B^2 - \cdots - \varphi_p B^p & \leftarrow \varphi(B) \\ \text{MA} & : 1 - \theta_1 B - \theta_2 B^2 - \cdots - \theta_q B^q & \leftarrow \theta(B) \\ \text{Mum} & : \omega_0 - \omega_1 B - \omega_2 B^2 - \cdots - \omega_n B^n & \\ \text{Den} & : 1 - \delta_1 B - \delta_2 B^2 - \cdots - \delta_d B^d & \\ \mu & : \text{常數項} & \\ u(t) & : \text{白色干擾} & \\ B & : B \cdot y(t) = y(t-1),\ aB \cdot x(t) = a \cdot x(t-1) & \end{cases}$$

〔註〕MA：移動平均；AR：自我迴歸；Num：分子；Den：分母

因此，傳遞函數即為：

$$y(t) = \mu + \frac{\omega_0 - \omega_1 B - \cdots - \omega_n B^n}{1 - \delta_1 B - \cdots - \delta_d B^d} \cdot x(t) + \frac{1 - \theta_1 B - \cdots - \theta_q B^q}{1 - \varphi_1 B - \cdots - \varphi_p B^p} \cdot u(t)$$

譬如，在傳遞函數中指定 ARMA(1, 0)，分子 = 1，分母 = 1 時，傳遞函數的式子即成為如下：

$$y(t) = \mu + \frac{\omega_0 - \omega_1 B}{1 - \delta_1 B} \cdot x(t) + \frac{1}{1 - \varphi_1 B} \cdot u(t)$$

此式可以如下變形：

$$y(t) - \mu - \frac{\omega_0 - \omega_1 B}{1 - \delta_1 B} \cdot x(t) = \frac{1}{1 - \varphi_1 B} \cdot u(t)$$

$$(1-\varphi_1 B)\cdot\left(y(t)-\mu-\frac{\omega_0-\omega_1 B}{1-\delta_1 B}\cdot x(t)\right)=u(t)$$

$$(1-\varphi_1 B)\cdot\{(1-\delta_1 B)\cdot(y(t)-\mu)-(\omega_0-\omega_1 B)\cdot x(t)\}$$
$$=(1-\delta_1 B)\cdot u(t)$$

$$(1-\delta_1 B)\cdot(y(t)-\mu)-(\omega_0-\omega_1 B)\cdot x(t)$$
$$-\varphi_1\cdot\{(1-\delta_1 B)\cdot(y(t-1)-\mu)-(\omega_0-\omega_1 B)\cdot x(t-1)\}$$
$$=u(t)-\delta_1\cdot u(t-1)$$

$$y(t)-\mu-\delta_1\cdot(y(t-1)-\mu)-\omega_0\cdot x(t)+\omega_1\cdot x(t-1)$$
$$-\varphi_1\cdot\{y(t-1)-\mu-\delta_1\cdot(y(t-2)-\mu)-\omega_0\cdot x(t-1)+\omega_1\cdot x(t-2)\}$$
$$=u(t)-\delta_1\cdot u(t-1)$$

使用此式預測值即可計算。

16.2 各種傳遞函數的例子

例 1 在以下的條件下，試進行 ARIMA(p, d, q) 分析看看。

條件 1.1 ：p = 0　d = 0　q = 0

ARIMA 順序

結構(S)：

	非週期性	週期性
自身迴歸 (p)	0	0
差分(d)	0	0
移動均數 (q)	0	0

目前週期性：無

條件 1.2：分子 = 0　分母 = 0

轉換函數順序

結構(S)：

	非週期性	週期性
分子	0	0
分母	0	0
差異	0	0

目前週期性：無

此時的輸出結果如下：

型號說明

			模型類型
模型 ID	依變數	模型 _1	ARIMA(0, 0, 0)

ARIMA 模型參數

					估計	SE	T	顯著性
依變數 - 模型 _1	依變數	無轉換	常數		-61.217	24.362	-2.513	.015
	自變數	無轉換	分子	落後 0	.813	.244	3.333	.001

在此輸入結果之中，

自變數　分子　落後 0　0.813

是表示什麼呢？

因此，試進行如下的迴歸分析時

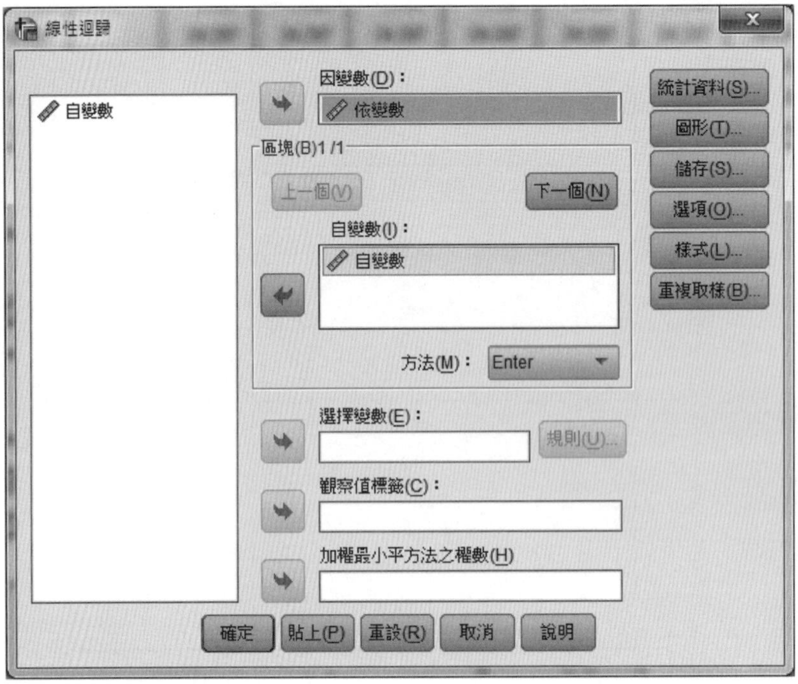

此輸出結果成爲如下：

係數 [a]

模型		非標準化係數		標準化係數	T	顯著性
		B	標準錯誤	Beta		
1	（常數）	-61.217	24.362		-2.513	.015
	自變數	.813	.244	.401	3.333	.001

a. 應變數：依變數

因此，此條件的情形得知，傳遞函數的分子落後 0 與簡單迴歸式的迴歸係數一致。

依變數	常數項	迴歸係數	自變數
Y =	–61.217 +	0.813 ·	X

然而，此時的傳遞函數即如下表示：

$$y(t) = -61.217 + \frac{0.813}{1} \cdot x(t) + \frac{1}{1} \cdot u(t)$$

例 2 在如下的條件下，試進行 ARIMA(p, d, q) 看看。

條件 2.1：p = 0　d = 0　q = 0

ARIMA 順序

結構(S)：

	非週期性	週期性
自身迴歸 (p)	0	0
差分(d)	0	0
移動均數 (q)	0	0

目前週期性：無

條件 2.2：分子 = 1　分母 = 0

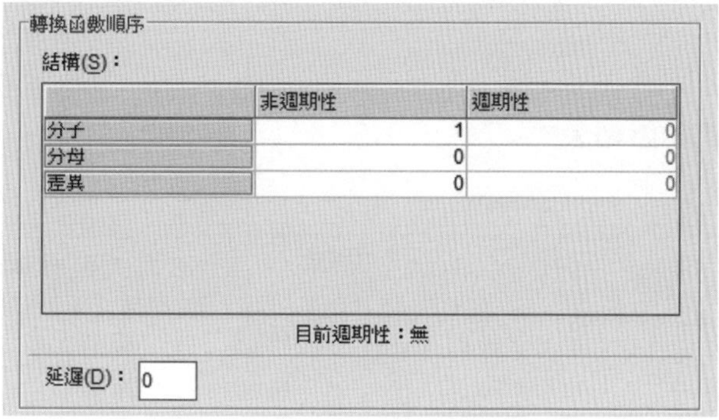

轉換函數順序

結構(S)：

	非週期性	週期性
分子	1	0
分母	0	0
差異	0	0

目前週期性：無

延遲(D)：0

此時的輸出結果如下：

型號說明

			模型類型
模型 ID	依變數	模型 _1	ARIMA(0, 0, 0)

ARIMA 模型參數

					估計	SE	T	顯著性
依變數 - 模型_1	依變數	無轉換	常數		16.593	37.159	.447	.675
	自變數	無轉換	分子	落後 0	.716	.242	2.958	.005
				落後 1	.683	.241	2.828	.00

此時的傳遞函數如下表示：

$$y(t) = 16.593 + \frac{0.716 - 0.683B}{1} \cdot x(t) + \frac{1}{1} \cdot u(t)$$

將此式變形時，即成爲如下：

$$y(t) - 16.593 - (0.716 \cdot x(t) - 0.683B \cdot x(t)) = u(t)$$

$$y(t) - 16.593 - 0.716 \cdot x(t) + 0.683B \cdot x(t-1) = u(t) \quad (B \cdot x(t) = x(t-1))$$

預測値的計算

時點 60 的預測値 $\hat{y}(59, 1)$，如下計算。

$$\hat{y}(t, 1) - 16.593 - 0.716 \cdot x(t+1) + 0.683 \cdot x(t) = u(t, 1)$$

$$\hat{y}(59, 1) - 16.593 - 0.716 \cdot 101.5 + 0.683 \cdot 100.1 = 0$$

因此，$\hat{y}(59, 1) = 20.96$

此爲 SPSS 的輸出結果。

	依變數	自變數	預測值_依變數_模型_1	NResidual_依	var
52	19.0	100.8	20.46	-1.46	
53	20.5	101.0	20.12	.38	
54	19.5	98.5	18.20	1.30	
55	21.2	100.0	20.98	.22	
56	16.6	100.7	20.46	-3.86	
57	23.1	101.8	20.77	2.33	
58	16.6	100.1	18.80	-2.20	
59	23.4	100.1	19.96	3.44	
60	24.0	101.5	20.96	3.04	

例 3　在以下的條件下，試進行 ARIMA(p, d, q) 分析看看。

條件 3.1：p = 0　d = 0　q = 0

ARIMA 順序

結構(S)：

	非週期性	週期性
自身迴歸 (p)	0	0
差分(d)	0	0
移動均數 (q)	0	0

目前週期性：無

條件 3.2：分子 = 1　分母 = 1

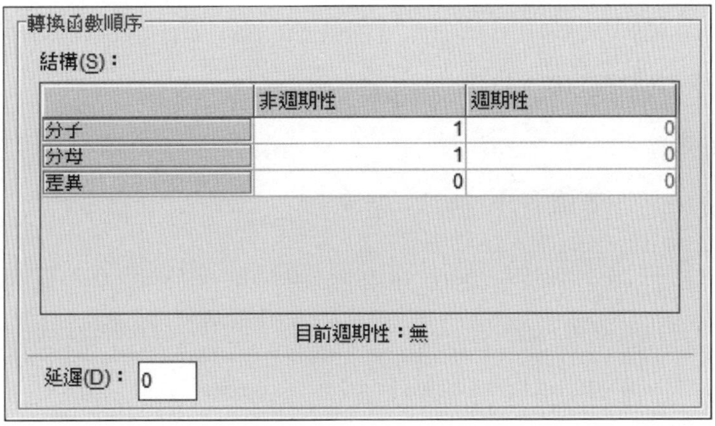

轉換函數順序

結構(S)：

	非週期性	週期性
分子	1	0
分母	1	0
差異	0	0

目前週期性：無

延遲(D)：0

此時的輸出結果如下：

型號說明

			模型類型
模型 ID	依變數	模型 _1	ARIMA(0, 0, 0)

ARIMA 模型參數

					估計	SE	T	顯著性
依變數 - 模型 _1	依變數	無轉換	常數		4.249	37.512	.120	.905
	自變數	無轉換	分子	落後 0	.656	.242	2.714	.009
				落後 1	.441	.383	1.151	.255
			分母	落後 1	.369	.264	-1.395	.169

此時的傳遞函數表示如下：

$$y(t) = 4.249 + \frac{0.656 - 0.441B}{1-(-0.369)B} \cdot x(t) + \frac{1}{1} \cdot u(t)$$

將此式變形時即為：

$$(1 + 0.369B) \cdot (y(t) - 4.249) - (0.656 - 0.441B) \cdot x(t)$$
$$= (1 + 0.369B) \cdot u(t)$$
$$y(t) - 0.429 + 0.369 \cdot (y(t-1) - 4.249) - 0.656 \cdot x(t) + 0.441 \cdot x(t-1)$$
$$= u(t) + 0.369 \cdot u(t-1)$$

預測值的計算

時點 60 的預測值 $\hat{y}(59, 1)$ 如下計算。

$$\hat{y}(t, 1) - 4.249 + 0.369 \cdot (y(t) - 4.249) - 0.656 \cdot x(t+1) + 0.441 \cdot x(t)$$
$$= \hat{u}(t, 1) + 0.369 \cdot u(t)$$
$$\hat{y}(59, 1) - 4.249 + 0.369 \cdot (23.4 - 4.249) - 0.656 \cdot 101.5 + 0.441 \cdot 100.1$$
$$= 0 + 0.369 \cdot 3.01$$

因此，$\hat{y}(59, 1) = 20.77$

〔註〕此爲 SPSS 的輸出結果。

	依變數	自變數	預測值_依變數_模型_1	NResidual_依	var
52	19.0	100.8	20.56	-1.56	
53	20.5	101.0	20.07	.43	
54	19.5	98.5	18.52	.98	
55	21.2	100.0	21.18	.02	
56	16.6	100.7	20.00	-3.40	
57	23.1	101.8	20.84	2.26	
58	16.6	100.1	18.93	-2.33	
59	23.4	100.1	20.39	3.01	
60	24.0	101.5	20.77	3.23	

例 4：在如下的條件下試進行 ARIMA(p, d, q) 分析看看。

條件 4.1：p = 0　d = 0　q = 0

ARIMA 順序

結構(S)：

	非週期性	週期性
自身迴歸 (p)	1	0
差分(d)	0	0
移動均數 (q)	0	0

目前週期性：無

條件 4.2：分子 = 0　分母 = 1

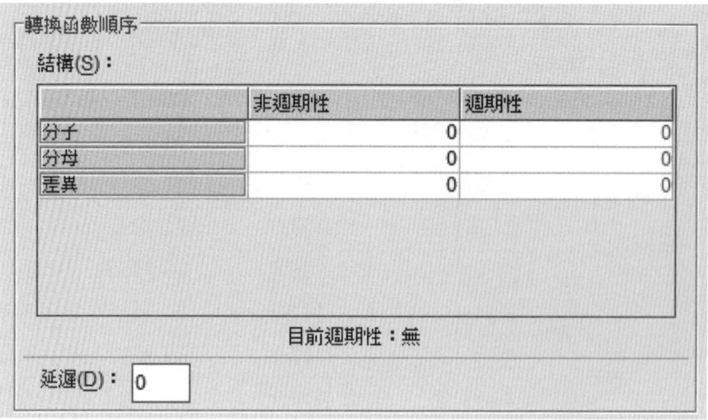

轉換函數順序

結構(S)：

	非週期性	週期性
分子	0	0
分母	0	0
差異	0	0

目前週期性：無

延遲(D)：0

此時的輸出結果如下：

型號說明

	模型類型
模型 ID　依變數　模型 _1	ARIMA(1, 0, 0)

ARIMA 模型參數

					估計	SE	T	顯著性
依變數 - 模型 _1	依變數	無轉換	常數		-.451	17.012	-.027	.797
			AR	落後 0	-.705	.099	-7.140	.000
	自變數	無轉換	分子	落後 1	.204	.170	1.200	.235

此時的傳遞函數如下所示：

$$y(t) = -0.451 + \frac{0.204}{1} \cdot x(t) + \frac{1}{1-(-0.705)B} \cdot u(t)$$

將此式變形時，

$$y(t) + 0.451 - 0.204 \cdot x(t) + \frac{1}{1+0.705B} \cdot u(t)$$

$$(1 + 0.75B) \cdot (y(t) + 0.451 - 0.204 \cdot x(t)) = u(t)$$

$$Y(t) + 0.451 - 0.204 \cdot x(t) + 0.705 \cdot (y(t-1) + 0.451 - 0.204 \cdot x(t-1)) = u(t)$$

預測值的計算

時點 60 的預測值 $\hat{y}(59, 1)$ 如下計算。

$$\hat{y}(t, 1) + 0.451 - 0.204 \cdot x(t+1) + 0.705 \cdot (y(t-1) + 0.451 - 0.204 \cdot x(t)) = u(t)$$

$$\hat{y}(t, 1) + 0.451 - 0.204 \cdot x(t+1) + 0.705 \cdot (y(t) + 0.451 - 0.204 \cdot x(t)) = \hat{u}(t, 1)$$

$$\hat{y}(59, 1) + 0.451 - 0.204 \cdot 101.5 + 0.705 \cdot (23.4 + 0.451 - 0.204 \cdot 100.1) = 0$$

因此，$\hat{y}(59, 1) = 17.89$

〔註〕此為 SPSS 的輸出結果。

	依變數	自變數	預測值_依變數_模型_1	NResidual_依	var
48	17.5	99.3	20.68	-3.18	
49	23.6	99.3	21.48	2.12	
50	18.3	100.3	17.38	.92	
51	19.2	100.1	21.22	-2.02	
52	19.0	100.8	20.70	-1.70	
53	20.5	101.0	20.99	-.49	
54	19.5	98.5	19.45	.05	
55	21.2	100.0	20.10	1.10	
56	16.6	100.7	19.26	-2.66	
57	23.1	101.8	22.83	.27	
58	16.6	100.1	18.06	-1.46	
59	23.4	100.1	22.39	1.01	
60	24.0	101.5	17.89	6.11	

例5：在以下的條件下試進行 ARIMA(p, d, q) 看看。

條件5.1：p = 0　d = 0　q = 0

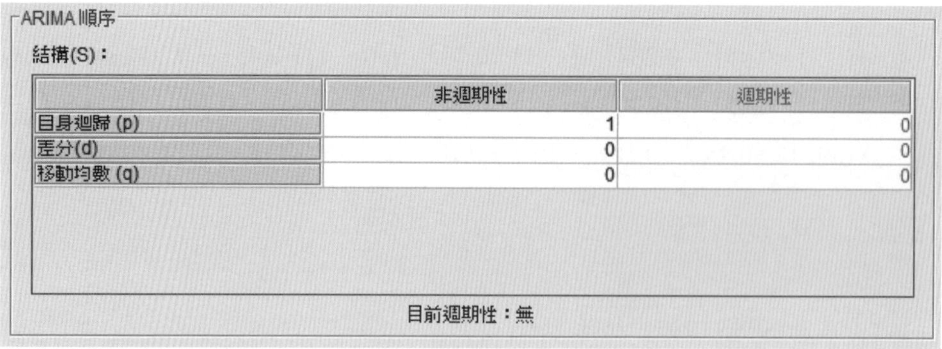

ARIMA 順序

結構(S)：

	非週期性	週期性
自身迴歸 (p)	1	0
差分(d)	0	0
移動均數 (q)	0	0

目前週期性：無

條件5.2：分子 = 1　分母 = 0

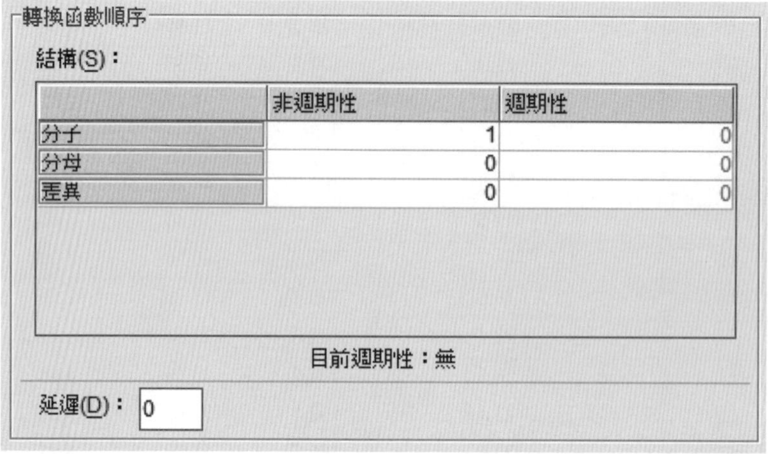

轉換函數順序

結構(S)：

	非週期性	週期性
分子	1	0
分母	0	0
差異	0	0

目前週期性：無

延遲(D)：0

此時的輸出結果如下：

型號說明

	模型類型
模型 ID　依變數　模型_1	ARIMA(0, 0, 0)

ARIMA 模型參數

					估計	SE	T	顯著性
依變數 - 模型 _1	依變數	無轉換	常數		18.381	21.656	.849	.400
			AR	落後 1	-.667	.106	-6.272	.000
	自變數	無轉換	分子	落後 0	.342	.201	1.704	.094
				落後 1	.326	.190	1.714	.092

此時的傳遞函數如下表示：

$$y(t)=18.381-\frac{0.341-0.326B}{1}\cdot x(t)+\frac{1}{1-(-0.667)B}\cdot u(t)$$

將此式變形時，

$$y(t)-18.381-(0.342-0.326B)\cdot x(t)=\frac{1}{1-(-0.667)B}\cdot u(t)$$

$$(1+0.667B)\cdot\{y(t)-18.381-(0.342-0.326B)\cdot x(t)\}=u(t)$$

$$(1+0.667B)\cdot y(t)-18.381-0.342\cdot x(t)+0.326\cdot x(t-1)=u(t)$$

$$y(t)-18.381-0.342\cdot x(t)+0.326\cdot x(t-1)+0.667\cdot y(t-1)-18.381$$
$$-0.342\cdot x(t-1)+0.326\cdot x(t-2)=u(t)$$

預測值的計算

時點 60 的預測值$\hat{y}(59, 1)$是如下計算。

$$\hat{y}(59,1)=18.381-0.342\cdot 101.5+0.326\cdot 100.1$$
$$+0.667\cdot(23.4-18.381-0.342\cdot 100.1+0.326\cdot 100.1)=0$$

因此，$\hat{y}(59, 1)=18.13$

〔註〕SPSS 的輸出如下：

	依變數	自變數	預測值_依變數_模型_1_A	NResidual_依變數_模型	var
49	23.6	99.3	21.40	2.20	
50	18.3	100.3	17.84	.46	
51	19.2	100.1	21.21	-2.01	
52	19.0	100.8	20.65	-1.65	
53	20.5	101.0	20.83	-.33	
54	19.5	98.5	18.80	.70	
55	21.2	100.0	20.18	1.02	
56	16.6	100.7	19.68	-3.08	
57	23.1	101.8	22.74	.36	
58	16.6	100.1	17.56	-.96	
59	23.4	100.1	21.82	1.58	
60	24.0	101.5	18.13	5.87	

例 6：在如下的條件下，試進行 ARIMA(p, d, q) 分析看看。

條件 6.1：p = 0　d = 0　q = 0

ARIMA 順序

結構(S)：

	非週期性	週期性
自身迴歸 (p)	1	0
差分(d)	0	0
移動均數 (q)	0	0

目前週期性：無

條件 6.2：分子 = 1　分母 = 0

轉換函數順序

結構(S)：

	非週期性	週期性
分子	1	0
分母	1	0
差異	0	0

目前週期性：無

延遲(D)：0

此時的輸出結果如下：

型號說明

			模型類型
模型 ID	依變數	模型 _1	ARIMA(1, 0, 0)

ARIMA 模型參數

					估計	SE	T	顯著性
依變數 - 模型 _1	依變數	無轉換	常數		14.625	20.093	.728	.470
			AR	落後 1	-.655	.111	-5.885	.000
	自變數	無轉換	分子	落後 0	.445	.200	2.229	.030
				落後 1	.364	.233	1.561	.124
			分母	落後 1	-.527	.261	-2.018	.049

此時的傳遞函數如下所示：

$$y(t) = 14.625 + \frac{0.445 - 0.364B}{1-(-0.527)B} \cdot x(t) + \frac{1}{1-(-0.655)B} \cdot u(t)$$

將此式變形時，

$$y(t)=14.625-\frac{0.445-0.364B}{1+0.527B}\cdot x(t)=\frac{1}{1+0.665B}\cdot u(t)$$

$$(1+0.655B)\cdot\left(y(t)-14.625-\frac{0.445-0.364B}{1+0.527B}\cdot x(t)\right)=u(t)$$

$$(1+0.655\mathrm{B})\cdot(1+0.527B)\cdot(y(t)-14.625)-(0.445-0.364B)\cdot x(t)$$
$$=(1+0.527B)\cdot u(t)$$

$$(1+0.655B)\cdot\{y(t)-14.625+0.527\cdot(y(t-1)-14.625)$$
$$-0.445\cdot x(t)+0.364\cdot x(t-1)\}=(1+0.527B)\cdot u(t)$$

$$\{y(t)-14.625+0.527\cdot(y(t-1)-14.625)-0.455\cdot x(t)+0.364\cdot x(t-1)\}$$
$$+0.655\cdot\{y(t-1)-14.625+0.527\cdot(y(t-2)-14.625)-0.445\cdot x(t-1)$$
$$+0.364\cdot x(t-2)\}=u(t)+0.527\cdot u(t-1)$$

預測值的計算

時點 60 的預測值 $\hat{y}(59,1)$ 是如下計算。

$$\{\hat{y}(t,1)-14.625+0.527\cdot(y(t)-14.625)-0.445\cdot x(t+1)+0.364\cdot x(t)\}$$
$$+0.655\cdot\{y(t)-14.625+0.527\cdot(y(t-1)-14.625)-0.445\cdot x(t)$$
$$+0.364\cdot x(t-1)\}=\hat{u}(t,1)+0.527\cdot u(t)$$
$$\{\hat{y}(59,1)-14.625+0.527\cdot(23.4-14.625)-0.445\cdot 101.5+0.364\cdot 100.1\}$$
$$+0.655\cdot\{23.4-14.625+0.527\cdot(16.6-14.625)-0.445\cdot 100.1$$
$$+0.364\cdot 100.1\}=0+0.527\cdot 1.36$$

因此，$\hat{y}(59,1)=18.40$

〔註〕此爲 SPSS 的輸出結果。

	依變數	自變數	預測值_依變數_模型_1	NResidual_依	var
49	23.6	99.3	21.57	2.03	
50	18.3	100.3	17.92	.38	
51	19.2	100.1	21.05	-1.85	
52	19.0	100.8	20.73	-1.73	
53	20.5	101.0	20.80	-.30	
54	19.5	98.5	18.55	.95	
55	21.2	100.0	20.68	.52	
56	16.6	100.7	19.59	-2.99	
57	23.1	101.8	22.67	.43	
58	16.6	100.1	17.37	-.77	
59	23.4	100.1	22.04	1.36	
60	24.0	101.5	18.40	5.60	

下篇：SPSS應用

第1章　時間數列數據的輸入方式

1.1　時間數列分析的基本步驟

對時間數列分析來說，像

• 季節性的分解

• 指數平滑法

• ARIMA 模式

等，有許多手法爲人所熟知。

可是，不管使用哪一手法，均有必須要進行的步驟。那就是：

基本步驟 1：描畫時間數列圖形

基本步驟 2：試變換時間數列數據

基本步驟 3：觀察自我相關圖

偏自我相關圖具體分述如下。

一、基本步驟 1——畫時間數列圖形

〔分析 (A)〕⇨〔預測 (T)〕⇨〔序列圖 (N)〕

一面觀察所輸出的圖形，一面判斷：

1. 定常時間數列嗎？

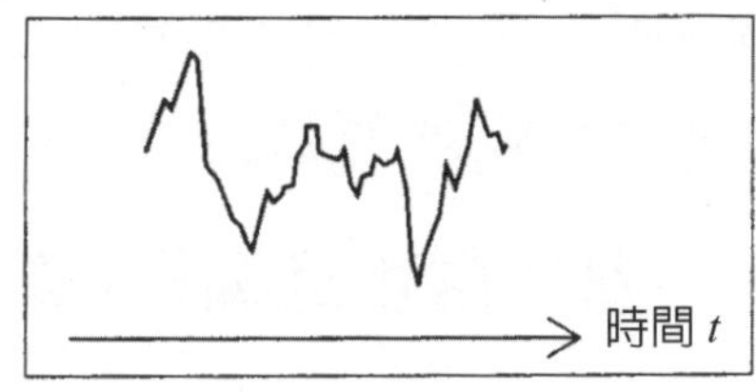

2. 非定常時間數列嗎？

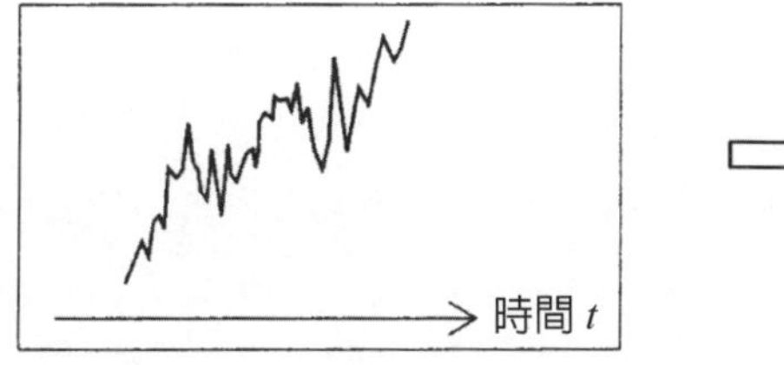

⇨ 取差分

3. 沒有季節性的時間數列嗎？

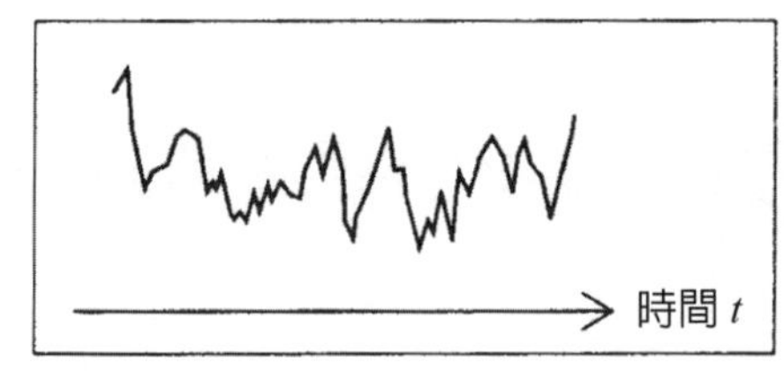

4. 有季節性的時間數列嗎？

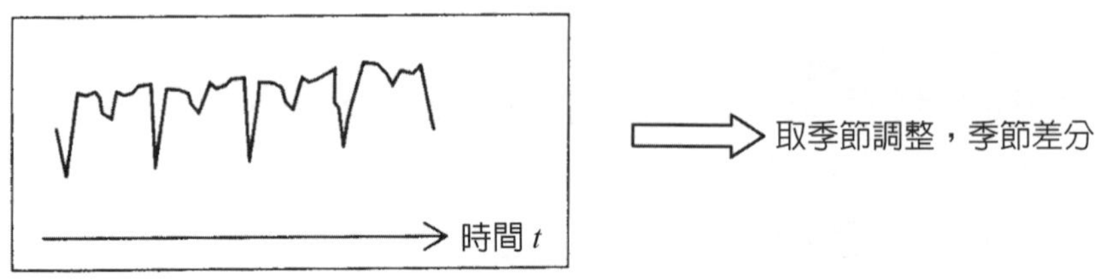

二、基本步驟 2——變換時間數列數據

1. 非定常時間數列時：→ ARIMA(p, d, q)
   - 取差分 d，變成定常時間數列。
2. 有季節性的時間數列時：→ SARIMA(p, d, q)，(P, D, Q)
   - 進行季節調整。
   - 取季節差分 sd。
3. 變動大的時間數列時：
   - 進行對數變換 log，使變異安定。

三、基本步驟 3——觀察自我相關圖，偏自我相關圖

〔分析 (A)〕⇒〔預測 (T)〕⇒〔自動相關性 (A)〕

觀察所輸出的自我相關圖，偏自我相關圖決定 ARIMA(p, d, q) 模式的 p, q 值。譬如，像以下情形：

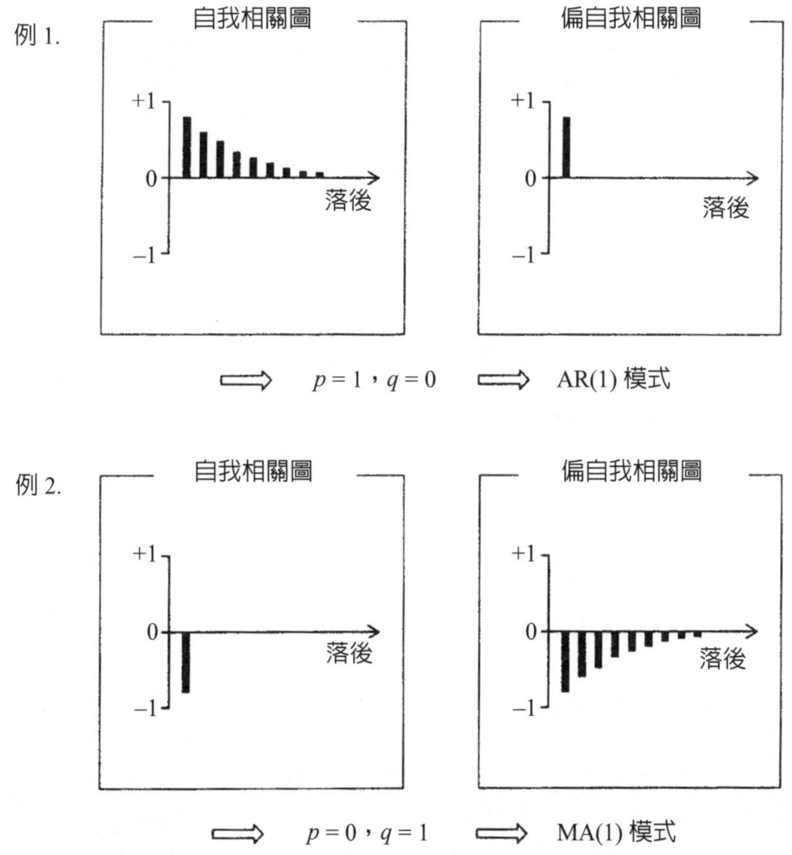

1.2 日期的定義

談到時間數列數據，並非是什麼特殊的數據，它是隨著時間 t 變化的數據 x(t)，稱爲「時間數列數據 (time series data)」。

因此，輸入時間數列數據時，像年、季、月、週、日、時、分、秒的數據是需要的。

SPSS 爲了定義日期，準備有如下的時間單位的表。

日期的定義：時間單位的表

時間單位	說明	週期性	新變數
年	各觀察值是表示年		year_, date_,
年，季	各觀察值是表示一年之中的四半期	季：4	year_, quarter_, date_,
年，月	各觀察值是表示一年之中的月	月：12	year_, month_, date_,
年，季，月	各觀察值是表示一年之中的月	月：12 季：4	year_, quarter_, month_, date_
日	各觀察值是表示日		day_, date_
週，日	各觀察值是表示週之中的日	日：7	week_, day_, date_,
週，營業日 (5)	各觀察值是表示 5 日週期的營業日	日：5	week_, day_, date_,
週，營業日 (6)	各觀察值是表示 6 日週期的營業日	日：6	week_, day_, date_,
日，時	各觀察值是表示 24 小時週期的時間	時：24	day_, hour_, date_,
日，營業時間 (8)	各觀察值是表示 8 小時週期的營業時間	時：8	day_, hour_, date_,
週，日，時	各觀察值是表示一週之中的一日之中的小時	日：7 時：24	week_, day_, hour_, date_,
週，營業日，時	各觀察值是表示 5 日制的週之中的 8 小時制的日之中的小時	日：5 時：8	week_, day_, hour_, date_,
分	各觀察值是表示分		minute_, date_,
時，分	各觀察值是表示 60 分制之小時中之分	分：60	hour_, minute_, date_,
日，時，分	各觀察值是表示 24 小時制之中的 60 分制之小時中的分	分：60 時：24	day_, hour_, minute_, date_,
秒	各觀察值表示秒	秒：60	second_, date_,
時，分，秒	各觀察值是表示 60 分制之中的 60 秒制之分中的秒	秒：60 分：60	hour_, minute_, second_, date_,

〔範例〕

全民健康保險自 1995 年 3 月 1 日開辦，10 多年來對國內醫療環境造成很大的衝擊，各層級醫院除面臨醫療競爭、民眾消費意識改變及各種經營條件的急遽改變，且由於整個醫療環境對地區醫院的衝擊最大，地區醫院經營者爲突破困境，均依據醫院條件調整經營策略來因應健保制度，以求能夠生存與發展，企圖將醫院之獲利最大化。

以下的數據是國內某區域醫院所調查的財務收支情形，從 1991 年 1 月到 1995 年 12 月爲止所得出的收益率（虛構）。

注意：此時間數列之數據，是以年與月爲日期。

表 1.1　某區域醫院的收益率

No.	年 / 月	收益率
1	1991 年 1 月	-1.1
2	1991 年 2 月	21.7
3	1991 年 3 月	-0.7
4	1991 年 4 月	1.4
5	1991 年 5 月	1.9
6	1991 年 6 月	-25.8
7	1991 年 7 月	14.9
8	1991 年 8 月	-9.2
9	1991 年 9 月	1.2
10	1991 年 10 月	5.9
11	1991 年 11 月	-7.8
12	1991 年 12 月	-2.4
13	1992 年 1 月	-3.7
14	1992 年 2 月	-6.4
15	1992 年 3 月	-16.2
16	1992 年 4 月	7.4
17	1992 年 5 月	10.8
18	1992 年 6 月	-13.2
19	1992 年 7 月	4.8
20	1992 年 8 月	16.8
21	1992 年 9 月	0.7
22	1992 年 10 月	-6.5
23	1992 年 11 月	4.2
24	1992 年 12 月	-0.7
25	1993 年 1 月	0.7
26	1993 年 2 月	0.0
27	1993 年 3 月	26.0
28	1993 年 4 月	18.6
29	1993 年 5 月	-3.1
30	1993 年 6 月	-9.7
31	1993 年 7 月	7.7
32	1993 年 8 月	4.3
33	1993 年 9 月	-9.6
34	1993 年 10 月	0.5
35	1993 年 11 月	-14.6
36	1993 年 12 月	5.3
37	1994 年 1 月	29.6
38	1994 年 2 月	2.6
39	1994 年 3 月	-9.3
40	1994 年 4 月	2.8
41	1994 年 5 月	9.5
42	1994 年 6 月	-1.7
43	1994 年 7 月	-7.1
44	1994 年 8 月	0.0
45	1994 年 9 月	-7.2
46	1994 年 10 月	-1.0
47	1994 年 11 月	-4.4
48	1994 年 12 月	6.7
49	1995 年 1 月	-6.3
50	1995 年 2 月	-13.9
51	1995 年 3 月	-2.4
52	1995 年 4 月	4.9
53	1995 年 5 月	-10.6
54	1995 年 6 月	-2.6
55	1995 年 7 月	14.9
56	1995 年 8 月	12.9
57	1995 年 9 月	1.0
58	1995 年 10 月	-3.6
59	1995 年 11 月	7.0
60	1995 年 12 月	12.5

【數據輸入的步驟】

在時間數列數據中，最重要的是「**週期性**」此點。

因此，輸入數據時，爲了使電腦可以理解該週期，應先定義日期。

SPSS是首先輸入數據，之後只要按一下日期的定義，日期就會自動被輸入。

步驟 1　當欲輸入數據時，從以下的畫面開始。

首先，定義變數。因此，以滑鼠點選〔資料 (D)〕。

步驟 2　於畫面的下方按一下〔變數視圖〕。

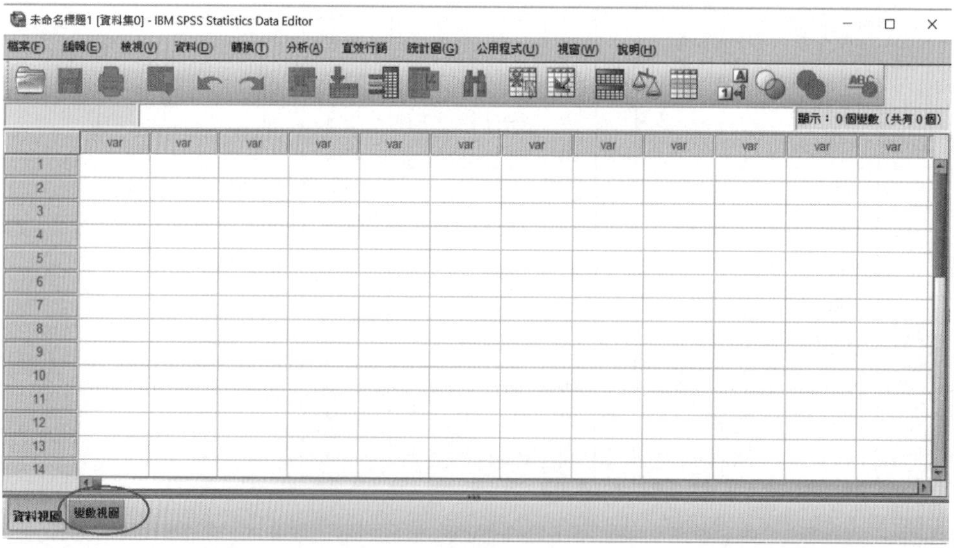

步驟 3　接著將收益率輸入到名稱的下一方格中。

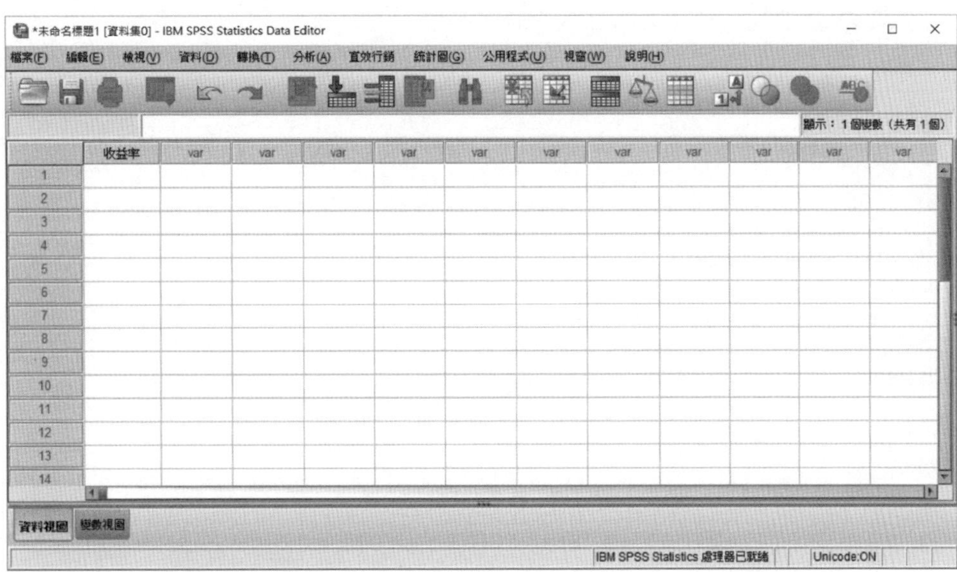

步驟 4　接著於類型中點選數值型，小數的地方輸入 2。

*未命名標題1 [資料集0] - IBM SPSS Statistics Data Editor

檔案(F) 編輯(E) 檢視(V) 資料(D) 轉換(T) 分析(A) 直效行銷 統計圖(G) 公用程式(U) 視窗(W) 說明(H)

	名稱	類型	寬度	小數	標籤	數值	遺漏	直欄	對齊	測量	角
1	收益率	數值型	8	2		無	無	8	右	未知	輸
2											
3											
4											
5											
6											
7											
8											
9											
10											
11											
12											
13											
14											
15											

資料視圖 變數視圖

IBM SPSS Statistics 處理器已就緒　Unicode:ON

步驟 5　按一下〔資料視圖〕，VAR 的地方應該變成收益率。

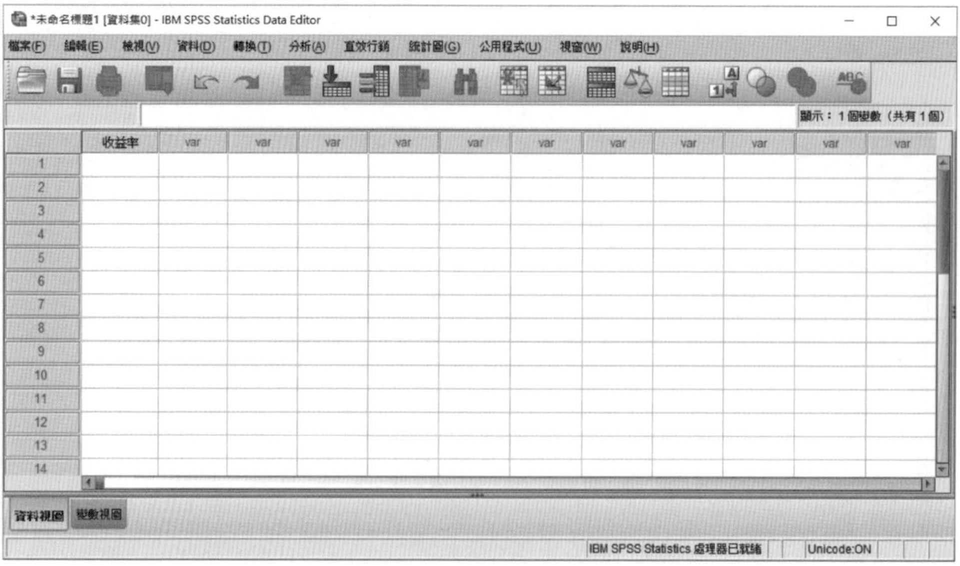

步驟 6　變數名稱的準備完成之後，就要輸入數據。

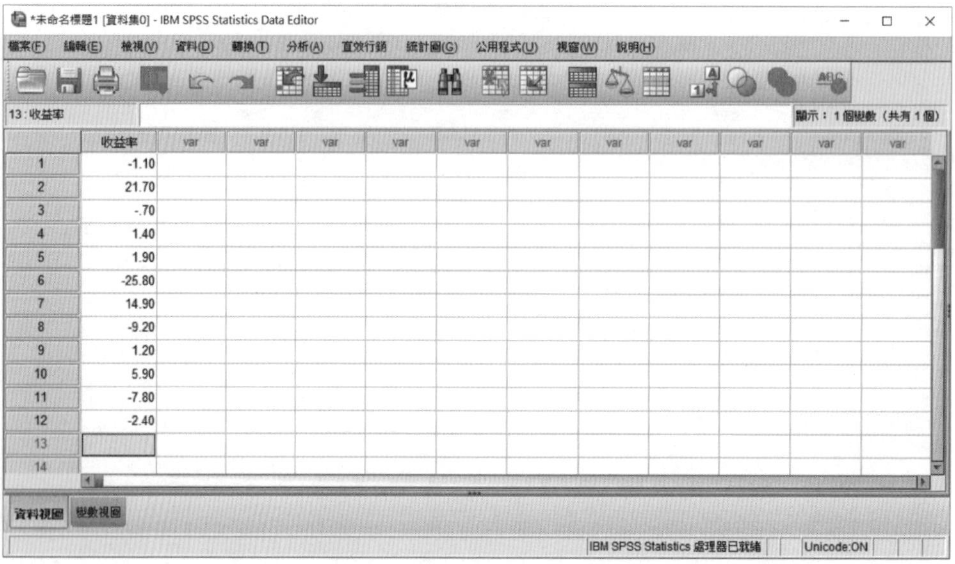

	收益率
1	-1.10
2	21.70
3	-.70
4	1.40
5	1.90
6	-25.80
7	14.90
8	-9.20
9	1.20
10	5.90
11	-7.80
12	-2.40
13	
14	

步驟 7　爲了不要有輸入的錯誤，直到最後的數據都要小心注意。

步驟 8　數據的輸入結束時，就要開始定義日期。

先將方框▢向上移動，從〔資料 (D)〕的清單之中選擇〔定義日期 (A)〕。

步驟 9 於是，出現如下的畫面，選擇年數、月數，在〔第一個觀察值 (F)〕的年的地方輸入 2010，月的地方輸入 1。然後按 確定 。

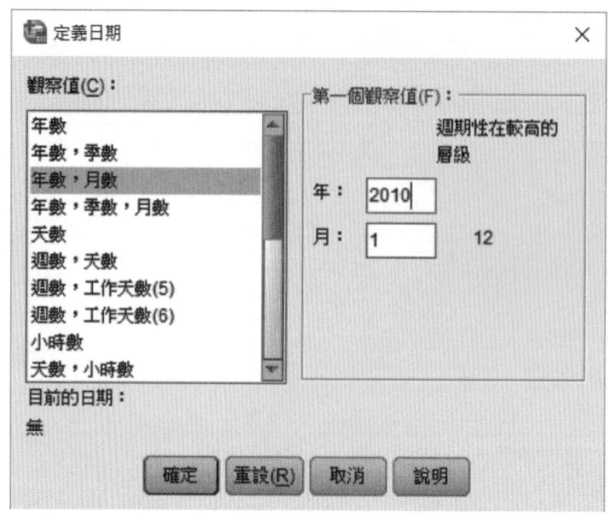

步驟 10 不久，變成了以下的畫面。由於會告知以下的新變數已完成 (The following variables are being created)，所以按一下 ☒ 或 ▁ ，回到資料檔案的畫面。

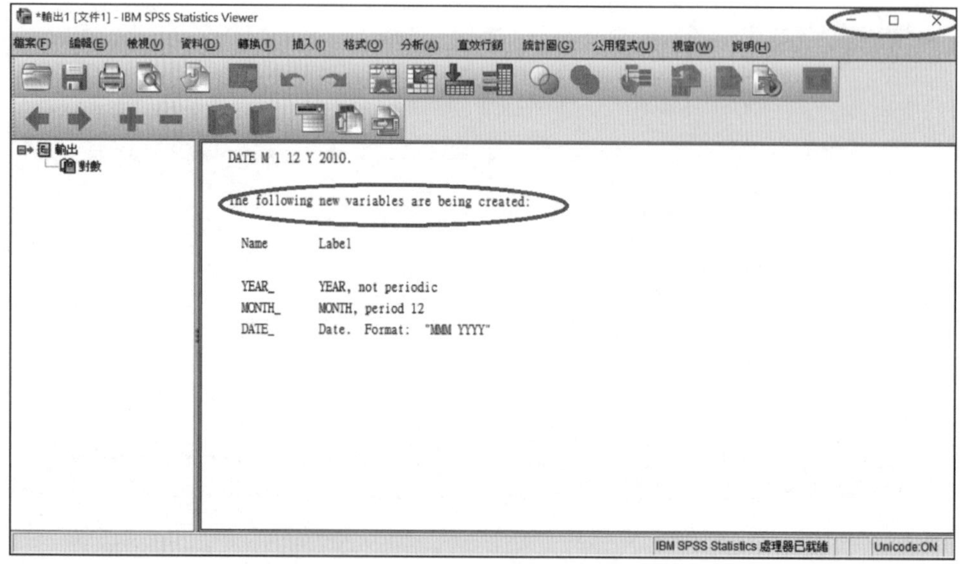

步驟 11　確認數據檔案的畫面中輸入日期之後，才能鬆一口氣！

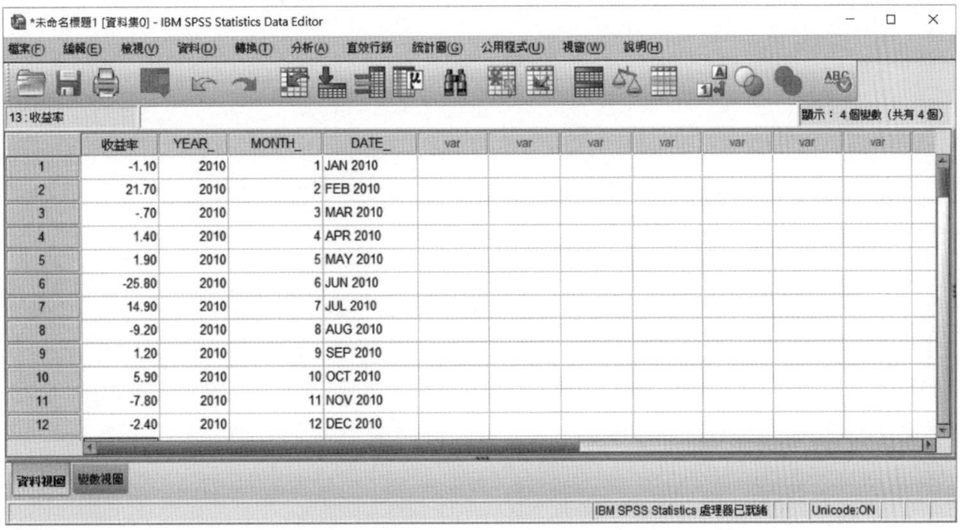

*未命名標題1 [資料集0] - IBM SPSS Statistics Data Editor

檔案(F)　編輯(E)　檢視(V)　資料(D)　轉換(T)　分析(A)　直效行銷　統計圖(G)　公用程式(U)　視窗(W)　說明(H)

13 : 收益率　　顯示：4 個變數（共有 4 個）

	收益率	YEAR_	MONTH_	DATE_	var	var	var	var	var	var	var
1	-1.10	2010	1	JAN 2010							
2	21.70	2010	2	FEB 2010							
3	-.70	2010	3	MAR 2010							
4	1.40	2010	4	APR 2010							
5	1.90	2010	5	MAY 2010							
6	-25.80	2010	6	JUN 2010							
7	14.90	2010	7	JUL 2010							
8	-9.20	2010	8	AUG 2010							
9	1.20	2010	9	SEP 2010							
10	5.90	2010	10	OCT 2010							
11	-7.80	2010	11	NOV 2010							
12	-2.40	2010	12	DEC 2010							

資料視圖　變數視圖

IBM SPSS Statistics 處理器已就緒　Unicode:ON

第 2 章　時間數列數據的變換方式

2.1 前言

將時點 t 的時間數列數據 $\{X(t)\}$ 設為

$$\begin{array}{cccc} \cdots,\ X(t-p),\ \cdots, & X(t-2), & X(t-1), & X(t) \\ \| & \| & \| & \| \\ p\text{ 期前} & 2\text{ 期前} & 1\text{ 期前} & \text{現在} \end{array}$$

利用「**差分**」、「**移動平均**」、「**落後**」的變換方式，製作新的時間數列數據，即可看出原來的時間數列的特徵。

在 SPSS 中為了製作新的時間數列，準備有

- 差分（differences）
- 季節差分
- 中心移動平均
- 事前移動平均
- 移動中央值
- 累積和
- 落後（lag）
- 領先（lead）
- 平滑化（smoothing）

等等。

一、何謂差分

差分即為取差，對於以下的時間數列

$$\cdots\cdots, X(t-p), \cdots\cdots, X(t-2),\ \ X(t-1),\ \ X(t)$$

來說，

$$\Delta X(t) = X(t) - X(t-1)$$

稱爲1次差分。差分的差分

$$\Delta^2 X(t) = \Delta\{\Delta X(t)\}^2 = X(t) - 2X(t-1) + X(t-2)$$

稱爲2次差分。

二、何謂移動平均

所謂的移動平均是指依序取平均，對於時間數列

$$\cdots\cdots, X(t-p), X(t-p+1), \cdots\cdots, X(t-2), X(t-1), X(t)$$

而言，以下的時間數列

$$\cdots\cdots, \frac{x(t-3)+x(t-2)+x(t-1)}{3}, \frac{x(t-2)+x(t-1)+x(t)}{3}$$

稱爲3項移動平均。其他，也有5項移動平均與12項移動平均。

三、何謂落後（lag）

對於時間數列

$$\cdots\cdots, X(t-p), X(t-p+1), \cdots\cdots, X(t-2), X(t-1), X(t)$$

來說，$Lx(t) = x(t-1)$（L稱爲lag operator）稱爲一次落後。2次落後即爲

$$L^2 x(t) = L(Lx(t-1)) = x(t-2)$$

〔範例〕

爲了探討美國之經濟景氣循環期間與醫療生物科技產業之間的關係，除了分析美國醫療保健相關產業的發展現況指數，同時並探討這些醫療保健產業類股指數的走勢。並檢定醫療保健相關產業之股價指數對於美國景氣循環期間中之擴張期和緊縮期在解釋上的異同性。研究期間從1990年1月起到1995年12月爲止，驗證資料爲美國醫療保健相關產業指數，包含生劑製藥產業指數（Drugs）、醫療設備產業指數（MedEq）及健康照護產業指數（Hlth）等三類指數。經由實證後發現醫療保健相關類股指數會領先美國景氣循環之低點有一個月以上的情況，因此可視爲是一種經濟景氣的領先指標。其次，也發現三種醫療保健相關類股指

數對於美國景氣循環之高點則互有領先或落後的情況。

以下的數據是調查從 1990 年 1 月到 1995 年 12 月爲止的醫療產業的景氣動向。試從此時間數列製作新的時間數列看看。

表 2.1　景氣動向

No.	年月	景氣動向	No.	年月	景氣動向	No.	年月	景氣動向
1	1990 年 1 月	42	25	1992 年 1 月	30	49	1994 年 1 月	61
2	1990 年 2 月	57	26	1992 年 2 月	30	50	1994 年 2 月	65
3	1990 年 3 月	69	27	1992 年 3 月	42	51	1994 年 3 月	76
4	1990 年 4 月	50	28	1992 年 4 月	23	52	1994 年 4 月	61
5	1990 年 5 月	84	29	1992 年 5 月	23	53	1994 年 5 月	69
6	1990 年 6 月	76	30	1992 年 6 月	23	54	1994 年 6 月	84
7	1990 年 7 月	61	31	1992 年 7 月	30	55	1994 年 7 月	84
8	1990 年 8 月	61	32	1992 年 8 月	34	56	1994 年 8 月	92
9	1990 年 9 月	30	33	1992 年 9 月	46	57	1994 年 9 月	65
10	1990 年 10 月	38	34	1992 年 10 月	15	58	1994 年 10 月	76
11	1990 年 11 月	23	35	1992 年 11 月	15	59	1994 年 11 月	84
12	1990 年 12 月	46	36	1992 年 12 月	30	60	1994 年 12 月	69
13	1991 年 1 月	26	37	1993 年 1 月	61		1995 年 1 月	61
14	1991 年 2 月	38	38	1993 年 2 月	76		1995 年 2 月	42
15	1991 年 3 月	15	39	1993 年 3 月	73		1995 年 3 月	53
16	1991 年 4 月	30	40	1993 年 4 月	61		1995 年 4 月	65
17	1991 年 5 月	30	41	1993 年 5 月	30		1995 年 5 月	23
18	1991 年 6 月	7	42	1993 年 6 月	15		1995 年 6 月	15
19	1991 年 7 月	11	43	1993 年 7 月	38		1995 年 7 月	30
20	1991 年 8 月	15	44	1993 年 8 月	23		1995 年 8 月	30
21	1991 年 9 月	30	45	1993 年 9 月	30		1995 年 9 月	46
22	1991 年 10 月	23	46	1993 年 10 月	38		1995 年 10 月	76
23	1991 年 11 月	30	47	1993 年 11 月	30		1995 年 11 月	61
24	1991 年 12 月	23	48	1993 年 12 月	38		1995 年 12 月	92

【數據輸入類型】

景氣動向的數據輸入結束時，將方框 ▭ 向右移動，利用〔資料 (D)〕⇨〔定義日期 (E)〕，如下輸入日期。

2.1.sav [資料集1] - IBM SPSS Statistics Data Editor

檔案(F) 編輯(E) 檢視(V) 資料(D) 轉換(T) 分析(A) 直效行銷 統計圖(G) 公用程式(U) 視窗(W) 說明(H)

1 : DATE_ JAN 1990 顯示：4 個變數（共有 4 個）

	景氣動向	YEAR_	MONTH_	DATE_	var	var	var	var	var	var	var
1	42	1990	1	JAN 1990							
2	57	1990	2	FEB 1990							
3	69	1990	3	MAR 1990							
4	50	1990	4	APR 1990							
5	84	1990	5	MAY 1990							
6	76	1990	6	JUN 1990							
7	61	1990	7	JUL 1990							
8	61	1990	8	AUG 1990							
9	30	1990	9	SEP 1990							
10	38	1990	10	OCT 1990							
11	23	1990	11	NOV 1990							
12	46	1990	12	DEC 1990							
13	26	1991	1	JAN 1991							
14	38	1991	2	FEB 1991							

資料視圖 變數視圖

IBM SPSS Statistics 處理器已就緒 Unicode:ON

⋮ ⋮ ⋮ ⋮

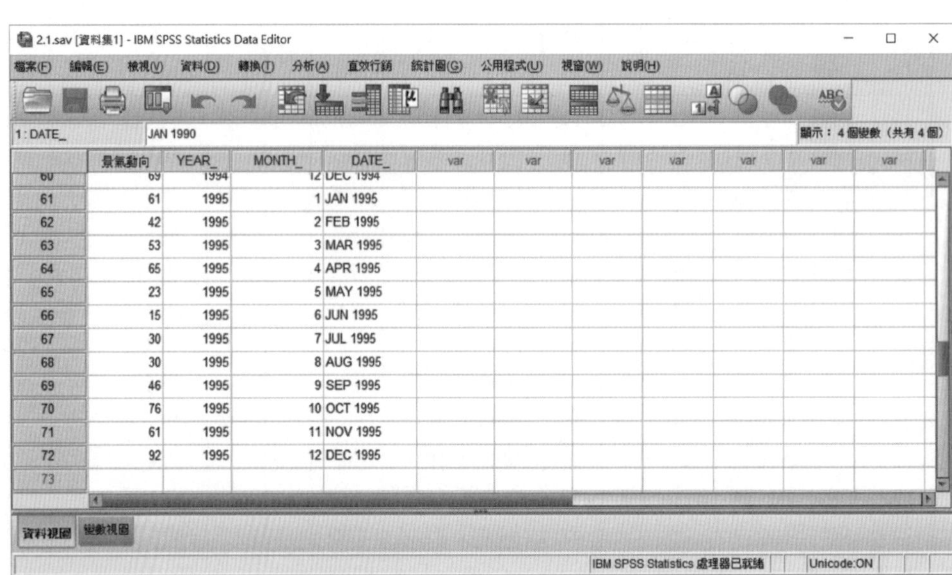

2.1.sav [資料集1] - IBM SPSS Statistics Data Editor

檔案(F) 編輯(E) 檢視(V) 資料(D) 轉換(T) 分析(A) 直效行銷 統計圖(G) 公用程式(U) 視窗(W) 說明(H)

1 : DATE_ JAN 1990 顯示：4 個變數（共有 4 個）

	景氣動向	YEAR_	MONTH_	DATE_	var	var	var	var	var	var	var
60	69	1994	12	DEC 1994							
61	61	1995	1	JAN 1995							
62	42	1995	2	FEB 1995							
63	53	1995	3	MAR 1995							
64	65	1995	4	APR 1995							
65	23	1995	5	MAY 1995							
66	15	1995	6	JUN 1995							
67	30	1995	7	JUL 1995							
68	30	1995	8	AUG 1995							
69	46	1995	9	SEP 1995							
70	76	1995	10	OCT 1995							
71	61	1995	11	NOV 1995							
72	92	1995	12	DEC 1995							
73											

資料視圖 變數視圖

IBM SPSS Statistics 處理器已就緒 Unicode:ON

2.2 利用差分建立新的時間數列

【統計處理的步驟】

步驟 1　按一下〔轉換 (T)〕，從清單之中選擇〔建立時間序列 (M)〕。

步驟 2　出現以下的畫面時，確認〔函數 (F)〕之下的方框中變成差異（差分）。也確認一下〔順序(O)〕的旁邊方框之中變成1，再按一下〔景氣動向〕。

步驟 3 按一下景氣動向時，右方的變數→新名稱 (A)，變成如下。DIFF 是 different 的簡稱，指差分。

之後，按一下確定。於是…

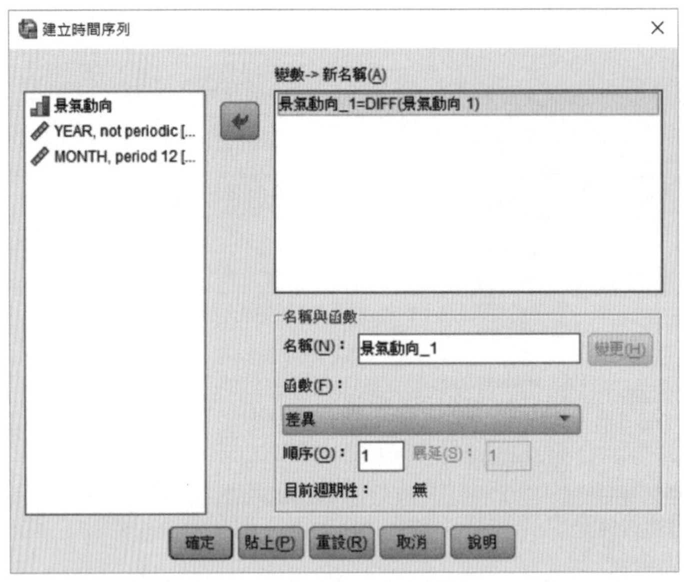

步驟 4 出現以下的輸出畫面。當回到資料檔時，按一下☒或▁。

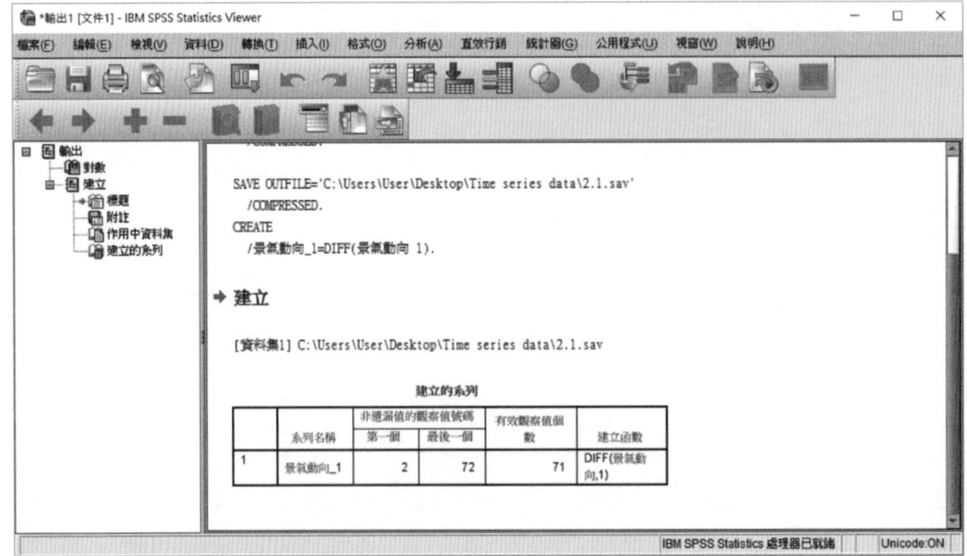

建立的系列

	系列名稱	非遺漏值的觀察值號碼 第一個	最後一個	有效觀察值個數	建立函數
1	景氣動向_1	2	72	71	DIFF(景氣動向,1)

【SPSS 的輸出】

回到資料檔時，應該會增加 1 個景氣動向 _1 的變數。

*2.1.sav [資料集1] - IBM SPSS Statistics Data Editor

檔案(F)　編輯(E)　檢視(V)　資料(D)　轉換(T)　分析(A)　直效行銷　統計圖(G)　公用程式(U)　視窗(W)　說明(H)

1 : DATE_　JAN 1990　顯示：5 個變數（共有 5 個）

	景氣動向	YEAR_	MONTH_	DATE_	景氣動向_1	var	var	var	var	var
1	42	1990	1	JAN 1990	.					
2	57	1990	2	FEB 1990	15					
3	69	1990	3	MAR 1990	12					
4	50	1990	4	APR 1990	-19					
5	84	1990	5	MAY 1990	34					
6	76	1990	6	JUN 1990	-8					
7	61	1990	7	JUL 1990	-15					
8	61	1990	8	AUG 1990	0					
9	30	1990	9	SEP 1990	-31					
10	38	1990	10	OCT 1990	8					
11	23	1990	11	NOV 1990	-15					
12	46	1990	12	DEC 1990	23					
13	26	1991	1	JAN 1991	-20					
14	38	1991	2	FEB 1991	12					

資料視圖　變數視圖

IBM SPSS Statistics 處理器已就緒　Unicode:ON

【輸出結果的判讀法】

差分是取差，針對時間數列數據以如下的方式

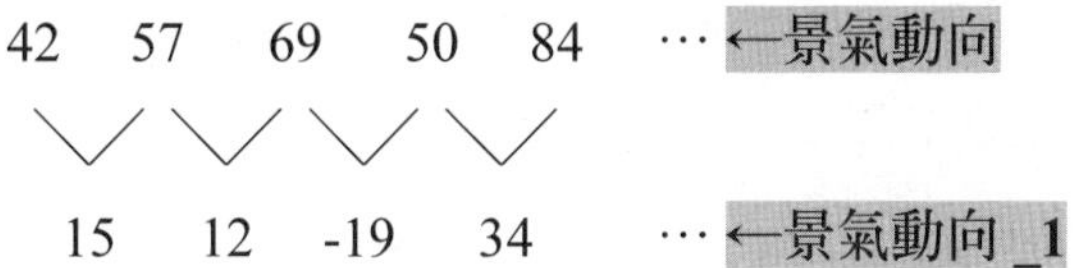

依序取差所得者，即爲景氣動向 -1 的變數。

時間數列分析中取差分是將非定常時間數列變換成定常時間數列的重要技巧。

2.3 利用中心化平均製作新的時間數列

【統計處理的步驟】

步驟 1 按一下〔轉換 (T)〕，選擇清單之中的〔建立時間序列 (M)〕。

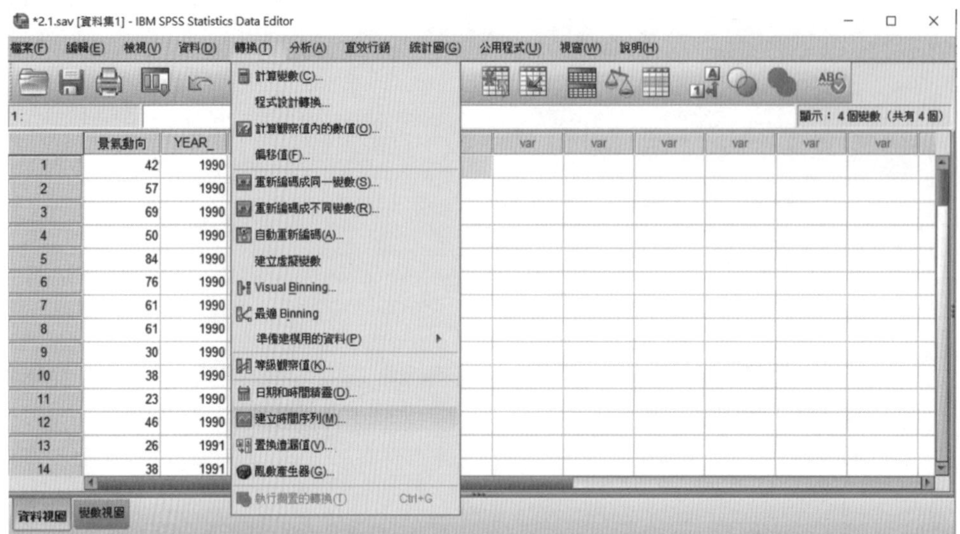

步驟 2 出現以下的畫面時，從〔函數 (F)〕之中選出〔移動均數的中心〕，再按一下。

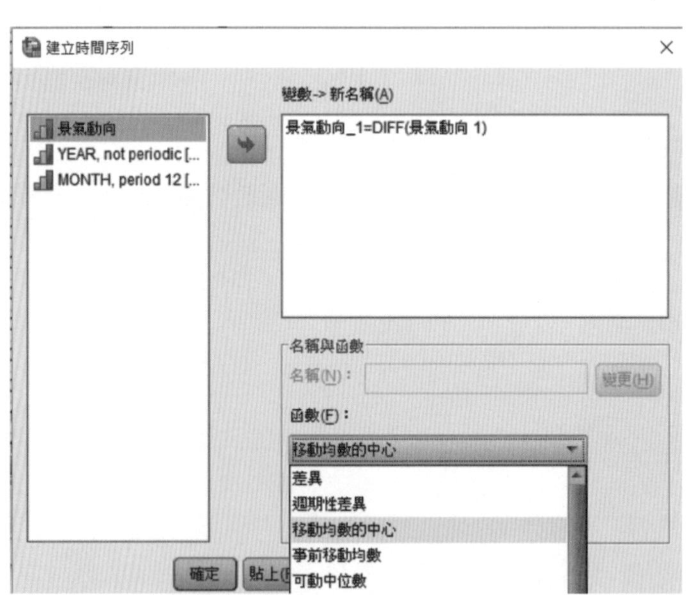

步驟 3　如果是 3 項移動平均時，將〔展延 (S)〕先取成 3。
如果是 5 項移動平均時，將〔展延 (S)〕先取成 5。

步驟 4　之後按一下〔景氣動向〕變成藍色之後，以滑鼠點選 。
於是，〔變數 (N)〕的方框之中，就會變成如下。然後，按 確定。

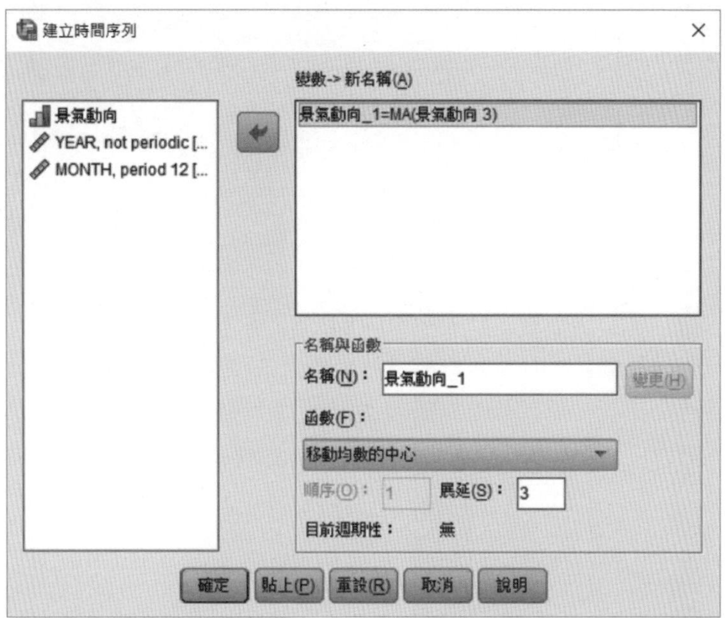

【SPSS的輸出】

雖然一度成為輸出畫面，但資料檔案的畫面都變成如下。

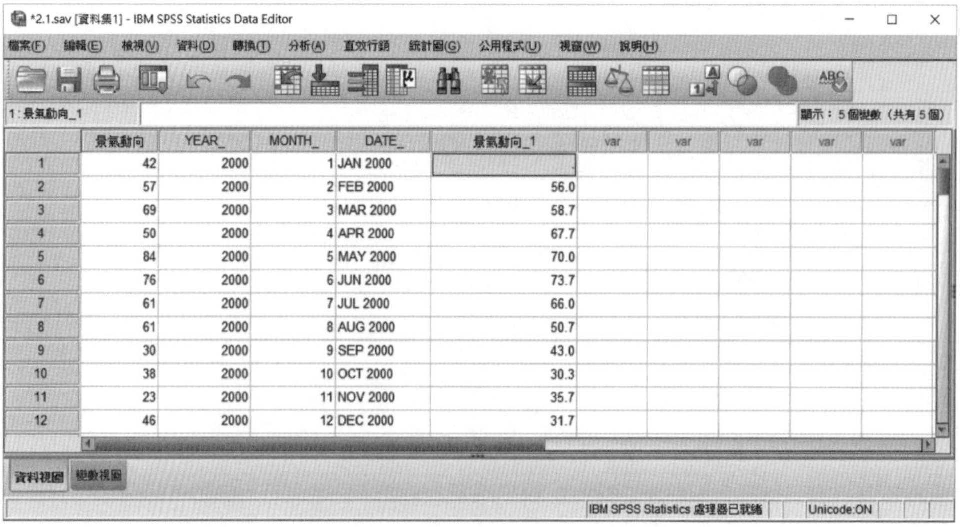

*2.1.sav [資料集1] - IBM SPSS Statistics Data Editor

檔案(F) 編輯(E) 檢視(V) 資料(D) 轉換(T) 分析(A) 直效行銷 統計圖(G) 公用程式(U) 視窗(W) 說明(H)

1 : 景氣動向_1 顯示：5 個變數（共有 5 個）

	景氣動向	YEAR_	MONTH_	DATE_	景氣動向_1	var	var	var	var	var
1	42	2000	1	JAN 2000						
2	57	2000	2	FEB 2000	56.0					
3	69	2000	3	MAR 2000	58.7					
4	50	2000	4	APR 2000	67.7					
5	84	2000	5	MAY 2000	70.0					
6	76	2000	6	JUN 2000	73.7					
7	61	2000	7	JUL 2000	66.0					
8	61	2000	8	AUG 2000	50.7					
9	30	2000	9	SEP 2000	43.0					
10	38	2000	10	OCT 2000	30.3					
11	23	2000	11	NOV 2000	35.7					
12	46	2000	12	DEC 2000	31.7					

資料視圖 變數視圖

IBM SPSS Statistics 處理器已就緒 Unicode:ON

【輸出結果的判斷法】

新變數…景氣 -1…的意義非常簡單！！

42, 57, 69 … $56.0=\dfrac{42+57+69}{3}$

57, 69, 50 ……… $58.7=\dfrac{57+69+50}{3}$ ← 的確是 3 項的平均

69, 50, 84 ………… $67.7=\dfrac{69+50+84}{3}$

76

⋮

2.4 利用落後製作新的時間數列

【統計處理的步驟】

步驟 1　按一下〔轉換 (T)〕，選擇清單之中的〔建立時間序列 (M)〕。

步驟 2　出現以下的畫面時，從〔函數 (F)〕之中選擇〔落後〕。

步驟 3 想將落後取成 3 時，將〔順序 (O)〕的方框之中取成 3。

建立時間序列
景氣動向
YEAR, not periodic [...
MONTH, period 12 [...
變數-> 新名稱(A)
名稱與函數
名稱(N)：
變更(H)
函數(F)：
落後
順序(O)： 3 展延(S)： 1
目前週期性： 12
確定 貼上(P) 重設(R) 取消 說明

步驟 4 之後，按一下〔景氣動向〕。並且，按一下 ➡ 時，〔變數 (N)〕的方框之中變成如下，再按一下 確定，即告完成。

【SPSS 的輸出】

雖然一度變成輸出畫面，但資料檔案的畫面卻變成如下。

*2.1.sav [資料集1] - IBM SPSS Statistics Data Editor

檔案(F)　編輯(E)　檢視(V)　資料(D)　轉換(T)　分析(A)　直效行銷　統計圖(G)　公用程式(U)　視窗(W)　說明(H)

顯示：5 個變數（共有 5 個）

	景氣動向	YEAR_	MONTH_	DATE_	景氣動向_1	var	var	var	var	var
1	42	1990	1	JAN 1990	.					
2	57	1990	2	FEB 1990	.					
3	69	1990	3	MAR 1990	.					
4	50	1990	4	APR 1990	42					
5	84	1990	5	MAY 1990	57					
6	76	1990	6	JUN 1990	69					
7	61	1990	7	JUL 1990	50					
8	61	1990	8	AUG 1990	84					
9	30	1990	9	SEP 1990	76					
10	38	1990	10	OCT 1990	61					
11	23	1990	11	NOV 1990	61					
12	46	1990	12	DEC 1990	30					
13	26	1991	1	JAN 1991	38					
14	38	1991	2	FEB 1991	23					

資料視圖　變數視圖

IBM SPSS Statistics 處理器已就緒　Unicode:ON

【輸出結果的判讀法】

新變數…景氣 _1…的意義非常簡單！！

原來的時間數列　　　新的時間數列

景氣動向　　　景氣動 -1

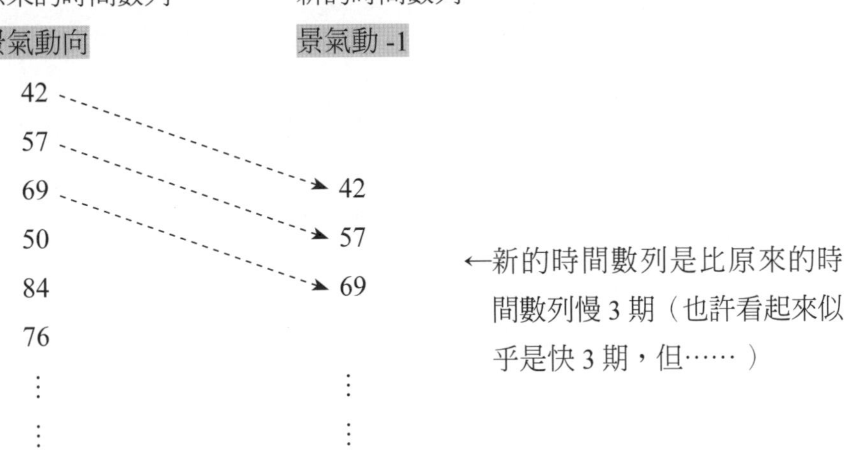

←新的時間數列是比原來的時間數列慢 3 期（也許看起來似乎是快 3 期，但……）

第 3 章　時間數列數據的圖形表現方式

3.1　前言

統計處理的第一步，怎麼說也是數據的圖形表現。時間數列數據的圖形表現，即為我們非常熟悉的折線圖。

一、各種時間數列圖形

1. 定常時間數列圖形

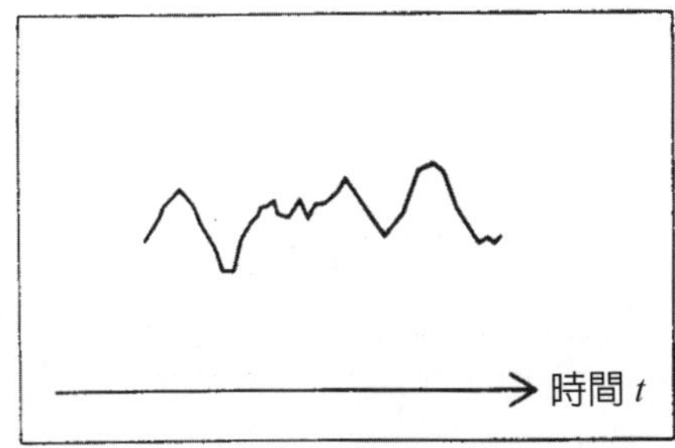

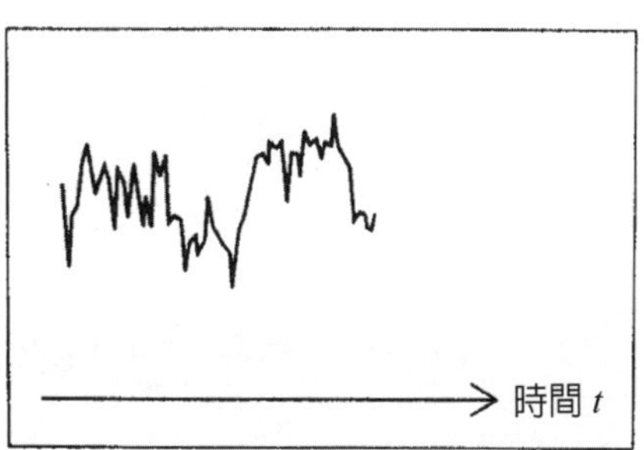

2. 非定常時間數列圖形

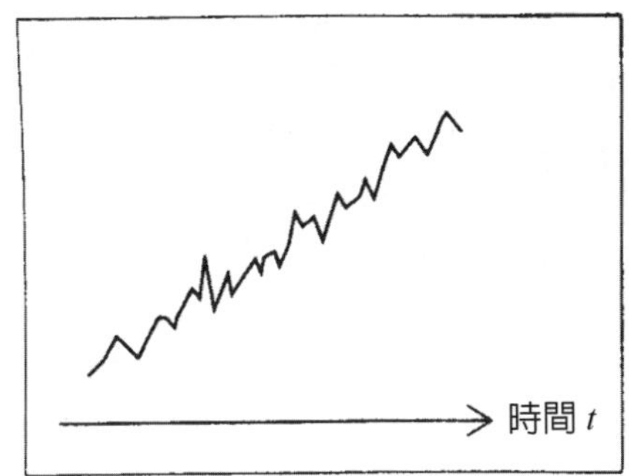

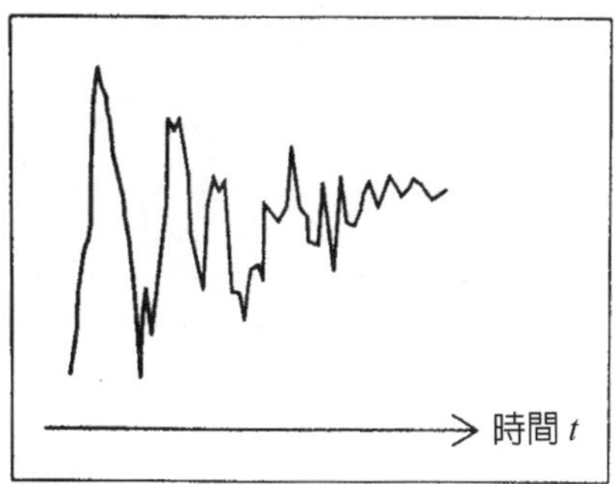

3. 有季節性的時間數列圖形

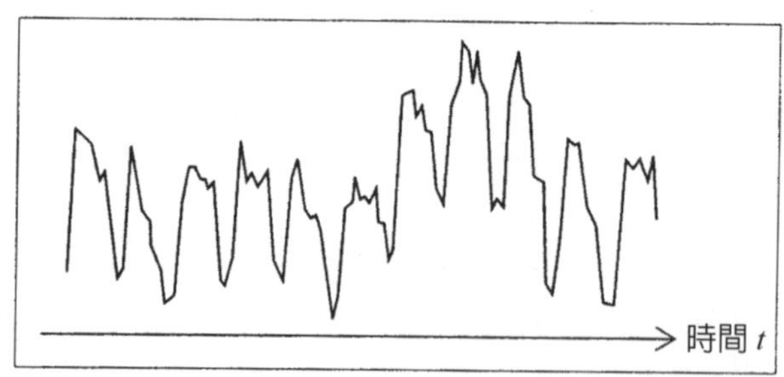

4. 有趨勢的時間數列圖形

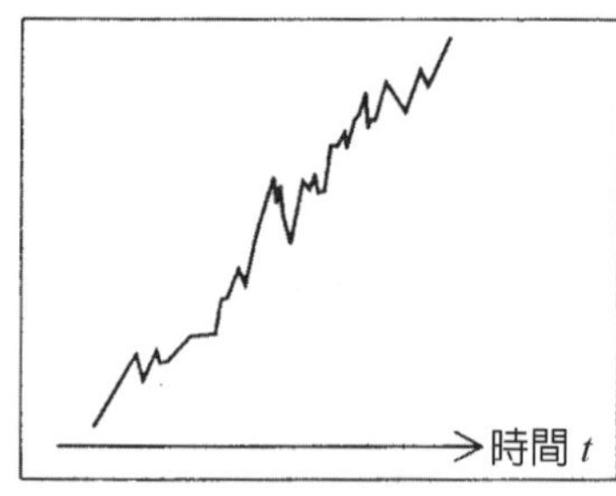

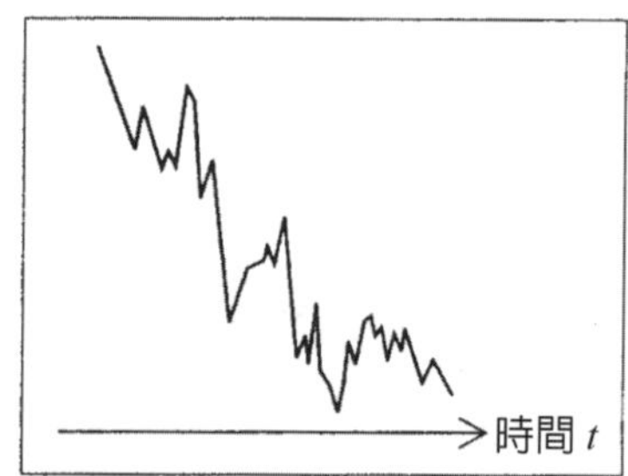

5. 隨機漫步

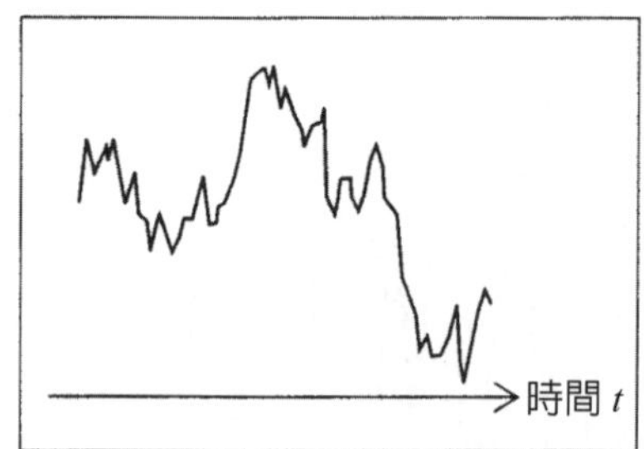

6. 不規則變動（**white noise**）

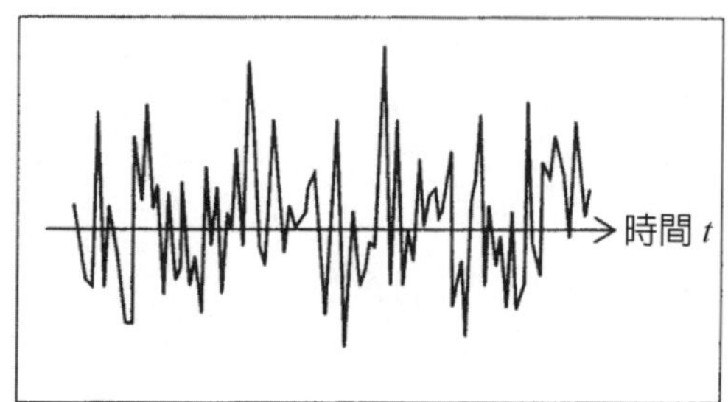

〔範例〕

科技，早已漸漸融入醫療健康產業，這股勢力逐漸在臺股顯現。

爲因應快速轉變的市場環境，生技醫療產業整合各項資源，生態系也日漸成形。臺灣生技醫療產業服務團隊結合了全球資源及在地網絡，整合集團成員之力，協助客戶串聯生醫創投與資本市場，規劃合適的財務及稅務方案，提供授權與併購諮詢服務，扶持國內生醫新創企業茁壯，並協助成長期的生醫廠商取得跨國資源，邁向國際市場。

以下的數據是從 1987 年 1 月到 1995 年 12 月的臺灣生技醫療產業台股平均股價的（假想）數據。

表 3.1　臺灣生技醫療產業台股平均股價

No.	年月	台股平均	No.	年月	台股平均	No.	年月	台股平均
1	1987 年 1 月	19265	37	1990 年 1 月	37404	73	1993 年 1 月	16658
2	1987 年 2 月	19962	38	1990 年 2 月	36517	74	1993 年 2 月	17036
3	1987 年 3 月	21433	39	1990 年 3 月	32305	75	1993 年 3 月	18038
4	1987 年 4 月	23251	40	1990 年 4 月	29237	76	1993 年 4 月	19991
5	1987 年 5 月	24333	41	1990 年 5 月	31826	77	1993 年 5 月	20631
6	1987 年 6 月	25243	42	1990 年 6 月	32364	78	1993 年 6 月	20111
7	1987 年 7 月	23940	43	1990 年 7 月	32170	79	1993 年 7 月	19980
8	1987 年 8 月	25340	44	1990 年 8 月	26908	80	1993 年 8 月	20623
9	1987 年 9 月	25290	45	1990 年 9 月	23935	81	1993 年 9 月	20614
10	1987 年 10 月	24746	46	1990 年 10 月	23816	82	1993 年 10 月	20128
11	1987 年 11 月	22621	47	1990 年 11 月	23468	83	1993 年 11 月	17965
12	1987 年 12 月	22683	48	1990 年 12 月	23740	84	1993 年 12 月	17263
13	1988 年 1 月	22848	49	1991 年 1 月	23321	85	1994 年 1 月	18661
14	1988 年 2 月	24333	50	1991 年 2 月	25219	86	1994 年 2 月	19697
15	1988 年 3 月	25703	51	1991 年 3 月	26458	87	1994 年 3 月	20021
16	1988 年 4 月	26844	52	1991 年 4 月	26469	88	1994 年 4 月	19897
17	1988 年 5 月	27412	53	1991 年 5 月	25848	89	1994 年 5 月	20303
18	1988 年 6 月	27876	54	1991 年 6 月	24533	90	1994 年 6 月	21014
19	1988 年 7 月	27670	55	1991 年 7 月	23226	91	1994 年 7 月	20548
20	1988 年 8 月	27968	56	1991 年 8 月	22730	92	1994 年 8 月	20603
21	1988 年 9 月	27568	57	1991 年 9 月	23038	93	1994 年 9 月	19934
22	1988 年 10 月	27461	58	1991 年 10 月	24631	94	1994 年 10 月	19851
23	1988 年 11 月	28729	59	1991 年 11 月	23795	95	1994 年 11 月	19277
24	1988 年 12 月	29720	60	1991 年 12 月	22304	96	1994 年 12 月	19299

（接下頁）

表 3.1（續）

No.	年月	台股平均
25	1989 年 1 月	31170
26	1989 年 2 月	32005
27	1989 年 3 月	31955
28	1989 年 4 月	33226
29	1989 年 5 月	33989
30	1989 年 6 月	33373
31	1989 年 7 月	33843
32	1989 年 8 月	34808
33	1989 年 9 月	34649
34	1989 年 10 月	35323
35	1989 年 11 月	36038
36	1989 年 12 月	38130

No.	年月	台股平均
61	1992 年 1 月	21857
62	1992 年 2 月	21412
63	1992 年 3 月	20350
64	1992 年 4 月	17593
65	1992 年 5 月	18335
66	1992 年 6 月	16948
67	1992 年 7 月	16278
68	1992 年 8 月	15790
69	1992 年 9 月	18202
70	1992 年 10 月	17174
71	1992 年 11 月	16819
72	1992 年 12 月	17390

No.	年月	台股平均
97	1995 年 1 月	18948
98	1995 年 2 月	18065
99	1995 年 3 月	16447
100	1995 年 4 月	16322
101	1995 年 5 月	16265
102	1995 年 6 月	15039
103	1995 年 7 月	16188
104	1995 年 8 月	17410
105	1995 年 9 月	18097
106	1995 年 10 月	17951
107	1995 年 11 月	18109
108	1995 年 12 月	19417

【數據輸入的類型】

將台股平均股價的數據輸入完成後，利用〔資料 (D)〕⇨〔定義日期 (E)〕，然後輸入日期。

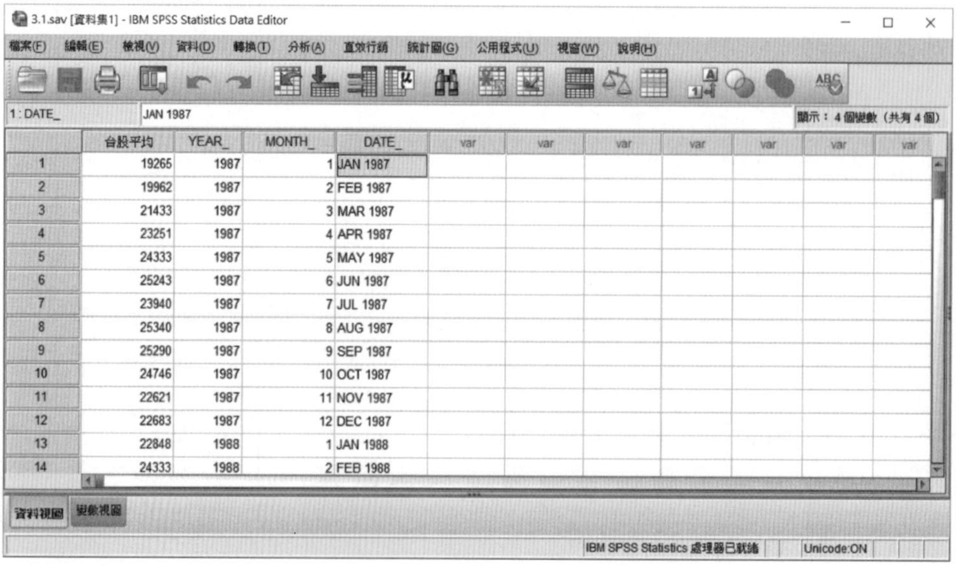

3.1.sav [資料集1] - IBM SPSS Statistics Data Editor

檔案(F) 編輯(E) 檢視(V) 資料(D) 轉換(T) 分析(A) 直效行銷 統計圖(G) 公用程式(U) 視窗(W) 說明(H)

1 : DATE_ JAN 1987 顯示：4 個變數（共有 4 個）

	台股平均	YEAR_	MONTH_	DATE_	var	var	var	var	var	var	var
1	19265	1987	1	JAN 1987							
2	19962	1987	2	FEB 1987							
3	21433	1987	3	MAR 1987							
4	23251	1987	4	APR 1987							
5	24333	1987	5	MAY 1987							
6	25243	1987	6	JUN 1987							
7	23940	1987	7	JUL 1987							
8	25340	1987	8	AUG 1987							
9	25290	1987	9	SEP 1987							
10	24746	1987	10	OCT 1987							
11	22621	1987	11	NOV 1987							
12	22683	1987	12	DEC 1987							
13	22848	1988	1	JAN 1988							
14	24333	1988	2	FEB 1988							

資料視圖 變數視圖

IBM SPSS Statistics 處理器已就緒 Unicode:ON

⋮ ⋮ ⋮ ⋮

3.1.sav [資料集1] - IBM SPSS Statistics Data Editor

檔案(F)　編輯(E)　檢視(V)　資料(D)　轉換(T)　分析(A)　直效行銷　統計圖(G)　公用程式(U)　視窗(W)　說明(H)

101 :　　顯示：4 個變數（共有 4 個）

	台股平均	YEAR_	MONTH_	DATE_	var	var	var	var	var	var	var
96	19299	1994	12	DEC 1994							
97	18948	1995	1	JAN 1995							
98	18065	1995	2	FEB 1995							
99	16447	1995	3	MAR 1995							
100	16322	1995	4	APR 1995							
101	16265	1995	5	MAY 1995							
102	15039	1995	6	JUN 1995							
103	16188	1995	7	JUL 1995							
104	17410	1995	8	AUG 1995							
105	18097	1995	9	SEP 1995							
106	17951	1995	10	OCT 1995							
107	18109	1995	11	NOV 1995							
108	19417	1995	12	DEC 1995							
109											

資料視圖　變數視圖

IBM SPSS Statistics 處理器已就緒　Unicode:ON

3.2 時間數列圖形

【統計處理的步驟】

步驟 1　按一下〔預測 (T)〕，從清單之中選擇〔序列圖 (N)〕。

步驟 2 出現以下的畫面時，按一下〔台股平均〕，並且按一下〔變數 (V)〕左方的 。

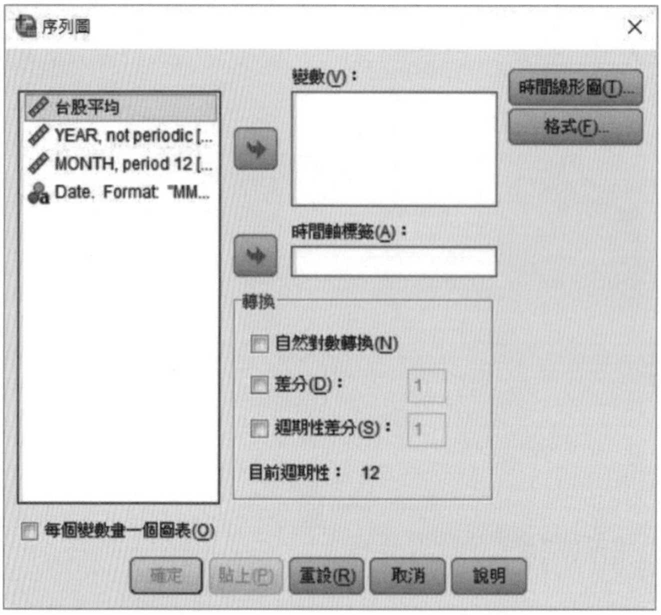

步驟 3 於是，台股平均就會移到〔變數 (V)〕的方框之中。
之後，按 確定 。

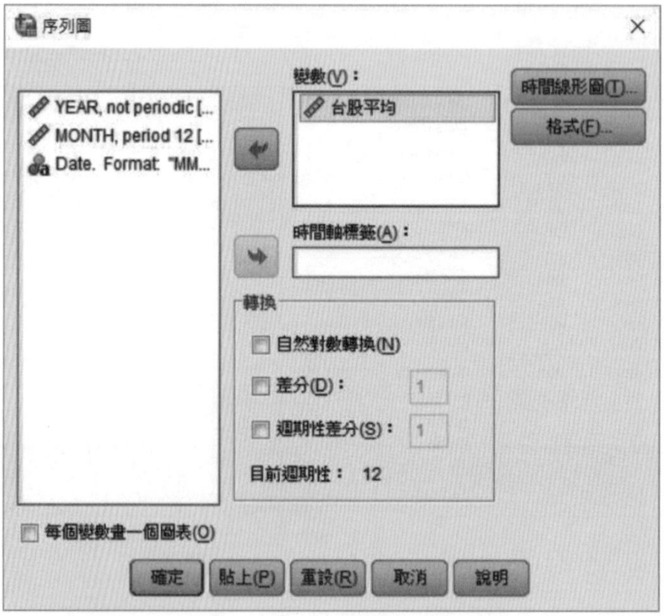

一點靈

時間數列數據為了使數據的變動安定，經常進行對數變換。

此時試勾選步驟 3〔轉換〕之中的〔自然對數變換 (N)〕。

【SPSS 輸出】

台股平均股價的時間數列圖形即爲如下。

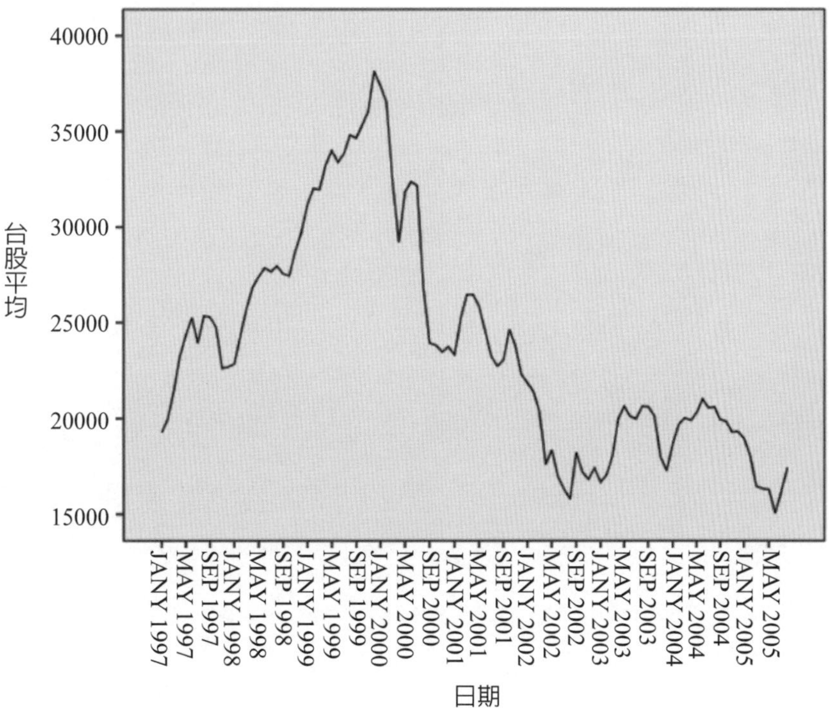

【輸出結果的判讀法】

一面觀察此時間數列圖形，一面解讀趨勢、週期變動、季節變動（=12 個月）。此數據是股價，因之也許成爲隨機漫步。

第 4 章　自我相關、偏自我相關

4.1　前言

時間數列數據的相關係數有：自我相關係數、偏自我相關係數、交差相關係數等等。

一、自我相關係數（autocorrelation coefficient）

1 次的自我相關係數 $\rho(1)$ 是像

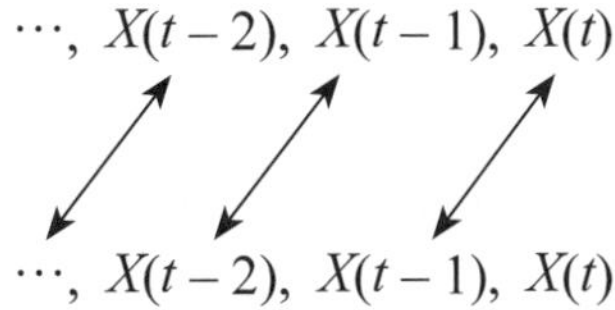

挪 1 期時的相關係數。

2 次的自我相關係數 $\rho(2)$ 是像

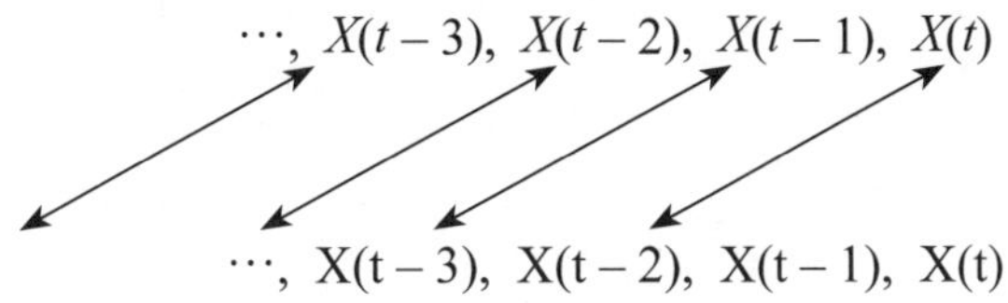

挪 2 期時的相關係數。

將自我相關係數表現成圖形者稱爲自我相關圖形，或者稱 correlogram，是時間數列分析不可或缺的工具之一。

二、各種自我相關 ACF 的圖形

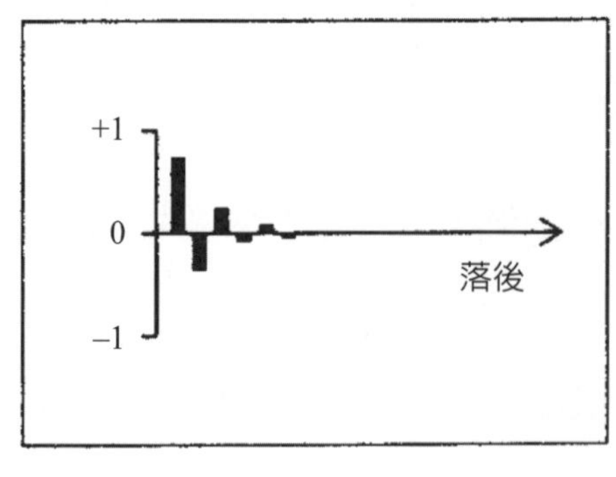

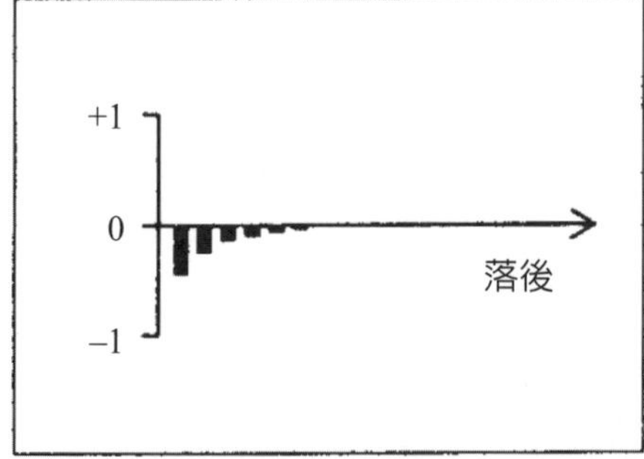

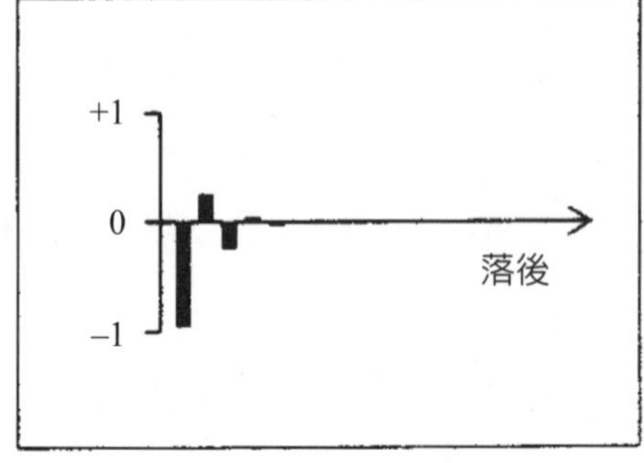

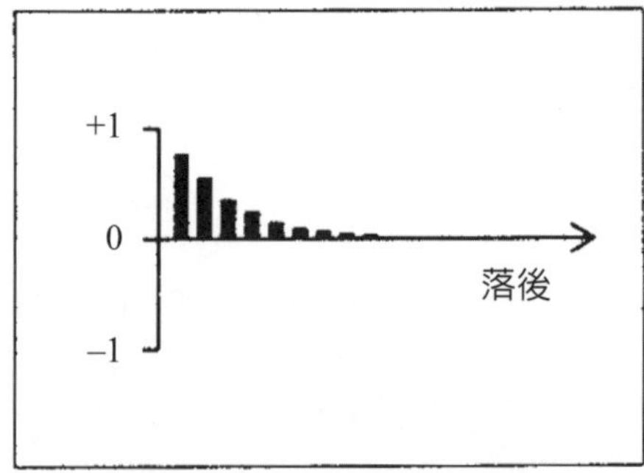

三、偏自我相關係數（partial autocorrelation coefficient）

偏自我相關係數的定義並不太簡單，分別將 $\rho(1)$、$\rho(2)$、$\rho(3)$ 當作 1 次、2 次、3 次的自我相關係數時…

$$1\text{ 次的偏自我相關係數 } \phi_{11} = \frac{|\rho(1)|}{|1|} = \rho(1)$$

$$2\text{ 次的偏自我相關係數 } \phi_{22} = \frac{\begin{vmatrix} 1 & \rho(1) \\ \rho(1) & \rho(2) \end{vmatrix}}{\begin{vmatrix} 1 & \rho(1) \\ \rho(1) & 1 \end{vmatrix}}$$

$$3\text{ 次的偏自我相關係數 } \phi_{22} = \frac{\begin{vmatrix} 1 & \rho(1) & \rho(1) \\ \rho(1) & 1 & \rho(2) \\ \rho(2) & \rho(1) & \rho(3) \end{vmatrix}}{\begin{vmatrix} 1 & \rho(1) & \rho(2) \\ \rho(1) & 1 & \rho(1) \\ \rho(2) & \rho(1) & 1 \end{vmatrix}}$$

簡言之，所謂 k 次的偏自我相關係數是去除中途的 1 期到 $k-1$ 期的影響之後的相關係數。

將偏自我相關係數的圖形表現稱爲偏自我相關圖，與自我相關圖一樣，是時間數列分析所不可欠缺的。

四、各種偏自我相關 PACF 的圖形

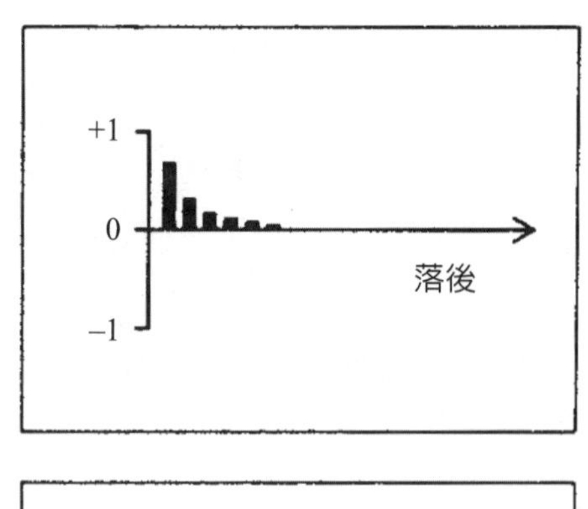

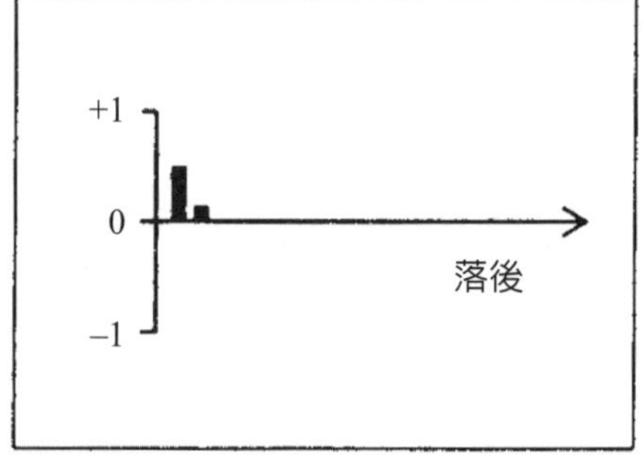

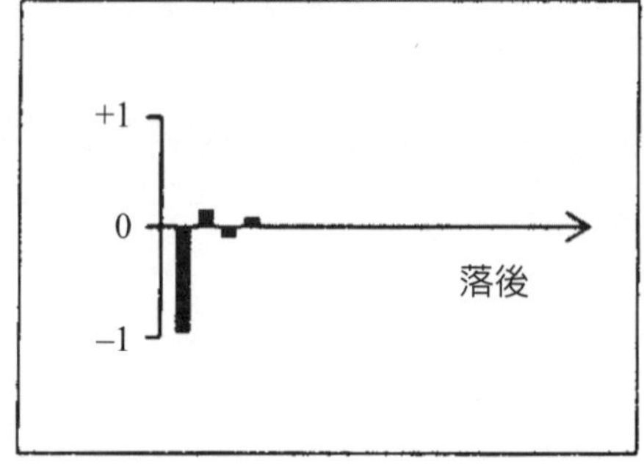

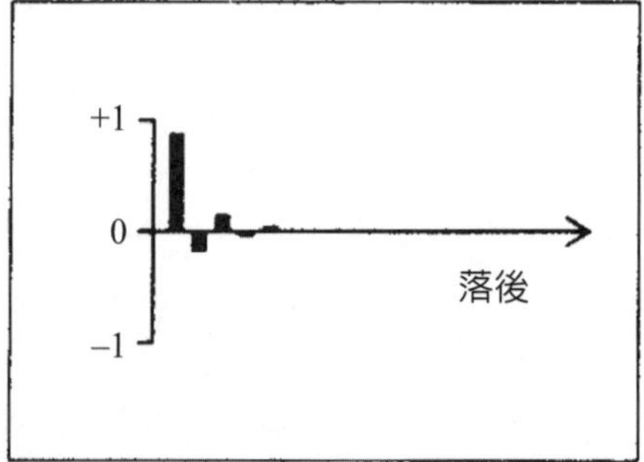

〔範例〕

以下數據是調查從 1990 年 1 月到 1995 年 12 月爲止臺灣醫療產業的景氣動向。試從此時間數列製作自我相關圖 ACF 及偏自我相關圖 PACF。

表 4.1　景氣動向

No.	年月	景氣動向	No.	年月	景氣動向	No.	年月	景氣動向
1	1990 年 1 月	42	25	1992 年 1 月	30	49	1994 年 1 月	61
2	1990 年 2 月	57	26	1992 年 2 月	30	50	1994 年 2 月	65
3	1990 年 3 月	69	27	1992 年 3 月	42	51	1994 年 3 月	76
4	1990 年 4 月	50	28	1992 年 4 月	23	52	1994 年 4 月	61
5	1990 年 5 月	84	29	1992 年 5 月	23	53	1994 年 5 月	69
6	1990 年 6 月	76	30	1992 年 6 月	23	54	1994 年 6 月	84
7	1990 年 7 月	61	31	1992 年 7 月	30	55	1994 年 7 月	84
8	1990 年 8 月	61	32	1992 年 8 月	34	56	1994 年 8 月	92
9	1990 年 9 月	30	33	1992 年 9 月	46	57	1994 年 9 月	65
10	1990 年 10 月	38	34	1992 年 10 月	15	58	1994 年 10 月	76
11	1990 年 11 月	23	35	1992 年 11 月	15	59	1994 年 11 月	84
12	1990 年 12 月	46	36	1992 年 12 月	30	60	1994 年 12 月	69
13	1991 年 1 月	26	37	1993 年 1 月	61	61	1995 年 1 月	61
14	1991 年 2 月	38	38	1993 年 2 月	76	62	1995 年 2 月	42
15	1991 年 3 月	15	39	1993 年 3 月	73	63	1995 年 3 月	53
16	1991 年 4 月	30	40	1993 年 4 月	61	64	1995 年 4 月	65
17	1991 年 5 月	30	41	1993 年 5 月	30	65	1995 年 5 月	23
18	1991 年 6 月	7	42	1993 年 6 月	15	66	1995 年 6 月	15
19	1991 年 7 月	11	43	1993 年 7 月	38	67	1995 年 7 月	30
20	1991 年 8 月	15	44	1993 年 8 月	23	68	1995 年 8 月	30
21	1991 年 9 月	30	45	1993 年 9 月	30	69	1995 年 9 月	46
22	1991 年 10 月	23	46	1993 年 10 月	38	70	1995 年 10 月	76
23	1991 年 11 月	30	47	1993 年 11 月	30	71	1995 年 11 月	61
24	1991 年 12 月	23	48	1993 年 12 月	38	72	1995 年 12 月	92

【數據輸入的類型】

將景氣動向的數據輸入結束之後，利用〔資料 (D)〕⇨〔定義日期 (E)〕，如下將日期輸入。

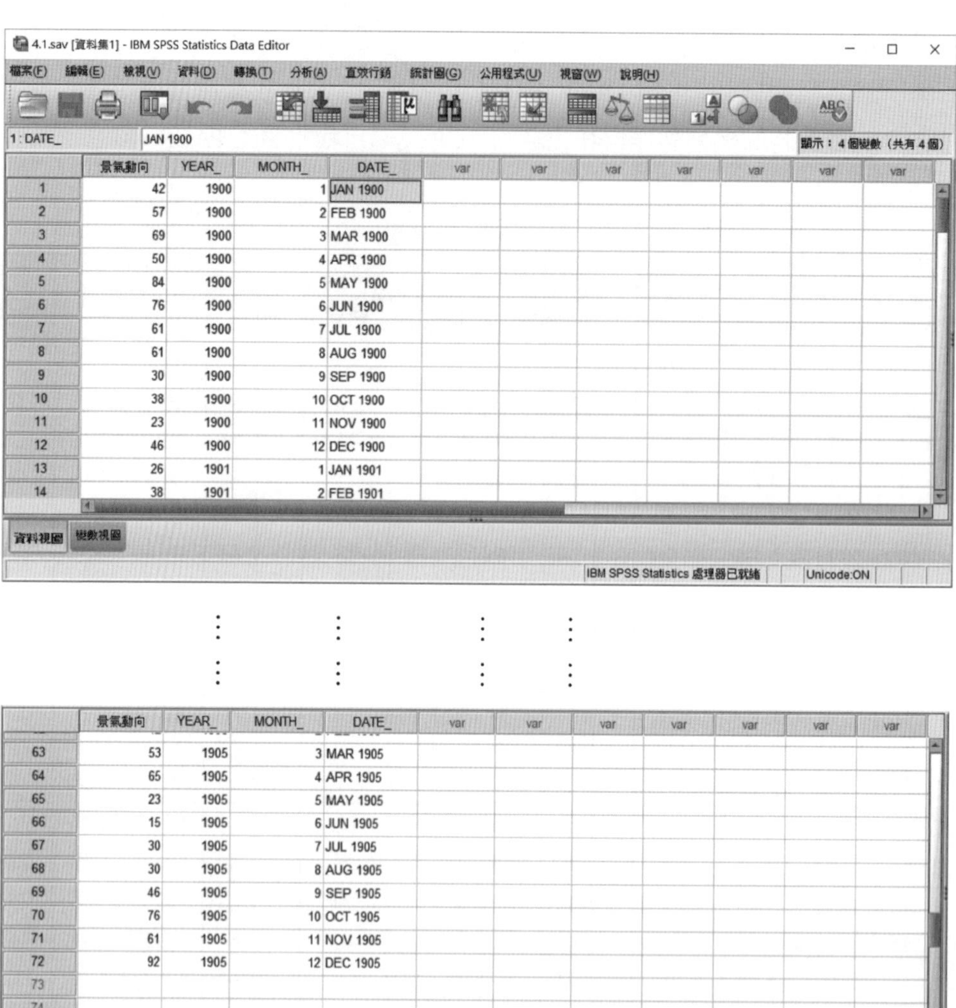

	景氣動向	YEAR_	MONTH_	DATE_
1	42	1900	1	JAN 1900
2	57	1900	2	FEB 1900
3	69	1900	3	MAR 1900
4	50	1900	4	APR 1900
5	84	1900	5	MAY 1900
6	76	1900	6	JUN 1900
7	61	1900	7	JUL 1900
8	61	1900	8	AUG 1900
9	30	1900	9	SEP 1900
10	38	1900	10	OCT 1900
11	23	1900	11	NOV 1900
12	46	1900	12	DEC 1900
13	26	1901	1	JAN 1901
14	38	1901	2	FEB 1901

⋮

	景氣動向	YEAR_	MONTH_	DATE_
63	53	1905	3	MAR 1905
64	65	1905	4	APR 1905
65	23	1905	5	MAY 1905
66	15	1905	6	JUN 1905
67	30	1905	7	JUL 1905
68	30	1905	8	AUG 1905
69	46	1905	9	SEP 1905
70	76	1905	10	OCT 1905
71	61	1905	11	NOV 1905
72	92	1905	12	DEC 1905

4.2 自我相關與偏自我相關

【統計處理的步驟】

步驟 1　以滑鼠點選〔預測 (T)〕，從清單之中選擇〔自動相關性 (A)〕。

步驟 2　出現以下畫面時，利用 ➡，將景氣動向移入〔變數 (V)〕的方框中。之後，按一下確定。

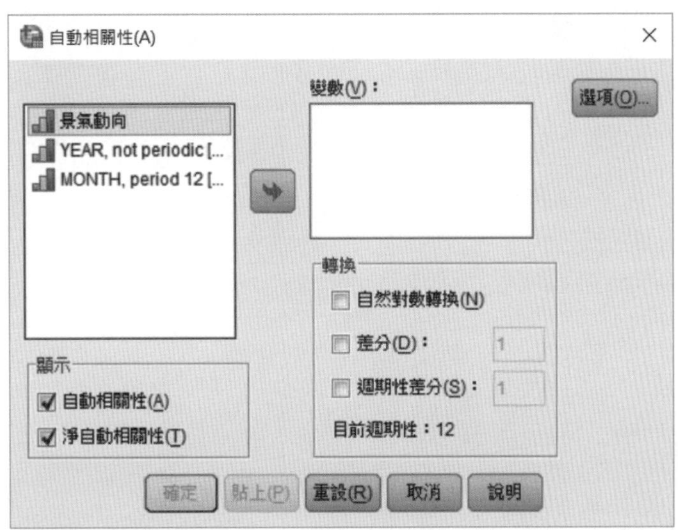

【SPSS輸出】

自動相關性

數列：景氣動向

	落後	自動相關性	平均數的錯誤[a]	Box-Ljung 統計資料			
				數值	df	顯著性[b]	
①	1	.712	.115	38.082	1	.000	②
	2	.565	.115	62.377	2	.000	
	3	.382	.114	73.672	3	.000	
	4	.271	.113	79.416	4	.000	③
	5	.241	.112	84.017	5	.000	
	6	.176	.111	86.523	6	.000	
	7	.096	.110	87.284	7	.000	
	8	.067	.110	87.655	8	.000	
	9	.029	.109	87.728	9	.000	
	10	.019	.108	87.759	10	.000	
	11	.051	.107	87.987	11	.000	
	12	.018	.106	88.017	12	.000	
	13	.038	.105	88.146	13	.000	
	14	.010	.104	88.156	14	.000	
	15	.015	.103	88.176	15	.000	
	16	.075	.103	88.717	16	.000	

a. 採用的基本處理程序是獨立的（白色干擾）。

b. 基於漸近線卡方近似值。

局部自動相關性

數列：景氣動向

④

落後	局部自動相關性	平均數據的錯誤
1	.712	.118
2	.117	.118
3	-.116	.118
4	.001	.118
5	.123	.118
6	-.050	.118
7	-.111	.118
8	.055	.118
9	.006	.118
10	-.019	.118
11	.083	.118
12	-.062	.118
13	.036	.118
14	-.035	.118
15	.026	.118
16	.123	.118

【輸出結果的判讀法 ·1】

① Auto-corr. 是自我相關係數。1 次的自我相關係數 $\rho(1)$ 是 0。

② Box-Ljung 是 Box-Ljung 的檢定統計量，prob. 是它的顯著機率。

檢定以下的假設：

假設 Ho：1 次的自我相關係數 (1) 是 0。

檢定統計量是 38.082。因此，1 次的母自我相關係數 (1) 得知不是 0。

③ 假設 Ho：$\rho(1) = \rho(2) = \rho(3) = \rho(4) = 0$

檢定統計量是 79.416，顯著機率 0.000 比顯著水準 0.05 小，因之假設 Ho 被捨棄。因此，1 次到 4 次的母自我相關係數之中，至少有一不為 0。

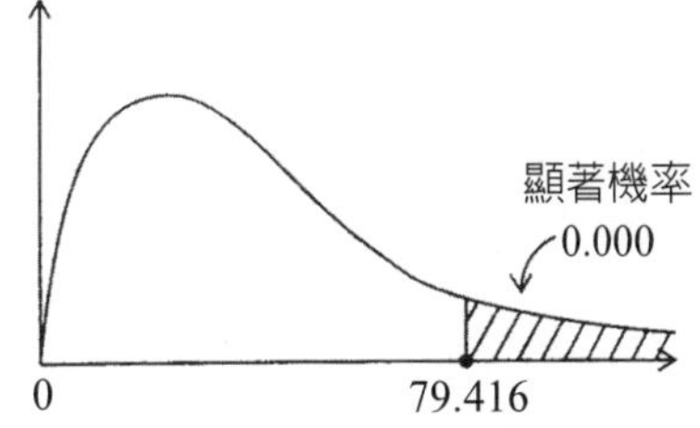

④ Pr-Auto-Corr. 是偏自我相關係數。

1 次的偏自我相關係數是 $\phi_{11} = 0.712$，與 1 次的自我相關係數 $\rho(1) = 0.712$

相一致。2 次的自我相關係數 $\rho(2) = 0.3565$，因之

$$2\text{ 次的偏自我相關係數 } \phi_{22} = \frac{\begin{vmatrix} 1 & 0.712 \\ 0.712 & 0.565 \end{vmatrix}}{\begin{vmatrix} 1 & 0.712 \\ 0.712 & 1 \end{vmatrix}} = 0.117 \qquad \Leftarrow \begin{vmatrix} a & b \\ c & d \end{vmatrix} = ad - bc$$

【SPSS 輸出】

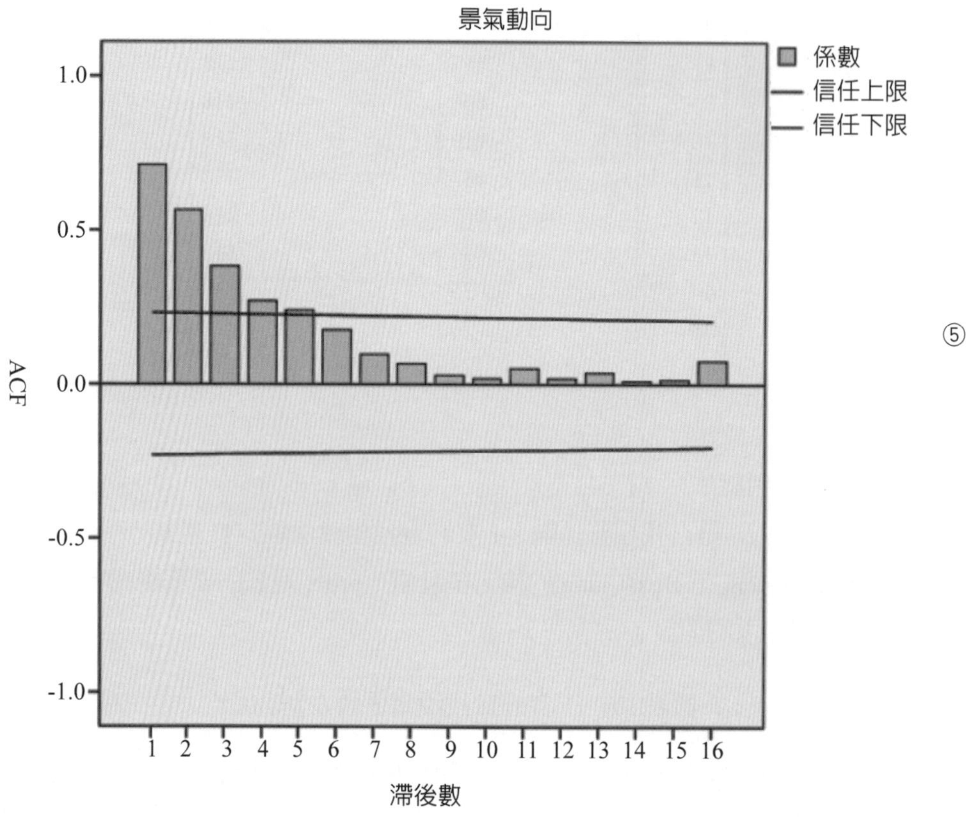

⑤

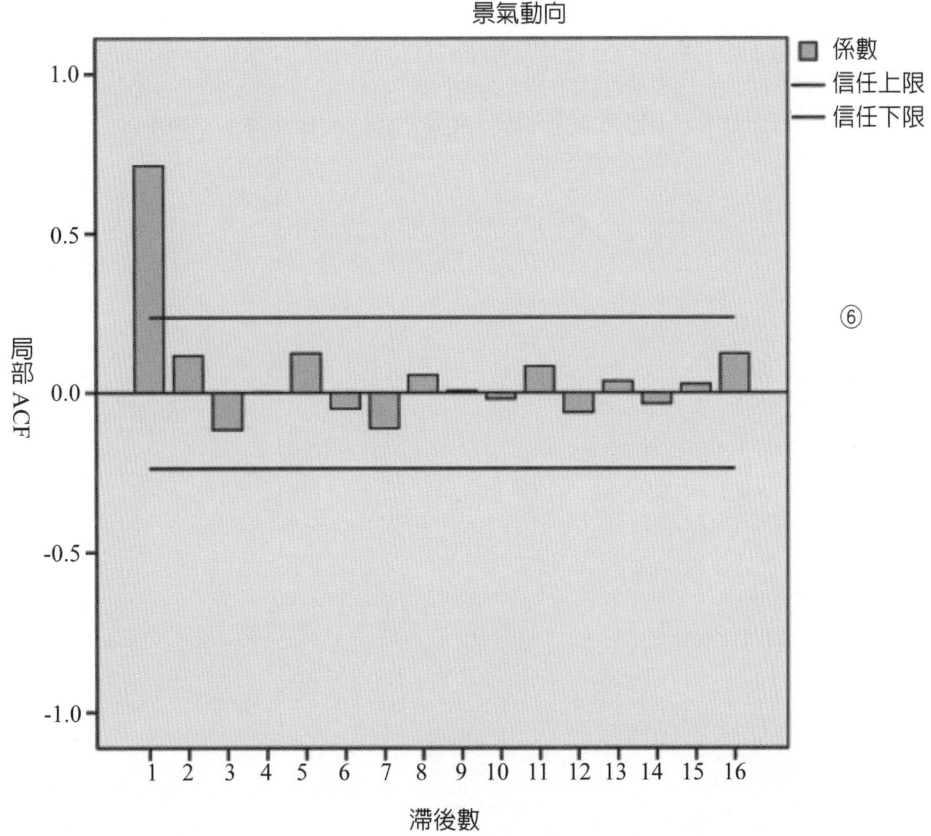

【輸出結果的判讀法 ·2】

⑤ 將〔SPSS 輸出 1〕的自我相關係數表現成圖形。

隨著圖形的變大，自我相關係數急速變小，是此時間數列的特徵。

⑥ 將〔SPSS 輸出 1〕的偏自我相關係數表現成圖形。

1 次的偏自我相關係數大，因之知此時間數列前 1 期之值是有甚大影響的。

第5章 交叉相關

5.1 前言

經常有想調查 2 個時間數列數據

$$\cdots,\ x(t-2),\ x(t-1),\ x(t)$$
$$\cdots,\ y(t-2),\ y(t-1),\ y(t)$$

之間的相關。此時，有效的方法即為「交叉相關係數（**cross correlation**）」。
譬如，所謂 1 次的交叉相關係數是像

$$\begin{array}{l}\cdots,\ x(t-2),\ x(t-1),\ x(t)\\ \cdots,\ y(t-2),\ y(t-1),\ y(t)\end{array}$$

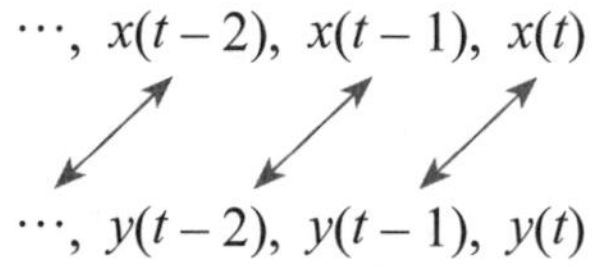

那樣，在挪 1 期之中的相關係數。
2 次的交叉相關係數是像

$$\begin{array}{l}\cdots,\ x(t-3),\ x(t-2),\ x(t-1),\ x(t)\\ \cdots,\ y(t-3),\ y(t-2),\ y(t-1),\ y(t)\end{array}$$

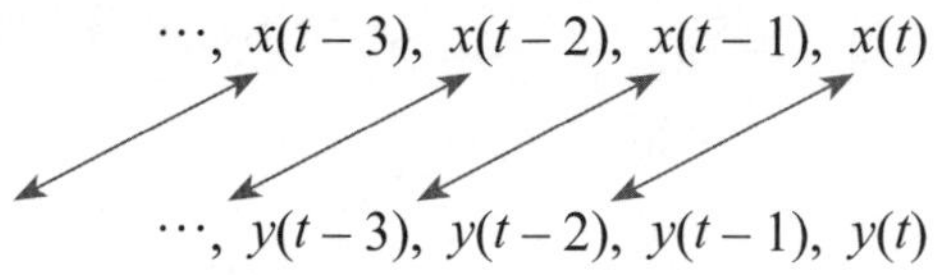

那樣，在挪 2 期之中的相關係數。

【關於先行指標】

譬如，在 2 個時間數列數據 $\{x(t)\}$、$\{y(t)\}$ 之中，挪 3 期的相關係數

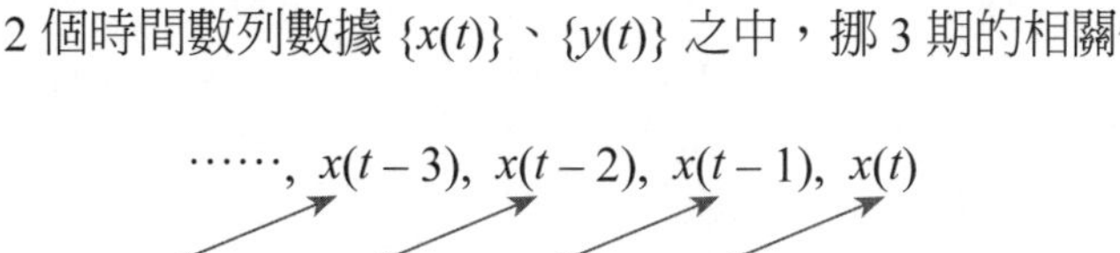

$$\begin{array}{l}\cdots\cdots,\ x(t-3),\ x(t-2),\ x(t-1),\ x(t)\\ \cdots\cdots,\ y(t-5),\ y(t-4),\ y(t-3),\ y(t-2),\ y(t-1),\ y(t)\end{array}$$

換言之，3 次的交叉相關係數特別大時，對於時間數列 $\{x(t)\}$ 而言，將時間數列 $\{y(t)\}$ 稱為落後 +3 的先行指標。

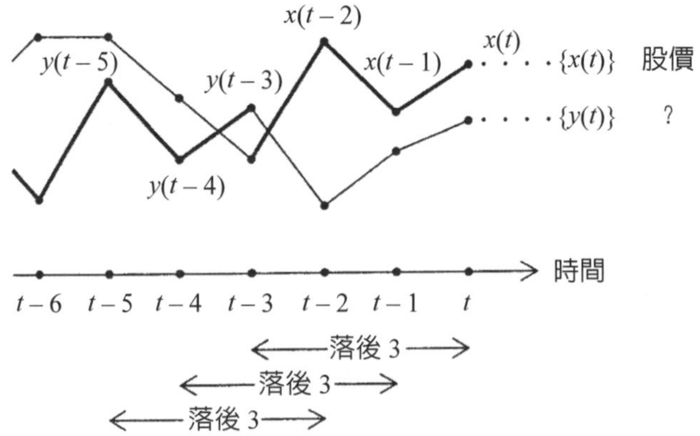

〔範例〕

爲了探討美國之經濟景氣循環期間與醫療生物科技產業之間的關係，除了分析美國醫療保健相關產業的發展現況指數，同時並探討這些醫療保健產業類股指數的走勢。並檢定醫療保健相關產業之股價指數對於美國景氣循環期間中之擴張期和緊縮期在解釋上的異同性。驗證資料爲美國醫療保健相關產業指數，包含生技製藥產業指數 (Drugs)、醫療設備產業指數 (MedEq) 及健康照護產業指數 (Hlth) 等三類指數。經由實證後發現，醫療保健相關類股指數會領先美國景氣循環之低點有一個月以上的情況，因此可視爲是一種經濟景氣的領先指標。

以下的數據是爲了容易理解交叉相關係數所製作的 2 個時間數列數據。實際上，發現此種先行指標是非常困難的。

表 5.1 醫療設備銷售量與其先行指標

No.	先行指標	銷售量	No.	先行指標	銷售量	No.	先行指標	銷售量	No.	先行指標	銷售量
1	0.06	–0.6	41	0.21	0.6	81	–0.01	2.3	121	0.15	–0.8
2	0.25	–0.1	42	–0.01	0.8	82	0.17	0.5	122	–0.36	–1.0
3	–0.57	–0.5	43	0.70	0.0	83	0.08	2.2	123	0.35	–0.8
4	0.58	0.1	44	–0.22	1.0	84	0.58	1.3	124	–0.03	–0.1
5	–0.20	1.2	45	–0.76	1.0	85	–0.27	1.9	125	–0.18	–1.5
6	0.23	–1.6	46	0.06	4.2	86	0.79	1.5	126	0.16	0.3
7	–0.04	1.4	47	0.02	2.0	87	–0.21	4.5	127	0.07	0.2
8	–0.19	0.3	48	–0.17	–2.7	88	0.02	1.7	128	0.21	–0.5
9	0.03	0.9	49	–0.08	–1.5	89	0.30	4.8	129	–0.50	–0.1
10	0.42	0.4	50	0.01	–0.7	90	0.28	2.5	130	0.23	0.3

（接下頁）

表 5.1（續）

No.	先行指標	銷售量
11	0.04	–0.1
12	0.24	0.0
13	0.34	2.0
14	–0.46	1.4
15	–0.18	2.2
16	–0.08	3.4
17	0.29	0.0
18	0.56	–0.7
19	–0.37	–1.0
20	0.20	0.7
21	0.54	3.7
22	–0.31	0.5
23	0.03	1.4
24	0.52	3.6
25	–0.70	0.1
26	0.35	0.7
27	–0.63	3.3
28	0.44	–1.0
29	–0.38	1.0
30	–0.01	–2.1
31	0.22	0.6
32	0.10	–1.5
33	–0.50	–1.4
34	0.01	0.7
35	0.30	0.5
36	–0.76	–1.7
37	0.52	–1.1
38	0.15	–0.1
39	0.06	–2.7
40	–0.10	0.3

No.	先行指標	銷售量
51	0.11	–1.3
52	–0.39	–1.7
53	0.01	–1.1
54	0.50	–0.1
55	–0.02	–1.7
56	–0.37	–1.8
57	–0.13	1.6
58	0.05	0.7
59	0.54	–1.0
60	–0.46	–1.5
61	0.25	–0.7
62	–0.52	1.7
63	0.44	–0.2
64	0.02	0.4
65	–0.47	–1.8
66	0.11	0.8
67	0.06	0.7
68	0.25	–2.0
69	–0.35	–0.3
70	0.00	–0.6
71	–0.06	1.3
72	0.21	–1.4
73	–0.09	–0.3
74	0.36	–0.9
75	0.09	0.0
76	–0.04	0.0
77	–0.20	1.8
78	0.44	1.3
79	–0.23	0.9
80	0.40	–0.3

No.	先行指標	銷售量
91	–0.27	1.4
92	–0.01	3.5
93	0.03	3.2
94	0.16	1.5
95	–0.28	0.7
96	0.15	0.3
97	0.26	1.4
98	–0.36	–0.1
99	0.32	0.2
100	–0.11	1.6
101	0.22	–0.4
102	–0.65	0.9
103	0.00	0.6
104	0.47	1.0
105	0.16	–2.5
106	–0.19	–1.4
107	0.48	1.2
108	–0.26	1.6
109	0.21	0.3
110	0.00	2.3
111	–0.20	0.7
112	0.35	1.3
113	0.38	1.2
u4	–0.48	–0.2
115	0.20	1.4
n6	–0.32	3.0
117	0.43	–0.4
118	–0.50	1.3
119	0.12	–0.9
120	–0.17	1.2

No.	先行指標	銷售量
131	–0.13	1.3
132	0.14	–1.1
133	–0.15	–0.1
134	0.19	–0.5
135	–0.24	0.3
136	0.26	–0.7
137	–0.22	0.7
138	0.17	–0.5
139	0.37	0.6
140	–0.06	–0.3
141	0.29	0.2
142	–0.34	2.1
143	–0.12	1.5
144	–0.16	1.8
145	0.25	0.4
146	0.08	–0.5
147	–0.07	–1.0
148	0.26	0.4
149	–0.37	0.5

【數據輸入的類型】

如下輸入數據。

*p.55.sav [資料集1] - IBM SPSS Statistics Data Editor

檔案(F) 編輯(E) 檢視(V) 資料(D) 轉換(T) 分析(A) 直效行銷 統計圖(G) 公用程式(U) 視窗(W) 說明(H)

顯示：2個變數（共有2個）

	先行指標	銷售量
1	.06	-.6
2	.25	-.1
3	-.57	-.5
4	.58	.1
5	-.20	1.2
6	.23	-1.6
7	-.04	1.4
8	-.19	.3
9	.03	.9
10	.42	.4
11	.04	-.1
12	.24	.0
13	.34	2.0
14	-.46	1.4
15	-.18	2.2
16	-.08	3.4
17	.29	.0

資料視圖 變數視圖

IBM SPSS Statistics 處理器已就緒 Unicode:ON

⋮ ⋮

	先行指標	銷售量
134	.19	-.5
135	-.24	.3
136	.26	-.7
137	-.22	.7
138	.17	-.5
139	.37	.6
140	-.06	-.3
141	.29	.2
142	-.34	2.1
143	-.12	1.5
144	-.16	1.8
145	.25	.4
146	.08	-.5
147	-.07	-1.0
148	.26	.4
149	-.37	.5
150		

資料視圖 變數視圖

IBM SPSS Statistics 處理器已就緒 Unicode:ON

5.2 交叉相關

【統計處理的步驟】

步驟 1　以滑鼠點選〔預測 (T)〕，再從子清單之中，選擇〔交叉相關 (R)〕。

步驟 2　出現以下畫面時，首先將先行指標移到〔變數 (V)〕的方框之中，接著將銷售量移到〔變數 (V)〕的方框之中，之後只要按一下確定。

（注）將變數的順序顛倒時，落後值的＋、－即變成相反。

【SPSS 輸出】

交互相關

系列配對：先行指標與銷售量

落後	交互相關	平均數據的錯誤[a]
-7	.002	.084
-6	-.106	.084
-5	.068	.083
-4	-.030	.083
-3	.055	.083
-2	-.058	.082
-1	.097	.082
0	-.003	.082
1	.071	.082
2	-.380	.082
3	.720	.083
4	.104	.083
5	.108	.083
6	.044	.084
7	.141	.084

a. 基於以上假設，這些系列不交互相關，且其中一個系列是白色干擾

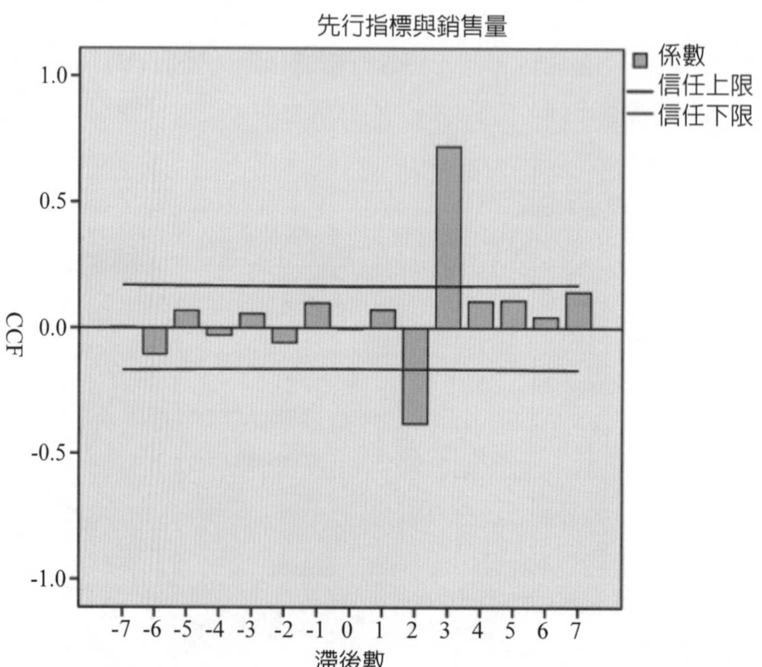

【輸出結果的判讀法】

觀察圖形時，落後值在 +3 地方的交叉相關係數最大，因之可知先行指標是比銷售量先行 3 期。

第6章　光譜分析

6.1　前言

光譜分析與數學的 Fourier 分析有密切的關係，Fourier 分析很遺憾的並不太簡單，但是此處所提出的**光譜分析**（**spectral analysis**），是將時間數列數據的週波數使用**週期圖**（**periodgram**）試著在圖形上表現，因此毫無困難。

簡單的說，利用進行光譜分析，調查該時間數列數據潛藏著何種的週期。

各種週期圖

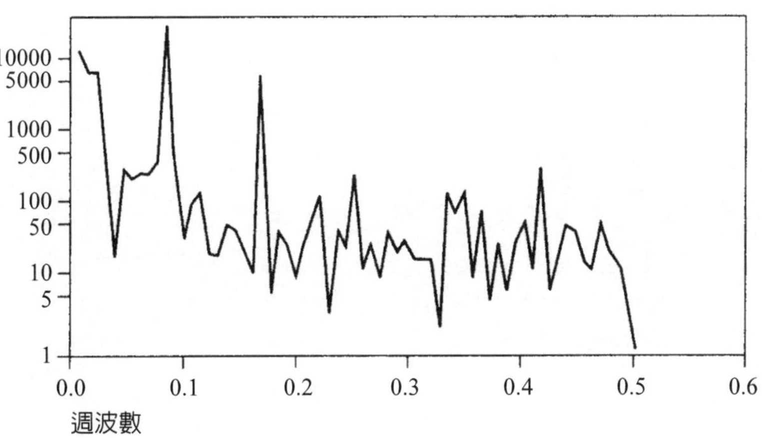

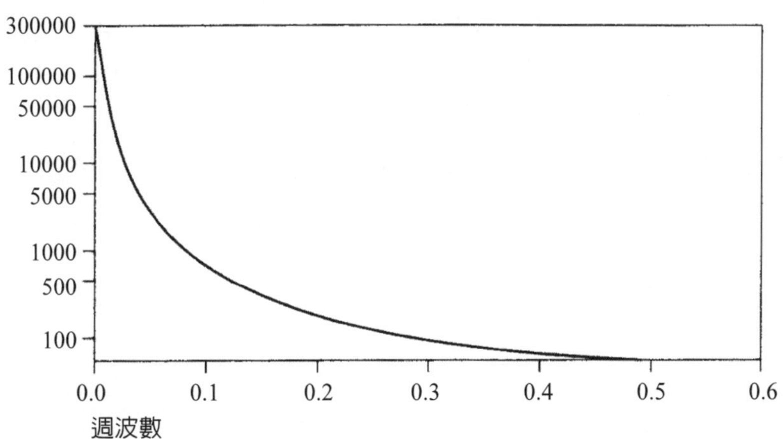

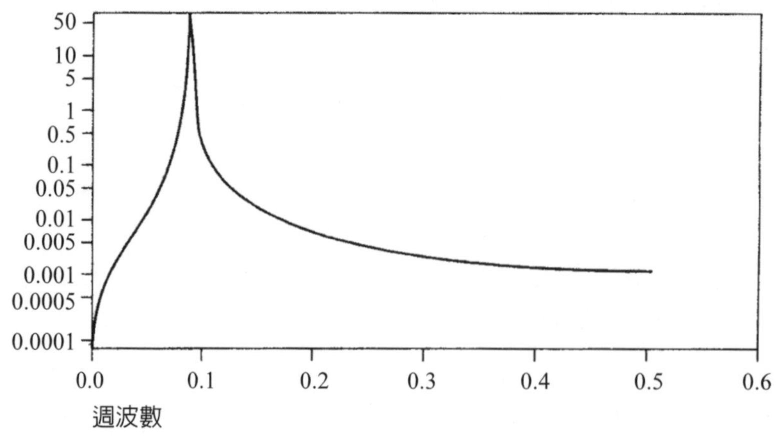

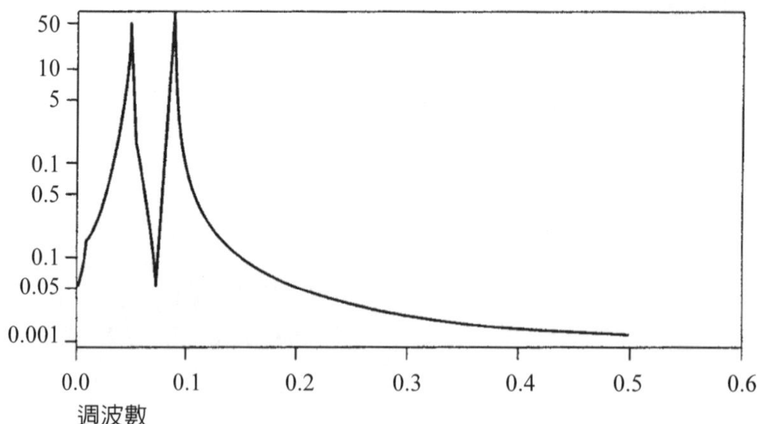

〔範例〕

依中央健康保險局2002年統計，我國投保人口中約有2.6%領有重大傷病卡，一年約679億的醫療費用，佔健保醫療支出的22.6%，由此可見重大傷病患者之高醫療依賴與利用的特性。

以下的假想數據是爲了理解光譜分析所準備。試進行此時間數列數據的光譜分析看看。

表 6.1　光譜分析用數據

No.	時間	x	No.	時間	x	No.	時間	x	No.	時間	x
1	1	0.73	26	26	0.64	51	51	0.54	76	76	0.45
2	2	1.32	27	27	1.25	52	52	1.18	77	77	1.11
3	3	1.68	28	28	1.65	53	53	1.61	78	78	1.57
4	4	1.75	29	29	1.76	54	54	1.76	79	79	1.76
5	5	1.55	30	30	1.59	55	55	1.63	80	80	1.66
6	6	1.14	31	31	1.20	56	56	1.26	81	81	1.32
7	7	0.63	32	32	0.70	57	57	0.77	82	82	0.84
8	8	0.15	33	33	0.21	58	58	0.27	83	83	0.33
9	9	–0.20	34	34	–0.16	59	59	–0.12	84	84	–0.08
10	lO	–0.36	35	35	–0.35	60	60	–0.34	85	85	–0.32
11	11	–0.32	36	36	–0.34	61	61	–0.35	86	86	–0.36
12	12	–0.14	37	37	–0.17	62	62	–0.20	87	87	–0.22
13	13	0.11	38	38	0.07	63	63	0.04	88	88	0.01
14	14	0.31	39	39	0.29	64	64	0.26	89	89	0.24
15	15	0.37	40	40	0.37	65	65	0.37	90	90	0.36
16	16	0.23	41	41	0.26	66	66	0.29	91	91	0.31
17	17	–0.10	42	42	–0.04	67	67	0.01	92	92	0.06
18	18	–0.57	43	43	–0.50	68	68	–0.43	93	93	–0.37
19	19	–1.07	44	44	–1.01	69	69	–0.94	94	94	–0.87
20	20	–1.50	45	45	–1.45	70	70	–1.40	95	95	–1.35
21	21	–1.74	46	46	–1.72	71	71	–1.70	96	96	–1.67
22	22	–1.71	47	47	–1.73	72	72	–1.74	97	97	–1.75
23	23	–1.38	48	48	–1.44	73	73	–1.50	98	98	–1.55
24	24	–0.82	49	49	–0.90	74	74	–0.99	99	99	–1.07
25	25	–0.10	50	50	–0.20	75	75	–0.30	100	100	–0.39

【數據輸入的類型】

如下輸入數據。

6.1.sav [資料集1] - IBM SPSS Statistics Data Editor

檔案(F)　編輯(E)　檢視(V)　資料(D)　轉換(T)　分析(A)　直效行銷　統計圖(G)　公用程式(U)　視窗(W)　說明(H)

顯示：2 個變數（共有 2 個）

	時間	x
1	1	.73
2	2	1.32
3	3	1.68
4	4	1.75
5	5	1.55
6	6	1.14
7	7	.63
8	8	.15
9	9	-.20
10	10	-.36
11	11	-.32
12	12	-.14
13	13	.11
14	14	.31
15	15	.37
16	16	.23
17	17	-.10

資料視圖　變數視圖

IBM SPSS Statistics 處理器已就緒　Unicode:ON

⋮　⋮

	時間	x
86	86	-.36
87	87	-.22
88	88	.01
89	89	.24
90	90	.36
91	91	.31
92	92	.06
93	93	-.37
94	94	-.87
95	95	-1.35
96	96	-1.67
97	97	-1.75
98	98	-1.55
99	99	-1.07
100	100	-.39

資料視圖　變數視圖

IBM SPSS Statistics 處理器已就緒　Unicode:ON

6.2 光譜（spectral）分析

【統計處理的步驟】

步驟 1　以滑鼠點選〔預測 (T)〕，接著，從子清單之中選擇〔光譜分析 (T)〕。

步驟 2　因爲出現以下的畫面，所以將 x 移到〔變數 (V)〕的方框之中。如觀察畫面下方時，雖然出現的是⊙依據次數 (F)，卻要按的是〔依據週期 (1)〕。

步驟 3 變成如下時，按一下 確定 。

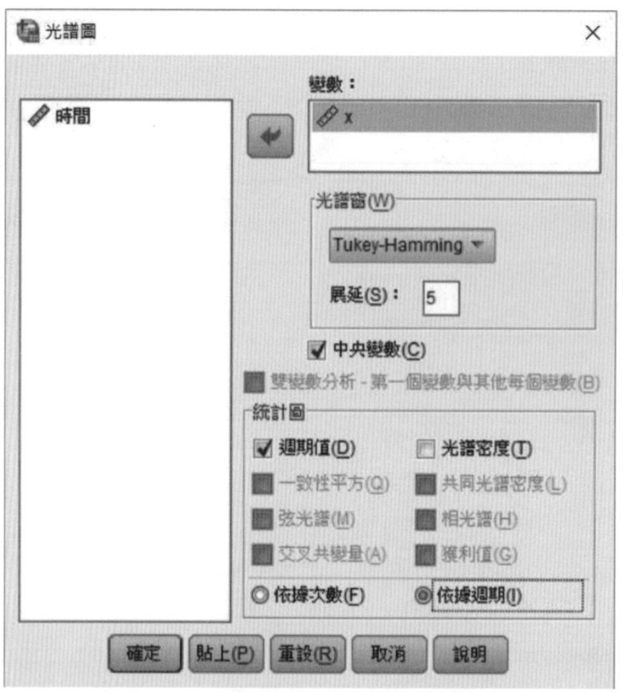

【SPSS 輸出】

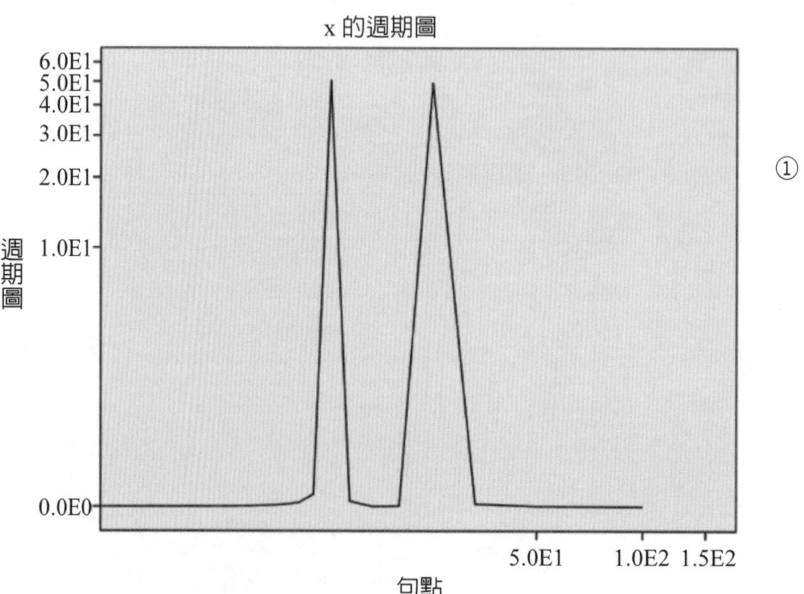

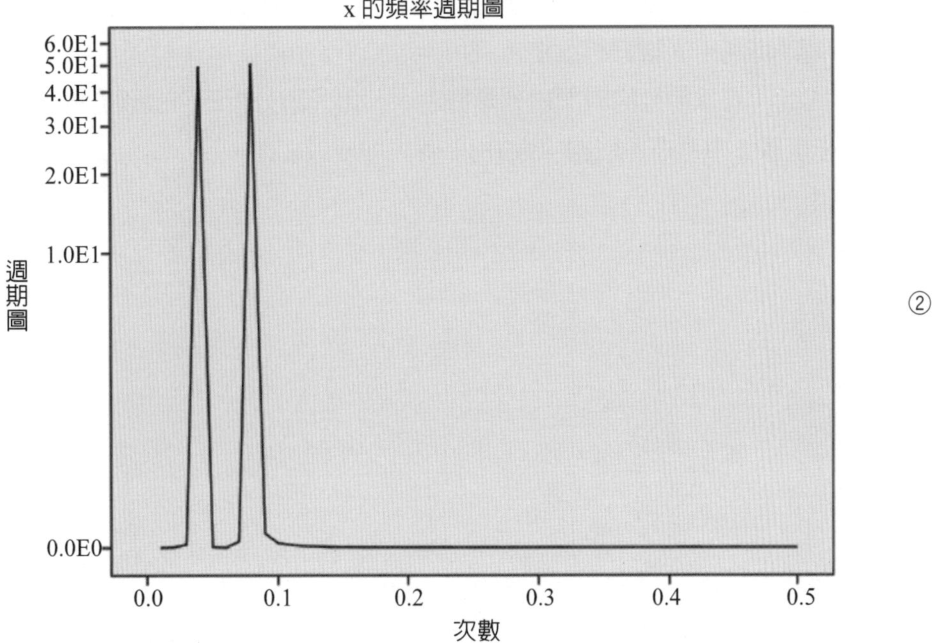

②

【輸出結果的判讀法】

① 觀察此圖形時，週期的期間在 11 與 22 的地方出現 2 個較大的山峰。
此意義如觀察時間數列 x 的圖形大概比較容易了解吧。
〔分析 (A)〕⇨〔預測 (T)〕⇨〔序列圖 (N)〕⇨ 將 x 移到〔變數 (V)〕⇨ 確定。
於是

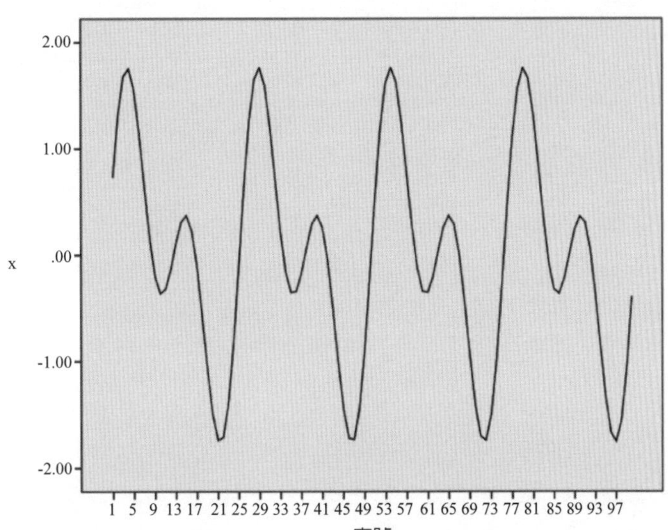

換言之，時間數列 x 包含有週期的長度爲 11 與 22 的 2 個週期。此 2 個週期可利用光譜分析取出。

因此，有季節性的時間數列數據時，利用光譜分析即可發現它的週期。

②在步驟 2 中選擇〔依據次數 (F)〕時，即變成如此。

第 7 章 季節性的分解

7.1 前言

時間數列數據可以想成是由以下所構成，即：**長期趨勢 T(t)**、**循環變動 C(t)**、**季節變動 S(t)**、**不規則變動 U(t)**。不規則變動也稱爲白色干擾（white noise）。

一、長期趨勢 T(t)

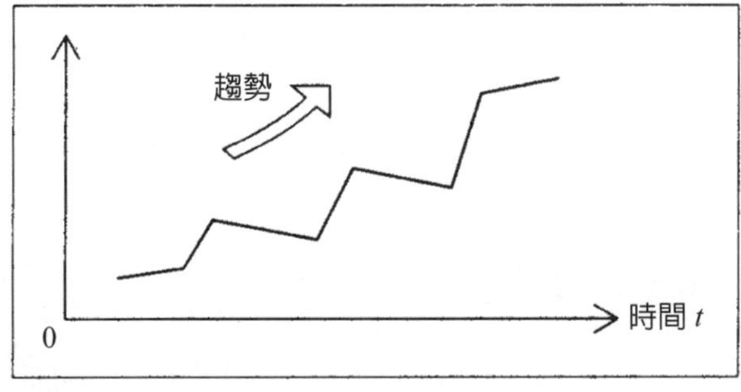

二、循環變動 C(t)

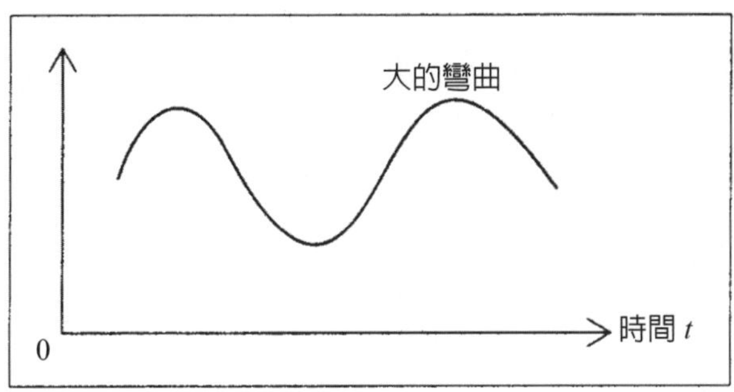

三、季節變動 S(t)

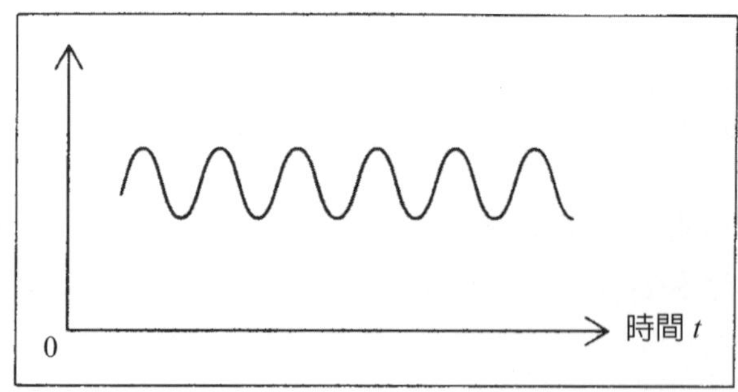

利用 SPSS 的季節性的分解，可以將時間數列數據分解成以下三者，即「**長期趨勢與週期變動**」、「**季節變動**」、「**不規則變動**」，但是以對時間數列的構成的想法來說有如下 2 種，即**乘法模式**與**加法模式**。

〔註〕

1. 乘法模式

所謂乘法模式是時間數列 $X(t)$ 像如下那樣

$$X(t) = T(t) \cdot C(t) \cdot S(t) \cdot I(t)$$

由各項變動的相乘所構成的想法。

2. 加法模式

所謂加法模式是時間數列 $X(t)$ 像如下那樣

$$X(t) = T(t) + C(t) + S(t) + I(t)$$

由各項變動的相加所構成的一種想法。

〔**範例**〕

以下的數據是調查從 1987 年 1 月到 1995 年 12 月的臺灣生技醫療產業臺股平均股價。試利用此數據，進行季節性的分解看看。

表 7.1　臺灣生技醫療產業台股平均股價

No.	年月	台股平均	No.	年月	台股平均	No.	年月	台股平均
1	1987 年 1 月	19265	37	1990 年 1 月	37404	73	1993 年 1 月	16658
2	1987 年 2 月	19962	38	1990 年 2 月	36517	74	1993 年 2 月	17036
3	1987 年 3 月	21433	39	1990 年 3 月	32305	75	1993 年 3 月	18038
4	1987 年 4 月	23251	40	1990 年 4 月	29237	76	1993 年 4 月	19991
5	1987 年 5 月	24333	41	1990 年 5 月	31826	77	1993 年 5 月	20631
6	1987 年 6 月	25243	42	1990 年 6 月	32364	78	1993 年 6 月	20111
7	1987 年 7 月	23940	43	1990 年 7 月	32170	79	1993 年 7 月	19980
8	1987 年 8 月	25340	44	1990 年 8 月	26908	80	1993 年 8 月	20623
9	1987 年 9 月	25290	45	1990 年 9 月	23935	81	1993 年 9 月	20614
10	1987 年 10 月	24746	46	1990 年 10 月	23816	82	1993 年 10 月	20128
11	1987 年 11 月	22621	47	1990 年 11 月	23468	83	1993 年 11 月	17965
12	1987 年 12 月	22683	48	1990 年 12 月	23740	84	1993 年 12 月	17263
13	1988 年 1 月	22848	49	1991 年 1 月	23321	85	1994 年 1 月	18661
14	1988 年 2 月	24333	50	1991 年 2 月	25219	86	1994 年 2 月	19697
15	1988 年 3 月	25703	51	1991 年 3 月	26458	87	1994 年 3 月	20021
16	1988 年 4 月	26844	52	1991 年 4 月	26469	88	1994 年 4 月	19897
17	1988 年 5 月	27412	53	1991 年 5 月	25848	89	1994 年 5 月	20303
18	1988 年 6 月	27876	54	1991 年 6 月	24533	90	1994 年 6 月	21014
19	1988 年 7 月	27670	55	1991 年 7 月	23226	91	1994 年 7 月	20548
20	1988 年 8 月	27968	56	1991 年 8 月	22730	92	1994 年 8 月	20603
21	1988 年 9 月	27568	57	1991 年 9 月	23038	93	1994 年 9 月	19934
22	1988 年 10 月	27461	58	1991 年 10 月	24631	94	1994 年 10 月	19851
23	1988 年 11 月	28729	59	1991 年 11 月	23795	95	1994 年 11 月	19277
24	1988 年 12 月	29720	60	1991 年 12 月	22304	96	1994 年 12 月	19299
25	1989 年 1 月	31170	61	1992 年 1 月	21857	97	1995 年 1 月	18948
26	1989 年 2 月	32005	62	1992 年 2 月	21412	98	1995 年 2 月	18065
27	1989 年 3 月	31955	63	1992 年 3 月	20350	99	1995 年 3 月	16447
28	1989 年 4 月	33226	64	1992 年 4 月	17593	100	1995 年 4 月	16322
29	1989 年 5 月	33989	65	1992 年 5 月	18335	101	1995 年 5 月	16265
30	1989 年 6 月	33373	66	1992 年 6 月	16948	102	1995 年 6 月	15039
31	1989 年 7 月	33843	67	1992 年 7 月	16278	103	1995 年 7 月	16188
32	1989 年 8 月	34808	68	1992 年 8 月	15790	104	1995 年 8 月	17410
33	1989 年 9 月	34649	69	1992 年 9 月	18202	105	1995 年 9 月	18097
34	1989 年 10 月	35323	70	1992 年 10 月	17174	106	1995 年 10 月	17951
35	1989 年 11 月	36038	71	1992 年 11 月	16819	107	1995 年 11 月	18109
36	1989 年 12 月	38130	72	1992 年 12 月	17390	108	1995 年 12 月	19417

【數據輸入的類型】

將景氣動向的數據輸入結束之後，利用〔資料 (D)〕➪〔定義日期 (E)〕，先輸入日期。

*p.73.sav [資料集1] - IBM SPSS Statistics Data Editor

檔案(F)　編輯(E)　檢視(V)　資料(D)　轉換(T)　分析(A)　直效行銷　統計圖(G)　公用程式(U)　視窗(W)　說明(H)

109 : v1　　顯示：4 個變數（共有 4 個）

	v1	YEAR_	MONTH_	DATE_	var	var	var	var	var	var	var
1	19265	1987	1	JAN 1987							
2	19962	1987	2	FEB 1987							
3	21433	1987	3	MAR 1987							
4	23251	1987	4	APR 1987							
5	24333	1987	5	MAY 1987							
6	25243	1987	6	JUN 1987							
7	23940	1987	7	JUL 1987							
8	25340	1987	8	AUG 1987							
9	25290	1987	9	SEP 1987							
10	24746	1987	10	OCT 1987							
11	22621	1987	11	NOV 1987							
12	22683	1987	12	DEC 1987							
13	22848	1988	1	JAN 1988							
14	24333	1988	2	FEB 1988							
15	25703	1988	3	MAR 1988							
16	26844	1988	4	APR 1988							
17	27412	1988	5	MAY 1988							

資料視圖　變數視圖

IBM SPSS Statistics 處理器已就緒　Unicode:ON

⋮　⋮　⋮

	v1	YEAR_	MONTH_	DATE_	var	var	var	var	var	var	var
98	18065	1995	2	FEB 1995							
99	16447	1995	3	MAR 1995							
100	16322	1995	4	APR 1995							
101	16265	1995	5	MAY 1995							
102	15039	1995	6	JUN 1995							
103	16188	1995	7	JUL 1995							
104	17410	1995	8	AUG 1995							
105	18097	1995	9	SEP 1995							
106	17951	1995	10	OCT 1995							
107	18109	1995	11	NOV 1995							
108	19417	1995	12	DEC 1995							
109											
110											
111											

資料視圖　變數視圖

IBM SPSS Statistics 處理器已就緒　Unicode:ON

7.2 週期性的分解

【統計處理的步驟】

步驟 1　以滑鼠點選〔分析 (A)〕，選擇清單之中的〔預測 (T)〕，再選擇子清單之中的〔週期性分解 (S)〕。

步驟 2　出現以下的畫面時，按一下〔台股平均〕。

週期性分解
台股平均
YEAR, not periodic [...
MONTH, period 12 [...
變數(V)：
儲存(S)...
模型類型：
相乘性模式(M)
可加性(A)
移動均數加權
全部點加權相等(E)
端點加權 0.5(W)
目前週期性：12
依觀察值清單顯示(D)
確定　貼上(P)　重設(R)　取消　說明

步驟 3　再按一下〔變數 (V)〕左邊的 ➡，台股平均就會移到〔變數 (V)〕的方框之中。然後，按一下 確定 。

此處，注意模式是成爲〔相乘性模式 (M)〕。

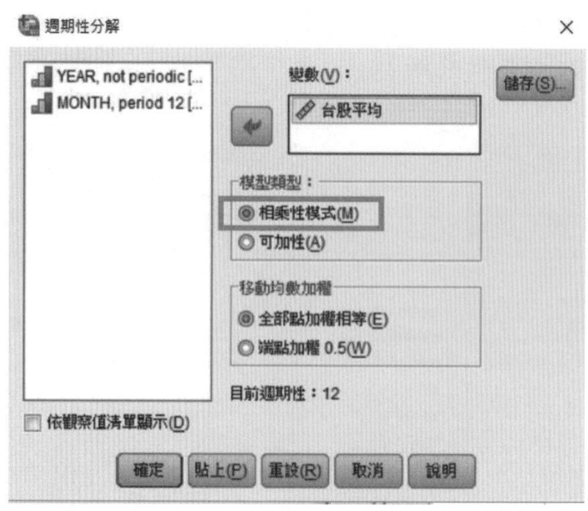

按 確定 時出現如下畫面，再按 確定 。

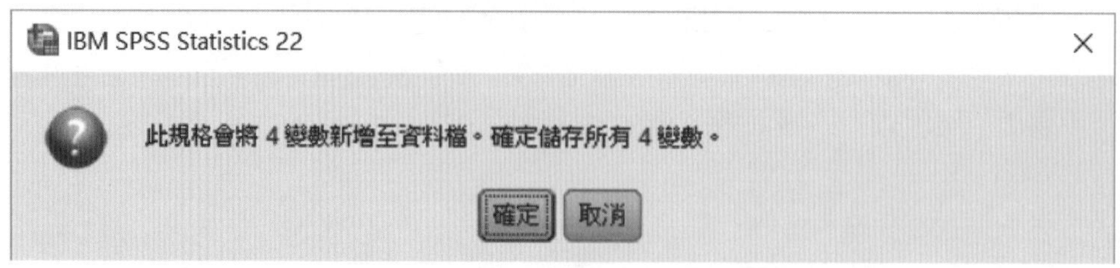

【SPSS 輸出 · 1】

➡ 週期性分解

型號說明

模型名稱	MOD_2	①
模型類型	相乘性模型	
系列名稱　1	台股平均	
週期性時段的長度	12	
移動均數的計算方法	範圍等於週期性及所有加權相等的點	

正在從 MOD_2 套用模型規格

週期性因素

系列名稱：台股平均

句點	週期性因素（%）
1	98.1
2	101.0
3	99.8
4	99.8
5	102.7
6	101.5
7	100.4
8	100.4
9	100.9
10	100.6
11	97.3
12	97.5

【輸出結果的判讀法 ·1】

①模型類型……乘法模式

週期性時段的長度＝12……週期是 12 個月

【SPSS 輸出 ·2】

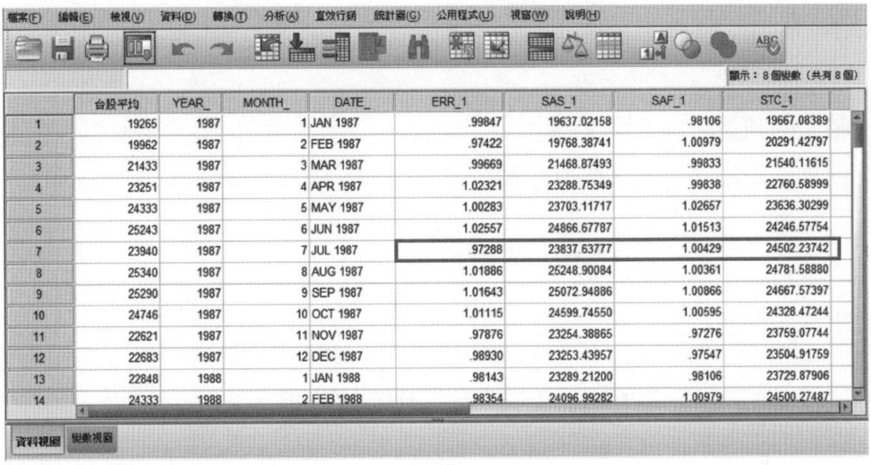

檔案(F)　編輯(E)　檢視(V)　資料(D)　轉換(T)　分析(A)　直效行銷　統計圖(G)　公用程式(U)　視窗(W)　說明(H)

顯示：8 個變數（共有 8 個）

	台股平均	YEAR_	MONTH_	DATE_	ERR_1	SAS_1	SAF_1	STC_1
1	19265	1987	1	JAN 1987	.99847	19637.02158	.98106	19667.08389
2	19962	1987	2	FEB 1987	.97422	19768.38741	1.00979	20291.42797
3	21433	1987	3	MAR 1987	.99669	21468.87493	.99833	21540.11615
4	23251	1987	4	APR 1987	1.02321	23288.75349	.99838	22760.58999
5	24333	1987	5	MAY 1987	1.00283	23703.11717	1.02657	23636.30299
6	25243	1987	6	JUN 1987	1.02557	24866.67787	1.01513	24246.57754
7	23940	1987	7	JUL 1987	.97288	23837.63777	1.00429	24502.23742
8	25340	1987	8	AUG 1987	1.01886	25248.90084	1.00361	24781.58880
9	25290	1987	9	SEP 1987	1.01643	25072.94886	1.00866	24667.57397
10	24746	1987	10	OCT 1987	1.01115	24599.74550	1.00595	24328.47244
11	22621	1987	11	NOV 1987	.97876	23254.38865	.97276	23759.07744
12	22683	1987	12	DEC 1987	.98930	23253.43957	.97547	23504.91759
13	22848	1988	1	JAN 1988	.98143	23289.21200	.98106	23729.87906
14	24333	1988	2	FEB 1988	.98354	24096.99282	1.00979	24500.27487

資料視圖　變數視圖

②

Err-1……指不規則變動，也稱白色干擾（white noise）。

SAF-1……季節變動

STC-1……長期趨勢 + 週期變動

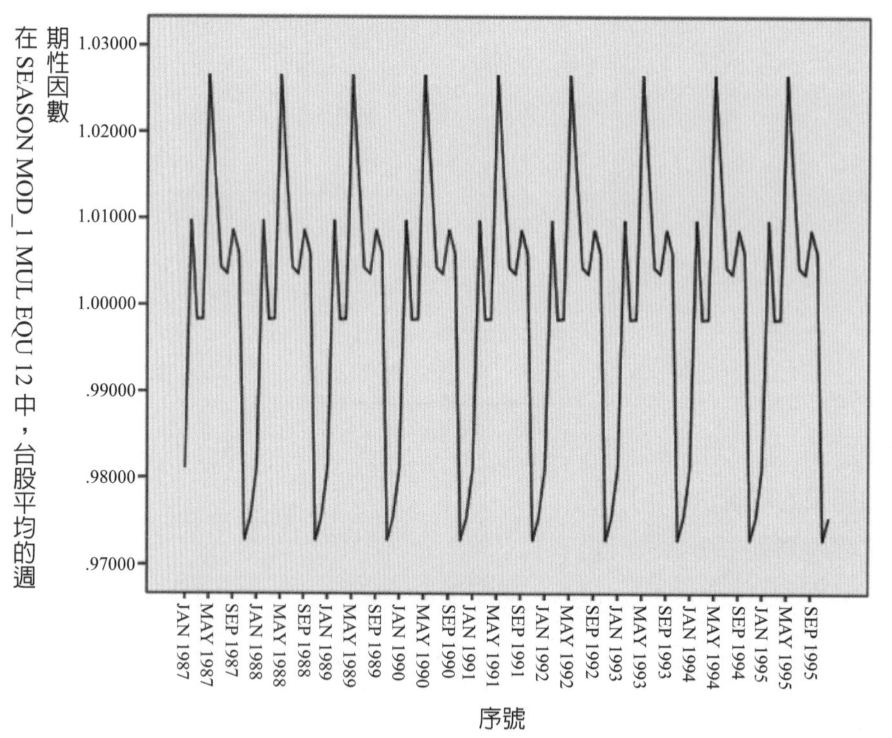

③

SAF-1

【輸出結果的判讀法 ·2】

②此模式是乘法模式，因之形成

$$X(t) = T(t) \cdot C(t) \cdot S(t) \cdot I(t)$$

譬如，觀察

$$t = 1987 \text{ 年 } 7 \text{ 月，} X(t) = 23940$$

的地方時，即爲

$$\begin{cases} T(t) \cdot C(t) = \text{stc} - 1 = 24502.23742 \\ S(t) \qquad\quad = \text{saf} - 1 = 1.00429 \\ I(t) \qquad\quad = \text{err} - 1 = 0.97288 \end{cases}$$

分別帶入乘法模式時，得知下式是成立的，即

$$
\begin{aligned}
X(t) &= T(t) \cdot C(t) \cdot S(t) \cdot I(t) \\
23940 &= 24502.23742 \times 1.00429 \times 0.97288 \\
&= 23940.00063
\end{aligned}
$$

③這是從時間數列數據除去季節變動與不規則變動之後的 saf-1 圖形。

第8章 指數平滑法

8.1 前言

我們常常會想到「預測明日」，此指數平滑法是預測明日的一種統計手法。對於時間數列數據來說，

$$\begin{array}{ccccc} \cdots\cdots, x(t-3), & x(t-2), & x(t-1), & x(t), & \hat{x}(t,1) \\ \| & \| & \| & \| & \| \\ 3\text{ 期前} & 2\text{ 期前} & 1\text{ 期前} & \text{現在} & \text{預測值？} \end{array}$$

將時點 t 中的下 1 期的預測值當作 $\hat{x}(t,1)$ 時，使用適當值 $\alpha(0 \le \alpha \le 1)$，如下定義下 1 個的預測值，

$$\hat{x}(t,1) = \alpha \cdot x(t) + \alpha(1-\alpha) \cdot x(t-1) + \alpha(1-\alpha)^2 \cdot x(t-2) + \cdots\cdots$$

此時，是否找得到最適的 α 是指數平滑化的重點。

此方法由於是除去不規則變動，所以稱爲「**平滑化**」。

但是，以下的等式是成立的。

$$\hat{x}(t,1) = \alpha \cdot x(t) + (1-\alpha) \cdot \hat{x}(t-1, 1)$$

以下數據是調查某生技醫療保健公司所生產的醫療輪椅產品的庫存量所得出的數據表。

利用此時間數列數據，進行指數平滑化看看。

表 8.1 產品的在庫量

No.	年月	在庫量	No.	年月	在庫量
1	1990 年 1 月	1008	37	1993 年 1 月	999
2	1990 年 2 月	1015	38	1993 年 2 月	1003
3	1990 年 3 月	1006	39	1993 年 3 月	1024
4	1990 年 4 月	1017	40	1993 年 4 月	1029
5	1990 年 5 月	1015	41	1993 年 5 月	1036
6	1990 年 6 月	1006	42	1993 年 6 月	1049
7	1990 年 7 月	1013	43	1993 年 7 月	1039
8	1990 年 8 月	1009	44	1993 年 8 月	1040
9	1990 年 9 月	1011	45	1993 年 9 月	1019
10	1990 年 10 月	1009	46	1993 年 10 月	1007
11	1990 年 11 月	995	47	1993 年 11 月	1008
12	1990 年 12 月	1024	48	1993 年 12 月	1020
13	1991 年 1 月	1008	49	1994 年 1 月	1022
11	1991 年 2 月	999	50	1994 年 2 月	1023
15	1991 年 3 月	997	51	1994 年 3 月	1031
16	1991 年 4 月	999	52	1994 年 4 月	1011
17	1991 年 5 月	1004	53	1994 年 5 月	1019
18	1991 年 6 月	1001	54	1994 年 6 月	1009
19	1991 年 7 月	1003	55	1994 年 7 月	1005
20	1991 年 8 月	1018	56	1994 年 8 月	1012
21	1991 年 9 月	1026	57	1994 年 9 月	1017
22	1991 年 10 月	1015	58	1994 年 10 月	1000
23	1991 年 11 月	1019	59	1994 年 11 月	997
24	1991 年 12 月	1034	60	1994 年 12 月	983
25	1992 年 1 月	1033	61	1995 年 1 月	984
26	1992 年 2 月	1021	62	1995 年 2 月	992
27	1992 年 3 月	1017	63	1995 年 3 月	967
28	1992 年 4 月	1008	64	1995 年 4 月	966
29	1992 年 5 月	1009	65	1995 年 5 月	970
30	1992 年 6 月	984	66	1995 年 6 月	982
31	1992 年 7 月	964	67	1995 年 7 月	995
32	1992 年 8 月	964	68	1995 年 8 月	981
33	1992 年 9 月	976	69	1995 年 9 月	990
34	1992 年 10 月	985	70	1995 年 10 月	1003
35	1992 年 11 月	997	71	1995 年 11 月	1005
36	1992 年 12 月	1008	72	1995 年 12 月	1016

（接下頁）

表 8.1（續）

No.	年月	在庫量
73	1996 年 1 月	1028
74	1996 年 2 月	1003
75	1996 年 3 月	993
76	1996 年 4 月	995
77	1996 年 5 月	1003
78	1996 年 6 月	1003
79	1996 年 7 月	1013
80	1996 年 8 月	1020
81	1996 年 9 月	1019
82	1996 年 10 月	1014
83	1996 年 11 月	1014
84	1996 年 12 月	1018
85	1997 年 1 月	998
86	1997 年 2 月	996
87	1997 年 3 月	994
88	1997 年 4 月	983
89	1997 年 5 月	994
90	1997 年 6 月	992
91	1997 年 7 月	997
92	1997 年 8 月	990
93	1997 年 9 月	993
94	1997 年 10 月	988
95	1997 年 11 月	1004
96	1997 年 12 月	995
97	1998 年 1 月	995
98	1998 年 2 月	1011
99	1998 年 3 月	991
100	1998 年 4 月	994
101	1998 年 5 月	991
102	1998 年 6 月	999
103	1998 年 7 月	995
104	1998 年 8 月	996
105	1998 年 9 月	1002
106	1998 年 10 月	1010
107	1998 年 11 月	1016
108	1998 年 12 月	1017

No.	年月	在庫量
109	1999 年 1 月	1029
110	1999 年 2 月	1036
111	1999 年 3 月	1024
112	1999 年 4 月	1022
113	1999 年 5 月	1021
114	1999 年 6 月	1019
115	1999 年 7 月	1009
116	1999 年 8 月	1021
117	1999 年 9 月	1025
118	1999 年 10 月	1020
119	1999 年 11 月	1021
120	1999 年 12 月	1030
121	2000 年 1 月	1015
122	2000 年 2 月	1014
123	2000 年 3 月	1016
124	2000 年 4 月	995
125	2000 年 5 月	1002
126	2000 年 6 月	993
127	2000 年 7 月	1018
128	2000 年 8 月	1008
129	2000 年 9 月	1017
130	2000 年 11 月	996
131	2000 年 11 月	1005
132	2000 年 12 月	1014
133	2001 年 1 月	1003
134	2001 年 2 月	1000
135	2001 年 3 月	1018
136	2001 年 4 月	1002
137	2001 年 5 月	997
138	2001 年 6 月	1002
139	2001 年 7 月	1007
140	2001 年 8 月	990
141	2001 年 9 月	994
142	2001 年 10 月	1005
143	2001 年 11 月	1012
144	2001 年 12 月	1012
145	2002 年 1 月	1028
146	2002 年 2 月	1002
147	2002 年 3 月	998
148	2002 年 4 月	1029
149	2002 年 5 月	1026

【數據輸入的類型】

試如下輸入數據。不要忘了日期！

8.1.sav [資料集1] - IBM SPSS Statistics Data Editor

檔案(F) 編輯(E) 檢視(V) 資料(D) 轉換(T) 分析(A) 直效行銷 統計圖(G) 公用程式(U) 視窗(W) 說明(H)

150 : □□□ 顯示：4個變數（共有4個）

	□□□	YEAR_	MONTH_	DATE_	var	var	var	var	var	var	var
1	1008	1990	1	JAN 1990							
2	1015	1990	2	FEB 1990							
3	1006	1990	3	MAR 1990							
4	1017	1990	4	APR 1990							
5	1015	1990	5	MAY 1990							
6	1006	1990	6	JUN 1990							
7	1013	1990	7	JUL 1990							
8	1009	1990	8	AUG 1990							
9	1011	1990	9	SEP 1990							
10	1009	1990	10	OCT 1990							
11	995	1990	11	NOV 1990							
12	1024	1990	12	DEC 1990							
13	1008	1991	1	JAN 1991							
14	999	1991	2	FEB 1991							

資料視圖 變數視圖

IBM SPSS Statistics 處理器已就緒 Unicode:ON

⋮ ⋮ ⋮ ⋮

	□□□	YEAR_	MONTH_	DATE_	var	var	var	var	var	var	var
139	1007	2001	7	JUL 2001							
140	990	2001	8	AUG 2001							
141	994	2001	9	SEP 2001							
142	1005	2001	10	OCT 2001							
143	1012	2001	11	NOV 2001							
144	1012	2001	12	DEC 2001							
145	1028	2002	1	JAN 2002							
146	1002	2002	2	FEB 2002							
147	998	2002	3	MAR 2002							
148	1029	2002	4	APR 2002							
149	1026	2002	5	MAY 2002							
150											
151											

資料視圖 變數視圖

IBM SPSS Statistics 處理器已就緒 Unicode:ON

8.2 指數平滑化

【統計處理的步驟】

步驟 1　按一下〔分析 (A)〕，選擇清單之中的〔預測 (T)〕，再選擇子清單之中〔建立模型 (C)〕。

檔案(F)　編輯(E)　檢視(V)　資料(D)　轉換(T)　分析(A)　直效行銷　統計圖(G)　公用程式(U)　視窗(W)　說明(H)

報表(P)
描述性統計資料(E)
表格(T)
比較平均數法(M)
一般線性模型(G)
廣義線性模型
混合模型(X)
相關(C)
迴歸(R)
對數線性(O)
神經網路(W)
分類(Y)
維度縮減(D)
尺度
無母數檢定(N)
預測(T)
存活分析(S)
多重回應(U)
遺漏值分析(V)...
多個插補(T)
複合樣本(L)

建立模型(C)...
套用模型(A)...
週期性分解(S)...
光譜分析(T)...
序列圖(N)...
自動相關性(A)...

	庫存量	YEAR_
1	1008	1990
2	1015	1990
3	1006	1990
4	1017	1990
5	1015	1990
6	1006	1990
7	1013	1990
8	1009	1990
9	1011	1990
10	1009	1990
11	995	1990
12	1024	1990
13	1008	1991
14	999	1991
15	997	1991
16	999	1991
17	1004	1991
18	1001	1991

步驟 2　〔方法 (M)〕選擇指數平滑化法。

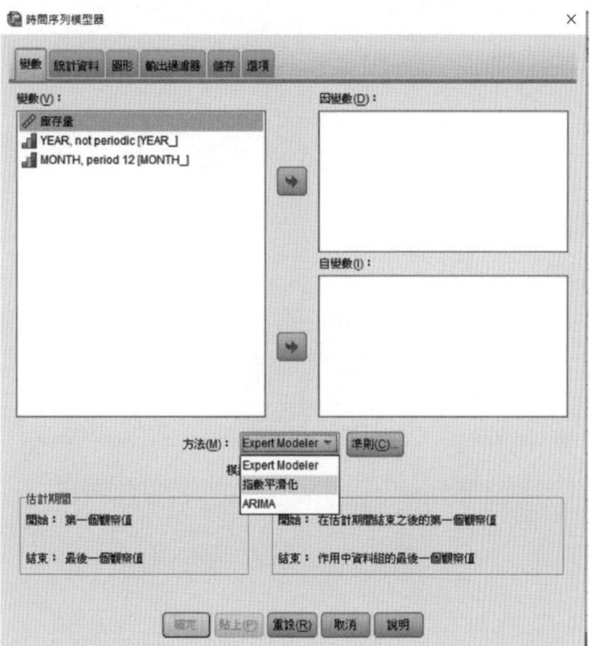

步驟 3　按一下〔準則 (C)〕，模型類型選擇〔簡單 (S)〕，然後按 繼續 。

時間序列模型器：指數平滑化準則
模型類型
非週期性：
簡單(S)
Holt 線性趨勢
Brown 線性趨勢
減幅趨勢(D)
週期性：
簡單週期性(M)
Winters 可加性(A)
Winters 相乘性
目前週期性：12
因變數轉換
無(N)
平方根(Q)
自然對數(T)
繼續　取消　說明

步驟 4　於是模型類型出現簡單非週期性，因之將庫存量移到〔因變數 (D)〕的方框之中。注意〔指數平滑法〕中不能包含自變數。

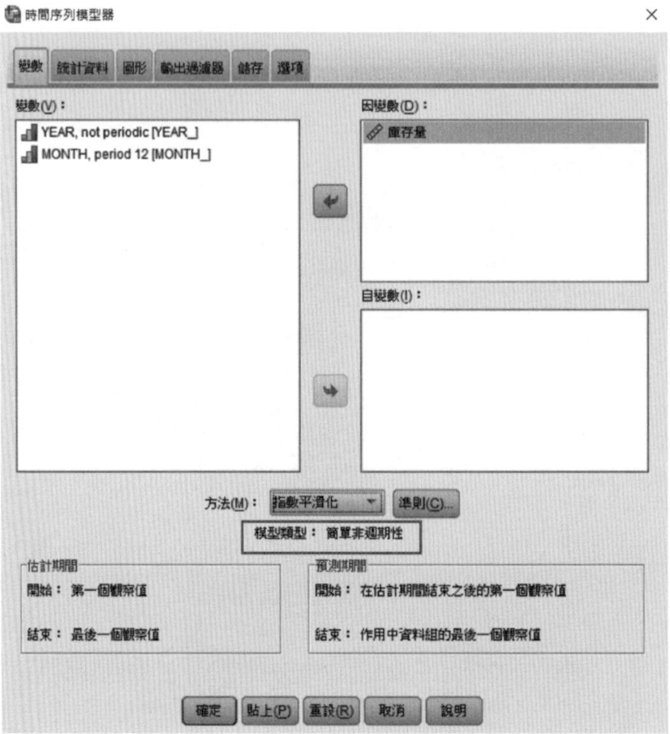

步驟 5　點選〔統計資料〕，如下勾選後以滑鼠點選〔儲存〕。

時間序列模型器
變數　統計資料　圖形　輸出過濾器　儲存　選項
依模型顯示適度測量、Ljung-Box 統計資料，以及偏離值數目(D)
適度測量
平穩型 R 平方(Y)　平均絕對誤差(E)
R 平方　最大絕對百分誤差(B)
均方根誤差(Q)　最大絕對誤差(X)
平均絕對百分誤差(P)　標準化 BIC(L)
比較模型的統計資料
適合度(G)
殘差項自動相關性函數 (ACF)
殘差項部分自動相關性函數 (PACF)(U)
個別模型的統計資料
參數估計值(M)
殘差項自動相關性函數 (ACF)
殘差項部分自動相關性函數 (PACF)
顯示預測(S)
確定　貼上(P)　重設(R)　取消　說明

步驟 6　點一下〔圖形〕，如下勾選觀察值 (O)、預測 (S)、適合值 (I)。

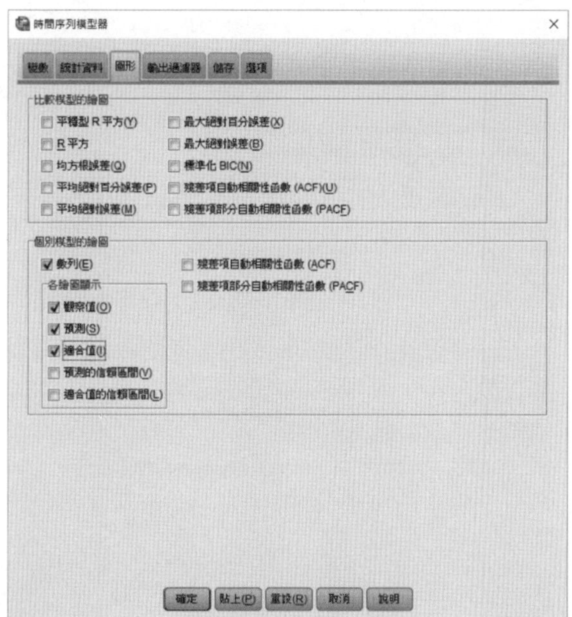

步驟 7 在〔儲存〕中勾選〔預測值〕及〔雜訊殘差〕。

時間序列模型器

變數 統計資料 圖形 輸出過濾器 儲存 選項

儲存變數

變數(V)：

說明	儲存	變數名稱字首
預測值	✓	預測值
信賴區間下限		LCL
信賴區間上限		UCL
雜訊殘差	✓	NResidual

對於所選的每個項目，會由因變數儲存一變數。

匯出模型檔案

XML 檔案(F)： 瀏覽(B)...

XML 檔案僅與 SPSS 應用程式相容。

PMML 檔案： 瀏覽(O)...

PMML 檔案與 PMML 相容的應用程式相容，包括 SPSS。

確定 貼上(P) 重設(R) 取消 說明

步驟 8 點選〔選項〕，將下 1 期的日期在年與月的地方輸入。按一下 確定。

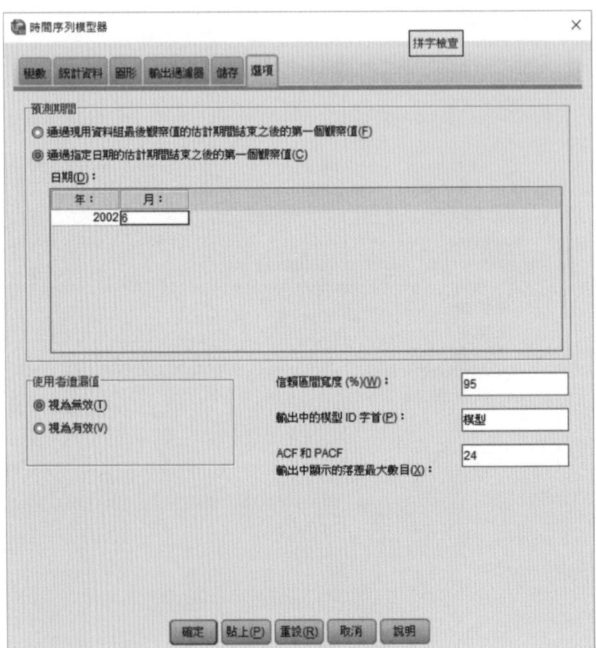

【SPSS 輸出 · 1】

時間序列模型器

型號說明

	模型類型
模型 ID　庫存量　模型 _1	簡單

模型統計資料

模型	預測變數數目	模型適合度統計資料	Ljung-Box Q(18)			離群值數目
		平穩 R 平方	統計資料	DF	顯著性	
庫存量 - 模型 _1	0	.033	9.789	17	.912	0

指數平滑化模型參數

模型			估計	SE	T	顯著性
庫存量 - 模型 _1	無轉換	Alpha（水準）	.802	.081	9.944	.000

①

預測

模型		6 月 2002
庫存量 - 模型 _1	預測	1025
	UCL	1047
	LCL	1004

針對每一個模型，預測是在所要求的估計期間範圍内的前次非遺漏開始，並在其所有預測值的非遺漏值可用的前次期間，或是在所要求的預測期間的結束日期結束，取較早的時間。

【輸出結果的判讀法 · 1】

① 當 α 值在 0.1 到 1.0 之間變動時，得知 $\alpha = 0.802$，誤差是最小的。亦即，這是方格檢索。

因此，下 1 期的預測值即爲

$$\hat{x}(t, 1) = 0.802 \times (t) + 0.8(1 - 0.802) \times (t - 1) + 0.802(1 - 0.802)^2 \times (t - 2) + \cdots\cdots$$

【SPSS 輸出 ·2】

	庫存量	YEAR_	MONTH_	DATE_	預測值_庫存量_模型_1	NResidual_庫	var
133	1003	2001	1	JAN 2001	1012.0183	-9.0183	
134	1000	2001	2	FEB 2001	1004.7836	-4.7836	
135	1018	2001	3	MAR 2001	1000.9461	17.0539	
136	1002	2001	4	APR 2001	1014.6271	-12.6271	
137	997	2001	5	MAY 2001	1004.4974	-7.4974	
138	1002	2001	6	JUN 2001	998.4828	3.5172	
139	1007	2001	7	JUL 2001	1001.3044	5.6956	
140	990	2001	8	AUG 2001	1005.8735	-15.8735	
141	994	2001	9	SEP 2001	993.1394	.8606	
142	1005	2001	10	OCT 2001	993.8298	11.1702	
143	1012	2001	11	NOV 2001	1002.7908	9.2092	
144	1012	2001	12	DEC 2001	1010.1786	1.8214	
145	1028	2002	1	JAN 2002	1011.6398	16.3602	
146	1002	2002	2	FEB 2002	1024.7643	-22.7643	
147	998	2002	3	MAR 2002	1006.5023	-8.5023	
148	1029	2002	4	APR 2002	999.6816	29.3184	
149	1026	2002	5	MAY 2002	1023.2015	2.7985	
150	.	2002	6	JUN 2002	1025.4465	.	
151							③

②

【輸出結果的判讀法 ·2】

②換言之，得知 2002 年 6 月的預測值 $\hat{x}(t, 1)$ 是

$$\hat{x}(t, 1) = 1025.4465$$

但是，先確認以下的等式。

$$\begin{aligned}\hat{x}(t, 1) &= \alpha \cdot x(t) + (1-\alpha) \cdot \hat{x}(t-1, 1) \\ &= 0.802 \times 1026 + (1-0.802) \times 1023.2015 \\ &= 1025.4465\end{aligned}$$

③NResidual 是指殘差。譬如，

$$2.7985 = 1026 - 1023.2015$$

＊簡單說明以下畫面右方的 **4** 個模式。

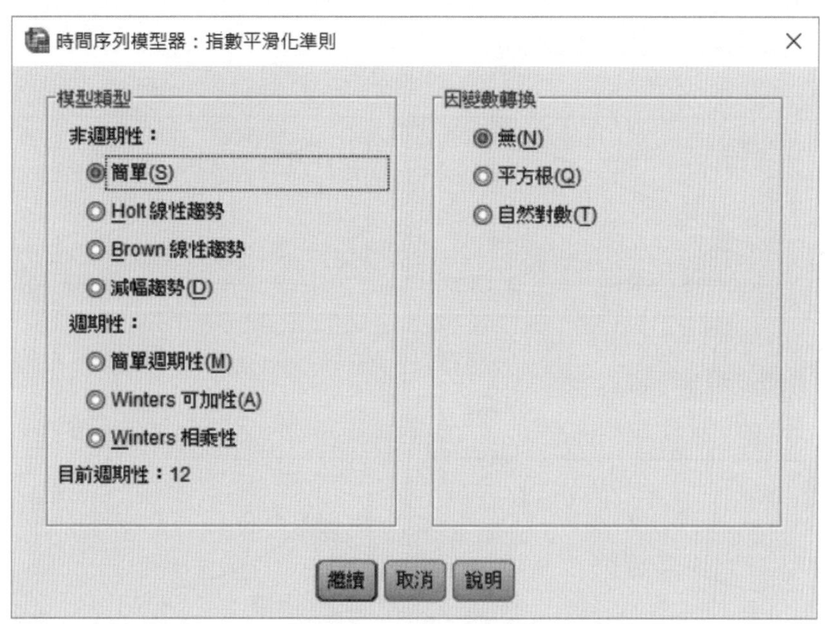

簡單：時間數列沒有長期趨勢，沒有季節變動時所利用。

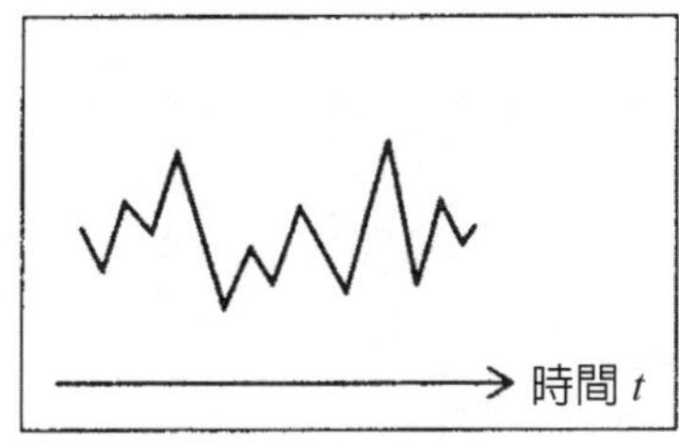

HOLT 線性趨勢：時間數列有長期趨勢，沒有季節變動時所使用。

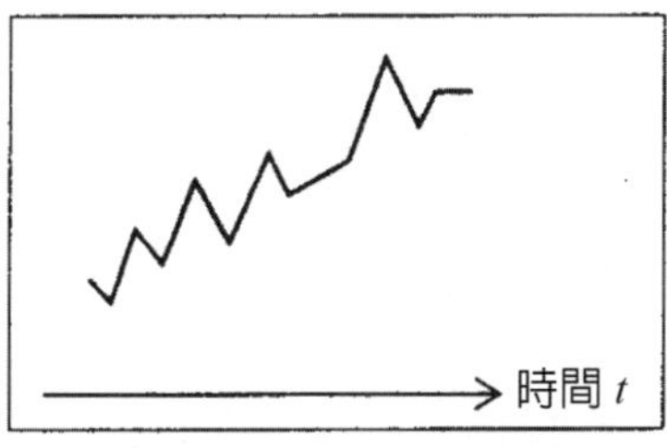

Winters 相乘性：時間數列有線性趨勢，有乘法的季節變動時利用。

Winters 可加性：時間數列有線性趨勢，有加法的季節變動時利用。

所謂「Brown 線性趨勢」是

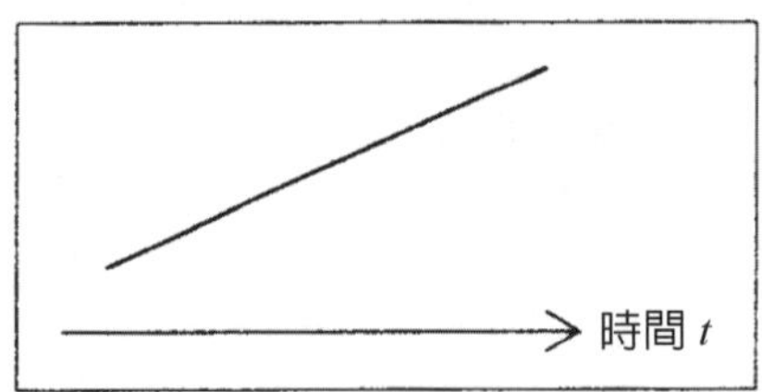

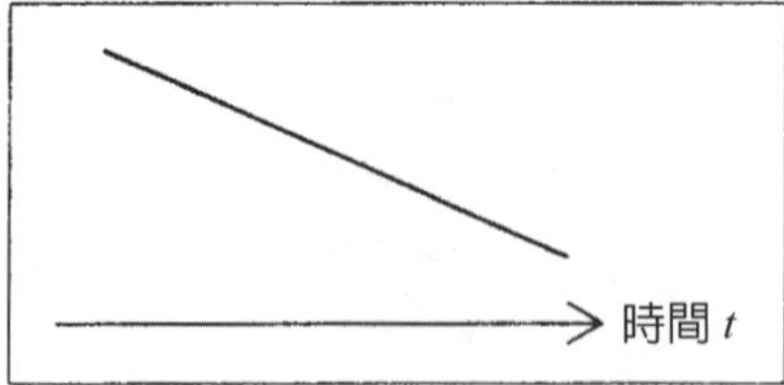

所謂「指數」是

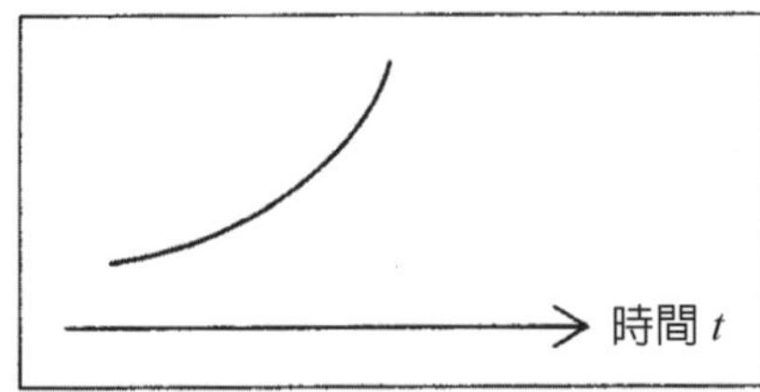

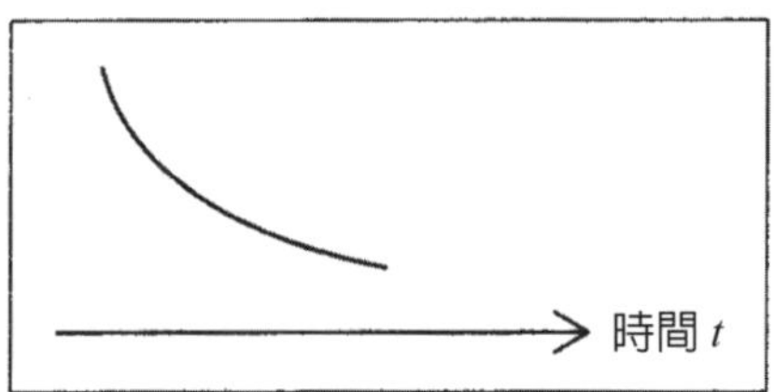

所謂「Damped 曲線」（指衰減）是

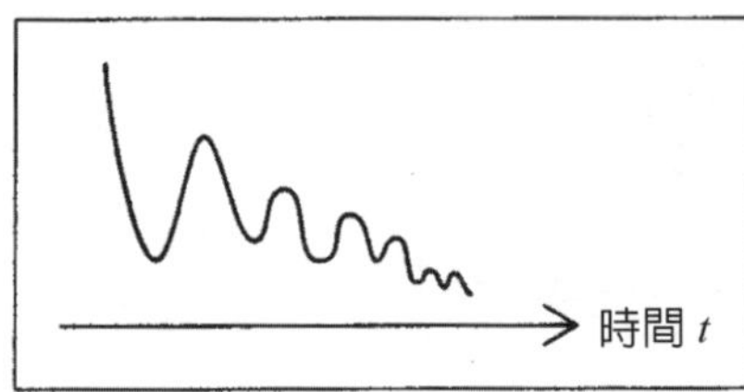

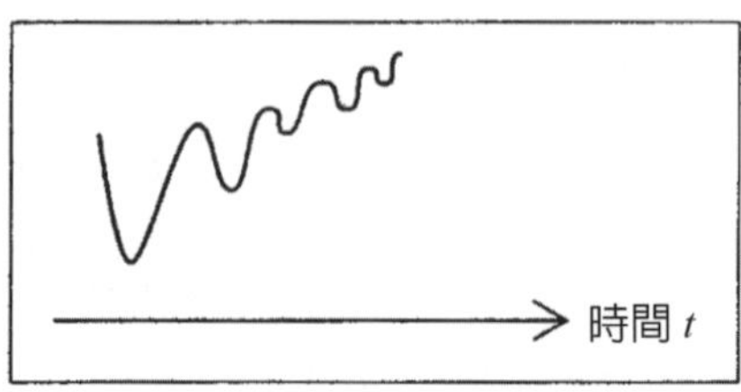

第 9 章　時間數列數據的迴歸分析

9.1　前言

說到「預測」時，就會立刻想到「**迴歸分析**」。然而，像時間數列數據，可以照樣應用在迴歸分析嗎？

將時間數列數據照樣套用在迴歸分析，試著計算殘差

$$殘差 = 實測值 - 預測值$$

時，有很多的「殘差的時間數列仍保留有時間上的關聯」。

殘差的時間數列在任何的類型中是不行存在的，因之爲了將時間數列數據應用在迴歸分析，必須先處理有關「**殘差的自我相關**」之問題才行。

一、時間數列數據的迴歸分析模型

在 3 個時間數列數據之中，如 $\{y(t)\}$、$\{x_1(t)\}$、$\{x_2(t)\}$ 之中，若將 $y(t)$ 設爲因變數，$x_1(t)$、$x_2(t)$ 設爲自變數時，

試考察以下的模式。

$$\begin{cases} y(t) = a + b_1 x_1(t) + b_2 x_2(t) + r(t) \\ r(t) = \rho \cdot r(t-1) + u(t) \end{cases}$$

其中，$r(t)$ 是使用自我迴歸 AR(1) 模式所表現的殘差 (= 誤差)，因此，$u(t)$ 當作白色干擾（white noise）。

複迴歸分析的模式可以如下表示，即

$$y_i = \alpha + \beta_{1i} + \beta_{2i} + \varepsilon_i$$

因之，時間數列數據的迴歸分析可以想成是「複迴歸分析模式 + 自我迴歸模式」。

〔**範例**〕

中央健保局爲了掌握國民所得與健康之關係，以下的數據是從 1930 年到

1998 年調查酒消費量、國民所得、物價指數所得者。將酒消費者當作因變數，將國民所得與物價指數當作自變數，試進行時間數列數據的迴歸分析看看。

表 9.1　酒消費量與國民所得、物價指數之關係

No.	年	酒消費量	國民所得	物價指數
1	1930	1.9565	1.7669	1.9176
2	1931	1.9794	1.7766	1.9059
3	1932	2.0120	1.7764	1.8798
4	1933	2.0449	1.7942	1.8727
5	1934	2.0561	1.8156	1.8984
6	1935	2.0678	1.8083	1.9137
7	1936	2.0561	1.8083	1.9176
8	1937	2.0428	1.8067	1.9176
9	1938	2.0290	1.8166	1.9420
10	1939	1.9980	1.8041	1.9547
11	1940	1.9884	1.8053	1.9379
12	1941	1.9835	1.8242	1.9462
13	1942	1.9773	1.8395	1.9504
14	1943	1.9748	1.8464	1.9504
15	1944	1.9629	1.8492	1.9723
16	1945	1.9396	1.8668	2.0000
17	1946	1.9309	1.8783	2.0097
18	1947	1.9271	1.8914	2.0146
19	1948	1.9239	1.9166	2.0146
20	1949	1.9414	1.9363	2.0097
21	1950	1.9685	1.9548	2.0097
22	1951	1.9727	1.9453	2.0097
23	1952	1.9736	1.9292	2.0048
24	1953	1.9499	1.9209	2.0097
25	1954	1.9,132	1.9510	2.0296
26	1955	1.9569	1.9776	2.0399
27	1956	1.9647	1.9814	2.0399
28	1957	1.9710	1.9819	2.0296
29	1958	1.9719	1.9828	2.0146
30	1959	1.9956	2.0076	2.0245
31	1960	2.0000	2.0000	2.0000
32	1961	1.9904	1.9939	2.0048
33	1962	1.9752	1.9933	2.0048
34	1963	1.9494	1.9797	2.0000
35	1964	1.9332	1.9772	1.9952

No.	年	酒消費量	國民所得	物價指數
36	1965	1.9139	1.9924	1.9952
37	1966	1.9091	2.0117	1.9905
38	1967	1.9139	2.0204	1.9813
39	1968	1.8886	2.0018	1.9905
40	1969	1.7945	2.0038	1.9859
41	1970	1.7644	2.0099	2.0518
42	1971	1.7817	2.0174	2.0474
43	1972	1.7784	2.0279	2.0341
44	1973	1.7945	2.0359	2.0255
45	1974	1.7888	2.0216	2.0341
46	1975	1.8751	1.9896	1.9445
47	1976	1.7853	1.9843	1.9939
48	1977	1.6075	1.9764	2.2082
49	1978	1.5185	1.9965	2.2700
50	1979	1.6513	2.0652	2.2430
51	1980	1.6247	2.0369	2.2567
52	1981	1.5391	1.9723	2.2988
53	1982	1.4922	1.9797	2.3723
54	1983	1.4606	2.0136	2.4105
55	1984	1.4551	2.0165	2.4081
56	1985	1.4425	2.0213	2.4081
57	1986	1.4023	2.0206	2.4367
58	1987	1.3991	2.0563	2.4284
59	1988	1.3798	2.0579	2.4310
60	1989	1.3782	2.0649	2.4363
61	1990	1.3366	2.0582	2.4552
62	1991	1.3026	2.0517	2.4838
63	1992	1.2592	2.0491	2.4958
64	1993	1.2635	2.0766	2.5048
65	1994	1.2549	2.0890	2.5017
66	1995	1.2527	2.1059	2.4958
67	1996	1.2763	2.1205	2.4838
68	1997	1.2906	2.1205	2.4636
69	1998	1.2721	2.1182	2.4580

【數據輸入的類型】

如下輸入數據，日期的輸入方法，請參閱第 1 章。

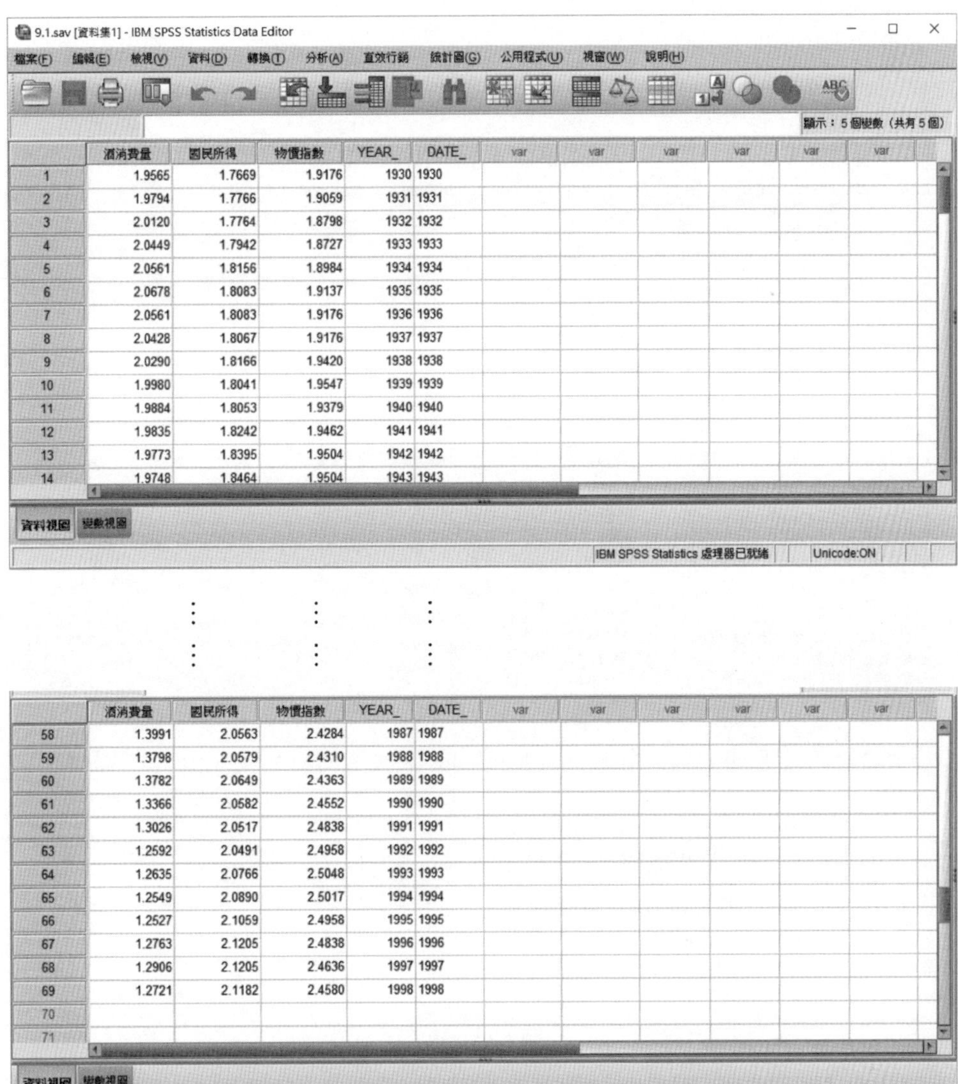

9.1.sav [資料集1] - IBM SPSS Statistics Data Editor

檔案(F) 編輯(E) 檢視(V) 資料(D) 轉換(T) 分析(A) 直效行銷 統計圖(G) 公用程式(U) 視窗(W) 說明(H)

顯示：5 個變數（共有 5 個）

	酒消費量	國民所得	物價指數	YEAR_	DATE_	var	var	var	var	var	var
1	1.9565	1.7669	1.9176	1930	1930						
2	1.9794	1.7766	1.9059	1931	1931						
3	2.0120	1.7764	1.8798	1932	1932						
4	2.0449	1.7942	1.8727	1933	1933						
5	2.0561	1.8156	1.8984	1934	1934						
6	2.0678	1.8083	1.9137	1935	1935						
7	2.0561	1.8083	1.9176	1936	1936						
8	2.0428	1.8067	1.9176	1937	1937						
9	2.0290	1.8166	1.9420	1938	1938						
10	1.9980	1.8041	1.9547	1939	1939						
11	1.9884	1.8053	1.9379	1940	1940						
12	1.9835	1.8242	1.9462	1941	1941						
13	1.9773	1.8395	1.9504	1942	1942						
14	1.9748	1.8464	1.9504	1943	1943						

資料視圖　變數視圖

IBM SPSS Statistics 處理器已就緒　Unicode:ON

⋮　⋮　⋮

	酒消費量	國民所得	物價指數	YEAR_	DATE_	var	var	var	var	var	var
58	1.3991	2.0563	2.4284	1987	1987						
59	1.3798	2.0579	2.4310	1988	1988						
60	1.3782	2.0649	2.4363	1989	1989						
61	1.3366	2.0582	2.4552	1990	1990						
62	1.3026	2.0517	2.4838	1991	1991						
63	1.2592	2.0491	2.4958	1992	1992						
64	1.2635	2.0766	2.5048	1993	1993						
65	1.2549	2.0890	2.5017	1994	1994						
66	1.2527	2.1059	2.4958	1995	1995						
67	1.2763	2.1205	2.4838	1996	1996						
68	1.2906	2.1205	2.4636	1997	1997						
69	1.2721	2.1182	2.4580	1998	1998						
70											
71											

資料視圖　變數視圖

IBM SPSS Statistics 處理器已就緒　Unicode:ON

9.2 時間數列數據的迴歸分析

【統計處理的步驟】

步驟 1 點選〔分析 (A)〕，從清單中選擇〔預測 (T)〕，並且從子清單中選擇〔建立模型 (C)〕。

	酒消費量	國民所得
1	1.9565	1.7669
2	1.9794	1.7766
3	2.0120	1.7764
4	2.0449	1.7942
5	2.0561	1.8156
6	2.0678	1.8083
7	2.0561	1.8083
8	2.0428	1.8067
9	2.0290	1.8166
10	1.9980	1.8041
11	1.9884	1.8053
12	1.9835	1.8242
13	1.9773	1.8395
14	1.9748	1.8464

步驟 2 將〔方法 (M)〕從 Expert Modeller 改成 ARIMA。

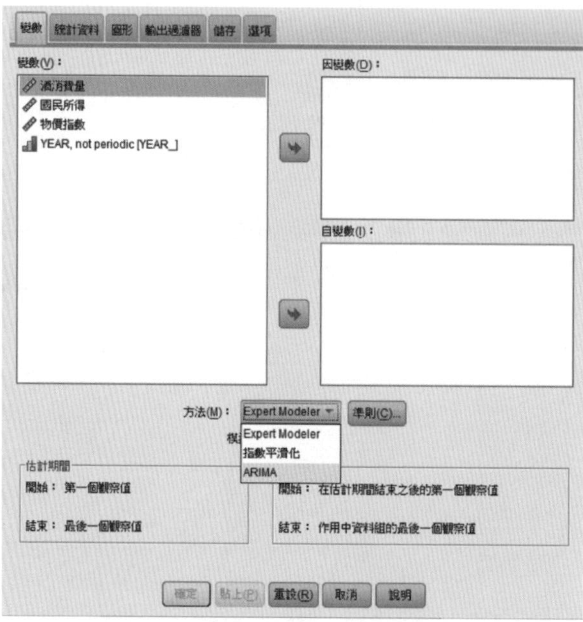

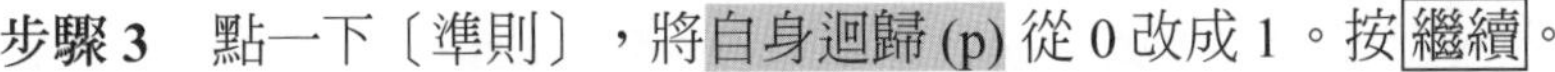

步驟 3　點一下〔準則〕，將自身迴歸 (p) 從 0 改成 1。按繼續。

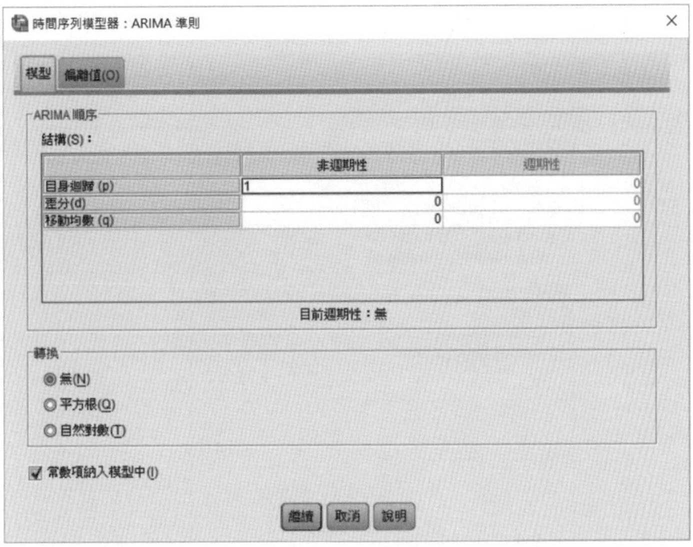

步驟 4　出現以下畫面時，將酒消費量移到〔因變數 (D)〕的方框之中，將國民所得與物價指數移到〔自變數(1)〕的方框之中。接著，按一下〔統計資料〕。

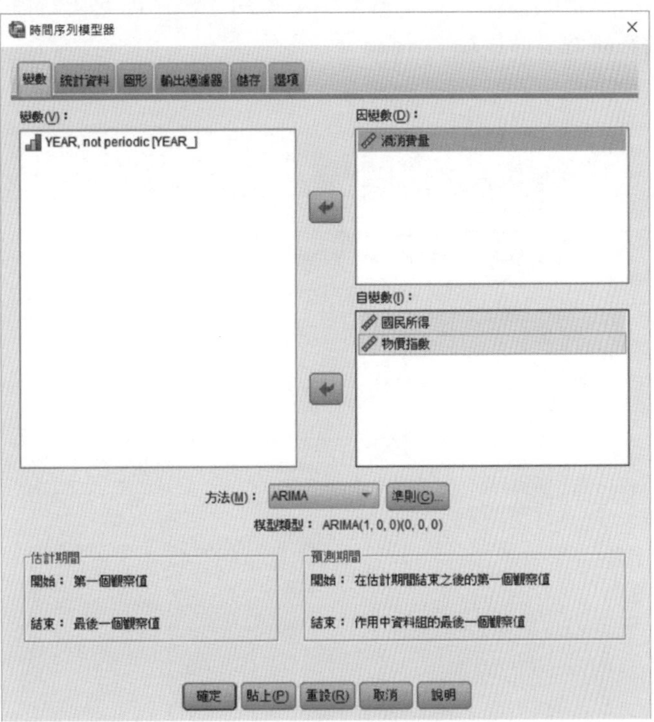

步驟 5 勾選平穩型 R 平方、適合度、顯示預測、參數估計值。接著點一下〔選項〕。

時間序列模型器
變數 統計資料 圖形 輸出過濾器 儲存 選項
依模型顯示適度測量、Ljung-Box 統計資料，以及偏離值數目(D)
適度測量
平穩型 R 平方(Y) 平均絕對誤差(E)
R 平方 最大絕對百分誤差(B)
均方根誤差(Q) 最大絕對誤差(X)
平均絕對百分誤差(P) 標準化 BIC(L)
比較模型的統計資料
適合度(G)
殘差項自動相關性函數 (ACF)
殘差項部分自動相關性函數 (PACF)(U)
個別模型的統計資料
參數估計值(M)
殘差項自動相關性函數 (ACF)
殘差項部分自動相關性函數 (PACF)
顯示預測(S)
確定 貼上(P) 重設(R) 取消 說明

步驟 6 出現以下的畫面。若不需要指定日期，選擇前者，若需要指定日期，則選擇後者。此處輸入 1999。

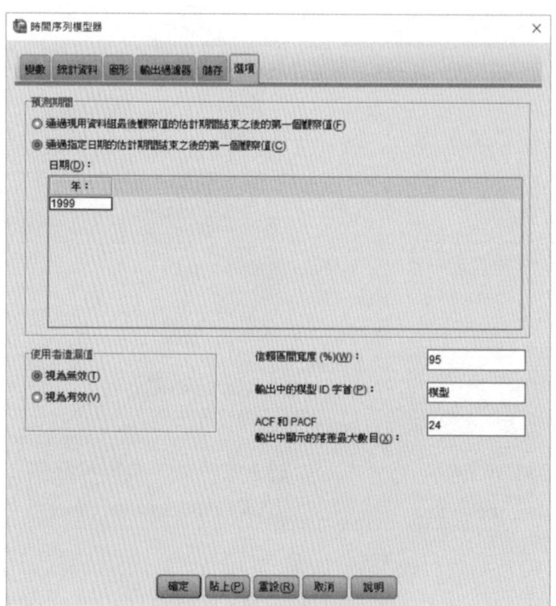

步驟 7　若想預測時，可如下先輸入數據。國民所得輸入 2.1，物價指數輸入 2.44。

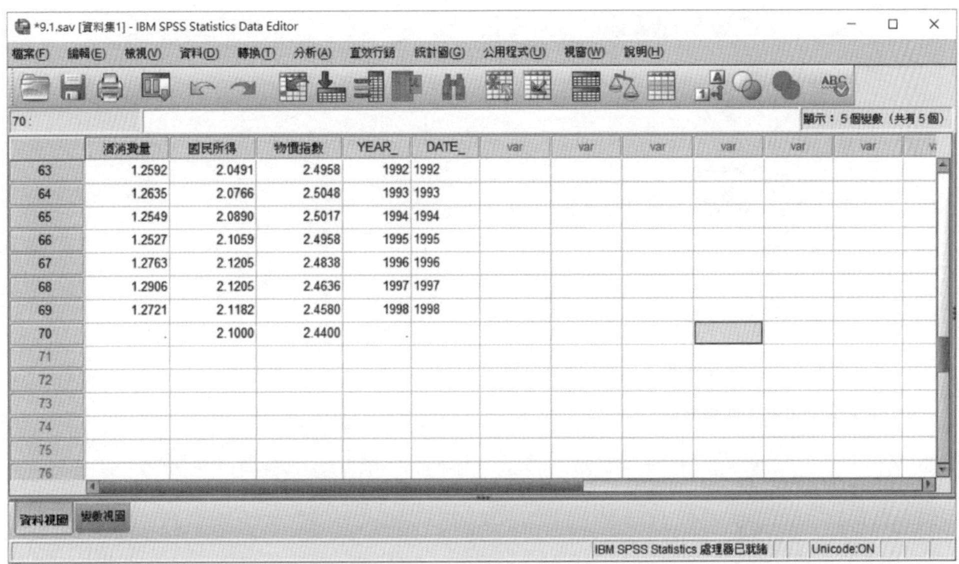

	酒消費量	國民所得	物價指數	YEAR_	DATE_
63	1.2592	2.0491	2.4958	1992	1992
64	1.2635	2.0766	2.5048	1993	1993
65	1.2549	2.0890	2.5017	1994	1994
66	1.2527	2.1059	2.4958	1995	1995
67	1.2763	2.1205	2.4838	1996	1996
68	1.2906	2.1205	2.4636	1997	1997
69	1.2721	2.1182	2.4580	1998	1998
70	.	2.1000	2.4400	.	

前 1 期即 1999 年的國民所得與物價指數之值必須先輸入到資料檔案。此 1999 年國民所得 (= 2.1000) 與物價指數 (= 2.4400) 的數據求法，是利用

- 〔分析 (A)〕⇨〔迴歸 (R)〕⇨〔曲線估計〕⇨〔儲存 (A)〕

進行預測，或

- 發揮第六感

再適當的輸入。

步驟 8　點一下〔儲存〕。勾選預測值、雜訊殘差。按 確定 。

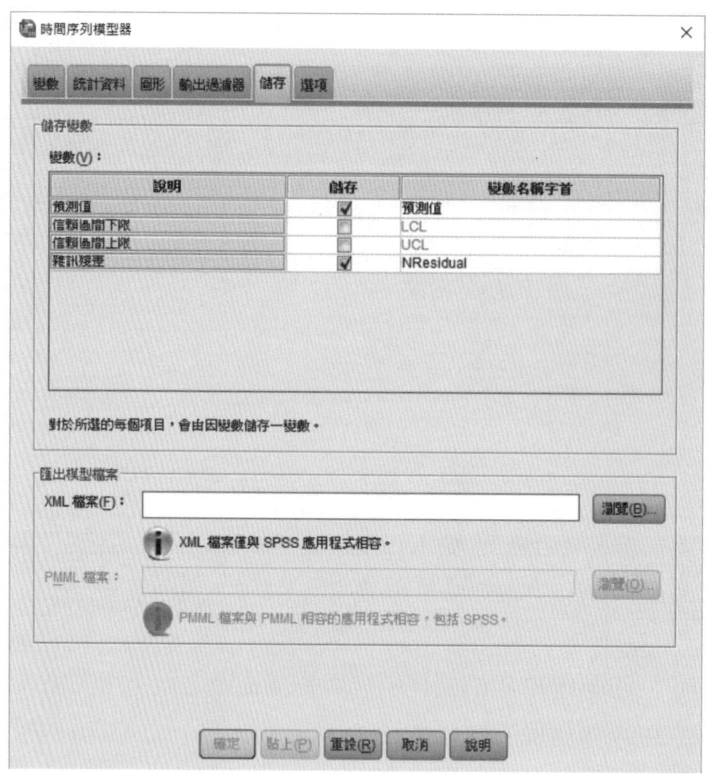

【SPSS 輸出 · 1】

模型統計資料

模型	預測變數數目	模型適合度統計資料	Ljung-Box Q(18)			離群值數目	
		平穩 R 平方	統計資料	DF	顯著性		①
酒消費量 - 模型 _1	2	.986	11.761	17	.814	0	

ARIMA 模型參數

模型					估計	SE	T	顯著性	
酒消費量 - 模型 _1	酒消費量	無轉換	常數		2.452	.492	4.988	.000	
			AR	落後 1	.993	.021	47.153	.000	②
	國民所得	無轉換	分子	落後 0	.621	.147	4.220	.000	
	物價指數	無轉換	分子	落後 0	-.929	.079	-11.712	.000	

【輸出結果的判讀法 ·1】

①平穩 R 平方是表示模式的配適良否，此值愈大模式愈強。本例是 0.986，顯示模式甚佳。

②假設酒消費量 = $y(t)$，國民所得 = $x_1(t)$，物價指數 = $x_2(t)$，殘差 = $r(t)$，白色干擾 = $u(t)$，則時間數列數據的迴歸分析模式爲

$$\begin{cases} y(t) = 2.452 + 0.621 \times x_1(t) - 0.929 \times x_2(t) + r(t) \\ r(t) = 0.993 + r(t-1) + u(t) \end{cases}$$

時間數列 $\{x(t)\}$ 滿足

- $x(t)$ 服從平均 0，變異數 σ^2 的分配
- 對所有的 t 而言，自身相關爲 0 時，稱爲不規則變動或白色干擾。

【SPSS 輸出 ·2】

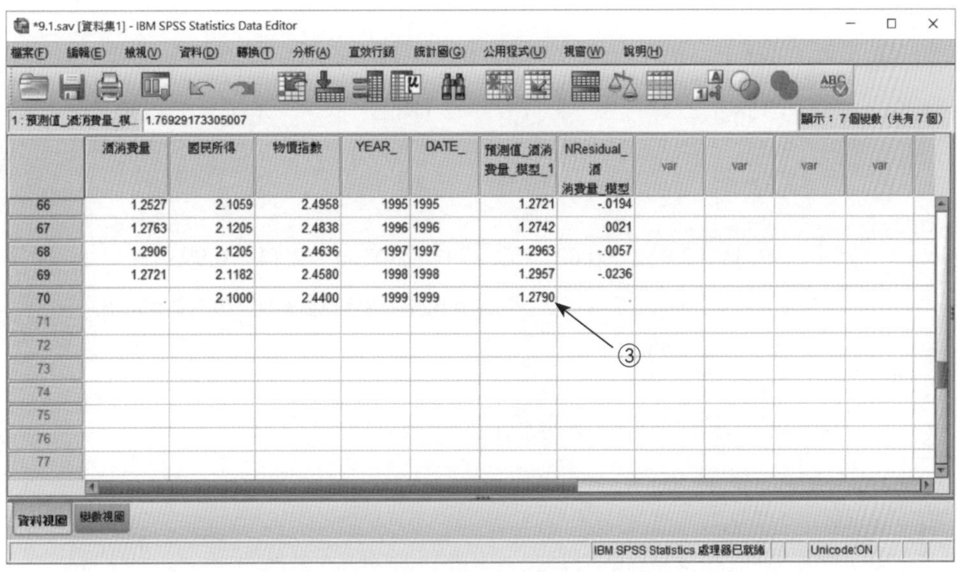

	酒消費量	國民所得	物價指數	YEAR_	DATE_	預測值_酒消費量_模型_1	NResidual_酒消費量_模型	var	var	var	var
66	1.2527	2.1059	2.4958	1995	1995	1.2721	-.0194				
67	1.2763	2.1205	2.4838	1996	1996	1.2742	.0021				
68	1.2906	2.1205	2.4636	1997	1997	1.2963	-.0057				
69	1.2721	2.1182	2.4580	1998	1998	1.2957	-.0236				
70	.	2.1000	2.4400	1999	1999	1.2790	.				
71											
72											
73											
74											
75											
76											
77											

【輸出結果的判讀法 ·2】

③下 1 期的預測值 $\hat{y}(t, 1) = 1.2790$，如下求出。

國民所得 = $x_1(t)$，物價指數 = $x_2(t)$，殘差 = $r(t)$ 的下 1 期的預測值分別設爲 $\hat{x}_1(t,1)$、$\hat{x}_2(t,1)$、$\hat{r}(t,1)$

$$r(t) = y(t) - 2.452 - 0.621 \times x_1(t) + 0.929 \times x_2(t) \quad \text{(I)}$$

與

$$\hat{r}(t, 1) = \hat{y}(t, 1) - 2.452 - 0.621 \times \hat{x}_1(t, 1) + 0.929 \times \hat{x}_2(t, 1) \quad \text{(II)}$$

是成立的。

殘差 $r(t)$ 是自我迴歸 AR(I)，因之與下 1 期的預測值 $\hat{r}(t, 1)$ 之間成立有

$$\hat{r}(t, 1) = 0.993 \times r(t) \quad \text{(III)}$$

因此，將上面 2 式 (I)、(II) 帶入殘差的式子 (III)，即爲

$$\begin{aligned} &\hat{y}(t, 1) - 2.452 - 0.621 \times \hat{x}_1(t, 1) + 0.929 \times \hat{x}_2(t, 1) \\ &= 0.993 \times [y(t) - 2.452 - 0.621 \times X_1(t) + 0.929 \times X_2(t)] \end{aligned}$$

將

$\hat{x}_1(t, 1) = 2.1$　　$\hat{x}_2(t, 1) = 2.44$

$y(t) = 1.2721$　　$X_1(t) = 2.1182$　　$X_2(t) = 2.4580$

代入時，則

$$\begin{aligned} \hat{y}(t, 1) &= 2.452 + 0.621 \times 2.1 - 0.9280366 \times 2.44 + 0.993 \\ &\quad \times [1.2721 - 2.452 - 0.621 \times 2.1182 + 0.929 \times 2.4580] \\ &= 1.2790 \end{aligned}$$

此即爲所求的酒消費量的下 1 期的預測值。

9.3 自我相關的迴歸與複迴歸分析之不同

時間數列分析最重要的事情是「**殘差必須是不規則變動**」。

因此，試調查由步驟 1 到步驟 7 利用所求出的自我相關誤差的迴歸出現的誤差是否是不規則變動。如選擇

分析 (A) ⇨ 預測 (T) ⇨ 自動相關性 (T) ⇨Nresidual_

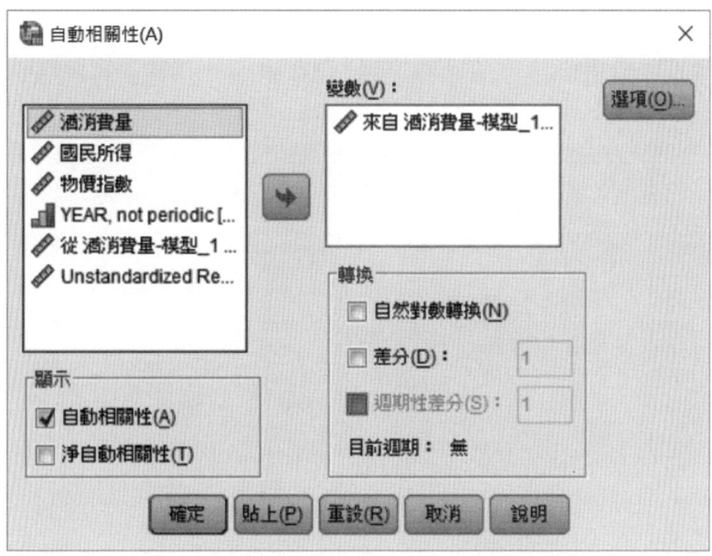

得到如下輸出結果。

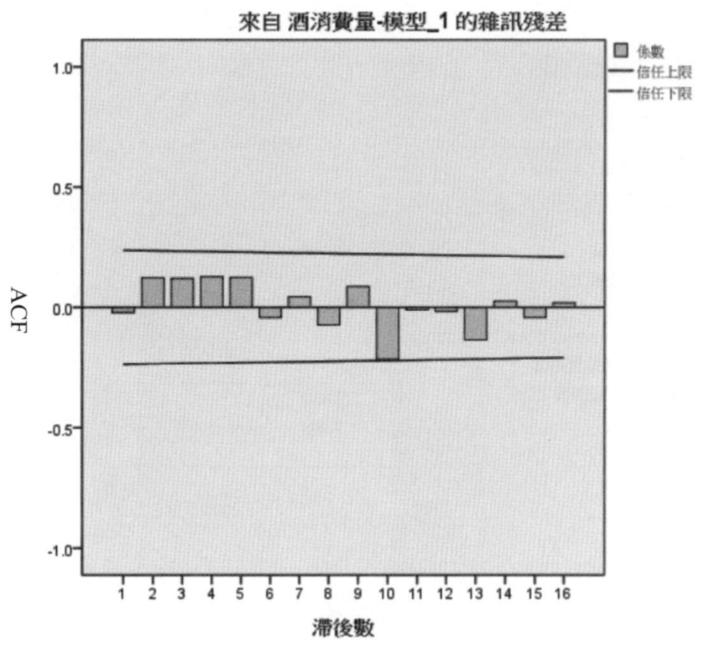

觀此圖形得知，自我相關係數位於信賴界限之中。因此，殘差 (= 誤差) 的時間數列是不規則變動。

那麼，要如何進行複迴歸分析呢？

【統計處理的步驟】

步驟 1 點選〔分析(A)〕，從清單選擇〔迴歸(R)〕，再從子清單選擇〔線性(L)〕。

步驟 2 變成以下畫面時，將酒消費量移到〔因變數 (D)〕的方框中，將國民所得與物價指數移到〔自變數 (I)〕的方框中。其次，按一下 儲存 (S)。

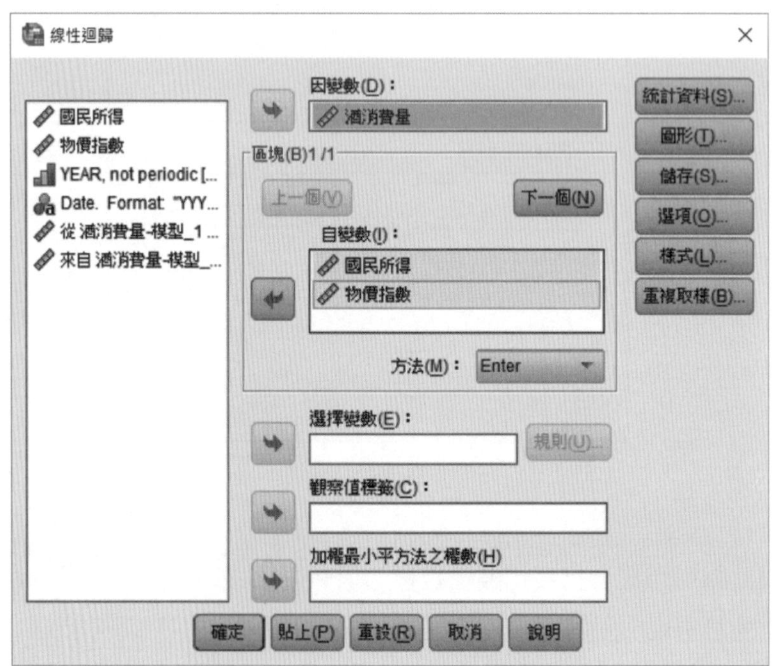

步驟 3　以滑鼠點選殘差的〔未標準化 (N)〕，按繼續。
回到步驟 2 的畫面時，按一下確定。

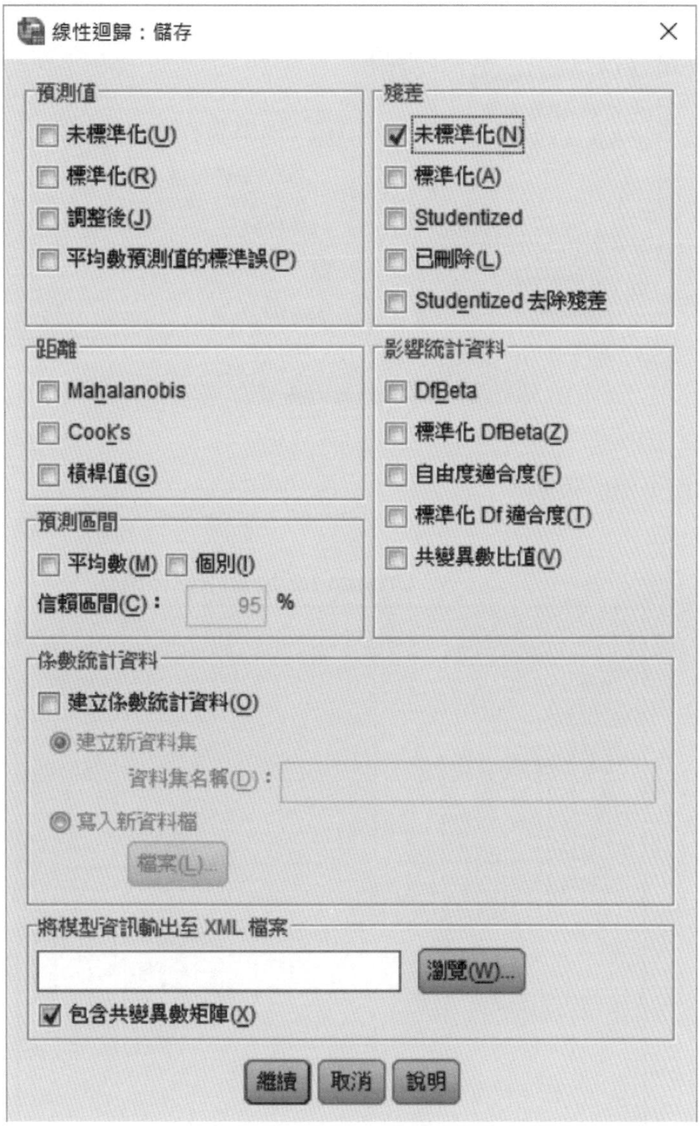

線性迴歸：儲存

預測值
未標準化(U)
標準化(R)
調整後(J)
平均數預測值的標準誤(P)

殘差
✓ 未標準化(N)
標準化(A)
Studentized
已刪除(L)
Studentized 去除殘差

距離
Mahalanobis
Cook's
槓桿值(G)

影響統計資料
DfBeta
標準化 DfBeta(Z)
自由度適合度(F)
標準化 Df 適合度(T)
共變異數比值(V)

預測區間
平均數(M)　個別(I)
信賴區間(C)：95 %

係數統計資料
建立係數統計資料(O)
建立新資料集
資料集名稱(D)：
寫入新資料檔
檔案(L)...

將模型資訊輸出至 XML 檔案
瀏覽(W)...
✓ 包含共變異數矩陣(X)

繼續　取消　說明

☆ 複迴歸分析的殘差在資料檔案的地方是以變數名 res-1 輸出。
因此，試就所求出的殘差，求自身相關係數。如選擇
〔分析 (A)〕⇨〔預測 (T)〕⇨〔自動相關性 (T)〕⇨ res-1

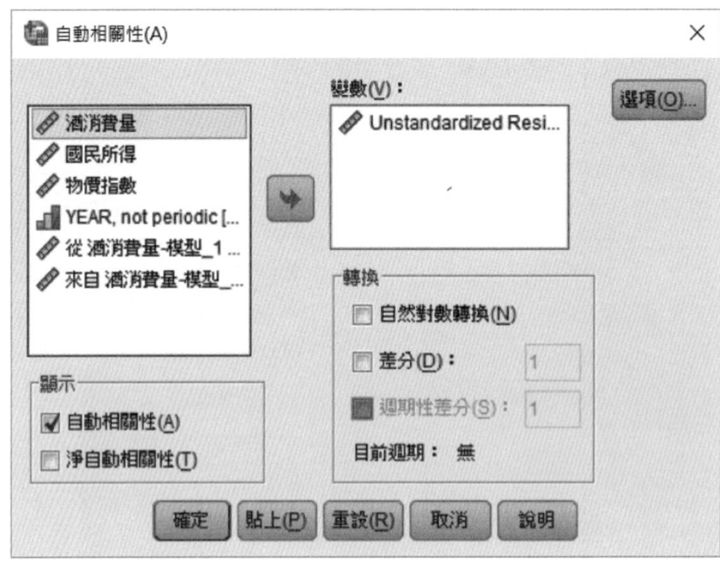
自動相關性(A)
變數(V)：
選項(O)...
酒消費量
國民所得
物價指數
YEAR, not periodic [...
從 酒消費量-模型_1 ...
來自 酒消費量-模型_...
Unstandardized Resi...
轉換
自然對數轉換(N)
差分(D)：
週期性差分(S)：
目前週期： 無
顯示
自動相關性(A)
淨自動相關性(T)
確定
貼上(P)
重設(R)
取消
說明

得出如下輸出結果。

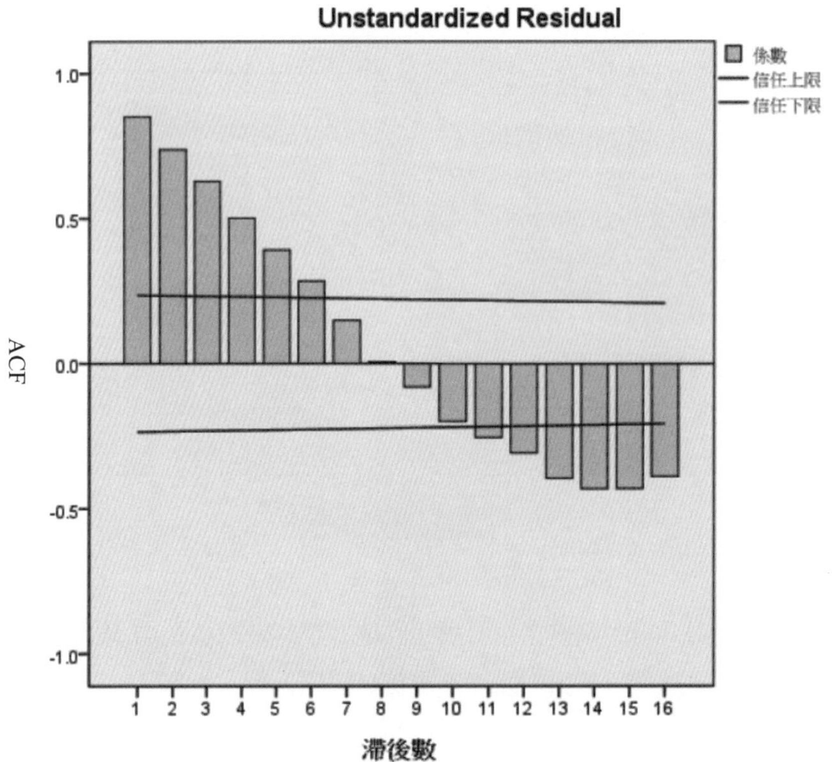
Unstandardized Residual
係數
信任上限
信任下限
ACF
滯後數

觀此圖形時，自我相關係數到處都超出信賴界線。亦即，得知「此殘差有類型」。

因此，使用複迴歸分析的統計處理很遺憾是失敗的。

換言之，時間數列數據時，利用平常的複迴歸分析進行統計處理是無法順利「清除（clear）」自我相關的部分。

因此，所想出的方法即爲本章所說明的「自我相關的迴歸」。

第 10 章　自我迴歸模式 AR(p)

10.1 前言

在定常時間數列數據

$$\cdots\cdots x(t-p), \cdots\cdots, x(t-2), x(t-1), x(t), \hat{x}_1(t,1), \hat{x}_2(t,1)$$

$x(t-p)$	$x(t-2)$	$x(t-1)$	$x(t)$	$\hat{x}_1(t,1)$	$\hat{x}_2(t,1)$
‖	‖	‖	‖	‖	‖
p 期前	2 期前	1 期前	現在	預測值	預測值

中，時點 t 的變動可以想成是「受到從時點 t − 1 到時點 t − p 爲止的過去影響」。

因此，將 u(t) 當作不規則變動時，從時點 t − 1 到時點 t − p 爲止的影響如以下所表現的式子：

$$x(t) = \alpha_1 x(t-1) + \alpha_2 x(t-2) + \cdots\cdots + \alpha_p x(t-p) + u(t)$$

稱爲「**自我迴歸模式 AR(p)**」。

實際上，由於僅止於 P=1 或 P=2，因之大多探討 AR(1) 模式、AR(2) 模式。

〔註〕$\alpha_1 = 1$ 的 AR(1) 模式

$x(t) = x(t-1) + u(t)$

稱爲隨機漫步（random walk）。

【AR(1) 模式的性質】

1. AR(1) 模式的式子

$$x(t) = \alpha_1 x(t-1) + u(t)$$

2. 下 1 期的預測值 $\hat{x}(t, 1)$

$$\hat{x}(t, 1) = \alpha_1 x(t)$$

3. k 次的自我相關係數 $p(k)$

$$p(k) = \alpha_1^{\,k} \ (k \geq 1)$$

例題 1. AR(1) 模式的自我相關、偏自我相關圖……$\alpha_1 > 0$ 的情形

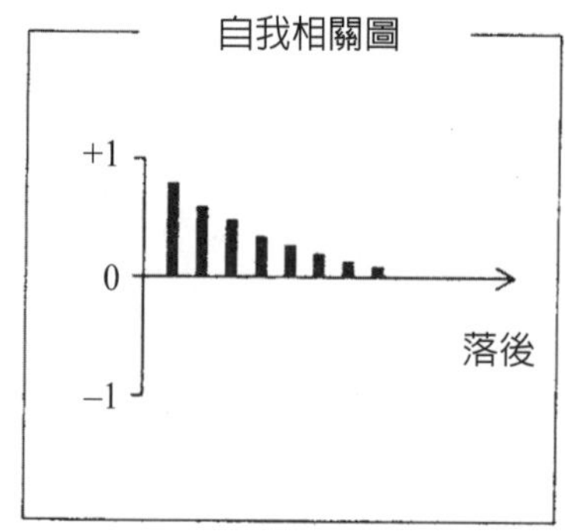

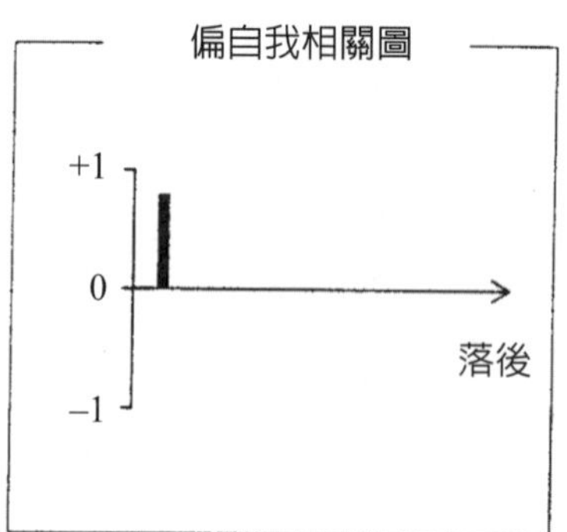

例題 2. AR(1) 模式的自我相關、偏自我相關圖……$\alpha_1 < 0$ 的情形

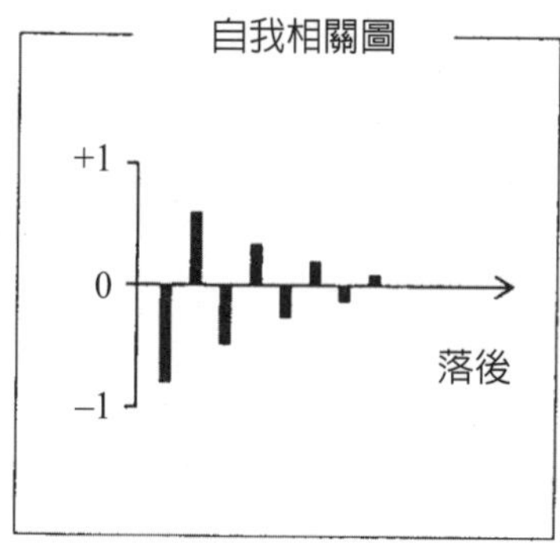

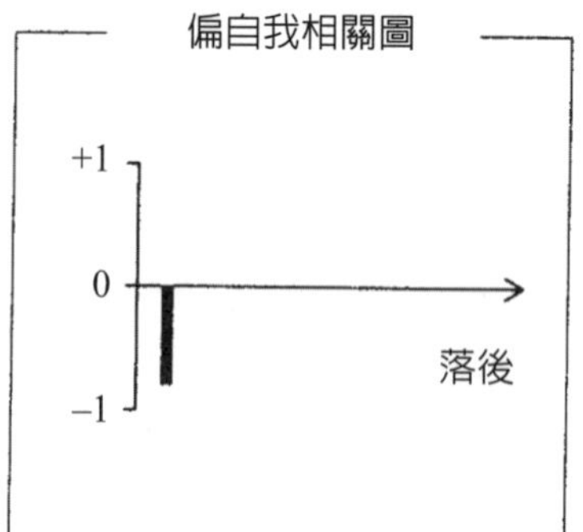

【AR(2) 模式的性質】

1. AR(2) 模式的式子

$$x(t) = \alpha_1 x(t-1) + \alpha_2 x(t-2) + u(t)$$

2. 下 1 期的預測值 $\hat{x}(t, 1)$

$$\hat{x}(t, 1) = \alpha_1 x(t) + \alpha_2 x(t-1)$$

3. 下 2 期的預測值 $\hat{x}(t, 2)$

$$\hat{x}(t, 2) = \alpha_1 \hat{x}(t, 1) + \alpha_2 x(t)$$

4. 1 次的自我相關係數 $\rho(1)$

$$\rho(1) = \frac{\alpha_1}{1-\alpha_2}$$

5. k 次的自我相關係數 $\rho(2)$

$$\rho(2) = \frac{\alpha_1^2}{1-\alpha_2} + \alpha_2$$

例題 3　AR(2) 模式的自我相關、偏自我相關圖例

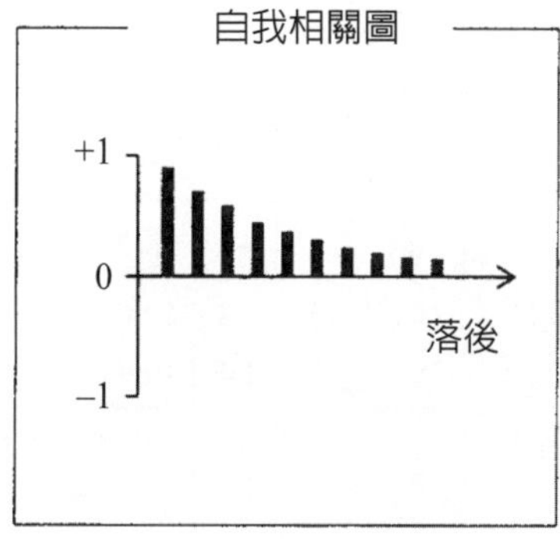

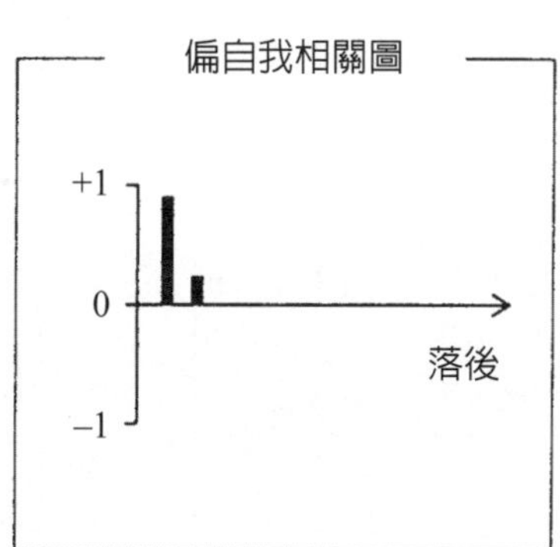

【AR(p) 模式製作的步驟】

AR(p) 模式的問題是「如何決定 p 之值」。

因此，

1. 製作時間數列數據「自我相關圖、偏自我相關圖」，一面觀察此 2 個圖，一面「決定 p 值」←模式的判定，以 p 之值來說，一般 $p = 1$ 或 $p = 2$，因之會採用以下的其中一者，即 AR(1) 模式、AR(2) 模式。
2. 其次，必須決定自我迴歸模式的「係數」←模式的估計，以此方法來說，有大家所知道的「最大概似法」。
3. 最後確認「所求出的模式是否正確」←模式的診斷。

〔範例〕

中央健保局想利用時間數列分析 AR(p) 模型建立全民健保應收保費預測模型，亦即利用單變量 AR(p) 模型，來建立全民健康保險應收保費預測模型。

以下的數據是爲了理解自我迴歸模式 AR(1) 所做成的數據。試使用此數據，求自我迴歸模式 AR(p)。

表 10.1　自我迴歸模式的時間數列數據

No.	年月	x	No.	年月	x	No.	年月	x
1	1993 年 1 月	108.6	37	1996 年 1 月	92.4	73	1999 年 1 月	96.3
2	1993 年 2 月	101.4	38	1996 年 2 月	115.7	74	1999 年 2 月	105.6
3	1993 年 3 月	91.4	39	1996 年 3 月	96.2	75	1999 年 3 月	89.1
4	1993 年 4 月	107.0	40	1996 年 4 月	99.3	76	1999 年 4 月	112.3
5	1993 年 5 月	96.7	41	1996 年 5 月	99.8	77	1999 年 5 月	94.0
6	1993 年 6 月	102.9	42	1996 年 6 月	95.2	78	1999 年 6 月	98.1
7	1993 年 7 月	94.6	43	1996 年 7 月	95.3	79	1999 年 7 月	109.1
8	1993 年 8 月	113.4	44	1996 年 8 月	107.5	80	1999 年 8 月	94.3
9	1993 年 9 月	85.3	45	1996 年 9 月	99.8	81	1999 年 9 月	104.1
10	1993 年 10 月	110.0	46	1996 年 10 月	90.7	82	1999 年 10 月	101.4
11	1993 年 11 月	90.0	47	1996 年 11 月	101.7	83	1999 年 11 月	99.8
12	1993 年 12 月	97.9	48	1996 年 12 月	107.5	84	1999 年 12 月	97.4
13	1994 年 1 月	110.0	49	1997 年 1 月	91.0	85	2000 年 1 月	103.1
14	1994 年 2 月	82.3	50	1997 年 2 月	113.7	86	2000 年 2 月	100.3
15	1994 年 3 月	106.0	51	1997 年 3 月	99.1	87	2000 年 3 月	98.0
16	1994 年 4 月	92.0	52	1997 年 4 月	99.6	88	2000 年 4 月	98.6
17	1994 年 5 月	107.5	53	1997 年 5 月	94.4	89	2000 年 5 月	93.2
18	1994 年 6 月	96.6	54	1997 年 6 月	103.2	90	2000 年 6 月	107.2
19	1994 年 7 月	111.7	55	1997 年 7 月	98.1	91	2000 年 7 月	89.3
20	1994 年 8 月	91.2	56	1997 年 8 月	111.3	92	2000 年 8 月	108.7
21	1994 年 9 月	113.8	57	1997 年 9 月	82.1	93	2000 年 9 月	95.1
22	1994 年 10 月	87.0	58	1997 年 10 月	112.8	94	2000 年 10 月	101.9
23	1994 年 11 月	104.0	59	1997 年 11 月	80.9	95	2000 年 11 月	96.7
24	1994 年 12 月	95.3	60	1997 年 12 月	115.5	96	2000 年 12 月	97.4

（接下頁）

表 10.1（續）

No.	年月	x
25	1995 年 1 月	108.2
26	1995 年 2 月	93.6
27	1995 年 3 月	99.2
28	1995 年 4 月	94，1
29	1995 年 5 月	96.2
30	1995 年 6 月	111.6
31	1995 年 7 月	94.7
32	1995 年 8 月	110.5
33	1995 年 9 月	82.4
34	1995 年 10 月	113.6
35	1995 年 11 月	79.7
36	1995 年 12 月	111.8

No.	年月	x
61	1998 年 1 月	92.2
62	1998 年 2 月	101.8
63	1998 年 3 月	108.4
64	1998 年 4 月	95.7
65	1998 年 5 月	106.0
66	1998 年 6 月	103.7
67	1998 年 7 月	91.0
68	1998 年 8 月	100.0
69	1998 年 9 月	90.4
70	1998 年 10 月	108.7
71	1998 年 11 月	100.4
72	1998 年 12 月	98.9

No.	年月	x
97	2001 年 1 月	97.9
98	2001 年 2 月	94.6
99	2001 年 3 月	99.9
100	2001 年 4 月	92.4

【數據輸入的類型】

如下輸入數據X的話，利用〔資料(D)〕⇨〔定義日期(E)〕，日期也要輸入。

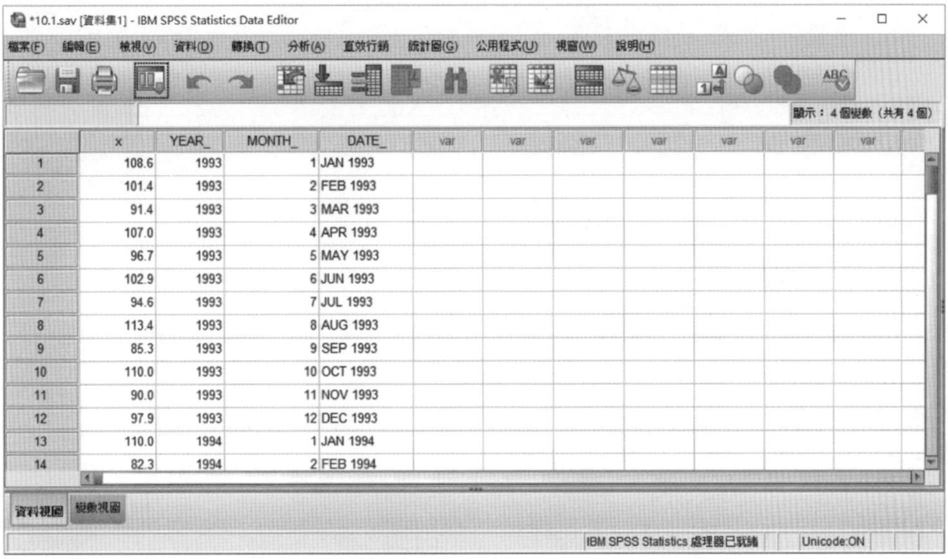

*10.1.sav [資料集1] - IBM SPSS Statistics Data Editor

檔案(F)　編輯(E)　檢視(V)　資料(D)　轉換(T)　分析(A)　直效行銷　統計圖(G)　公用程式(U)　視窗(W)　說明(H)

顯示：4 個變數（共有 4 個）

	x	YEAR_	MONTH_	DATE_	var	var	var	var	var	var	var
1	108.6	1993	1	JAN 1993							
2	101.4	1993	2	FEB 1993							
3	91.4	1993	3	MAR 1993							
4	107.0	1993	4	APR 1993							
5	96.7	1993	5	MAY 1993							
6	102.9	1993	6	JUN 1993							
7	94.6	1993	7	JUL 1993							
8	113.4	1993	8	AUG 1993							
9	85.3	1993	9	SEP 1993							
10	110.0	1993	10	OCT 1993							
11	90.0	1993	11	NOV 1993							
12	97.9	1993	12	DEC 1993							
13	110.0	1994	1	JAN 1994							
14	82.3	1994	2	FEB 1994							

資料視圖　變數視圖

IBM SPSS Statistics 處理器已就緒　Unicode:ON

⋮　⋮　⋮　⋮

⋮　⋮　⋮　⋮

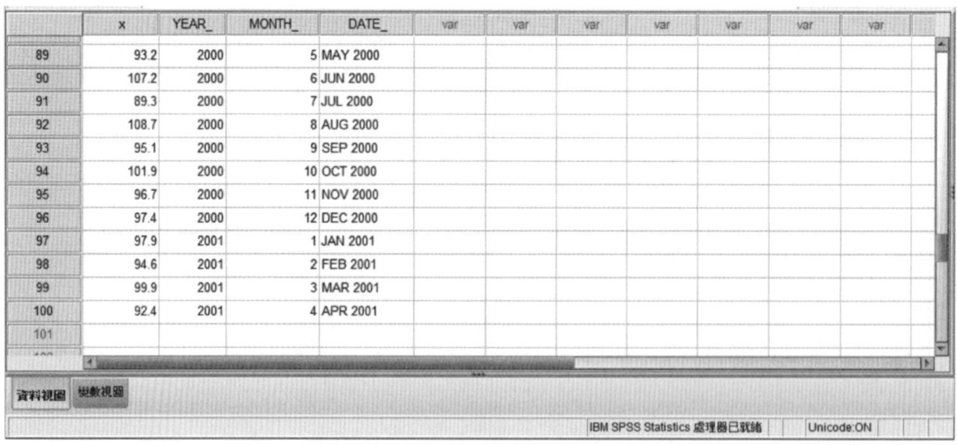

	x	YEAR_	MONTH_	DATE_
89	93.2	2000	5	MAY 2000
90	107.2	2000	6	JUN 2000
91	89.3	2000	7	JUL 2000
92	108.7	2000	8	AUG 2000
93	95.1	2000	9	SEP 2000
94	101.9	2000	10	OCT 2000
95	96.7	2000	11	NOV 2000
96	97.4	2000	12	DEC 2000
97	97.9	2001	1	JAN 2001
98	94.6	2001	2	FEB 2001
99	99.9	2001	3	MAR 2001
100	92.4	2001	4	APR 2001
101				

10.2 自我迴歸模式 AR(p)

【統計處理的步驟】

步驟 1 為了製作自我相關圖、偏自我相關圖，按一下〔預測 (T)〕，從子清單之中選擇〔自動相關性 (A)〕。

步驟 2　出現以下的畫面時，將 X 移到〔變數 (V)〕的方框之中，按確定！！

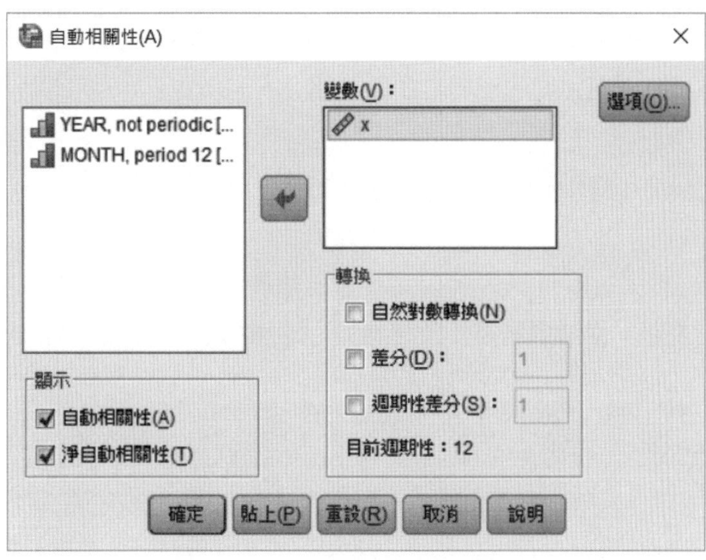

【SPSS 輸出 · 1】

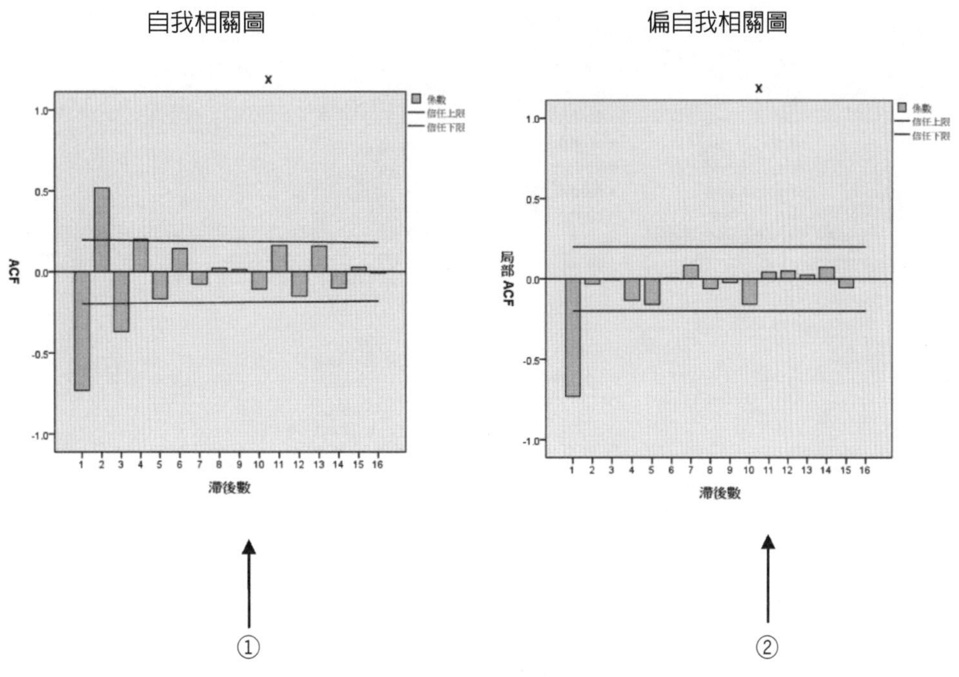

【輸出結果的判讀法 ·1】

①自我相關圖是正與負交互重複，而且急速接近 0。

因此，如與附錄的自我相關圖、偏自我相關圖相比較時，此圖形與附錄的 AR(1) 模式的圖形非常類似，因之 $p = 1$，$q = 0$，亦即與 AR(1) 模式是同等。

②觀察偏自我相關圖時，只有落後 1 的地方變得特別大。

步驟 3 由於與 AR(1) 同等，因之接著試估計 AR(1) 模式的係數。點選〔分析 (A)〕，從清單選擇〔預測 (T)〕，再從子清單點選〔建立模型 (C)〕。

步驟 4　出現如下視窗，〔方法 (M)〕選擇 ARIMA。點一下〔準則 (C)〕。

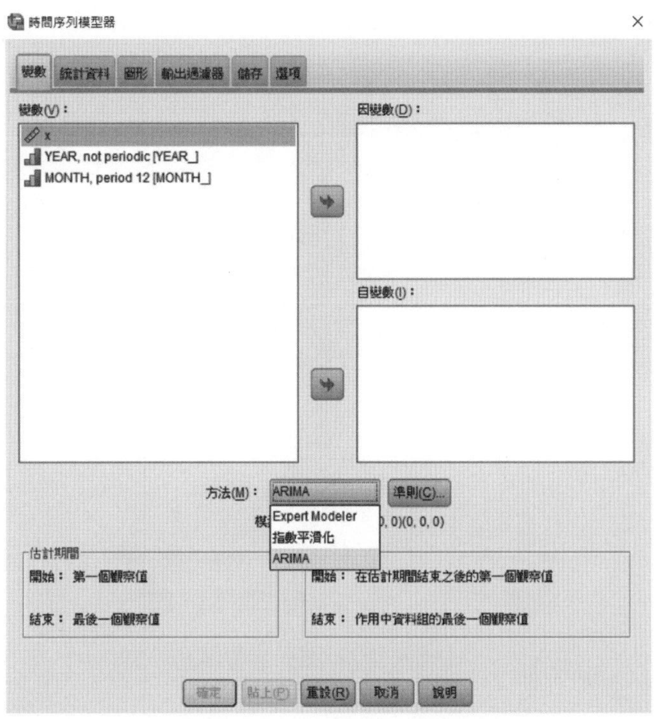

步驟 5　〔自身迴歸 (p)〕的 0 改成 1。按繼續。

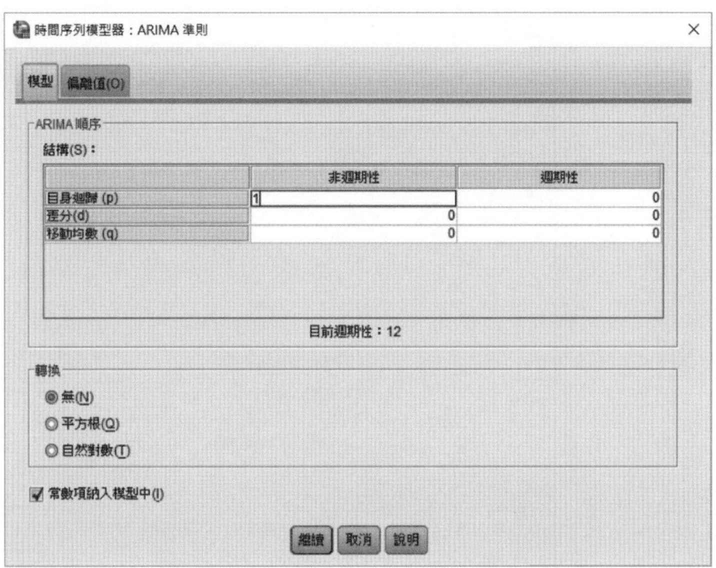

步驟 6 出現以下的畫面，因之將 X 移到〔因變數 (D)〕的方框中。然後，按一下〔選項〕。

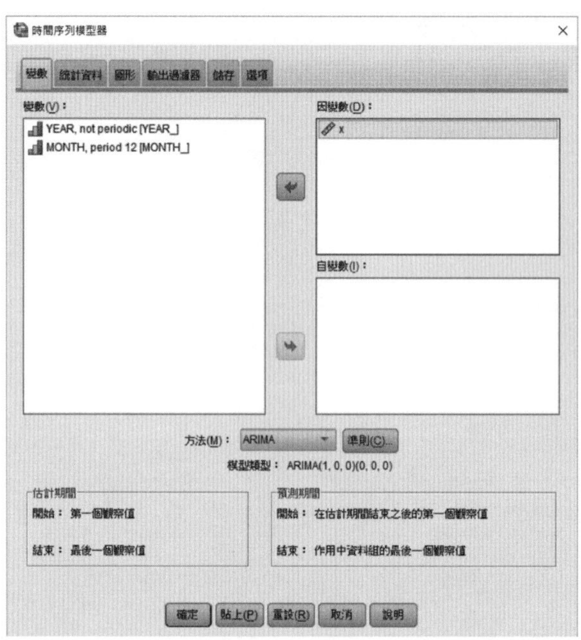

步驟 7 預測期間如下點選。想知道 2001 年 5 月的預測值（下一期的預測值）時，年輸入 2001，月輸入 5。

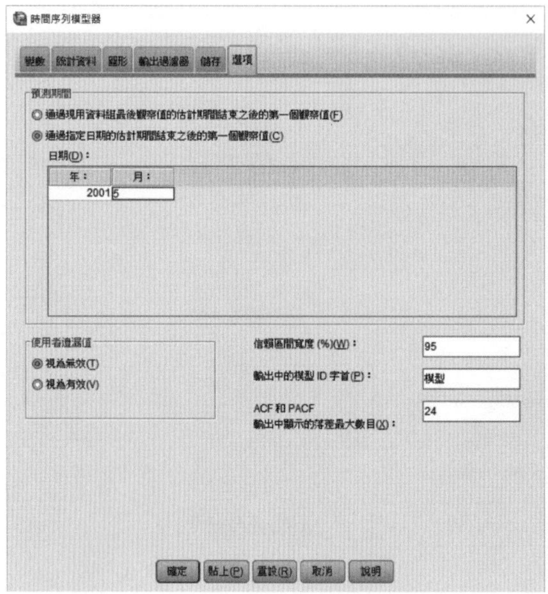

步驟 8　點一下〔統計資料〕，按照如下點選。

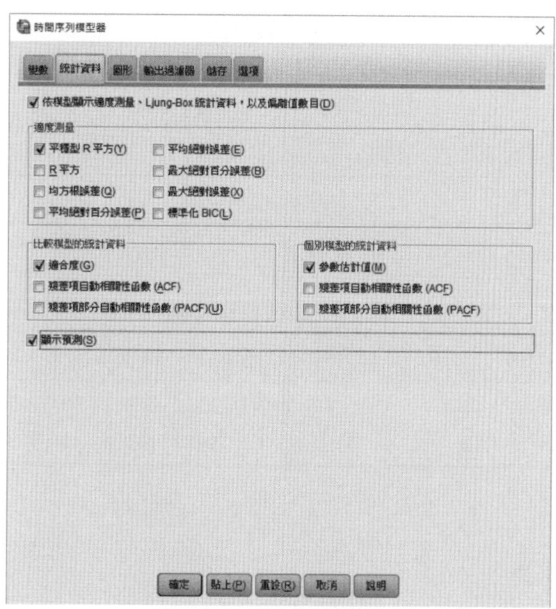

步驟 9　點選〔儲存〕，勾選預測值、雜訊殘差，按一下確定即完成。

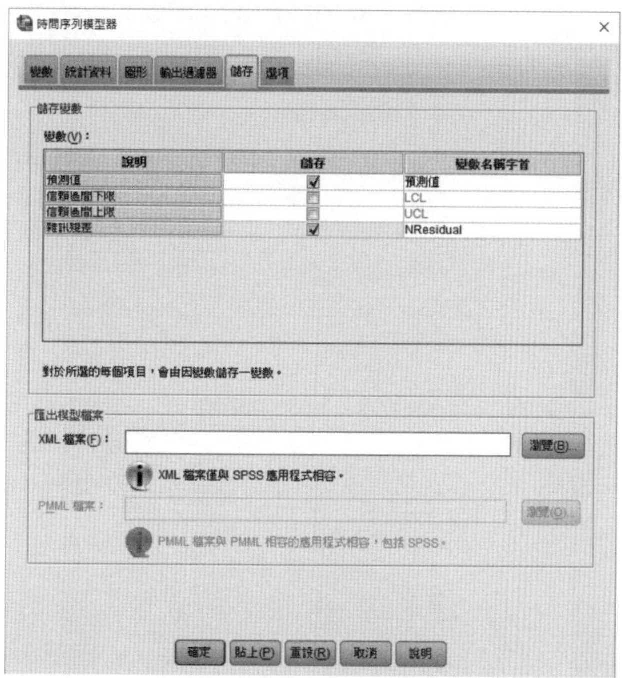

【SPSS 輸出・2】

模型統計資料

模型	預測變數數目	模型適合度統計資料	Ljung-Box Q(18)			離群值數目
		平穩 R 平方	統計資料	DF	顯著性	
X- 模型 _1	0	.537	12.904	17	.743	0

③

ARIMA 模型參數

模型				估計	SE	T	顯著性
X- 模型 _1	無轉換	常數		99.673	.330	301.705	.000
		AR	落後 1	-.736	.068	-10.813	.000

④

【輸出結果的判讀法・2】

③平穩 R 平方是表示模式的配適良好與否，此值愈大，模式愈好。

④包含常數項的 AR(1) 模式表示成

$$x(t) - \text{常數} = \alpha_1 \times \{x(t-1) - \text{常數}\} + u(t)$$

因之變成了

$$x(t) - 99.673 = -0.736 \times \{x(t-1) - 99.673\} + u(t)$$

【SPSS 輸出 ‧3】

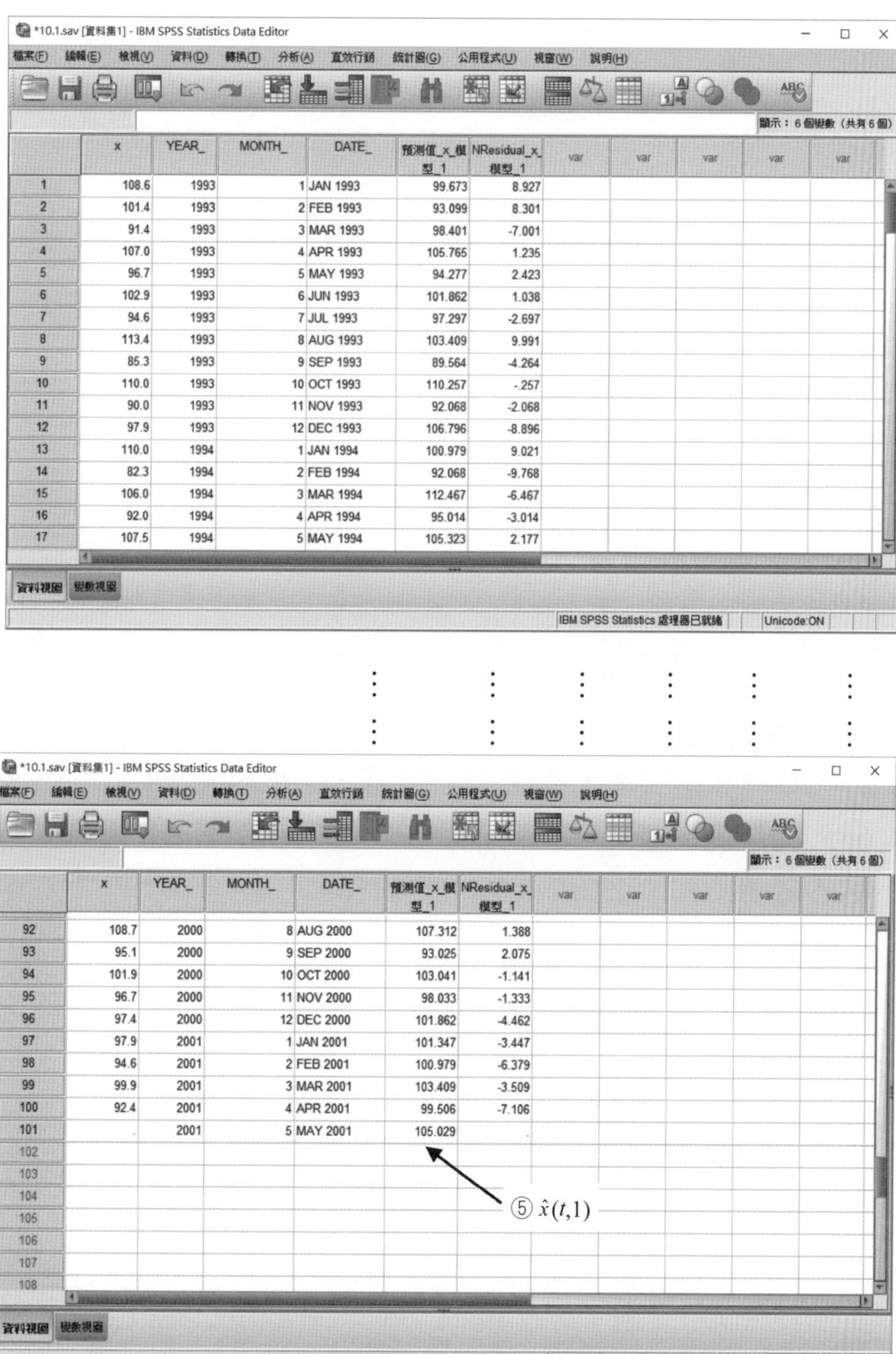

*10.1.sav [資料集1] - IBM SPSS Statistics Data Editor

	x	YEAR_	MONTH_	DATE_	預測值_x_模型_1	NResidual_x_模型_1
1	108.6	1993	1	JAN 1993	99.673	8.927
2	101.4	1993	2	FEB 1993	93.099	8.301
3	91.4	1993	3	MAR 1993	98.401	-7.001
4	107.0	1993	4	APR 1993	105.765	1.235
5	96.7	1993	5	MAY 1993	94.277	2.423
6	102.9	1993	6	JUN 1993	101.862	1.038
7	94.6	1993	7	JUL 1993	97.297	-2.697
8	113.4	1993	8	AUG 1993	103.409	9.991
9	85.3	1993	9	SEP 1993	89.564	-4.264
10	110.0	1993	10	OCT 1993	110.257	-.257
11	90.0	1993	11	NOV 1993	92.068	-2.068
12	97.9	1993	12	DEC 1993	106.796	-8.896
13	110.0	1994	1	JAN 1994	100.979	9.021
14	82.3	1994	2	FEB 1994	92.068	-9.768
15	106.0	1994	3	MAR 1994	112.467	-6.467
16	92.0	1994	4	APR 1994	95.014	-3.014
17	107.5	1994	5	MAY 1994	105.323	2.177

⋮

	x	YEAR_	MONTH_	DATE_	預測值_x_模型_1	NResidual_x_模型_1
92	108.7	2000	8	AUG 2000	107.312	1.388
93	95.1	2000	9	SEP 2000	93.025	2.075
94	101.9	2000	10	OCT 2000	103.041	-1.141
95	96.7	2000	11	NOV 2000	98.033	-1.333
96	97.4	2000	12	DEC 2000	101.862	-4.462
97	97.9	2001	1	JAN 2001	101.347	-3.447
98	94.6	2001	2	FEB 2001	100.979	-6.379
99	99.9	2001	3	MAR 2001	103.409	-3.509
100	92.4	2001	4	APR 2001	99.506	-7.106
101	.	2001	5	MAY 2001	105.029	.

【輸出結果的判讀法 ·3】

⑤下一期的預測值 $\hat{x}(t,1) = 105.02889$，如下求得。

將 $x(t)$ 的下 1 期的預測值當作 $(t, 1)$ 時，由於

$$\hat{x}(t, 1) - 99.673 = -0.736 \times \{x(t) - 99.673\}$$

因之成爲

$$\hat{x}(t, 1) = 99.673 - 0.736 \times \{x(t) - 99.673\}$$

此處在 $x(t)$ 的地方代入時，則

$$\hat{x}(t, 1) = 99.673 - 0.736 \times \{92.4 - 99.673\}$$
$$=105.02889$$

得出所要求的下 1 期的預測值 105.02889

【AR(p) 模式的診斷】

AR(p) 模式的診斷是檢定殘差是否爲不規則變動。

因此，求出 Nresidual 的自我相關，調查殘差是否爲不規則變動。

＊模式診斷的步驟

模式診斷時，先消除想預測的觀察值之後，選擇〔預測 (G)〕⇨〔建立模型 (T)〕⇨〔自身相關性 (A)〕，將 Nresidual 移到〔變數 (V)〕的方框中，按確定。

【SPSS 輸出】

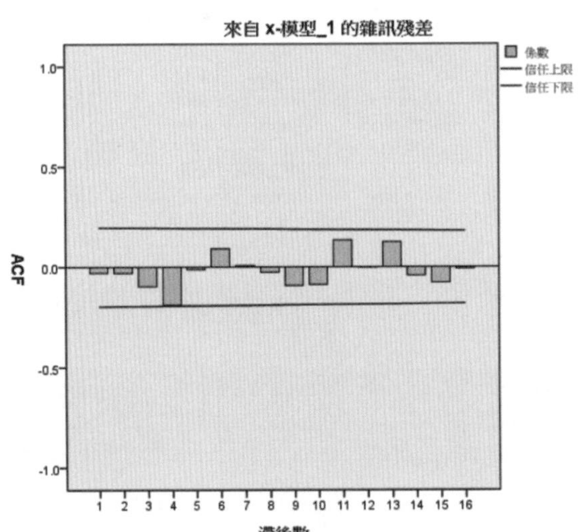

觀察上方的圖形，由於自我相關係數位在信賴界限中，因之，殘差是不規則變動。

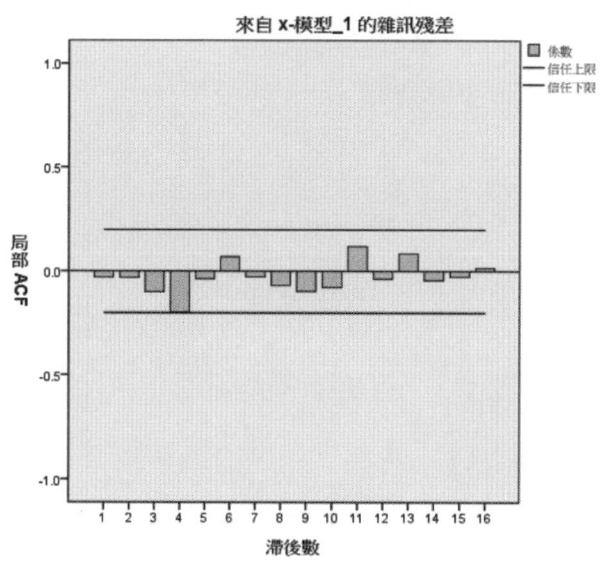

觀察上方的圖形，得知偏自我相關係數也位在信賴界限中。

【Box-Ljung 的檢定】

假設 Ho：殘差是白色干擾（不規則變動），觀察以下的輸出時，由於顯著機率比顯著水準 0.05 大，因之無法捨棄假設 Ho。因此，殘差似乎可以想成是不規則變動。

步驟 1　將雜訊殘差移入〔變數 (C)〕中。點一下〔選項 (D)〕。

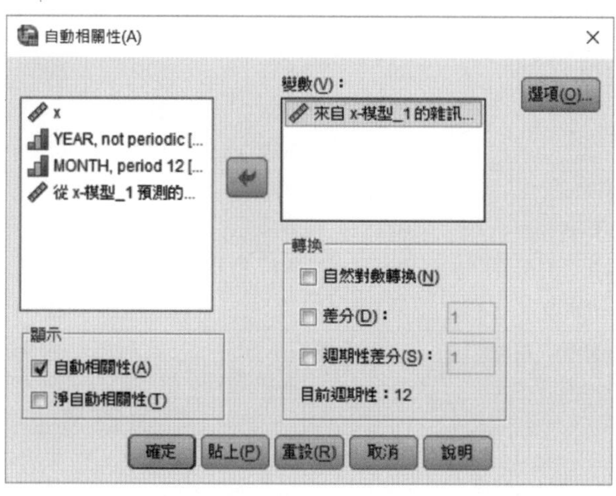

步驟 2 輸入16。按 繼續 。

自動相關性：選項
落後數最大值(M)： 16
標準誤方法
獨立模型(I)
Bartlett 近似法(B)
顯示週期性落後的自動相關性(D)
繼續 取消 說明

來自 X- 模型 -1 雜訊殘差

自動相關性

數列：來自 X- 模型 _1 的雜訊殘差

落後	自動相關性	平均數的錯誤[a]	Box-Ljung 統計資料		
			數值	df	顯著性[b]
1	-.030	.099	.092	1	.761
2	-.031	.098	.190	2	.909
3	-.098	.098	1.194	3	.754
4	-.189	.097	4.977	4	.290
5	-.013	.097	4.994	5	.417
6	.092	.096	5.923	6	.432
7	.007	.095	5.928	7	.548
8	-.026	.095	6.004	8	.647
9	-.092	.094	6.961	9	.641
10	-.088	.094	7.837	10	.645
11	.135	.093	9.928	11	.537
12	-.002	.093	9.929	12	.622
13	.126	.092	11.792	13	.545
14	-.043	.092	12.010	14	.606
15	-.078	.091	12.747	15	.622
16	-.008	.091	12.755	16	.691

這是顯著機率

a. 採用的基本處理程序是獨立的（白色干擾）。

b. 基於漸近線卡方近似值。

譬如，至落後 7 爲止的 Box-Ljung 的檢定是…

$$假設\ Ho：\rho(1) = \rho(2) = \cdots\cdots = \rho(7) = 0$$

由於檢定統計量 5.928，顯著機率 0.548 比顯著水準 0.05 大，因之無法捨棄假設。

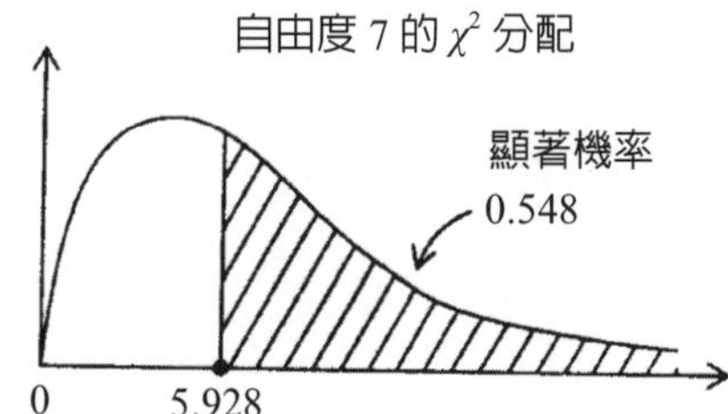

因此，至落後 7 爲止的母自身相關係數可以想成全部皆爲 0。

第 11 章　移動平均 MA(g) 模式

11.1 前言

在定常時間數列數據

$$\cdots x(t-p), \cdots, x(t-2), x(t-1), x(t), \hat{x}_1(t, 1), \hat{x}_2(t, 1)$$

$$\begin{array}{cccccc} \| & \| & \| & \| & \| & \| \\ p\text{ 期前} & 2\text{ 期前} & 1\text{ 期前} & \text{現在} & \text{預測值} & \text{預測值} \end{array}$$

中，時點 t 之値 $x(t)$ 是使用不規則變動 $u(t)$ 如下表示

$$x(t)= u(t) - b_1 u(t-1) - b_2 u(t-2) - \cdots\cdots - b_g u(t-g)$$

時，稱此式爲「**移動平均模式 MA(q)**」。

實際上，由於 $q= 1$ 或是 $q= 2$，因此大多探討 MA(1) 模式、MA(2) 模式。

利用此移動平均模式時，可以預測下 1 期。

【MA(1) 模式的性質】

1. MA(1) 模式的式子

$$x(t)= u(t) - b_1 u(t-1)$$

2. 下 1 期的預測值

$$\hat{x}(t, 1)= -b_1\{x(t) - \hat{x}(t, 1)\}$$

3. 1 次的自我相關係數

$$\rho(1)= \frac{-b_1}{1+b_1^2}$$

例題 1. MA(1) 模式的自我相關、偏自我相關圖……$b_1 > 0$ 時

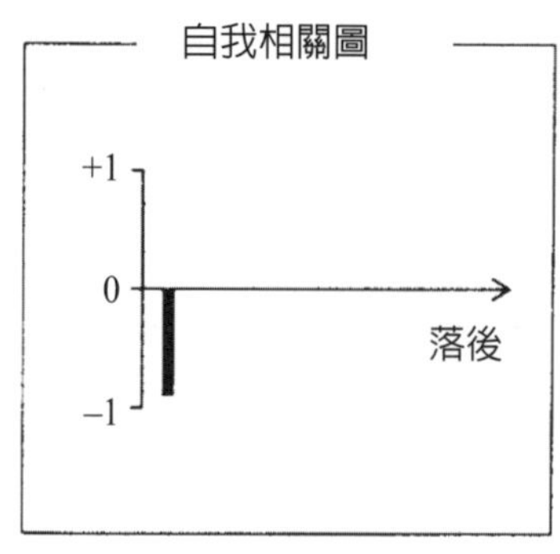

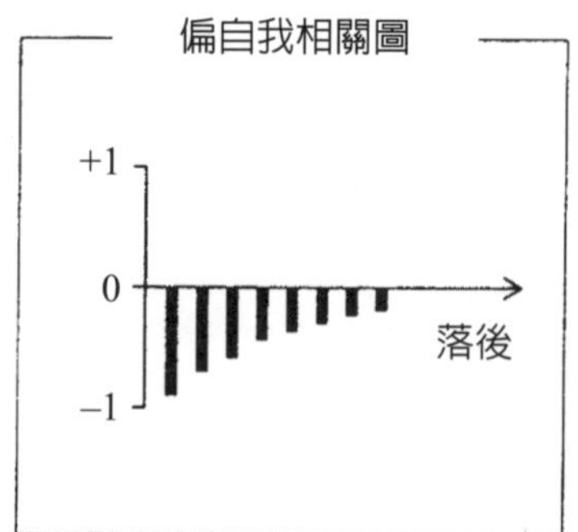

例題 2. MA(1) 模式的自我相關、偏自我相關圖……$b_1 <$ 時

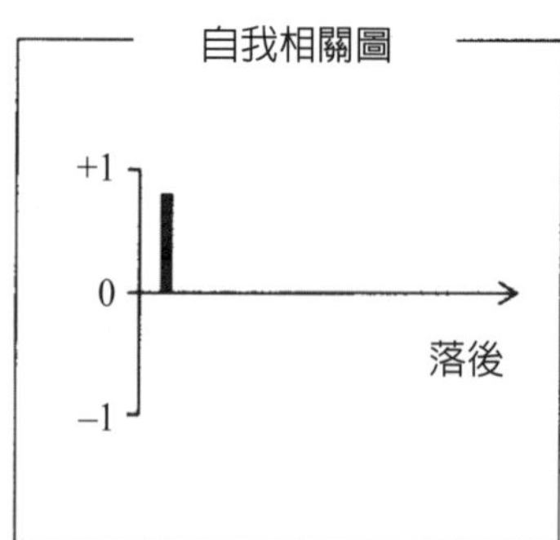

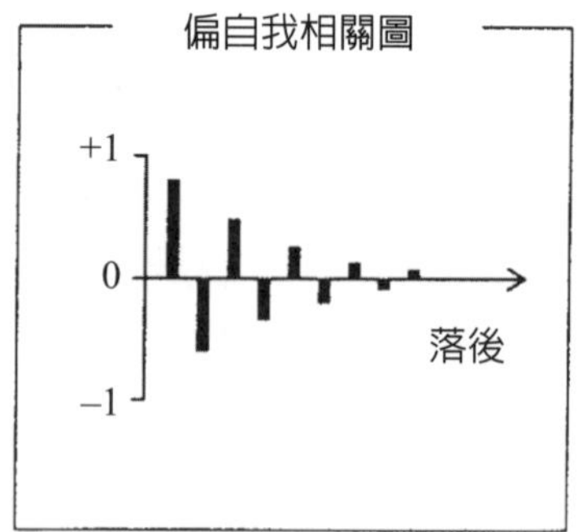

【MA(2) 模式的性質】

1. MA(2) 模式的式子

$$x(t)= u(t) - b_1u(t-1) - b_2u(t-1)$$

2. 下 1 期的預測值 $\hat{x}(t, 1)$

$$\hat{x}(t, 1)= - b_1\{x(t) - \hat{x}(t-1, 1)\} - b_2\{x(t-1) - \hat{x}(t-2, 1)\}$$

3. 下 2 期的預測值 $\hat{x}(t, 2)$

$$\hat{x}(t, 2)= b_2\{x(t) - \hat{x}(t-1, 1)\}$$

4. 1 次的自我相關係數 $\rho(1)$

$$\rho(1)=\frac{-b_1(1-b_2)}{1+b_1^2+b_2^2}$$

5. 2 次的自我相關係數 $\rho(2)$

$$\rho(2)=\frac{-b_2}{1+b_1^2+b_2^2}$$

例題 1.　MA(2) 模式的自我相關、偏自我相關圖

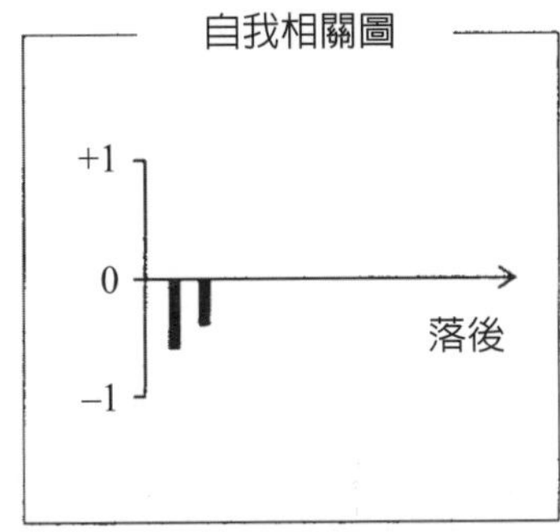

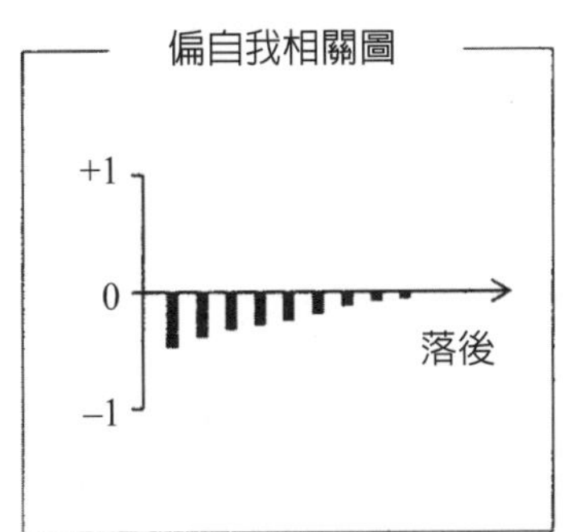

【MA(q) 模式製作的步驟】

MA(q) 模式中有問題的是「如何決定 q 值」，因此：

1. 製作時間數列數據「自我相關圖、偏自我相關圖」，一面觀察此 2 個圖，一面「決定 q 值」←〔模式的判定〕，以 q 之值來說，一般 $q=1$ 或 $q=2$，因之採用 MA(1) 模式、MA(2) 模式之中的任一者。
2. 其次，必須決定自我迴歸模式的「係數 b_1, b_2」←〔模式的估計〕，以此方法來說，有大家熟知的「最大概似法」。
3. 最後確認「所求出的模式是否正確」←〔模式的診斷〕。

〔範例〕

中央健保局曾利用 AR(p) 建立全民健康保險應收保費預測模型，今想利用時間數列分析 MR(p) 模型建立全民健保應收保費預測模型，亦即利用單變量 MR(p) 模型。

以下的數據，是爲了理解移動平均模式 MA(1) 所做成的數據。使用此時間數列數據，試求 MA(q) 看看。

表 11.1 MA(q) 時間數列數據

No.	年月	x
1	1992 年 1 月	107.5
2	1992 年 2 月	100.8
3	1992 年 3 月	101.0
4	1992 年 4 月	99.3
5	1992 年 5 月	99.0
6	1992 年 6 月	108.4
7	1992 年 7 月	112.8
8	1992 年 8 月	111.0
9	1992 年 9 月	101.5
10	1992 年 10 月	105.8
11	1992 年 11 月	101.0
12	1992 年 12 月	98.2
13	1993 年 1 月	105.9
14	1993 年 2 月	104.8
15	1993 年 3 月	95.8
16	1993 年 4 月	94.0
17	1993 年 5 月	93.5
18	1993 年 6 月	94.6
19	1993 年 7 月	104.7
20	1993 年 8 月	97.0
21	1993 年 9 月	87.7
22	1993 年 10 月	96.5
23	1993 年 11 月	95.6
24	1993 年 12 月	95.6
25	1994 年 1 月	108.9
26	1994 年 2 月	115.8
27	1994 年 3 月	102.1
28	1994 年 4 月	101.2
29	1994 年 5 月	98.7
30	1994 年 6 月	87.4
31	1994 年 7 月	86.6
32	1994 年 8 月	88.1
33	1994 年 9 月	101.4
34	1994 年 10 月	113.2
35	1994 年 11 月	96.7
36	1994 年 12 月	102.1
37	1995 年 1 月	108.6
38	1995 年 2 月	105.5
39	1995 年 3 月	111.4
40	1995 年 4 月	109.7
41	1995 年 5 月	106.1
42	1995 年 6 月	112.1
43	1995 年 7 月	110.9
44	1995 年 8 月	110.0
45	1995 年 9 月	98.4
46	1995 年 10 月	97.3
47	1995 年 11 月	104.8
48	1995 年 12 月	111.3
49	1996 年 1 月	97.6
50	1996 年 2 月	84.6
51	1996 年 3 月	94.0
52	1996 年 4 月	109.3
53	1996 年 5 月	111.1
54	1996 年 6 月	97.1
55	1996 年 7 月	92.2
56	1996 年 8 月	88.3
57	1996 年 9 月	88.3
58	1996 年 10 月	97.6
59	1996 年 11 月	105.2
60	1996 年 12 月	95.7
61	1997 年 1 月	95.3
62	1997 年 2 月	102.2
63	1997 年 3 月	108.6
64	1997 年 4 月	109.1
65	1997 年 5 月	107.8
66	1997 年 6 月	113.3
67	1997 年 7 月	113.4
68	1997 年 8 月	108.8
69	1997 年 9 月	105.9
70	1997 年 10 月	102.9
71	1997 年 11 月	103.1
72	1997 年 12 月	106.4
73	1998 年 1 月	99.0
74	1998 年 2 月	97.6
75	1998 年 3 月	101.5
76	1998 年 4 月	92.4
77	1998 年 5 月	102.0
78	1998 年 6 月	110.3
79	1998 年 7 月	102.3
80	1998 年 8 月	89.5
81	1998 年 9 月	92.6
82	1998 年 10 月	104.0
83	1998 年 11 月	110.6
84	1998 年 12 月	108.8
85	1999 年 1 月	95.1
86	1999 年 2 月	101.6
87	1999 年 3 月	104.0
88	1999 年 4 月	100.9
89	1999 年 5 月	105.2
90	1999 年 6 月	97.5
91	1999 年 7 月	87.5
92	1999 年 8 月	95.1
93	1999 年 9 月	92.0
94	1999 年 10 月	91.2
95	1999 年 11 月	94.5
96	1999 年 12 月	87.7
97	2000 年 1 月	90.0
98	2000 年 2 月	101.7
99	2000 年 3 月	103.7
100	2000 年 4 月	106.4

【數據輸入的類型】

如下輸入數據 x 時，利用〔資料 (D)〕⇨〔定義日期 (E)〕，也輸入日期。

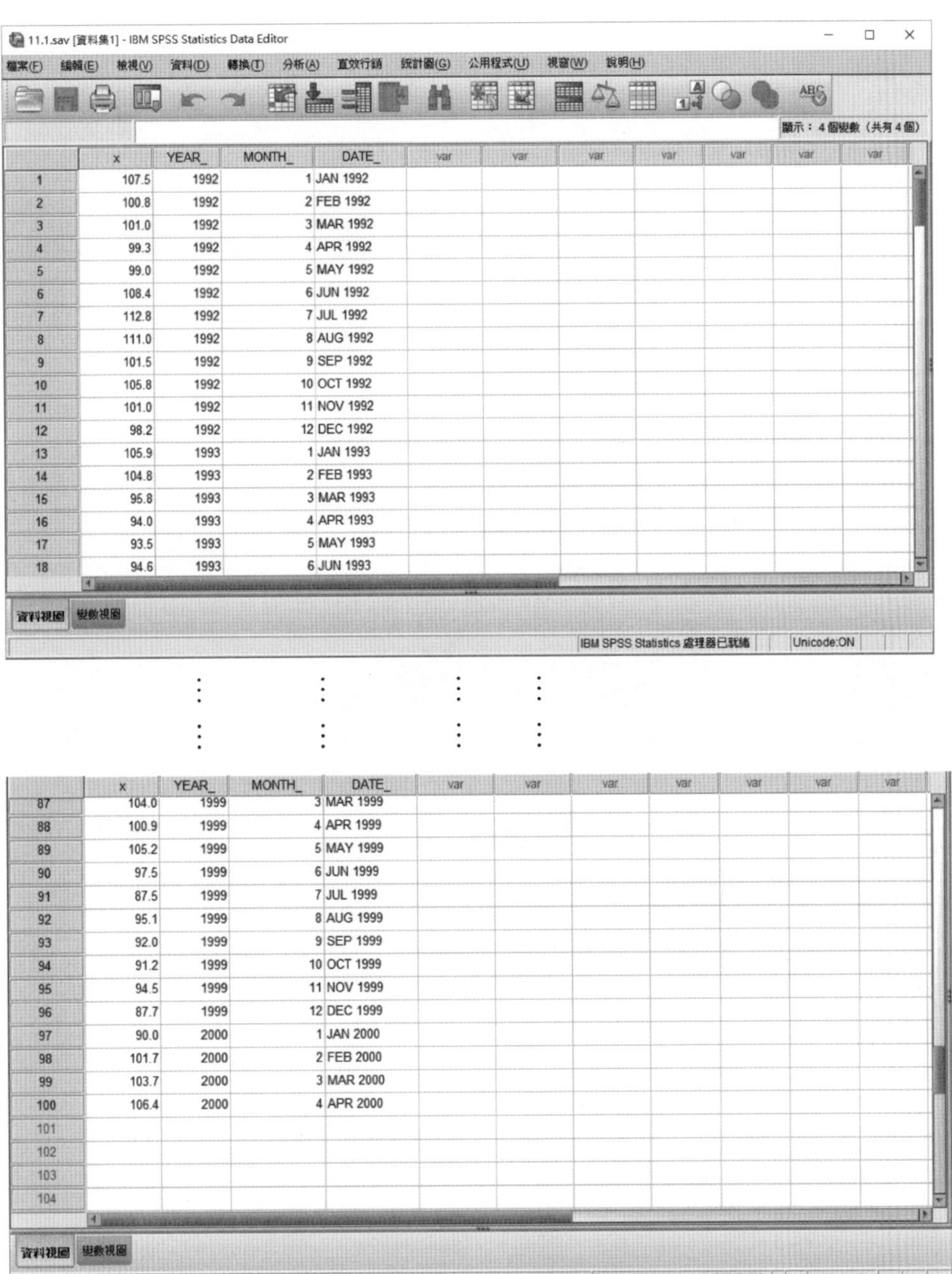

	x	YEAR_	MONTH_	DATE_	var	var	var	var	var	var	var
1	107.5	1992	1	JAN 1992							
2	100.8	1992	2	FEB 1992							
3	101.0	1992	3	MAR 1992							
4	99.3	1992	4	APR 1992							
5	99.0	1992	5	MAY 1992							
6	108.4	1992	6	JUN 1992							
7	112.8	1992	7	JUL 1992							
8	111.0	1992	8	AUG 1992							
9	101.5	1992	9	SEP 1992							
10	105.8	1992	10	OCT 1992							
11	101.0	1992	11	NOV 1992							
12	98.2	1992	12	DEC 1992							
13	105.9	1993	1	JAN 1993							
14	104.8	1993	2	FEB 1993							
15	95.8	1993	3	MAR 1993							
16	94.0	1993	4	APR 1993							
17	93.5	1993	5	MAY 1993							
18	94.6	1993	6	JUN 1993							

⋮　⋮　⋮　⋮

	x	YEAR_	MONTH_	DATE_	var	var	var	var	var	var	var
87	104.0	1999	3	MAR 1999							
88	100.9	1999	4	APR 1999							
89	105.2	1999	5	MAY 1999							
90	97.5	1999	6	JUN 1999							
91	87.5	1999	7	JUL 1999							
92	95.1	1999	8	AUG 1999							
93	92.0	1999	9	SEP 1999							
94	91.2	1999	10	OCT 1999							
95	94.5	1999	11	NOV 1999							
96	87.7	1999	12	DEC 1999							
97	90.0	2000	1	JAN 2000							
98	101.7	2000	2	FEB 2000							
99	103.7	2000	3	MAR 2000							
100	106.4	2000	4	APR 2000							
101											
102											
103											
104											

11.2 移動平均模式 MA(q)

【統計處理的步驟】

步驟 1 爲了製作自我相關圖、偏自我相關圖，從〔分析 (A)〕中點選〔預測 (T)〕，再點選〔自動相關性 (A)〕。

步驟 2 出現以下的畫面時，將 X 移到〔變數 (V)〕的方框之中，按一下確定。

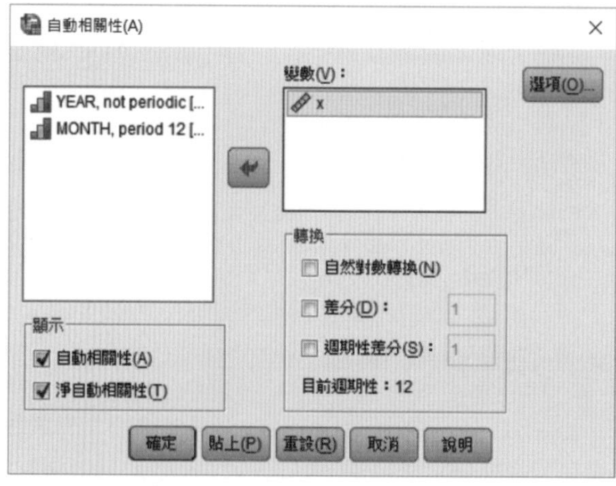

【SPSS 輸出 ·1】

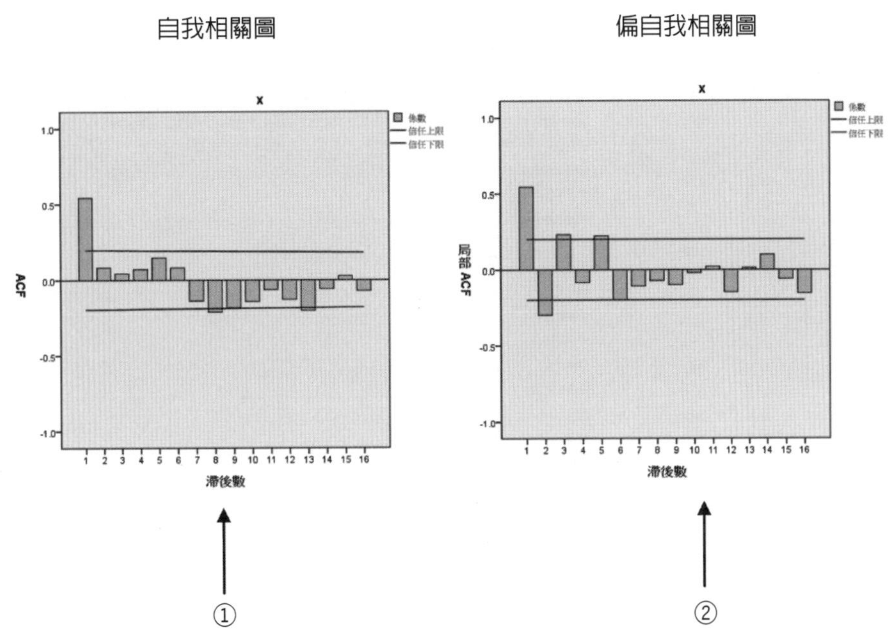

【輸出結果的判讀法 ·1】

①觀察自我相關圖時，在落後 1 的地方變得特別大。

②偏自我相關圖是正與負交互重複，而且急速向 0 收斂。

因此，如比較附錄的自我相關圖、偏自我相關圖時，此圖形由於與附錄的 MA(1) 模式非常類似，因之 p= 0，q= 1，亦即與 MA(1) 模式同等。

步驟 3 由於與 MA(1) 模式同等，因之其次試估計 MA(1) 模式的係數 b_1。按一下〔分析 (A)〕，點選〔預測 (T)〕，再點選〔建立模型 (C)〕。

步驟 4 出現如下視窗，〔方法 (M)〕選擇 ARIMA，再點一下〔準則 (C)〕。

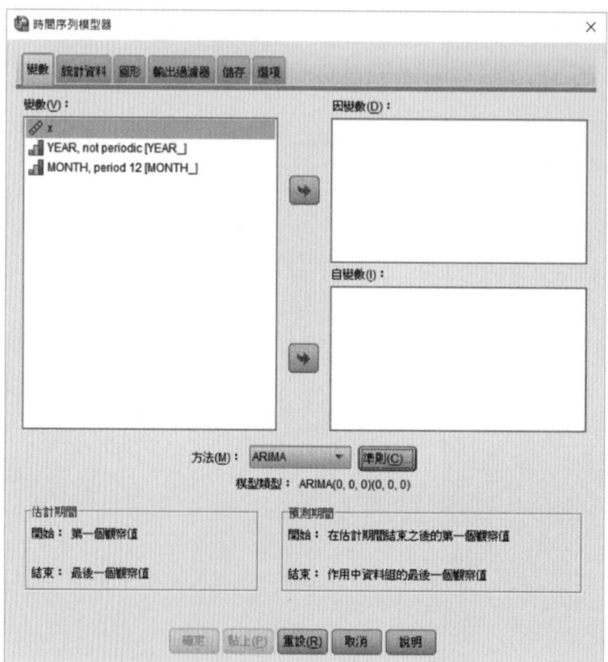

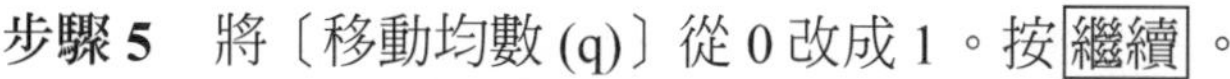
步驟 5　將〔移動均數 (q)〕從 0 改成 1。按繼續。

步驟 6　出現以下的畫面，因之將 X 移到〔因變數 (D)〕的方框中。然後，按一下〔選項〕。

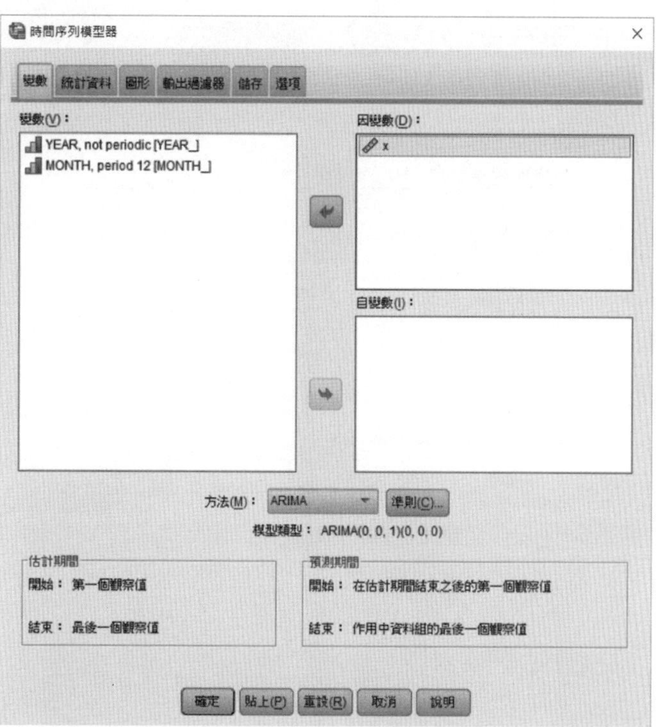

步驟 7　想知道 2000 年 5 月的預測值（下 1 期的預測值）時，年輸入 2000，月輸入 5。

步驟 8　點一下〔儲存〕。勾選預測值與雜訊殘差。

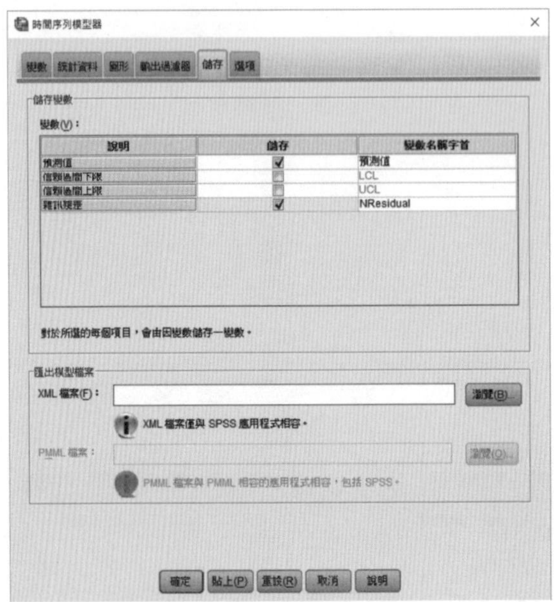

步驟 9　點一下〔統計資料〕，如下勾選後，按一下確定，即告完成。

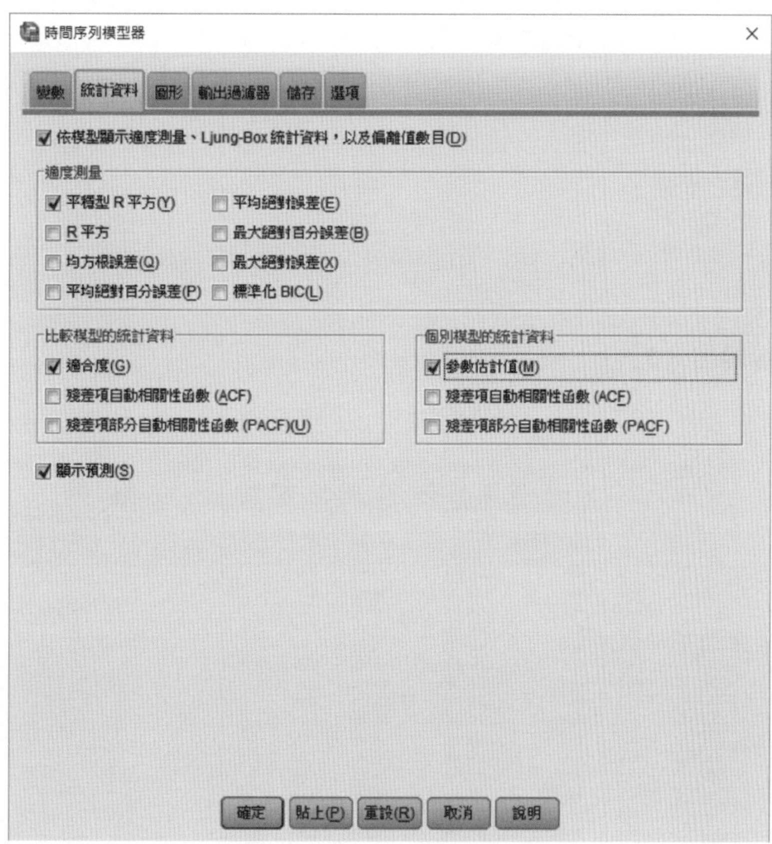

【SPSS 輸出 · 2】

模型統計資料

		模型適合度統計資料	Ljung-Box Q(18)			
模型	預測變數數目	平穩 R 平方	統計資料	DF	顯著性	離群值數目
x- 模型 _1	0	.428	17.965	17	.391	0

③

ARIMA 模型參數

模型				估計	SE	T	顯著性
x- 模型 _1	無轉換	常數		101.111	1.017	99.446	.000
		MA	落後 1	-.790	.065	-12.247	.000

④

【輸出結果的判讀法 ·2】

③平穩 R 平方是表示模式的配適良好與否，此值愈大模式愈佳。

④包含常數項的 MA(1) 模式表示成

$$x(t) - \text{常數} = u(t) + b_1 \times u(t-1)$$

因之變成了

$$x(t) - 101.11100 = u(t) - (-0.79013)\ u(t-1)$$

【SPSS 輸出 ·3】

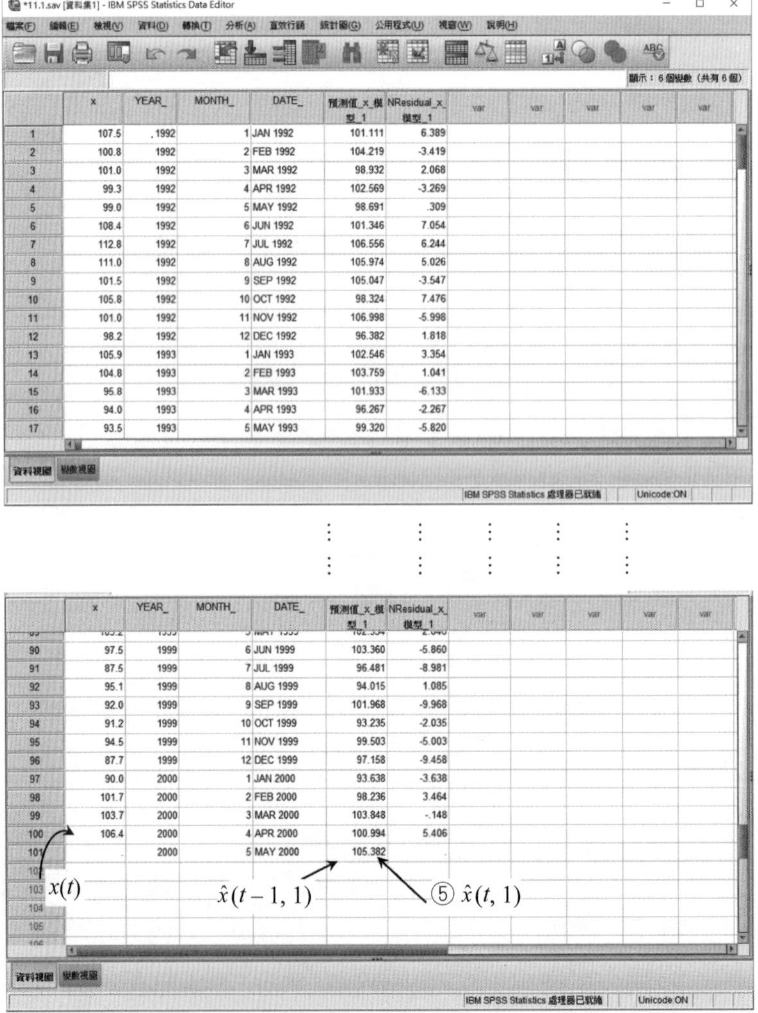

*11.1.sav [資料集1] - IBM SPSS Statistics Data Editor

	x	YEAR_	MONTH_	DATE_	預測值_x_模型_1	NResidual_x_模型_1
1	107.5	1992	1	JAN 1992	101.111	6.389
2	100.8	1992	2	FEB 1992	104.219	-3.419
3	101.0	1992	3	MAR 1992	98.932	2.068
4	99.3	1992	4	APR 1992	102.569	-3.269
5	99.0	1992	5	MAY 1992	98.691	.309
6	108.4	1992	6	JUN 1992	101.346	7.054
7	112.8	1992	7	JUL 1992	106.556	6.244
8	111.0	1992	8	AUG 1992	105.974	5.026
9	101.5	1992	9	SEP 1992	105.047	-3.547
10	105.8	1992	10	OCT 1992	98.324	7.476
11	101.0	1992	11	NOV 1992	106.998	-5.998
12	98.2	1992	12	DEC 1992	96.382	1.818
13	105.9	1993	1	JAN 1993	102.546	3.354
14	104.8	1993	2	FEB 1993	103.759	1.041
15	95.8	1993	3	MAR 1993	101.933	-6.133
16	94.0	1993	4	APR 1993	96.267	-2.267
17	93.5	1993	5	MAY 1993	99.320	-5.820

⋮

	x	YEAR_	MONTH_	DATE_	預測值_x_模型_1	NResidual_x_模型_1
90	97.5	1999	6	JUN 1999	103.360	-5.860
91	87.5	1999	7	JUL 1999	96.481	-8.981
92	95.1	1999	8	AUG 1999	94.015	1.085
93	92.0	1999	9	SEP 1999	101.968	-9.968
94	91.2	1999	10	OCT 1999	93.235	-2.035
95	94.5	1999	11	NOV 1999	99.503	-5.003
96	87.7	1999	12	DEC 1999	97.158	-9.458
97	90.0	2000	1	JAN 2000	93.638	-3.638
98	101.7	2000	2	FEB 2000	98.236	3.464
99	103.7	2000	3	MAR 2000	103.848	-.148
100	106.4	2000	4	APR 2000	100.994	5.406
101	.	2000	5	MAY 2000	105.382	.

【輸出結果的判讀法 ‧3】

⑤下 1 期的預測值 $\hat{x}(t, 1)$ 如下求出。

$x(t)$ 的下 1 期的預測值設爲 $\hat{x}(t, 1)$ 時，得

$$\hat{x}(t, 1) - 101.11100 = (-0.79013) \times \{x(t) - \hat{x}(t-1, 1)\}$$

因之

$$\hat{x}(t, 1) = 101.11100 - (-0.79013) \times \{x(t) - \hat{x}(t-1, 1)\}$$

此處在 $x(t)$ 與 $\hat{x}(t-1, 1)$ 的地方代入

$$x(t) = 106.4 \qquad \hat{x}(t-1, 1) = 100.99429$$

$$\begin{aligned}\hat{x}(t, 1) &= 101.11100 + 0.79013 \times \{106.4 - 100.99429\} \\ &= 101.11100 + 0.79013 \times 5.40571 \\ &= 105.38221\end{aligned}$$

得出所要求的下 1 期的預測值 105.38221。

【MA(q) 模式的診斷】

所謂模式的診斷是檢定殘差是否爲不規則變動。因此，調查 err-1 的自我相關，調查殘差是否爲不規則變動。

【模式診斷的步驟】

模式診斷時，先清除想預測的觀察值之後，選擇〔預測 (T)〕⇨〔自動相關性 (A)〕，將 Nresidual 移到〔變數 (V)〕的方框中，按一下確定。

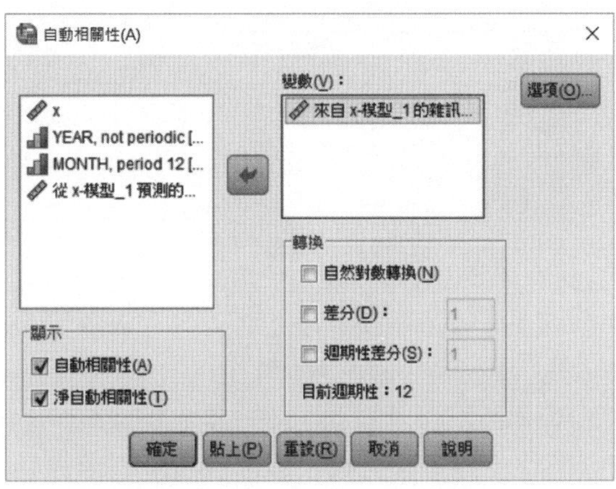

【SPSS 輸出】

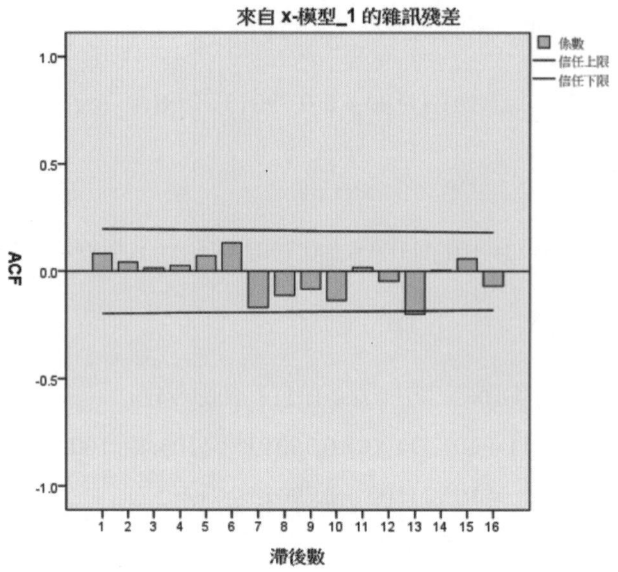

觀察上方的圖形，由於自我相關係數位在信賴界限中，因之殘差可以想成白色干擾。

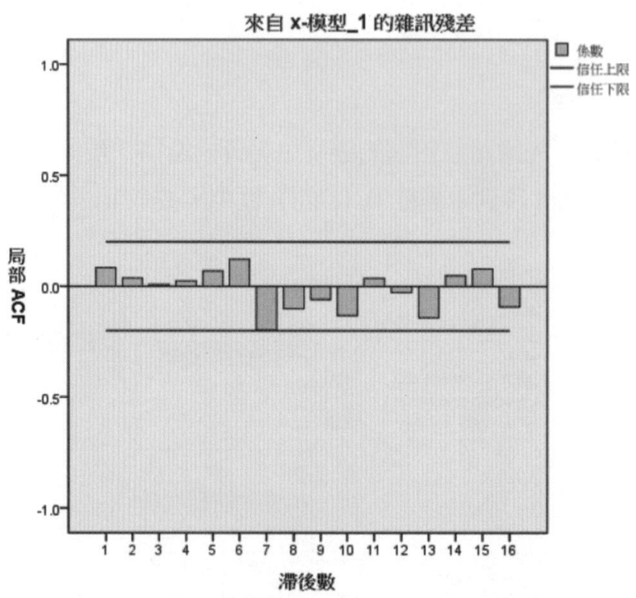

如觀察上方圖形時，得知偏自我相關係數也位在信賴界限內。

【**Box-Ljung 的檢定**】

假設 H_0：殘差是不規則變動，觀察以下的輸出時，顯著機率比顯著水準 0.05 大，因此假設 H_0 無法捨棄，故殘差可以想成是不規則變動。

• **預測自動相關性**

步驟 1　將雜訊殘差移入〔變數 (V)〕中。點一下〔選項 (O)〕。

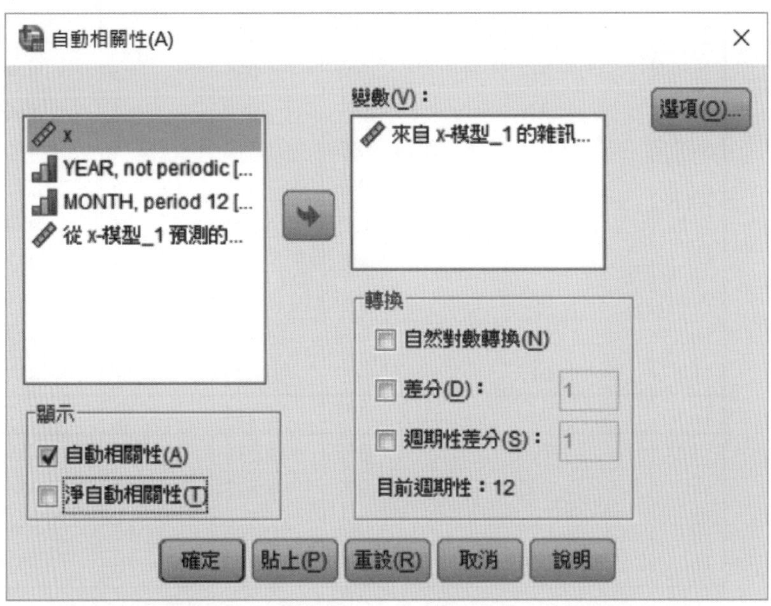

步驟 2　輸入 16。按 繼續 。

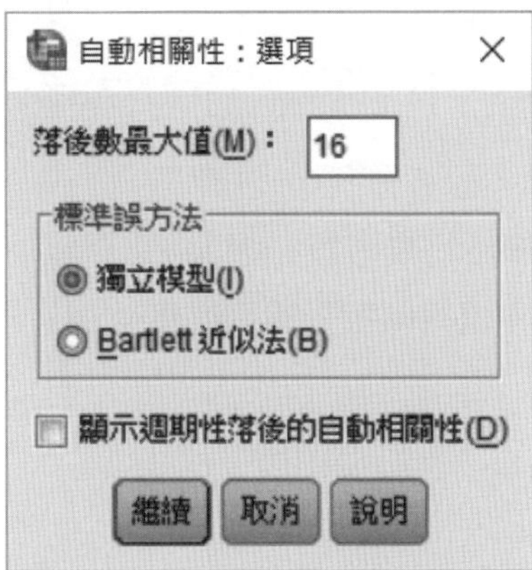

來自 X- 模型 -1 雜訊殘差

自動相關性

數列：來自 X- 模型 _1 的雜訊殘差

落後	自動相關性	平均數的錯誤[a]	Box-Ljung 統計資料		
			數值	df	顯著性[b]
1	.083	.099	.711	1	.399
2	.043	.098	.905	2	.636
3	.014	.098	.925	3	.819
4	.026	.097	.998	4	.910
5	.073	.097	1.572	5	.905
6	.132	.096	3.475	6	.747
7	-.168	.095	6.583	7	.474
8	-.113	.095	8.000	8	.433
9	-.083	.094	8.771	9	.459
10	-.136	.094	10.862	10	.368
11	.017	.093	10.895	11	.452
12	.046	.093	11.144	12	.517
13	-.200	.092	15.811	13	.259
14	.004	.092	15.813	14	.325
15	.060	.091	16.239	15	.366
16	-.069	.091	16.822	16	.397

a. 採用的基本處理程序是獨立的（白色干擾）。

b. 基於漸近線卡方近似值。

譬如，至落後 12 爲止的 Box-Ljung 的檢定是：

$$\text{假設 } H_0：P(1) = P(2) = P(3) = \cdots\cdots = P(11) = P(12)$$

檢定統計量 11.144，顯著機率 0.517 比顯著水準 0.05 大，因之無法捨棄假設。因此，至落後 12 爲止的母自我相關係數全部可以想成是 0。

自由度 12 的 χ^2 分配

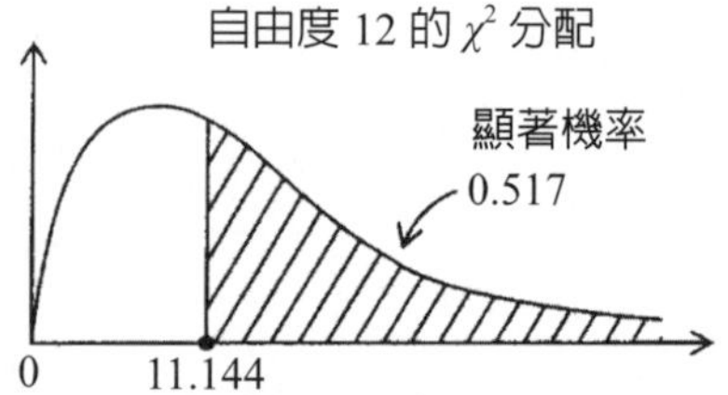

第 12 章　ARMA(p, q) 模式

12.1 前言

在定常時間數列數據

$$\begin{array}{ccccccc} \cdots\cdots x(t-p), & \cdots\cdots, & x(t-3), & x(t-2), & x(t-1), & x(t), & \hat{x}(t,1) \\ \| & & \| & \| & \| & \| & \| \\ p\text{ 期前} & & 3\text{ 期前} & 2\text{ 期前} & 1\text{ 期前} & \text{現在} & \text{預測值} \end{array}$$

中，時點 t 之值 $x(t)$ 使用白色干擾 u(t) 被表示成如下時，

$$x(t) = \alpha_1 x(t-1) + \alpha_2 x(t-2) + \cdots\cdots + \alpha_p x(t-p)$$
$$+ u(t) - b_1 u(t-1) - b_2 u(t-2) \cdots\cdots - b_g u(t-g)$$

此式稱為「**ARMA(p, q)** 模式」。

實際上，像

ARMA(1, 0) 模式（= AR(1) 模式）
ARMA(2, 0) 模式（= AR(2) 模式）
ARMA(0, 1) 模式（= MA(1) 模式）
ARMA(0, 2) 模式（= MA(2) 模式）
ARMA(1, 1) 模式

如此，探討 $p = 0, 1, 2$，$q = 0, 1, 2$ 的情形居多。

【ARMA(1, 1) 模式的性質】

1. ARMA(1, 1) 模式的式子

$$x(t) = \alpha_1 x(t-1) + u(t) - b_1 u(t-1)$$

2. 下 1 期的預測值 $\hat{x}(t, 1)$

$$\hat{x}(t, 1) = \alpha_1 x(t) - b_1 u(t)$$

3. 1 次的自我相關係數 $\rho(1)$

$$\rho(1) = \frac{(1-a_1 b_1)(a_1 - b_1)}{1 - 2a_1 b_1 + b_1^2}$$

4. k 次的自我相關係數 $\rho(k)$

$$\rho(k) = \alpha_1^{\,k-1}\rho(1) \qquad (k \geq 2)$$

例題 1. ARMA(1, 1) 模式自我相關、偏自我相關圖例

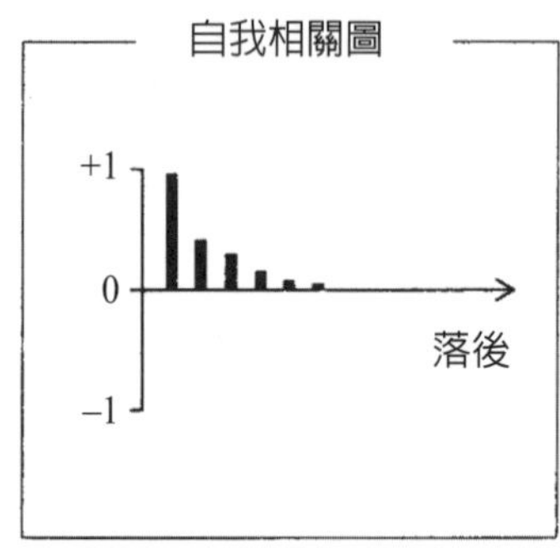

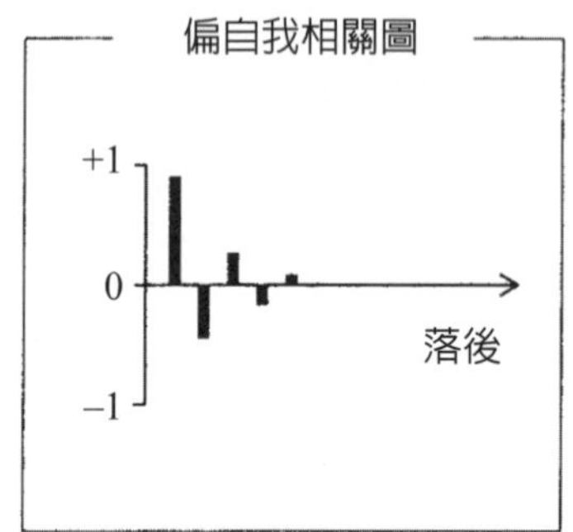

【ARMA(p, q) 模式製作的步驟】

ARMA(p, q) 模式的問題是「如何決定 p, q 之值」，因此：

1. 製作時間數列數據的「自我相關圖、偏自我相關圖」，一面觀察此 2 個圖，一面決定 p 與 q 之值←〔模式的判定〕。
   以 p, q 之值來說，一般有以下的組合，即

   $$p = 0，p = 1 \text{ 與 } q = 0，q = 1，q = 2$$

   因此，可以採用

   ARMA(1, 0) 模式　ARMA(2, 0) 模式
   ARMA(0, 1) 模式　ARMA(0, 2) 模式
   ARMA(1, 1) 模式　ARMA(2, 1) 模式　ARMA(1, 2) 模式

2. 其次，必須決定 ARMA 模式的係數 a_1、a_2、b_1、b_2 ←〔模式的估計〕
   以此方法而言，最大概似法最爲人所熟知。

3. 最後，利用 Box-Ljung 的檢定確認「所求出的模式是否正確」←〔模式的診斷〕

〔範例〕

中央健保局想再利用時間數列分析 ARMA(p, q) 模型建立全民健保應收保費預測模型。

以下的數據，是爲了理解移動平均模式 ARMA(1, 1) 所做成的數據。使用此數據，求 ARMA(p, q) 模型。

表 12.1　ARMA(p, q) 模式的時間數列數據

No.	年月	arma	No.	年月	arma	No.	年月	arma
1	1994 年 1 月	0.00	37	1997 年 1 月	0.79	73	2000 年 1 月	3.39
2	1994 年 2 月	–0.89	38	1997 年 2 月	–1.31	74	2000 年 2 月	–3.26
3	1994 年 3 月	3.16	39	1997 年 3 月	1.18	75	2000 年 3 月	1.59
4	1994 年 4 月	–4.86	40	1997 年 4 月	–0.80	76	2000 年 4 月	–0.27
b	1994 年 5 月	4.62	41	1997 年 5 月	–0.72	77	2000 年 5 月	–1.33
6	1994 年 6 月	–5.58	42	1997 年 6 月	–1.14	78	2000 年 6 月	1.04
7	1994 年 7 月	4.94	43	1997 年 7 月	4.01	79	2000 年 7 月	0.81
8	1994 年 8 月	–2.22	44	1997 年 8 月	–2.84	80	2000 年 8 月	–0.31
9	1994 年 9 月	1.93	45	1997 年 9 月	2.51	81	2000 年 9 月	–0.85
10	1994 年 10 月	–1.75	46	1997 年 10 月	–2.70	82	2000 年 10 月	1.59
11	1994 年 11 月	1.12	47	1997 年 11 月	1.13	83	2000 年 11 月	–0.06
12	1994 年 12 月	–1.89	48	1997 年 12 月	–0.70	84	2000 年 12 月	–1.21
13	1995 年 1 月	3.93	49	1998 年 1 月	3.39	85	2001 年 1 月	1.77
14	1995 年 2 月	–5.02	50	1998 年 2 月	–5.64	86	2001 年 2 月	–3.51
15	1995 年 3 月	4.73	51	1998 年 3 月	5.12	87	2001 年 3 月	3.19
16	1995 年 4 月	–2.89	52	1998 年 4 月	–3.16	88	2001 年 4 月	–3.07
17	1995 年 5 月	1.30	53	1998 年 5 月	2.96	89	2001 年 5 月	3.35
18	1995 年 6 月	–1.32	54	1998 年 6 月	–4.55	90	2001 年 6 月	–2.57
19	1995 年 7 月	2.14	55	1998 年 7 月	6.74	91	2001 年 7 月	0.85
20	1995 年 8 月	–3.47	56	1998 年 8 月	–7.00	92	2001 年 8 月	2.18
21	1995 年 9 月	3.91	57	1998 年 9 月	5.25	93	2001 年 9 月	–2.13
22	1995 年 10 月	–2.46	58	1998 年 10 月	–4.31	94	2001 年 10 月	0.10
23	1995 年 11 月	–0.02	59	1998 年 11 月	5.11	95	2001 年 11 月	–0.81
24	1995 年 12 月	0.84	60	1998 年 12 月	–4.47	96	2001 年 12 月	2.19

（接下頁）

表 12.1（續）

No.	年月	arma
25	1996 年 1 月	–1.31
26	1996 年 2 月	1.49
27	1996 年 3 月	–2.24
28	1996 年 4 月	4.08
29	1996 年 5 月	–3.24
30	1996 年 6 月	0.61
31	1996 年 7 月	0.39
32	1996 年 8 月	0.07
33	1996 年 9 月	–0.35
34	1996 年 10 月	0.70
35	1996 年 11 月	–0.83
36	1996 年 12 月	0.32

No.	年月	arma
61	1999 年 1 月	1.06
62	1999 年 2 月	2.46
63	1999 年 3 月	4.02
64	1999 年 4 月	4.43
65	1999 年 5 月	4.44
66	1999 年 6 月	2.66
67	1999 年 7 月	0.40
68	1999 年 8 月	0.81
69	1999 年 9 月	0.22
70	1999 年 10 月	1.47
71	1999 年 11 月	3.67
72	1999 年 12 月	4.32

No.	年月	arma
97	2002 年 1 月	–2.07
98	2002 年 2 月	0.66
99	2002 年 3 月	1.27
100	2002 年 4 月	–.2.17

【數據輸入的類型】

輸入數據結束之後，利用〔資料 (D)〕⇨〔定義日期 (E)〕，輸入日期。

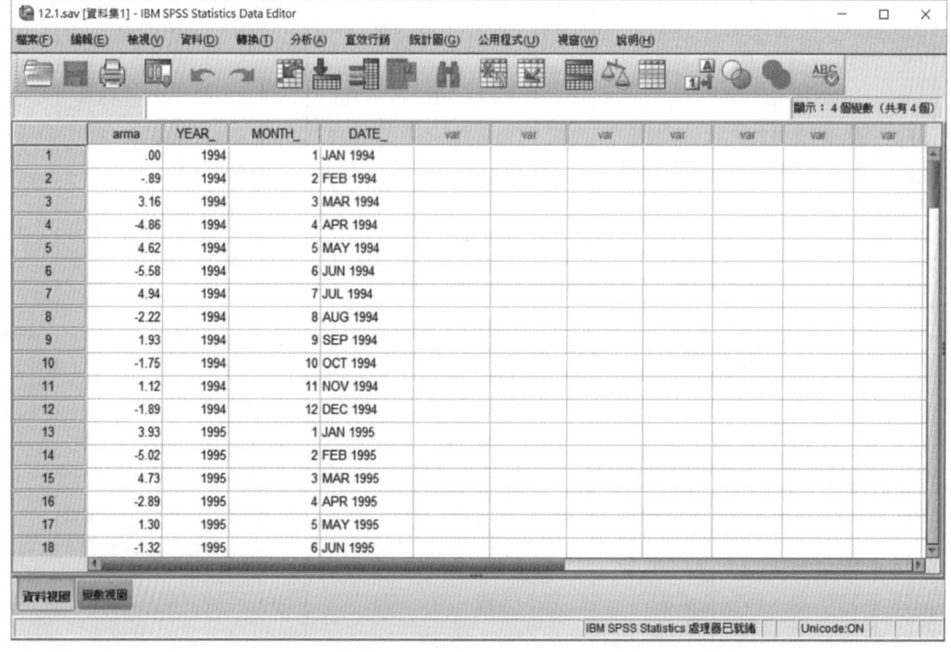

	arma	YEAR_	MONTH_	DATE_
1	.00	1994	1	JAN 1994
2	-.89	1994	2	FEB 1994
3	3.16	1994	3	MAR 1994
4	-4.86	1994	4	APR 1994
5	4.62	1994	5	MAY 1994
6	-5.58	1994	6	JUN 1994
7	4.94	1994	7	JUL 1994
8	-2.22	1994	8	AUG 1994
9	1.93	1994	9	SEP 1994
10	-1.75	1994	10	OCT 1994
11	1.12	1994	11	NOV 1994
12	-1.89	1994	12	DEC 1994
13	3.93	1995	1	JAN 1995
14	-5.02	1995	2	FEB 1995
15	4.73	1995	3	MAR 1995
16	-2.89	1995	4	APR 1995
17	1.30	1995	5	MAY 1995
18	-1.32	1995	6	JUN 1995

⋮ ⋮ ⋮ ⋮

⋮ ⋮ ⋮ ⋮

	arma	YEAR_	MONTH_	DATE_	var	var	var	var	var	var	var
86	-3.51	2001	2	FEB 2001							
87	3.19	2001	3	MAR 2001							
88	-3.07	2001	4	APR 2001							
89	3.35	2001	5	MAY 2001							
90	-2.57	2001	6	JUN 2001							
91	.85	2001	7	JUL 2001							
92	2.18	2001	8	AUG 2001							
93	-2.13	2001	9	SEP 2001							
94	.10	2001	10	OCT 2001							
95	-.81	2001	11	NOV 2001							
96	2.19	2001	12	DEC 2001							
97	-2.07	2002	1	JAN 2002							
98	.66	2002	2	FEB 2002							
99	1.27	2002	3	MAR 2002							
100	-2.17	2002	4	APR 2002							
101											
102											

資料視圖　變數視圖

IBM SPSS Statistics 處理器已就緒　Unicode:ON

12.2 ARMA(p, q) 模式

【統計處理的步驟】

步驟 1　爲了製作自我相關圖、偏自我相關圖，從〔預測 (T)〕中點選〔自動相關性 (A)〕。

步驟 2　出現以下的畫面時，將arma移到〔變數(V)〕的方框之中，按一下確定。

自動相關性(A)
YEAR, not periodic [...
MONTH, period 12 [...
變數(V)：
arma
選項(O)...
轉換
自然對數轉換(N)
差分(D)： 1
週期性差分(S)： 1
目前週期性：12
顯示
自動相關性(A)
淨自動相關性(T)
確定 貼上(P) 重設(R) 取消 說明

【SPSS 輸出 ·1】

自我相關圖

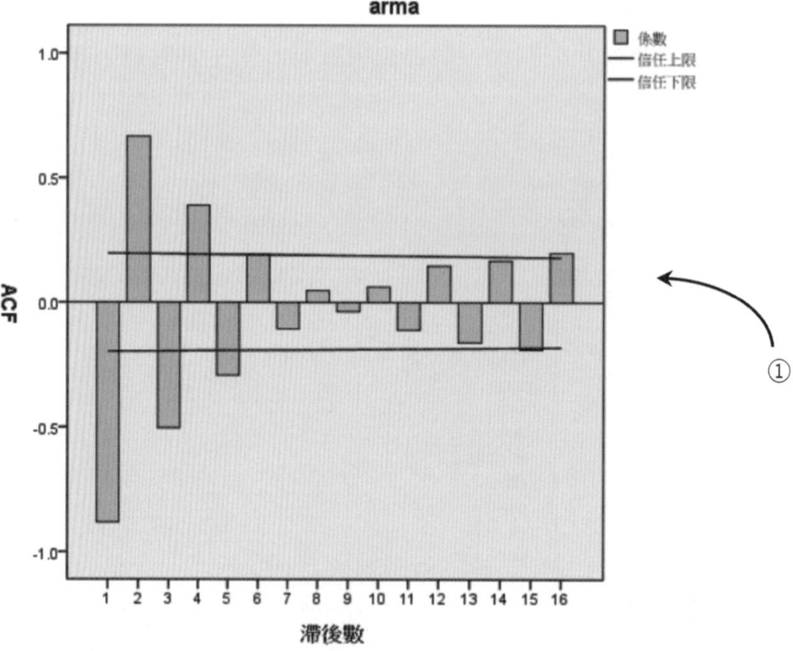

偏自我相關圖

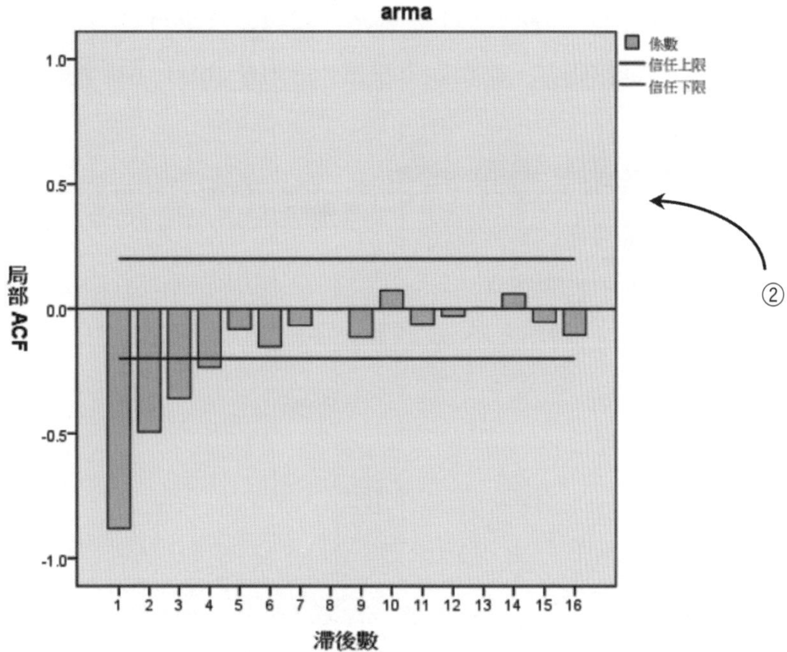

【輸出結果的判讀法 ·1】

一面觀察①、②所輸出的自我相關圖、偏自我相關圖，一面比較附錄的自我相關圖、偏自我相關圖，試找出相同類型的圖形。

在附錄中因有相同的類型，因之對此數據來說，$p = 1$，$q = 1$，亦即 ARMA(1, 1) 模式似乎不錯。

步驟 3 由於與 ARMA(1, 1) 模式同等，因之其次估計 ARMA(1, 1) 模式的係數 a_1、b_1。點選〔分析 (A)〕，從清單選擇〔預測 (T)〕，再從子清單選擇〔建立模型 (C)〕。出現如下視窗，〔方法 (M)〕選擇 ARIMA。

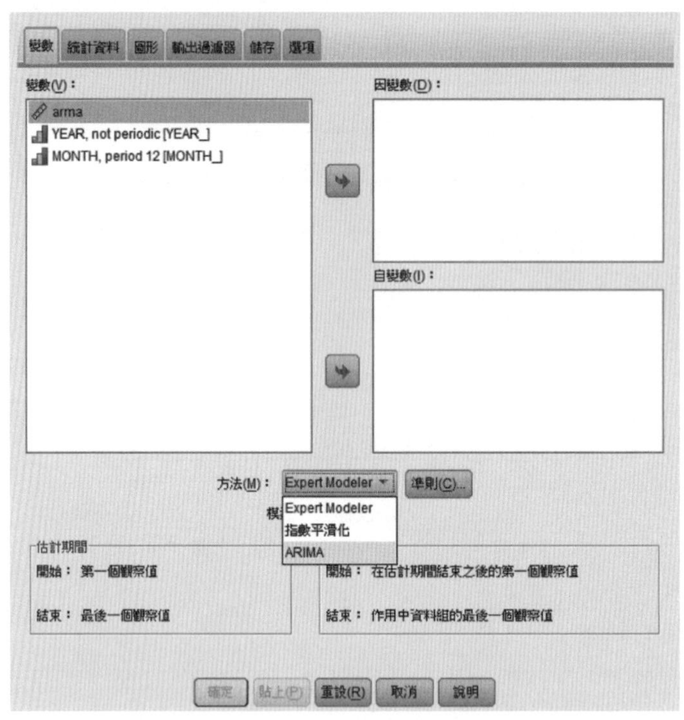

步驟 4 點一下〔準則 (C)〕，p 輸入 1，q 輸入 1。按 繼續 。

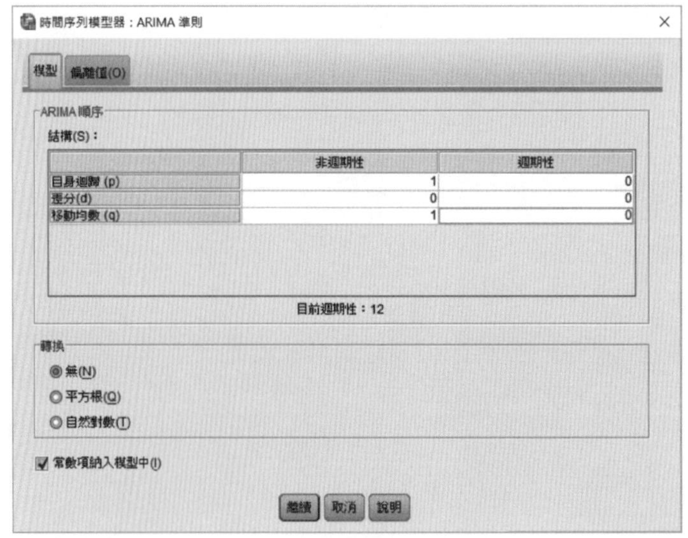

步驟 5　出現以下的畫面，因之將 arma 移到〔因變數 (N)〕的方框之中。然後，點選選項。

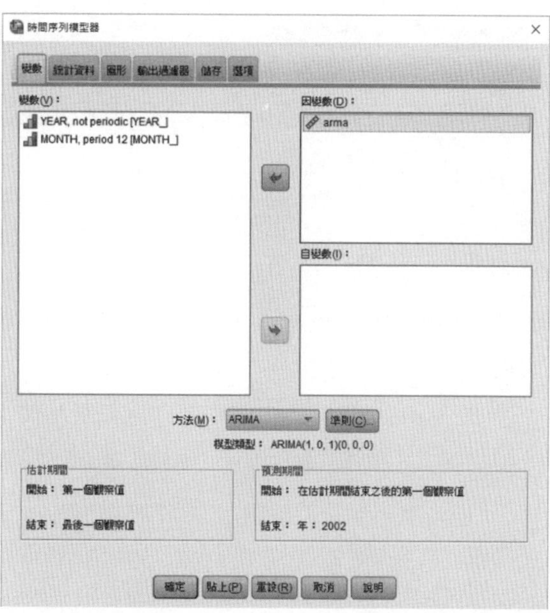

步驟 6　想知道 2002 年 5 月的預測值（= 下 1 期的預測值）時，年輸入 2002，月輸入 5，點一下〔儲存〕。

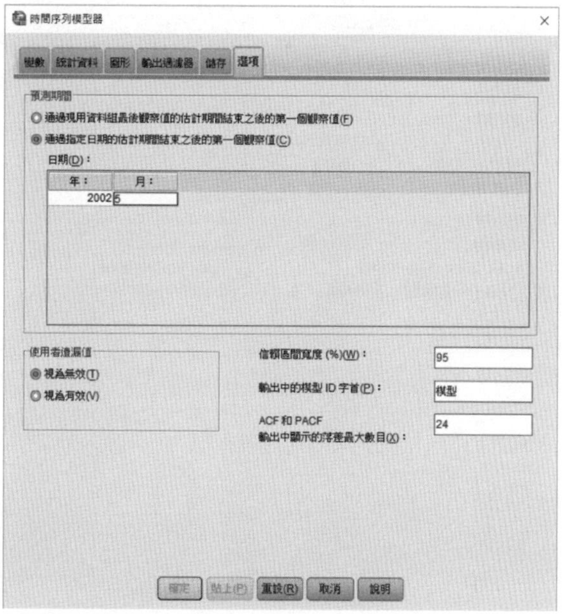

步驟 7 勾選預測值與雜訊殘差。

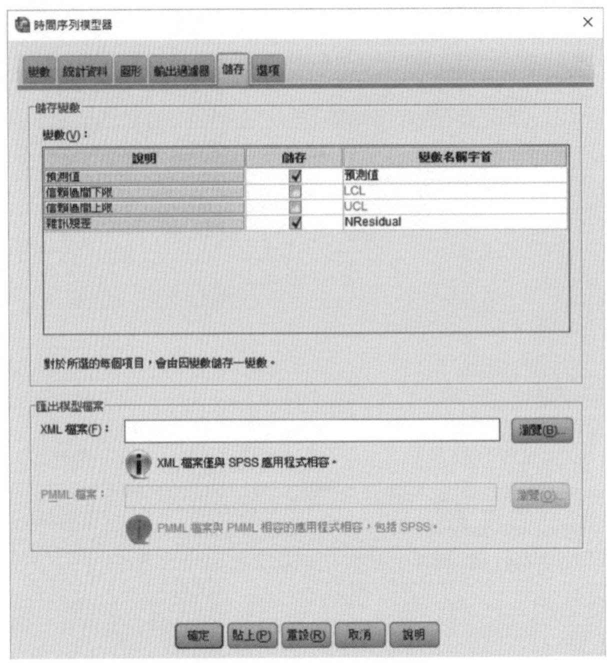

步驟 8 點一下〔統計資料〕，出現如下視窗，如下勾選。按確定。

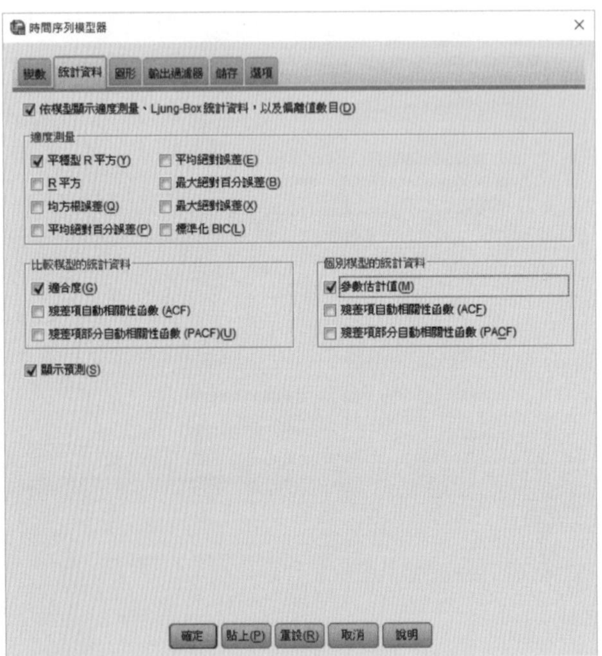

【SPSS 輸出 ·2】

模型統計資料

模型	預測變數數目	模型適合度統計資料	Ljung-Box Q(18)			離群值數目
		平穩 R 平方	統計資料	DF	顯著性	
arma- 模型 _1	0	.874	10.898	16	.816	0

①

ARIMA 模型參數

模型					估計	SE	T	顯著性
arma- 模型 _1	arma	無轉換	常數		-.007	.010	-.698	.487
			AR	落後 1	-.783	.064	-12.298	.000
			MA	落後 1	.840	.058	14.370	.000

②

【輸出結果的判讀法 ·2】

①平穩 R 平方 0.874 是表示模式的配適良好與否，此值愈大模式愈佳。

②包含常數項的 ARMA(1, 1) 模式是

$$x(t) - \text{常數} = a_1 \times \{x(t-1) - \text{常數}\} + u(t) - b_1 \times u(t-1)$$

因之成爲

$$x(t) - (-0.007) = -0.783 \times \{x(t-1) - (-0.007)\} + \mathrm{u}(t) - 0.840 \times \mathrm{u}(t-1)$$

【SPSS 輸出・3】

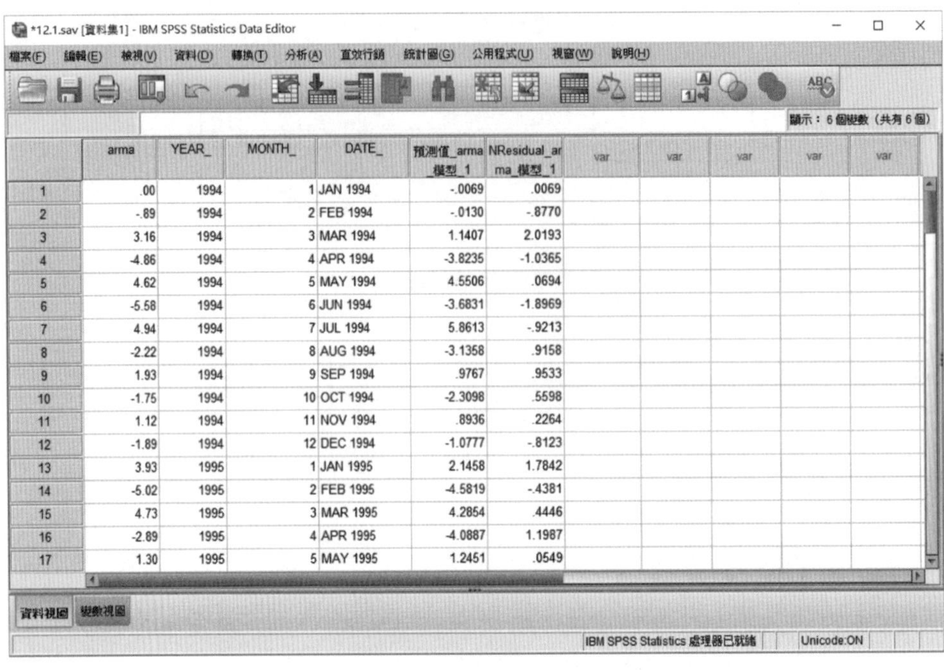

*12.1.sav [資料集1] - IBM SPSS Statistics Data Editor

顯示：6 個變數（共有 6 個）

	arma	YEAR_	MONTH_	DATE_	預測值_arma_模型_1	NResidual_arma_模型_1	var	var	var	var	var
1	.00	1994	1	JAN 1994	-.0069	.0069					
2	-.89	1994	2	FEB 1994	-.0130	-.8770					
3	3.16	1994	3	MAR 1994	1.1407	2.0193					
4	-4.86	1994	4	APR 1994	-3.8235	-1.0365					
5	4.62	1994	5	MAY 1994	4.5506	.0694					
6	-5.58	1994	6	JUN 1994	-3.6831	-1.8969					
7	4.94	1994	7	JUL 1994	5.8613	-.9213					
8	-2.22	1994	8	AUG 1994	-3.1358	.9158					
9	1.93	1994	9	SEP 1994	.9767	.9533					
10	-1.75	1994	10	OCT 1994	-2.3098	.5598					
11	1.12	1994	11	NOV 1994	.8936	.2264					
12	-1.89	1994	12	DEC 1994	-1.0777	-.8123					
13	3.93	1995	1	JAN 1995	2.1458	1.7842					
14	-5.02	1995	2	FEB 1995	-4.5819	-.4381					
15	4.73	1995	3	MAR 1995	4.2854	.4446					
16	-2.89	1995	4	APR 1995	-4.0887	1.1987					
17	1.30	1995	5	MAY 1995	1.2451	.0549					

資料視圖　變數視圖

IBM SPSS Statistics 處理器已就緒　Unicode:ON

⋮

	arma	YEAR_	MONTH_	DATE_	預測值_arma_模型_1	NResidual_arma_模型_1	var	var	var	var	var
88	-3.07	2001	4	APR 2001	-1.9213	-1.1487					
89	3.35	2001	5	MAY 2001	3.3566	-.0066					
90	-2.57	2001	6	JUN 2001	-2.6298	.0598					
91	.85	2001	7	JUL 2001	1.9498	-1.0998					
92	2.18	2001	8	AUG 2001	.2462	1.9338					
93	-2.13	2001	9	SEP 2001	-3.3439	1.2139					
94	.10	2001	10	OCT 2001	.6357	-.5357					
95	-.81	2001	11	NOV 2001	.3595	-1.1695					
96	2.19	2001	12	DEC 2001	1.6045	.5855					
97	-2.07	2002	1	JAN 2002	-2.2189	.1489					
98	.66	2002	2	FEB 2002	1.4835	-.8235					
99	1.27	2002	3	MAR 2002	.1628	1.1072					
100	-2.17	2002	4	APR 2002	-1.9369	-.2331					
101		2002	5	MAY 2002	1.8827	.					
102											
103											
104											

$x(t)$　　$\hat{x}(t-1,1)$　　③ $\hat{x}(t,1)$

資料視圖　變數視圖

IBM SPSS Statistics 處理器已就緒　Unicode:ON

【輸出結果的判讀法 ·3】

③下 1 期的預測值 $\hat{x}(t, 1) = 1.88242$ 是如下求出。

$x(t)$ 的下 1 期的預測值設爲 $\hat{x}(t, 1)$ 時，則

$$\hat{x}(t, 1) - (-0.007) = -0.783 \times \{x(t) - (-0.007)\} - 0.840 \times \{x(t) - \hat{x}(t-1, 1)\}$$

因之

$$\hat{x}(t, 1) = -0.007 - 0.783 \times \{x(t) + 0.007\} - 0.840 \times \{x(t) - \hat{x}(t-1, 1)\}$$

此處在 $x(t)$，$\hat{x}(t-1, 1)$ 的地方代入

$$x(t) = -2.17，\hat{x}(t-1, 1) = -1.93715$$

變成如下

$$\begin{aligned}\hat{x}(t, 1) &= -0.007 - 0.783 \times (-2.17 + 0.007) \\ &\quad - 0.840 \times \{-2.17 - (-1.93715)\} \\ &= 1.8827\end{aligned}$$

得出所要求的下 1 期的預測值 1.8827。

【ARMA(p, q) 模式的診斷】

所謂模式的診斷即檢定殘差是否爲不規則變動。因此，調查 err-1 的自我相關，調查殘差是否爲白色干擾。

- **模式診斷的步驟**

模式診斷時，先清除想預測的觀察值之後，然後選擇〔預測 (T)〕⇨〔自身相關 (A)〕，將 Nresidual 移到〔變數 (V)〕的方框中，按一下 確定。

【SPSS 輸出】

如觀察下方的圖形時，自我相關係數落在信賴界限中，因之殘差似乎可以想成是白色干擾。

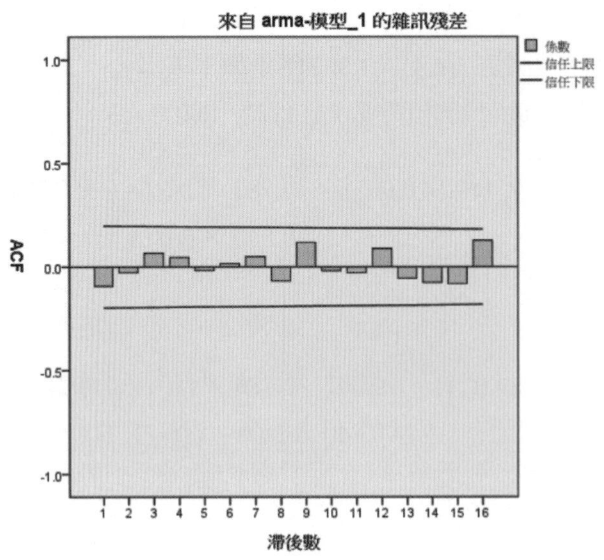

如觀察右方的圖形時，得知偏自我相關係數也落在信賴界限中。

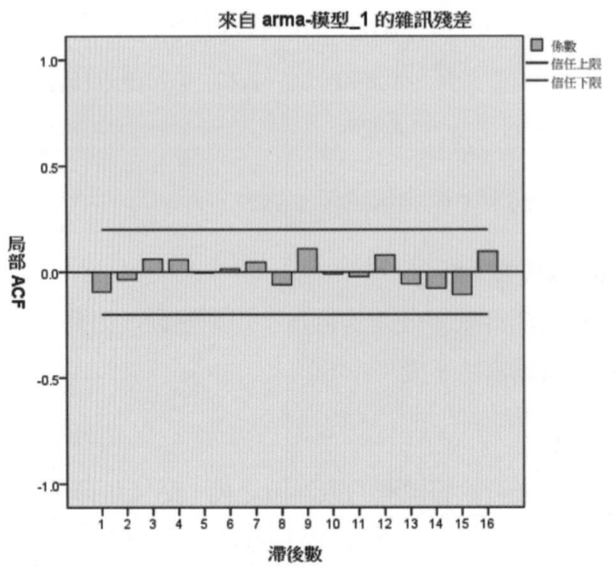

【Box-Ljung的檢定】

假設Ho：殘差是白色干擾，如觀察以下的輸出時，顯著機率比顯著水準0.05大，因之假設Ho不能捨棄。因此，殘差可以想成是白色干擾。

步驟 1　將雜訊殘差移入〔變數 (V)〕中。點一下〔選項〕。

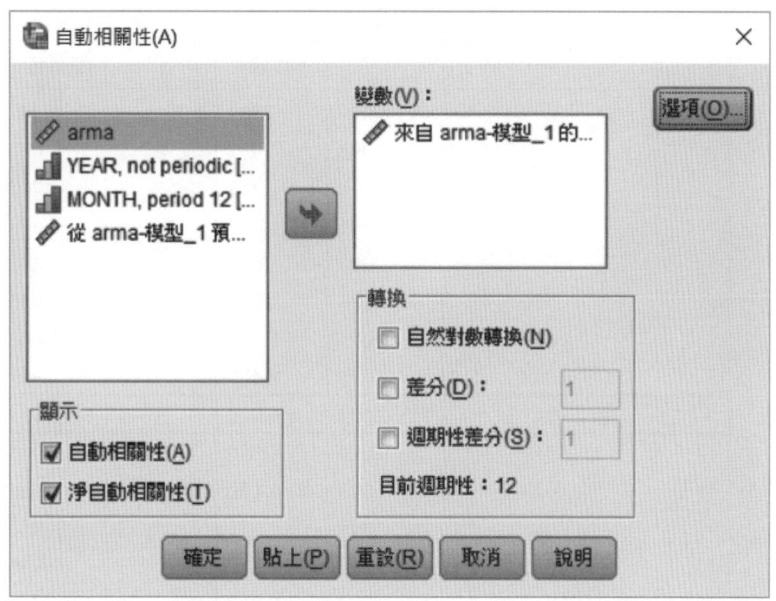

步驟 2　落後數最大值輸入 16。

自動相關性

數列：來自 arma- 模型 _1 的雜訊殘差

落後	自動相關性	平均數的錯誤[a]	Box-Ljung 統計資料		
			數值	df	顯著性[b]
1	-.093	.099	.884	1	.347
2	-.027	.098	.957	2	.620
3	.066	.098	1.413	3	.702
4	.046	.097	1.634	4	.803
5	-.017	.097	1.666	5	.893
6	.016	.096	1.695	6	.946
7	.049	.095	1.962	7	.962
8	-.068	.095	2.469	8	.963
9	.117	.094	4.010	9	.911
10	-.019	.094	4.050	10	945
11	-.028	.093	4.140	11	.966
12	.088	.093	5.035	12	.957
13	-.055	.092	5.387	13	.966
14	-.075	.092	6.060	14	.965
15	-.081	.091	6.851	15	.962
16	.127	.091	8.820	16	.921

a. 採用的基本處理程序是獨立的（白色干擾）。

b. 基於漸近線卡方近似值。

譬如，至落後 9 爲止的 Box-Ljung 的檢定是：

$$\text{假設 Ho：} P(1) = P(2) = \cdots = P(8) = P(9) = 0$$

檢定統計量 4.010，顯著機率 0.911 比顯著水準 0.05 大，因之假設 Ho 不能捨棄。因此，至落後 9 爲止的母自身相關係數可以想成皆爲 0。

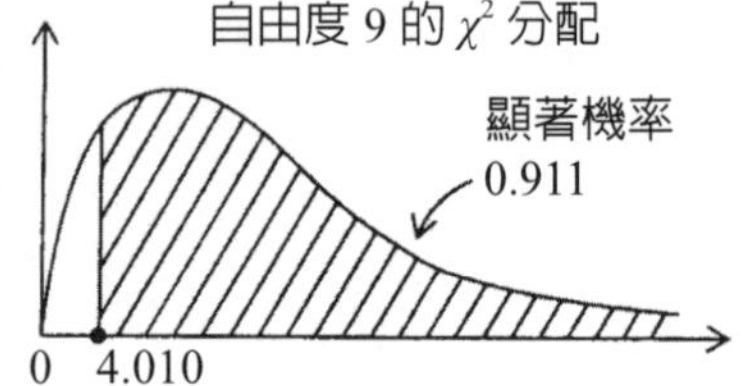

第13章　ARIMA(p, d, q) 模式

13.1 前言

對於時間數列數據

$$\cdots x(t-p),\cdots,x(t-3),x(t-2),x(t-1),x(t),\hat{x}(t,1)$$

$$\begin{array}{ccccc} \| & \| & \| & \| & \| \\ \text{3 期前} & \text{2 期前} & \text{1 期前} & \text{現在} & \text{預測值} \end{array}$$

來說，將差分如下定義。

1 次的差分　$\Delta x(t) = x(t) - x(t-1)$

2 次的差分　$\Delta^2 x(t) = \Delta x(t) - \Delta x(t-1)$

$= x(t) - 2x(t-1) + x(t-2)$

3 次的差分　$\Delta^3 x(t) = \Delta^2 x(t) - \Delta^2 x(t-1)$

$= x(t) - 3x(t-1) + 3\,x(t+1) - x(t-3)$

此時，針對 d 次的差分 $\Delta^d x(t)$ 來說，考察 ARMA(p, q) 模式者稱爲「**ARIMA(p, d, q)** 模式」。

- 取差分的理由

利用取差分，可以說「非定常時間數列即變成定常時間數列」。實際上，差分因爲是 1 次，至多 2 次，因此一般是探討 ARIMA(p, 1, q) 或 ARIMA(p, 2, q)。

【**ARIMA(p, d, q)** 模式製作的步驟】

1. ARMA(p, d, q) 模式的判定

   其一、非定常時間數列，取 d 次的差分，除去趨勢，變換成定常時間數列。

   其二、觀察自我相關圖、偏自我相關圖，決定 p 與 q。

2. ARIMA(p, d, q) 模式的估計

   利用最大概似法決定係數 a_i、bj。

3. ARIMA(p, d, q) 模式的診斷

針對殘差的時間數列進行 Box-Ljung 的檢定，診斷所求出的模式是否適當。

4. 利用所求出的 ARIMA(p, d, q) 模式進行預測。

〔範例〕

中央健保局想利用時間數列分析 ARIMA 模型，用以建立全民健保應收保費預測模型。

以下的數據是爲了理解 ARIMA(2, 1, 1) 所做成的系列數據。試使用此數據，求 ARIMA(p, d, q) 模式看看。

表 13.1　ARIMA（p, d, q）模式的時間數列數據

No.	年月	arma	No.	年月	arma	No.	年月	arma
1	1995 年 1 月	0.00	37	1998 年 1 月	5.62	73	2001 年 1 月	8.15
2	1995 年 2 月	–0.77	38	1998 年 2 月	3.48	74	2001 年 2 月	1.62
3	1995 年 3 月	3.34	39	1998 年 3 月	5.93	75	2001 年 3 月	6.59
4	1995 年 4 月	–4.60	40	1998 年 4 月	4.88	76	2001 年 4 月	4.87
5	1995 年 5 月	4.95	41	1998 年 5 月	4.90	77	2001 年 5 月	3.99
6	1995 年 6 月	–5.16	42	1998 年 6 月	4.39	78	2001 年 6 月	6.55
7	1995 年 7 月	5.45	43	1998 年 7 月	8.46	79	2001 年 7 月	6.51
8	1995 年 8 月	–1.61	44	1998 年 8 月	1.51	80	2001 年 8 月	5.62
9	1995 年 9 月	2.64	45	1998 年 9 月	6.76	81	2001 年 9 月	5.32
10	1995 年 10 月	–0.93	46	1998 年 10 月	1.44	82	2001 年 10 月	8.02
11	1995 年 11 月	2.05	47	1998 年 11 月	5.16	83	2001 年 11 月	6.65
12	1995 年 12 月	–0.85	48	1998 年 12 月	3.21	84	2001 年 12 月	5.78
13	1996 年 1 月	5.09	49	1999 年 1 月	7.16	85	2002 年 1 月	9.07
14	1996 年 2 月	–3.74	50	1999 年 2 月	–1.99	86	2002 年 2 月	4.10
15	1996 年 3 月	6.13	51	1999 年 3 月	8.63	87	2002 年 3 月	11.13
16	1996 年 4 月	–1.37	52	1999 年 4 月	0.22	88	2002 年 4 月	5.22
17	1996 年 5 月	2.94	53	1999 年 5 月	6.21	89	2002 年 5 月	11.99
18	1996 年 6 月	0.43	54	1999 年 6 月	–1.44	90	2002 年 6 月	6.43
19	1996 年 7 月	4.02	55	1999 年 7 月	9.73	91	2002 年 7 月	10.22
20	1996 年 8 月	–1.49	56	1999 年 8 月	–4.14	92	2002 年 8 月	11.92
21	1996 年 9 月	6.00	57	1999 年 9 月	7.99	93	2002 年 9 月	7.99
22	1996 年 10 月	–0.26	58	1999 年 10 月	–1.70	94	2002 年 10 月	10.60
23	1996 年 11 月	2.28	59	1999 年 11 月	7.61	95	2002 年 11 月	10.06
24	1996 年 12 月	3.23	60	1999 年 12 月	–2.07	96	2002 年 12 月	13.44

（接下頁）

表 13.1（續）

No.	年月	arma	No.	年月	arma	No.	年月	arma
25	1997 年 1 月	1.17	61	2000 年 1 月	5.87	97	2003 年 1 月	9.56
26	1997 年 2 月	4.06	62	2000 年 2 月	7.19	98	2003 年 2 月	12.66
27	1997 年 3 月	0.40	63	2000 年 3 月	0.63	99	2003 年 3 月	13.63
28	1997 年 4 月	6.77	64	2000 年 4 月	9.03	100	2003 年 4 月	10.54
29	1997 年 5 月	– 0.48	65	2000 年 5 月	0.11			
30	1997 年 6 月	3.41	66	2000 年 6 月	7.17			
31	1997 年 7 月	5.23	67	2000 年 7 月	4.10			
32	1997 年 8 月	4.93	68	2000 年 8 月	3.69			
33	1997 年 9 月	4.52	69	2000 年 9 月	4.74			
34	1997 年 10 月	5.58	70	2000 年 10 月	3.09			
35	1997 年 11 月	4.04	71	2000 年 11 月	8.28			
36	1997 年 12 月	5.18	72	2000 年 12 月	0.35			

【數據輸入的類型】

輸入數據結束時，利用〔資料 (D)〕⇨〔定義日期 (E)〕，先輸入日期。

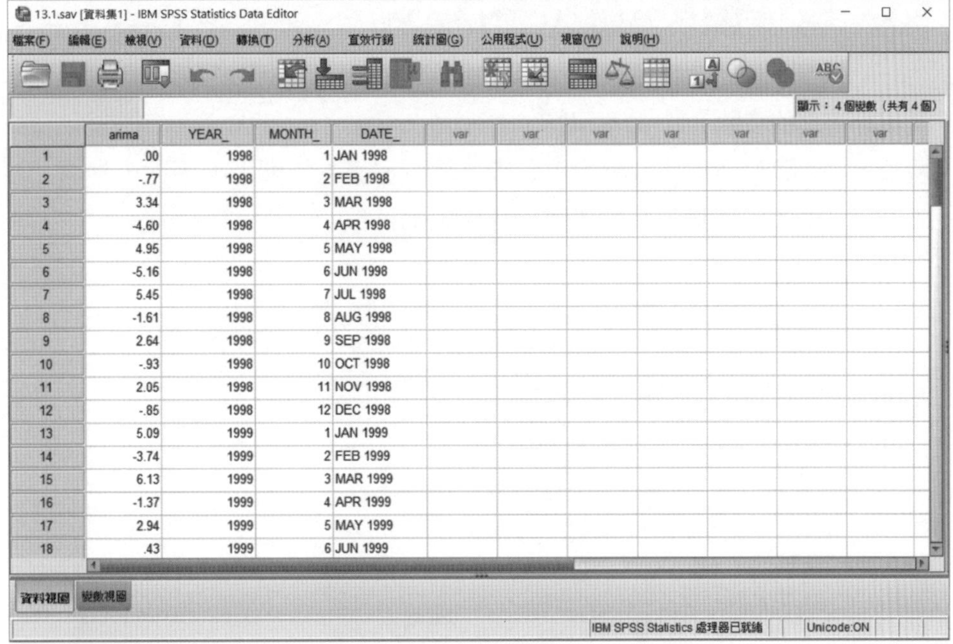

	arima	YEAR_	MONTH_	DATE_
1	.00	1998	1	JAN 1998
2	-.77	1998	2	FEB 1998
3	3.34	1998	3	MAR 1998
4	-4.60	1998	4	APR 1998
5	4.95	1998	5	MAY 1998
6	-5.16	1998	6	JUN 1998
7	5.45	1998	7	JUL 1998
8	-1.61	1998	8	AUG 1998
9	2.64	1998	9	SEP 1998
10	-.93	1998	10	OCT 1998
11	2.05	1998	11	NOV 1998
12	-.85	1998	12	DEC 1998
13	5.09	1999	1	JAN 1999
14	-3.74	1999	2	FEB 1999
15	6.13	1999	3	MAR 1999
16	-1.37	1999	4	APR 1999
17	2.94	1999	5	MAY 1999
18	.43	1999	6	JUN 1999

⋮　⋮　⋮　⋮

13.1.sav [資料集1] - IBM SPSS Statistics Data Editor

檔案(F) 編輯(E) 檢視(V) 資料(D) 轉換(T) 分析(A) 直效行銷 統計圖(G) 公用程式(U) 視窗(W) 說明(H)

顯示：4 個變數（共有 4 個）

	arima	YEAR_	MONTH_	DATE_	var	var	var	var	var	var	var
84	5.78	2004	12	DEC 2004							
85	9.07	2005	1	JAN 2005							
86	4.10	2005	2	FEB 2005							
87	11.13	2005	3	MAR 2005							
88	5.22	2005	4	APR 2005							
89	11.99	2005	5	MAY 2005							
90	6.43	2005	6	JUN 2005							
91	10.22	2005	7	JUL 2005							
92	11.92	2005	8	AUG 2005							
93	7.99	2005	9	SEP 2005							
94	10.60	2005	10	OCT 2005							
95	10.06	2005	11	NOV 2005							
96	13.44	2005	12	DEC 2005							
97	9.56	2006	1	JAN 2006							
98	12.66	2006	2	FEB 2006							
99	13.63	2006	3	MAR 2006							
100	10.54	2006	4	APR 2006							
101											

資料視圖 變數視圖

IBM SPSS Statistics 處理器已就緒 Unicode:ON

13.2 ARIMA(p, d, q) 模式

【統計處理的步驟】

步驟 1 時間數列數據分析的第一步，是試描畫它的圖形。因此，點選〔預測(T)〕，從清單之中選擇〔序列圖 (U)〕。

步驟 2　出現以下的畫面時，將 arima 移到〔變數 (V)〕的方框之中，接著，按一下確定。

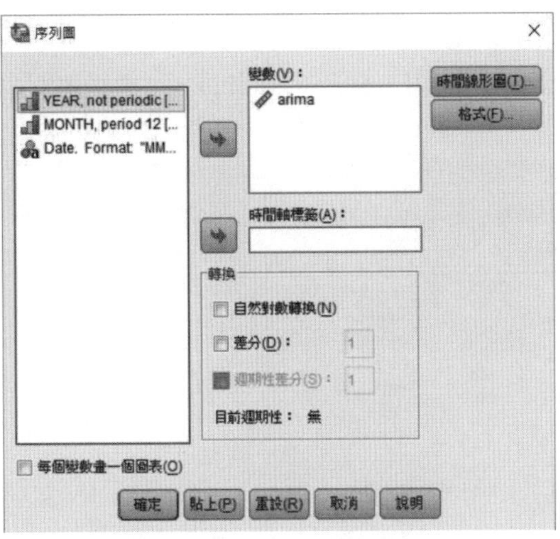

【SPSS 輸出 · 1】

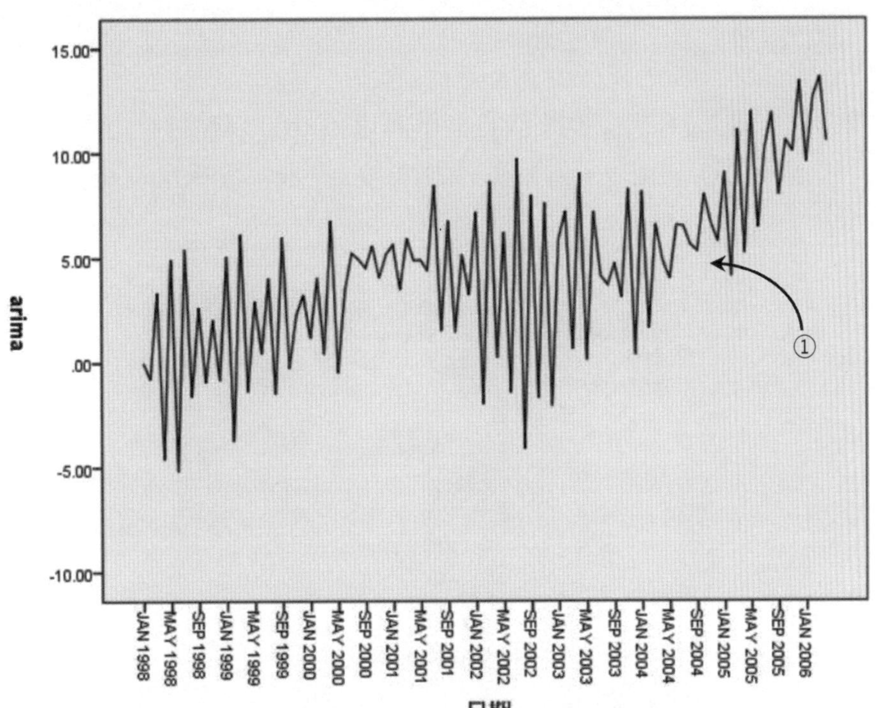

【輸出結果的判讀法 ·1】

①觀察此時間數列圖形時，得知有往右上的趨勢。此時，取差分即可將此時間數列變換成定常時間數列。

步驟3 因此，試取差分看看。點選〔預測(T)〕，從清單之中選擇〔序列圖(U)〕。

步驟4 將 arima 移到〔變數(V)〕的方框之中，在〔轉換〕的地方按一下〔差分(D)〕，接著，將1輸入到方框中。然後，按確定。

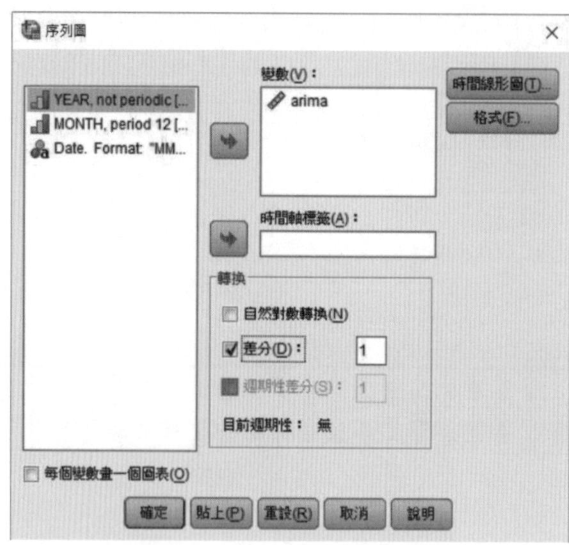

【SPSS 輸出 ‧2】

取差分 (d = 1) 後的時間數列數據

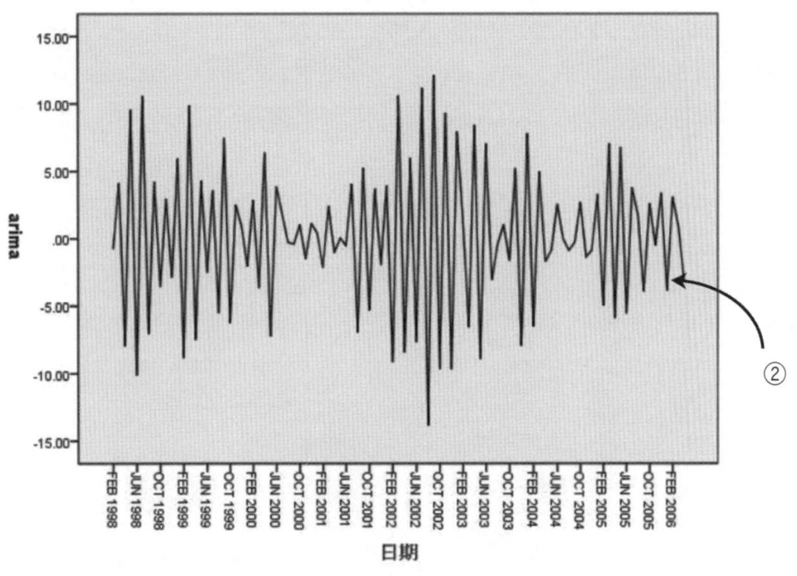

【輸出結果的判讀法 ‧2】

②觀察此圖形，得知取 1 次差分，趨勢即被消去。

像這樣 ARIMA(p, d, q) 模式，利用取 d 階差分，即可變換成 ARMA(p, q) 模式，亦即將非定常時間數列變成定常時間數列。

步驟 5 其次，製作自身相關圖、偏自身相關圖。點選〔預測 (T)〕，從子清單之中選擇〔自動相關性 (A)〕。

	arima	YEAR_
84	5.78	2004
85	9.07	2005
86	4.10	2005
87	11.13	2005
88	5.22	2005
89	11.99	2005
90	6.43	2005
91	10.22	2005
92	11.92	2005
93	7.99	2005
94	10.60	2005
95	10.06	2005
96	13.44	2005
97	9.56	2006
98	12.66	2006
99	13.63	2006
100	10.54	2006
101		

步驟 6 出現以下的畫面時，將 arima 移到〔變數 (V)〕的方框之中。點選〔轉換〕之中的〔差分 (D)〕，將 1 輸入到方框之中，按一下確定。

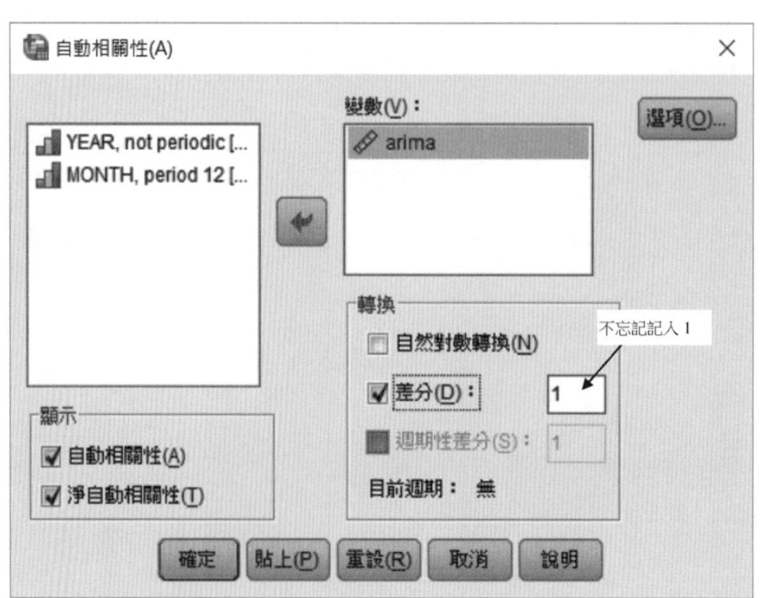

【SPSS 輸出．3】

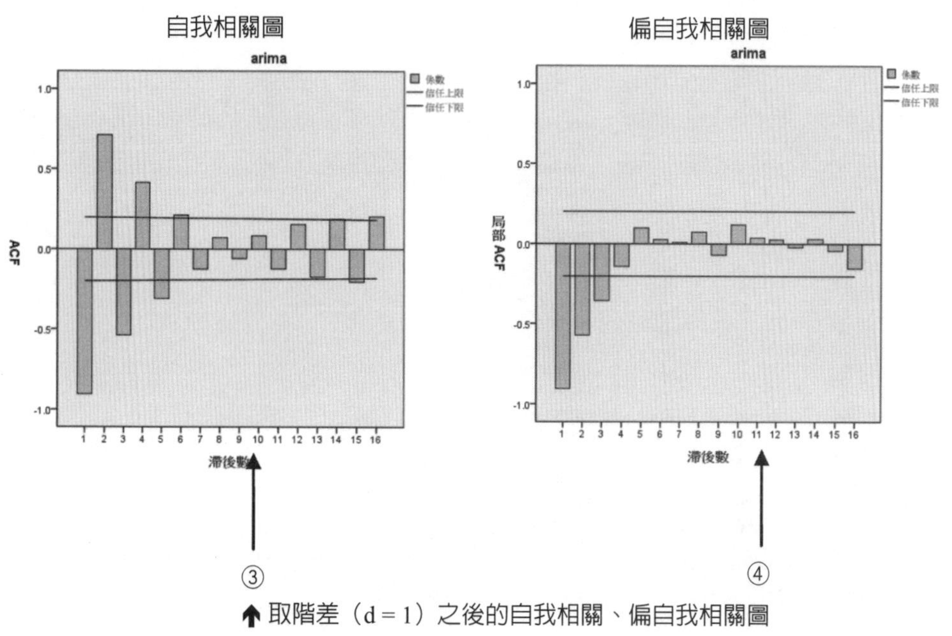

取階差（d = 1）之後的自我相關、偏自我相關圖

【輸出結果的判讀法．3】

③、④一面觀察所輸出的自我相關圖與偏自我相關圖，一面與附錄的自我相關圖、偏自我相關圖比較，尋找出有無相似的類型。

由於在附錄的 ARMA(1, 1) 模式中有相似的類型，想當作 p = 1，q = 1，但如與 ARIMA(1, 1, 1) 模式同等時，在 Box-Ljung 的檢定下卻被捨棄。

此處當作 p = 2，q = 1。因此如與 ARIMA(2, 1, 1) 同等來看時，Box-Ljung 的檢定即可順利進行下去。

步驟 7 其次，估計 ARIMA(2, 1, 1) 模式的係數 a_1、a_2、b_1。點選〔分析 (A)〕、從清單選擇〔預測 (T)〕，再從子清單選擇〔建立模型 (C)〕。

步驟 8 出現以下的畫面時，將 arima 移到〔因變數 (D)〕的方框之中。〔方法 (M)〕選擇 ARIMA。

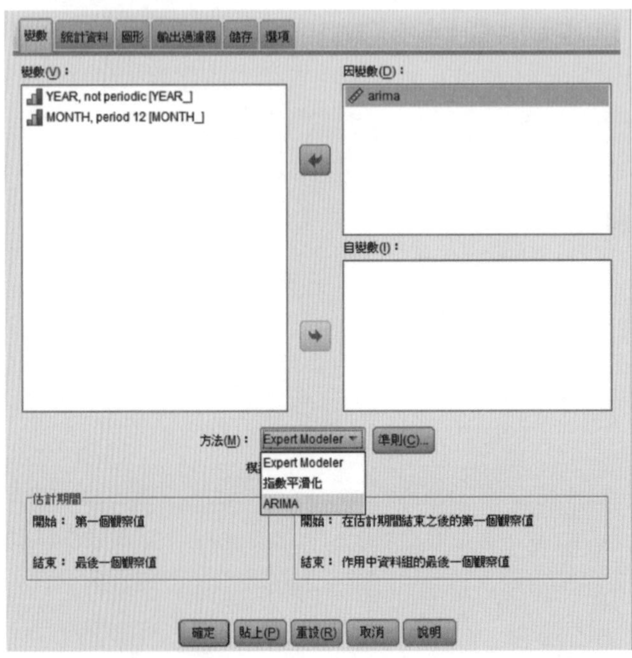

步驟 9　點一下〔準則 (C)〕。P 輸入 2，d 輸入 1，q 輸入 1。按 繼續 。點一下〔選項〕。

時間序列模型器：ARIMA 準則

模型　偏離值(O)

ARIMA 順序

結構(S)：

	非週期性	週期性
自身迴歸 (p)	2	0
差分(d)	1	0
移動均數 (q)	1	0

目前週期性：12

轉換

◎ 無(N)

○ 平方根(Q)

○ 自然對數(T)

☑ 常數項納入模型中(I)

繼續　取消　說明

步驟 10　想知道 2003 年 5 月的預測值（= 下 1 期的預測值）時，年輸入 2003，月輸入 5，按 儲存。

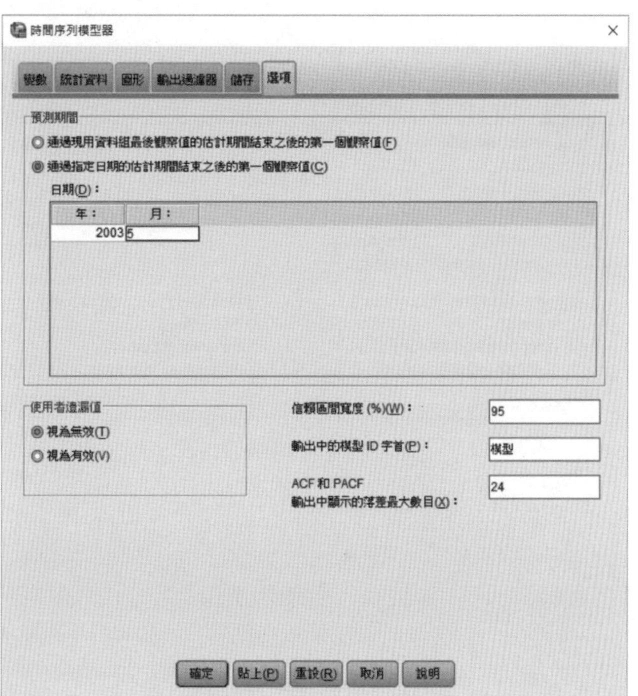

步驟 11 按一下〔儲存〕。勾選預測值與雜訊殘差。

時間序列模型器

變數 統計資料 圖形 輸出過濾器 儲存 選項

儲存變數

變數(V)：

說明	儲存	變數名稱字首
預測值	✓	預測值
信賴區間下限	☐	LCL
信賴區間上限	☐	UCL
雜訊殘差	✓	NResidual

對於所選的每個項目，會由因變數儲存一變數。

匯出模型檔案

XML 檔案(F)： 瀏覽(B)...

XML 檔案僅與 SPSS 應用程式相容。

PMML 檔案： 瀏覽(O)...

PMML 檔案與 PMML 相容的應用程式相容，包括 SPSS。

確定 貼上(P) 重設(R) 取消 說明

步驟 12 點一下〔統計資料〕，如下勾選後，按確定。

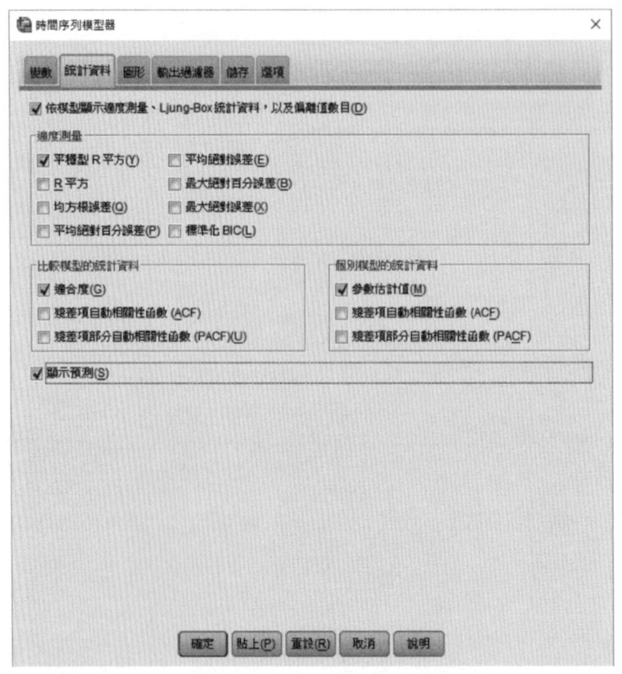

【SPSS 輸出 ・4】

模型統計資料

模型	預測變數數目	模型適合度統計資料	Ljung-Box Q(18)			離群值數目
		平穩 R 平方	統計資料	DF	顯著性	
arma- 模型 _1	0	.897	14.950	15	.455	0

⑤

ARIMA 模型參數

模型					估計	SE	T	顯著性
arma- 模型 _1	arima	無轉換	常數		.124	.040	3.141	.002
			AR	落後 1	-1.196	.137	-8.745	.000
				落後 2	-.377	.133	-2.837	.006
			差異		1			
			MA	落後 1	.459	.134	3.426	.001

⑥

【輸出結果的判讀法 ・4】

⑤平穩 R 平方 0.897 是表示模式的配適好壞與否，此值愈大模式愈佳。

⑥含常數項的 ARIMA(2, 1, 1) 是使用以下 2 式來表現，

$$\begin{cases} \text{差分} \cdots\cdots x(t) = x(t) - x(t-1) \\ \text{ARMA(2, 1) 模式} \cdots x(t) - \text{常數} = a_1 \{x(t-1) - \text{常數}\} + a_2 \{x(t-2) - \text{常數}\} \\ \qquad + \mathrm{u}(t) - \mathrm{b}_1 \times \mathrm{u}(t-1) \end{cases}$$

因之，變爲

$$\begin{aligned} \{x(t) - x(t-1)\} - 0.124 = &- 1.196 \times [\{x(t-1) - x(t-2)\} - 0.124] \\ &- 0.377 \times [\{x(t-2) - x(t-3)\} - 0.124] \\ &+ \mathrm{u}(t) - 0.459 \times \mathrm{u}(t-1) \end{aligned}$$

【SPSS 輸出 · 5】

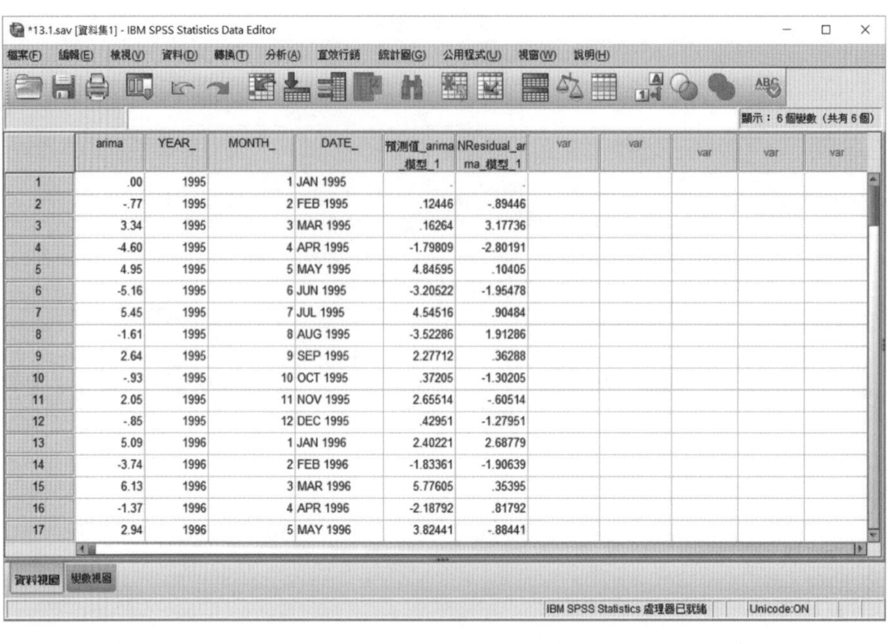

*13.1.sav [資料集1] - IBM SPSS Statistics Data Editor

	arima	YEAR_	MONTH_	DATE_	預測值_arima_模型_1	NResidual_arima_模型_1	var	var	var	var	var
1	.00	1995	1	JAN 1995	.	.					
2	-.77	1995	2	FEB 1995	.12446	-.89446					
3	3.34	1995	3	MAR 1995	.16264	3.17736					
4	-4.60	1995	4	APR 1995	-1.79809	-2.80191					
5	4.95	1995	5	MAY 1995	4.84595	.10405					
6	-5.16	1995	6	JUN 1995	-3.20522	-1.95478					
7	5.45	1995	7	JUL 1995	4.54516	.90484					
8	-1.61	1995	8	AUG 1995	-3.52286	1.91286					
9	2.64	1995	9	SEP 1995	2.27712	.36288					
10	-.93	1995	10	OCT 1995	.37205	-1.30205					
11	2.05	1995	11	NOV 1995	2.65514	-.60514					
12	-.85	1995	12	DEC 1995	.42951	-1.27951					
13	5.09	1996	1	JAN 1996	2.40221	2.68779					
14	-3.74	1996	2	FEB 1996	-1.83361	-1.90639					
15	6.13	1996	3	MAR 1996	5.77605	.35395					
16	-1.37	1996	4	APR 1996	-2.18792	.81792					
17	2.94	1996	5	MAY 1996	3.82441	-.88441					

資料視圖 變數視圖

IBM SPSS Statistics 處理器已就緒 Unicode:ON

⋮ ⋮ ⋮ ⋮ ⋮ ⋮ ⋮ ⋮ ⋮

	arima	YEAR_	MONTH_	DATE_	預測值_arima_模型_1	NResidual_arima_模型_1	var	var	var	var	var
88	5.22	2002	4	APR 2002	4.2549	.9651					
89	11.99	2002	5	MAY 2002	9.5158	2.4742					
90	6.43	2002	6	JUN 2002	5.3063	1.1237					
91	10.22	2002	7	JUL 2002	10.3324	-.1124					
92	11.92	2002	8	AUG 2002	8.1548	3.7652					
93	7.99	2002	9	SEP 2002	7.0514	.9386					
94	10.60	2002	10	OCT 2002	11.9390	-1.3390					
95	10.06	2002	11	NOV 2002	9.8943	.1657					
96	13.44	2002	12	DEC 2002	9.9663	3.4737					
97	9.56	2003	1	JAN 2003	8.3279	1.2321					
98	12.66	2003	2	FEB 2003	12.6813	-.0213					
99	13.63	2003	3	MAR 2003	10.7450	2.8850					
100	10.54	2003	4	APR 2003	10.2983	.2417					
101		2003	5	MAY 2003	14.0792						
102											
103											
104											

$x(t-2)$

$x(t-1)$

$x(t)$

$\hat{x}(t-1, 1)$

⑦ $\hat{x}(t, 1)$

資料視圖 變數視圖

IBM SPSS Statistics 處理器已就緒 Unicode:ON

【輸出結果的判讀法 ・5】

⑦下 1 期的預測值 $\hat{x}(t, 1) = 14.079$ 如下求出。

$x(t)$ 的下 1 期的預測值設爲 $\hat{x}(t, 1)$ 時，則

$$\{\hat{x}(t, 1) - x(t)\} - 0.124 = -1.196 \times \{x(t) - x(t-1) - 0.124\}$$
$$- 0.377 \times \{x(t) - \hat{x}(t-1, 1)\}$$

此處，在 $x(t)$，$x(t-1)$，$x(t-2)$，$\hat{x}(t-1, 1)$ 的地方代入

$$x(t) = 10.54 \qquad x(t-1) = 13.63 \qquad x(t-2) = 12.66$$
$$\hat{x}(t, 1) = 10.29820$$

變成

$$\begin{aligned}\hat{x}(t, 1) &= 0.54 + 0.124 - 1.196 \times \{(10.54 - 13.63) - 0.124\} \\ &\quad - 0.377 \times \{(13.63 - 12.66) - 0.124\} \\ &\quad - 0.459 \times (10.54 - 10.29820) \\ &= 14.079\end{aligned}$$

得出所要求的下 1 期的預測值 14.079。

【ARIMA(p, d, q) 模式的診斷】

所謂模式的診斷即檢定殘差是否爲白色干擾。因此，調查 err-1 的自我相關係數，並調查殘差是否爲白色干擾。

■模式診斷的步驟

模式診斷時，先清除已預測的情形，然後選擇〔預測 (T)〕⇨〔自身相關性 (A)〕，將 Nresidual 移到〔變數 (V)〕的方框中，按一下 確定 。

步驟 1 將 Nresidual 移入〔變數 (V)〕中。點一下〔選項〕。

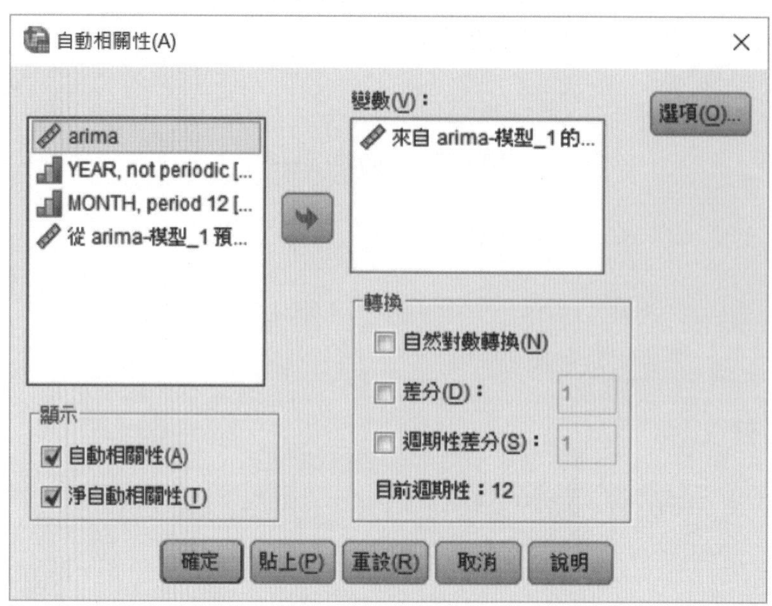

步驟 2 落後數最大值中輸入 16。

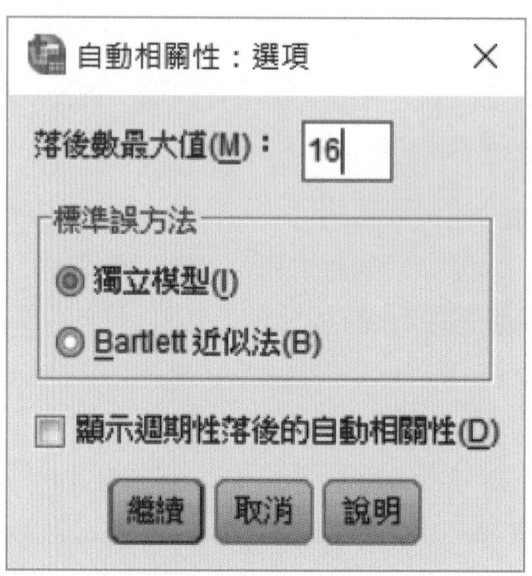

【SPSS 輸出】

觀察下方的圖形時，由於自我相關係數落在信賴界限中，因之殘差似乎可以想成是白色干擾。

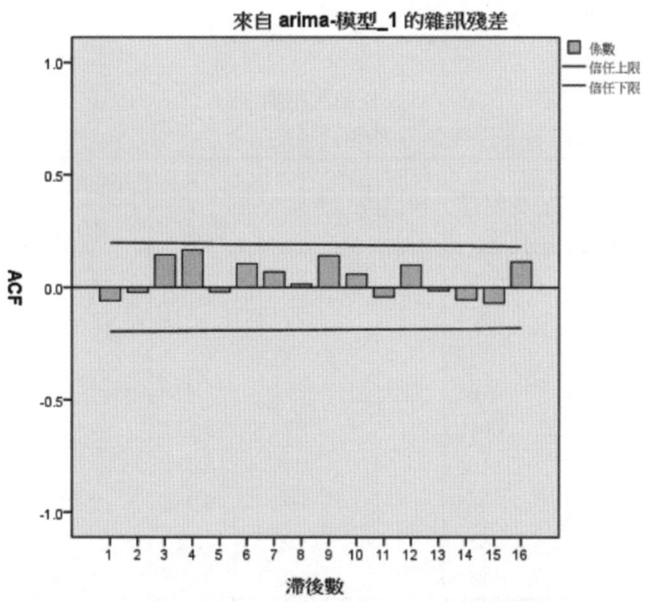

觀察下方的圖形時，得知偏自我相關係數也落在信賴界限中。

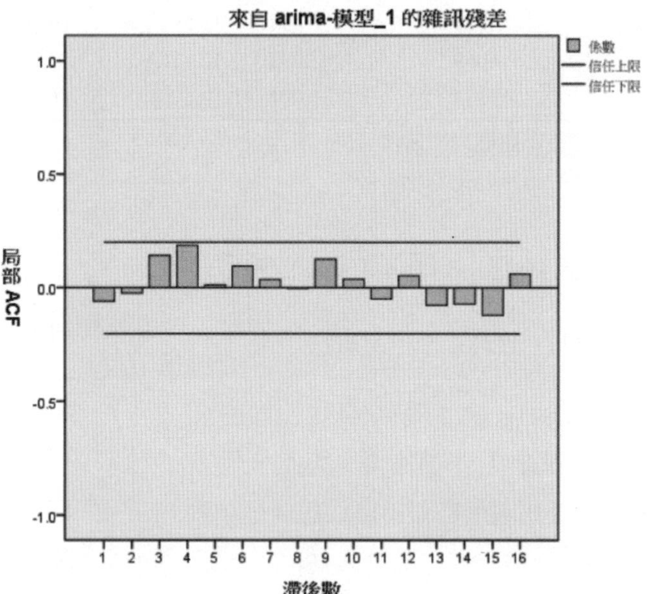

【**Box-Ljung 的檢定**】

假設 H_o：殘差是白色干擾，觀察以下的輸出時，顯著機率比顯著水準 0.05 大，因之假設 H_o 不被捨棄。因此，殘差似乎可以說是白色干擾。

來自 arima- 模型 _1 的雜訊殘差

自動相關性

數列：來自 arima- 模型 _1 的雜訊殘差

落後	自動相關性	平均數的錯誤 [a]	Box-Ljung 統計資料		
			數值	df	顯著性 [b]
1	-.060	.099	.365	1	.546
2	-.021	.098	.411	2	.814
3	.144	.098	2.578	3	.461
4	.166	.097	5.475	4	.242
5	-.019	.097	5.515	5	.356
6	.106	.096	6.716	6	.348
7	.068	.096	7.226	7	.406
8	.015	.095	7.250	8	.510
9	.140	.095	9.442	9	.398
10	.060	.094	9.841	10	.455
11	-.042	.094	10.039	11	.527
12	.099	.093	11.172	12	.514
13	.014	.093	11.195	13	.595
14	.055	.092	11.547	14	.643
15	.069	.092	12.116	15	.670
16	.114	.091	13.678	16	.623

a. 採用的基本處理程序是獨立的（白色干擾）。

b. 基於漸近線卡方近似值。

譬如，至落後 10 為止的 Box-Ljung 的檢定是：

假設 H_o：P(1) = P(2) = …… = P(10) = 0

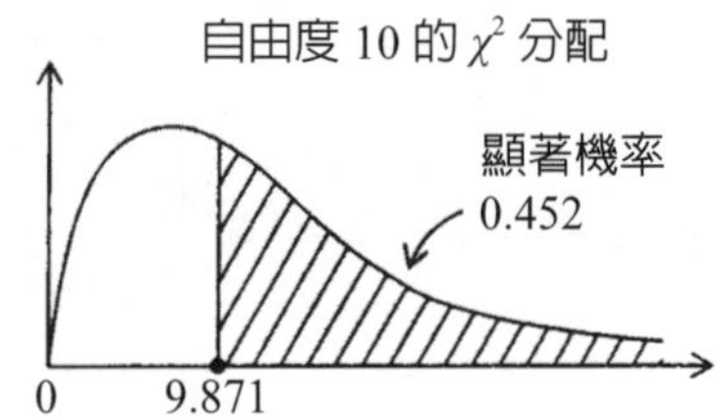

檢定統計量 9.841，顯著機率 0.455 比顯著水準 0.05 大，因之假設 H_o 不被捨棄。因此，至落後 10 為止的母自身相關係數似乎可以想成是 0。

第 14 章　季節性 ARIMA 模式——SARIMA(p, d, q), (P, D, Q)s

14.1 前言

觀察對時間數列數據時，譬如，像 2 月、8 月的特定月分，或特定季節的數據常有出現或高或低的情形。

此種時候，時間數列數據常有所謂的**季節性**。

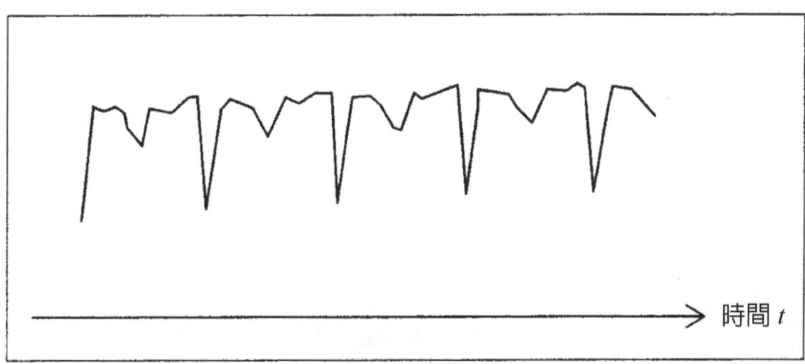

有季節性的時間數列數據

因此，進行季節性 ARIMA 時，必須取 4 次（春夏秋冬）或 12 次（12 個月）的差分，因之需要期間相當長的時間數列數據。

像這樣，對於有季節性的時間數列數據來說，調查**季節差分 sd**、**季節自我迴歸 sp**、**季節移動平均 sq** 之後，再應用 ARMA 模式。

〔季節性 **ARIMA** 模式－**SARIMA(p, d, q)**，**(P, D, Q)s** 製作的步驟〕

1. 觀察時間數列圖形，變動是否有變異？

   變異不一定時，進行對數轉換！

2. 觀察經對數轉換後的時間數列圖形，有無趨勢！

   如有趨勢時，取差分 d ！

3. 觀察取差分的時間數列圖形，有無季節性？
 如有季節性時，取季節差分 D ！
4. 取季節差分後製作時間數列的自身相關、偏自身相關圖，判定 ARMA(p, q) 模式的 p、q 之值。
5. 判定結束時，以最大概似法估計係數。
6. 最後……
 所求出的季節性 ARIMA 模式 -----SARIMA(p, d, q)，(P, D, Q)s 是否正確，以 Box-Ljung 的檢定進行診斷。

〔範例〕

勞保局主要承辦勞工保險業務，並陸續接受委託（任）辦理社會安全體系的各項業務，業務範圍涵括了社會保險、勞動保障及社會福利津貼等；包括受委任辦理積欠工資提繳與墊償業務、農民健康保險業務、老年農民福利津貼發放業務、就業保險、勞工退休金新制業務、國民年金業務等。

以下的假想數據是勞保局調查各年度勞工的新保險簽約數。利用此時間數列數據，試求季節性 ARIMA 模型看看。

表 14.1 勞保局的新簽約數

No.	年月	新契約	No.	年月	新契約	No.	年月	新契約
1	1989 年 1 月	11090	13	1990 年 1 月	10033	25	1991 年 1 月	11155
2	1989 年 2 月	10505	14	1990 年 2 月	10955	26	1991 年 2 月	12047
3	1989 年 3 月	11336	15	1990 年 3 月	13205	27	1991 年 3 月	13110
4	1989 年 4 月	12286	16	1990 年 4 月	11266	28	1991 年 4 月	12807
5	1989 年 5 月	11002	17	1990 年 5 月	10981	29	1991 年 5 月	13767
6	1989 年 6 月	11062	18	1990 年 6 月	14315	30	1991 年 6 月	15322
7	1989 年 7 月	11882	19	1990 年 7 月	13248	31	1991 年 7 月	14601
8	1989 年 8 月	11896	20	1990 年 8 月	11870	32	1991 年 8 月	14537
9	1989 年 9 月	13606	21	1990 年 9 月	13953	33	1991 年 9 月	16564
10	1989 年 10 月	14263	22	1990 年 10 月	13278	34	1991 年 10 月	16136
11	1989 年 11 月	11713	23	1990 年 11 月	15522	35	1991 年 11 月	15955
12	1989 年 12 月	12909	24	1990 年 12 月	14148	36	1991 年 12 月	14643

（接下頁）

表 14.1（續）

No.	年月	新契約
37	1992 年 1 月	12333
38	1992 年 2 月	13184
39	1992 年 3 月	15189
40	1992 年 4 月	14949
41	1992 年 5 月	15737
42	1992 年 6 月	17864
43	1992 年 7 月	15983
44	1992 年 8 月	17399
45	1992 年 9 月	20603
46	1992 年 10 月	18610
47	1992 年 11 月	18495
48	1992 年 12 月	16764
49	1993 年 1 月	14945
50	1993 年 2 月	14821
51	1993 年 3 月	15686
52	1993 年 4 月	16545
53	1993 年 5 月	19147
54	1993 年 6 月	19856
55	1993 年 7 月	19039
56	1993 年 8 月	20213
57	1993 年 9 月	20834
58	1993 年 10 月	21035
59	1993 年 11 月	19056
60	1993 年 12 月	17021
61	1994 年 1 月	16744
62	1994 年 2 月	15467
63	1994 年 3 月	15966
64	1994 年 4 月	17862
65	1994 年 5 月	18756
66	1994 年 6 月	19096
67	1994 年 7 月	20087
68	1994 年 8 月	18792
69	1994 年 9 月	20243
70	1994 年 10 月	20885
71	1994 年 11 月	17118
72	1994 年 12 月	16707
73	1995 年 1 月	14482
74	1995 年 2 月	14012
75	1995 年 3 月	14594
76	1995 年 4 月	15923
77	1995 年 5 月	16299
78	1995 年 6 月	19387
79	1995 年 7 月	18327
80	1995 年 8 月	17591
81	1995 年 9 月	22356
82	1995 年 10 月	20505
83	1995 年 11 月	16697
84	1995 年 12 月	18546
85	1996 年 1 月	14758
86	1996 年 2 月	15083
87	1996 年 3 月	15663
88	1996 年 4 月	18320
89	1996 年 5 月	18059
90	1996 年 6 月	21292
91	1996 年 7 月	21474
92	1996 年 8 月	20678
93	1996 年 9 月	26366
94	1996 年 10 月	22284
95	1996 年 11 月	19988
96	1996 年 12 月	18005
97	1997 年 1 月	15357
98	1997 年 2 月	16701
99	1997 年 3 月	19776
100	1997 年 4 月	18147
101	1997 年 5 月	19922
102	1997 年 6 月	22991
103	1997 年 7 月	19947
104	1997 年 8 月	22653
105	1997 年 9 月	26645
106	1997 年 10 月	21652
107	1997 年 11 月	20715
108	1997 年 12 月	17677
109	1998 年 1 月	15893
110	1998 年 2 月	16035
111	1998 年 3 月	17305
112	1998 年 4 月	17002
113	1998 年 5 月	19833
114	1998 年 6 月	22427
115	1998 年 7 月	19923
116	1998 年 8 月	22918
117	1998 年 9 月	24609
118	1998 年 10 月	21968
119	1998 年 11 月	19862
120	1998 年 12 月	16842

〔數據輸入的類型〕

數據的輸入結束時，利用〔資料 (D)〕➩〔定義日期 (E)〕，再輸入日期。

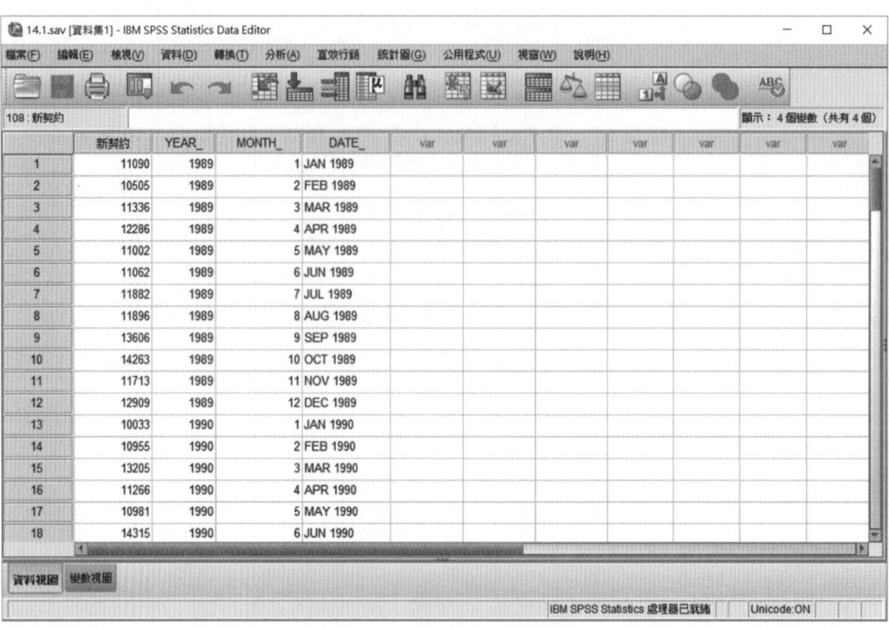

	新契約	YEAR_	MONTH_	DATE_	var	var	var	var	var	var	var
1	11090	1989	1	JAN 1989							
2	10505	1989	2	FEB 1989							
3	11336	1989	3	MAR 1989							
4	12286	1989	4	APR 1989							
5	11002	1989	5	MAY 1989							
6	11062	1989	6	JUN 1989							
7	11882	1989	7	JUL 1989							
8	11896	1989	8	AUG 1989							
9	13606	1989	9	SEP 1989							
10	14263	1989	10	OCT 1989							
11	11713	1989	11	NOV 1989							
12	12909	1989	12	DEC 1989							
13	10033	1990	1	JAN 1990							
14	10955	1990	2	FEB 1990							
15	13205	1990	3	MAR 1990							
16	11266	1990	4	APR 1990							
17	10981	1990	5	MAY 1990							
18	14315	1990	6	JUN 1990							

	新契約	YEAR_	MONTH_	DATE_	var	var	var	var	var	var	var
106	21652	1997	10	OCT 1997							
107	20715	1997	11	NOV 1997							
108	17677	1997	12	DEC 1997							
109	15893	1998	1	JAN 1998							
110	16035	1998	2	FEB 1998							
111	17305	1998	3	MAR 1998							
112	17002	1998	4	APR 1998							
113	19833	1998	5	MAY 1998							
114	22427	1998	6	JUN 1998							
115	19923	1998	7	JUL 1998							
116	22918	1998	8	AUG 1998							
117	24609	1998	9	SEP 1998							
118	21968	1998	10	OCT 1998							
119	19862	1998	11	NOV 1998							
120	16842	1998	12	DEC 1998							
121											
122											

資料視圖 變數視圖

變數　IBM SPSS Statistics 處理器已就緒　Unicode:ON

14.2 季節性 ARIMA 模式

〔統計處理的步驟〕

步驟 1　時間數列數據分析的基本是它的圖形表現！因此，點選〔預測 (T)〕，從清單之中選擇〔序列圖 (N)〕。

步驟 2　出現以下的畫面，將新契約移到〔變數 (V)〕的方框中。接著按確定。

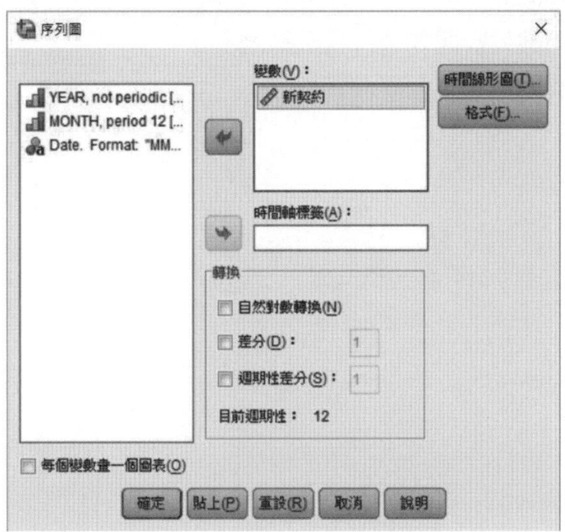

〔**SPSS 輸出 · 1**〕

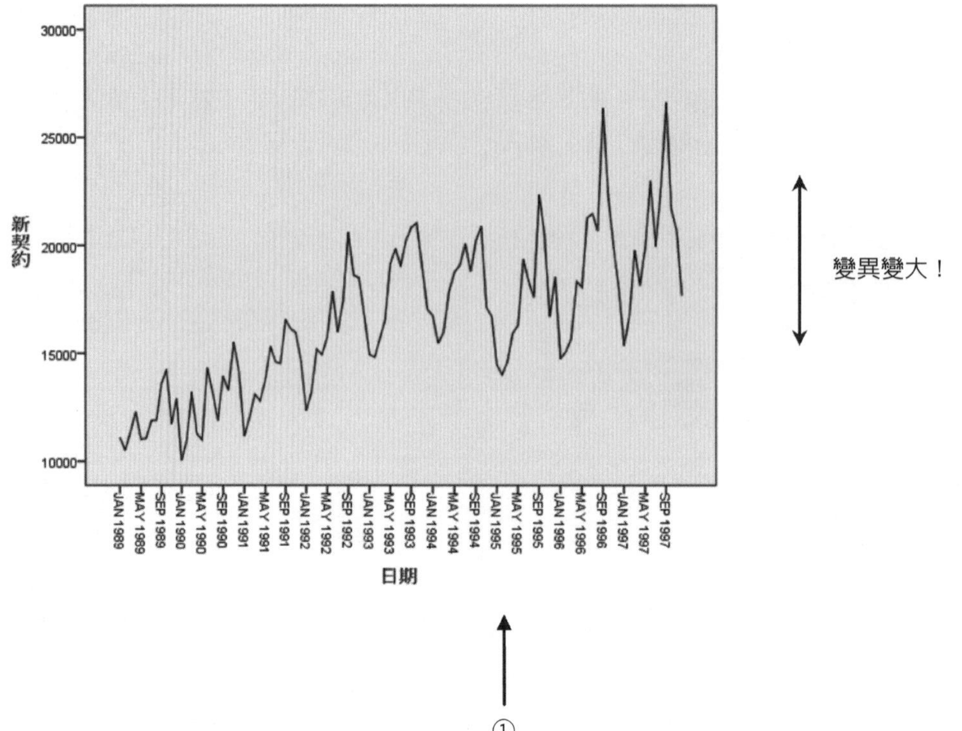

〔**輸出結果的判讀法 · 1**〕

①觀察此時間數列圖形，得知數據的變動逐漸變大，像這樣，「對變異不一定的時間數列數據要進行對數轉換」。

每次取對數，變動即變穩定。

步驟 3　試觀察進行對數轉換之後的時間數列數據的圖形，因此，點選〔預測 (T)〕，從清單選擇〔序列圖 (N)〕。

檔案(F)　編輯(E)　檢視(V)　資料(D)　轉換(T)　分析(A)　直效行銷　統計圖(G)　公用程式(U)　視窗(W)　說明(H)

報表(P)
描述性統計資料(E)
表格(T)
比較平均數法(M)
一般線性模型(G)
廣義線性模型
混合模型(X)
相關(C)
迴歸(R)
對數線性(O)
神經網路(W)
分類(Y)
維度縮減(D)
尺度
無母數檢定(N)
預測(T)
存活分析(S)
多重回應(U)
遺漏值分析(V)...
多個插補(T)
複合樣本(L)
模擬...
品質控制(Q)

建立模型(C)...
套用模型(A)...
週期性分解(S)...
光譜分析(T)...
序列圖(N)...
自動相關性(A)...
交叉相關(R)...

	新契約	YEAR_
93	26366	1996
94	22284	1996
95	19988	1996
96	18005	1996
97	15357	1997
98	16701	1997
99	19776	1997
100	18147	1997
101	19922	1997
102	22991	1997
103	19947	1997
104	22653	1997
105	26645	1997
106	21652	1997
107	20715	1997
108	17677	1997
109		
110		

步驟 4　變成以下畫面時，將新契約移到〔變數 (V)〕的方框中，按一下〔轉換〕之中的〔自然對數轉換 (N)〕，然後按確定。

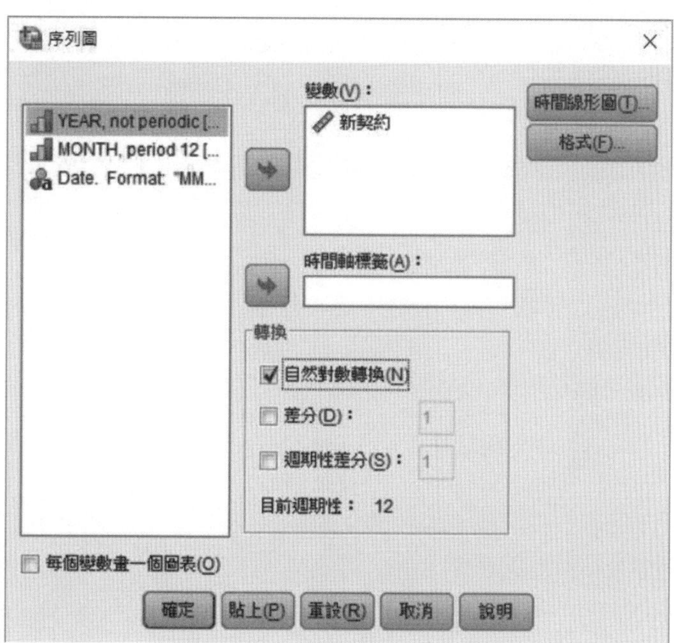

〔**SPSS 輸出・2**〕

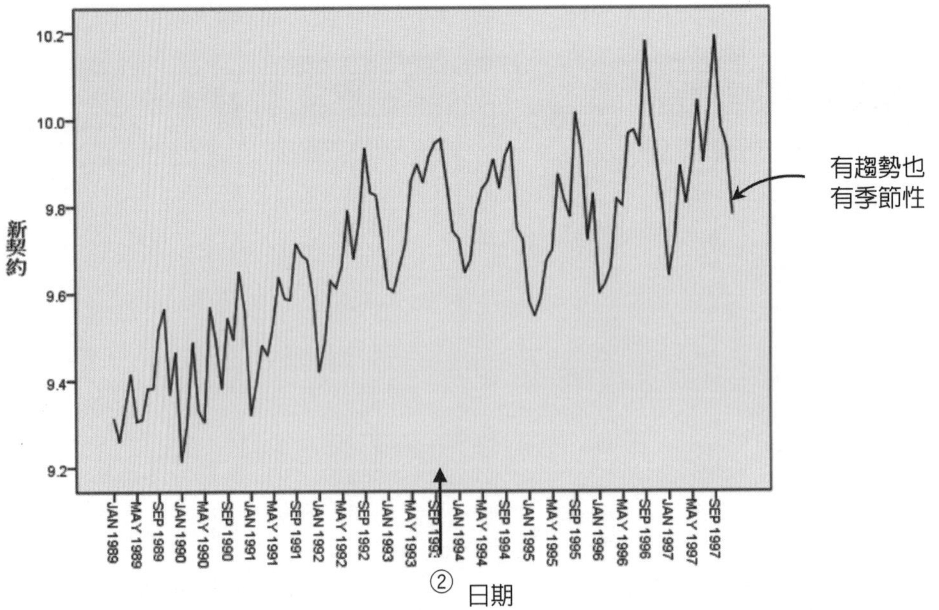

〔**輸出結果的判讀法・2**〕

②觀察此圖形時，對數轉換後的時間數列數據的變異，得知比自然對數轉換前顯得安定。因此，接著要做的事是

取差分，消去趨勢
取季節差分，消去季節性

然後，製作自我相關、偏自我相關圖。

步驟 5　爲了製作自我相關、偏自我相關圖，點選〔序列圖 (G)〕，從子清單選擇〔自動相關性 (A)〕。

步驟 6　變成以下畫面時，將新契約移到〔變數 (V)〕的方框之中，就〔轉換〕來說，點選〔自然對數轉換 (N)〕、〔差分 (D)〕、〔週期性差分 (S)〕，再分別輸入 1, 1，然後按確定。

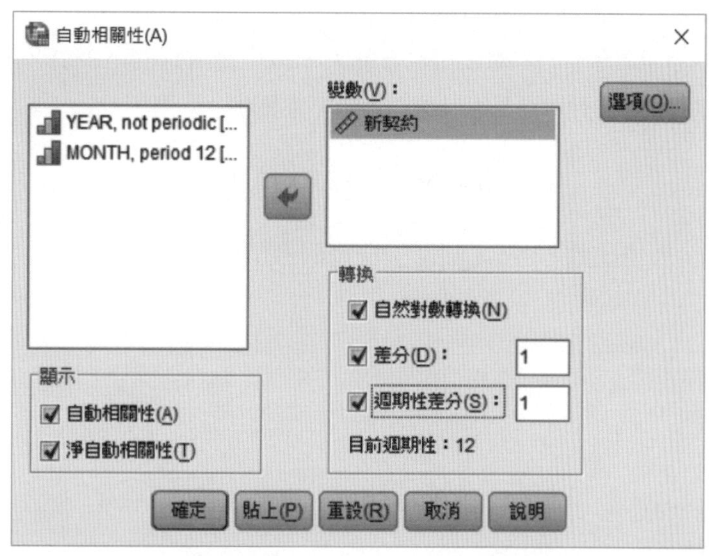

〔**SPSS 輸出・3**〕

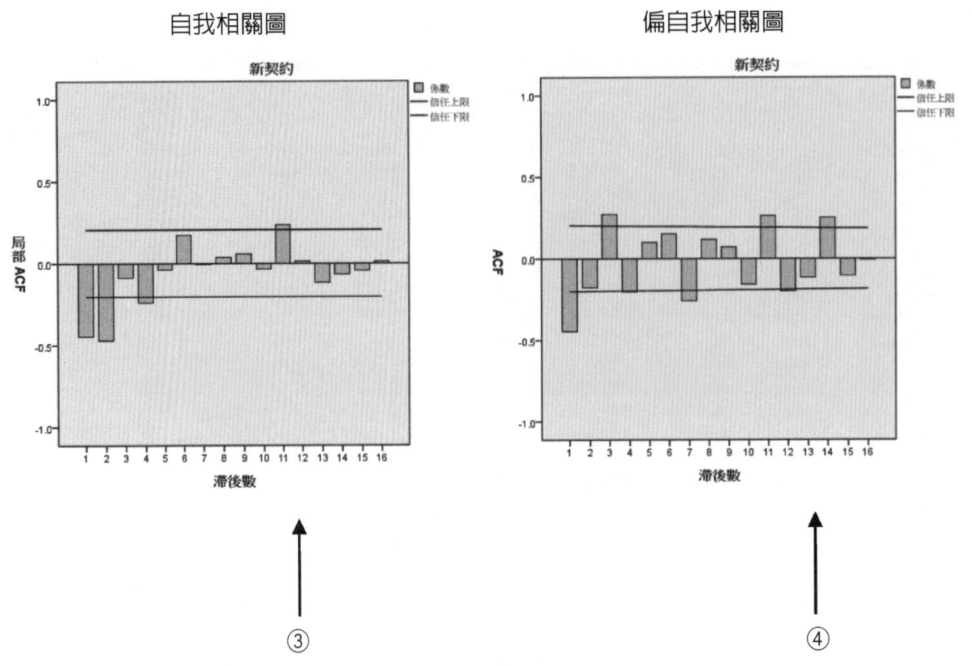

〔**輸出結果的判讀法・3**〕

③、④一面比較所輸出的自我相關、偏自我相關圖，與附錄的自我相關、偏自我相關圖，一面同時決定 p 與 q。

偏自我相關的 1，落後 2 的地方甚大，似乎是附錄的 AR(2) 模式，但仍不甚清楚。以此數據來說，決定 p = 2，q = 0，亦即與

SARIMA(2, 1, 0)，(0, 1, 0)12

視爲相同。經由如此，Box-Ljung 的檢定即可順利進行。

步驟 7　其次，估計 SARIMA(2, 1, 0)，(0, 1, 0)12 模式的係數。點選〔分析 (A)〕，從清單中選擇〔預測 (T)〕，子清單中選擇〔建立模型 (C)〕。

	新契約	YEAR_
93	26366	1996
94	22284	1996
95	19988	1996
96	18005	1996
97	15357	1997
98	16701	1997
99	19776	1997
100	18147	1997
101	19922	1997
102	22991	1997
103	19947	1997
104	22653	1997
105	26645	1997
106	21652	1997
107	20715	1997
108	17677	1997
109		
110		

步驟 8　變成以下畫面時，將新契約移到〔因變數 (D)〕的方框之中，〔方法 (M)〕選擇 ARIMA。點一下〔準則〕。

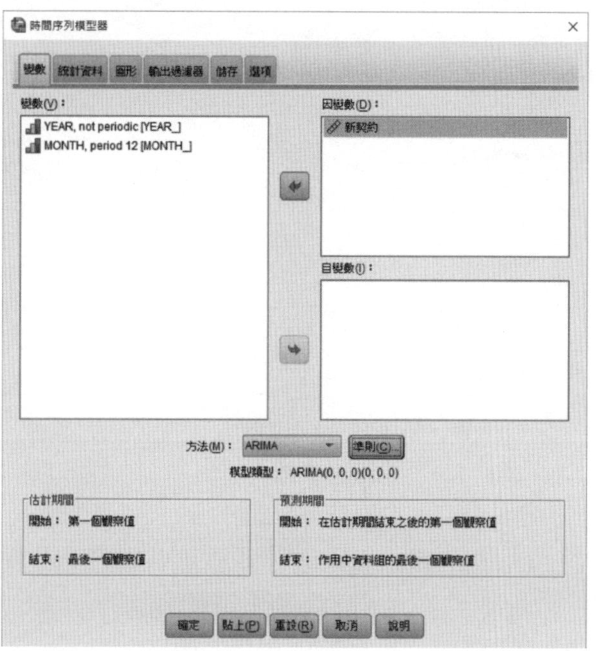

步驟 8 〔結構 (S)〕之中依 p 2、d 1、q 0、sp(S) 0、sd(D) 1、sq(Q) 0 輸入，然後按〔選項〕。

時間序列模型器：ARIMA 準則

模型 | 偏離值(O)

ARIMA 順序

結構(S)：

	非週期性	週期性
自身迴歸 (p)	2	0
差分(d)	1	1
移動均數 (q)	0	0

目前週期性：12

轉換

- 無(N)
- 平方根(Q)
- 自然對數(T)

常數項納入模型中(I)

繼續 | 取消 | 說明

步驟 9 變成以下畫面時，想知道 1999 年 1 月的預測值（下 1 期的預測值）時，年數入 1999，月輸入 1，點一下 儲存 。

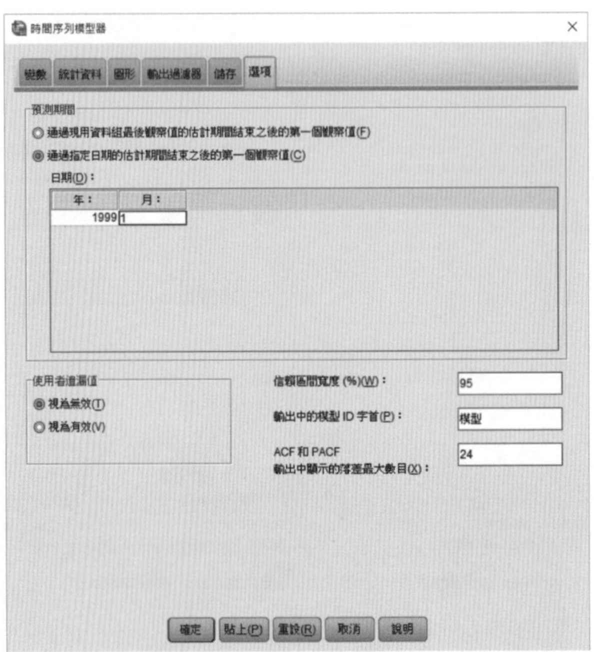

步驟 10　勾選預測值與雜訊殘差。按一下〔統計資料〕。

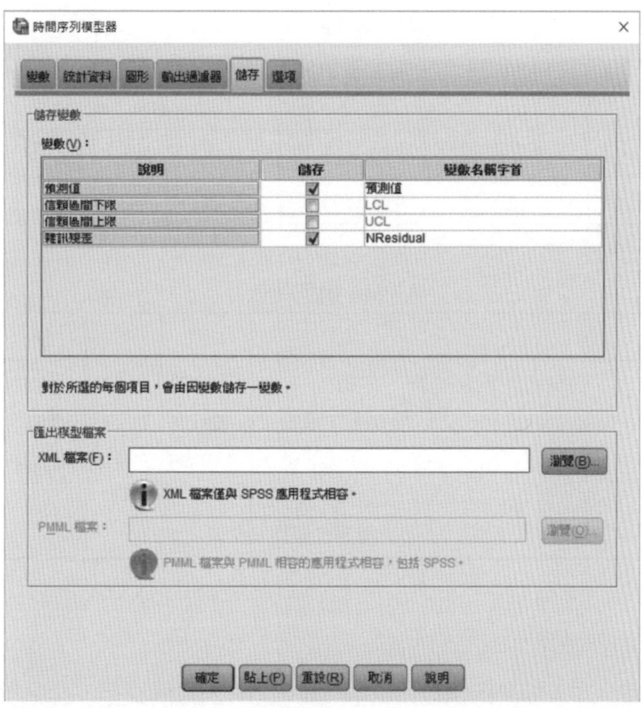

步驟 11　如下勾選後，按 確定 。

時間序列模型器

變數 統計資料 圖形 輸出過濾器 儲存 選項

☑ 依模型顯示適度測量、Ljung-Box 統計資料，以及偏離值數目(D)

適度測量

☑ 平穩型 R 平方(Y)　☐ 平均絕對誤差(E)
☐ R 平方　☐ 最大絕對百分誤差(B)
☐ 均方根誤差(Q)　☐ 最大絕對誤差(X)
☐ 平均絕對百分誤差(P)　☐ 標準化 BIC(L)

比較模型的統計資料

☑ 適合度(G)
☐ 殘差項自動相關性函數 (ACF)
☐ 殘差項部分自動相關性函數 (PACF)(U)

個別模型的統計資料

☑ 參數估計值(M)
☐ 殘差項自動相關性函數 (ACF)
☐ 殘差項部分自動相關性函數 (PACF)

☑ 顯示預測(S)

確定 貼上(P) 重設(R) 取消 說明

〔**SPSS輸出・4**〕

模型統計資料

模型	預測變數數目	模型適合度統計資料	Ljung-Box Q(18)			離群值數目
		平穩 R 平方	統計資料	DF	顯著性	
新契約 - 模型 _1	0	.379	41.101	16	.001	0

ARIMA 模型參數

模型					估計	SE	T	顯著性	
新契約 - 模型 _1	新契約	自然對數	常數		-.00032	.00352	-.09145		
			AR	落後 1	-.68198	.08597	-7.93278	.92731	
				落後 2	-.49790	.08475	-5.87499	2.58083E-12	⑤
			差異		1			5.13270E-8	
			週期性差異		1				

〔**輸出結果的判讀法・4**〕

⑤含常數項的 SARIMA(2, 1, 0)，(0, 1, 0)12 的模式是

自然對數轉換 …… $x(t) \to \log x(t)$

⇓

差分 …… $\log x(t) - \log x(t-1)$

⇓

季節差分 …… $X(t) = \{\log x(t) - \log x(t-1)\} - \{\log x(t-12) - \log x(t-13)\}$

⇓

AR(2) 模式 … $X(t) - 常數 = a_1\{X(t-1) - 常數\} + a_2\{X(t-2) - 常數\} + u(t)$

因此可表示爲

$$\{\log(t) - \log(t-1)\} - \{\log x(t-12) - \log x(t-13)\} - (-0.00032311) =$$
$$-0.68198814 \times [\{\log x(t-1) - \log x(t-2)\} - \{\log x(t-13) - \log x(t-14)\} - (-0.00032311)]$$
$$-0.49791519 \times [\{\log x(t-2) - \log x(t-3)\} - \{\log x(t-14) - \log x(t-15)\} - (-0.00032311)]$$
$$+u(t)$$

〔**SPSS 輸出 · 5**〕

		新契約	YEAR_	MONTH_	DATE_	預測值_新契約_模型_1	NResidual_新	var
$x(t-14)$	106	21652	1997	10	OCT 1997	21970.00435	-.01148	
$x(t-13)$	107	20715	1997	11	NOV 1997	20816.29659	-.00178	
$x(t-12)$	108	17677	1997	12	DEC 1997	18253.42901	-.02899	
$x(t-11)$	109	15893	1998	1	JAN 1998	15185.97923	.04860	
	110	16035	1998	2	FEB 1998	17170.27495	-.06531	
	111	17305	1998	3	MAR 1998	19513.08641	-.11699	
	112	17002	1998	4	APR 1998	17602.57437	-.03162	
	113	19833	1998	5	MAY 1998	18702.61328	.06178	
	114	22427	1998	6	JUN 1998	21276.90412	.05574	
	115	19923	1998	7	JUL 1998	19188.33139	.04067	
	116	22918	1998	8	AUG 1998	22544.81304	.01952	
	117	24609	1998	9	SEP 1998	26472.56796	-.06990	
$x(t-2)$	118	21968	1998	10	OCT 1998	21194.81884	.03893	
$x(t-1)$	119	19862	1998	11	NOV 1998	20676.98777	-.03712	
$x(t)$	120	16842	1998	12	DEC 1998	16850.45809	.00260	
	121	.	1999	1	JAN 1999	15679.60247 ⑥ $\hat{x}(t-1)$	.	
	122							

〔**輸出結果的判讀法 · 5**〕

⑥下 1 期的預測值 15679.60247 如下求之。

$x(t)$ 的下 1 期預測值改為 $\hat{x}(t, 1)$ 時，則

$$\{\log \hat{x}(t,1) - \log x(t)\} - \{\log x(t-11) - \log x(t-12)\} - (-0.00032) =$$
$$-0.68198 \times [\{\log x(t) - \log x(t-1)\} - \{\log x(t-12) - \log x(t-13)\} - (-0.00032)]$$
$$-0.49791519 \times [\{\log x(t-1) - \log x(t-2)\} - \{\log x(t-13) - \log x(t-14)\} - (-0.00032)]$$

注意將〔輸出結果的判讀法 · 4〕的式子挪後 1 期。

因此，在 $x(t)$，$x(t-1)$，$x(t-2)$，$x(t-11)$，$x(t-12)$，$x(t-13)$，$x(t-14)$ 的地方

代入

$x(t) = 16842$，$x(t-1) = 19862$，$x(t-2) = 21968$

$x(t-11) = 15893$，$x(t-12) = 17677$，$x(t-13) = 20715$，$x(t-14) = 21652$

則

$$\{\log \hat{x}(t,1) - \log 16842\} - \{\log 15893 - \log 17677\} - (-0.00032) =$$

$$-0.68198814 \times [\{\log 16842 - \log 19862\} - \{\log 17677 - \log 20715\} - (-0.00032)]$$

$$-0.49791519 \times [\{\log 19862 - \log 21968\} - \{\log 20715 - \log 21652\} - (-0.00032)]$$

所以

$$\log \hat{x}(t, 1) = 9.660116$$

因此，下 1 期的預測值為

$$\hat{x}(t, 1) = \exp(9.660116) = 15679.60247$$

〔SARIMA(p, d, q)，(P, D, Q)s 模式的診斷〕

模式的診斷是檢定殘差是否為白色干擾。因此調查 err-1 的自身相關係數，並調查殘差是否為白色干擾。

- **模式診斷的步驟**

模式診斷時，先消除已預測的情形，然後選擇〔預測 (T)〕⇨〔自身相關 (A)〕，將 Nresidual 移到〔變數 (V)〕的方框中，按確定。

步驟 1　將 Nresidual 移入〔變數 (V)〕中，點一下〔選項〕。

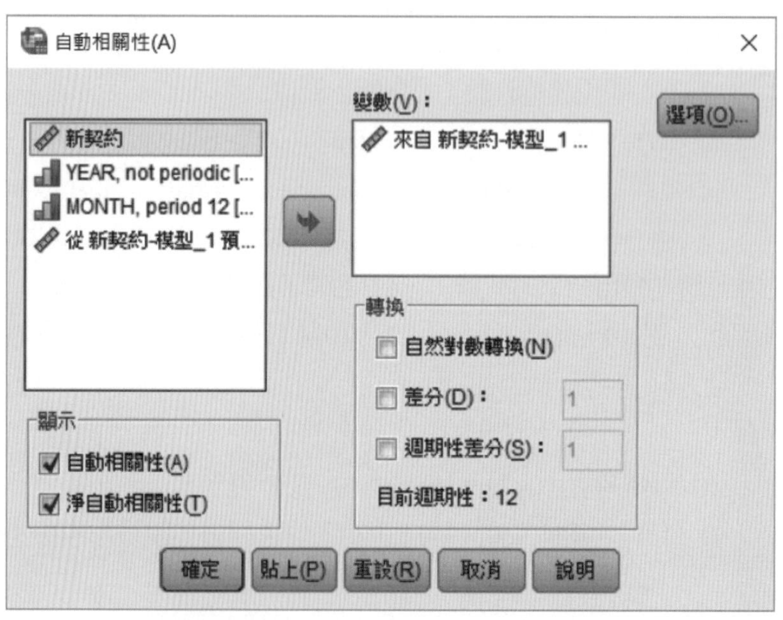

步驟 2　於落後數最大值輸入 16。

〔**SPSS 輸出**〕

觀察下方的圖形時，可以看出在落後 12 的地方自我相關係數有略大之值，而其他的自我相關係數均在信賴界線內，因此殘差可以想成是白色干擾。

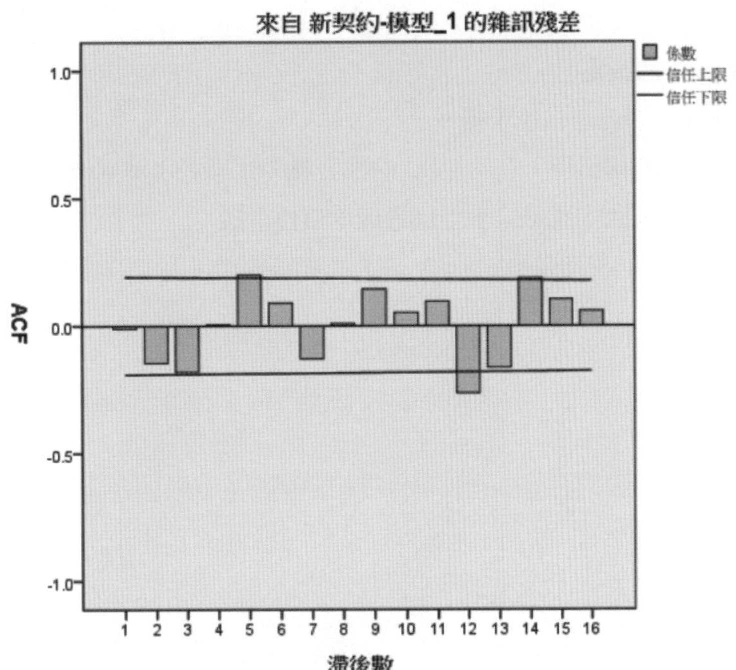

觀察下方的圖形時，得知偏自我相關係數也落在信賴界線中。

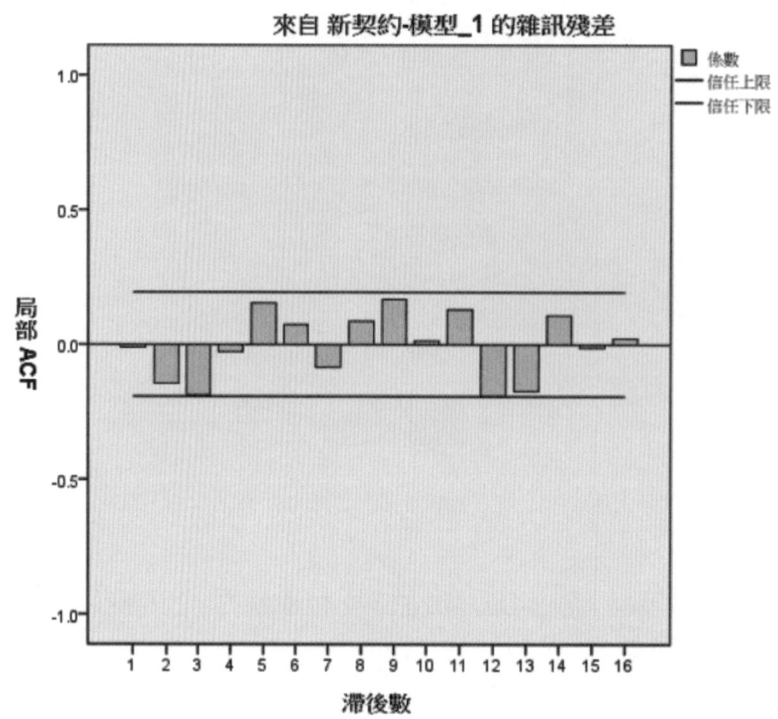

〔**Box-Ljung** 的檢定〕

假設 H_0：殘差是白色干擾。

觀察以下的輸出時，在落後 12 的顯著機率比顯著水準 0.05 大，因之假設 H_0 無法被捨棄。因此，殘差似乎可以想成是白色干擾。

來自新契約 - 模型 _1 的雜訊殘差

自動相關性

數列：來自新契約 - 模型 _1 的雜訊殘差

落後	自動相關性	平均數的錯誤[a]	Box-Ljung 統計資料		
			數值	df	顯著性[b]
1	.011	.095	.014	1	.906
2	.145	.095	2.342	2	.310
3	.180	.094	5.986	3	.112
4	.005	.094	5.989	4	.200
5	.200	.094	10.546	5	.061
6	.090	.093	11.475	6	.075
7	-.129	.093	13.404	7	.063
8	.008	.092	13.413	8	.098
9	.143	.092	15.849	9	.070
10	.051	.091	16.162	10	.095
11	.095	.091	17.257	11	.101
12	-.264	.090	25.845	12	.011
13	-.163	.090	29.149	13	.006
14	.186	.089	33.468	14	.002
15	.105	.089	34.853	15	.003
16	.059	.088	35.303	16	.004

a. 採用的基本處理程序是獨立的（白色干擾）。

b. 基於漸近線卡方近似值。

譬如，至落後 11 爲止的 Box-Ljung 的檢定是：

$$\text{假設 } H_0 ： p(1) = p(2) = \cdots = p(11) = 0$$

檢定統計量 17.257，顯著機率 0.101 比顯著水準 0.05 大，因之假設 H_0 無法被捨棄。因此，至落後 11 爲止的母自身相關係數全部可以想成是 0。

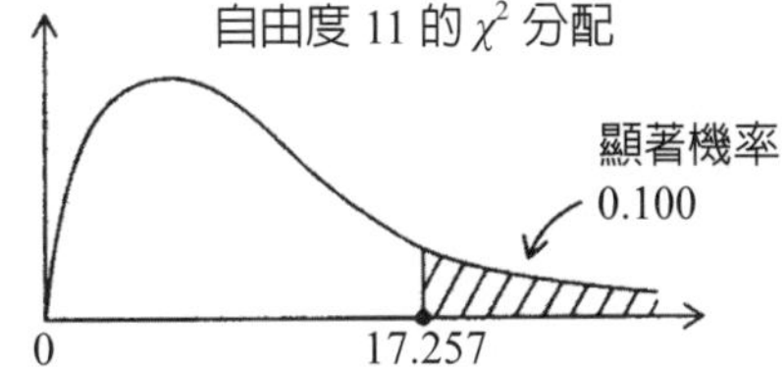

第 15 章　X12-ARIMA

15.1　X12-ARIMA 簡介

季節調整之目的，係對具有季節性因子之資料，透過季節調整可將其數列中的季節性（Seasonality，簡稱 S）、趨勢循環性（Trend and Cycle，合稱 C），以及不規則項（Irregularity，簡稱 I）分離出來，針對季節調整後的資料進行後續的總體實證分析。此係因季節性因子爲重複性發生，非重要資訊，故應予以剔除。X-12-ARIMA 季節調整方法係 X-11-ARIMA 的擴充修正版。季節調整過程分爲 3 個主要部分，第一部分爲迴歸模型與 ARIMA 模型（兩者合稱爲 RegARIMA）之設定，第二部分爲核心部分的季節調整方法，第三部分則爲季節調整之診斷檢定。

RegARIMA 爲迴歸模型與 ARIMA 模型之結合，其中，建構迴歸模型的主要目的是將「交易日」效果、「移動節日」效果，以及自行認定之離群值之 3 種效果，自原始資料中分離出來。至於建構 ARIMA 模型之目的爲對於去除上述 3 種效果的資料（稱爲「季節調整前調整（preadjustment）」資料），以適當的 ARIMA 模型進行預測。以便後續在進行季節調整時，資料端點部分可根據其未來或過去預期走勢，使其季節調整值較爲穩定且符合預期。

15.2　NumXL 簡介

SPSS 雖未提供，但 NumXL 卻提供有 X12-ARIMA 的分析應用程式，是可增益（addin）在 Excel 中並可執行時間數列的軟體，讀者可進入如下網址取得試用版，但只提供 14 天的試用。該功能的方法是使用美國人口普查免費應用程式（aka x12a.exe），它爲讀者提供完整的 Excel 界面。X-12-ARIMA 方法最早由美國普查局 Findley 等人在 20 世紀 90 年代左右提出，現已成爲對重要時間序列進行深入處理和分析的工具，也是處理最常用經濟類指標的工具，在美國和加拿大被廣泛使用，其在歐洲統計界也得到推薦。以下網址是取得 NumXL 的網址。

http://www.spiderfinancial.com/products/numxl

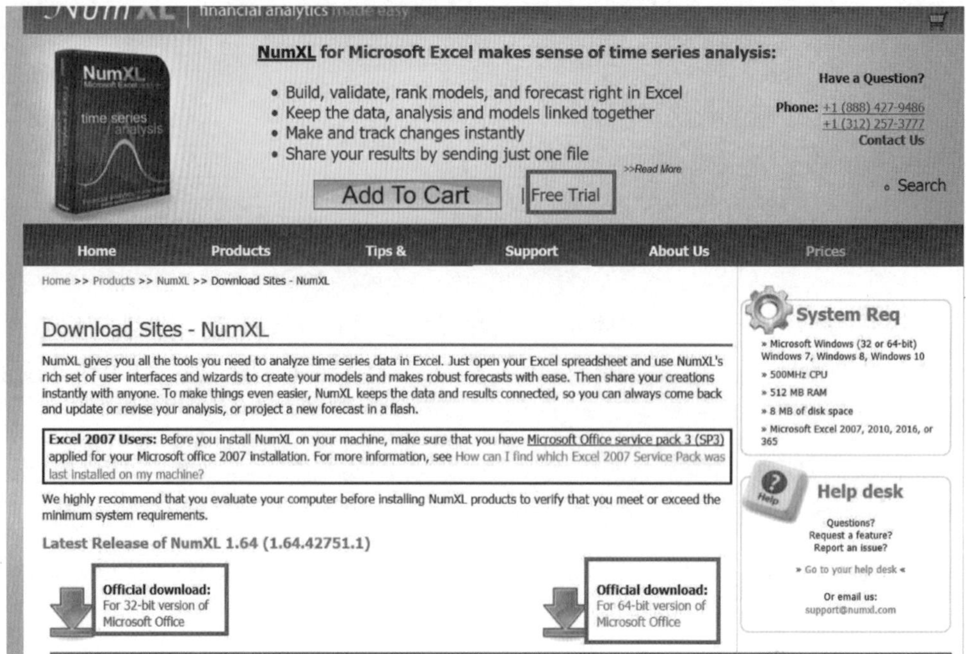

NumXL提供了一個對話框，讀者可以使用它來指定其數據的單元格範圍，選擇各種建模選項，儲存這些設定當成Excel工作表的一部分和查詢不同模型的不同輸出。

NumXL將讀者的數據和模型選擇轉換爲x12a規範文件。最後，NumXL運行x12a應用程式，存取輸出文件（例如規範文件、錯誤文件和輸出文件），並以Excel將結果提供給讀者。它們之間的關係參閱下表。

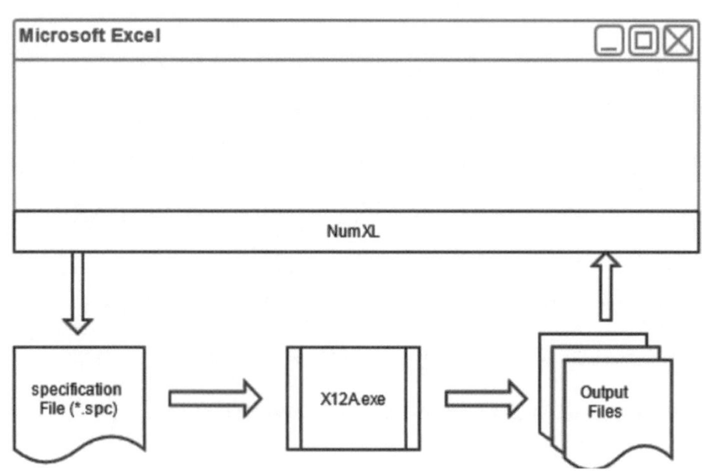

〔註〕

在 NumXL 安裝過程中，會將 x12A 應用程式（32/64 位版本）和所有支持文件複製到你的電腦的 NumXL 主路徑下。讀者不需要從美國人口普查網站下載。安裝完成後，在 EXCEL 的選單中會出現 NumXL 的圖標。

15.3 分析方法

一、數據準備

可透過將日期放在一個列中，並將變量值放在單獨的列中，以此建構範例數據，而每個觀察值在單獨的行中。此處共有 167 筆資料。

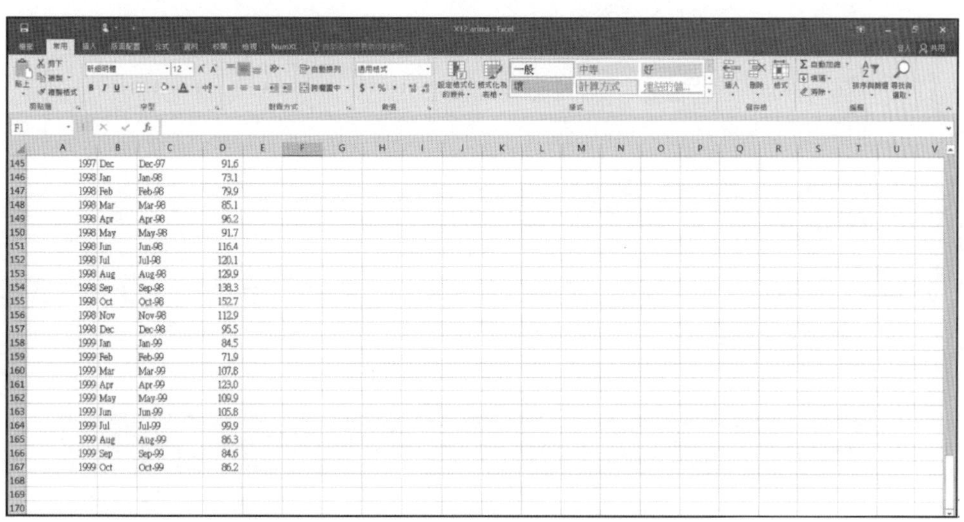

	A	B	C	D
145	1997	Dec	Dec-97	91.6
146	1998	Jan	Jan-98	73.1
147	1998	Feb	Feb-98	79.9
148	1998	Mar	Mar-98	85.1
149	1998	Apr	Apr-98	96.2
150	1998	May	May-98	91.7
151	1998	Jun	Jun-98	116.4
152	1998	Jul	Jul-98	120.1
153	1998	Aug	Aug-98	129.9
154	1998	Sep	Sep-98	138.3
155	1998	Oct	Oct-98	152.7
156	1998	Nov	Nov-98	112.9
157	1998	Dec	Dec-98	95.5
158	1999	Jan	Jan-99	84.5
159	1999	Feb	Feb-99	71.9
160	1999	Mar	Mar-99	107.8
161	1999	Apr	Apr-99	123.0
162	1999	May	May-99	109.9
163	1999	Jun	Jun-99	105.8
164	1999	Jul	Jul-99	99.9
165	1999	Aug	Aug-99	86.3
166	1999	Sep	Sep-99	84.6
167	1999	Oct	Oct-99	86.2
168				
169				
170				

X12A 應用程式對時間數列的大小有幾個限制：

- 時間數列的最大長度爲 600 個觀察值。
- 每月時間數列的最小長度爲 3 年（36 次觀察）。
- 每季度時間數列的最小長度爲 4 年（16 次觀察）。

二、資料處理

步驟 1　首先，在工作表中選擇一個空單元格，以儲存唯一標識符（unique identifier）。

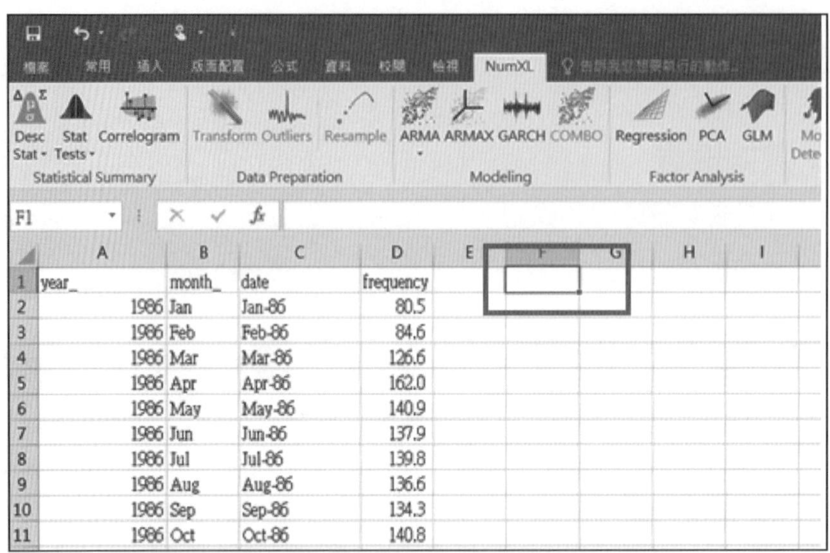

步驟 2　接下來，在工具欄（或 Excel 2016 中的選單）中找到 X12 ARIMA 圖標，然後點擊它。

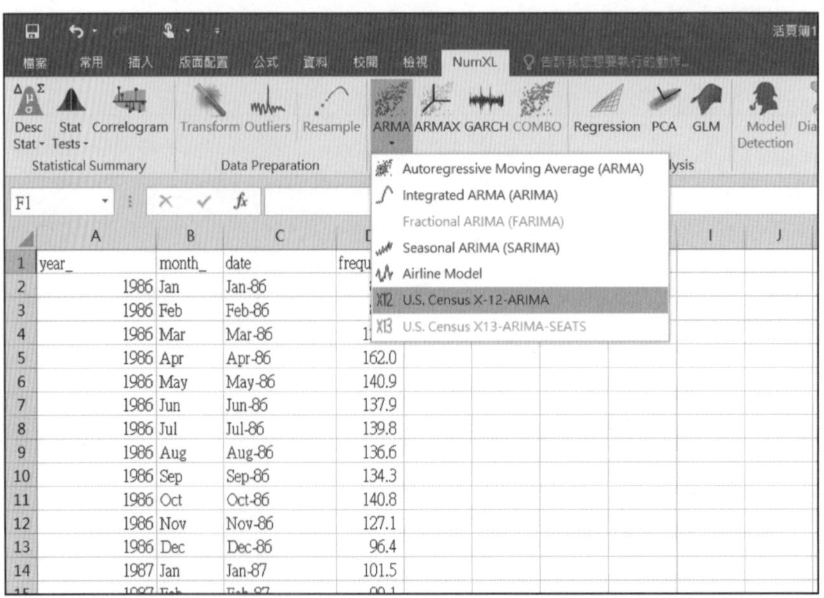

步驟 3　出現在 Excel 中的 X12 ARIMA 對話框。對於輸入時間數列數據來說，要輸入開始日期和觀測值的頻率（即每月或每季），此處是每月。

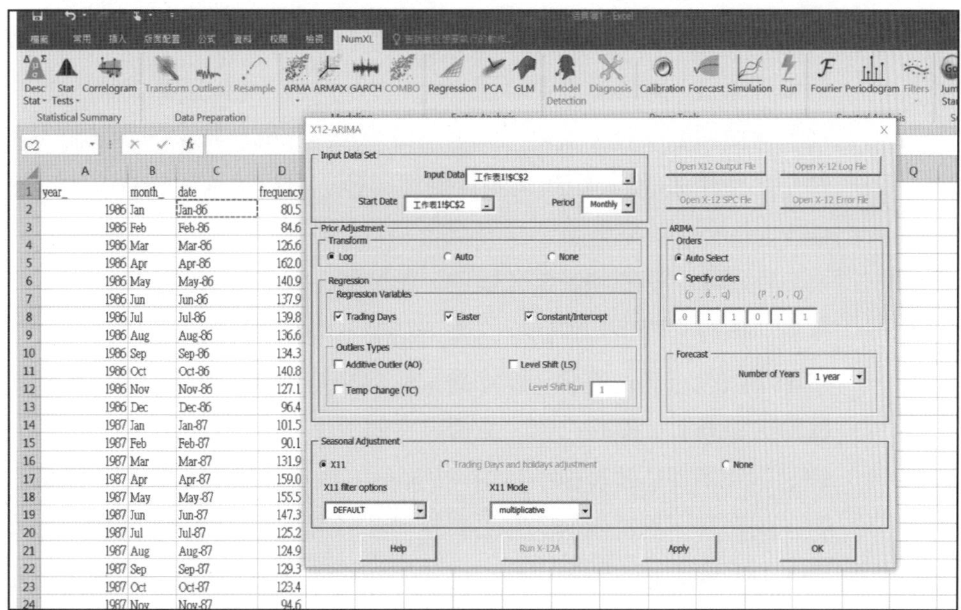

〔註〕

如果你的系列有 1 個或多個中間遺漏值，請使用插值或任何你感覺到的方法替換填充值。

開始日期是要有效的 Excel 日期（例如 1/1/1947）。即使是季節數據，不要使用類似於 1947.Q1 或 1947.3 的其他格式，因爲它們在 Excel 中不是有效的日期。開始日期必須對應於時間數列中的第一次觀察，而不管觀察值是否遺漏。

步驟 4　接下來，讓我們設定輸入數據的先前調整（prior adjustment）。

此部分允許你在建模過程之前設定特殊的數據處理，例如：「Transform」指示 X12a 應用程式對時間數列採取對數（log）建模，但此處選擇 Auto。

在迴歸（regression）部分，讀者可以調整特殊日曆效果，如交易日和復活節等假日，此處不需要勾選。

在異常值類型部分，讀者可以選擇檢測和調整哪些類型的異常值。在迴歸中，使用 cook 的距離來測量這種影響，只排除那些具有很大影響的值。

一旦在樣本中檢測到一些（候選）離群值，我們有兩個選項：

保留：假設它們是基礎過程的眞正結果，並進行分析。

排除：假設它們是壞值（刪除異常值數據是一個有爭議的做法，例如數據輸入錯誤）。刪除它們，並假定它們丟失。

總之，我們評估離群值不是由它們的值的大小，而是由它們對模型的參數值的影響。異常值檢測方法有幾種圖形可以用於檢測異常值，如序列圖、盒形圖或直方圖等可顯示任何明顯的異常點。常態機率圖也可能是有用的，此處不需要勾選。

步驟 5 接著，來看看 ARIMA 模型部分。

X12-ARIMA 方法（regARIMA）是使用季節性 ARIMA（SARIMA）模型，藉以同時掌握季節性（確定性）及在數據中的（隨機的）週期性。讀者可以選擇應用程式找到最佳適配模型（「自動選擇」），或者他們可以指定模型的順序。

在「預測」部分，可以選擇預測的持續時間。預設是設置爲 1 年，但可以選擇更高的預測水準高達 7 年（限制）。

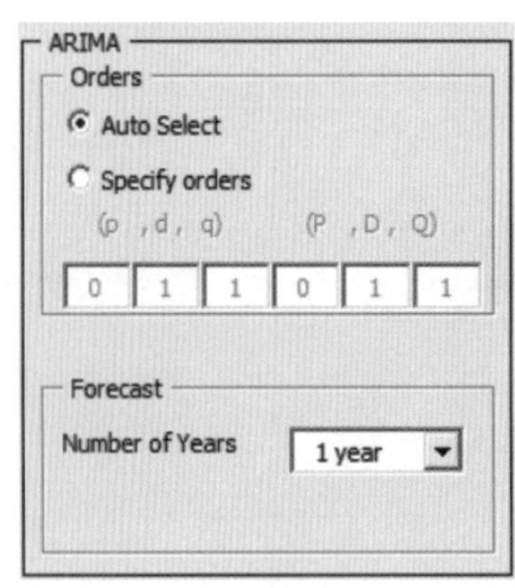

步驟 6　接著，設置季節調整值。

預設是選擇 X11 季節性調整選項。X11 過濾器是來自 Henderson 趨勢過濾器（Robert Henderson 1916）。

在 X11 模組中，讀者可以控制季節性調整分解計算（模式）的類型：乘法、加法、僞加法或對數加法。

使用 X11 過濾器選項，使用者可以控制使用的季節性移動平均值。目前，趨勢移動平均線設爲 13。

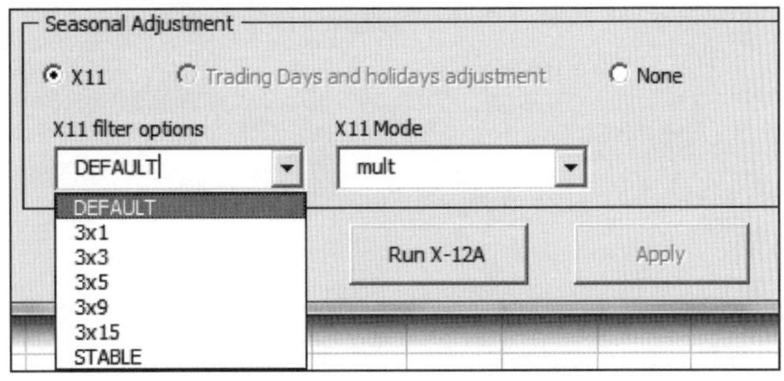

〔註〕：

X11 中的交易日效果和其他假日調整在 NumXL 中尚不可用。

極限值調整控制被啓用，並設置爲 sigma 限值 1.25 和 2.75

步驟 7 現在我們已經指定了模型選項，接著點擊〔Apply〕。

於是〔open X-12 SPC file〕按鈕變爲啓用。

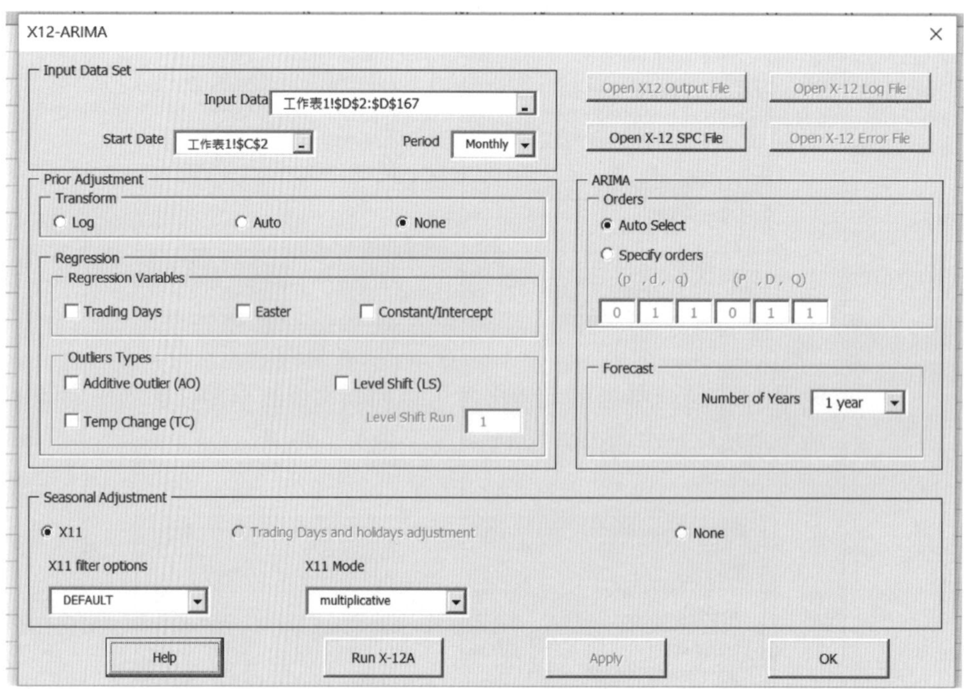

如果點擊〔open X-12 SPC file〕，Windows 記事本應用程式會啓動將 x12a 規範文件打開。

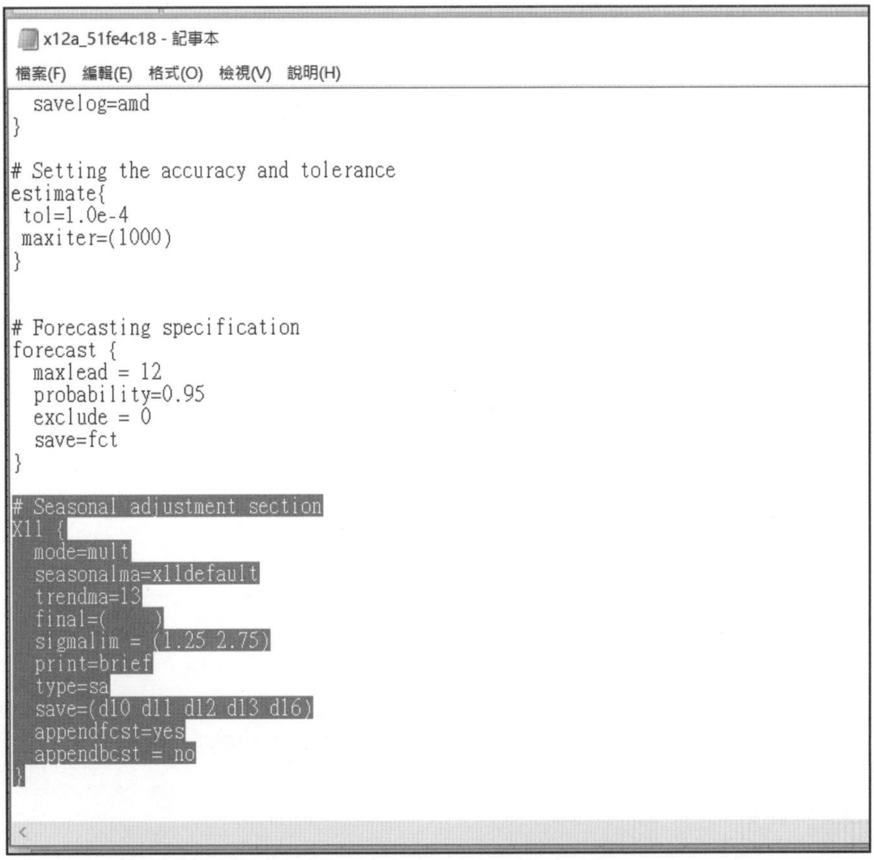

x12a_51fe4c18 - 記事本

檔案(F)　編輯(E)　格式(O)　檢視(V)　說明(H)

```
  savelog=amd
}

# Setting the accuracy and tolerance
estimate{
 tol=1.0e-4
 maxiter=(1000)
}


# Forecasting specification
forecast {
  maxlead = 12
  probability=0.95
  exclude = 0
  save=fct
}

# Seasonal adjustment section
X11 {
  mode=mult
  seasonalma=x11default
  trendma=13
  final=(     )
  sigmalim = (1.25 2.75)
  print=brief
  type=sa
  save=(d10 d11 d12 d13 d16)
  appendfcst=yes
  appendbcst = no
}
```

在工作表中選定的單元格中，X12-ARIMA 為模型產生唯一標識符。

檔案　常用　插入　版面配置　公式　資料　校閱　檢視　NumXL

Desc Stat　Stat Tests　Correlogram　Transform　Outliers　Resample　ARMA　ARMAX　GARCH　COMBO　Regression　PC

Statistical Summary　Data Preparation　Modeling　Factor Ana

F1　=X12ARIMA(工作表1!$D$2:$D$167,工作表1!$C$2,12,3,

	A	B	C	D	F	G	H
1	year_	month_	date	frequency	x12a_2b8b4648		
2	1986	Jan	Jan-86	80.5			
3	1986	Feb	Feb-86	84.6			
4	1986	Mar	Mar-86	126.6			
5	1986	Apr	Apr-86	162.0			
6	1986	May	May-86	140.9			
7	1986	Jun	Jun-86	137.9			
8	1986	Jul	Jul-86	139.8			

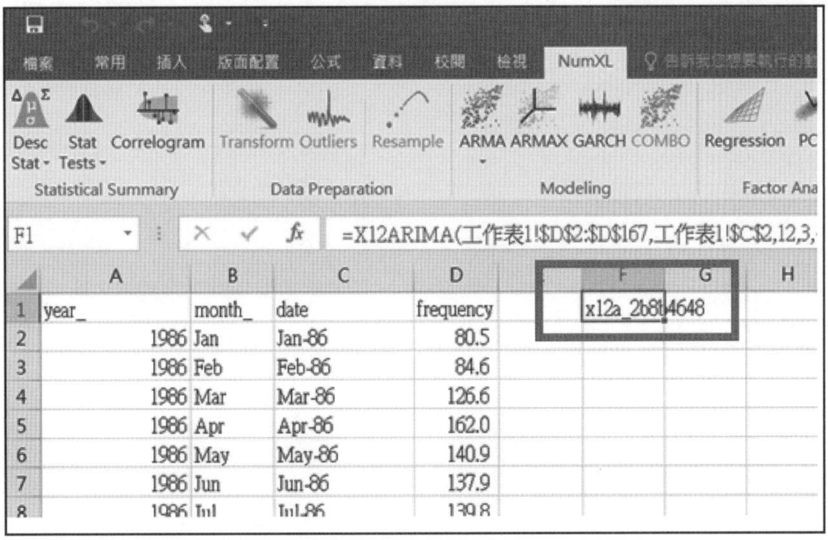

〔RunX12A〕按鈕現在已啓用。

步驟 8 最後，運行 x12A 應用程式。點擊〔Run X-12A〕按鈕。NumXL 啓動應用程式並傳遞先前生成的規範文件。完成後，將彈出一個對話框，告知運行成功。

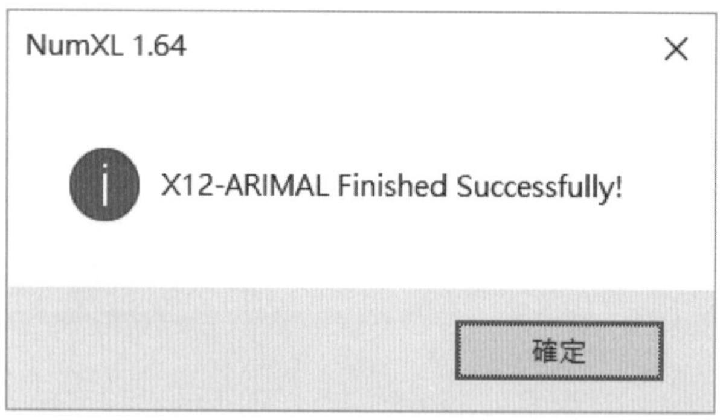

步驟 9 點擊〔確定〕。請注意，對話框右上角的所有命令按鈕現在都已啓用。

步驟 10 檢查 x12a 應用程式執行產生的狀態（即警告或錯誤）。單擊〔OpenX-12 Error file〕查看文件。

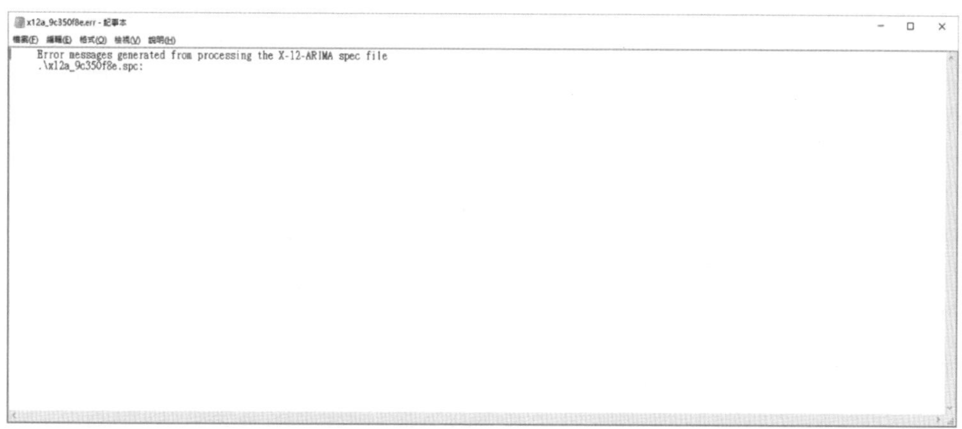

x12a_9c350f8e.err - 記事本

檔案(F) 編輯(E) 格式(O) 檢視(V) 說明(H)

```
Error messages generated from processing the X-12-ARIMA spec file
.\x12a_9c350f8e.spc:
```

同樣，啓動記事本應用程式，並顯示 x12A 應用程式生成的錯誤文件。x12A 若未檢測到有顯著的季節性，它就會發出警告。但此處檢測出有季節性。

可以選擇檢查原始 x12A 輸出。點擊〔Open X-12 Output file〕按鈕，再次啓動記事本應用程式，並顯示 x12 輸出文件。

x12a_c59224dd.out - 記事本

檔案(F) 編輯(E) 格式(O) 檢視(V) 說明(H)

```
 Final automatic model choice : (1 1 0)(0 1 1)
  End of automatic model selection procedure.
:e.automdl.ach
:b.x11.d8f

 D8.A  F-tests for seasonality
:e.x11.d8f
:b.x11.fstable

                  Test for the presence of seasonality assuming stability.

                                       Sum of      Dgrs.of         Mean
                                      Squares      Freedom        Square        F-Value
                  Between months    58359.4264       11         5305.40240     112.004**
                        Residual     7294.6536      154           47.36788
                           Total    65654.0800      165

                          **Seasonality present at the 0.1 per cent level.
:e.x11.fstable
:b.x11.kw


                  Nonparametric Test for the Presence of Seasonality Assuming Stability

                                Kruskal-Wallis     Degrees of     Probability
                                  Statistic         Freedom          Level

                                   132.6275            11           0.000%

                            Seasonality present at the one percent level.
:e.x11.kw
```

檢定的結果發現在 0.01 的水準下有季節變動。

自動建模 regARIMA 過程列印出所選出的模型順序。在我們的例子中，它是有季節性（即 ARIMA(1,1,0)(0,1,1)），現在點擊〔確定〕。

步驟 11 接著，想知道「模型的輸出在哪裡？」NumXL 提供了一些工作表函數來查詢模型的不同成分的輸出。

首先，查詢 X11 季節性調整的時間數列。爲此使用 X12ACOMP 函數，以傳回 X-12 模型輸出成分的值（例如，趨勢、季節或不規則）。

〔註〕：

第一個參數引用單元格 F1 中模型的唯一標識符。

第二個參數是引用從時間數列開始算起的步驟，因此對於 H2，步驟長度等於 1。因此對於 H3，步驟長度等於 2，以下以此類推。或使用 COUNTA 函數，如 =X12ACOMP（$F$1, COUNTA($C$2:C2), 1），得出數值後再往下拉。

步驟長度值的範圍是在 1 和輸入時間數列的長度之間。

最後一個參數選擇輸出成分。對於季節性調整（SA）的 X11，請選擇 1。趨勢與週期變動（STC），請選擇 2。殘差（ERR），請選擇 3。季節變動（ERR），請選擇 4。

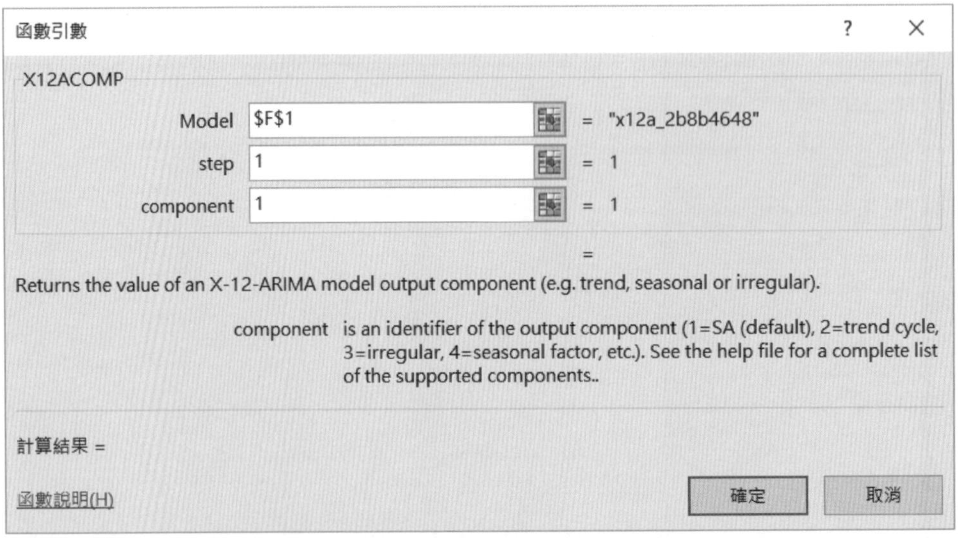

函數引數 ? ×

X12ACOMP

Model $F$1 = "x12a_2b8b4648"

step 1 = 1

component 1 = 1

=

Returns the value of an X-12-ARIMA model output component (e.g. trend, seasonal or irregular).

component is an identifier of the output component (1=SA (default), 2=trend cycle, 3=irregular, 4=seasonal factor, etc.). See the help file for a complete list of the supported components..

計算結果 =

函數說明(H) 確定 取消

Jan-86 的季節調整（SA）值是 111.15，趨勢與週期變動（STC）是 118.02，殘差（ERR）是 0.94，季節變動（SAF）是 0.72。

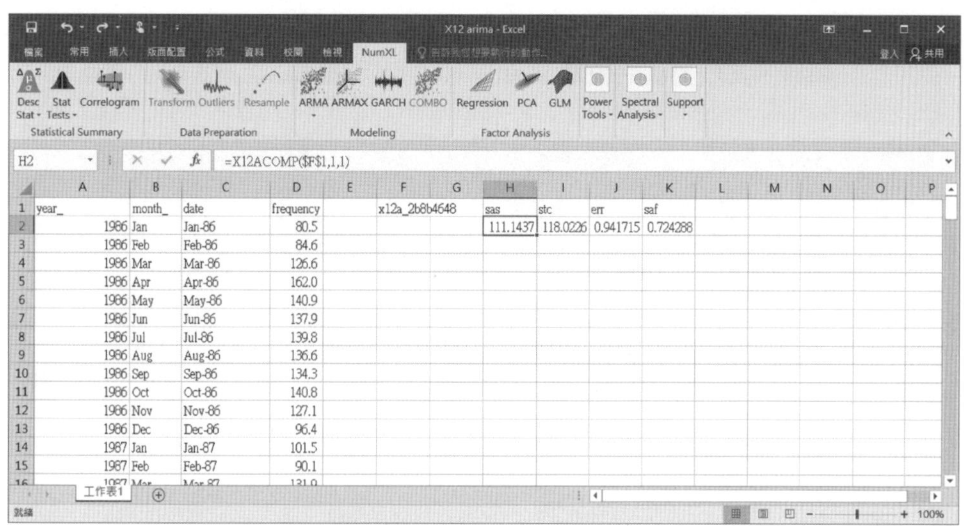

	A	B	C	D	E	F	G	H	I	J	K
1	year_	month_	date	frequency		x12a_2b8b4648		sas	stc	err	saf
2	1986	Jan	Jan-86	80.5				111.1437	118.0226	0.941715	0.724288
3	1986	Feb	Feb-86	84.6							
4	1986	Mar	Mar-86	126.6							
5	1986	Apr	Apr-86	162.0							
6	1986	May	May-86	140.9							
7	1986	Jun	Jun-86	137.9							
8	1986	Jul	Jul-86	139.8							
9	1986	Aug	Aug-86	136.6							
10	1986	Sep	Sep-86	134.3							
11	1986	Oct	Oct-86	140.8							
12	1986	Nov	Nov-86	127.1							
13	1986	Dec	Dec-86	96.4							
14	1987	Jan	Jan-87	101.5							
15	1987	Feb	Feb-87	90.1							

步驟 12　對於預測，我們使用 X12AFORE 函數查詢預測值和 / 或信賴區間。對於時間數列中有遺漏值或錯誤值（#N/A），即可利用此 FORE 函數進行估計，但此處並無遺漏值或錯誤值。

〔註〕：

第一個參數引用單元格 F1 中模型的唯一標識符。

第二個參數是引用從時間數列終端（最後一個非遺漏值值）算起的步驟長度。步驟長度值的範圍在 1 和預測範圍之間。若是季的數據則是在 1 與 4 之間。若是月的數據則是在 1 與 12 之間。

第三個參數對於預測平均值設定爲 1，信賴下限設定爲 2，信賴上限設定爲 3。

函數引數　? ×

X12AFORE

Model　$F$1　= "x12a_2b8b4648"

step　1　= 1

Return_type　1　= 1

=

Returns the forecast value and/or confidence interval limits for the X-12-ARIMA model.

Return_type　is a number that determines the type of return value: 1 (or missing)=forecast value , 2=C.I. lower limit, 3=C.I. upper limit..

計算結果 =

函數說明(H)　確定　取消

Jan-86 的次數本身並無遺漏值，但其下一個數據，即 Feb-86 設想有遺漏值時，其所預測之值是 56.91，CI 的下限是 31.32，CI 的上限是 82.50。

O3 =X12AFORE(F1,1,3)

	A	B	C	D	E	F	G	H	I	J	K	L	M	N	O
1	year_	month_	date	frequency		x12a_2b8b4648		sas	stc	err	saf		forecast	LCI	UCI
2	1986	Jan	Jan-86	80.5				111.1437	118.0226	0.941715	0.724288				
3	1986	Feb	Feb-86	84.6									56.91732	31.32546	82.50918
4	1986	Mar	Mar-86	126.6											
5	1986	Apr	Apr-86	162.0											
6	1986	May	May-86	140.9											
7	1986	Jun	Jun-86	137.9											
8	1986	Jul	Jul-86	139.8											
9	1986	Aug	Aug-86	136.6											
10	1986	Sep	Sep-86	134.3											
11	1986	Oct	Oct-86	140.8											
12	1986	Nov	Nov-86	127.1											
13	1986	Dec	Dec-86	96.4											
14	1987	Jan	Jan-87	101.5											
15	1987	Feb	Feb-87	90.1											
16	1987	Mar	Mar-87	131.9											

〔參考資料〕

http://support.numxl.com/hc/en-us/articles/215179926-X12-ARIMA-Support-with-NumXL

第 16 章 建立傳統模型

16.1 前言

SPSS 的時間數列分析中，準備有以下的清單。

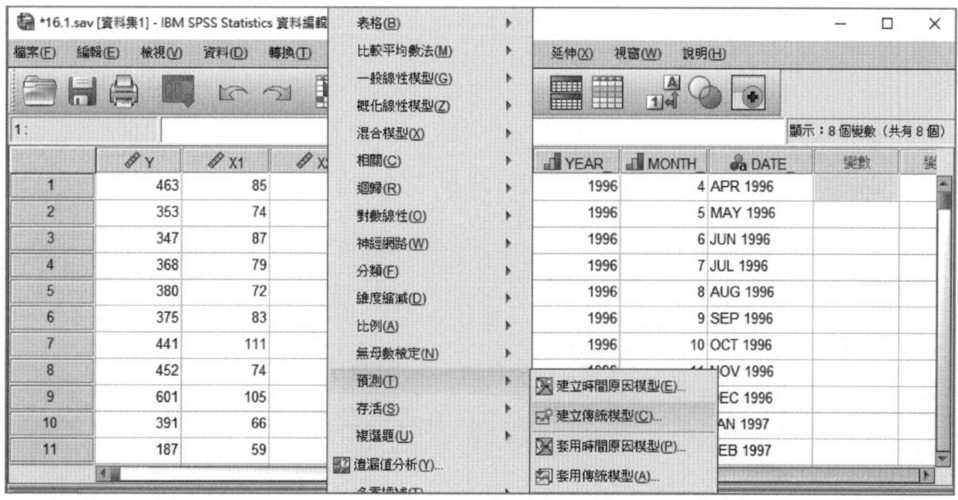

使用〔建立傳統模型 (C)〕時，

1. 可以自動求出預測值。
2. 對因變數可以自動選擇有效的自變數。
3. 利用事件變數可以將假日、災害日等事情加入分析中。

〔範例〕

以下數據是從 1996 年到 2005 年每月調查超市的銷售收入、櫃台的店員數、新商品的進貨量、報紙的廣告單、特賣品的種類等。

p.233.sav [資料集1] - IBM SPSS Statistics Data Editor

	Y	X1	X2	X3	X4	YEAR_	MONTH_	DATE_
1	463	85	22	78	111	1996	4	APR 1996
2	353	74	21	87	161	1996	5	MAY 1996
3	347	87	23	78	111	1996	6	JUN 1996
4	368	79	22	79	113	1996	7	JUL 1996
5	380	72	20	81	168	1996	8	AUG 1996
6	375	83	15	78	145	1996	9	SEP 1996
7	441	111	20	87	161	1996	10	OCT 1996
8	452	74	16	88	246	1996	11	NOV 1996
9	601	105	29	103	346	1996	12	DEC 1996
10	391	66	22	81	115	1997	1	JAN 1997
11	187	59	28	84	129	1997	2	FEB 1997
12	342	60	28	86	147	1997	3	MAR 1997
13	360	82	22	84	96	1997	4	APR 1997
14	356	91	24	86	159	1997	5	MAY 1997
15	397	80	25	86	114	1997	6	JUN 1997
16	449	64	28	85	161	1997	7	JUL 1997
17	407	74	19	90	148	1997	8	AUG 1997
18	390	87	18	88	141	1997	9	SEP 1997
19	439	105	20	85	154	1997	10	OCT 1997
20	472	88	26	87	204	1997	11	NOV 1997
21	578	87	30	111	270	1997	12	DEC 1997
22	396	65	27	91	127	1998	1	JAN 1998
23	211	70	27	82	115	1998	2	FEB 1998
24	370	72	31	94	129	1998	3	MAR 1998
25	488	78	33	88	122	1998	4	APR 1998

⋮

	Y	X1	X2	X3	X4	YEAR_	MONTH_	DATE_
94	590	75	41	116	110	2004	1	JAN 2004
95	273	81	35	109	114	2004	2	FEB 2004
96	421	64	32	113	138	2004	3	MAR 2004
97	541	87	36	111	127	2004	4	APR 2004
98	602	57	46	112	230	2004	5	MAY 2004
99	634	104	44	115	110	2004	6	JUN 2004
100	626	71	49	116	119	2004	7	JUL 2004
101	655	66	50	109	167	2004	8	AUG 2004
102	506	89	45	110	86	2004	9	SEP 2004
103	648	106	51	123	150	2004	10	OCT 2004
104	775	78	50	112	211	2004	11	NOV 2004
105	973	85	63	144	338	2004	12	DEC 2004
106	694	92	53	119	104	2005	1	JAN 2005
107	384	57	50	117	156	2005	2	FEB 2005
108	568	86	53	116	116	2005	3	MAR 2005
109	718	67	58	116	131	2005	4	APR 2005
110	624	88	41	120	132	2005	5	MAY 2005
111	620	80	46	117	126	2005	6	JUN 2005
112	638	80	43	115	126	2005	7	JUL 2005
113	752	85	45	118	244	2005	8	AUG 2005
114	739	83	54	128	160	2005	9	SEP 2005
115	718	95	55	117	160	2005	10	OCT 2005
116								
117								
118								

〔數據輸入類型〕

Y：銷售收入

X1：櫃台的店員數

X2：新商品的進貨量

X3：報紙的廣告單

X4：特賣品的種類

〔變數視圖〕

p.233.sav [資料集1] - IBM SPSS Statistics Data Editor

	名稱	類型	寬度	小數	標籤	數值	遺漏	直欄	對齊	測量	角色
1	Y	數值型	8	0		無	無	8	右	尺度	輸入
2	X1	數值型	8	0		無	無	8	右	尺度	輸入
3	X2	數值型	8	0		無	無	8	右	尺度	輸入
4	X3	數值型	8	0		無	無	8	右	尺度	輸入
5	X4	數值型	10	0		無	無	8	右	尺度	輸入
6	YEAR_	數值型	10	0	YEAR, not peri...	無	無	8	右	序數(O)	輸入
7	MONTH_	數值型	2	0	MONTH, period...	無	無	8	右	序數(O)	輸入
8	DATE_	字串	24	0	Date. Format: ...	無	無	10	左	名義(N)	輸入

〔資料視圖〕

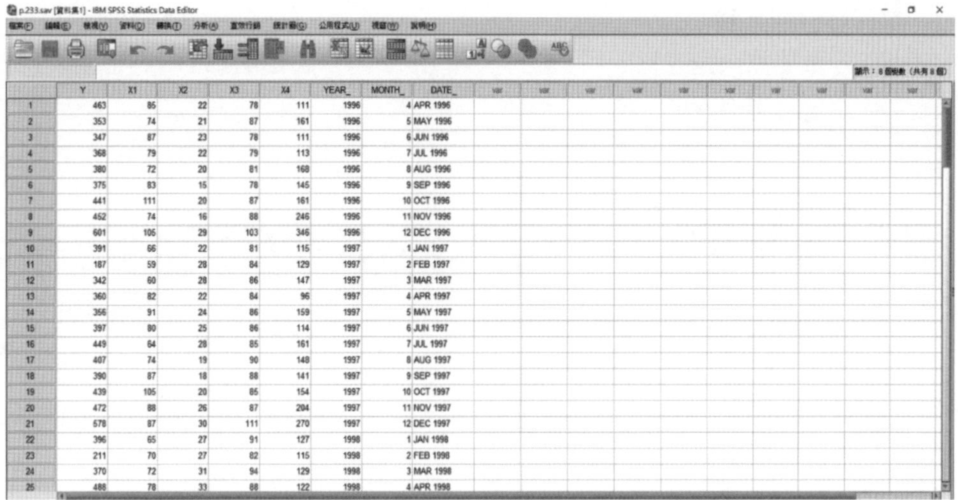

	Y	X1	X2	X3	X4	YEAR_	MONTH_	DATE_
1	463	85	22	78	111	1996	4	APR 1996
2	353	74	21	87	161	1996	5	MAY 1996
3	347	87	23	78	111	1996	6	JUN 1996
4	368	79	22	79	113	1996	7	JUL 1996
5	380	72	20	81	168	1996	8	AUG 1996
6	375	83	15	78	145	1996	9	SEP 1996
7	441	111	20	87	161	1996	10	OCT 1996
8	452	74	16	88	246	1996	11	NOV 1996
9	601	106	29	103	346	1996	12	DEC 1996
10	391	66	22	81	115	1997	1	JAN 1997
11	187	59	28	84	129	1997	2	FEB 1997
12	342	60	28	86	147	1997	3	MAR 1997
13	360	82	22	84	96	1997	4	APR 1997
14	356	91	24	86	159	1997	5	MAY 1997
15	397	80	25	86	114	1997	6	JUN 1997
16	449	64	28	85	161	1997	7	JUL 1997
17	407	74	19	90	148	1997	8	AUG 1997
18	390	87	18	88	141	1997	9	SEP 1997
19	439	105	20	85	154	1997	10	OCT 1997
20	472	88	26	87	204	1997	11	NOV 1997
21	578	87	30	111	270	1997	12	DEC 1997
22	396	65	27	91	127	1998	1	JAN 1998
23	211	70	27	82	115	1998	2	FEB 1998
24	370	72	31	94	129	1998	3	MAR 1998
25	488	78	33	88	122	1998	4	APR 1998

註：日期的輸入法參閱第 1 章。

16.2 求最適預測值的步驟

No.	年月	y	X1	X2	X3	X4
1	1996年4月	463	85	22	78	111
2	1996年5月	353	74	21	87	161
.	.	.	.	.	.	.
.	.	.	.	.	.	.
.	.	.	.	.	.	.
114	2005年9月	739	83	54	128	160
115	2005年10月	718	95	55	117	160
116	2005年11月	?				
117	2005年12月	?				

雖然知道2005年10月以前的銷售收入y，卻想要預測2005年11月、12月的銷售收入。

〔統計處理的步驟〕

步驟1 數據輸入完成時，如下從〔分析(A)〕選擇〔預測(T)〕，再選擇〔建立傳統模型(C)〕。

步驟 2　如顯示如下畫面時，將Y移入〔因變數(D)〕中，接著點一下〔準則(C)〕。

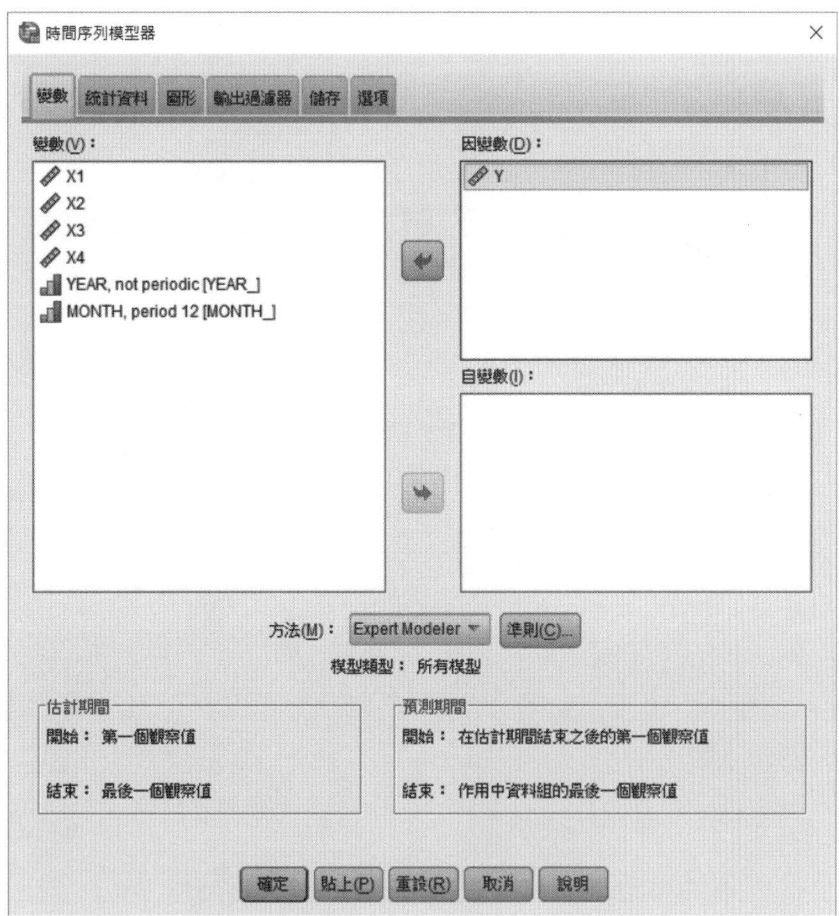

〔註〕Expert Modeller 包含指數平滑化、ARIMA 模式，當利用自變數時，變成只有 ARIMA 模式。

步驟 3 按一下〔準則〕時，變成如下畫面。

當利用事件變數時，要先點選該事件變數，但此處仍舊按 繼續 。

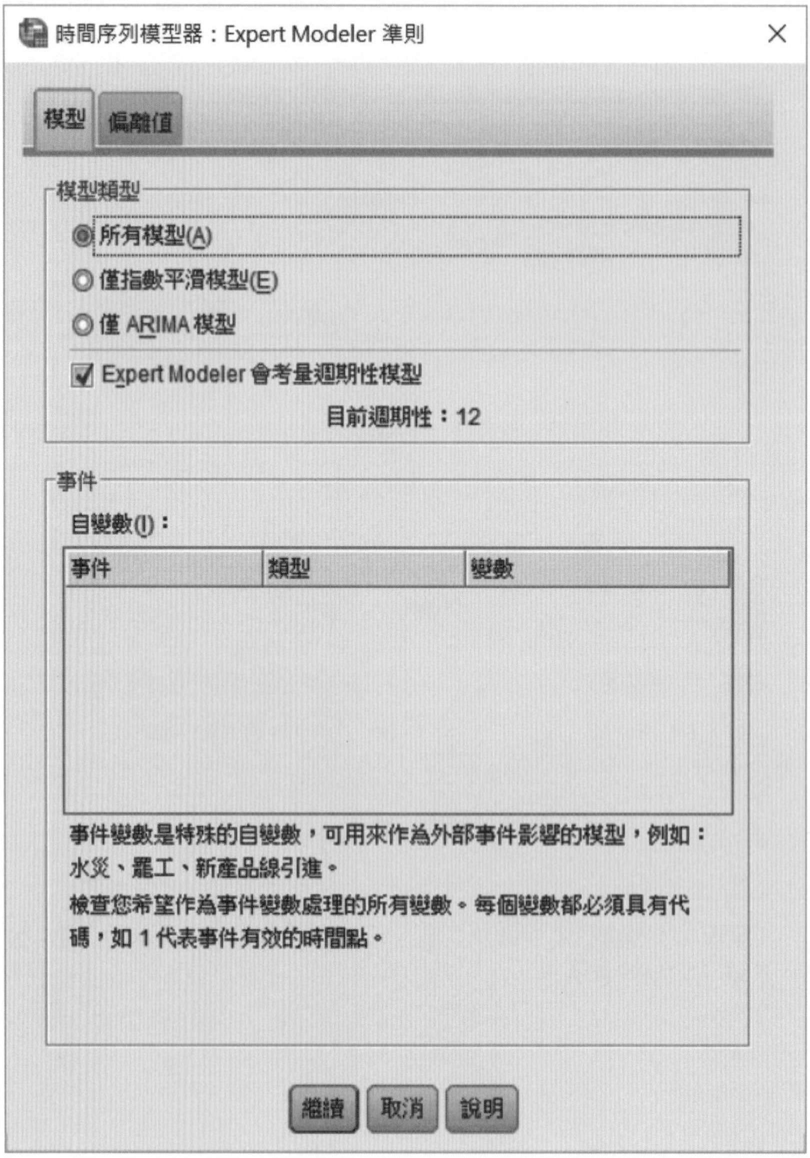

時間序列模型器：Expert Modeler 準則

模型 偏離值

模型類型

◉ 所有模型(A)

○ 僅指數平滑模型(E)

○ 僅 ARIMA 模型

☑ Expert Modeler 會考量週期性模型

目前週期性：12

事件

自變數(I)：

事件	類型	變數

事件變數是特殊的自變數，可用來作為外部事件影響的模型，例如：水災、罷工、新產品線引進。

檢查您希望作為事件變數處理的所有變數。每個變數都必須具有代碼，如 1 代表事件有效的時間點。

繼續 取消 說明

步驟 4　回到步驟 2 的畫面時，按一下〔統計資料〕。變成以下畫面時，勾選參數估計值、顯示預測。

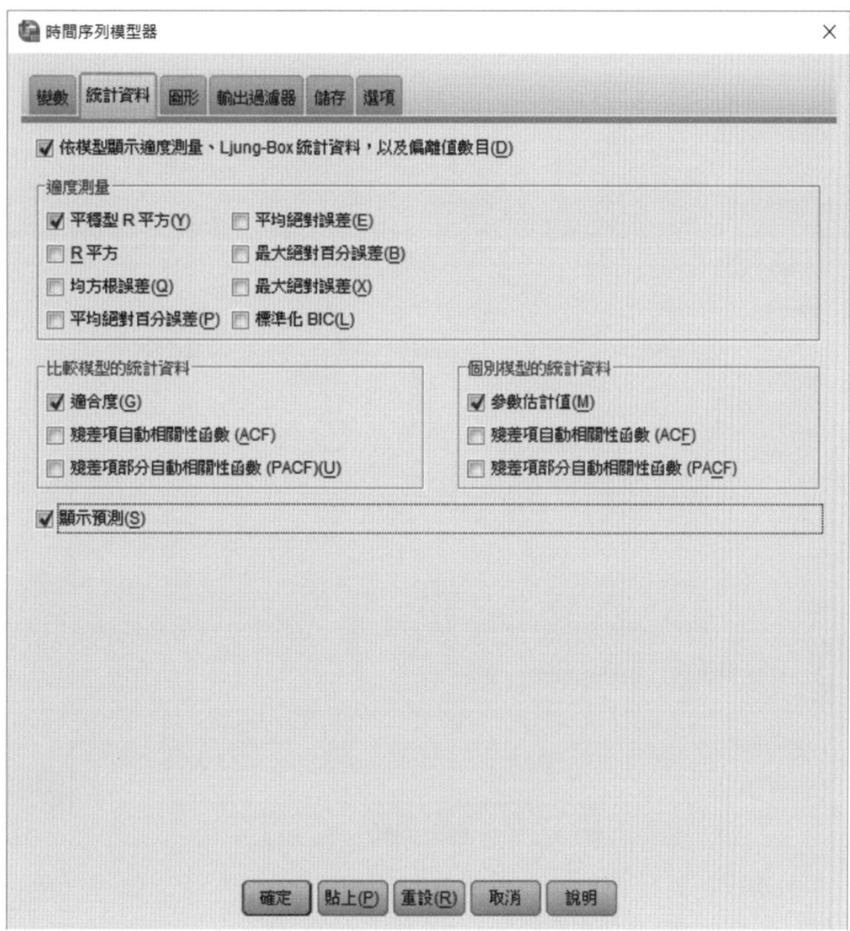

步驟 5 接著，點一下〔儲存〕。爲了將預測值輸出到資料檔案中，如下勾選。
不儲存此模型時，跳到步驟 8，
想儲存此模型時，點一下〔瀏覽 (B)〕，到步驟 6。
此處先儲存模型。

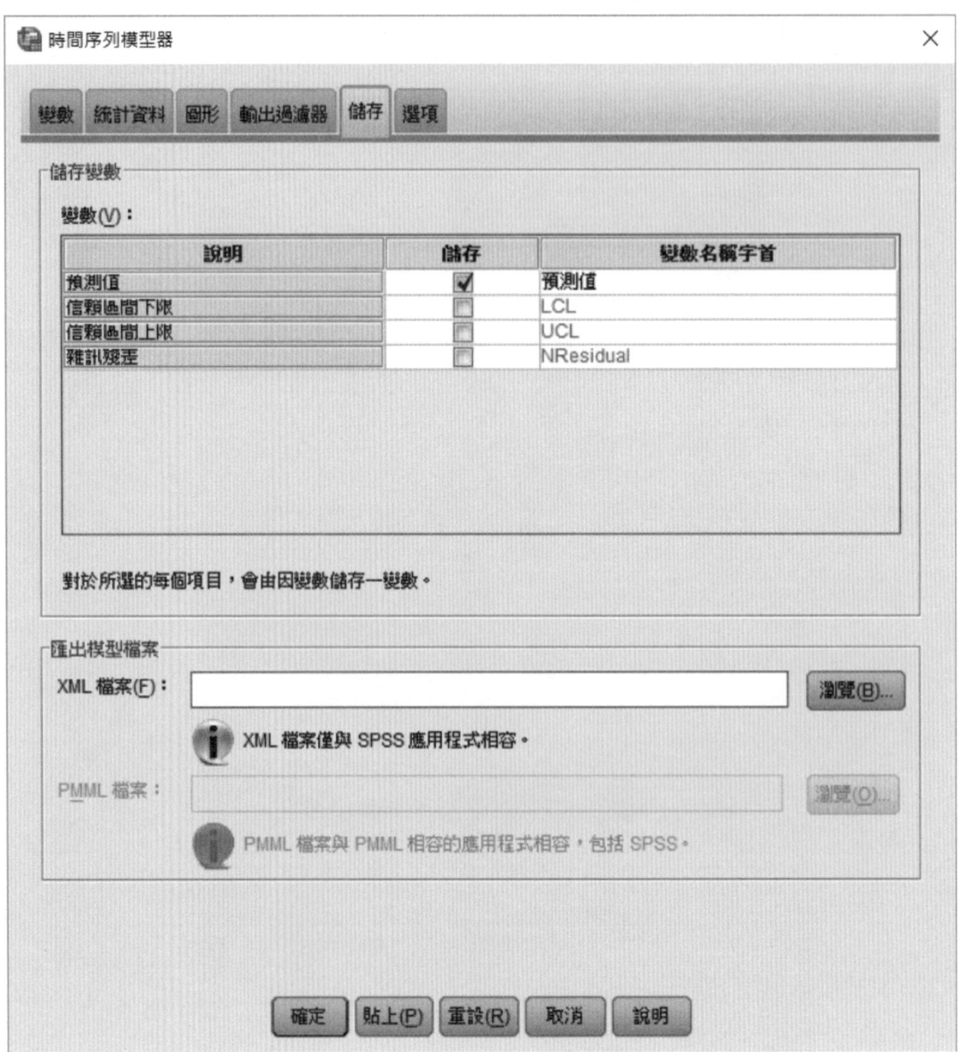

步驟 6　如下輸入最適預測值的檔名後儲存。

〔註〕被儲存的檔案第 16 章會使用。

步驟 7　回到以下畫面時，確認檔名是否為最適預測值。

步驟 8　接著點一下〔選項〕，勾選◎通過指定日期的估計期間結束之後的第一個觀察值 (C)，並於日期的地方如下輸入，之後按確定。

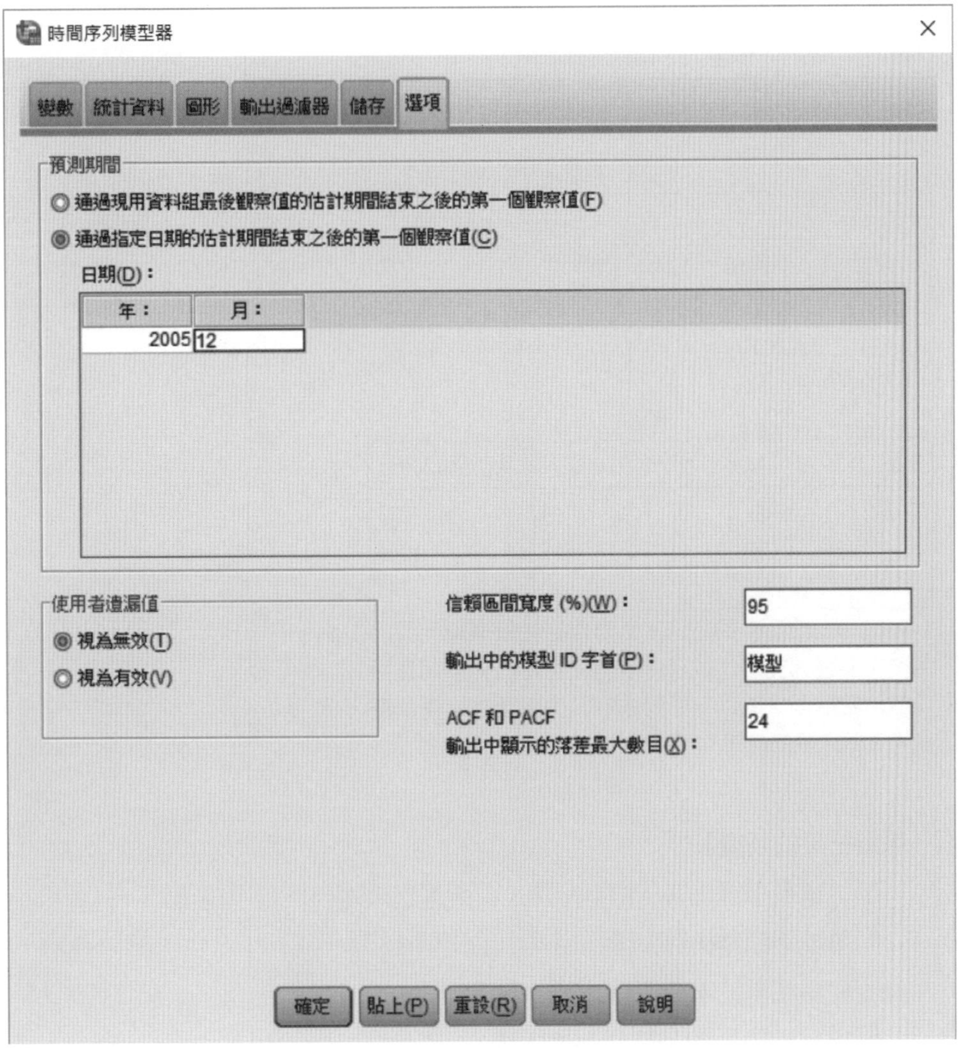

〔**SPSS 輸出**〕

型號說明

	模型類型
模型 ID　Y　　模型 _1	簡單週期性

①

指數平滑化模型參數

模型			估計	SE	T	顯著性
Y- 模型 _1	無轉換	Alpha（水準）	.500	.082	6.063	.000
		Delta 值（週期性）	5.076E-6	.096	5.275E-5	1.000

②

預測

模型		十一月 2005	十一月 2005
Y- 模型 _1	預測	744	923
	UCL	867	1061
	LCL	620	785

針對每一個模型，預測是在所要求的估計期間範圍內的前次非遺漏開始，並在其所有預測值的非遺漏值可用的前次期間，或是在所要求的預測期間的結束日期結束，取較早的時間。

③

〔**輸出結果的判讀**〕

①從指數平滑化與 ARIMA 模式中所選的最適模式是單純季節。
單純季節是指數平滑化模式中的一個。
使用此單純季節即可計算最適預測值。

②求出指數平滑化的 alpha。

$\alpha = 0.500$

③2005 年 11 月的預測值是 $\hat{y}(t, 1) = 744$

2005 年 12 月的預測值是 $\hat{y}(t, 2) = 923$

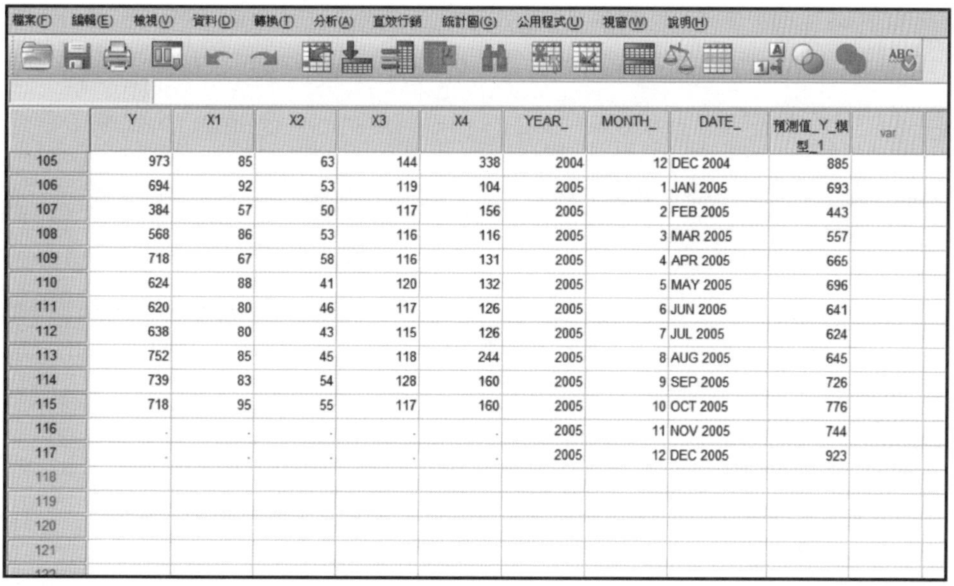

檔案(F) 編輯(E) 檢視(V) 資料(D) 轉換(T) 分析(A) 直效行銷 統計圖(G) 公用程式(U) 視窗(W) 說明(H)

	Y	X1	X2	X3	X4	YEAR_	MONTH_	DATE_	預測值_Y_模型_1	var
105	973	85	63	144	338	2004	12	DEC 2004	885	
106	694	92	53	119	104	2005	1	JAN 2005	693	
107	384	57	50	117	156	2005	2	FEB 2005	443	
108	568	86	53	116	116	2005	3	MAR 2005	557	
109	718	67	58	116	131	2005	4	APR 2005	665	
110	624	88	41	120	132	2005	5	MAY 2005	696	
111	620	80	46	117	126	2005	6	JUN 2005	641	
112	638	80	43	115	126	2005	7	JUL 2005	624	
113	752	85	45	118	244	2005	8	AUG 2005	645	
114	739	83	54	128	160	2005	9	SEP 2005	726	
115	718	95	55	117	160	2005	10	OCT 2005	776	
116	.	.	.	.	.	2005	11	NOV 2005	744	
117	.	.	.	.	.	2005	12	DEC 2005	923	
118										
119										
120										
121										

16.3 預測時選擇自變數的步驟

No.	年月	y	X1	X2	X3	X4
1	1996 年 4 月	463	85	22	78	111
2	1996 年 5 月	353	74	21	87	161
.	.	.	.	.	.	.
.	.	.	.	.	.	.
.	.	.	.	.	.	.
114	2005 年 9 月	739	83	54	128	160
115	2005 年 10 月	718	95	55	117	160

想知道預測超市的銷售收入最有效的自變數是何者？

〔統計處裡的步驟〕

步驟 1 數據輸入完成後，如下從〔分析 (A)〕選擇〔預測 (T)〕，再選擇〔建立模型 (C)〕。

檔案(F) 編輯(E) 檢視(V) 資料(D) 轉換(T) 分析(A) 直效行銷 統計圖(G) 公用程式(U) 視窗(W) 說明(H)

報表(P)
描述性統計資料(E)
表格(T)
比較平均數法(M)
一般線性模型(G)
廣義線性模型
混合模型(X)
相關(C)
迴歸(R)
對數線性(O)
神經網路(W)
分類(Y)
維度縮減(D)
尺度
無母數檢定(N)
預測(T) → 建立模型(C)... / 套用模型(A)...
存活分析(S)

	Y	X1	X2	YEAR_	MONTH_	DATE_	var
1	463	85		1996	4	APR 1996	
2	353	74		1996	5	MAY 1996	
3	347	87		1996	6	JUN 1996	
4	368	79		1996	7	JUL 1996	
5	380	72		1996	8	AUG 1996	
6	375	83		1996	9	SEP 1996	
7	441	111		1996	10	OCT 1996	
8	452	74		1996	11	NOV 1996	
9	601	105		1996	12	DEC 1996	
10	391	66		1997	1	JAN 1997	
11	187	59		1997	2	FEB 1997	
12	342	60		1997	3	MAR 1997	
13	360	82			4	APR 1997	
14	356	91			5	MAY 1997	

步驟 2 成爲如下畫面時，將 Y 移入〔因變數 (D)〕，將 X1、X2、X3、X4 移到〔自變數 (I)〕中。

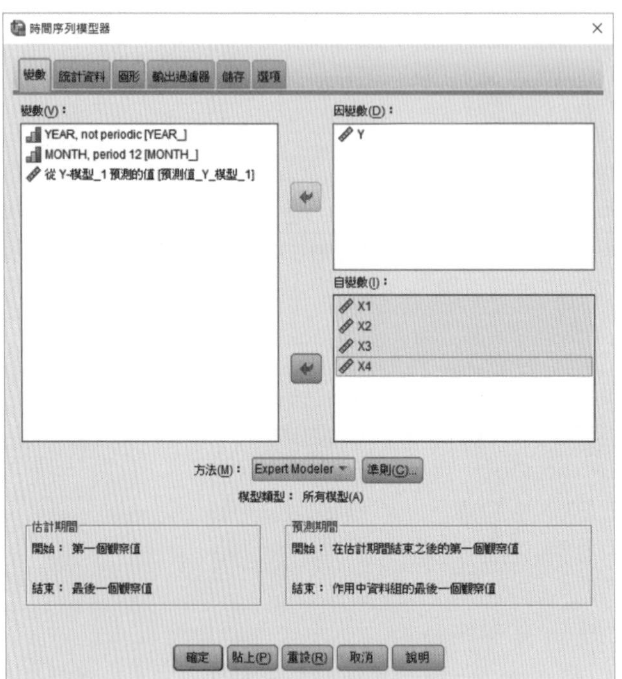

步驟 3　接者，點一下〔統計資料〕，勾選參數估計值 (M)。

不儲存此模式時，按確定；想儲存時，到步驟 4。此處想儲存模式，因之進入到步驟 4。

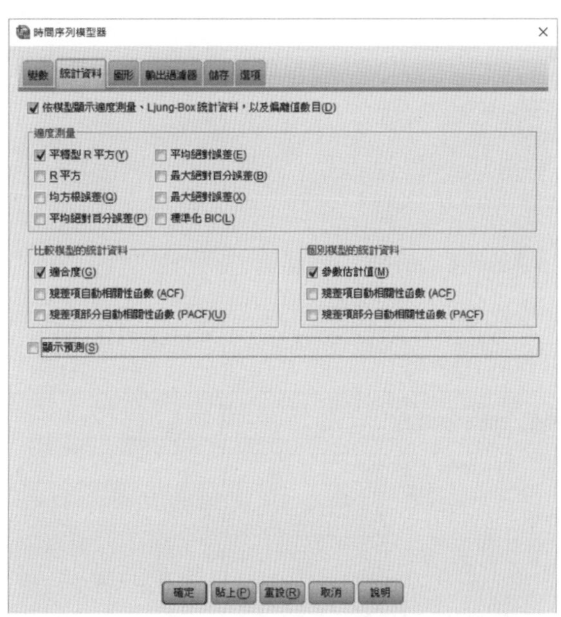

步驟 4　要儲存此模式時，點一下〔儲存〕，再點一下〔瀏覽 (B)〕。

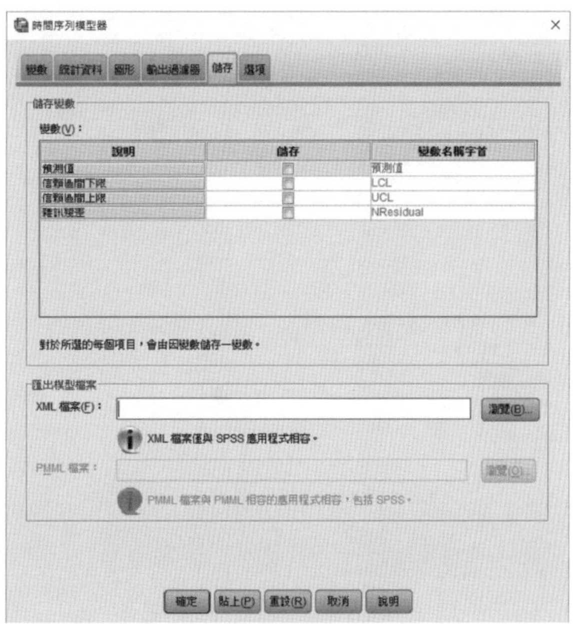

步驟 5　如下輸入檔名後，按[儲存]。

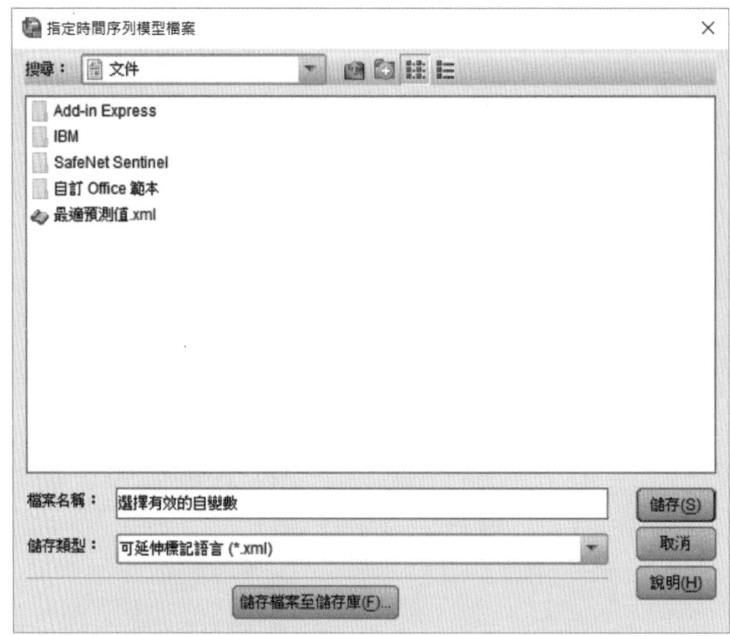

步驟 6　回到以下畫面時，按[確定]。

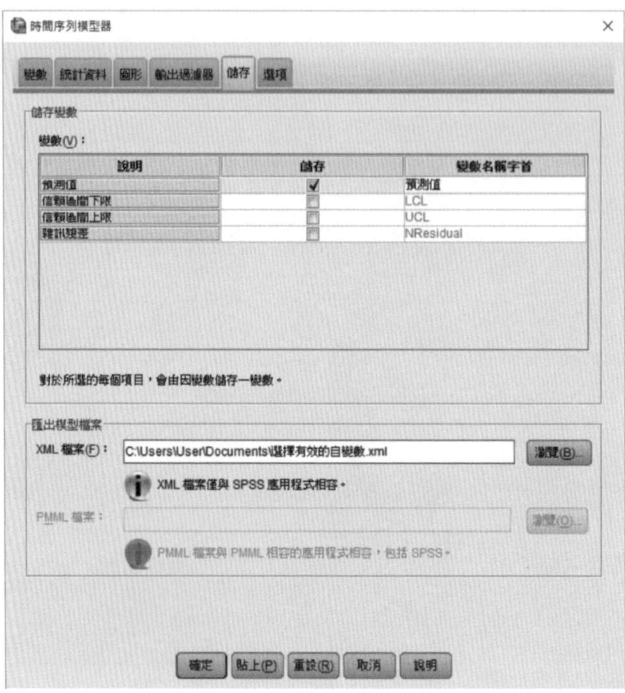

〔**SPSS 輸出 1**〕

型號說明

	模型類型
模型 ID　Y　　模型 _1	ARIMA(0, 0, 1)(0, 1, 1)

①

模型適合度

適合度統計資料	平均數	SE	最小値	最大値	百分位數						
					5	10	25	50	75	90	95
平穩 R 平方	.863	.	.863	.863	.863	.863	.863	.863	.863	.863	.863
R 平方	.955	.	.955	.955	.955	.955	.955	.955	.955	.955	.955
RMSE	31.674	.	31.674	31.674	37.674	31.674	31.674	31.674	31.674	31.674	31.674
MAPE	4.217	.	4.217	4.217	4.217	4.217	4.217	4.217	4.217	4.217	4.217
MaxAPE	35.863	.	35.863	35.863	35.863	35.863	35.863	35.863	35.863	35.B63	35.863
MAE	21.954	.	21.954	21.954	21.954	21.954	21.954	21.954	21.954	21.954	21.954
MaxAE	155.285	.	155.285	155.285	155.285	155.285	155.285	755.285	155.285	155.285	755.285
標準化 BIC	7.183	.	7.183	7.183	7.183	7.183	7.183	7.183	7.183	7.183	7.183

〔**輸出結果的判讀**〕

①Expert Modeller 雖包含指數平滑化與 ARIMA，但利用自變數時，即成爲只有 ARIMA。

從 ARIMA(p, d, q)(P, D, Q) 的模式之中找出 ARIMA(0, 0, 1)(0, 1, 1)，當作最適模式。

〔**SPSS 輸出 2**〕

模型統計資料

模型	預測變數數目	模型適合度統計資料	Ljung-Box Q(18)			離群値數目
		平穩 R 平方	統計資料	DF	顯著性	
Y- 模型 _1	2	.863	14.485	16	.563	0

②

ARIMA 模型參數

					估計	SE	T	顯著性
Y-模型_1	Y	無轉換	MA	落後 1	-.671	.078	-8.625	.000
			週期性差異		1			
			MA，週朗性	落後 1	.879	.229	3.834	.000
	X2	無轉換	分子	落後 0	5.662	.512	11.062	.000
				落後 1	-3.475	.504	-6.892	.000
			週期性差異		1			
	X4	無轉換	分子	落後 0	1.145	.084	13.582	.000
				落後 1	-.773	.083	-9.340	.000
			週期性差異		1			

③

〔輸出結果判讀 2〕

②4 個自變數採用 2 個。

③4 個自變數中，對預測超市的銷售收入最有效的自變數是

X2：新產品的進貨量

X3：特賣品的種類

〔註〕利用第 16 章模式時，即使用此 2 變數。

16.4 事件變數的利用法

事件變數像是洪水、罷工、休假日等，為了將被認為對時間數列有影響的事件模式化所使用的特殊自變數。

例如，將星期日當作事件發生，事件變數以 1 表示，其他時候則是事件未發生，事件變數以 0 表示。

週	事件變數
.	.
.	.
星期五	0
星期六	0
星期日	1
.	.
.	.

〔註〕1 表示發生事件的時點，0 表示以外的時點。

〔事件變數的輸入類型〕

*p.233.sav [資料集1] - IBM SPSS Statistics Data Editor

	Y	X1	X2	X3	X4	YEAR_	MONTH_	DATE_	事件變數
1	463	85	22	78	111	1996	4	APR 1996	.00
2	353	74	21	87	161	1996	5	MAY 1996	.00
3	347	87	23	78	111	1996	6	JUN 1996	.00
4	368	79	22	79	113	1996	7	JUL 1996	.00
5	380	72	20	81	168	1996	8	AUG 1996	.00
6	375	83	15	78	145	1996	9	SEP 1996	.00
7	441	111	20	87	161	1996	10	OCT 1996	.00
8	452	74	16	88	246	1996	11	NOV 1996	.00
9	601	105	29	103	346	1996	12	DEC 1996	1.00
10	391	66	22	81	115	1997	1	JAN 1997	.00
11	187	59	28	84	129	1997	2	FEB 1997	.00
12	342	60	28	86	147	1997	3	MAR 1997	.00
13	360	82	22	84	96	1997	4	APR 1997	.00
14	356	91	24	86	159	1997	5	MAY 1997	.00
15	397	80	25	86	114	1997	6	JUN 1997	.00
16	449	64	28	85	161	1997	7	JUL 1997	.00
17	407	74	19	90	148	1997	8	AUG 1997	.00
18	390	87	18	88	141	1997	9	SEP 1997	.00
19	439	105	20	85	154	1997	10	OCT 1997	.00
20	472	88	26	87	204	1997	11	NOV 1997	.00
21	578	87	30	111	270	1997	12	DEC 1997	1.00
22	396	65	27	91	127	1998	1	JAN 1998	.00
23	211	70	27	82	115	1998	2	FEB 1998	.00
24	370	72	31	94	129	1998	3	MAR 1998	.00
25	488	78	33	88	122	1998	4	APR 1998	.00

此處將 12 月當作事件。

〔事件變數的處理步驟〕

步驟 1　將事件變數移入〔自變數 (I)〕中，接著點一下〔準則 (C)〕。

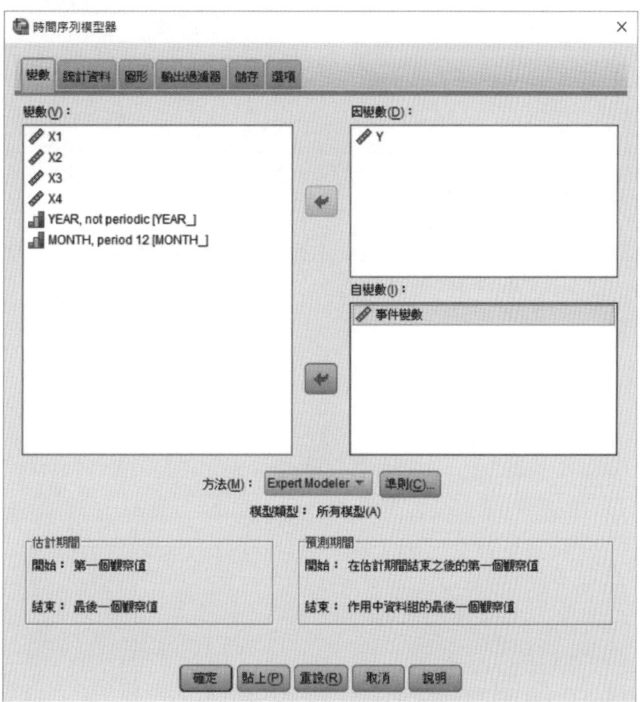

步驟 2 〔自變數(I)〕的方框中出現事件變數，因之如下勾選事件，之後按繼續。

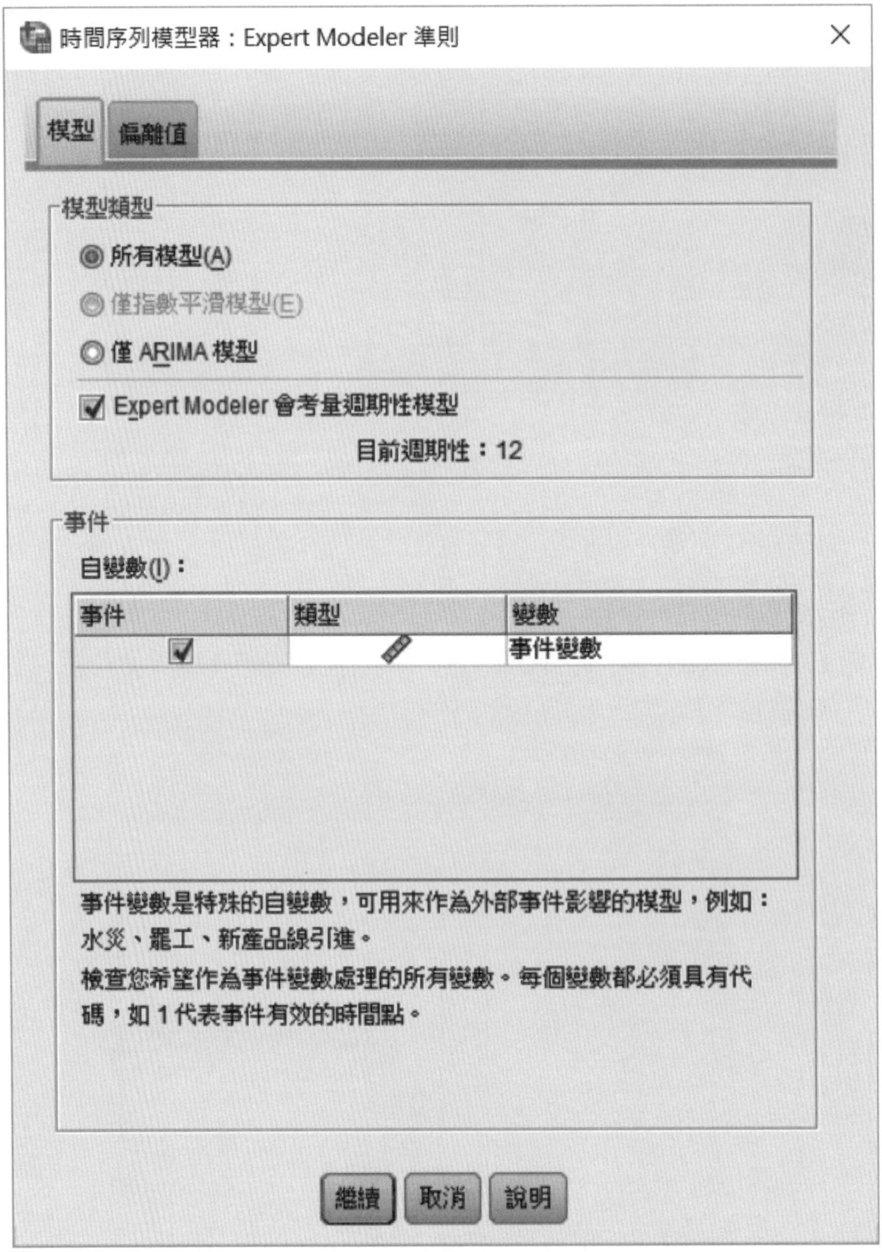

時間序列模型器：Expert Modeler 準則

模型 偏離值

模型類型

所有模型(A)

僅指數平滑模型(E)

僅 ARIMA 模型

Expert Modeler 會考量週期性模型

目前週期性：12

事件

自變數(I)：

事件	類型	變數
☑		事件變數

事件變數是特殊的自變數，可用來作為外部事件影響的模型，例如：水災、罷工、新產品線引進。

檢查您希望作為事件變數處理的所有變數。每個變數都必須具有代碼，如 1 代表事件有效的時間點。

繼續 取消 說明

第 17 章 套用傳統模型

17.1 前言

SPSS 的時間數列分析中，準備有以下的清單。

使用此〔套用傳統模型 (A)〕時，

1. 可以使用〔建立傳統模型 (C)〕時所作成的最適模型，可以再延伸預測。
2. 可以使用〔建立傳統模型〕時所作成的最適模型，可以比較數個腳本。

〔數據輸入類型〕

使用與第 15 章相同的時間數列數據。數據與日期如下輸入。

Y：銷售收入

X1：櫃台的店員數

X2：新商品的進貨量

X3：報紙的廣告單

X4：特賣品的種類

〔變數視圖〕

p.233.sav [資料集1] - IBM SPSS Statistics Data Editor

	名稱	類型	寬度	小數	標籤	數值	遺漏	直欄	對齊	測量	角色
1	Y	數值型	8	0		無	無	8	右	尺度	輸入
2	X1	數值型	8	0		無	無	8	右	尺度	輸入
3	X2	數值型	8	0		無	無	8	右	尺度	輸入
4	X3	數值型	8	0		無	無	8	右	尺度	輸入
5	X4	數值型	10	0		無	無	8	右	尺度	輸入
6	YEAR_	數值型	10	0	YEAR, not peri...	無	無	8	右	序數(O)	輸入
7	MONTH_	數值型	2	0	MONTH, period...	無	無	8	右	序數(O)	輸入
8	DATE_	字串	24	0	Date. Format: ...	無	無	10	左	名義(N)	輸入

〔資料視圖〕

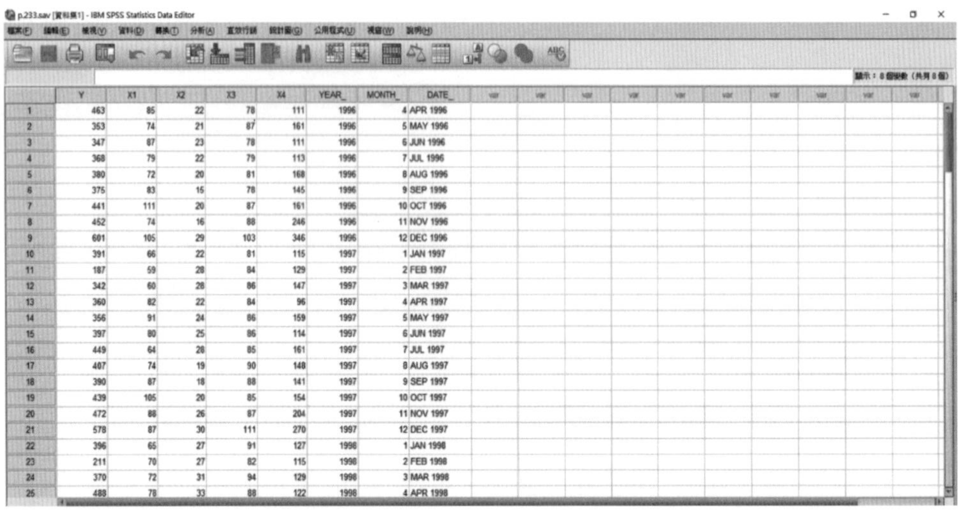

p.233.sav [資料集1] - IBM SPSS Statistics Data Editor

	Y	X1	X2	X3	X4	YEAR_	MONTH_	DATE_
1	463	85	22	78	111	1996	4	APR 1996
2	353	74	21	87	161	1996	5	MAY 1996
3	347	87	23	78	111	1996	6	JUN 1996
4	368	79	22	79	113	1996	7	JUL 1996
5	380	72	20	81	168	1996	8	AUG 1996
6	375	83	15	78	145	1996	9	SEP 1996
7	441	111	20	87	161	1996	10	OCT 1996
8	452	74	16	88	246	1996	11	NOV 1996
9	601	105	29	103	346	1996	12	DEC 1996
10	391	66	22	81	115	1997	1	JAN 1997
11	187	59	28	84	129	1997	2	FEB 1997
12	342	60	28	86	147	1997	3	MAR 1997
13	360	82	22	84	96	1997	4	APR 1997
14	356	91	24	86	159	1997	5	MAY 1997
15	397	80	25	86	114	1997	6	JUN 1997
16	449	64	28	85	161	1997	7	JUL 1997
17	407	74	19	90	148	1997	8	AUG 1997
18	390	87	18	88	141	1997	9	SEP 1997
19	439	105	20	85	154	1997	10	OCT 1997
20	472	88	26	87	204	1997	11	NOV 1997
21	578	87	30	111	270	1997	12	DEC 1997
22	396	65	27	91	127	1998	1	JAN 1998
23	211	70	27	82	115	1998	2	FEB 1998
24	370	72	31	94	129	1998	3	MAR 1998
25	488	78	33	88	122	1998	4	APR 1998

〔註〕日期的輸入法參閱第1章。

17.2 想利用相同的模式再延伸預測時的步驟

在第 15 章 15.2 中，預測了超市的銷售收入如下。

模式		2005 年 11 月	2005 年 12 月
Y- 模型	預測值	744	923
	UCL	867	1061
	LCL	620	785

對此 2 個預測值，實際的 2 個月的銷售收入即爲如下。

	2005 年 11 月	2005 年 12 月
實測值	700	900

因此使用預測 11 月與 12 月的相同模型，想再預測 2006 年 1 月與 2 月的銷售收入。

	2005 年 11 月	2005 年 12 月	2006 年 1 月	2006 年 2 月
實測值	700			
預測值	900		?	?

〔統計處裡的步驟〕

步驟 1　如下輸入實測值 700、900 後，再次定義日期。

檔案(F) 編輯(E) 檢視(V) 資料(D) 轉換(T) 分析(A) 直效行銷 統計圖(G) 公用程式(U) 視窗(W) 說明(H)

117 : DATE_　DEC 2005

	Y	X1	X2	X3	X4	YEAR_	MONTH_	DATE_
106	694	92	53	119	104	2005	1	JAN 2005
107	384	57	50	117	156	2005	2	FEB 2005
108	568	86	53	116	116	2005	3	MAR 2005
109	718	67	58	116	131	2005	4	APR 2005
110	624	88	41	120	132	2005	5	MAY 2005
111	620	80	46	117	126	2005	6	JUN 2005
112	638	80	43	115	126	2005	7	JUL 2005
113	752	85	45	118	244	2005	8	AUG 2005
114	739	83	54	128	160	2005	9	SEP 2005
115	718	95	55	117	160	2005	10	OCT 2005
116	700	.	.	.	.	2005	11	NOV 2005
117	900	.	.	.	.	2005	12	DEC 2005
118								

步驟 2 如下按一下〔套用傳統模型 (A)〕。

步驟 3 變成如下畫面時，按一下〔瀏覽 (B)〕。

叫出第 15 章 15.2 所建立並儲存的最適模型（檔名是最適預測值）。

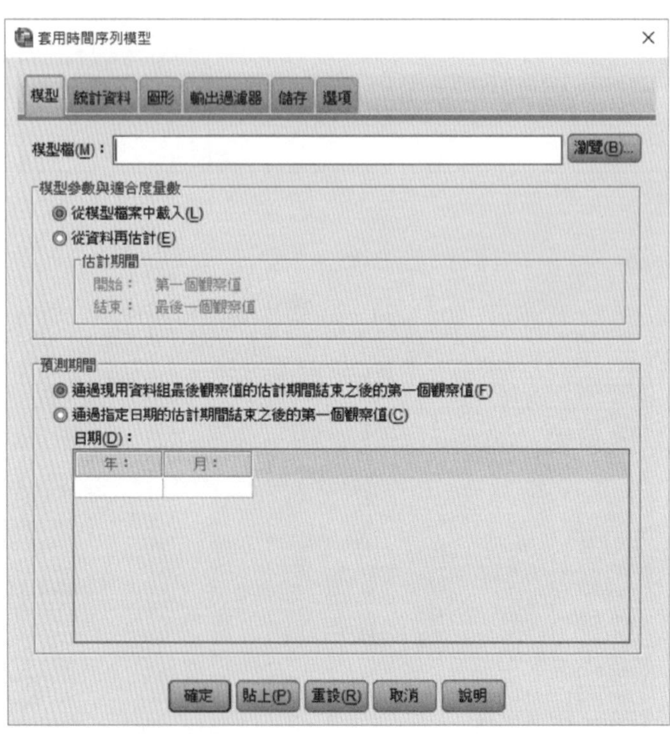

步驟 4　如出現如下畫面時。

開啟時間序列模型檔案
搜尋：文件
Add-in Express
IBM
SafeNet Sentinel
自訂 Office 範本
最適預測值.xml
選擇有效的自變數.xml
檔案名稱：
檔案類型：可延伸標記語言 (*.xml)
開啟(O)
取消
說明(H)
從儲存庫擷取檔案(R)...

步驟 5　開啓已儲存的檔案－最適預測值。

開啟時間序列模型檔案
搜尋：文件
Add-in Express
IBM
SafeNet Sentinel
自訂 Office 範本
最適預測值.xml
選擇有效的自變數.xml
檔案名稱：最適預測值.xml
檔案類型：可延伸標記語言 (*.xml)
開啟(O)
取消
說明(H)
從儲存庫擷取檔案(R)...

步驟 6　回到以下畫面，確認檔名後，按一下「◎從資料再估計 (E)」以及「◎通過指定日期的估計期間結束之後的第一個觀測值 (C)」，並如下輸入日期。

步驟 7　點一下統計資料，勾選參數估計值、顯示預測，之後按確定。

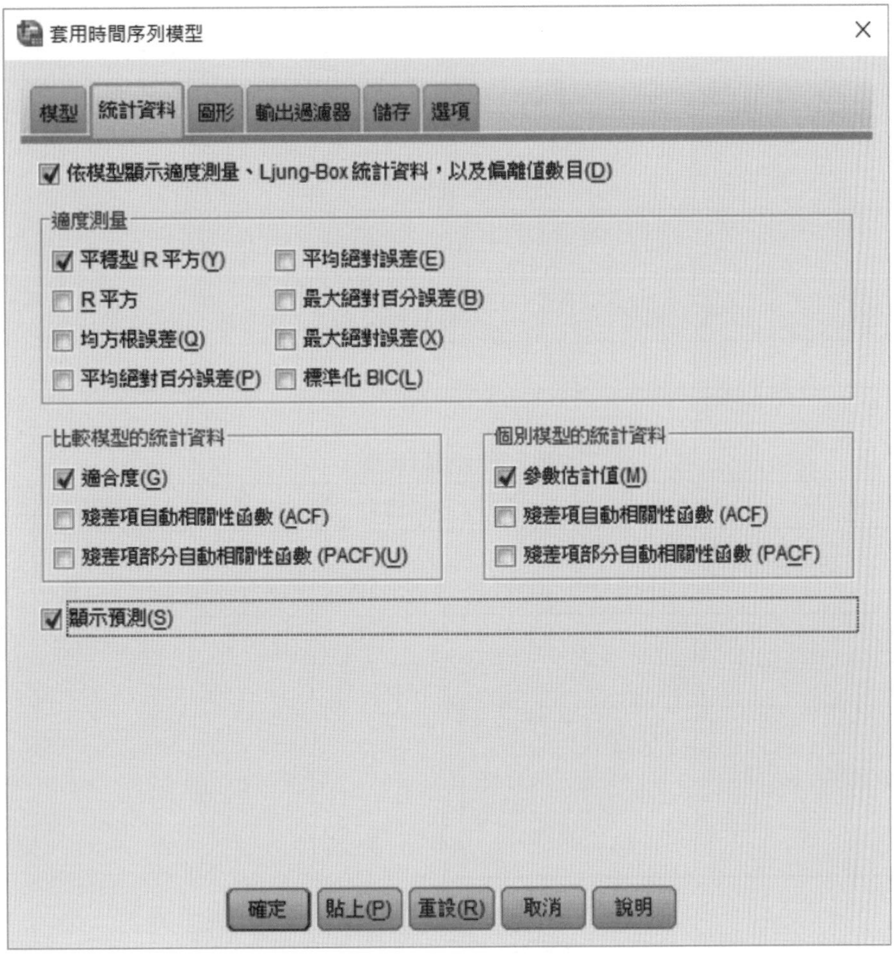

套用時間序列模型

模型 | 統計資料 | 圖形 | 輸出過濾器 | 儲存 | 選項

☑ 依模型顯示適度測量、Ljung-Box 統計資料，以及偏離值數目(D)

適度測量
☑ 平穩型 R 平方(Y)　☐ 平均絕對誤差(E)
☐ R 平方　☐ 最大絕對百分誤差(B)
☐ 均方根誤差(Q)　☐ 最大絕對誤差(X)
☐ 平均絕對百分誤差(P)　☐ 標準化 BIC(L)

比較模型的統計資料
☑ 適合度(G)
☐ 殘差項自動相關性函數 (ACF)
☐ 殘差項部分自動相關性函數 (PACF)(U)

個別模型的統計資料
☑ 參數估計值(M)
☐ 殘差項自動相關性函數 (ACF)
☐ 殘差項部分自動相關性函數 (PACF)

☑ 顯示預測(S)

確定 | 貼上(P) | 重設(R) | 取消 | 說明

〔SPSS 輸出〕

型號說明

			模型類型
模型 ID	Y	模型 _1	簡單週期性

①

模型統計資料

模型	預測變數數目	模型適合度統計資料	Ljung-Box Q(18)			離群值數目
		平穩 R 平方	統計資料	DF	顯著性	
Y- 模型 _1	0	.439	61.006	16	.000	0

指數平滑化模型參數

模型			估計	SE	T	顯著性
Y- 模型 _1	無轉換	Alpha（水準）	.500	.081	6.177	.000
		Delta 值（週期性）	2.823E-5	.062	.000	1.000

②

預測

模型		一月 2006	二月 2006
Y- 模型 _1	預測	656	406
	UCL	779	543
	LCL	533	269

③

〔輸出結果判讀〕

①模式與第 15 章相同。

②參數值是

$\alpha = 0.500$

③這是 2006 年 1 月與 2 月的預測值。

資料檔變成如下。

*p.233.sav [資料集1] - IBM SPSS Statistics Data Editor

檔案(F)　編輯(E)　檢視(V)　資料(D)　轉換(T)　分析(A)　直效行銷　統計圖(G)　公用程式(U)　視窗(W)　說明(H)

120 : DATE_

	Y	X1	X2	X3	X4	YEAR_	MONTH_	DATE_	預測值_Y_模型_1	var
106	694	92	53	119	104	2005	1	JAN 2005	684	
107	384	57	50	117	156	2005	2	FEB 2005	439	
108	568	86	53	116	116	2005	3	MAR 2005	555	
109	718	67	58	116	131	2005	4	APR 2005	664	
110	624	88	41	120	132	2005	5	MAY 2005	695	
111	620	80	46	117	126	2005	6	JUN 2005	640	
112	638	80	43	115	126	2005	7	JUL 2005	624	
113	752	85	45	118	244	2005	8	AUG 2005	645	
114	739	83	54	128	160	2005	9	SEP 2005	726	
115	718	95	55	117	160	2005	10	OCT 2005	776	
116	700	.	.	.	.	2005	11	NOV 2005	754	
117	900	.	.	.	.	2005	12	DEC 2005	909	
118	.	.	.	.	.	2006	1	JAN 2006	656	
119	.	.	.	.	.	2006	2	FEB 2006	406	

17.3 想比較 2 個腳本時的步驟

一、想分析的事項

已知對超市銷售收入 y 有效的自變數是新產品的進貨量 x2 與特賣日的商品 x4。因此，想比較以下 2 個腳本之中哪一個腳本可使超市的銷售收入成長呢？

腳本 1：將新商品的進貨量增加 10

腳本 2：將特賣日的商品 x2 的種類增加 40

它的步驟如下。

步驟 1 利用建立模型 (C)，先預測自變數 x2、x4 之值。

步驟 2 利用套用模型 (A)，預測腳本 1 之超市的銷售收入。

步驟 3 利用套用模型 (A)，預測腳本 2 之超市的銷售收入。

步驟 4 比較腳本 1 與腳 2 的銷售收入 y，採用可使銷售收入成長的腳本。

二、第1階段

〔統計處裡的步驟〕

步驟 1　如下準備數據與日期。

	Y	X1	X2	X3	X4	YEAR_	MONTH_	DATE_	var
1	463	85	22	78	111	1996	4	APR 1996	
2	353	74	21	87	161	1996	5	MAY 1996	
3	347	87	23	78	111	1996	6	JUN 1996	
4	368	79	22	79	113	1996	7	JUL 1996	
5	380	72	20	81	168	1996	8	AUG 1996	
6	375	83	15	78	145	1996	9	SEP 1996	
7	441	111	20	87	161	1996	10	OCT 1996	
8	452	74	16	88	246	1996	11	NOV 1996	
9	601	105	29	103	346	1996	12	DEC 1996	
10	391	66	22	81	115	1997	1	JAN 1997	
11	187	59	28	84	129	1997	2	FEB 1997	
12	342	60	28	86	147	1997	3	MAR 1997	
13	360	82	22	84	96	1997	4	APR 1997	
14	356	91	24	86	159	1997	5	MAY 1997	
15	397	80	25	86	114	1997	6	JUN 1997	
16	449	64	28	85	161	1997	7	JUL 1997	
17	407	74	19	90	148	1997	8	AUG 1997	
18	390	87	18	88	141	1997	9	SEP 1997	
19	439	105	20	85	154	1997	10	OCT 1997	
20	472	88	26	87	204	1997	11	NOV 1997	
21	578	87	30	111	270	1997	12	DEC 1997	
22	396	65	27	91	127	1998	1	JAN 1998	
23	211	70	27	82	115	1998	2	FEB 1998	
24	370	72	31	94	129	1998	3	MAR 1998	
25	488	78	33	88	122	1998	4	APR 1998	

步驟 2　先預測自變數 x2 與 x4 的 2005 年 11 月、12 月之值。因此，選擇〔建立模型 (C)〕。

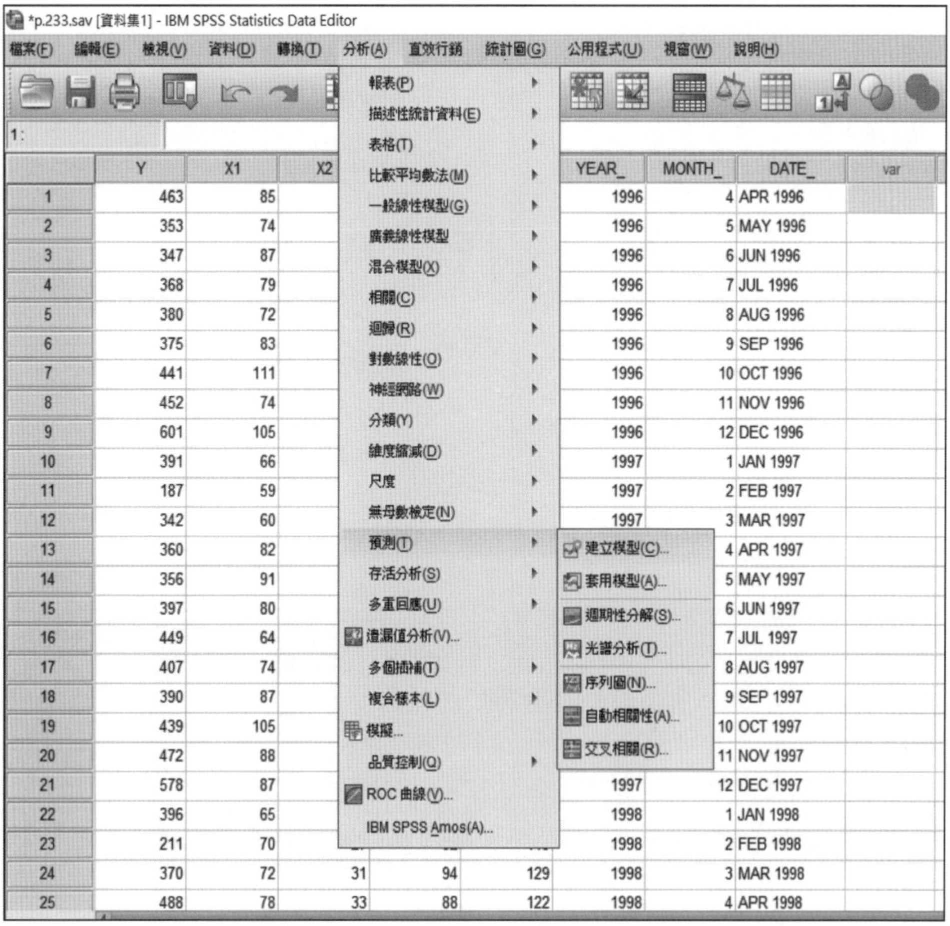

步驟 3 將 x2、x4 移到〔因變數 (D)〕中。

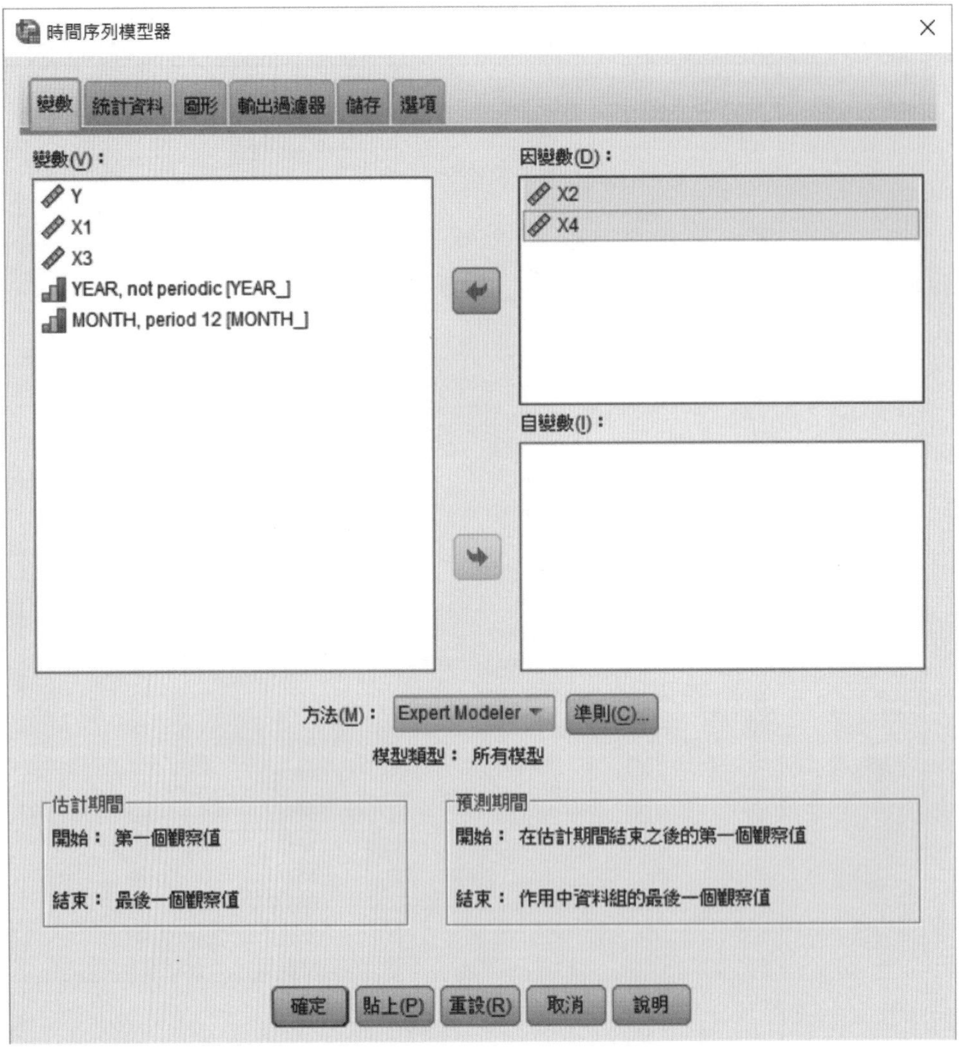

步驟 4　點一下〔儲存〕，勾選預測值。

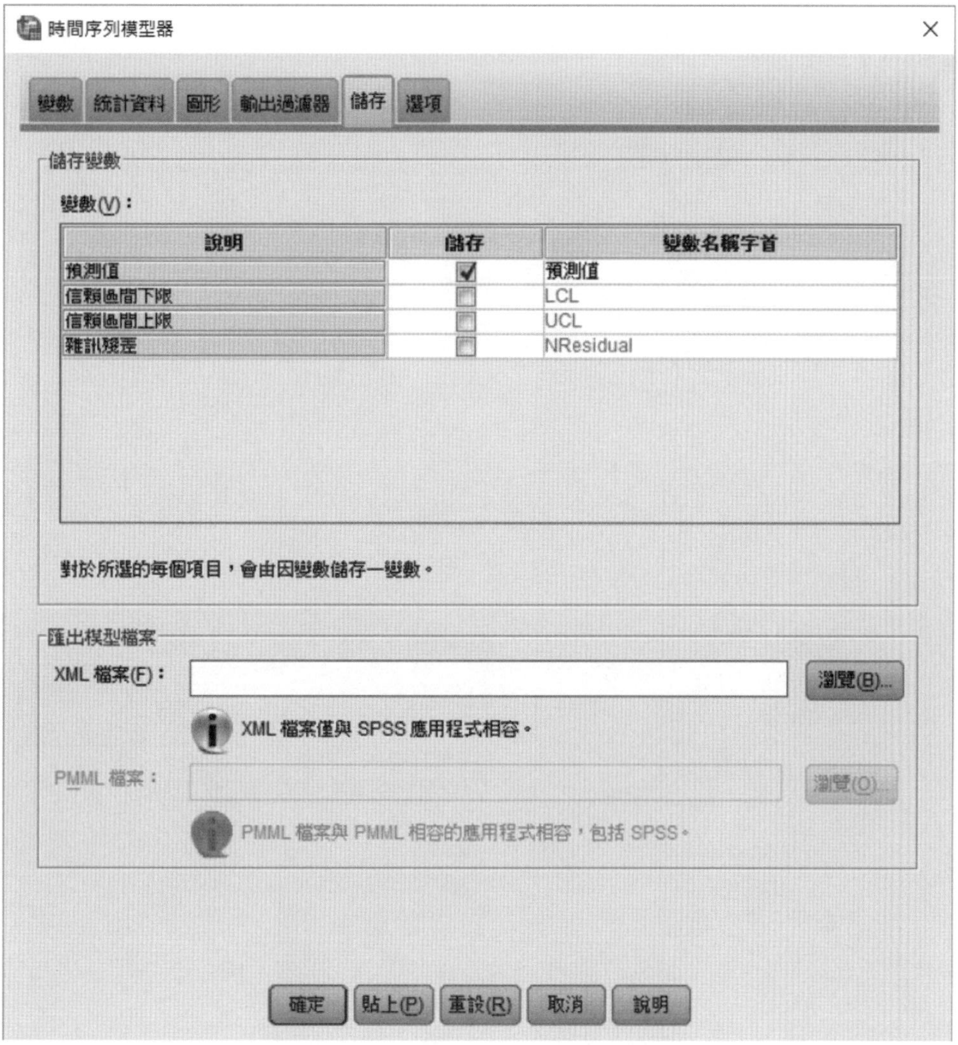

時間序列模型器

變數　統計資料　圖形　輸出過濾器　儲存　選項

儲存變數

變數(V)：

說明	儲存	變數名稱字首
預測值	✓	預測值
信賴區間下限		LCL
信賴區間上限		UCL
雜訊殘差		NResidual

對於所選的每個項目，會由因變數儲存一變數。

匯出模型檔案

XML 檔案(F)：　瀏覽(B)...

XML 檔案僅與 SPSS 應用程式相容。

PMML 檔案：　瀏覽(O)...

PMML 檔案與 PMML 相容的應用程式相容，包括 SPSS。

確定　貼上(P)　重設(R)　取消　說明

步驟 5　點一下〔選項〕，變成以下畫面時，勾選「◎通過指定日期的估計期間結束之後的第一個觀察值」，於日期處如下輸入後，按確定。

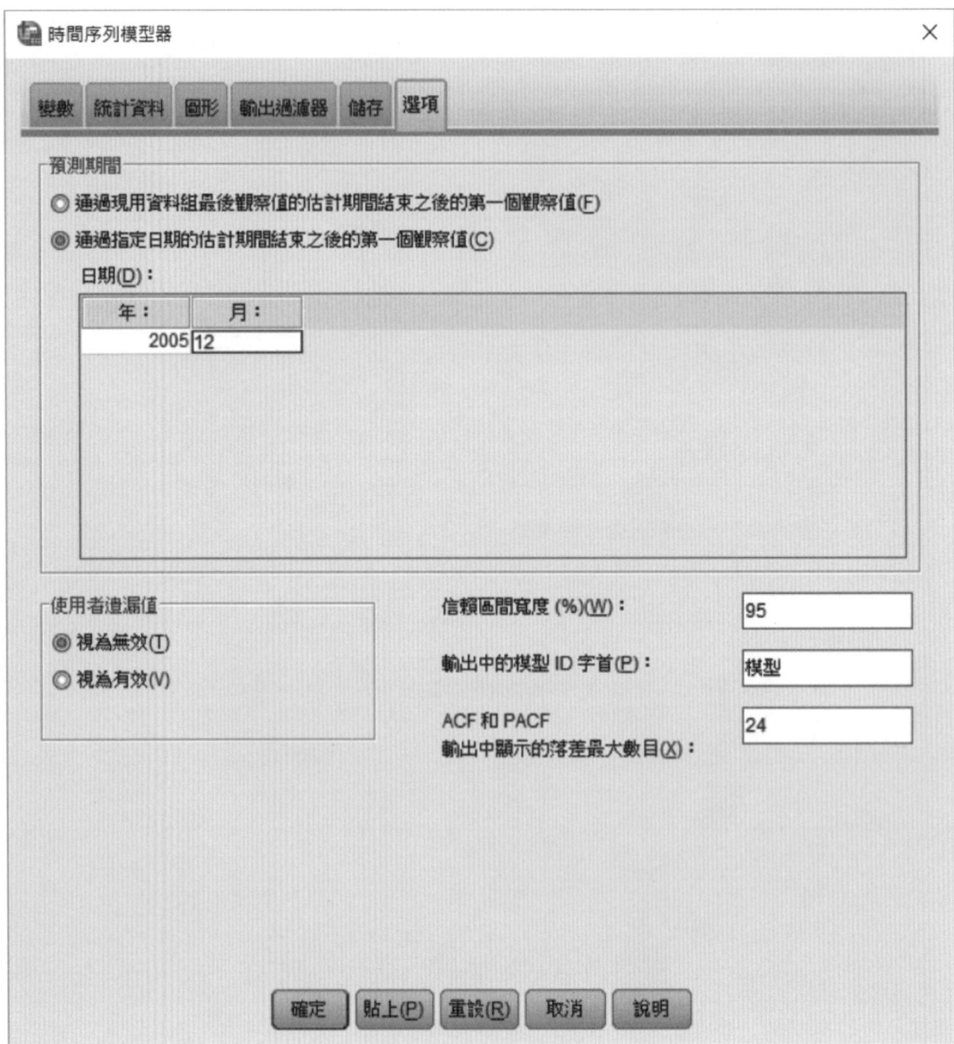

〔**SPSS 輸出 1**〕

x2 與 x4 的預測值輸出在資料檔中。

	Y	X1	X2	X3	X4	YEAR_	MONTH_	DATE_	預測值_X2_	預測值_X4_	var
98	602	57	46	112	230	2004	5	MAY 2004	35	190	
99	634	104	44	115	110	2004	6	JUN 2004	43	118	
100	626	71	49	116	119	2004	7	JUL 2004	42	123	
101	655	66	50	109	167	2004	8	AUG 2004	47	154	
102	506	89	45	110	86	2004	9	SEP 2004	49	151	
103	648	106	51	123	150	2004	10	OCT 2004	48	155	
104	775	78	50	112	211	2004	11	NOV 2004	48	226	
105	973	85	63	144	338	2004	12	DEC 2004	60	323	
106	694	92	53	119	104	2005	1	JAN 2005	52	123	
107	384	57	50	117	156	2005	2	FEB 2005	52	140	
108	568	86	53	116	116	2005	3	MAR 2005	52	125	
109	718	67	58	116	131	2005	4	APR 2005	53	121	
110	624	88	41	120	132	2005	5	MAY 2005	56	190	
111	620	80	46	117	126	2005	6	JUN 2005	46	118	
112	638	80	43	115	126	2005	7	JUL 2005	44	122	
113	752	85	45	118	244	2005	8	AUG 2005	43	154	
114	739	83	54	128	160	2005	9	SEP 2005	45	151	
115	718	95	55	117	160	2005	10	OCT 2005	53	155	
116	.	.	.	.	.	2005	11	NOV 2005	52	226	
117	.	.	.	.	.	2005	12	DEC 2005	63	323	
118											
119											

這是 x2 與 x4 的預測值，利用此預測值預測 y。

三、第 2 階段

步驟 6　回到資料檔的畫面，如下輸入到變數 x2 與 x4 中，但將 x2 的預測值加 10，x4 則照樣輸入。

	Y	X1	X2	X3	X4	YEAR_	MONTH_	DATE_	預測值_X2_	預測值_X4_	var
98	602	57	46	112	230	2004	5	MAY 2004	35	190	
99	634	104	44	115	110	2004	6	JUN 2004	43	118	
100	626	71	49	116	119	2004	7	JUL 2004	42	123	
101	655	66	50	109	167	2004	8	AUG 2004	47	154	
102	506	89	45	110	86	2004	9	SEP 2004	49	151	
103	648	106	51	123	150	2004	10	OCT 2004	48	155	
104	775	78	50	112	211	2004	11	NOV 2004	48	226	
105	973	85	63	144	338	2004	12	DEC 2004	60	323	
106	694	92	53	119	104	2005	1	JAN 2005	52	123	
107	384	57	50	117	156	2005	2	FEB 2005	52	140	
108	568	86	53	116	116	2005	3	MAR 2005	52	125	
109	718	67	58	116	131	2005	4	APR 2005	53	121	
110	624	88	41	120	132	2005	5	MAY 2005	56	190	
111	620	80	46	117	126	2005	6	JUN 2005	46	118	
112	638	80	43	115	126	2005	7	JUL 2005	44	122	
113	752	85	45	118	244	2005	8	AUG 2005	43	154	
114	739	83	54	128	160	2005	9	SEP 2005	45	151	
115	718	95	55	117	160	2005	10	OCT 2005	53	155	
116	.	.	62	.	226	2005	11	NOV 2005	52	226	
117	.	.	73	.	323	2005	12	DEC 2005	63	323	
118											

步驟 7 爲了要預測腳本 1 的超市的銷售收入 y，選擇〔套用模型 (A)〕。

檔案(F) 編輯(E) 檢視(V) 資料(D) 轉換(T) 分析(A) 直效行銷 統計圖(G) 公用程式(U) 視窗(W) 說明(H)

117 :

	Y	X1	YEAR_	MONTH_	DATE_	預測值_X2_	預測值_X4_	var
98	602	57	2004	5	MAY 2004	35	190	
99	634	104	2004	6	JUN 2004	43	118	
100	626	71	2004	7	JUL 2004	42	123	
101	655	66	2004	8	AUG 2004	47	154	
102	506	89	2004	9	SEP 2004	49	151	
103	648	106	2004	10	OCT 2004	48	155	
104	775	78	2004	11	NOV 2004	48	226	
105	973	85	2004	12	DEC 2004	60	323	
106	694	92	2005	1	JAN 2005	52	123	
107	384	57	2005	2	FEB 2005	52	140	
108	568	86	2005	3	MAR 2005	52	125	
109	718	67	2005	4	APR 2005	53	121	
110	624	88		5	MAY 2005	56	190	
111	620	80		6	JUN 2005	46	118	
112	638	80		7	JUL 2005	44	122	
113	752	85		8	AUG 2005	43	154	
114	739	83		9	SEP 2005	45	151	
115	718	95		10	OCT 2005	53	155	
116	.	.		11	NOV 2005	52	226	
117	.	.		12	DEC 2005	63	323	
118								
119								
120								
121								

報表(P)
描述性統計資料(E)
表格(T)
比較平均數法(M)
一般線性模型(G)
廣義線性模型
混合模型(X)
相關(C)
迴歸(R)
對數線性(O)
神經網路(W)
分類(Y)
維度縮減(D)
尺度
無母數檢定(N)
預測(T)
存活分析(S)
多重回應(U)
遺漏值分析(V)...
多個插補(T)
複合樣本(L)
模擬...
品質控制(Q)
ROC 曲線(V)...
IBM SPSS Amos(A)...

建立模型(C)...
套用模型(A)...
週期性分解(S)...
光譜分析(T)...
序列圖(N)...
自動相關性(A)...
交叉相關(R)...

步驟 8 變成以下畫面時，按一下〔瀏覽 (B)〕。

步驟 9　呼叫出 15.3 所求出的最適模型（此即選擇有效的自變數）並開啓。

步驟 10　於模型檔中確認最適模型的檔名後，按一下「◎通過指定日期的估計期間結束之後的第一觀察值 (C)」，日期如下輸入：

步驟 11 點一下統計資料，變成如下畫面後，勾選參數估計值、顯示預測，之後按確定。

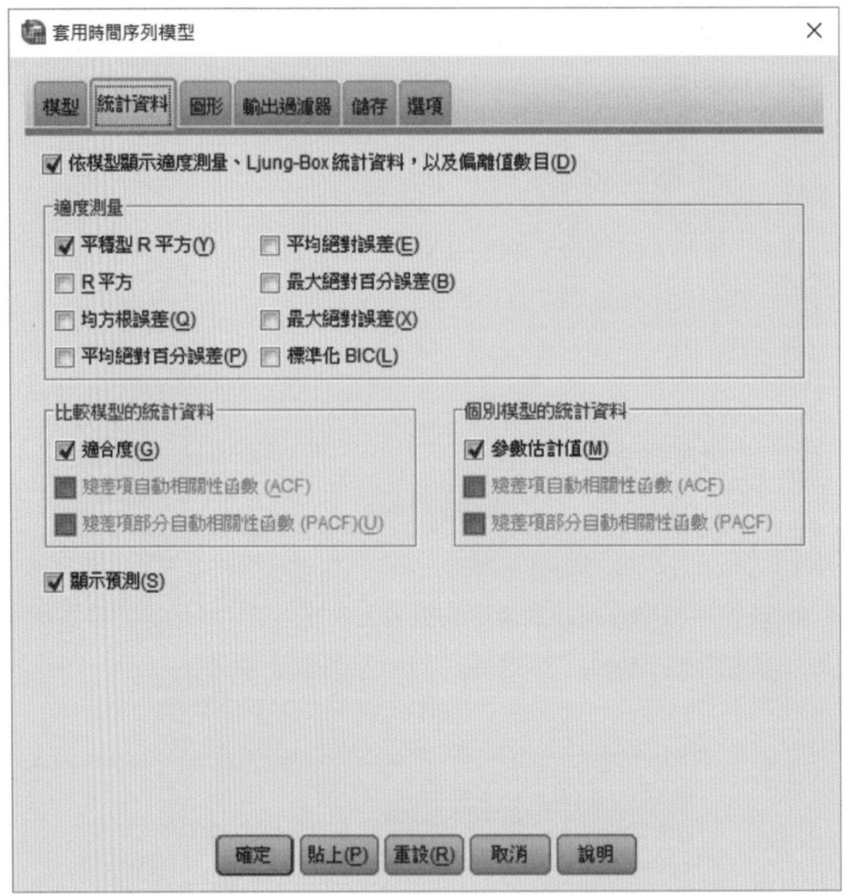

〔**SPSS 輸出**〕

型號說明

	模型類型
模型 ID　Y　　模型 _1	ARIMA(0, 0, 1)(0, 1, 1)

模型摘要

模型統計資料

模型	預測變數數目	模型適合度統計資料 平穩 R 平方	Ljung-Box Q(18) 統計資料	DF	顯著性	離群值數目
Y- 模型 _1	2	.863	14.485	16	.563	0

ARIMA 模型參數

					估計	SE	T	顯著性
Y- 模型 _1	Y	無轉換	MA	落後 1	-.671	.078	-8.625	.000
			週期性差異		1			
			MA，週朗性	落後 1	.879	.229	3.834	.000
	X2	無轉換	分子	落後 0	5.662	.512	11.062	.000
				落後 1	-3.475	.504	-6.892	.000
			週期性差異		1			
	X4	無轉換	分子	落後 0	1.145	.084	13.582	.000
				落後 1	-.773	.083	-9.340	.000
			週期性差異		1			

預測

模型		11 月 2005	12 月 2005
Y- 模型 _1	預測	807	1028
	UCL	868	1101
	LCL	747	955

四、第3階段

步驟 12 回到資料檔的畫面後，x2 照樣輸入，x4 則將預測值加 40。

	Y	X1	X2	X3	X4	YEAR_	MONTH_	DATE_	預測值_X2_模	預測值_X4_模	var
103	648	106	51	123	150	2004	10	OCT 2004	48	155	
104	775	78	50	112	211	2004	11	NOV 2004	48	226	
105	973	85	63	144	338	2004	12	DEC 2004	60	323	
106	694	92	53	119	104	2005	1	JAN 2005	52	123	
107	384	57	50	117	156	2005	2	FEB 2005	52	140	
108	568	86	53	116	116	2005	3	MAR 2005	52	125	
109	718	67	58	116	131	2005	4	APR 2005	53	121	
110	624	88	41	120	132	2005	5	MAY 2005	56	190	
111	620	80	46	117	126	2005	6	JUN 2005	46	118	
112	638	80	43	115	126	2005	7	JUL 2005	44	122	
113	752	85	45	118	244	2005	8	AUG 2005	43	154	
114	739	83	54	128	160	2005	9	SEP 2005	45	151	
115	718	95	55	117	160	2005	10	OCT 2005	53	155	
116	.	.	52	.	266	2005	11	NOV 2005	52	226	
117	.	.	63	.	363	2005	12	DEC 2005	63	323	
118											

步驟 13 爲了預測腳本 2 的超市的銷售收入 y，選擇〔套用模型 (A)〕。

*p.233.sav [資料集1] - IBM SPSS Statistics Data Editor

檔案(F) 編輯(E) 檢視(V) 資料(D) 轉換(T) 分析(A) 直效行銷 統計圖(G) 公用程式(U) 視窗(W) 說明(H)

分析(A)：報表(P)、描述性統計資料(E)、表格(T)、比較平均數法(M)、一般線性模型(G)、廣義線性模型、混合模型(X)、相關(C)、迴歸(R)、對數線性(O)、神經網路(W)、分類(Y)、維度縮減(D)、尺度、無母數檢定(N)、預測(T)、存活分析(S)、多重回應(U)、遺漏值分析(V)...、多個插補(T)、複合樣本(L)、模擬...、品質控制(Q)、ROC 曲線(V)...、IBM SPSS Amos(A)...

預測(T)：建立模型(C)...、套用模型(A)...、週期性分解(S)...、光譜分析(T)...、序列圖(N)...、自動相關性(A)...、交叉相關(R)...

1:

	Y	X1	X2			YEAR_	MONTH_	DATE_	var
1	463	85				1996	4	APR 1996	
2	353	74				1996	5	MAY 1996	
3	347	87				1996	6	JUN 1996	
4	368	79				1996	7	JUL 1996	
5	380	72				1996	8	AUG 1996	
6	375	83				1996	9	SEP 1996	
7	441	111				1996	10	OCT 1996	
8	452	74				1996	11	NOV 1996	
9	601	105				1996	12	DEC 1996	
10	391	66				1997	1	JAN 1997	
11	187	59				1997	2	FEB 1997	
12	342	60				1997	3	MAR 1997	
13	360	82					4	APR 1997	
14	356	91					5	MAY 1997	
15	397	80					6	JUN 1997	
16	449	64					7	JUL 1997	
17	407	74					8	AUG 1997	
18	390	87					9	SEP 1997	
19	439	105					10	OCT 1997	
20	472	88					11	NOV 1997	
21	578	87				1997	12	DEC 1997	
22	396	65				1998	1	JAN 1998	
23	211	70				1998	2	FEB 1998	
24	370	72	31	94	129	1998	3	MAR 1998	

步驟 14 於模型檔中確認最適模型的檔名，再確認「◎通過指定日期的估計期間結束之後的第一觀察值 (C)」，日期是 2005 年 12 月，之後按確定。

〔**SPSS 輸出 3**〕

型號說明

	模型類型
模型 ID Y 模型 _1	ARIMA(0, 0, 1)(0, 1, 1)

模型摘要

模型統計資料

模型	預測變數數目	模型適合度統計資料	Ljung-Box Q(18)			離群值數目
		平穩 R 平方	統計資料	DF	顯著性	
Y- 模型 _1	2	.863	14.485	16	.563	0

ARIMA 模型參數

					估計	SE	T	顯著性
Y- 模型 _1	Y	無轉換	MA	落後 1	-.671	.078	-8.625	.000
			週期性差異		1			
			MA，週期性	落後 1	.879	.229	3.834	.000
	X2	無轉換	分子	落後 0	5.662	.512	11.062	.000
				落後 1	-3.475	.504	-6.892	.000
			週期性差異		1			
	X4	無轉換	分子	落後 0	1.145	.084	13.582	.000
				落後 1	-.773	.083	-9.340	.000
			週期性差異		1			

預測

模型		11 月 2005	12 月 2005
Y- 模型 _1	預測	797	1014
	UCL	857	1087
	LCL	736	941

〔**輸出結果判讀 3**〕

腳本 1 的預測值是 807、1028，

腳本 2 的預測值是 797、1014，

腳本 1 的銷售收入似乎較有成長。

第 18 章 建立時間原因模型

18.1 簡介

建立時間原因模型（create temporal causal model）是嘗試在時間數列資料中探索主要原因關係。在建立時間原因模型中，您可以指定一組目標數列（targets）以及這些目標的一組候選輸入（candidate inputs）。隨後，該程序會為每個目標建置自動回歸時間數列，並且只包括與目標之間具有原因關係的那些輸入。此方法不同於傳統時間數列建模，在後者中，您必須明確指定目標數列的預測因素。由於建立時間原因模型通常包括多個相關時間數列的建置模型，因此結果稱為模型系統。

在建立時間原因模型的環境定義中，原因一詞是指「格蘭傑因果（Granger cause）」。如果依照 X 和 Y 的過去值建立的模型對 Y 進行回歸，會優於只依照 Y 的過去值建立的模型，則時間數列 X 被稱為另一個時間數列 Y 的「格蘭傑原因。

〔註〕格蘭傑因果關係檢定（Granger causality test）是一種假設檢定的統計方法，檢定一組時間數列 {\displaystyle x} 是否為另一組時間數列 {\displaystyle y} 的原因。它的基礎是迴歸分析當中的自迴歸模型。迴歸分析通常只能得出不同變量間的同期相關性；自迴歸模型只能得出同一變量前後期的相關性；但諾貝爾經濟學獎得主克萊夫·格蘭傑（Clive Granger）於 1969 年論證，在自迴歸模型中透過一系列的檢定進而揭示不同變量之間的時間落差相關性是可行的。

格蘭傑本人在 2003 年獲獎演說中強調了其引用的侷限性，以及「很多荒謬論文的出現」（Of course, many ridiculous papers appeared）。格蘭傑因果關係檢驗的結論只是一種統計估計，不是真正意義上的因果關係，不能作為肯定或否定因果關係的根據。同時，格蘭傑因果關係檢驗也有一些不足之處，如並未考慮干擾因素的影響，也未考慮時間數列間非線性的相互關係。一些基於格蘭傑因果關係檢定的方法，一定程度上解決了這些問題。

預設情況下，顯示與 10 個最適合模型相關的目標的輸出，由 R 平方值確定。你可以指定不同固定數量的最佳適合模型，也可以指定最佳適合模型的百分比。

數列之間的原因關係具有關聯的顯著性水準，其中顯著性水準越小，表示連線越顯著。你可以選擇隱藏其顯著性水準大於指定值的關係。預設是指定0.05。

整體模型系統顯示模型系統中數列之間原因關係的圖形表示法。你也可以從下面的適合度指標中進行選擇：

1. R 平方（R square）

線性模型的適合度量數，有時也稱爲判定係數。由模型所解釋的目標變數中變異的比例。它的範圍值介於 0 到 1 之間。值越小，表示模型越不適合資料。

2. 均方根百分比誤差（RMSPE）

測量模型預測值與數列觀察值差異的程度。其與使用的單元無關，因此可用來比較具有不同單元的數列。

3. 均方根誤差（RMSE）

此是因變數列與其模型預測層級差異程度的量數，用與因變數列相同的單位來表示。

4. BIC（Bayesian information criteria）

用於根據 -2 減少對數概似值來選取及比較模型的量數。數值越小代表模式越佳。BIC 也會「懲罰」過度參數化模型（例如，包含大量輸入的複雜模型），但比 AIC 更嚴格。

5. AIC（Akaike information criteria）

用於根據 -2 減少對數概似值來選取及比較模型的量數。數值越小代表模式越佳。AIC 會「懲罰」過度參數化模型（例如，包含大量輸入的複雜模型）。

可以從「資料規格」標籤上的總計及分布設定以指定總計或分布資料所採用的方式。

1. 總計函數：當用於分析的時間間隔長於觀察的時間間隔時，會總計輸入資料。例如，如果觀察時間間隔是「日」，而分析的時間間隔是「月」，則會執行總計。提供了下列總計函數：平均數、加總、衆數、最小值或最大值。
2. 分布函數：當用於分析的時間間隔短於觀察的時間間隔時，會分布輸入資料。例如，如果觀察時間間隔是「季」，而分析的時間間隔是「月」，則會執行分布。提供了下列分布函數：平均數或加總。

3. 分組函數：如果觀察由日期 / 時間定義且在相同的時間間隔發生多個觀察，則可套用分組。例如，如果觀察的時間間隔是「月」，則相同月分中的多個日期會分組在一起，並與其發生所在的月分相關聯。您可以使用的分組函數如下：mean、sum、mode、min 或 max。如果觀察由日期 / 時間定義，且觀察的時間間隔指定爲「無規律」，則一律會執行分組。

18.2 目標數列已知時

若銷貨收入爲目標數列，其他視爲備選輸入數列。

〔範例〕

以下數據是從 1996 年到 2005 年每月調查超市的銷售收入、櫃台的店員數、新商品的進貨量、報紙的廣告單、特賣品的種類等。

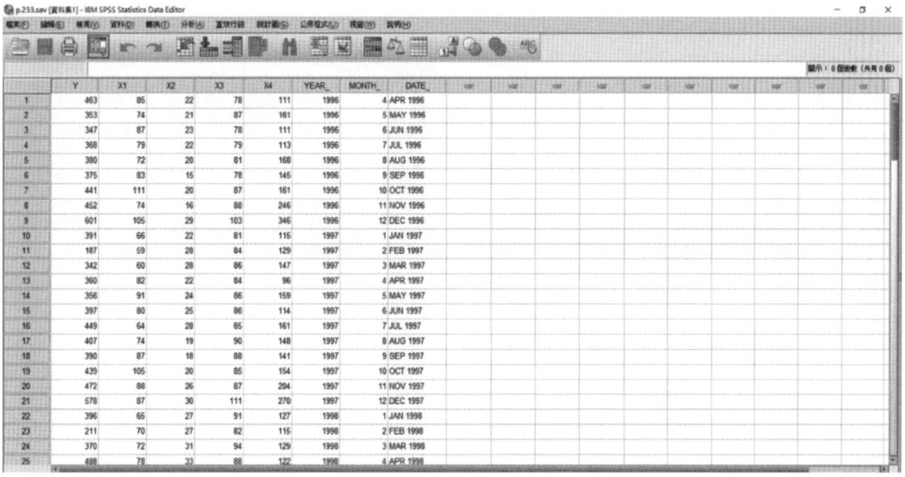

p.233.sav [資料集1] - IBM SPSS Statistics Data Editor

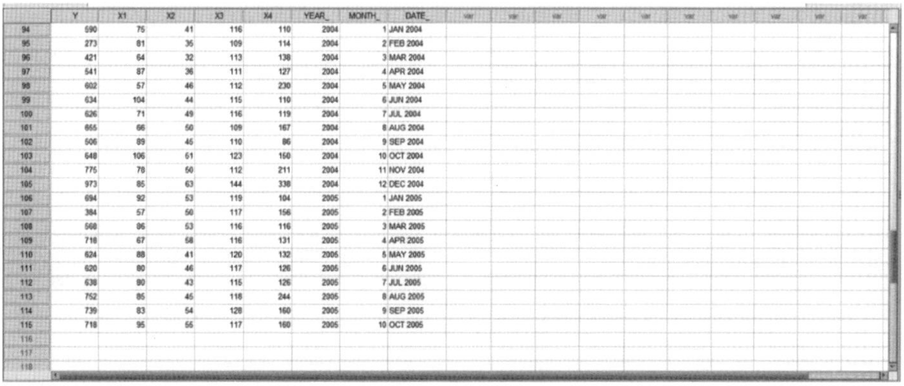

	Y	X1	X2	X3	X4	YEAR_	MONTH_	DATE_
1	463	85	22	78	111	1996	4	APR 1996
2	353	74	21	87	161	1996	5	MAY 1996
3	347	87	23	78	111	1996	6	JUN 1996
4	368	79	22	79	113	1996	7	JUL 1996
5	380	72	20	81	168	1996	8	AUG 1996
6	375	83	15	78	145	1996	9	SEP 1996
7	441	111	20	87	161	1996	10	OCT 1996
8	452	74	16	88	246	1996	11	NOV 1996
9	601	105	29	103	346	1996	12	DEC 1996
10	391	66	22	81	115	1997	1	JAN 1997
11	187	59	28	84	129	1997	2	FEB 1997
12	342	60	28	86	147	1997	3	MAR 1997
13	360	82	22	84	96	1997	4	APR 1997
14	356	91	24	86	159	1997	5	MAY 1997
15	397	80	25	86	114	1997	6	JUN 1997
16	449	64	28	85	161	1997	7	JUL 1997
17	407	74	19	90	148	1997	8	AUG 1997
18	390	87	18	88	141	1997	9	SEP 1997
19	439	105	20	85	154	1997	10	OCT 1997
20	472	88	26	87	204	1997	11	NOV 1997
21	578	87	30	111	270	1997	12	DEC 1997
22	396	65	27	91	127	1998	1	JAN 1998
23	211	70	27	82	115	1998	2	FEB 1998
24	370	72	31	94	129	1998	3	MAR 1998
25	488	78	33	88	122	1998	4	APR 1998
⋮								
94	590	75	41	116	110	2004	1	JAN 2004
95	273	81	35	109	114	2004	2	FEB 2004
96	421	64	32	113	138	2004	3	MAR 2004
97	541	87	36	111	127	2004	4	APR 2004
98	602	57	46	112	230	2004	5	MAY 2004
99	634	104	44	115	110	2004	6	JUN 2004
100	626	71	49	116	119	2004	7	JUL 2004
101	665	66	50	109	167	2004	8	AUG 2004
102	506	89	45	110	86	2004	9	SEP 2004
103	648	106	61	123	160	2004	10	OCT 2004
104	775	78	50	112	211	2004	11	NOV 2004
105	973	85	63	144	338	2004	12	DEC 2004
106	694	92	53	119	104	2005	1	JAN 2005
107	384	57	50	117	156	2005	2	FEB 2005
108	568	86	53	116	116	2005	3	MAR 2005
109	718	67	58	116	131	2005	4	APR 2005
110	624	88	41	120	132	2005	5	MAY 2005
111	620	80	46	117	126	2005	6	JUN 2005
112	638	80	43	115	126	2005	7	JUL 2005
113	752	85	45	118	244	2005	8	AUG 2005
114	739	83	54	128	160	2005	9	SEP 2005
115	718	95	55	117	160	2005	10	OCT 2005
116								
117								
118								

〔數據輸入類型〕

Y：銷售收入

X1：櫃台的店員數

X2：新商品的進貨量

X3：報紙的廣告單

X4：特賣品的種類

〔變數視圖〕

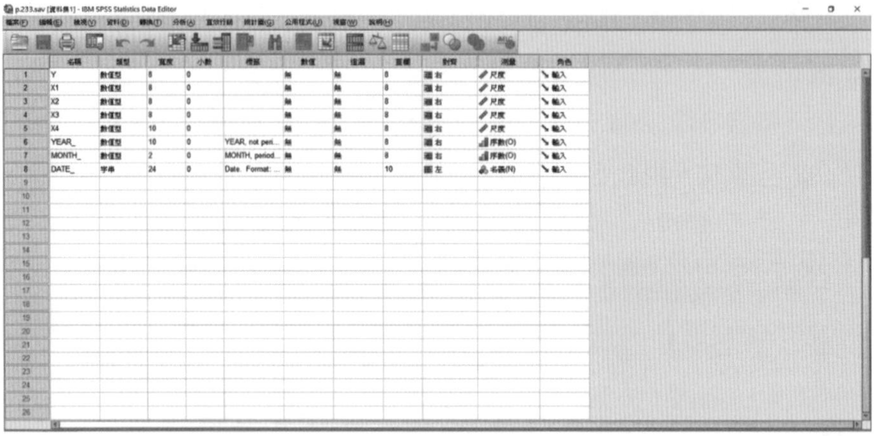

	名稱	類型	寬度	小數	標籤	數值	遺漏	直欄	對齊	測量	角色
1	Y	數值型	8	0		無	無	8	右	尺度	輸入
2	X1	數值型	8	0		無	無	8	右	尺度	輸入
3	X2	數值型	8	0		無	無	8	右	尺度	輸入
4	X3	數值型	8	0		無	無	8	右	尺度	輸入
5	X4	數值型	10	0		無	無	8	右	尺度	輸入
6	YEAR_	數值型	10	0	YEAR, not peri...	無	無	8	右	序數(O)	輸入
7	MONTH_	數值型	2	0	MONTH, period...	無	無	8	右	序數(O)	輸入
8	DATE_	字串	24	0	Date. Format: ...	無	無	10	左	名義(N)	輸入

〔資料視圖〕

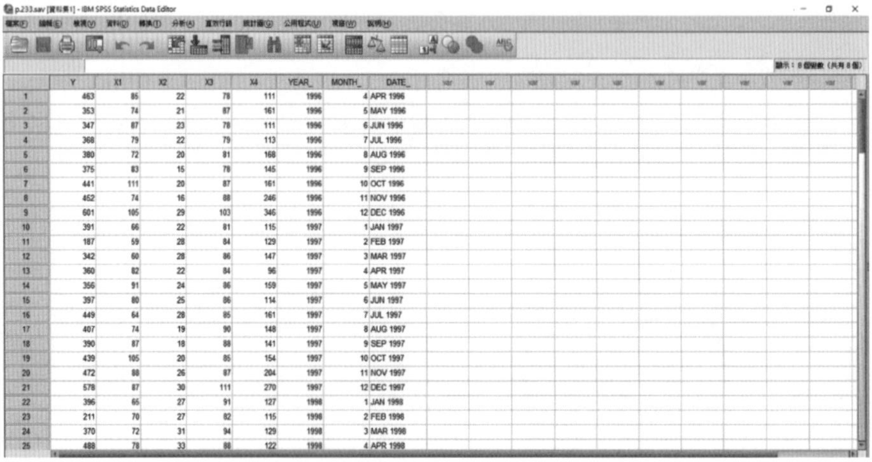

	Y	X1	X2	X3	X4	YEAR_	MONTH_	DATE_
1	463	85	22	78	111	1996	4	APR 1996
2	353	74	21	87	161	1996	5	MAY 1996
3	347	87	23	78	111	1996	6	JUN 1996
4	368	79	22	79	113	1996	7	JUL 1996
5	380	72	20	81	168	1996	8	AUG 1996
6	375	83	15	78	145	1996	9	SEP 1996
7	441	111	20	87	161	1996	10	OCT 1996
8	452	74	16	88	246	1996	11	NOV 1996
9	601	105	29	103	346	1996	12	DEC 1996
10	391	66	22	81	115	1997	1	JAN 1997
11	187	59	28	84	129	1997	2	FEB 1997
12	342	60	28	86	147	1997	3	MAR 1997
13	360	82	22	84	96	1997	4	APR 1997
14	356	91	24	86	159	1997	5	MAY 1997
15	397	80	25	86	114	1997	6	JUN 1997
16	449	64	28	85	161	1997	7	JUL 1997
17	407	74	19	90	148	1997	8	AUG 1997
18	390	87	18	88	141	1997	9	SEP 1997
19	439	105	20	85	154	1997	10	OCT 1997
20	472	88	26	87	204	1997	11	NOV 1997
21	578	87	30	111	270	1997	12	DEC 1997
22	396	65	27	91	127	1998	1	JAN 1998
23	211	70	27	82	115	1998	2	FEB 1998
24	370	72	31	94	129	1998	3	MAR 1998
25	488	78	33	88	122	1998	4	APR 1998

〔註〕日期的輸入法參閱第1章。

〔求最適預測值的步驟〕

No.	年月	Y	X1	X2	X3	X4
1	1996 年 4 月	463	85	22	78	111
2	1996 年 5 月	353	74	21	87	161
.	.	.	.	.	.	.
.	.	.	.	.	.	.
.	.	.	.	.	.	.
114	2005 年 9 月	739	83	54	128	160
115	2005 年 10 月	718	95	55	117	160
116	2005 年 11 月	?				
117	2005 年 12 月	?				
118	2006 年 1 月	?				
119	2006 年 2 月	?				

雖然只知道 2005 年 10 月以前的銷售收入 Y，卻想要預測未來 4 期至 2006 年 2 月的銷售收入，以供參考。

〔統計處裡的步驟〕

步驟 1　數據輸入完成時，如下從〔分析 (A)〕的〔預測 (T)〕中選擇〔建立時間原因模型 (E)〕。

步驟 2 出現時間數列建模的欄位視窗，〔候選輸入 (I)〕的方格中出現所有行欄位的變數。

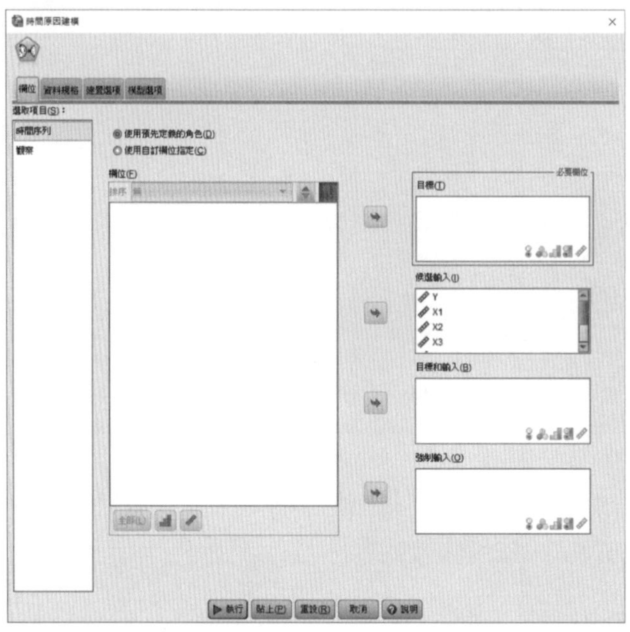

步驟 3 將非量變數移出，並將 Y 移出，再移入〔目標 (T)〕中。

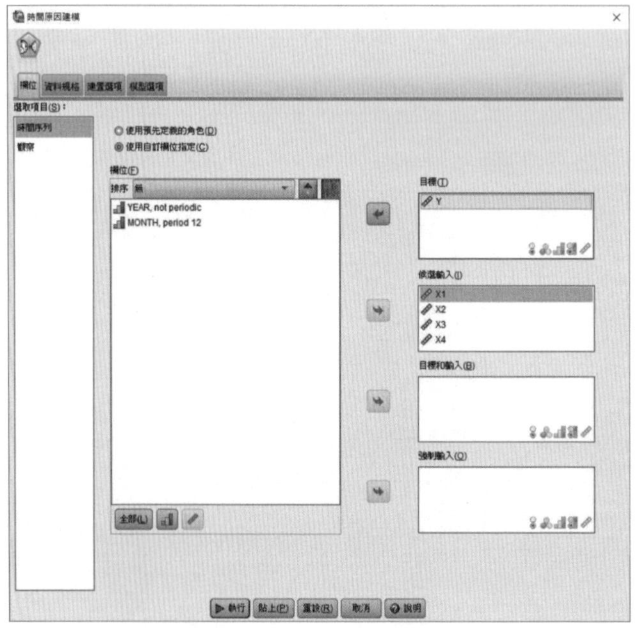

步驟 4　點一下〔資料規格〕，如預設。

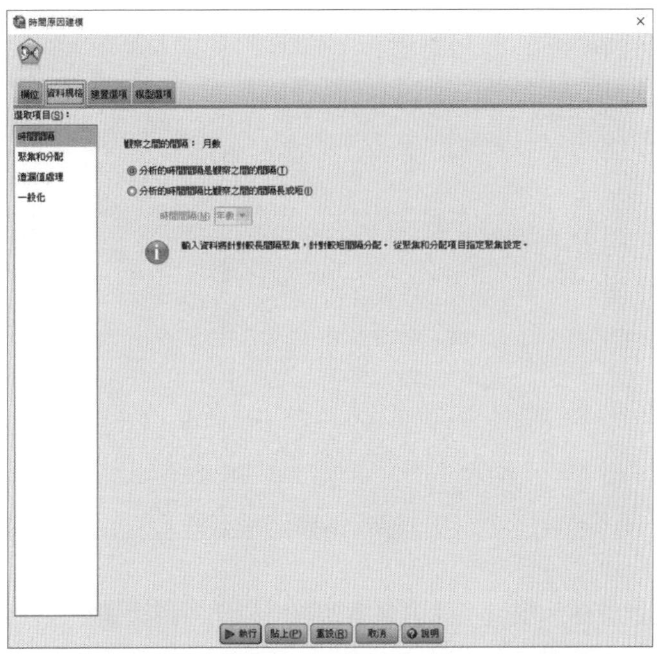

步驟 5　點一下〔建置選項〕，如預設。

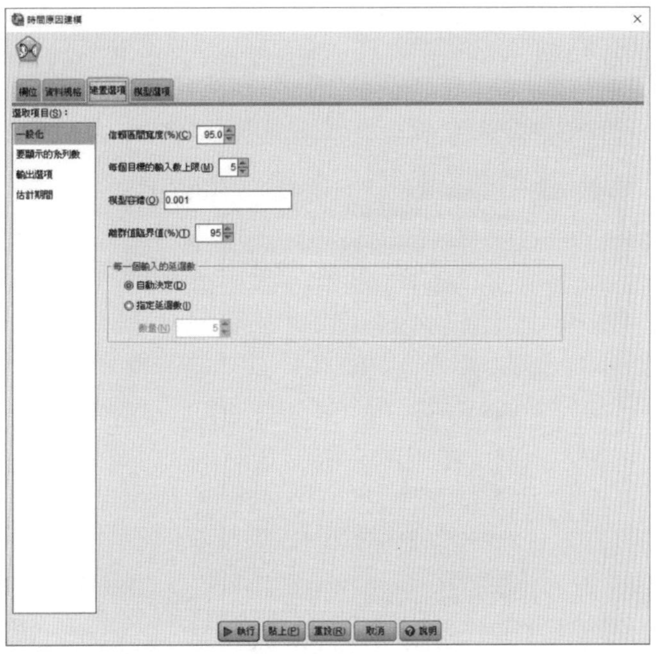

步驟 6　按一下〔模型選項〕，點選〔預測〕中〔將記錄延伸至未來(X)〕，並改成4。

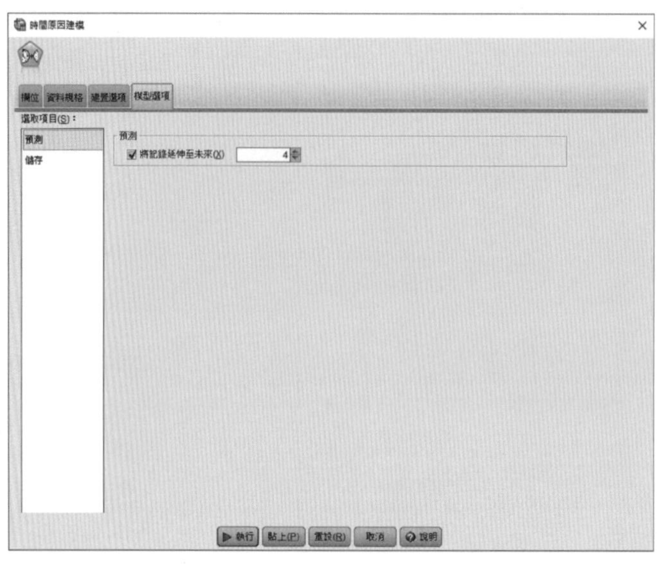

步驟 7　點選儲存，按一下〔將轉換的資料和任何預測儲存至新資料檔案〕，並按一下〔瀏覽〕，檔名命名爲 predict 後儲存，接著勾選〔匯出模型系統〕，按一下〔瀏覽〕，命名爲 predict 後儲存，這是以 zip 檔儲存。然後按執行。

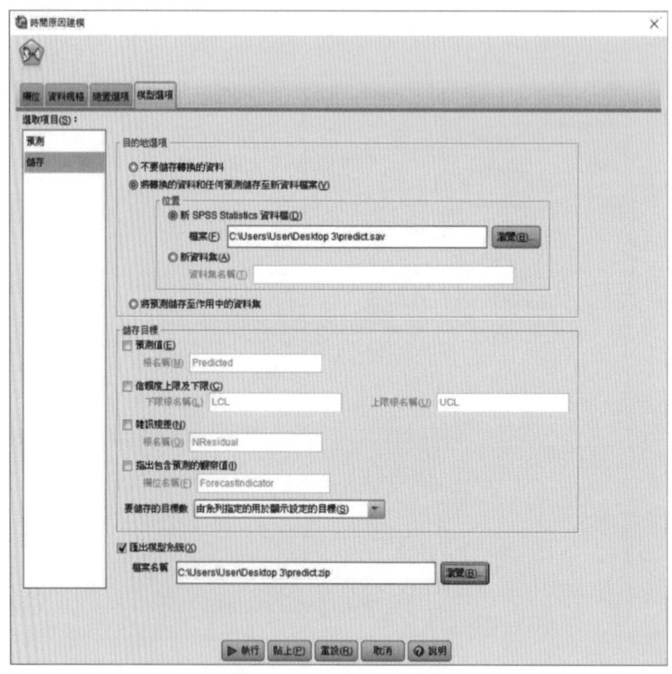

〔**SPSS 輸出**〕

評估

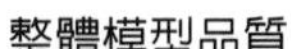

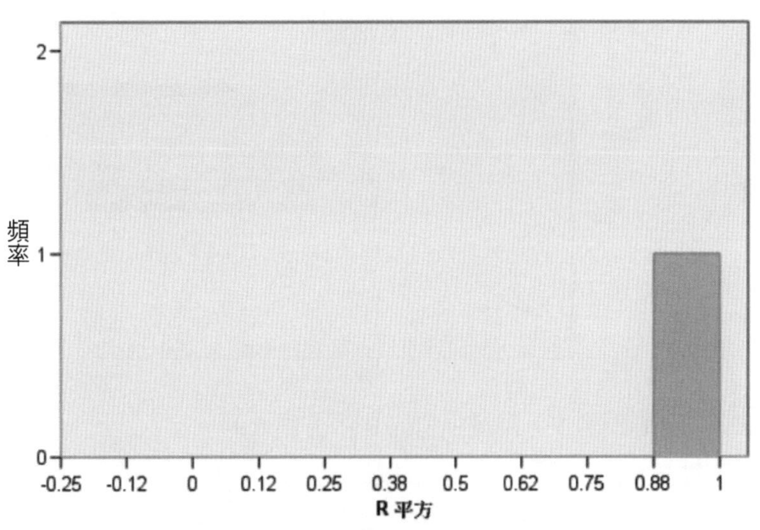

整體模型品質

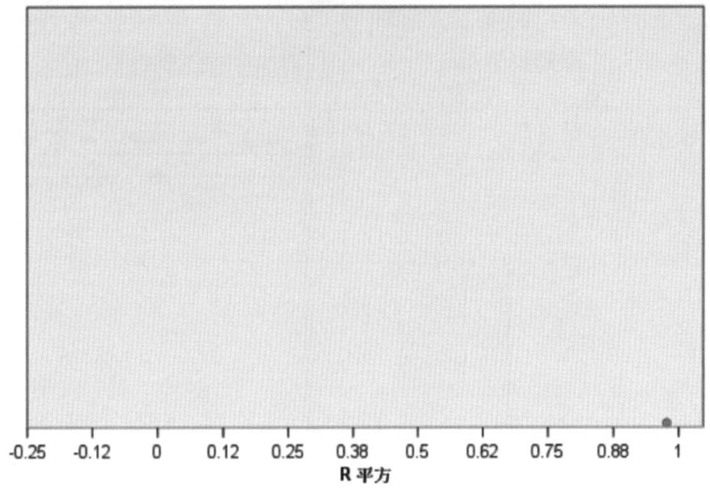

上圖與下圖是相對應的，R 平方之值在 0.88～1 之間的點只有對應的 Y。

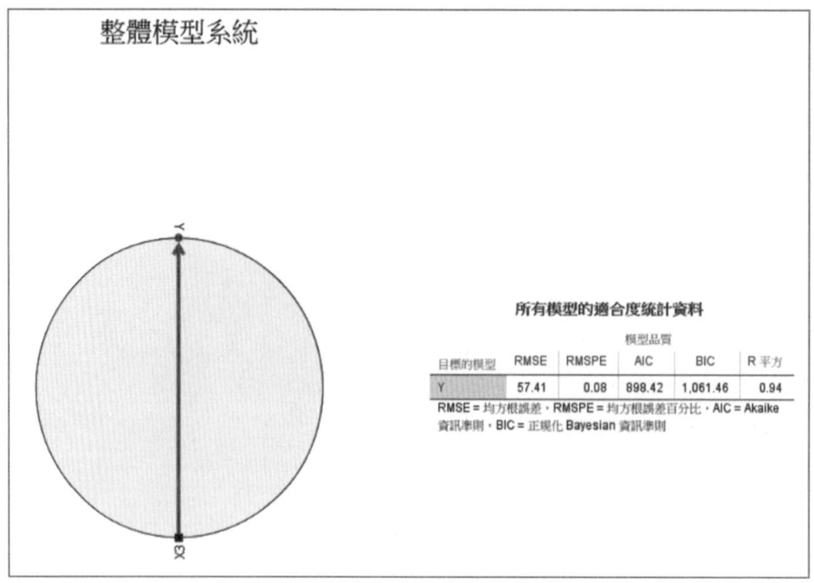

以 X3 及 Y 預測 Y，目標模型的 R 平方為 0.94。

若於圖中快速點兩下，會出現編輯畫面。

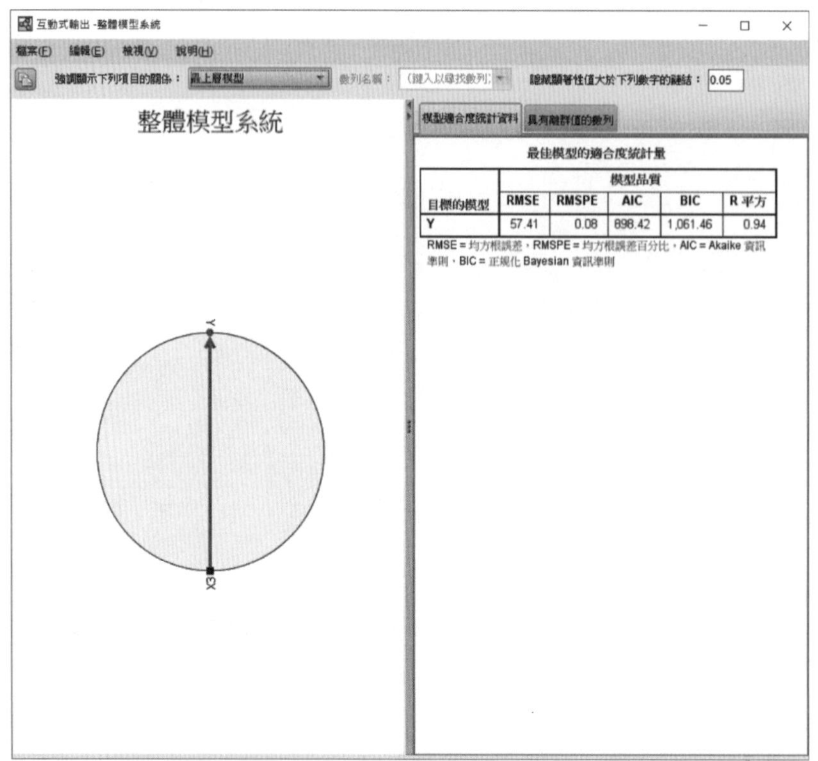

按一下〔具有離群值的數列〕時，並未出現有離群值的數列。

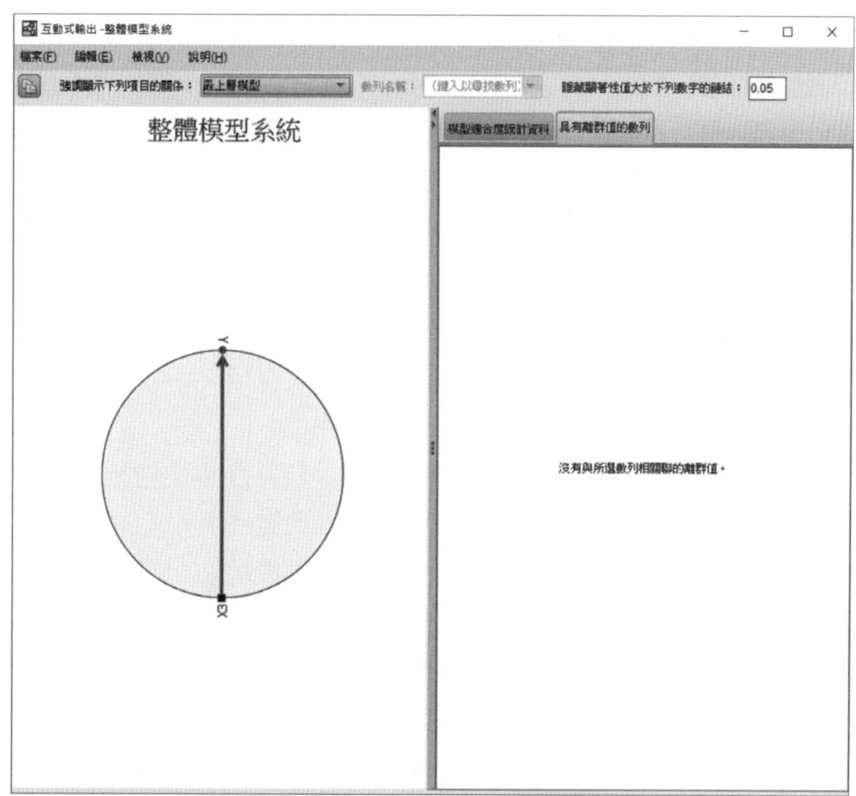

開啓所儲存的檔案 Predict.sav，出現對 Y 所預測的 4 個月的預測資料。

*predict.sav [資料集2] - IBM SPSS Statistics 資料編輯器

顯示：8 個變數（共有 8 個）

	YEAR_	MONTH_	X1	X2	X3	X4	Y	Predicted_Y	變數	變數	變數
112	2005	7	80	43	115	126	638	.			
113	2005	8	85	45	118	244	752	.			
114	2005	9	83	54	128	160	739	.			
115	2005	10	95	55	117	160	718	.			
116	2005	11	.	.	.	.	.	837			
117	2005	12	.	.	.	.	.	949			
118	2006	1	.	.	.	.	.	603			
119	2006	2	.	.	.	.	.	419			
120											
121											
122											
123											
124											

資料視圖　變數視圖

IBM SPSS Statistics 處理器已備妥　Unicode:ON

18.3 若目標數列未知時

「整體模型品質」輸出項目（依預設產生）會針對所有模型的模型適合度產生一個長條圖和一個相關聯的點狀圖。每個目標數列都有一個個別模型。模型適合度由所選擇的適合度統計量測量。此範例中是使用預設的適合度統計量，即 R 平方，其他適合度統計量測量可依需要設定。「整體模型品質」項目包含互動式特性。若要啓用這些特性，要在檢視器中按兩下「整體模型品質」圖表來啓動項目。按一下長條圖中的長條可過濾點狀圖，以便它僅顯示與所選長條相關聯的模型。將滑鼠指標移至點狀圖中的某個點上，會顯示一條工具提示，其中包含相關聯數列的名稱以及適合度統計量的值。您可以透過在尋找目標的模型框中指定特定目標數列的名稱，來尋找點狀圖中該數列的模型。

「整體模型系統」項目也包含互動式特性。若要啓用這些特性，請在檢視器中按兩下「整體模型系統」圖表來啓動項目。在此範例中，最重要的是了解系統中所有數列之間的關係。在互動式輸出中，從強調顯示以下數列的關係下拉清單中選取所有數列。

將特定目標連接至其輸入的所有線條都具有相同的顏色，而每條線上的箭頭都從輸入指向該輸入的目標。每一條線的粗細度指出原因關係的顯著性，其中線條越粗代表關係越顯著。依預設，會隱藏顯著性值大於 0.05 的原因關係，只顯示小於 0.05 的原因關係。您可以透過在具有標籤隱藏顯著性值大於以下值的連結的欄位中輸入值，來變更臨界顯著性水準。

〔範例〕

若任何數列均有可能爲目標數列時，想查明哪一數列作爲目標數列時模型會較優。

爲利於說明，以下數據與前節相同。顯示從 1996 年到 2005 年每月調查超市的銷售收入、櫃台的店員數、新商品的進貨量、報紙的廣告單、特賣品的種類等。

p.233.sav [資料集1] - IBM SPSS Statistics Data Editor

	Y	X1	X2	X3	X4	YEAR_	MONTH_	DATE_
1	463	85	22	78	111	1996	4	APR 1996
2	353	74	21	87	161	1996	5	MAY 1996
3	347	87	23	78	111	1996	6	JUN 1996
4	368	79	22	79	113	1996	7	JUL 1996
5	380	72	20	81	168	1996	8	AUG 1996
6	375	83	15	78	145	1996	9	SEP 1996
7	441	111	20	87	161	1996	10	OCT 1996
8	452	74	16	88	246	1996	11	NOV 1996
9	601	105	29	103	346	1996	12	DEC 1996
10	391	66	22	81	115	1997	1	JAN 1997
11	187	59	28	84	129	1997	2	FEB 1997
12	342	60	28	86	147	1997	3	MAR 1997
13	360	82	22	84	96	1997	4	APR 1997
14	356	91	24	86	159	1997	5	MAY 1997
15	397	80	25	86	114	1997	6	JUN 1997
16	449	64	28	85	161	1997	7	JUL 1997
17	407	74	19	90	148	1997	8	AUG 1997
18	390	87	18	88	141	1997	9	SEP 1997
19	439	105	20	85	154	1997	10	OCT 1997
20	472	88	26	87	204	1997	11	NOV 1997
21	578	87	30	111	270	1997	12	DEC 1997
22	396	65	27	91	127	1998	1	JAN 1998
23	211	70	27	82	115	1998	2	FEB 1998
24	370	72	31	94	129	1998	3	MAR 1998
25	488	78	33	88	122	1998	4	APR 1998

⋮

	Y	X1	X2	X3	X4	YEAR_	MONTH_	DATE_
94	590	75	41	116	110	2004	1	JAN 2004
95	273	81	36	109	114	2004	2	FEB 2004
96	421	64	32	113	138	2004	3	MAR 2004
97	541	87	36	111	127	2004	4	APR 2004
98	602	57	46	112	230	2004	5	MAY 2004
99	634	104	44	115	110	2004	6	JUN 2004
100	626	71	49	116	119	2004	7	JUL 2004
101	655	66	50	109	167	2004	8	AUG 2004
102	506	89	45	110	86	2004	9	SEP 2004
103	648	106	51	123	150	2004	10	OCT 2004
104	775	78	50	112	211	2004	11	NOV 2004
105	973	85	63	144	338	2004	12	DEC 2004
106	694	92	53	119	104	2005	1	JAN 2005
107	384	57	50	117	156	2005	2	FEB 2005
108	568	86	53	116	116	2005	3	MAR 2005
109	718	67	58	116	131	2005	4	APR 2005
110	624	88	41	120	132	2005	5	MAY 2005
111	620	80	46	117	126	2005	6	JUN 2005
112	638	80	43	115	126	2005	7	JUL 2005
113	752	85	45	118	244	2005	8	AUG 2005
114	739	83	54	128	160	2005	9	SEP 2005
115	718	95	55	117	160	2005	10	OCT 2005
116								
117								
118								

〔數據輸入類型〕

Y：銷售收入

X1：櫃台的店員數

X2：新商品的進貨量

X3：報紙的廣告單

X4：特賣品的種類

〔變數視圖〕

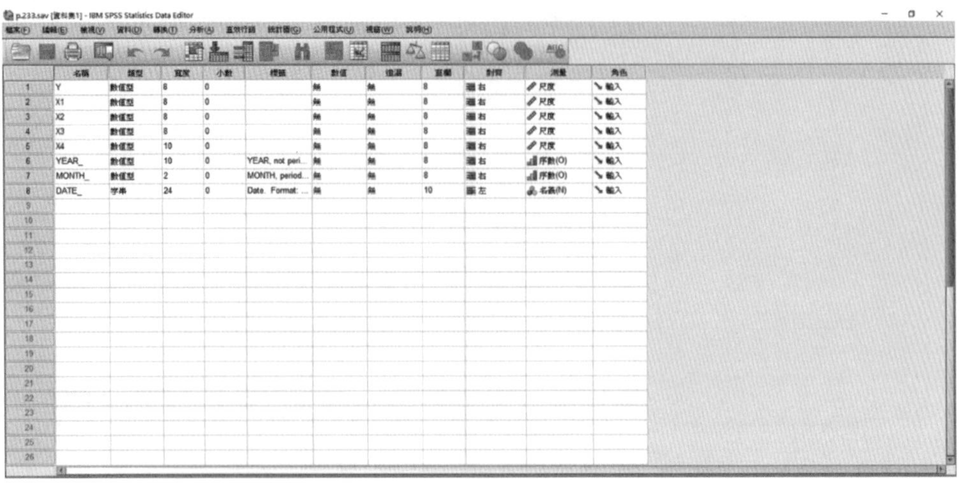

	名稱	類型	寬度	小數	標籤	數值	遺漏	直欄	對齊	測量	角色
1	Y	數值型	8	0		無	無	8	右	尺度	輸入
2	X1	數值型	8	0		無	無	8	右	尺度	輸入
3	X2	數值型	8	0		無	無	8	右	尺度	輸入
4	X3	數值型	8	0		無	無	8	右	尺度	輸入
5	X4	數值型	10	0		無	無	8	右	尺度	輸入
6	YEAR_	數值型	10	0	YEAR, not peri...	無	無	8	右	序數(O)	輸入
7	MONTH_	數值型	2	0	MONTH, period...	無	無	8	右	序數(O)	輸入
8	DATE_	字串	24	0	Date. Format: ...	無	無	10	左	名義(N)	輸入

〔資料視圖〕

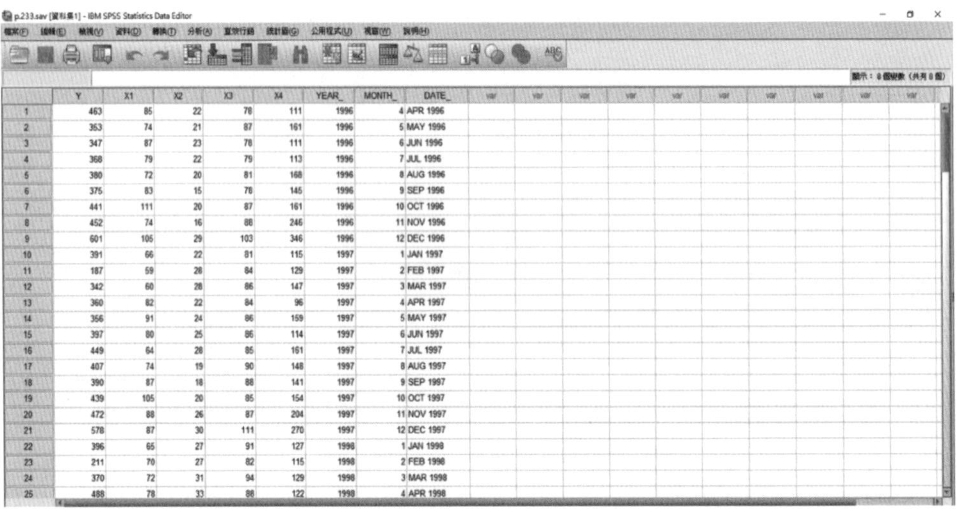

	Y	X1	X2	X3	X4	YEAR_	MONTH_	DATE_
1	463	85	22	78	111	1996	4	APR 1996
2	353	74	21	87	161	1996	5	MAY 1996
3	347	87	23	78	111	1996	6	JUN 1996
4	368	79	22	79	113	1996	7	JUL 1996
5	380	72	20	81	168	1996	8	AUG 1996
6	375	83	15	78	145	1996	9	SEP 1996
7	441	111	20	87	161	1996	10	OCT 1996
8	452	74	16	88	246	1996	11	NOV 1996
9	601	105	29	103	346	1996	12	DEC 1996
10	391	66	22	81	115	1997	1	JAN 1997
11	187	59	28	84	129	1997	2	FEB 1997
12	342	60	28	86	147	1997	3	MAR 1997
13	360	82	22	84	96	1997	4	APR 1997
14	356	91	24	86	159	1997	5	MAY 1997
15	397	80	25	86	114	1997	6	JUN 1997
16	449	64	28	85	161	1997	7	JUL 1997
17	407	74	19	90	148	1997	8	AUG 1997
18	390	87	18	88	141	1997	9	SEP 1997
19	439	105	20	85	154	1997	10	OCT 1997
20	472	88	26	87	204	1997	11	NOV 1997
21	578	87	30	111	270	1997	12	DEC 1997
22	396	65	27	91	127	1998	1	JAN 1998
23	211	70	27	82	115	1998	2	FEB 1998
24	370	72	31	94	129	1998	3	MAR 1998
25	488	78	33	88	122	1998	4	APR 1998

〔註〕日期的輸入法參閱第 1 章。

〔統計分析步驟〕

步驟 1　先將〔候選輸入 (I)〕的所有直行數列移到〔欄位 (F)〕中。

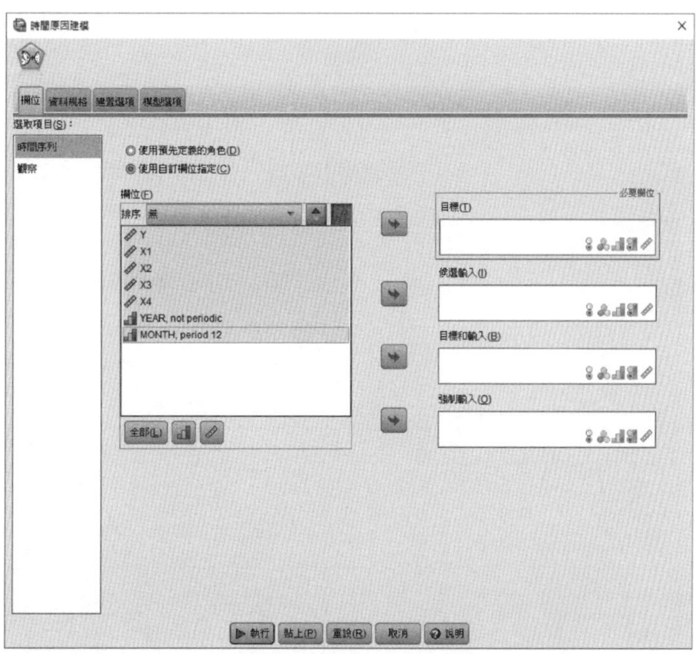

步驟 2　將 Y 與 X1、X2、X3、X4 移到〔目標和輸入 (B)〕的方格中。

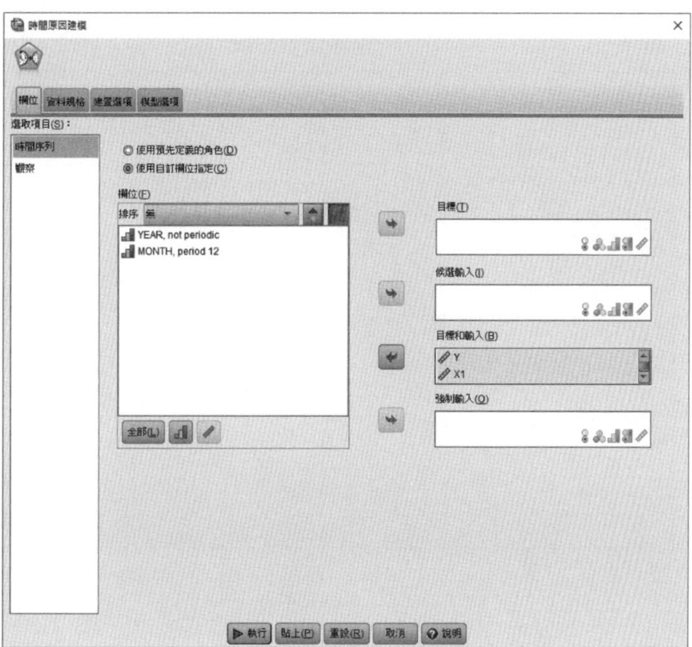

步驟 3 以下的步驟，與前節的步驟 4 到步驟 7 中設定的相同，接者按 執行 。得出以下輸出。

〔**SPSS 輸出**〕

評估

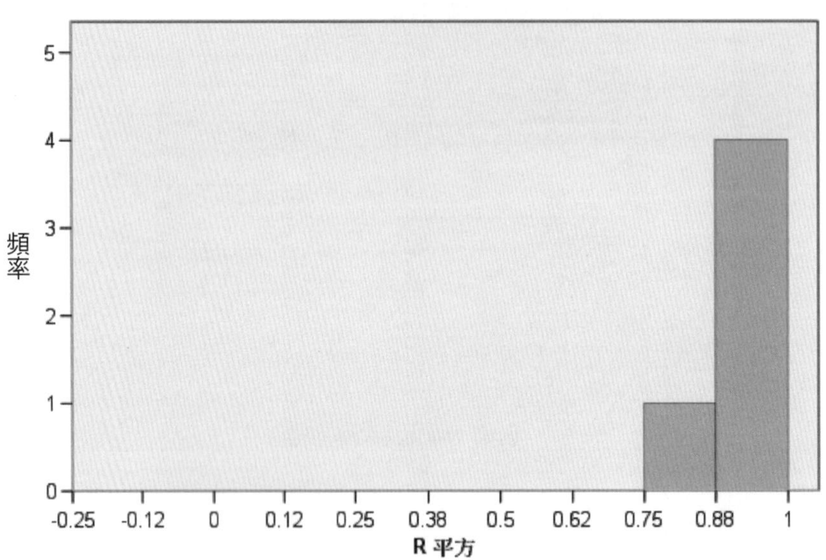

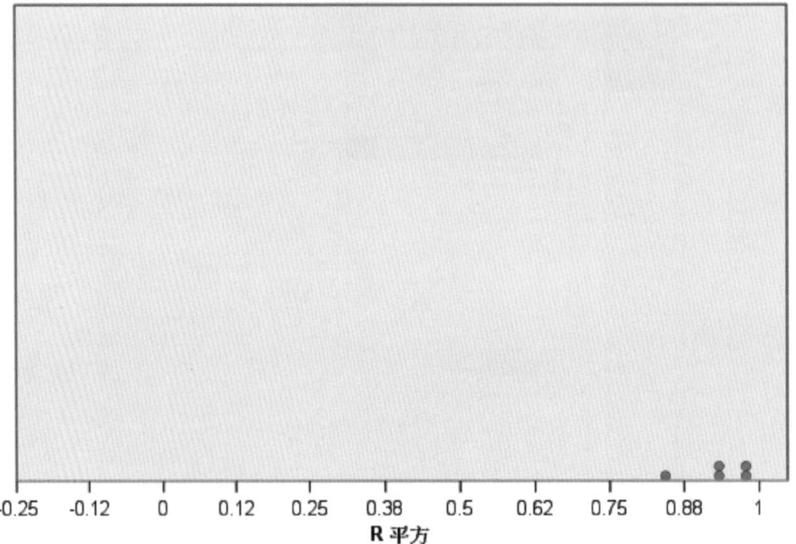

上圖與下圖是相對應的。直條圖中 R 平方在 0.74～0.88 之間散狀圖中的點有 1 個，在 0.88～1 之間散狀圖中的點有 4 點。

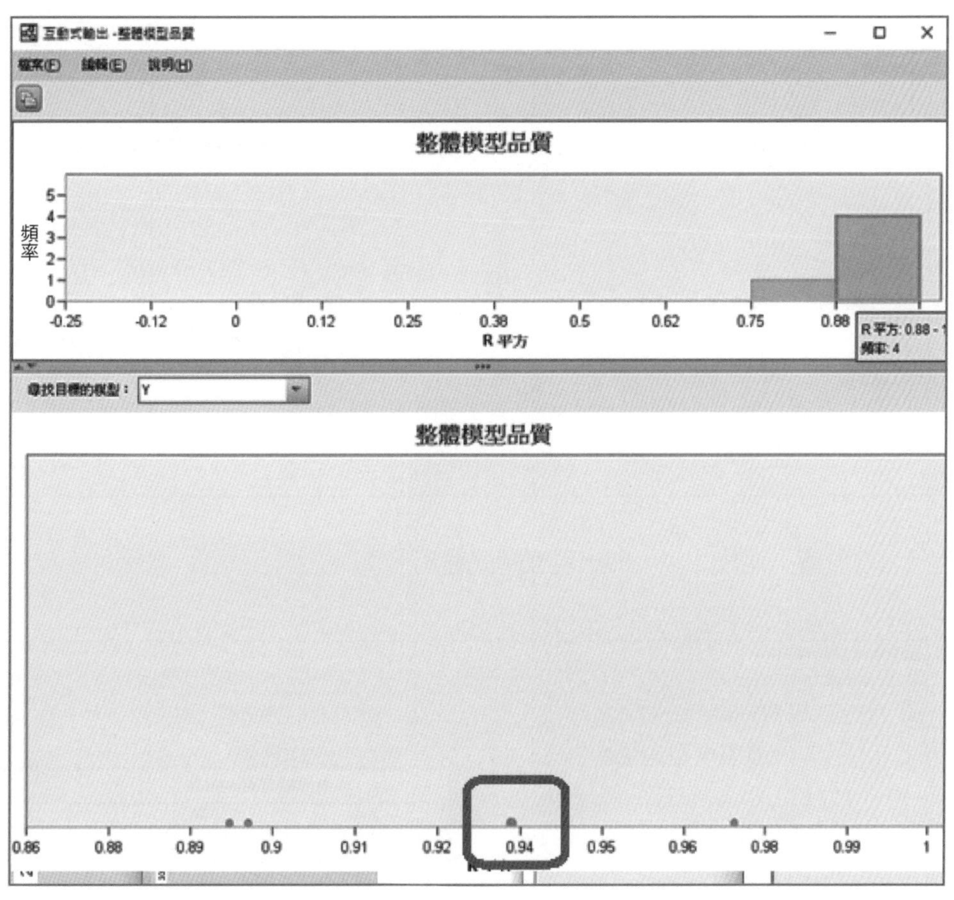

也可於尋找目標的模型的方框中輸入，譬如 Y，下方散點圖中出現對應的粗點，若將滑鼠放在右方的長條圖中，顯示頻率是 4，此即在散點圖中對應 0.88-1 的點有 4 點。若以 Y 為目標，則 R 平方為 0.94。

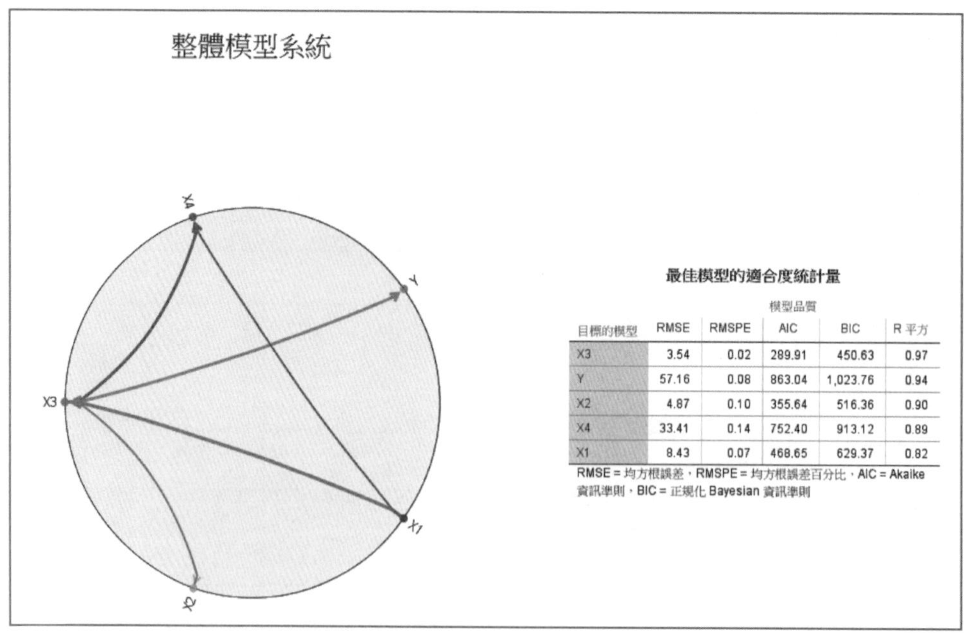

最佳模型的適合度統計量

目標的模型	模型品質				
	RMSE	RMSPE	AIC	BIC	R 平方
X3	3.54	0.02	289.91	450.63	0.97
Y	57.16	0.08	863.04	1,023.76	0.94
X2	4.87	0.10	355.64	516.36	0.90
X4	33.41	0.14	752.40	913.12	0.89
X1	8.43	0.07	468.65	629.37	0.82

RMSE = 均方根誤差，RMSPE = 均方根誤差百分比，AIC = Akaike 資訊準則，BIC = 正規化 Bayesian 資訊準則

若於圖上連按 2 次，即出現互動式輸出。

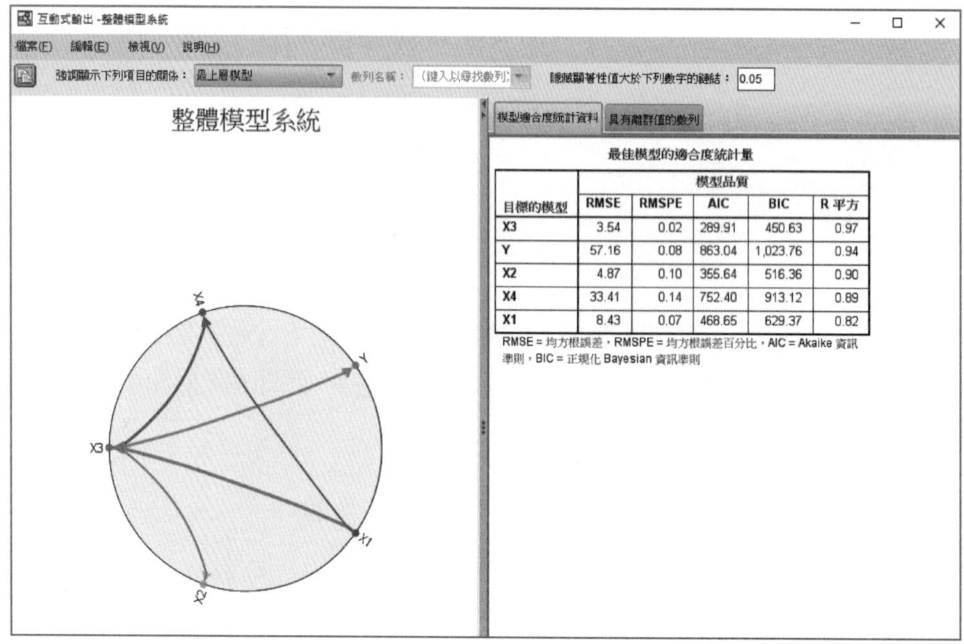

最佳模型的適合度統計量

目標的模型	模型品質				
	RMSE	RMSPE	AIC	BIC	R 平方
X3	3.54	0.02	289.91	450.63	0.97
Y	57.16	0.08	863.04	1,023.76	0.94
X2	4.87	0.10	355.64	516.36	0.90
X4	33.41	0.14	752.40	913.12	0.89
X1	8.43	0.07	468.65	629.37	0.82

RMSE = 均方根誤差，RMSPE = 均方根誤差百分比，AIC = Akaike 資訊準則，BIC = 正規化 Bayesian 資訊準則

將滑鼠輕放在 X3 到 Y 的連線上，出現 p = 0.005。圖上所出現的連線均是 P 小於 0.05，若以目標數列來說，以 X3 爲目標模型的適合度是 0.97，以 Y 爲目標模型的適合度是 0.94，以前者爲目標數列模型的適合度會更佳。

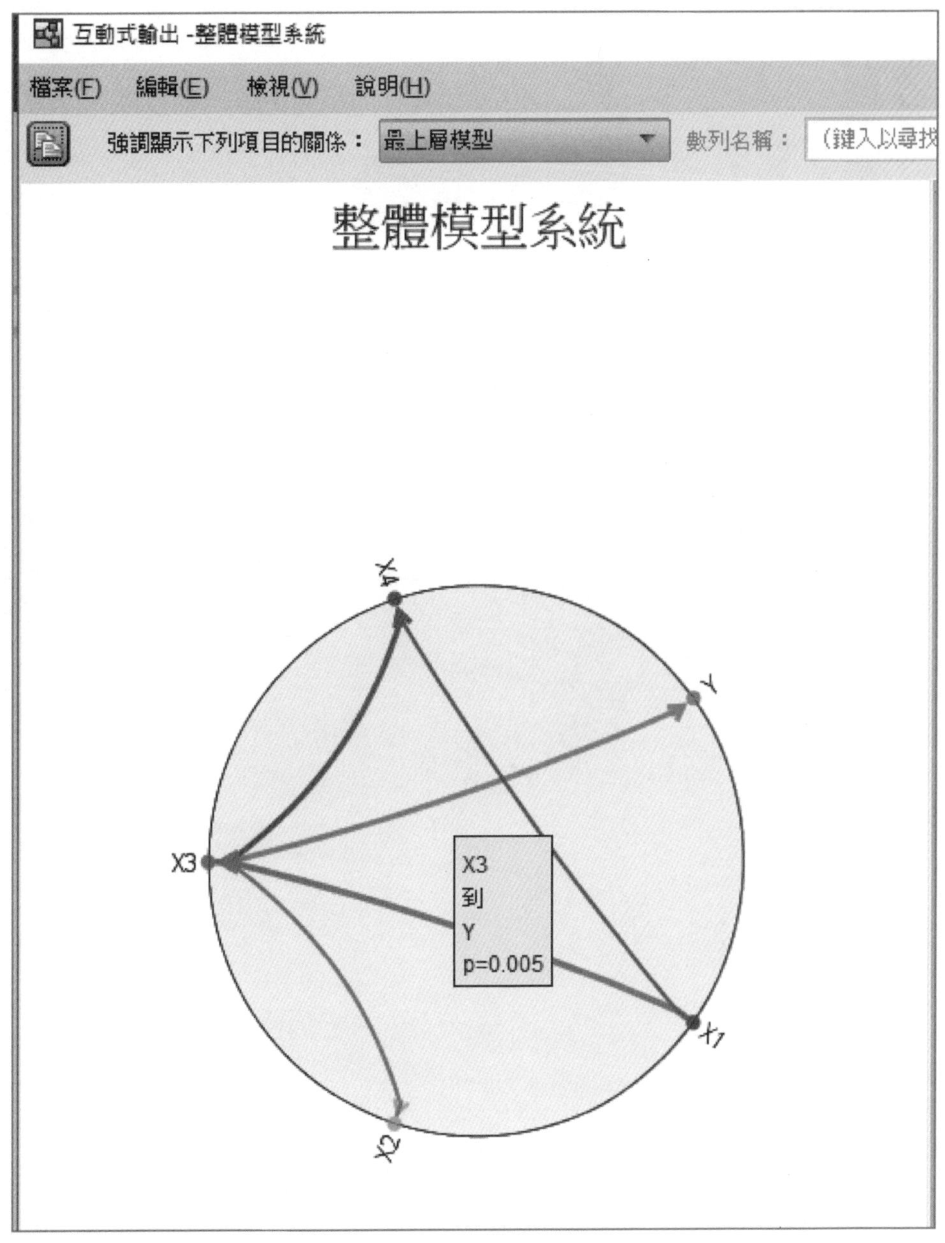

將滑鼠輕放在 X3 到 Y，出現顯著性水準是 0.005。

第 19 章　套用時間原因模型

19.1 簡介

「套用時間原因模型」程序會從外部檔案載入現有時間數列模式，並將其套用至作用中的資料集。您可以使用此程序取得新的或修正過資料的數列預測，而不需再重新建置模型。模型是使用時間數列模型器程序產生的。要套用模型的變數（因變數和自變數）必須爲數值。

以下兩個程序可用來套用使用「建立時間原因模型」程序所建立的模型。兩個程序都需要模型系統檔案，該檔案係在「建立時間原因模型」程序中儲存。

1. 時間原因模型預測

您可以使用此程序，取得提供了更新資料之數列的預測，而不需再重新建置模型。您可以產生可搭配「建立時間原因模型」程序使用的任何輸出。

2. 時間原因模型實務

使用此程序來調查模型系統中特定時間數列的特定值，如何影響與其相關的時間數列預測值。

時間原因建模的輸出包括數個互動式輸出物件。透過啓動（按兩下）「輸出檢視器」中的物件，可提供互動式特性。整體模型系統顯示模型系統中數列之間的原因關係。將特定目標連接至輸入的所有行都具有相同的顏色。行的厚度指示原因連線的顯著性，其中更厚的行代表更顯著的連線。您可以顯示最上層模型、指定單一數列、所有數列或沒有輸入之模型的關係。

依預設，會顯示與 10 個最適模型相關聯之目標的輸出，如 R 平方值所判定。您可以指定最適模型的不同固定數目，也可以指定最適模型的百分比。

19.2 時間原因模型預測

〔範例〕

以下數據是利用第 18 章的相同數據來說明。數據檔是所儲存的 predict.sav，顯示從 1996 年到 2005 年每月調查超市的銷售收入、櫃台的店員數、新商品的進貨量、報紙的廣告單、特賣品的種類等之資料，以及 2005 年至 2006 年 2 月所預測的銷售收入資料。

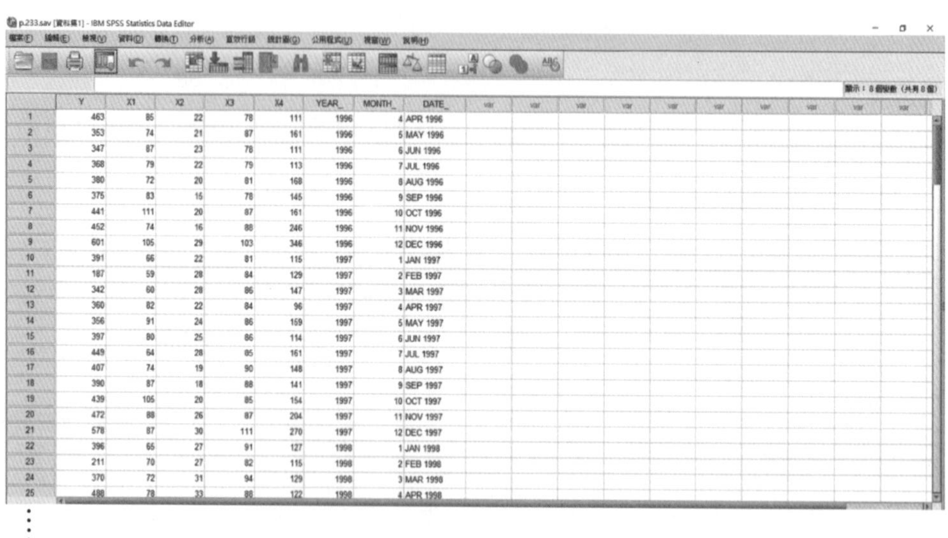

p.233.sav [資料集1] - IBM SPSS Statistics Data Editor

	Y	X1	X2	X3	X4	YEAR_	MONTH_	DATE_
1	463	85	22	78	111	1996	4	APR 1996
2	353	74	21	87	161	1996	5	MAY 1996
3	347	87	23	78	111	1996	6	JUN 1996
4	368	79	22	79	113	1996	7	JUL 1996
5	380	72	20	81	168	1996	8	AUG 1996
6	375	83	15	78	145	1996	9	SEP 1996
7	441	111	20	87	161	1996	10	OCT 1996
8	452	74	16	88	246	1996	11	NOV 1996
9	601	105	29	103	346	1996	12	DEC 1996
10	391	66	22	81	115	1997	1	JAN 1997
11	187	59	28	84	129	1997	2	FEB 1997
12	342	60	28	86	147	1997	3	MAR 1997
13	360	82	22	84	96	1997	4	APR 1997
14	356	91	24	86	159	1997	5	MAY 1997
15	397	80	25	86	114	1997	6	JUN 1997
16	449	64	28	85	161	1997	7	JUL 1997
17	407	74	19	90	148	1997	8	AUG 1997
18	390	87	18	88	141	1997	9	SEP 1997
19	439	105	20	85	154	1997	10	OCT 1997
20	472	88	26	87	204	1997	11	NOV 1997
21	578	87	30	111	270	1997	12	DEC 1997
22	396	65	27	91	127	1998	1	JAN 1998
23	211	70	27	82	115	1998	2	FEB 1998
24	370	72	31	94	129	1998	3	MAR 1998
25	488	78	33	88	122	1998	4	APR 1998

⋮

*無標題3 [資料集6] - IBM SPSS Statistics 資料編輯器

	YEAR_	MONTH_	X1	X2	X3	X4	Y	Predicted_Y
111	2005	6	80	46	117	126	620	.
112	2005	7	80	43	115	126	638	.
113	2005	8	85	45	118	244	752	.
114	2005	9	83	54	128	160	739	.
115	2005	10	95	55	117	160	718	.
116	2005	11	.	.	.	.	.	837
117	2005	12	.	.	.	.	.	949
118	2006	1	.	.	.	.	.	603
119	2006	2	.	.	.	.	.	419
120								
121								
122								

資料視圖　變數視圖

IBM SPSS Statistics 處理器已備妥　Unicode:ON

〔數據輸入類型〕

Y：銷售收入

X1：櫃台的店員數

X2：新商品的進貨量

X3：報紙的廣告單

X：特賣品的種類

〔變數視圖〕

p.233.sav [資料集1] - IBM SPSS Statistics Data Editor

	名稱	類型	寬度	小數	標籤	數值	遺漏	直欄	對齊	測量	角色
1	Y	數值型	8	0		無	無	8	靠右	尺度	輸入
2	X1	數值型	8	0		無	無	8	靠右	尺度	輸入
3	X2	數值型	8	0		無	無	8	靠右	尺度	輸入
4	X3	數值型	8	0		無	無	8	靠右	尺度	輸入
5	X4	數值型	10	0		無	無	8	靠右	尺度	輸入
6	YEAR_	數值型	10	0	YEAR, not peri...	無	無	8	靠右	序數(O)	輸入
7	MONTH_	數值型	2	0	MONTH, period...	無	無	8	靠右	序數(O)	輸入
8	DATE_	字串	24	0	Date. Format: ...	無	無	10	靠左	名義(N)	輸入

〔資料視圖〕

p.233.sav [資料集1] - IBM SPSS Statistics Data Editor

	Y	X1	X2	X3	X4	YEAR_	MONTH_	DATE_
1	463	85	22	78	111	1996	4	APR 1996
2	353	74	21	87	161	1996	5	MAY 1996
3	347	87	23	78	111	1996	6	JUN 1996
4	368	79	22	79	113	1996	7	JUL 1996
5	380	72	20	81	168	1996	8	AUG 1996
6	375	83	15	78	145	1996	9	SEP 1996
7	441	111	20	87	161	1996	10	OCT 1996
8	452	74	16	88	246	1996	11	NOV 1996
9	601	105	29	103	346	1996	12	DEC 1996
10	391	66	22	81	115	1997	1	JAN 1997
11	187	59	28	84	129	1997	2	FEB 1997
12	342	60	28	86	147	1997	3	MAR 1997
13	360	82	22	84	96	1997	4	APR 1997
14	356	91	24	86	159	1997	5	MAY 1997
15	397	80	25	86	114	1997	6	JUN 1997
16	449	64	28	85	161	1997	7	JUL 1997
17	407	74	19	90	148	1997	8	AUG 1997
18	390	87	18	88	141	1997	9	SEP 1997
19	439	105	20	85	154	1997	10	OCT 1997
20	472	88	26	87	204	1997	11	NOV 1997
21	578	87	30	111	270	1997	12	DEC 1997
22	396	65	27	91	127	1998	1	JAN 1998
23	211	70	27	82	115	1998	2	FEB 1998
24	370	72	31	94	129	1998	3	MAR 1998
25	488	78	33	88	122	1998	4	APR 1998

〔註〕日期的輸入法參閱第 1 章。

〔求最適預測值的步驟〕

No.	年月	y	Predicted_y	X1	X2	X3	X4
1	1996 年 4 月	463		85	22	78	111
2	1996 年 5 月	353		74	21	87	161
.	.	.		.	.	.	.
.	.	.		.	.	.	.
.	.	.		.	.	.	.
114	2005 年 9 月	739	.	83	54	128	160
115	2005 年 10 月	718	.	95	55	117	160
116	2005 年 11 月		837				
117	2005 年 12 月		949				
118	2006 年 1 月		603				
119	2006 年 2 月		419				
120	2006 年 3 月		?				
121	2006 年 4 月		?				
122	2006 年 5 月		?				
123	2006 年 6 月		?				
124	2006 年 7 月		?				

雖然知道 2005 年 10 月以前的銷售收入 y，以及預測了 4 期（2005 年 11 月至 2006 年 2 月）的銷售收入 y，今想利用〔建立時間原因模型〕所儲存的檔案，以〔套用時間原因模型〕再預測未來 5 期的銷售收入。

〔統計處理的步驟〕

步驟 1　開啓第 18 章所儲存的 predict.sav 數據後，如下從〔分析 (A)〕中的〔預測 (T)〕選擇〔套用時間原因模型 (P)〕。

步驟 2　瀏覽所儲存的 predict.zip。

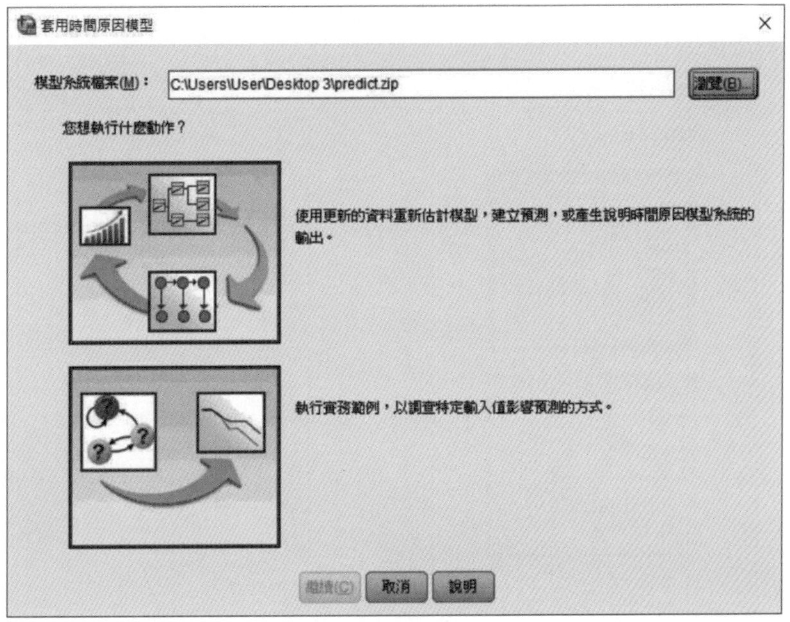

步驟 3 執行的動作，若是使用更新的資料重新估計模型時，則選擇上方，然後按繼續。

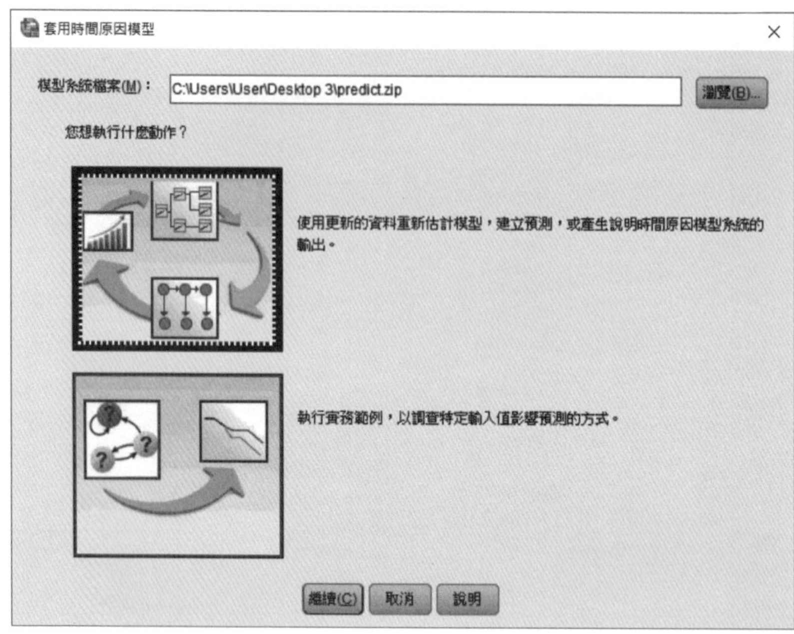

步驟 4 出現執行畫面。

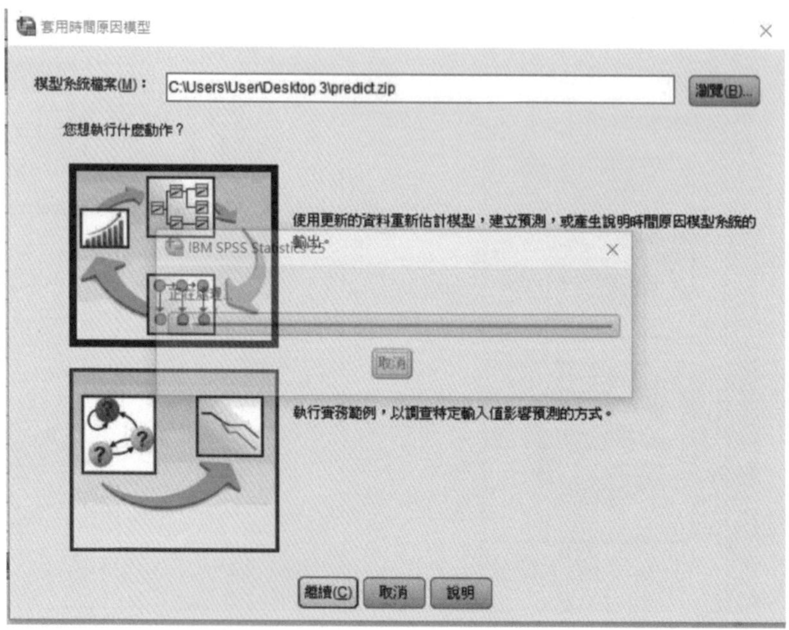

步驟 5　執行後出現時間原因模型選項的模型視窗。選擇〔從模型檔載入(M)〕。預測出現〔將記錄延伸至未來〕，此處勾選 5 期。

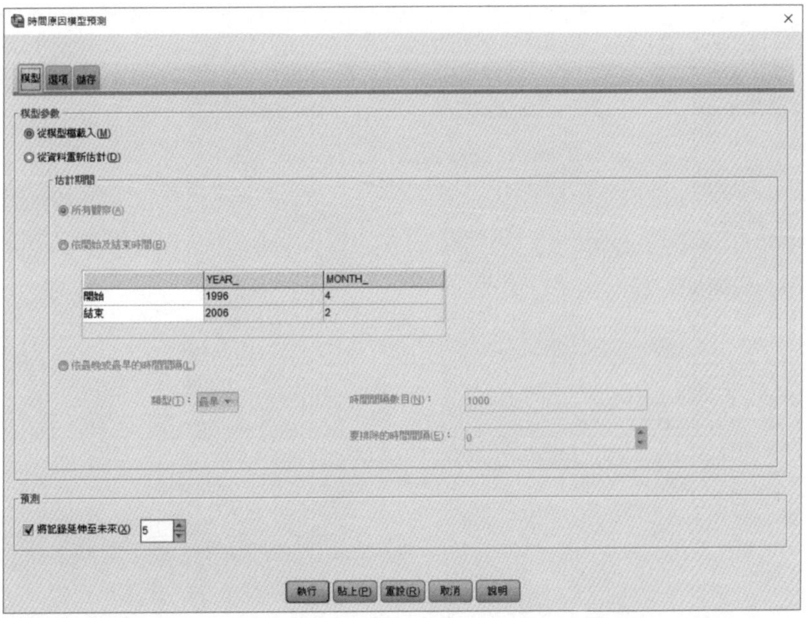

步驟 6　點一下〔選項〕，如預設。

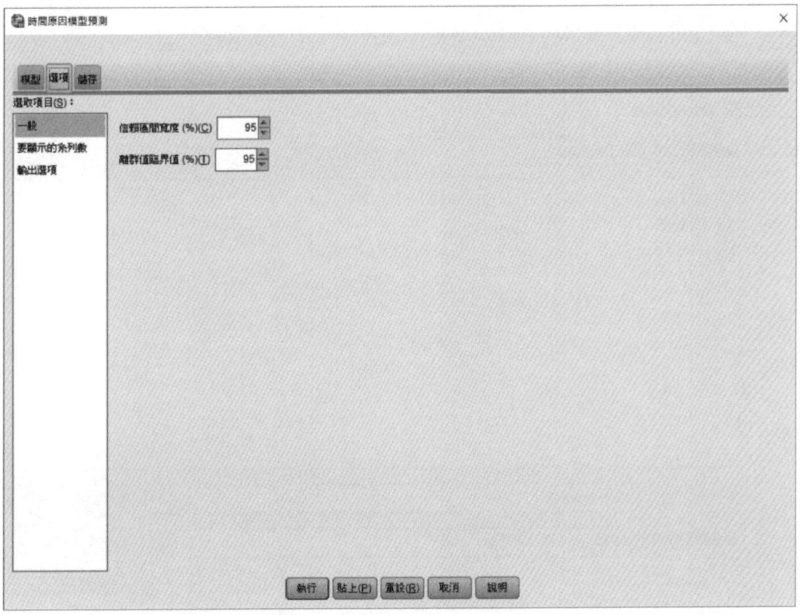

步驟 7 點一下〔儲存〕。勾選預測值。目的地選項點選〔將預測及已轉換的資料儲存至新資料檔 (Y)〕，再按一下〔瀏覽〕。

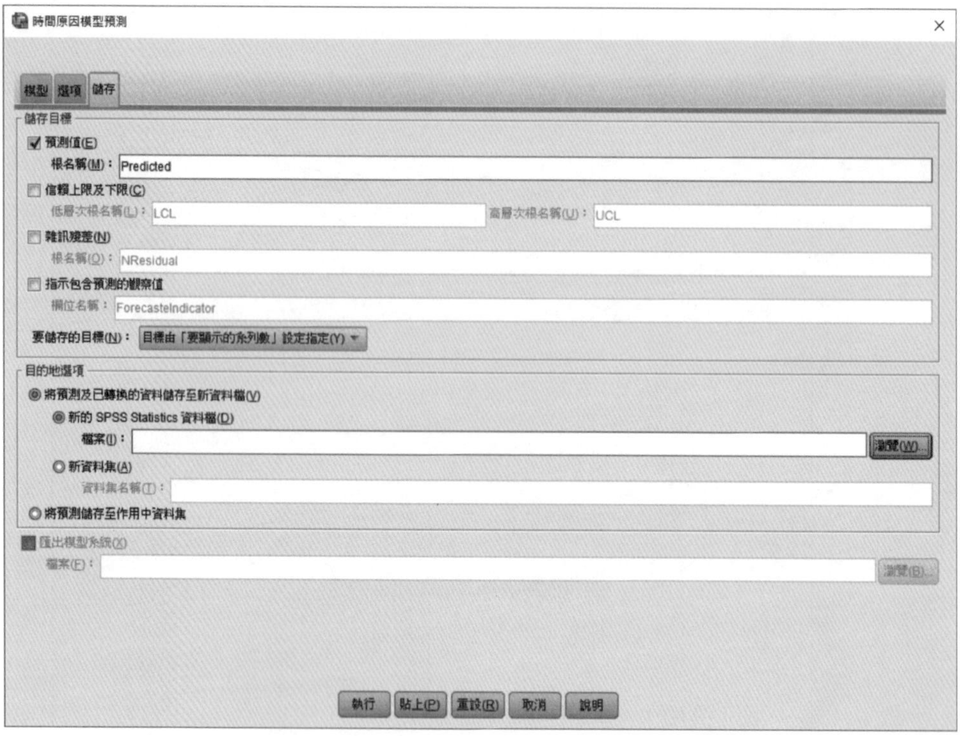

步驟 8 檔名命名爲 New predict，按〔儲存〕，再按 執行 。

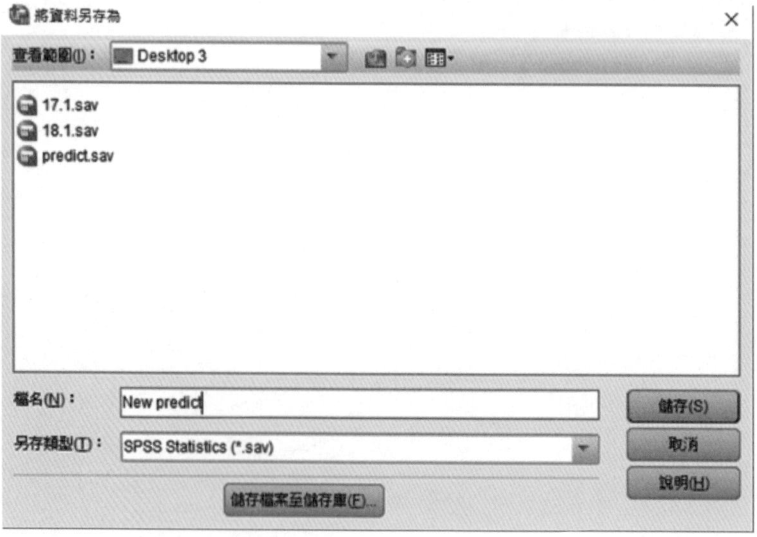

開啓 New predict.sav ，出現新預測的 Y 值。

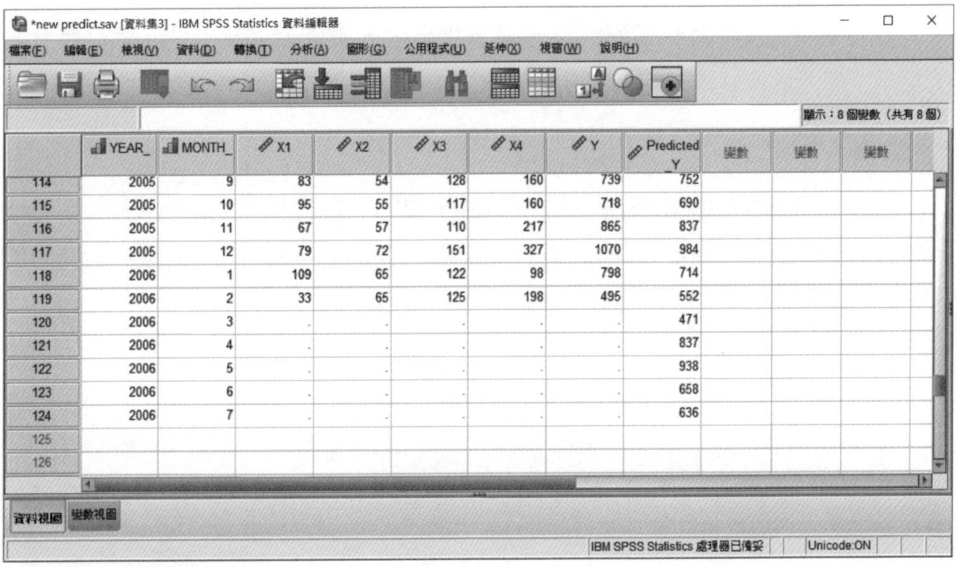

*new predict.sav [資料集3] - IBM SPSS Statistics 資料編輯器

檔案(F) 編輯(E) 檢視(V) 資料(D) 轉換(T) 分析(A) 圖形(G) 公用程式(U) 延伸(X) 視窗(W) 說明(H)

顯示：8 個變數（共有 8 個）

	YEAR_	MONTH_	X1	X2	X3	X4	Y	Predicted_Y	變數	變數	變數
114	2005	9	83	54	128	160	739	752			
115	2005	10	95	55	117	160	718	690			
116	2005	11	67	57	110	217	865	837			
117	2005	12	79	72	151	327	1070	984			
118	2006	1	109	65	122	98	798	714			
119	2006	2	33	65	125	198	495	552			
120	2006	3	.	.	.	.	.	471			
121	2006	4	.	.	.	.	.	837			
122	2006	5	.	.	.	.	.	938			
123	2006	6	.	.	.	.	.	658			
124	2006	7	.	.	.	.	.	636			
125											
126											

資料視圖　變數視圖

IBM SPSS Statistics 處理器已備妥　Unicode:ON

19.3 時間原因模型實務

「時間原因模型實務」程序會使用作用中資料集中的資料，來執行時間原因模型系統的使用者定義實務。實務由稱爲根數列 (root series) 的時間數列以及該數列在指定時間範圍內的一組使用者定義值來定義。隨後，指定的值用來爲根數列影響的時間數列產生預測。該程序需要由「時間原因建模」程序建立的模型系統檔案，假設作用中資料集的資料與用來建立模型系統檔案的資料相同。

「實務」標籤指定要執行的實務。若要定義實務，您必須先按一下定義實務期間來定義實務期間。透過按一下相關聯的新增實務或新增實務群組按鈕，來建立實務和實務群組（僅適用於多維度資料）。網格中的根欄位 (root field) 直欄可指定時間數列欄位，其值會取代爲實務值。實務值直欄以最早到最晚的順序來顯示指定的實務值。如果實務值由表示式來定義，則該直欄會顯示表示式。

定義實務期間（時間原因模型實務）之實務期間是您指定用來執行實務的值所在的期間，它可以在估計期間結束之前或之後開始。您可以選擇性地指定在實務期間結束範圍之外進行預測。依預設，會透過實務期間結束來產生預測。所有實務都是使用相同的實務期間和規格來了解預測範圍。

〔註〕預測開始於實務期間開始之後的第一個時段。例如，如果實務期間開始於 2014-11-01，且時間間隔是月分，則第一個預測是 2014-12-01。依開始時間、結束時間和預測經歷時間來指定，如果觀察是由日期 / 時間欄位來定義，請以日期 / 時間欄位使用。

〔範例〕

以下數據是利用第 18 章的相同數據來說明。數據檔是所儲存的 predict.sav，顯示從 1996 年到 2005 年每月調查超市的銷售收入、櫃台的店員數、新商品的進貨量、報紙的廣告單、特賣品的種類等之資料，以及 2005 年 11 月至 2006 年 2 月所預測的銷售收入資料。

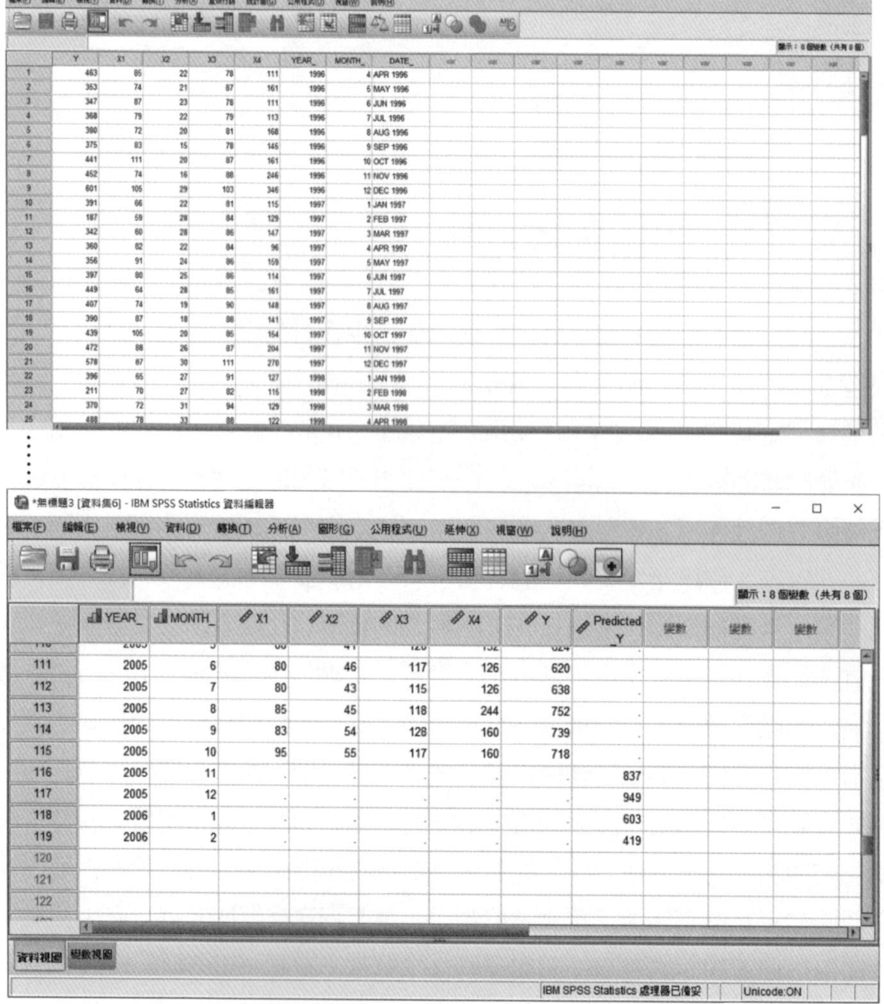

p.233.sav [資料集1] - IBM SPSS Statistics Data Editor

	Y	X1	X2	X3	X4	YEAR_	MONTH_	DATE_
1	463	85	22	78	111	1996	4	APR 1996
2	353	74	21	87	161	1996	5	MAY 1996
3	347	87	23	78	111	1996	6	JUN 1996
4	368	79	22	79	113	1996	7	JUL 1996
5	380	72	20	81	168	1996	8	AUG 1996
6	375	83	15	78	145	1996	9	SEP 1996
7	441	111	20	87	161	1996	10	OCT 1996
8	452	74	16	88	246	1996	11	NOV 1996
9	601	105	29	103	346	1996	12	DEC 1996
10	391	66	22	81	115	1997	1	JAN 1997
11	187	59	28	84	129	1997	2	FEB 1997
12	342	60	28	86	147	1997	3	MAR 1997
13	360	82	22	84	96	1997	4	APR 1997
14	356	91	24	86	159	1997	5	MAY 1997
15	397	80	25	86	114	1997	6	JUN 1997
16	449	64	28	85	161	1997	7	JUL 1997
17	407	74	19	90	148	1997	8	AUG 1997
18	390	87	18	88	141	1997	9	SEP 1997
19	439	105	20	85	154	1997	10	OCT 1997
20	472	88	26	87	204	1997	11	NOV 1997
21	578	87	30	111	270	1997	12	DEC 1997
22	396	65	27	91	127	1998	1	JAN 1998
23	211	70	27	82	115	1998	2	FEB 1998
24	370	72	31	94	129	1998	3	MAR 1998
25	488	78	33	88	122	1998	4	APR 1998

*無標題3 [資料集6] - IBM SPSS Statistics 資料編輯器

	YEAR_	MONTH_	X1	X2	X3	X4	Y	Predicted_Y
111	2005	6	80	46	117	126	620	.
112	2005	7	80	43	115	126	638	.
113	2005	8	85	45	118	244	752	.
114	2005	9	83	54	128	160	739	.
115	2005	10	95	55	117	160	718	.
116	2005	11	.	.	.	.	.	837
117	2005	12	.	.	.	.	.	949
118	2006	1	.	.	.	.	.	603
119	2006	2	.	.	.	.	.	419
120								
121								
122								

〔數據輸入類型〕

Y：銷售收入

X1：櫃台的店員數

X2：新商品的進貨量

X3：報紙的廣告單

X4：特賣品的種類

〔變數視圖〕

p.233.sav [資料集1] - IBM SPSS Statistics Data Editor

	名稱	類型	寬度	小數	標籤	數值	遺漏	直欄	對齊	測量	角色
1	Y	數值型	8	0		無	無	8	靠右	尺度	輸入
2	X1	數值型	8	0		無	無	8	靠右	尺度	輸入
3	X2	數值型	8	0		無	無	8	靠右	尺度	輸入
4	X3	數值型	8	0		無	無	8	靠右	尺度	輸入
5	X4	數值型	10	0		無	無	8	靠右	尺度	輸入
6	YEAR_	數值型	10	0	YEAR, not peri...	無	無	8	靠右	序數(O)	輸入
7	MONTH_	數值型	2	0	MONTH, period...	無	無	8	靠右	序數(O)	輸入
8	DATE_	字串	24	0	Date. Format: ...	無	無	10	靠左	名義(N)	輸入

〔資料視圖〕

p.233.sav [資料集1] - IBM SPSS Statistics Data Editor

	Y	X1	X2	X3	X4	YEAR_	MONTH_	DATE_
1	463	85	22	78	111	1996	4	APR 1996
2	363	74	21	87	161	1996	5	MAY 1996
3	347	87	23	78	111	1996	6	JUN 1996
4	368	79	22	79	113	1996	7	JUL 1996
5	380	72	20	81	168	1996	8	AUG 1996
6	375	83	15	78	145	1996	9	SEP 1996
7	441	111	20	87	161	1996	10	OCT 1996
8	452	74	16	88	246	1996	11	NOV 1996
9	601	105	29	103	346	1996	12	DEC 1996
10	391	66	22	81	115	1997	1	JAN 1997
11	187	59	28	84	129	1997	2	FEB 1997
12	342	60	28	86	147	1997	3	MAR 1997
13	360	82	22	84	96	1997	4	APR 1997
14	356	91	24	86	159	1997	5	MAY 1997
15	397	80	25	86	114	1997	6	JUN 1997
16	449	64	28	85	161	1997	7	JUL 1997
17	407	74	19	90	148	1997	8	AUG 1997
18	390	87	18	88	141	1997	9	SEP 1997
19	439	105	20	85	154	1997	10	OCT 1997
20	472	88	26	87	204	1997	11	NOV 1997
21	578	87	30	111	270	1997	12	DEC 1997
22	396	65	27	91	127	1998	1	JAN 1998
23	211	70	27	82	115	1998	2	FEB 1998
24	370	72	31	94	129	1998	3	MAR 1998
25	488	78	33	88	122	1998	4	APR 1998

〔註〕日期的輸入法參閱第 1 章。

19.4 求最適預測值的步驟

No.	年月	Y	Predicted Y	X1	X2	X3	Adjusted X3	X4
1	1996 年 4 月	463	.	85	22	78	.	111
2	1996 年 5 月	353	.	74	21	87	.	161
.	.	.	.	.	.	.	.	.
.	.	.	.	.	.	.	.	.
110	2005 年 5 月	624	.	.	.	120 →	110	.
111	2005 年 6 月	620	.	83	54	117 →	121	160
112	2005 年 7 月	638	.	95	55	115 →	118	160
113	2005 年 8 月	752	.			118 →	115	
114	2005 年 9 月	739	.			128 →	125	
115	2005 年 10 月	718	.			117 →	115	
116	2005 年 11 月		837					
117	2005 年 12 月		949					
118	2006 年 1 月		603					
119	2006 年 2 月		419					

雖然知道 2005 年 10 月以前的銷售收入 Y，以及預測的 4 期（2005 年 11 月至 2006 年 2 月）的銷售收入 Y，因 X3（報紙的廣告單）的數據在 2005 年 5 月至 2005 年 10 月期間有所更正，故想對 Y 重新修正原先所預測的銷售收入。

〔統計分析步驟〕

步驟 1　開啓所儲存的 predict.sav 數據後，如下從〔分析 (A)〕中的〔預測 (T)〕選擇〔套用時間原因模型 (P)〕。

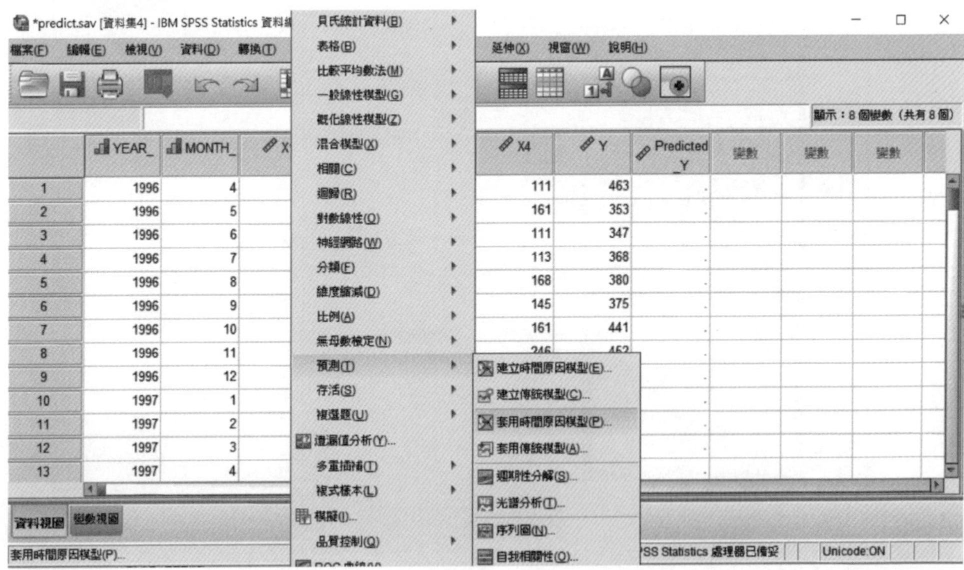

步驟 2　瀏覽所儲存的 predict.zip。

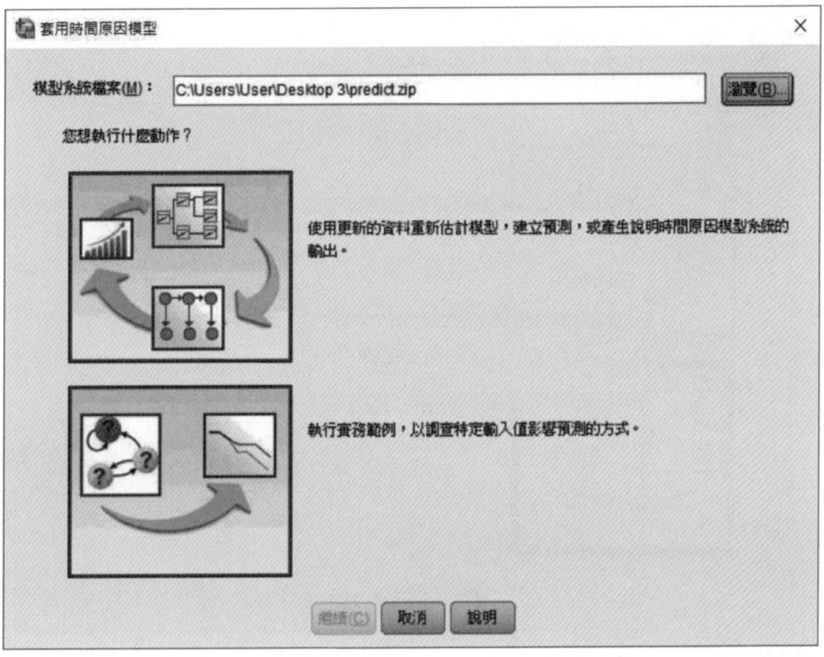

步驟 3 執行的動作，若是執行實務範例，則選擇下方，然後按繼續。

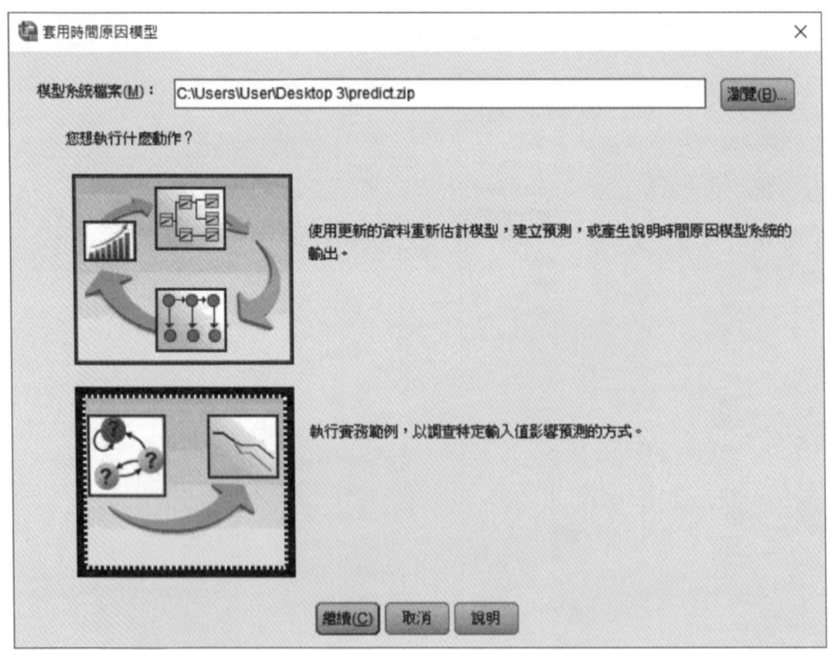

步驟 4 出現執行畫面。

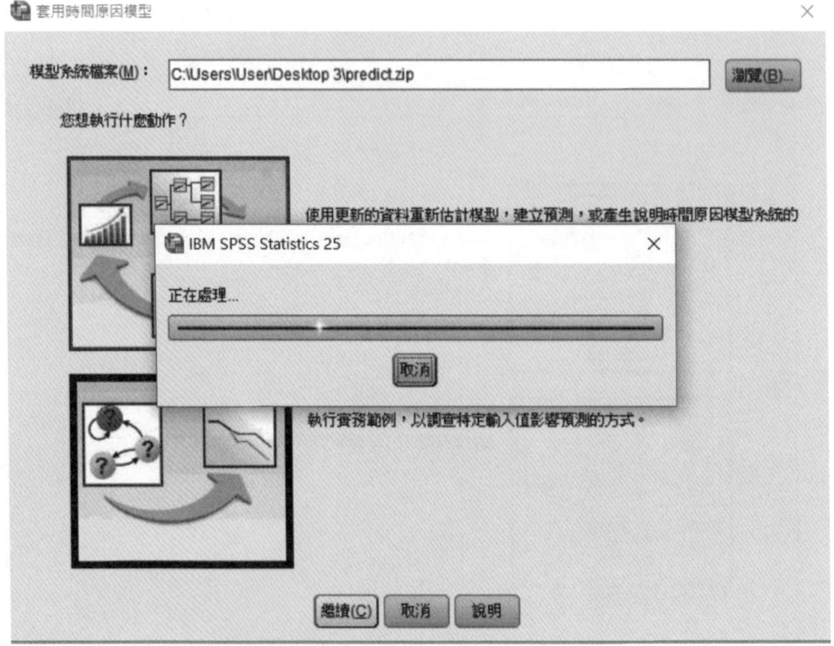

步驟 5　執行後出現時間原因模型實務範例，點一下〔定義實務範例期間(F)〕。

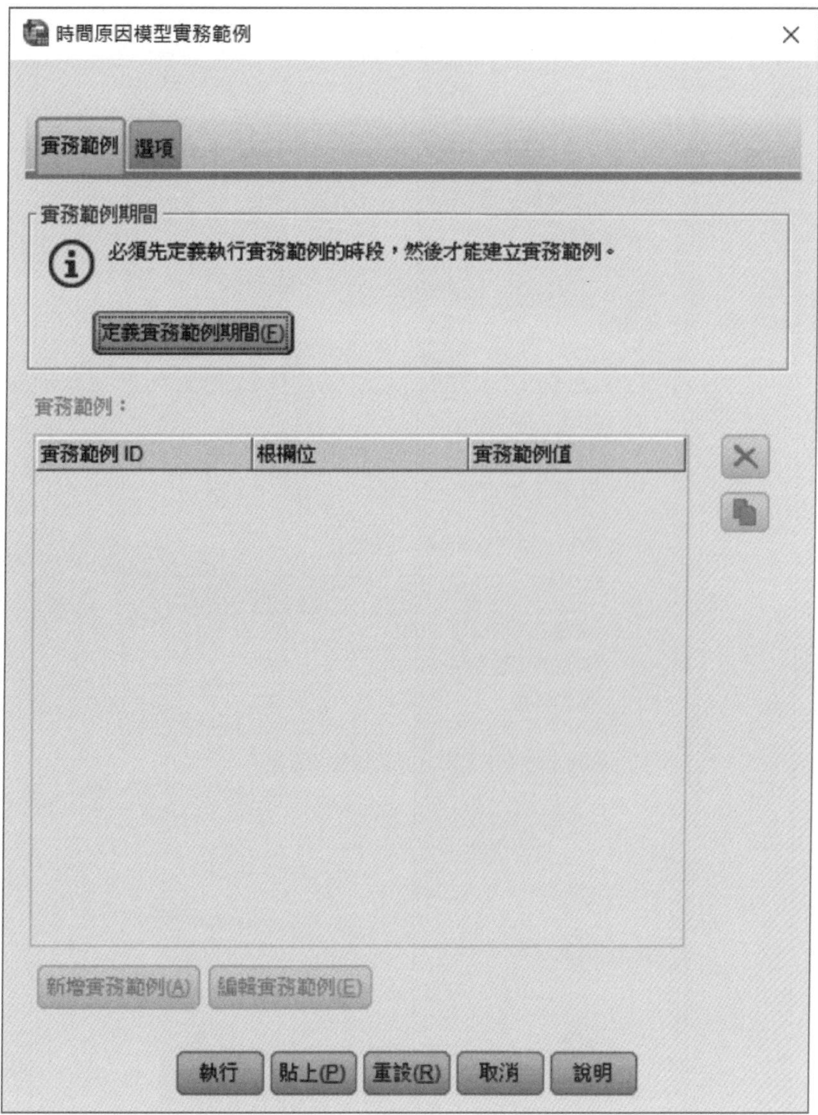

步驟 6 出現實務範例期間的視窗，將欲修正之實務範例開始值設為 2005 年 5 月，實務範例結束值設為 2005 年 10 月，預測期間設為 2006 年 3 月。按繼續。

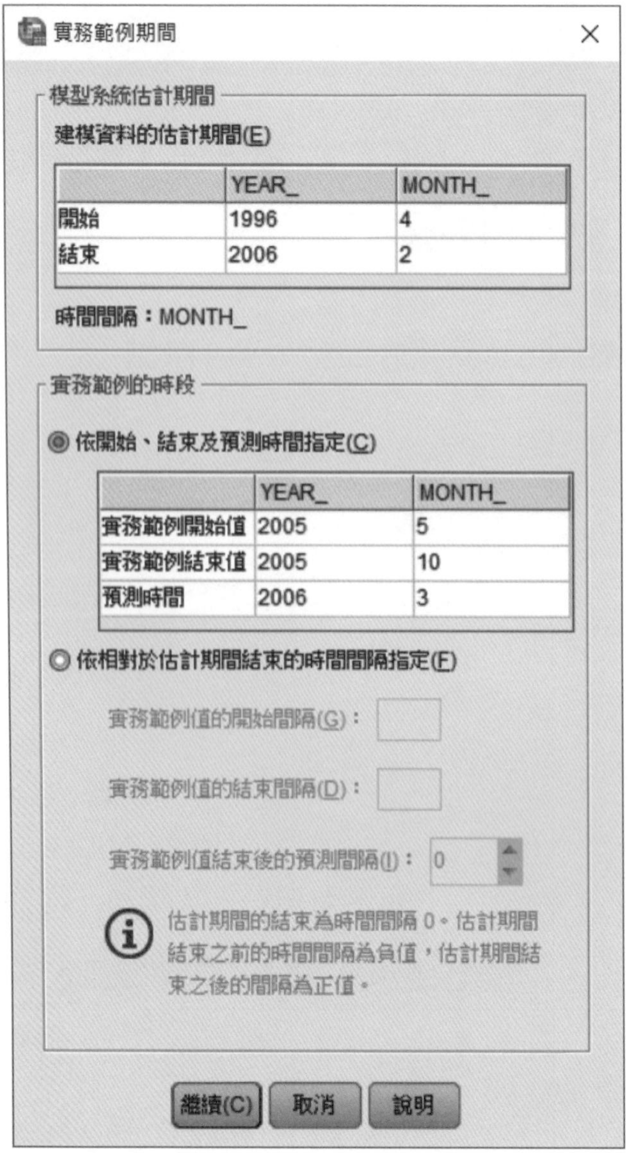

實務範例期間

模型系統估計期間

建模資料的估計期間(E)

	YEAR_	MONTH_
開始	1996	4
結束	2006	2

時間間隔：MONTH_

實務範例的時段

◉ 依開始、結束及預測時間指定(C)

	YEAR_	MONTH_
實務範例開始值	2005	5
實務範例結束值	2005	10
預測時間	2006	3

○ 依相對於估計期間結束的時間間隔指定(F)

實務範例值的開始間隔(G)：

實務範例值的結束間隔(D)：

實務範例值結束後的預測間隔(I)：0

估計期間的結束為時間間隔 0。估計期間結束之前的時間間隔為負值，估計期間結束之後的間隔為正值。

繼續(C) 取消 說明

步驟 7　回到原畫面後，點一下〔新增實務範例 (A)〕。

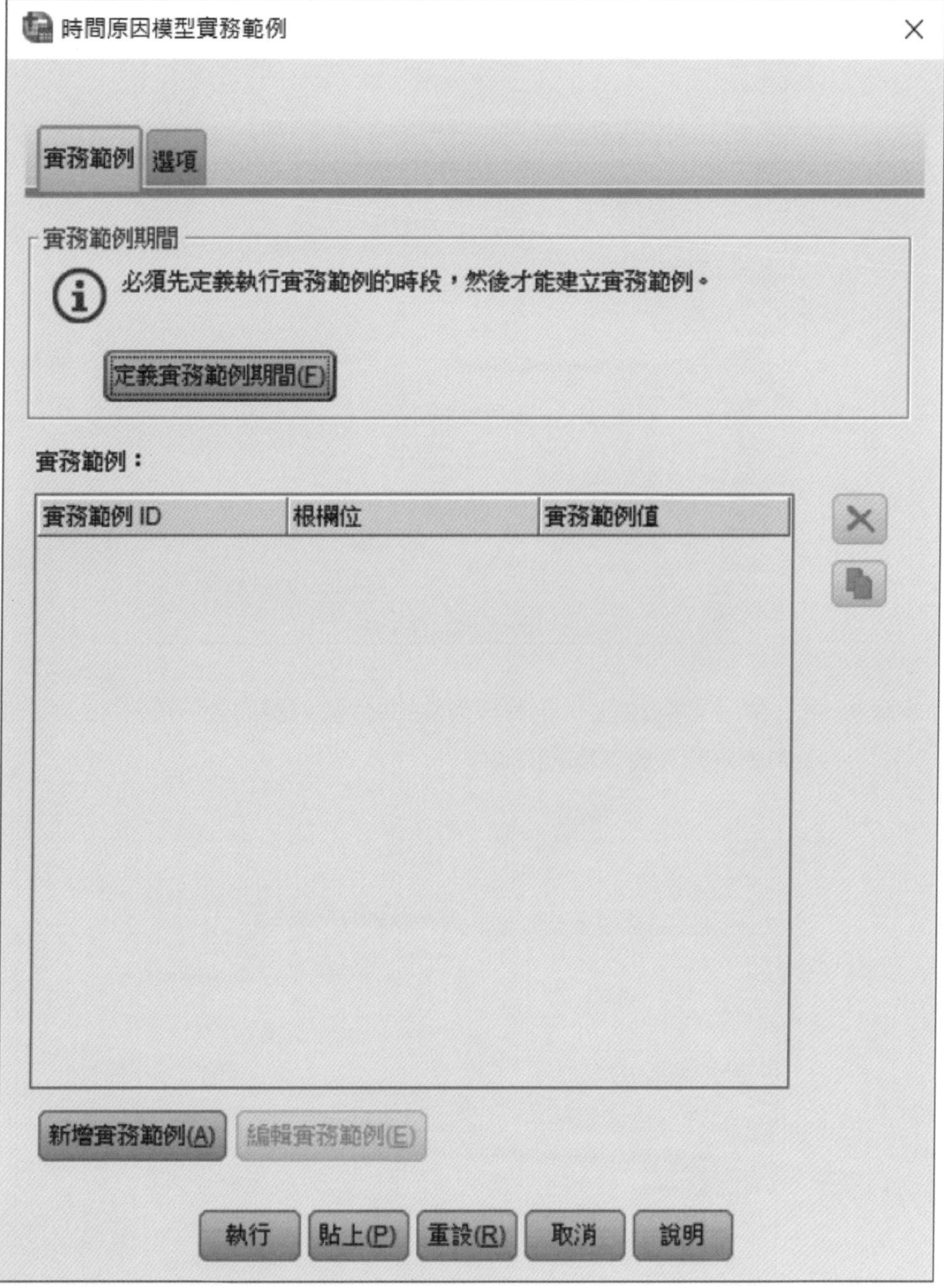

步驟 8 將 X3 移入根欄位，勾選〔指定受影響的目標 (C)〕，再將 Y 移入〔受影響的目標 (G)〕中。〔實務範例 ID〕此處暫且以 ID 輸入。

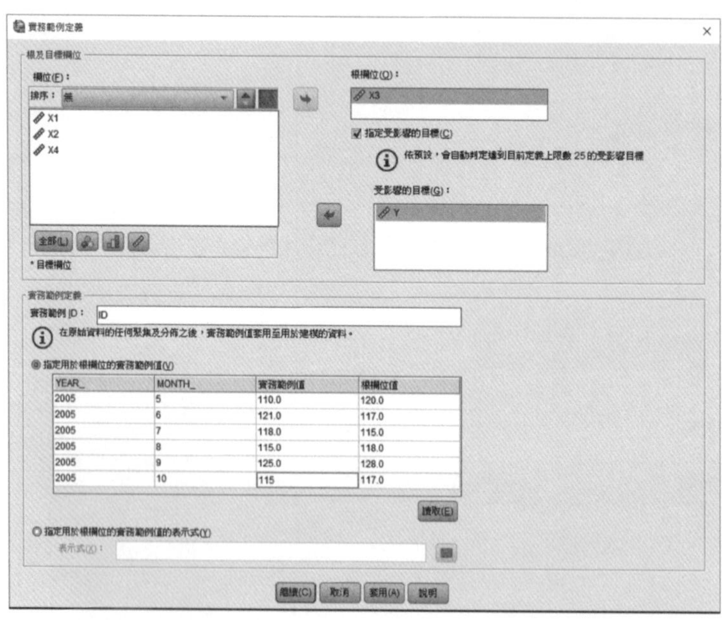

步驟 9 按一下〔讀取 (E)〕，則將根欄位的 X3 資料讀取後，再將 X3 要修正的資料對應輸入於實務範例值中。

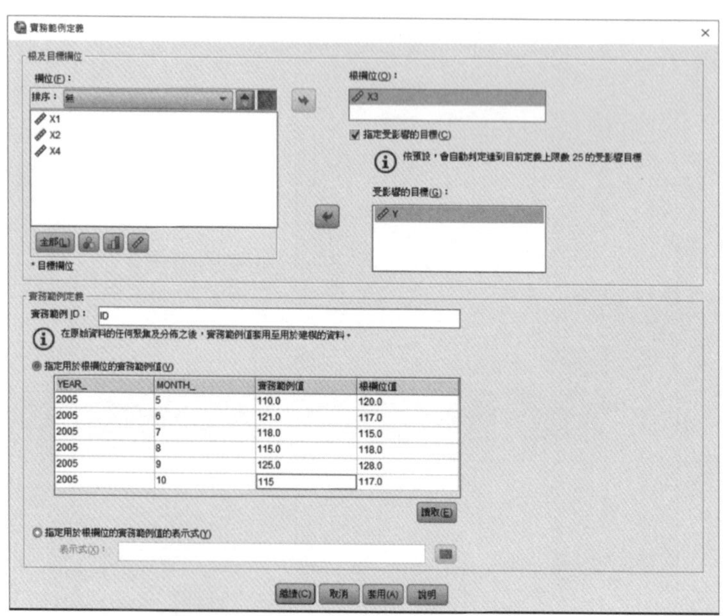

步驟 10 按一下〔選項〕，如下勾選。再按執行。

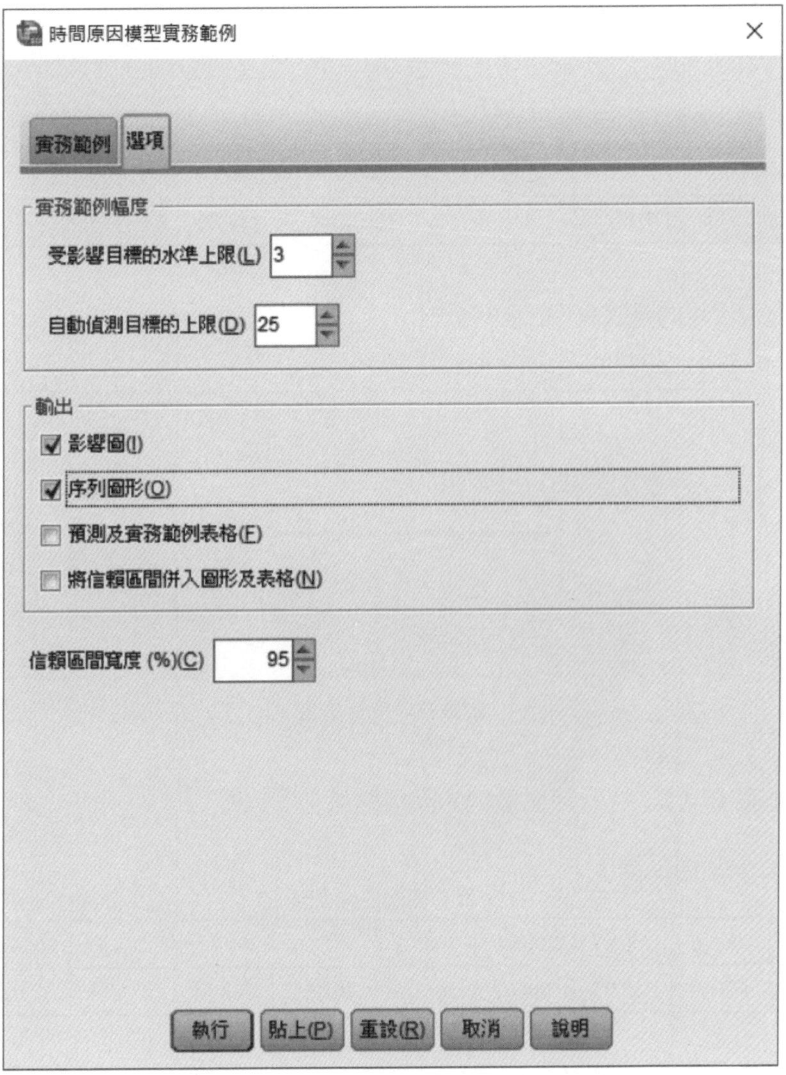

時間原因模型實務範例

實務範例　選項

實務範例幅度

受影響目標的水準上限(L) 3

自動偵測目標的上限(D) 25

輸出

☑ 影響圖(I)

☑ 序列圖形(O)

☐ 預測及實務範例表格(F)

☐ 將信賴區間併入圖形及表格(N)

信賴區間寬度 (%)(C) 95

執行　貼上(P)　重設(R)　取消　說明

〔**SPSS 輸出**〕

➡ **時間原因模型實務範例**

案例：**ID**

實務範例定義

系列	2005.5	2005.6	2005.7	2005.8	2005.9	2005.10
X3	110.00	121.00	118.00	115.00	125.00	115.00

上表出現的是 X3 所更正的資料。

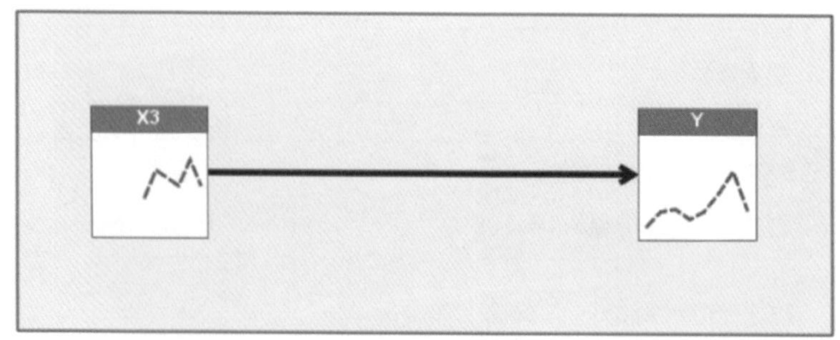

實務範例的影響圖：ID

上圖出現 X3 數列與 Y 數列的因果關係。

實務範例的預測值 ID

系列	2005.6	2005.7	2005.8	2005.9	2005.10	2005.11	2005.12	2006.1	2006.2
Y	473.29	588.85	704.41	566.75	702.53	838.30	570.10	722.23	874.37

上表是針對實務範例的 X3 修正後對 Y 所預測的資料。

預測值

系列	2005.6	2005.7	2005.8	2005.9	2005.10	2005.11	2005.12	2006.1	2006.2
Y	473.29	588.85	704.41	566.75	702.53	838.30	570.10	722.23	874.37

上表是指利用作用中資料集中的資料來產生 Y 的預測。

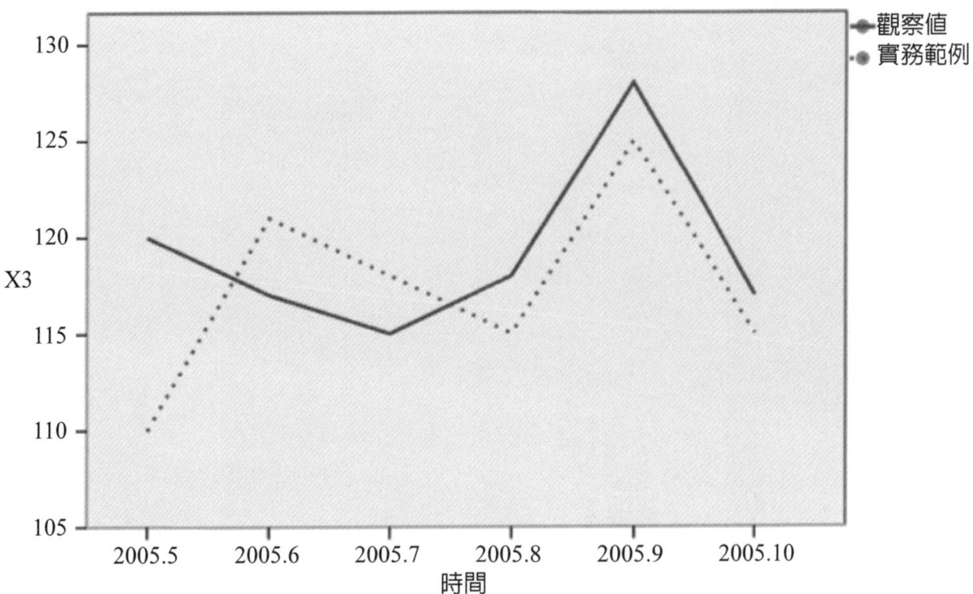

上圖是 X3 修正前後的數據圖形。

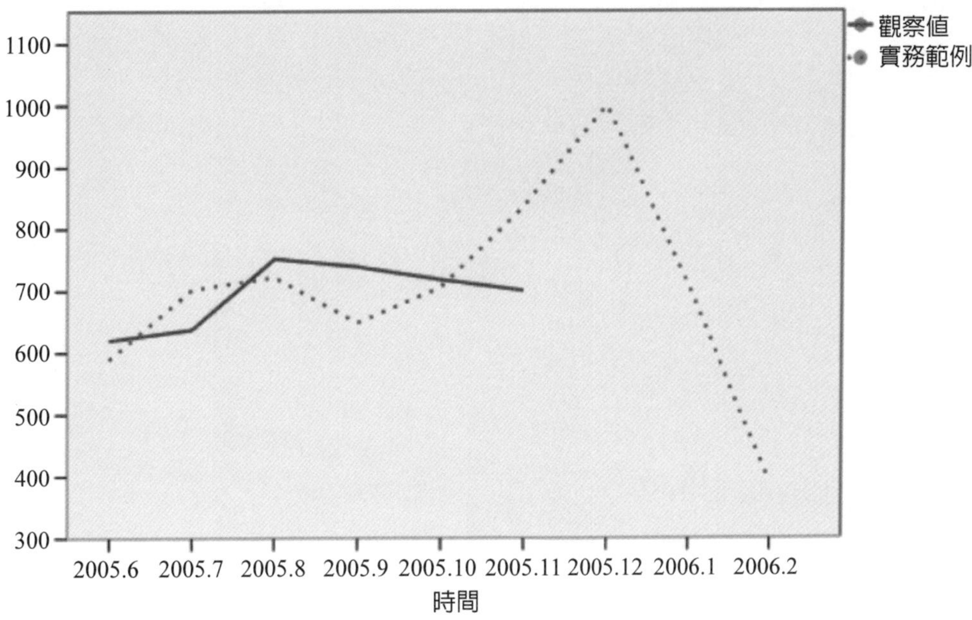

上圖是對觀察值與實務範例所作成的圖形。

附錄 ARIMA(p, d, q) 模式的自我相關圖與偏自我相關圖

〔註〕SPSS 早期版本有支援，但目前版本並未支援 X12 ARIMA。可參閱 NUMXL 網站。

- **AR(1) 模式的自我相關圖與偏自我相關圖例**

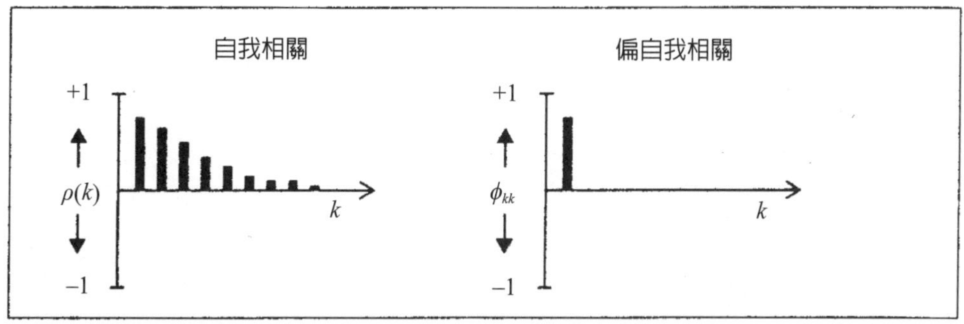

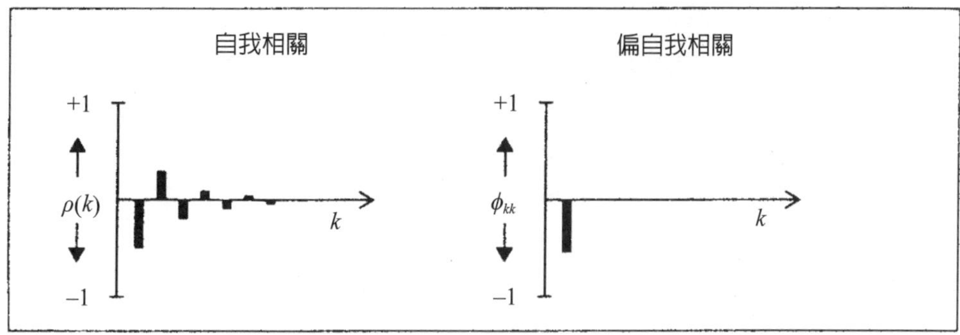

• **AR(2)模式的自我相關圖與偏自我相關圖例**

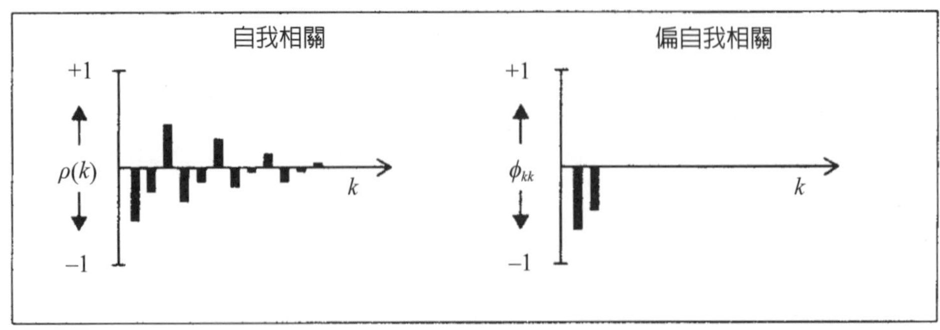

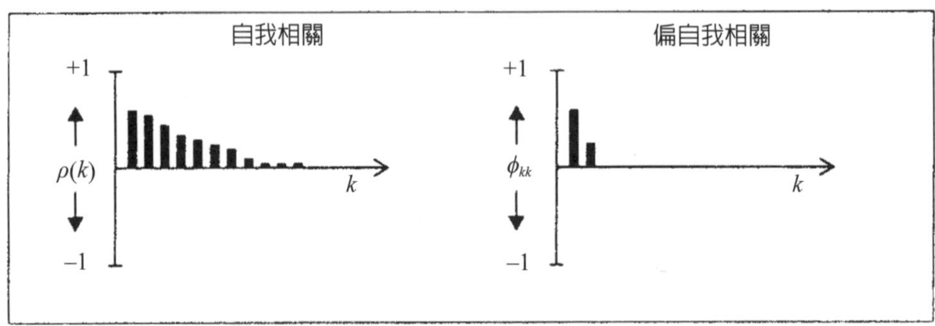

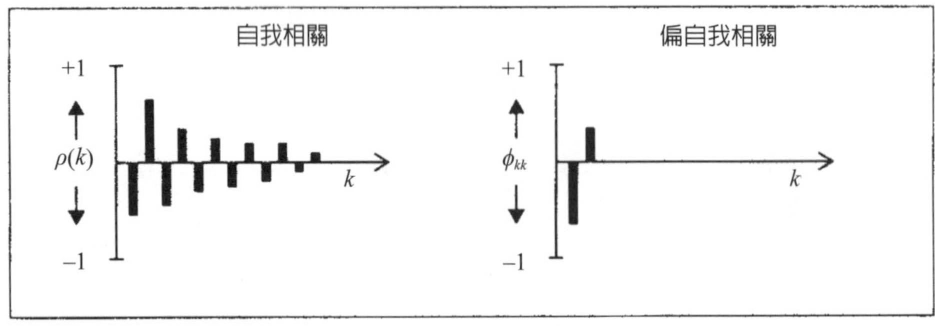

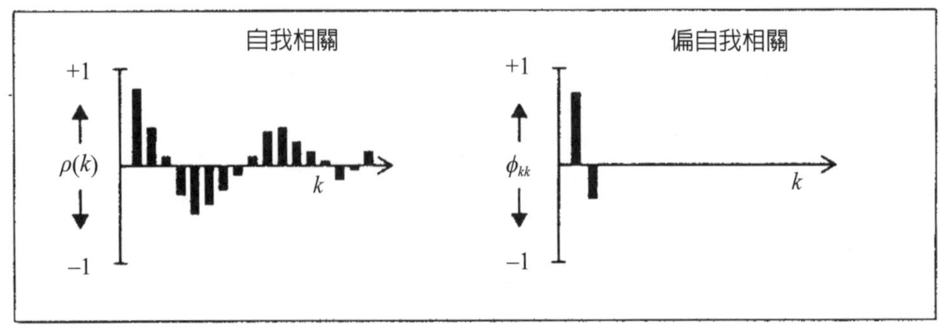

- **MA(1) 模式的自我相關圖與偏自我相關圖例**

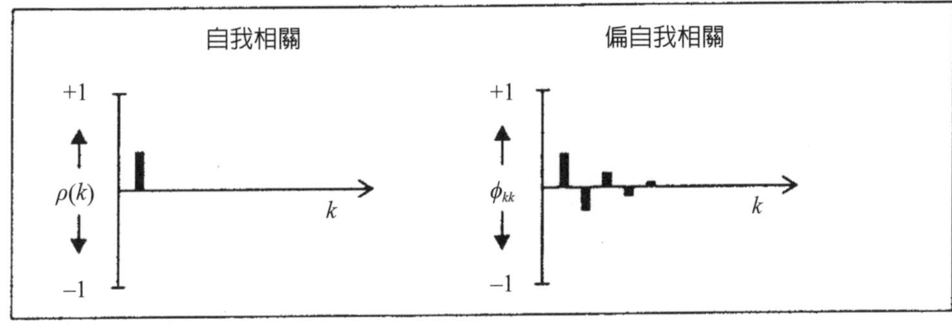

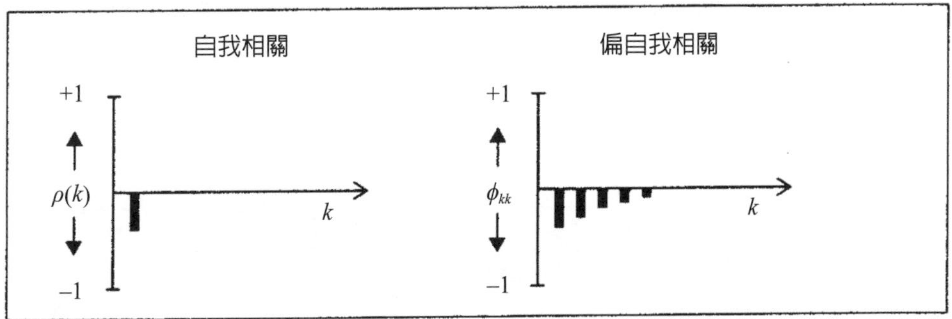

- **MA(2) 模式的自我相關圖與偏自我相關圖例**

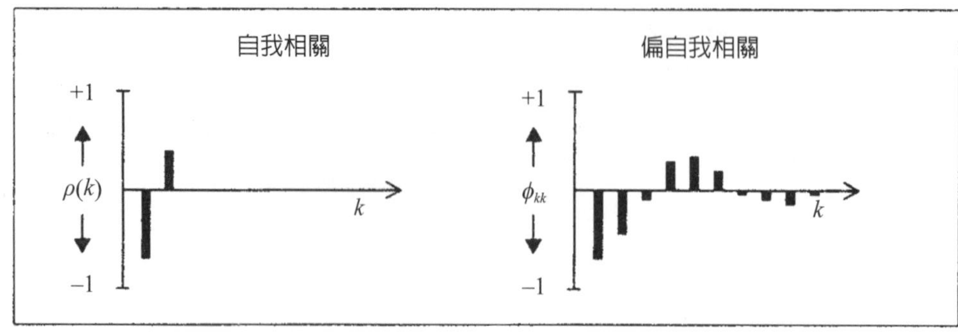

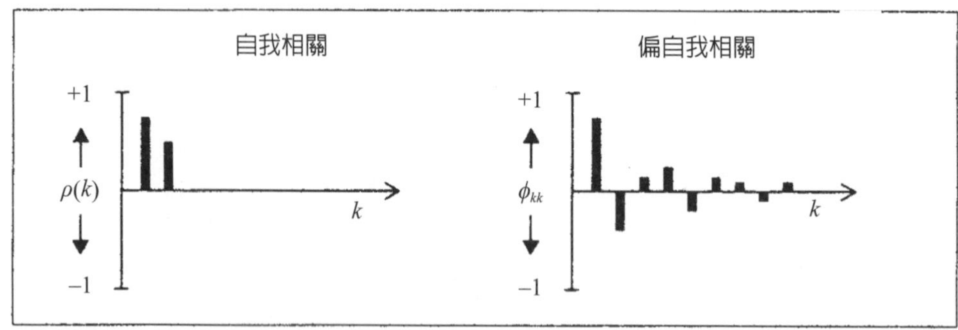

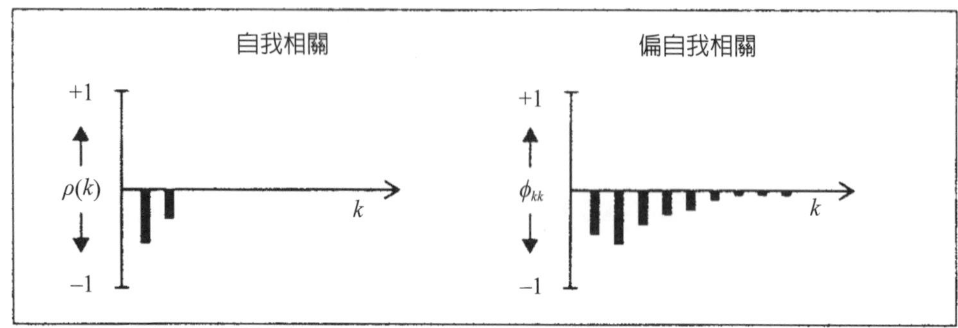

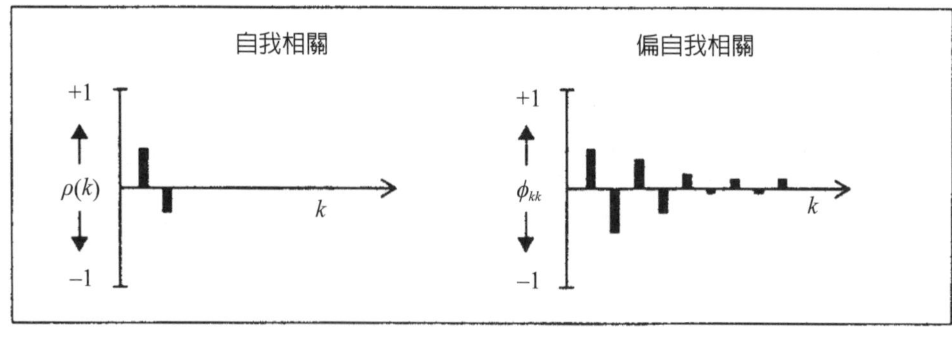

- **ARMA(1, 1) 模式的自我相關圖與偏自我相關圖例**

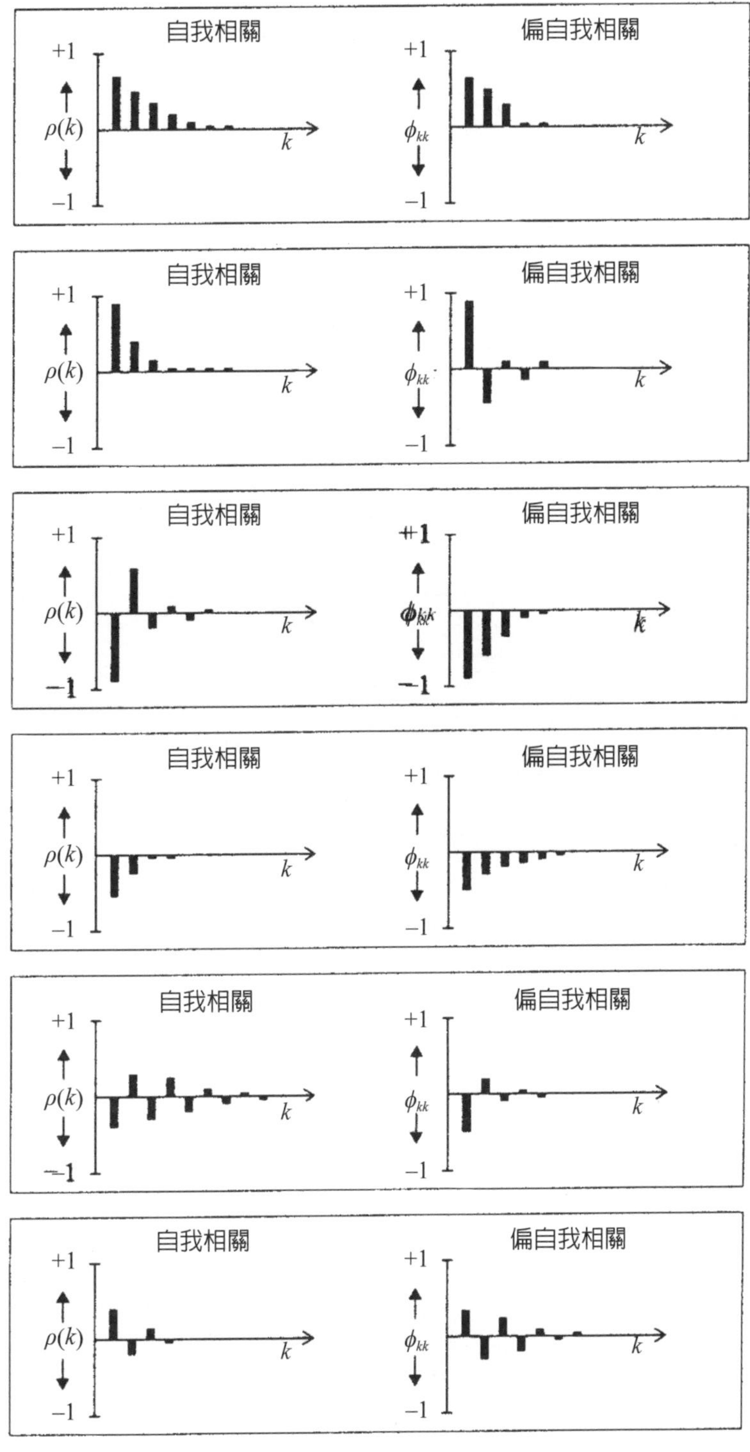

參考文獻

1. 石村貞夫，時系列分析——利用 SPSS 的步驟，東京圖書，1999 年。
2. 石村貞夫、石村友二郎，入門時系列分析——Excel，東京圖書，2015 年。
3. 石村貞夫，統計解析入門，東京圖書，1989 年。
4. 陳耀茂，工程統計學，五南文化，2015 年。
5. 林茂文，時間數列分析與預測：管理與財經之應用，華泰文化，2006 年。
6. 林惠玲、陳正倉，應用統計學，雙葉書廊，2002 年。
7. SPSS Inc., "SPSS Base for Windows User's Guide", SPSS Inc. 1997.
8. IBM SPSS Forecasting 20
9. 時間數列—— MBA 智庫百科 http://wiki.mbalib.com/zh-tw/%E6%97%B6%E9%97%B4%E6%95%B0%E5%88%97/

國家圖書館出版品預行編目資料

時間數列分析：Excel與SPSS應用／楊秋月，
陳耀茂著. ——初版. ——臺北市：五南，
2018.11
 面； 公分
ISBN 978-957-763-107-7(平裝)
1.統計套裝軟體 2.統計分析
512.4 107018292

5B33

時間數列分析—Excel與SPSS應用

作　　者 — 楊秋月、陳耀茂（270）
發 行 人 — 楊榮川
總 經 理 — 楊士清
主　　編 — 王正華
責任編輯 — 金明芬
封面設計 — 姚孝慈
出 版 者 — 五南圖書出版股份有限公司
地　　址：106台北市大安區和平東路二段339號4樓
電　　話：(02)2705-5066　　傳　　真：(02)2706-6100
網　　址：http://www.wunan.com.tw
電子郵件：wunan@wunan.com.tw
劃撥帳號：01068953
戶　　名：五南圖書出版股份有限公司
法律顧問　林勝安律師事務所　林勝安律師
出版日期　2018年11月初版一刷
定　　價　新臺幣720元